गजेन्द्रकुमार मित्र

रवीन्द्र–शरदोत्तर बांग्ला साहित्य में विभूतिभूषण, ताराशंकर के पश्चात् जिन कथाकारों ने बंगाली मध्यवर्गीय समाज को उपजीव्य बनाकर सार्थक साहित्य–सृजन किया, उनमें गजेन्द्रकुमार मित्र का अन्यतम एवं श्रेष्ठ स्थान है।

गजेन्द्रकुमार मित्र का जन्म 11 नवम्बर, 1908 ई. को कलकत्ता नगर में हुआ था। काशी के ऐंग्लो–बंगाली स्कूल में बाल्य–शिक्षा प्रारम्भ हुई। कलकत्ता लौटकर उन्होंने ढाकुरिया इलाके में रहना प्रारम्भ किया तथा बालीगंज जगद्बन्धु इंस्टीट्यूशन में भर्ती हो गए। स्कूली जीवन के पश्चात् उन्होंने सेंट जेवियर्स कॉलेज में प्रवेश लिया। स्कूल की शिक्षा पूर्ण होने के कुछ दिनों बाद ही उन्होंने सुमथनाथ के साथ सामयिक रूप से पत्रिका प्रकाशित की। सन् 1949 ई. में मित्रों के साथ मिलकर 'कथा–साहित्य' मासिक प्रारम्भ किया।

गजेन्द्रकुमार मित्र का प्रथम प्रकाशित उपन्यास था—'मने छिलो आशा' और कहानी–संग्रह 'स्त्रिमाश्चरित्रम्'। सन् 1959 में उनका उपन्यास 'कलकातार काछेइ' अकादेमी पुरस्कार से सम्मानित हुआ। 'कलकातार काछेइ', 'उपकण्ठे', 'पौष–फागुनेर पाली'—यह त्रयी आधुनिक बांग्ला–साहित्य में मील का पत्थर मानी जाती है। 'पौष–फागुनेर पाला' को 1964 में रवीन्द्र पुरस्कार मिला।

गजेन्द्रकुमार मित्र की लेखनी का विचरण–क्षेत्र विराट् और व्यापक है। सामाजिक उपन्यास, पौराणिक उपन्यास, ऐतिहासिक उपन्यास, कहानी, किशोर साहित्य—सर्वत्र उनकी अबाध गति रही।

निधन : 1 जनवरी, 1994

पाञ्चजन्य

गजेन्द्रकुमार मित्र

अनुवाद

देवराज

राधाकृष्ण पेपरबैक्स

पहला पुस्तकालय संस्करण
राधाकृष्ण प्रकाशन प्राइवेट लिमिटेड द्वारा
2003 में प्रकाशित

राधाकृष्ण पेपरबैक्स में
पहला संस्करण : 2015
This book is printed on **Print on Demand** Technology : 2024

राधाकृष्ण पेपरबैक्स : उत्कृष्ट साहित्य के जनसुलभ संस्करण

राधाकृष्ण प्रकाशन प्राइवेट लिमिटेड
जी-17, जगतपुरी, दिल्ली-110 051
द्वारा प्रकाशित

शाखाएँ : अशोक राजपथ, साइंस कॉलेज के सामने, पटना-800 006
पहली मंजिल, दरबारी बिल्डिंग, महात्मा गांधी मार्ग, प्रयागराज-211 001
1, अनमोल सोराबजी संतुक लेन, धोबी तलाव, मरीन लाइंस, मुम्बई-400 002

वेबसाइट : www.radhakrishnaprakashan.com
ई-मेल : info@radhakrishnaprakashan.com

मूल्य : ₹499

PANCHJANYA
by Gajendra Kumar Mitra

ISBN : 978-81-8361-687-4

उत्सर्ग

रामकृष्ण मठ मिशन के
परम पूजनीय स्वामी शिवस्वरूपानन्द
एवं
इस ग्रन्थ के, 'कथा साहित्य' पत्रिका में,
धारावाहिक प्रकाशन काल में,
जिन अगणित पाठिकाओं और पाठकों
ने अभिनन्दन करके
मुझे उत्साहित किया—उन सबको
सकृतज्ञ सप्रणाम !

मनुष्य धर्मशीलस्य लीला सा जगतः पतेः।
अस्त्राण्यनेकरूपाणि यदरातिषु मुञ्चति॥
मनसैव जगत्सृष्टिं संहारञ्च करोति यः।
तस्यारिपक्ष क्षपणे कोहयमुद्यम विस्तरः॥
तथापि यो मनुष्याणां धर्मस्तनुवर्तते।
कुर्वन बलवता सन्धि हीनैर्युद्धं करत्यसौ॥
साम चोपप्रदानञ्च तथा भेदं प्रदर्शयन।
करोति दण्डपातञ्च कच्चिदेव पलायनम्।
मनुष्यदेहिनां चेष्टामित्येवमनुवर्ततः।
लीला जगत्पतेस्तस्य छन्दतः सम्प्रवर्तते॥

विष्णु पुराण (पंचम् अंश, 22वाँ अध्याय)

[जगत्-पति होकर भी जो उन्होंने शत्रुओं पर अनेक प्रकार के अस्त्र छोड़े, वह उनकी धर्मशील मनुष्य की लीला है। नहीं तो, जो मन के द्वारा ही जगत् की सृष्टि एवं संहार करते हैं, शत्रु-क्षय के लिए उनका यह विस्तृत उद्यम क्यों ? वे मनुष्यों के धर्म के अनुसरणकर्ता हैं, इसीलिए वे बलवान के साथ सन्धि एवं बलहीन के साथ युद्ध करते हैं। साम, दाम, भेद प्रदर्शनपूर्वक दंडपात करते हैं, कभी पलायन भी करते हैं। मनुष्य देहधारियों की क्रिया का अनुवर्तन करनेवाले उन जगत्पति की इस प्रकार की लीला उनकी इच्छा के अनुसार ही घटित हुई थी।

(अनुवाद—बंकिमचन्द्र)]

''कृष्ण महाभारत के सबसे रहस्यमय पुरुष हैं। बहु-हस्तक्षेप के फलस्वरूप उनके चरित्र में पर्याप्त असंगति भी आ गई। मूल महाभारत के रचयिता ने कृष्ण को ईश्वर कहकर ही सम्भवतः उनके आचरण में अति यथार्थ व्यापार अधिक नहीं दिखाया। साधारणतः उनका आचरण गीताधर्म व्याख्याता के ही योग्य है, भय और क्रोध में वीतराग, स्थितप्रज्ञ, लोकहितव्रती। किन्तु बीच-बीच में, उनका जो रूपान्तर दिखाई पड़ता है, वह धर्मसंस्थापक पुरुषोत्तम के पक्ष में नितान्त अशोभन है, जैसे घटोत्कच के वध पर उनका उद्दाम नृत्य एवं द्रोण-वध के उद्देश्य से युधिष्ठिर को मिथ्या-भाषण का परामर्श।...सर्वत्र, ईश्वर के रूप में स्वीकृत न होने पर भी कृष्ण व्यापक समाज में, अशेष श्रद्धा एवं प्रीति के आधार थे तथा रूप, शौर्य, विद्या और प्रज्ञा के लिए पुरुष-श्रेष्ठ के रूप में गण्य थे।''

राजशेखर बसु

(महाभारत की भूमिका)

प्रथम पर्व

मुख-बन्ध

यह सोचने का कोई कारण नहीं कि महाभारत तथा श्रीकृष्ण का काल, वर्तमान काल से भिन्न था। श्रीकृष्ण ने कुरुक्षेत्र-युद्ध के पहले दिन कहा था, "यदा यदा हि धर्मस्य ग्लानिर्भवति भारत / अभ्युत्थानम् धर्मस्य तदात्मानं सृजाम्यहम्।" वही वे, जब उस काल में जन्मे थे और कुरुक्षेत्र के युद्ध के एक प्रकार से वही प्रधान नायक थे–तब मानना होगा, कि धर्म की ग्लानि और अधर्म का बढ़ाव बहुत अधिक घटित हुआ था, पृथ्वी-भर के मनुष्य अत्याचार, अन्याय, दुख, कष्ट से 'त्राहि-त्राहि' कर रहे थे। नहीं तो जिन्हें 'स्वयं भगवान' कहा जाता है, वे क्यों अवतीर्ण होते ?

वस्तुतः भारत के इतिहास का सम्पूर्ण काल ही वैसा, वही काल है। लोभ, निन्दा, अन्य के शुभ से दुःख, द्वेष, हिंसा, कलह, चांडाली-क्रोध, अन्तःसारशून्य-अहंकार एवं आत्मनाशा बुद्धि–यही क्या भारत के इतिहास की समग्र फल-श्रुति नहीं है ?

इस अवस्था से भारत की रक्षा के बहुतों ने प्रयास किए। वह असाध्य-साधना किसी ने धर्म के पथ से की, किसी ने शौर्य के पथ से–अर्थात् बाहुबल से।

बाहुबल से साम्राज्य की स्थापना कर ऊपर से थोपी गई कृत्रिम-एकता में ही आत्म-तृप्ति-अनुभव की।

श्रीकृष्ण ने भी क्या भारत का, उसकी पंक-शैया से, नित्य अवमानना से उद्धार करना चाहा था ! चाहा था, सम्भोगमत्त, मदगर्वित, कलहपरायण, मत्स्यन्यायधर्मी, निर्बोध, विकृत क्षात्र-शक्ति की दूषित अधीनता से मुक्त करके सुबुद्धि सम्पन्न सत्-मानवों के हाथों में देश का भार देना ! चाहा था, जन साधारण के मन में आत्मविश्वास जागृत करना ?

उसी कारण क्या निकट सम्बन्धी के कारागार में उन्होंने जन्म ग्रहण किया, सामान्य गोपालकों के घर में लालन-पालन हुआ, अकेले की शक्ति से कंस का वध करके, पीड़ित जनसाधारण के मन में आशा और विश्वास का संचार किया ?

लेखक ने इस ग्रन्थ में इसी प्रश्न का उत्तर पाने की चेष्टा की है।

श्रीकृष्ण ने जब जन्म ग्रहण किया था, क्या तब के भारत का चेहरा हम लोग देखते हैं !

मगधपति सम्राट जरासन्ध ने छियासी राजाओं को पकड़ बन्दी करके रखा–और चौदह मिलने पर राजमेध-यज्ञ या हत्या-महोत्सव सम्पन्न करने की लालसा से।

कंस की मृत्यु के उपरान्त क्रुद्ध जरासन्ध ने मथुरा पर उन्नीस बार आक्रमण किया।

उससे अवश्य ही यादवों की पर्याप्त क्षय-क्षति हुई, लेकिन उस अंचल के जनसाधारण को जो अवर्णनीय दुख-दुर्दशा भुगतनी पड़ी, उसका विवरण महाभारत में उल्लिखित न होने पर भी, हम लोग अनुमान कर सकते हैं।

सम्भवतः उसी कारण, उन लोगों के विषय में सोचकर श्रीकृष्ण और भी इस युद्ध को टालने के लिए बहुत दूर द्वारावती-रैवतक पर जाकर निवास करने लगे थे–जरासन्ध के विनाश की आशा में या उसकी तैयारी में।

कालयवन, चेदिराज शिशुपाल, भगदत्त, पौंड्रक वासुदेव, मद्रराज, सिन्धुराज, प्रभृति समकालीन राजाओं का जो रूप देखते हैं, उस समय के युद्ध-विवाद, दिग्विजय यात्रा आदि का जो विवरण पाते हैं–उसका यदि किंचित् मात्र अंश भी सत्य हो, तो स्वीकार करना होगा, कि उस समय साधारण देशवासियों की अवस्था इस काल से सुखकर और शान्तिपूर्ण नहीं थी; जीवनयापन के साधन चाहे जितने सुलभ और सहज प्राप्य क्यों न रहे हों !

इसी कारण–''परित्राणाय साधुनां विनाशाय च दुष्कृताम् / धर्म संस्थापनार्थाय'' श्रीकृष्ण की चेष्टा–उसका कारण तथा उसके पीछे पुरुषोत्तम की जो वेदना और क्षोभ था–उसे समझने में कठिनाई नहीं होती। उस विराट् प्रयत्न के रूप में भारी आयोजन, एक अलौकिक मनुष्य की अविश्वसनीय प्रज्ञा, बुद्धि कौशल, परिकल्पना की कल्पनातीत विशालता, लोकोत्तर मनोबल–उसका साफल्य एवं उसकी असफलता ही प्रस्तुत ग्रन्थ का उपजीव्य है।

अन्त में निवेदन, यह मात्र उपन्यास है, जीवनी नहीं।

वह महामानव, लेखक की दृष्टि में जिस रूप में उभरा–इस ग्रन्थ में उसे वही रूप प्रदान करने की चेष्टा की गई है। यह श्रीकृष्ण, लेखक की कल्पना का, धारणा का मनुष्य है–प्रतीत होता है, उसके इच्छातुर स्वप्न का भी। इसमें ऐतिहासिक-अनुक्रम, पौराणिक-अतिशयोक्ति या मुग्ध-स्तुतिगान खोजने पर शायद हताश होना पड़ेगा।

॥ १ ॥

साधारणतः, प्रभात हो जाने पर भी, बहुत देर तक–प्रायः चार-पाँच घड़ी–बलदेव की अवस्था, कुछ भी देखने-समझने योग्य नहीं रहती। रह पाना सम्भव भी नहीं। रात्रि में वे जिस परिमाण में सुरा उदरस्थ करते हैं, दूसरा कोई सामान्य व्यक्ति होता, तो हो सकता था, कई दिन के लिए चेतनाहीन हो रहता। असीम बलशाली हलधर में वैसी कोई विलक्षणता दिखाई नहीं देती, केवल कुछ ध्यानमग्न होकर रहते हैं; अनेक बार तो–जगे हुए हैं अथवा बैठे-बैठे ही फिर सो गए हैं–समझ में नहीं आता।

कुछ समय इसी प्रकार रहने के बाद, हुँकार करके, वे पुनः सुरा देने की प्रार्थना करते हैं। यह नित्य-नैमित्तिक है। इतना ही प्रयोजन भी है। रेवती भी जानती हैं और यह व्यवस्था हाथ के निकट ही कर रखती हैं। किन्तु बलदेव के माँगे बिना नहीं देतीं। कारण, एकाध बार ऐसा हुआ कि हाथ के पास ले जाते ही–'प्राप्ति मात्रेण' पी गए किन्तु उस सम्बन्ध में किंचित् मात्र ज्ञान न होने से–यथा समय अर्थात् कुछ देर बाद ही, प्रतिदिन के अभ्यास के अनुसार फिर हुँकार लगाई।

पर वह एक ही बार। इतनी सी सुरा की आवश्यकता उनके प्रकृतिस्थ होने के लिए होती है, सब सुरापाई यह जानते ही हैं। उसके तुरन्त बाद ही सहज दृष्टि से चतुर्दिक् देखते हैं। कुछ भी आचरणहीनता या अनियम देखने पर क्रुद्ध हो उठते हैं, सहज जीवनचर्या देखकर प्रसन्न होते हैं। उसके बाद सामान्य रूप से प्रातः कृत्य, तैल-मर्दन, स्नानादि चलता है–अभ्यास के अनुसार।

किन्तु, आज उसमें कुछ व्यतिक्रम घटा। शायद, अनगिनत रथ-चक्रों की घर्घर-ध्वनि, कई सौ अश्वों की हिनहिनाहट, भारवाही खच्चरों के असहनीय रूप से खुर पटकने आदि की अनभ्यस्त और कर्कश ध्वनि से ही उनकी प्रभातकालीन अर्द्ध-तन्द्रा में व्याघात हुआ होगा। उन्होंने प्राथमिक-सुरापान किए बिना ही, दो बड़े रक्तिम-चक्षु खोलकर प्रासाद-प्रांगण की ओर देखा। उसके बाद कुछ असहाय भाव से चिर-संगिनी रेवती की खोज में पीछे मुँह घुमाया।

रेवती पास ही थी। दृष्टि भी पड़ी; पर पहचानने में कुछ देर लगी। प्रभात की थोड़ी सी सुरा उदर के भीतर न होने से वे अच्छी तरह कुछ भी नहीं देख पाते। नितान्त अनुमान से ही कि रेवती अपने स्थान पर ही होगी, यह समझकर, प्रश्न किया, "क्या बात है प्रिये, इतना कोलाहल किसलिए ? क्या कहीं युद्ध की कोई सम्भावना दिखाई पड़ी ? किसी मरणेच्छुक मूर्ख शत्रु ने क्या इस राज्य पर आक्रमण कर दिया ? यह तो

रण-सज्जा का ही आभास है।''

रेवती हँसी। बोली, 'ग्राम की लड़कियों को कहते सुना है,' 'जिसका विवाह उसे पता नहीं, पास-पड़ोसियों को नींद नहीं,' आपकी भी वही स्थिति देख रही हूँ। आप लोग कहाँ जाएँगे–राज्य-जय के लिए या कि रमणी-जय के लिए–यह समाचार क्या हम लोग रखेंगे ?''

''हम लोग जाएँगे ? हम लोग कहाँ जाएँगे ? यह क्या ! किसने कही यह बात ? कहाँ, मैंने तो नहीं सुना।''

''यह फिर क्या ! सुना है, वही आयोजन तो हो रहा है। युद्ध-यात्रा होने पर, इस समय अवश्य ही दो-तीन सौ लोग नहीं जाते।...जो देख रही हूँ, वह तो आप लोगों के अंग-रक्षक, महाराज (भोजन तैयार करनेवाले), अंग-मर्दक, तैल-मर्दक, शैयाकार और सजावट करनेवालों का समारोह है। खाद्य भी तो, देख रही हूँ उसी के अनुसार जा रहा है। मथुरा के सख्त पिट्ठी भरे और शर्करा बहुल लड्डू तैयार हुए हैं; घृत, पेड़ा, जौ-चूर्ण, मैदा–जो-जो जा रहा है, वह दो-तीन सौ लोगों के लिए है।...आप तो मुझे कोई समाचार ही नहीं देते, आपको याद भी नहीं रहता–ये सब समाचार मुझे सदा ही दूसरों से लेने पड़ते हैं,'' कहते-कहते रेवती का कंठ-स्वर किंचित् अपमान-बोध से भारी हो आया, पहले होता, तो रो ही पड़ती, अब तो इस सब उदासीनता की अभ्यस्त हो गई है, इसीलिए इतना अधिक नहीं होता; तब भी थोड़ा अपमान-बोध तो होता ही है !–''इसी से, बहन रुक्मिणी के पास समाचार लेने गई, तो जाकर सुना, आप लोग आज पूर्वाह्न में ही पांचाल देश की यात्रा पर निकल रहे हैं। इसलिए कि किसी स्वयंवर-सभा का निमन्त्रण आया है–''

''स्वयंवर-सभा ! यह क्या ! और, क्या करने जाएँगे हम लोग स्वयंवर-सभा में ! यह क्या, तुम्हारा मस्तिष्क विकृत हुआ है–अथवा मेरा ?...नहीं, कहाँ है, मेरा पान-पात्र तो दो, निद्रा का शैथिल्य पूरी तरह दूर हो, नहीं तो कुछ भी नहीं समझ पा रहा हूँ।''

'नींद की जड़ता' दूर होने पर, अच्छी तरह देखकर भी कुछ विशेष समझ पाए हों; ऐसा नहीं। किन्तु, आयोजन युद्ध-यात्रा के लिए नहीं है, यह तो एक बार देखने मात्र से ही समझ में आ गया। सेनापति, सेनानायक–कोई भी नहीं दिखाई दे रहा है, समस्त भीमकाय अस्त्र-वाहक यान अनुपस्थित हैं–चारों ओर केवल व्यक्तिगत सेवकों की भीड़ है। और, जो कुछ सैनिक घूम-फिर रहे हैं, वे भी केवल अंग-रक्षक श्रेणी के ही हैं। प्रतीत होता है, पाँच सौ से अधिक नहीं होंगे। हो सकता है, और भी कुछ दृष्टि से बचे हुए हों–इधर-उधर–परन्तु वे भी कितने और होंगे ? अधिक-से-अधिक और पाँच सौ।

विमूढ़ भाव से कुछ क्षण उस दिशा में देखते हुए बोले, ''वासुदेव ? वासुदेव कहाँ है ? उसे बुलाओ तो, रहस्य खुल जाए !''

रेवती के संकेत पर एक दासी बाहर जाकर किसी से कुछ कहकर आई–सम्भवतः वहाँ कोई द्वारपाल प्रतीक्षा कर रहा था, उसे ही बलदेव का संवाद देकर भेजा।

परन्तु, यह समझ में आ गया कि उसे अधिक दूर नहीं जाना पड़ा; निश्चय ही

वासुदेव भी उसी मार्ग से आ रहे थे—क्योंकि, आधी घड़ी से भी कम समय में वासुदेव श्रीकृष्ण उपस्थित दिखाई दिए।

''आर्य की जय हो। दाऊ, मुझे स्मरण किया है ? आपका स्वास्थ्य तो ठीक है ? रात्रि में अच्छी नींद आई ?'' वासुदेव ने विनम्र प्रकृतिवाले भले मनुष्य की तरह पूछा।

किन्तु बलदेव को इस प्रकार के भद्र-शिष्टाचार का धैर्य नहीं। उन्होंने, एक के बाद एक किए गए उन सब प्रश्नों का उत्तर न देकर, स्वयं सीधे-सीधे प्रश्न किया, ''यह सब क्या सुन रहा हूँ, तुम कहीं स्वयंवर-सभा में भाग लेने जा रहे हो ?''

वासुदेव अत्यन्त शान्त भाव से भ्रम-परिष्कार की शैली में बोले, ''मैं नहीं, कहिए हम लोग जा रहे हैं।''

''हम लोग—? क्या, यह तुमने मुझसे तो नहीं कहा ! मैं तो कुछ भी नहीं जानता !''

बलदेव ने ज्येष्ठता-सुलभ मर्यादा का स्मरण करके भृकुटि तनिक टेढ़ी की।

''बोलने का समय निकल तो नहीं गया। अभी भी तैयार होने का यथेष्ट समय है।...दोपहर से पूर्व यात्रा प्रारम्भ नहीं की जा सकेगी।...संवाद देने के लिए आपकी निद्रा खुलने की प्रतीक्षा कर रहा था, वस्तुतः उसी उद्देश्य से इधर आ रहा था—''

उसके बाद तनिक हँसकर बोले, ''कल बताकर तो लाभ भी नहीं होता। आज प्रातः तक वह बात आपकी स्मृति में नहीं रहती।''

बलदेव बातों का घूँट पीकर बोले, ''हूँ, वह स्वयंवर-सभा कहाँ है ? कन्या किसकी है ?''

''स्वयंवर पांचाल देश में, पात्री[1] पांचाल नरेश द्रुपद की कन्या—कृष्णा।''

''द्रुपद की कन्या ?—ओऽ, वही यज्ञाग्नि से उत्पन्न कन्या ?''

''हाँ आर्य, वही। यह स्वयंवर-सभा प्रत्येक दृष्टि से उद्देश्यपूर्ण और विशिष्ट है। कन्या भी साधारण नहीं, स्वयंवर की शर्त भी सामान्य नहीं। पता नहीं, आपको याद है कि नहीं, द्रुपद ने कौरवों तथा द्रोण से अपमानित होकर सन्तान-कामना से जो यज्ञ किया था, उसमें पूर्णाहुति देने के समय उसकी महिषी के तैयार न होने के कारण, पुत्र और कन्या, दोनों ही शरीर धारण करके यज्ञाग्नि से निकल आए। उसी समय देव-वाणी हुई कि यह पुत्र, द्रोणाचार्य का वध करेगा और यह कन्या, कौरव-वंश के महाभय का कारण होगी।...यह कन्या सब प्रकार से असाधारण है, श्यामवर्णा, परन्तु ऐसी असाधारण सुन्दरी कन्या शायद भारत-भू पर कहीं नहीं।...''

अधीर बलदेव बोल उठे, ''हाँ-हाँ, स्मरण है। किन्तु, मेरा इसमें ऐसा क्या विस्मरण का परिचय पाया ?'' लगता है, स्मरण-शक्ति विषयक संकेत में सुरापान के प्रति अपनी प्रबल आसक्ति पर थोड़ा छिपा हुआ व्यंग्य अनुभव करके, कुछ असन्तुष्ट हो उठे, बोले, ''तो उस स्वयंवर की शर्त क्या है ?''

---

1. विवाह होनेवाली कन्या को 'पात्री' कहा जाता है।

वासुदेव हँसे, मधुर परिहासभरी हँसी, बोले, "द्रुपद ने स्वयंवर-सभा-मंडप में शीर्ष-बिन्दु पर एक लक्ष्य-वस्तु रखी है, उसके नीचे तीव्र-गति से एक चक्र घूमेगा; नीचे जल में प्रतिबिम्ब देखकर, वह लक्ष्य-भेद करना होगा। अर्थात् इस प्रकार हिसाब लगाकर बाण-क्षेपण करना होगा, जिससे वह उस घूर्णमान चक्र की तीलियों के बीचवाले सँकरे स्थान को पार करके लक्ष्य-वस्तु तक पहुँचे। लगता है, एक निमिष के शतांश से भी कम समय में यह कार्य करना होगा। द्रुपद ने जान-बूझकर ही यह शर्त रखी है–प्रतीत होता है, कोई साधारण राजा उनके उस असाधारण कन्या-रत्न को न ले पाए, यही उनका उद्‌देश्य है। जिस धनुष पर शर-सन्धान करना होगा–सुना है, वह भी विशेष रूप से निर्मित है–वह धनुष पकड़कर, उस पर प्रत्यंचा चढ़ाना ही बहुत कठिन है।"

"हूँ," बलदेव ने भौंहें सिकोड़ते हुए बैठकर, जैसे बातों के मर्मार्थ को समझने की चेष्टा की। तत्पश्चात् बोले, "तो वहाँ तुम क्यों जा रहे हो ? तुम क्या राजन्य समाज में अपनी अस्त्र-शिक्षा की परीक्षा देना चाहते हो या और एक वधू पाने की इच्छा है ? क्या अभी भी तुम्हारी विवाह की साध नहीं गई ?"

बलदेव के कंठ से व्यंग्य का शल्य बहुत तीखे रूप में निकला।

किन्तु, वासुदेव ने उस आघात का रंच-मात्र भी अनुभव नहीं किया। अपेक्षाकृत प्रशान्त-गम्भीर कंठ से बोले, "नहीं आर्य ! एक ही स्थान पर कितने लोग कितने कामों से जाते हैं ! देव-मन्दिर में, क्या केवल दर्शनाभिलाषी ही आते हैं ? कोई आता है दर्शन करने, कोई कराने। कोई पुजारी है, कोई फूल या पूजा-सामग्री विक्रय करने आता है। देवता के पुण्य के प्रति उनका तनिक भी आग्रह नहीं होता। इस स्वयंवर का समाचार पाकर देश-देशान्तर से कितने लोग विक्रय-सामग्री लेकर आ रहे हैं–सुदूर चीन से, उससे भी आगे असुर-म्लेच्छों के देश से व्यापारी दल–वे भी जैसे किंचित् लाभ की आशा से आ रहे हैं, शायद उन्हें इस अगर्भजात, यज्ञाग्नि से उत्पन्न आश्चर्य-कन्या को देखने का भी कोई आग्रह या कौतूहल नहीं है; वैसे ही मैं भी दूसरे उद्‌देश्य से जा रहा हूँ। मैं जा रहा हूँ, वधू नहीं–मित्र की खोज में। जो इस दुःसाध्य शर्त का पालन कर सकेगा–उस नवीन वीर की ही मैं दीर्घकाल से प्रतीक्षा कर रहा हूँ।"

वासुदेव ने बात समाप्त करके, एक अति असहाय दीर्घ-श्वास छोड़ा। किन्तु, हलधर उन बातों को ठीक प्रकार समझ सके–देखकर नहीं लगा। उन्होंने कुछ उपेक्षा-भाव से उत्तर दिया, "और कौन–दुर्योधन ही जीतेगा। और तो कोई दिखाई ही नहीं देता।"

अन्धे धृतराष्ट्र का अभिमान से अन्धा पुत्र दुर्योधन बहुत समय से बलदेव का शिष्य है–वह उसी सम्बन्ध को निभाता है। उनके पास कुछ दिन गदा-युद्ध की शिक्षा भी प्राप्त की थी। उसी समय से–क्या पता क्यों–सम्भवतः श्रीकृष्ण के मनोभाव के प्रति एक अमंगल या सन्देह रहने के कारण–अधिकतर उदार और उदासीन हलधर को पकड़े रहता है। चाटुकारिता भरी बातों से, सदा उन्हें ही प्रसन्न रखने की चेष्टा करता है।

श्रीकृष्ण यह जानते हैं। अनेक बार, दुर्योधन के सम्बन्ध में, अग्रज की धारणा बदलने की भी चेष्टा की–किन्तु कोई परिणाम नहीं निकला। पृथ्वी पर इस प्रकार के

बहुत मनुष्य हैं, चिरकाल तक रहेंगे—जो अकस्मात् क्रुद्ध होकर दावाग्नि की भाँति जल उठते हैं, पुनः दूसरे ही क्षण शान्त-जल की भाँति हो जाते हैं; संसार के विषय में अनभिज्ञ; मनुष्य के मन की कुटिल-गतिविधि की कोई जानकारी नहीं रखते; कोई आश्रित या अनुगामी हो, तो उसके सम्बन्ध में किसी भी कारण खराब धारणा नहीं बना पाते। स्वयं के न जानते हुए भी एक पक्षपात बना रहता है।

श्रीकृष्ण जैसे इस दुर्बलता के विषय में जानते हैं—वैसे ही बड़े भाई को जानने के कारण, इससे विचलित नहीं होते। अनुज के प्रति बलदेव का अगाध विश्वास है, उन पर असीम आस्था है। प्यार भी करते हैं, सम्मान भी करते हैं। उनकी बुद्धि का तल नहीं खोज पाते, यह खुले रूप में स्वीकार करते हैं। श्रीकृष्ण के मत या इच्छा के विरुद्ध वे किसी भी दिन, कुछ भी नहीं करेंगे—इस विषय में उन्हें कोई सन्देह नहीं है।

आज भी स्वर में पर्याप्त जोर देकर कहने के बाद थोड़े उत्सुक भाव से भाई के मुँह की ओर देखा। वहाँ समर्थन खोजा।

किन्तु श्रीकृष्ण ने गर्दन हिलाई, ''नहीं, यह उसकी शक्ति में नहीं है। वह बलदर्पी, ईर्ष्यालु, अहंकारी और उसी कारण हठी भी है, इसके अतिरिक्त वह धनुर्वेद में बहुत निपुण नहीं है। जो यह शर्त जीतेगा, उसके लिए दैहिक-बल, अभ्यास तथा शस्त्र-कौशल के साथ स्थिर-बुद्धि, असीम-धैर्य, लक्ष्य की एकाग्रता और अस्त्र-क्षेपण एवं उसकी गति के सम्बन्ध में त्रुटि रहित ज्ञान, अत्यन्त आवश्यक है। ये सब गुण, जिसमें हैं, मुझे, उसकी ही आवश्यकता है, दीर्घकाल से उसी की खोज में घूम रहा हूँ।''

''इसका अर्थ है, अपनी व्यक्तिगत क्षति और अपमान का प्रतिशोध लेने योग्य एक आदमी ढूँढ़ रहे हो ? अपनी योग्यता का अभाव स्वीकार करके ?''

बलदेव ने पुनः व्यंग्य-तीर की नोक से बेधने की चेष्टा की।

किन्तु प्रायः साथ-ही-साथ श्रीकृष्ण के उत्तर ने तीक्ष्णतर तीर की भाँति, उन्हें जैसे बींध दिया, ''दोष क्या है ? मनुष्य मात्र का ही तो यह स्व-धर्म है। जैसे आत्म-रक्षा की प्रवृत्ति उसके साथ उत्पन्न होती है—वैसे ही आघात करनेवाले पर प्रत्याघात करने की इच्छा भी। जिसके अपने पास वह शक्ति नहीं, वह कौशल का अवलम्बन लेगा ही। 'व्याघ्र के समान नख-दन्त नहीं हैं—यह मानकर धनुष के तीर से उसके प्राण लेने में कौन नर लज्जित होता है ?'...केवल उतना भी नहीं, मेरा लक्ष्य दूसरा है, उद्देश्य भी कुछ दूसरा है। एक वृहत्तर लक्ष्य।''

''क्या लक्ष्य ?'' बलदेव ने कौतूहलपूर्वक प्रश्न किया।

''आप भी यथासमय उसका अनुभव करेंगे, अभी उस गोपन को प्रकाशित करने का समय नहीं आया। और इच्छा हो, तो आप अभी भी जान सकते हैं, आपकी बुद्धि असाधारण है, प्रज्ञा-दृष्टि को कहीं इच्छापूर्वक तो नहीं दबा रखा है, आप यदि सचेत हों, तो त्रिकाल का कुछ भी अज्ञात नहीं रह सकेगा।''

तत्पश्चात्, जैसे वे भी अकस्मात् तात्कालिक कर्तव्य और कार्य के प्रति सचेत हो गए। अग्रज से ध्यान हटाकर रेवती को सम्बोधित किया, ''आर्या दोपहर बीतने के पूर्व

ही यात्रा प्रारम्भ कर सकें, इसके लिए आप अभी से कुछ सचेष्ट होइए। आपकी सहायता के बिना यह सम्भव नहीं है।''

''अर्थात् ?'' मुँह छिपाकर हँसते हुए रेवती ने प्रश्न किया।

''अर्थात्, बड़े भैया के नैमित्तिक कर्म–तैल-मर्दन, व्यायाम, स्नान, पूजा आदि में कुछ जल्दी न करने पर–आहार आदि समाप्त करके यात्रा समय पर प्रारम्भ नहीं की जा सकेगी।''

यह कहकर, वाद-विवाद या बलदेव की किसी बात के लिए अवसर न छोड़, दोनों को ही सिर नवाकर, हाथ जोड़कर प्रणाम करके, वासुदेव ने उस समय विदा ली।

॥ २ ॥

''क्या है प्रियतमे, मैं स्वयंवर-सभा में जा रहा हूँ, यह जानकर भी मुँह नहीं चढ़ा रही हो, रोष-शैया भी ग्रहण नहीं कर रही हो, वरन् सती-साध्वी स्त्री की भाँति सब कुछ ठीक करके दे रही हो–क्या बात है ? मुझे बहुत शंका अनुभव हो रही है, प्रतीत होता है, मेरा दुर्भाग्य आ गया, मेरे प्रेम में तुम्हारी अरुचि हो गई है !''

सच ही, वासुदेव की प्रियतमा महिषी सत्यभामा (केवल एक, जिससे वे डरते हैं, रुक्मिणी का तो सम्मान करते हैं) उस समय, स्वामी के दैनिक प्रयोजन की विशेष वस्तुएँ, बेंत की एक टोकरी में सजाकर रख रही थी। रात को सोने से पूर्व हरड़-चूर्ण की गोली खाने की आदत है, वे स्फटिक-पात्र में रखनी होंगी; मुख-शुद्धि के लिए काफी मात्रा में लवणमिश्रित आँवले के टुकड़े देने आवश्यक हैं; यहाँ-वहाँ पानी नहीं पीते, रथ-चक्रों से उठनेवाली धूल से प्यास लगना और भी स्वाभाविक है, थोड़ी प्यास को शान्त करने के लिए खट्टे स्वादवाले शर्करा के टुकड़े तैयार रहते हैं–उन्हें लाख से पुते मिट्टी के छोटे पात्र में सजाकर देना आवश्यक है। इसके अलावा है, बकुल की दातौन, स्वर्ण-निर्मित जिह्वा-मार्जनी और भी कितना कुछ। यह काम दास-दासी से नहीं होता, दोनों प्रधान महिषियाँ ही करती आ रही हैं। पहले रुक्मिणी ही करती थीं, अब–पहले-पहले प्रणय का तीव्र आवेग शान्त होने पर–सत्यभामा को शनैः-शनैः नवीना-प्रेयसी से सेवा परायणा गृहिणी के रूप में परिवर्तित होते देख–एवं अधिकांश समय, स्वामी को सत्राजित नन्दिनी के अन्तःपुर में निवास करते देख–यह भार छोड़ दिया। कुछ दिन तो जाम्बवती ने स्वयं आग्रह करके आगे बढ़कर किया, किन्तु वह बच्ची है, पिता की लाडली– आवश्यकतानुसार सब सँभालकर न दे पाते देख, वासुदेव ने ही मना कर दिया।

सत्यभामा ने टोकरी से मुँह उठाकर इस ओर देखते हुए, भय-मुक्त, विनोद-भरी हँसी के साथ उत्तर दिया, ''आर्यपुत्र, समुद्र में जिसकी शैया है, उसे शिशिर से क्या भय ? जो रात-दिन अग्नि के घेरे में दग्ध हो रहा हो, उसके लिए एक सामान्य स्फुल्लिंग की दुश्चिन्ता क्या हास्यास्पद नहीं है ?...सुना है, पहले असंख्य गोप-कन्याएँ आपसे

प्रसाद प्राप्त करके धन्य होती थीं, अब भी अगणित सपत्नियों के साथ घर में रहती हूँ, जाम्बवती के बाद भी कितनियों को इस प्रासाद में प्रविष्ट होते देख चुकी हूँ—अब एक और आ जाने से अधिक क्या क्षति होगी ?''

श्रीकृष्ण हँसे, वह पूर्णतः दीप्तिहीन हँसी नहीं है, विनोदपूर्ण भी नहीं। उस हँसी में कैसी एक रहस्यमय गहनता है। इसके साथ उनकी दृष्टि भी स्वप्नाच्छादित हो आई। धीरे-धीरे जैसे स्वगत बोले, ''और कोई न जाने, सहचरी तुम तो जानती हो—तुम और रुक्मिणी तो भली प्रकार अवगत हो—इनमें से अनेक से तो मेरा भली-भाँति परिचय ही नहीं हुआ। प्रासाद में आते-जाते समय, सामने पड़ जाने पर भी, मैं बहुतों को पहचान नहीं पाता।...उनकी दीर्घ-काल की, शायद जन्म-भर की आकांक्षा है—कोई कहती है जन्म-जन्मान्तर की—मुझे स्वामी के रूप में पाना—बस, उन सबकी वही एकनिष्ठ-कामना पूर्ण की है ! वे मुझे क्यों चाहती हैं, क्यों चाहा था ? मैं, शक्ति से, सम्पत्ति से ऐसा कुछ असाधारण नहीं हूँ, महाराज-चक्रवर्ती या त्रिभुवन विजयी वीर—कुछ भी नहीं। तब भी उन्होंने मेरी कामना क्यों की—वे ही जानती हैं।''

''जानती हूँ—ठाकुर, जानती हूँ, तुम्हें उस पुरानी पोथी को और खोलकर नहीं बैठना है। रहस्य छोड़ो—असली बात खोलकर बोलो तो, तुम किसे खोजने जा रहे हो ! मैं उसे जानने के लिए ही व्याकुल हूँ। मैं तुम्हें जानती हूँ, यह शर्त कौन जीतेगा, कौन जीत सकता है, वह तुम बहुत अच्छी तरह जानते हो, उसी विशेष व्यक्ति को देखने जा रहे हो !''

''मेरे मनस्संसार की किसी भी सुरंग का रास्ता तुम्हारे लिए अज्ञात नहीं है—यही तो महा संकट हो गया है ! कुछ भी नहीं छिपाया जा सकता !'' वासुदेव ने कृत्रिम निराशापूर्ण निश्वास छोड़ा, उसके बाद बोले, ''कौन नहीं, कौन लोग। पांडवों के साथ भेंट होगी, सोचकर जा रहा हूँ।''

''वह क्या !'' सत्यभामा विस्मित होकर उठ खड़ी हुई, ''वे तो वारणावत में जल गए ! फिर उन्हें कहाँ पाओगे ?''

''पांडवों की रचना, उस तरह, मूर्ख दुर्योधन के षड्यन्त्र से अकाल-मृत्यु में प्राण देने के लिए नहीं हुई है। उनका जन्म विशेष उद्‌देश्य के लिए हुआ है।...क्या तुम सोचती हो कि वारणावत में लाक्षागृह के जलने का समाचार पाने के बाद मैं निश्चिन्त होकर बैठा था ? मैं वहाँ गया था, राख का ढेर हटाकर सब अस्थियाँ देखकर आया हूँ। अच्छी तरह देखा है। ऐसी एक भी अस्थि दृष्टि-गोचर नहीं हुई, जो भीम की अस्थि हो। नहीं, वे जीवित हैं। और, जब हैं, तो निश्चित ही इस स्वयंवर-सभा में आएँगे—यही आशा कर रहा हूँ।''

''तुम क्या-क्या जानते हो ! कितनी जानकारी रखते हो, कितना सोचकर काम करते हो। आश्चर्य है, इतने दिन से तुम्हारी सेवा कर रही हूँ, आज तक तुम्हारे विचारों की थाह नहीं पा सकी ! तुम बोल रहे थे कि तुम्हारे मन का सम्पूर्ण रहस्य ज्ञात हो गया है—इससे बड़ा व्यंग्य कुछ भी नहीं हो सकता।...तुम्हारा एक भी रहस्य नहीं जान सकी।

हो सकता है, ज्येष्ठा रुक्मिणी कुछ जानती हों—उसमें भी सन्देह है। समुद्र का भी तल है, हो सकता है, आकाश की भी सीमा सम्भव है—तुम्हारा तल भी नहीं, सीमा भी नहीं !''

उसके बाद अत्यन्त निकट आकर कहा, ''अच्छा, सब तुम्हें भगवान कहते हैं। कोई तुम्हें उनका अष्टांश कहता है, कोई कहता है, तुम ही पूर्ण परमेश्वर।...ठीक-ठीक बताओ न, तुम क्या हो ! अनेक बार पूछा, पर टाल गए। मुझसे बताओ—मैं किसी से नहीं कहूँगी।''

श्रीकृष्ण की दृष्टि फिर से रहस्यपूर्ण स्वप्न से आच्छादित हो उठी। उनकी दृष्टि बीच-बीच में ऐसी ही हो जाती है। ऐसे समय सत्यभामा को कैसा एक भय व्याप जाता है, लगता है, ये उसके परिचित प्रियतम स्वामी नहीं हैं, ये और कोई हैं, कोई विराट्—कोई रहस्यमय सत्ता। ऐसे समय, उनका कंठ-स्वर भी मन्द-गम्भीर हो उठता है, उसमें विनोद की मधुरता या बुद्धि की तीक्ष्णता नहीं रहती, किसी अतिमानवी शक्ति के स्पर्श से मानो उसमें एक लोकोत्तर परिवेश उत्पन्न हो जाता है, उस अति धीमे कंठ-स्वर से भी वायु जैसे काँपने लगती है—मन में उत्कट शब्द ध्वनित होते हैं।

आज भी उसी प्रकार, धीर-मन्द कंठ से बोले, ''टाला नहीं, ठीक ही कहा था। सत्यभामा, तुमने समझने की चेष्टा नहीं की। ईश्वर समस्त प्राणियों में हैं, सर्वत्र हैं। क्या कोई या कुछ, उनके बिना है ? मनुष्य केवल अनुभव नहीं कर पाते। जो उस अनुभव को अपने अन्दर जितना जगा पाते हैं, वे उतने ही शक्तिमान हैं। जो पूर्ण विश्वास करते हैं, विश्वास, अनुभव—वे ही शक्ति को सम्पूर्ण रूप से कार्य में लगा पाते हैं—वही उनका अवतार, वही भगवान।''

''तुम तो यह सब जानती हो,'' आज भी ऐसा नहीं कि सत्यभामा ने स्वामी की बातों का तल पा लिया हो, वे ऊपर-ऊपर से बात का सूत्र पकड़कर बोलीं, ''तुम्हारी शक्ति और ज्ञान का अन्त नहीं है। तुम्हारा जो उद्देश्य है, वह तो तुम पूर्ण कर सकते हो, तब, पांडवों की खोज में क्यों घूम रहे हो ?''

''देखो, ऐसा नहीं है। वासुदेव ने प्यार से सत्यभामा की कटि को लपेट लिया, बहुत दिनों से यह धारणा मनुष्य के स्वभाव में सम्मिलित हो गई है कि राजा और धनी व्यक्ति जो चाहें कर सकते हैं; यह विधाता का निश्चित विधान है, इसके विपरीत कोई विधान सम्भव नहीं है। मैं निर्धन गोपालकों के घर में पला हूँ, निरीह सामान्य मनुष्यों के साथ—बलदर्पी, स्वेच्छाचारी, असंयमी कंस के भय से, जन-साधारण—उसके प्रजाजन सदैव किस प्रकार भयभीत रहते थे—जीवित भी मृत के समान दिन व्यतीत करते थे—वह मैंने स्वयं देखा है, अनुभव किया है। इसका कुछ प्रतिकार आवश्यक है, उनकी इस अकारण-निर्दयता, अत्याचार, अविचार का प्रतिवाद सम्भव है—यह वे कभी सोच भी नहीं सके। इस प्रकार, बिना किसी विरोध के अत्याचार सहना उनके भाग्य में लिखा है, यही सोचकर अत्याचार सहते थे।...मैंने जो कंस-वध किया, उसे भी उन्होंने अलौकिक देव-लीला मान लिया, मुझ पर ईश्वरत्व का आरोप करके निश्चिन्त हो गए। उनके लिए भी कुछ करणीय है,

उनके द्वारा भी ऐसा कार्य हो सकता है–कभी नहीं सोचा, अब भी नहीं सोचते। सारा दायित्व, अदृश्य भगवान पर छोड़कर चुप बैठ गए हैं।''

वासुदेव, यह कहकर थोड़ा रुके, फिर कहा, ''मैं सबको यही दिखाना चाहता हूँ। पांडव यदि आज जीवित हैं, जानता हूँ जीवित हैं–वे इस समय पथ के भिखारी–असहाय, गृह-हीन, भिक्षान्न जीवी हैं। यदि उनके द्वारा मद-गर्वित, ऐश्वर्य-लोभी, अधिकार-लोलुप, चरित्रहीन, दूसरे के सौभाग्य से ईर्ष्या करनेवाले, पाशविक क्षात्र-शक्ति से अनाचार, अत्याचार करके देश को जर्जर करनेवाले, अगणति देशवासियों के रक्त का शोषण करके फल-फूल रहे, देश के उच्च आसन पर बैठे लोगों का विनाश करा पाऊँ–तो लाखों-लाख मूढ़, मूक जन-साधारण को साहस मिलेगा। प्रेरणा मिलेगी आगे बढ़ने की, सिर उठाने की।''

''तब वे पांडवों पर भी ईश्वरत्व का आरोप करेंगे, उनकी सफलता में दैव-शक्ति देखेंगे।''

''इतने ईश्वर ? नहीं, यह नहीं सोचेंगे ! सब ऐसा नहीं सोचेंगे।''

''ईश्वर न हो, तो देवत्व ?''

''देवत्व का प्रकाश पाँच मनुष्यों में सम्भव हो, तो पचास में क्यों नहीं होगा–यह बात भी क्या कोई नहीं सोचेगा ?...पंच-पांडवों को मैंने इस देश के साधारण मनुष्यों के प्रतिनिधि के रूप में ही चुना है। उन लोगों को मैं जितना जानता हूँ,–अधिक तो नहीं देखा, किन्तु मेरे पास समाचार ठीक ही है–सम्भवतः मेरा अनुमान गलत नहीं है। युधिष्ठिर धर्म-भीरु, स्थिर-बुद्धि, विनयी, सभ्य, बहुत सज्जन व्यक्ति; किन्तु उच्च-आकांक्षा और साहस कुछ नहीं; सब प्रकार से दुर्बल-चित्त व भीरु। अपने किसी भी कार्य में आगे नहीं बढ़ पाता, मन स्थिर नहीं रख पाता–परमुखापेक्षी, दूसरे की बुद्धि पर निर्भर। भीम में असुर की भाँति देह-बल–मस्तिष्क में कुछ नहीं। अर्जुन में शौर्य है, शिक्षा भी है–इसी से कुछ अधिक घमंडी भी है–किन्तु उच्च-आकांक्षा व उद्यम कम है। नकुल, सहदेव तरुण आयु के लड़कों की भाँति–कुछ लिखना-पढ़ना जानते हैं–उसे व्यवहार में लाना नहीं सीखा। किसी भी विषय में स्वयं नहीं सोचते, केवल बड़ों का आदेश पालन करते हैं, दायित्वपूर्वक कार्य करने की सामर्थ्य नहीं; जितना रूप-चर्चा में मन लगाते हैं, उतना बुद्धि-चर्चा में नहीं। अपना भविष्य स्वयं निर्मित कर लेंगे–शायद यह वे सोच भी नहीं सकते। तब भी ये पाँचों मिलकर बहुत कुछ कर सकते हैं–विशेषतः, यदि कोई स्थिर बुद्धि एवं दूर-दृष्टि सम्पन्न व्यक्ति इनके पीछे हो।''

''अर्थात् तुम–यही न ? बोलो, वे दोनों तुम्हारी भाँति और किसके पास हैं !''

सत्यभामा, मुग्ध-दृष्टि से पति की ओर देखकर हँसी। श्रद्धा-विनोद मिश्रित हँसी। मुग्धता के साथ कुछ सम्भ्रम–उस हँसी में भय का भाव भी दिखाई दिया।

''क्या पता !'' वासुदेव भी कन्धों की एक विचित्र मुद्रा बनाकर हँसे; कुछ म्लान हँसी। उसके बाद बोले, ''सत्यभामा, सचमुच ही नहीं जानता। कभी-कभी मन हताश हो जाता है, उसके साथ इच्छा भी चली जाती है। क्या अकेला यह गन्धमादन उठा

सकूँगा—इतने सारे निष्क्रिय, जड़, मूक, भाग्य-प्रताड़ित लोगों का बोझ उठा सकूँगा ! क्या ये सत्य ही, किसी दिन सिर उठाकर खड़े हो सकेंगे ?...मेरी बुद्धि पर तुम्हारा अगाध विश्वास है, किन्तु मेरा, अपनी बुद्धि पर इतना विश्वास नहीं है। कभी-कभी सचमुच लगता है—मैं जो सोच रहा हूँ, जिस मार्ग पर जा रहा हूँ—क्या यह ठीक है ? या बहुत बड़ी भूल कर रहा हूँ। क्षात्र-शक्ति को नष्ट करके, देश को कायरों का देश बनाने चला हूँ ! बुद्धि है या बुद्धि का अहंकार—क्या पता, ठीक नहीं समझ पाता।''

उसके बाद सत्यभामा को खींच, आलिंगनबद्ध करके कहा, ''कभी-कभी बहुत दुःख का अनुभव होता है। मेरे चारों ओर जो जीवन-धारा बह रही है—ईर्ष्या, लोभ, व्यभिचार—अकारण हिंसा, अकारण अत्याचार, घमंड के साथ बलपूर्वक खुला पापाचार—जो मेरे आत्मीय बन्धु, कुटुम्बी जाने जाते हैं, वे सभी उस श्रेणी में आते हैं—यह सब देखकर और कोई आशा नहीं रख पाता। इस शरीर से अरुचि हो आती है, यह जन्म धारण करने पर। लगता है, पितामह ब्रह्मा द्वारा यह मनुष्य-सृष्टि ही त्रुटिपूर्ण हुई है, उन्होंने किसी असावधानी-भरे मुहूर्त में जीवन-सृष्टि की परिकल्पना की थी। जब ये सब बातें सोचता हूँ, तो इस जीवन को धारण करने की और इच्छा नहीं रहती।''

सत्यभामा काँप उठी और उनके मुँह पर हाथ रख दिया।

''छिः-छिः ! यह सब मत बोलो। तुम्हें यह हताशा शोभा नहीं देती। तुम मानो या न मानो, समग्र मानव-समाज—सम्पूर्ण जगत् तुम्हारी ओर देख रहा है। तुम्हारे निराश हो जाने पर, साधारण, उत्पीड़ित विपन्न मनुष्य किसका मुख देखकर साहस बाँधेंगे ? उनके लिए तो जीने का उपाय ही नहीं रहेगा। क्लान्ति, अवसाद, मोह—ये सब देह के धर्म हैं—किन्तु क्या तुम इन सबसे परे नहीं हो ?...चलो, उठो, तैयार हो जाओ। दोपहर होने में अधिक देर नहीं है। इस समय देवी रुक्मिणी तुम्हारे लिए निश्चय ही भोजन परोसकर बैठी होंगी !''

''ठीक है। जाना होगा न ? चलो।...मैं हर समय ही तैयार रहता हूँ ताकि किसी भी समय, कितने भी दूर स्थान की यात्रा पर निकल सकूँ—चिन्ता, आर्य बलदेव को लेकर है।''

वासुदेव फिर कार्य में व्यस्त हो गए। साधारण परिचित स्थिति में लौट आए।

॥ ३ ॥

स्वयंवर का आयोजन ऐसी कोई अभूतपूर्व घटना नहीं है, तब भी पांचाल नगरी जो जन-समुद्र में परिणत हो गई है, उसका कारण—इस स्वयंवर की शर्त और पात्री, दोनों ही का असाधारण होना है। ऐसा योगायोग कभी-कभी ही घटित होता है।

जिसका स्वयंवर है—इस बीच, उसकी ख्याति किंवदन्ती के रूप में परिणित होकर देश-देशान्तर में फैल गई है। उसकी अद्वितीय जन्म-कथा, आलोक की भाँति उसके रूप

और गुण। शस्त्र-शास्त्र में पारंगत द्रोणाचार्य पांचालराज द्रुपद के बाल्य-सखा हैं। चरम दारिद्र्य में डूबे द्रोण एक बार उसी मित्रता के विश्वास पर द्रुपद की शरण में आए। किन्तु वहाँ आदर के विपरीत मिला चरम अनादर—अप्रीतिकर व्यवहार। क्रोध में भरे हुए आचार्य हस्तिनापुर लौटकर अपने साले कृपाचार्य के घर प्रायः अज्ञातवास करने लगे। यह समाचार पाकर, कुरु-पितामह महावीर भीष्म ने स्वयं उन्हें आमन्त्रित करके, धृतराष्ट्र एवं पांडु के किशोर पुत्रों की शस्त्र-शिक्षा का भार सौंप दिया।

कुमारों की शिक्षा पूर्ण होने पर, विशेष रूप से जब अर्जुन एवं भीम अजेय वीर बन गए; तब द्रोण ने गुरुदक्षिणा के रूप में माँगा—द्रुपद का पतन और लांछन; तथा उसे प्राप्त भी किया। उस अपमान को न भूल पाने के कारण, द्रुपद ने बदले की कामना से एक कठिन यज्ञ का अनुष्ठान किया। जनश्रुति है कि उस यज्ञ की पूर्णाहुति की समाप्ति पर, यज्ञाग्नि से एक कुमार और कुमारी की उत्पत्ति हुई—धृष्टद्युम्न और कृष्णा। ज्योतिषियों ने कहा, इस कन्या के कारण ही कौरवों का महा-विनाश होगा और यह पुत्र द्रोणहन्ता होगा।

यह, यज्ञाग्नि से प्रकट, अगर्भजात कन्या अग्नि-शिखा की भाँति ही दीप्तिमयी और तेजस्विनी है। जन्म के साथ ही प्राप्तवयस्का, समस्त गुणों में अग्रगण्या। उसकी शिक्षा-दीक्षा, आचरण, वार्तालाप—विनययुक्त व त्रुटिहीन है। चाहे ललित कला हो, चाहे संगीत-शास्त्र, चाहे राजनीति का ज्ञान हो या फिर चाहे सांसारिक कर्म-व्यवस्था—इस कन्या का मानो, सब पर अतुलनीय अधिकार और सहजात निपुणता है। और रूप ? वह भी रूप-कथा की राजकुमारी की भाँति ही—देवांगनाओं के लिए दुर्लभ, कल्पना की सीमा से परे। श्यामवर्णा होकर भी अपूर्व सुन्दरी, उसके देह-वर्ण की स्निग्धता देखनेवालों को आनन्द प्रदान करती है; अतिशय सुदर्शना; सजल मेघ-पुंज की भाँति उसके घने, घुँघराले काले केश; सुस्तनी, पीन-पयोधरा; नीलोत्पल एवं पलाश की भाँति बड़े दो नेत्र; रहस्य और मोहमयी दृष्टि। करतल, पदतल और होंठ रक्तवर्णी, हंस की भाँति गद्गद-भाषिणी; काश्मीरी तुरंगमी (घोड़ी) की भाँति गति—सुगठित देह, सुदर्शना।

कन्या विचित्र, इसलिए पाने की शर्त भी विचित्रतर। ऐसी शर्त, सीता स्वयंवर के पश्चात् और कहीं नहीं रखी गई थी। मनुष्यों की जिज्ञासा का यह भी एक कारण है। इस प्रकार की शर्त कौन जीत पाएगा, कोई जीत पाएगा या नहीं—राजा से मन्त्री, सेना से सेना-नायक, गुरु से शिष्य, पुरोहित से क्रीतदास तक सबको यही कौतूहल है। इस कारण द्रुपद ने तो देश-देश में समाचार भेजा ही है, दूत आमन्त्रण-पत्र लेकर, प्रायः समस्त राजसभाओं में गए हैं—लोगों के मुख से भी बहुत अधिक, बहुत तीव्रता से समाचार फैला है। राजन्य-वर्ग निमन्त्रण पहुँचने के पूर्व ही तैयार हो गया है, यहाँ तक कि जो आशा नहीं रखते—जैसे भू-स्वामियों का दल, अवस्था प्राप्त गृहस्थ—जिनका सम्पर्क है—वे भी बिना निमन्त्रण ही पांचाल की ओर चल पड़े हैं। वे केवल तमाशा देखने, उत्कंठा-पूर्ति के लिए ही निकल पड़े हैं। निकटवर्ती देश से कुछ साधारण गृहस्थ भी चल पड़े हैं, यहाँ तक कि ब्रह्मचर्य व्रत की समाप्ति पर गृहस्थ आश्रम में प्रवेश करनेवाले या

शिक्षार्थी भी शेष नहीं बचे।

इन सबके आने के कारण ही—और भी बहुत लोग एकत्र हो गए हैं। व्यवसाय करके थोड़ा-बहुत कमाने के लिए व्यापारियों के दल आए हैं; राजाओं के शिविरों को चारों ओर से केन्द्र बनाकर बाजार लग गया है, इसने एक विशाल व्यस्त-नगरी का रूप धारण कर लिया है। सुदूर चीन देश से, तिब्बत से, गान्धार के पास असुर, म्लेच्छ, यवनों के देश से भी व्यवसायियों के दल विविध प्रकार की विचित्र विक्रय-सामग्री लेकर आए हैं। उनकी विक्रय-सामग्री ढोनेवाले पशु-दल की देखभाल करने के लिए, पर्याप्त श्रमिक भी आ पहुँचे हैं। खाद्य-सामग्री की असंख्य दुकानें खुल गई हैं। ईंधन का व्यवसाय करनेवाले सैकड़ों लकड़हारे पहले ही पहुँच गए हैं। यहाँ तक कि कुम्भकार और भोजन पात्र आपूर्तिकर्ताओं का व्यवसाय भी बहुत चल रहा है। इतने सारे लोगों का मनोरंजन करने के लिए विभिन्न स्तर के नट-नटी, नर्तक-नर्तकी और बाजीगरों के दल भी पीछे नहीं हैं। इसी के साथ, बहुत सारे भिक्षुक भी आए हैं, विशेष अवसरों पर आनेवाला भिक्षार्थियों का जो दल आया है—उसका कोई लेखा-जोखा नहीं है।

राजा द्रुपद की ओर से भी आदर-सत्कार में कमी नहीं है। स्वयं, युवराज धृष्टद्युम्न ने अगवानी का दायित्व लिया है। वे प्रतिदिन, लगातार अतिथियों की इच्छानुकूल व्यवस्था करने और उनकी असुविधा दूर करने हेतु राजाओं के प्रासाद-शिविरों में घूम रहे हैं। पेय-जल की आपूर्ति में बाधा न पड़े; कूड़ा-कर्कट आदि से अभ्यागत अतिथियों के साथ अनामन्त्रित दर्शकों की भी स्वास्थ्यहानि न हो—उस ओर ध्यान देने के लिए पांचालराज ने कई मन्त्री नियुक्त किए हैं। राजाओं के साथ सेवक-महाराज, दास-दासी, पालकी ढोनेवाले, अश्व-रक्षक, हाथ-पैर दबानेवाले, अंग-रक्षक आदि जो असंख्य अनुचर आए हैं, वे अपनी खाद्य-सामग्री साथ ही लाए हैं और पांचाल राजसभा से भी प्रचुर मात्रा में कच्ची खाद्य-सामग्री भेजी जा रही है। फलस्वरूप शिविरों में महोत्सव जैसा हो रहा है।

कच्ची खाद्य-सामग्री में धान, गेहूँ, तेल, घी, मांस आदि भोजन की प्रधान वस्तुएँ तो हैं ही—उसका एक बड़ा भाग दूध, दही, मिष्टान्न भी है। उसी के साथ सुरा आदि रुचिकर, इच्छानुकूल पेय भी हैं।

केवल, भोजन-पान की व्यवस्था करके ही पांचाल राज-सभा निश्चिन्त नहीं हो गई। अतिथियों के मनोरंजन और नैषकर्म-जन्य थकन को दूर करने की भी पर्याप्त व्यवस्था की गई है। नगर की पूर्वोत्तर दिशा में विशाल स्वयंवर-सभा का निर्माण हुआ है, उसे केन्द्र में रखकर चारों ओर अतिथियों के लिए सुरम्य आवास-भवन, शिविर, दुकानें आदि; उसके बाद प्राचीर, प्राचीर के बाद परिखा। प्राचीर, कई द्वारों और वन्दनवार से सुशोभित है। सब मिलाकर, कुछ ही पहले के रूखे पर्वतीय अंचल ने, सुविशाल नगरी का रूप धारण कर लिया है।

सभा-स्थल के, इस नगरी का केन्द्र-बिन्दु होने के कारण ही, वहाँ नृत्य-गीत, नाटक, मल्ल-युद्ध, इन्द्रजाल-प्रदर्शन आदि आमोद-प्रमोद के आयोजन की व्यवस्था है। विभिन्न

देशों से, नट, मंगल-पाठ करके राजाओं को जगानेवाले, पुराण-कथा-वाचक, महाबली मल्ल और कुशल नर्तक आए हुए हैं। सभा-स्थल को चन्दनमिश्रित जल छिड़ककर धूलिहीन और सुवासित किया गया है। उसके साथ धूप तथा अगरू-धूम तो है ही। राजाओं के बैठने के आसन भी यथा-सम्भव आरामदायक बनाए गए हैं। यहाँ तक कि अनामन्त्रित दर्शकों के लिए, सूखी छोटी घास पर भेड़ के बालों से निर्मित आसन की व्यवस्था है, जिससे वे मिट्टी की कठोरता का अनुभव न करें। एक के बाद एक, ऊपर की ओर उठते हुए, अतिथियों के आसन प्रायः सभा-मंडप को ढकनेवाले वस्त्र का स्पर्श कर रहे हैं, किसी ओर से भी स्वयंवर या नृत्य-गीत-अभिनय, कुछ भी देखने में असुविधा नहीं है। इसी विशाल सभामंडप के विस्तृत मध्य भाग में चन्दन की लकड़ी का मंच बनाया गया है–अभिनय और नृत्य-गीत के लिए। मल्ल-युद्ध का आयोजन भूमि पर है। वस्तुतः वहाँ पूरे दिन आमोद-प्रमोद का कुछ-न-कुछ आयोजन होता रहता है–जब, जिसकी इच्छा हो, कुछ समय बैठकर आनन्द प्राप्त करके जा सकता है। और, यह आयोजन एकाध दिन के लिए नहीं है। यह अभूतपूर्व आनन्ददायी महोत्सव पूरे एक पखवारे तक चलनेवाला है।

मनुष्यों के इस विशाल घने जंगल में किसी को खोज निकालना, लगभग असम्भव है। वासुदेव ने कोशिश भी नहीं की। जो विशिष्ट अतिथि आए हैं, विभिन्न देशों के राजाओं के दल–विश्वस्त चर भेजकर, केवल उनकी एक सूची उपलब्ध की है। उनके शत्रु चारों ओर ही हैं, इसलिए, इससे अधिक सम्पर्क करने का साहस नहीं है। कुछ उन्हें समान अधिकारी के रूप में ग्रहण नहीं करते, समान स्तर का नहीं मानते, 'कंस का क्रीतदास' कहकर व्यंग्य करते हैं; कुछ–जैसे मगधपति जरासन्ध, चेदिराज शिशुपाल और प्राग्ज्योतिषपुर का राजा भगदत्त आदि उनके प्रति विद्वेष रखते हैं। ये ही मुख्य रूप से शक्तिशाली हैं। अकेले जरासन्ध की तीस अक्षौहिणी सेना है। इसलिए, केवल दो-चार समधर्मी, समान व्यथावाले व्यक्तियों से मिले।

और की, सभा आरम्भ होने से बहुत पहले ही, स्वयंवर-सभा में पहुँचने की व्यवस्था। ठीक दोपहर में स्वयंवर का समय निर्धारित हुआ था, किन्तु, प्रातःकाल के भी पूर्व बलदेव को जगाकर, उसके बाद भी लगातार तकाजा करके, उनके प्रातः-कृत्य, स्नान, पूजा आदि समाप्त कराकर, दही और पेड़े का साधारण जल-पान करके, अन्ततः प्रथम प्रहर की चार-पाँच घड़ी शेष रहते ही सभा-स्थल पर उपस्थित हो गए।

साधारण जनता अवश्य ही इससे बहुत पहले पहुँच गई है–लगता है, कुछ तो प्रभात होने के पूर्व अँधेरे में ही आकर बैठ गए हैं–मंच के निकट सुविधा से देखने के लिए आसन पाने की आशा में। वासुदेव या उनके अग्रज और कुटुम्बियों की वह चिन्ता नहीं थी; पहले से ही राजाओं की मर्यादा के अनुसार स्थान निश्चित कर दिए गए थे; यादव और वृषि भी उस सूची में सम्मिलित थे। श्रीकृष्ण के इतने पहले आने का कारण दूसरा है। इतनी बड़ी वृत्ताकार सभा में कौन कहाँ बैठा है, कौन-कौन आया है, किसकी सफल होने की कितनी सम्भावना है–मात्र एक बार दृष्टि घुमाकर देख पाना सम्भव नहीं है।

एक ओर से, सामने दूसरी ओर के लोगों को पहचान पाना ही कठिन कार्य है, पहचान के विशेष चिह्न दिखाई ही नहीं देते। और, उस प्रकार एक-एक कर देखने के लिए समय भी चाहिए।

सभा न देखकर भी वासुदेव ने उसके परिसर का अनुमान कर लिया था। इस कारण ही वे इतना पहले आए–पर्याप्त समय रहते। राजाओं के लिए दो प्रवेश-द्वार निश्चित थे–पूर्व और उत्तर के द्वार। श्रीकृष्ण, उन्हीं दो तोरण-द्वारों की ओर दृष्टि गड़ाकर देखने लगे कि कौन या कौन-कौन आ रहे हैं।

भारत के सब प्रान्तों से ही राजा आए हैं। छोटा-बड़ा कोई देश या राज्य शेष नहीं रहा। मद्र, मत्स्य, प्रागृज्योतिषपुर और आन्ध्र से लेकर सुदूर केरल तक। किन्तु सब ही गणनीय नहीं हैं। जो सम्भाव्य विजेता हैं, उनके सम्बन्ध में ही कौतूहल है। अनुमान, भविष्यवाणी, इतना कि शर्त लगाना भी–उनको लेकर ही है।

बलराम की उतनी तत्परता नहीं थी, होने का कारण भी नहीं था। सूर्योदय के बहुत पहले, शैया छोड़ देने के फलस्वरूप, विगत-रात्रि का सुरापान का शैथिल्य तब तक भी नहीं गया था। वे निरासक्त, उदासीन जैसे बैठे देख रहे थे और बार-बार जम्हाइयाँ ले रहे थे। केवल अकस्मात् वे अंगाधिपति कर्ण के–सभासदों के साथ, सभा-गृह में प्रवेश करते ही सीधे होकर बैठे, अनुज से बोले, ''अरे, ये तो कर्ण को भी आते देख रहा हूँ। कर्ण को तो गिना ही नहीं था। ये ही असली व्यक्ति हैं। कर्ण ही लक्ष्य-भेद करेंगे–देख लेना।''

वासुदेव तत्काल कोई उत्तर नहीं दे पाए। कारण, ठीक उसी समय एक और घटना घटी–अन्तःपुर की ओर का वस्त्रावरण हटाकर कन्या को सभा में लाया गया।

द्रोपदी !!

वासुदेव कभी-कभी ही विस्मित होते हैं। जिस कारण से साधारण मनुष्य आश्चर्य अनुभव करते हैं–उनके जीवन में, वह कारण अधिक नहीं आता। वे बहुत पहले ही बहुत बातों का अनुमान लगा सकते हैं, उनकी विस्मयकारी सहज बुद्धि, बहुत सम्भावनाओं की कल्पना कर लेती है। उनकी दृष्टि बहुत दूर भविष्य में पहुँच जाती है–मनुष्य के गहन अन्तर्मन में, उनके ज्ञान और निपुणता की सहज गति है। किन्तु, आज वे भी विस्मित हो गए। ठीक ऐसी कभी भी नहीं सोची थी। यह विश्वास नहीं किया था कि इस प्रकार भी देखेंगे। इतनी दूर कल्पना भी नहीं पहुँच पाई।

अगर्भजात, यज्ञाग्नि से उत्पन्न यह कन्या एकाएक किशोरी के रूप में ही इस धरा पर आई है–वे इस बात को जानते हैं। श्यामांगी होने पर भी असाधारण, अतुलनीय सुन्दरी है–यह भी सुना था। किन्तु यह, सब जाने और सुने हुए से अलग है। आज की यह जानकारी पहली समस्त जानकारियों से परे है। साधारणतः कोई यथार्थ प्रचारित होते समय, बहुत अधिक आलंकारिक होता है, अनेक रूपोंवाला होता है–किन्तु इसमें ऐसा नहीं है, कारण, लोगों की चर्चा की शब्द-बहुलता वास्तविक सत्य को प्रकट नहीं कर सकी। कल्पना को, कुछ ज्ञान या कुशलता पर निर्भर होना पड़ता है–साधारण मनुष्य

की कल्पनाशक्ति इतनी दूर नहीं पहुँच पाती और न पहुँचने के कारण ही वह वास्तविकता के निकट नहीं पहुँच पाती।...

वासुदेव, क्षण-भर के लिए हक्के-बक्के रह गए।

लगता है उनके जीवन में पहली बार ऐसा हुआ।

उस समय उनके मुख में वाणी नहीं थी, आँखों पर पलकें नहीं थीं।

"यही है द्रोपदी ! यज्ञ से प्राप्त परम आश्चर्यमयी कन्या !"

एक बार पुनः मन-ही-मन बोले।

रूप ?

हाँ, सचमुच रूपसी। असाधारण, अनुपम, लोकोत्तर रूपसी—देव-कन्याओं के लिए दुर्लभ रूप—इसमें कोई दो मत नहीं है। उन्होंने भी ऐसा रूप अधिक नहीं देखा। किन्तु उनके विस्मय का वही कारण नहीं है। केवल रूप ही एक मात्र कारण होता, तो वे इतने अधिक विचलित नहीं होते।

उनके विस्मित, विचलित होने का दूसरा कारण है।

उन्होंने देखा, उस कन्या का व्यक्तित्व। इतने दिनों में इतनी लड़कियाँ देखीं, बहुनारी-वल्लभ के रूप में उनका दुर्नाम भी है—किन्तु ऐसा व्यक्तित्व, प्रज्ञा और बुद्धि, ऐसी दीप्ति उनके देखने में कभी नहीं आई।

केवल नील पद्म-पलाश की भाँति दो बड़े-बड़े नेत्रों में ही नहीं,—सुकुमार, सुन्दर ललाट के गठन में भी स्थिर, तीक्ष्ण बुद्धि है—उसी के साथ कार्य-शक्ति, मनुष्य को अनुशासित करने की जन्मजात शक्ति दिखाई दे रही है। यह नारी केवल मानवी ही नहीं, देवी भी नहीं—यह और भी बहुत कुछ है, कुछ भिन्न है। किसी ज्ञात विशेषण से इसे सम्बोधित नहीं किया जा सकता, किसी विशेष वर्णन द्वारा इसे चित्रित नहीं किया जा सकता।

आश्चर्य ! यही द्रोपदी है !

वासुदेव श्रीकृष्ण ने एक बार और मन-ही-मन कहा।

साथ-ही-साथ जैसे मन के किसी निजी कोने में एक क्षण को हताशा और ईर्ष्यामिश्रित वासना जाग गई—यह लड़की, यदि उन्हें मिली होती ! उनके लिए उपयुक्त जीवन-संगिनी होती—सिंह की सिंहनी। यह, उनकी केवल विलास-सहचरी, विनम्र संगिनी ही नहीं होती। इसे पाने से, इतना अकेलापन और असहाय-स्थिति अनुभव नहीं होती। उद्‌देश्य की पूर्ति के लिए दूसरे व्यक्ति को भी नहीं खोजना पड़ता।...

किन्तु उस एक क्षण के लिए ही। निमिष मात्र में ही यह विचार मन में उठकर मन में ही विलीन हो गया। वासुदेव ने मन को दृढ़ता के साथ नियन्त्रित कर लिया। जो नहीं होना है, जो नहीं होगा, उसे लेकर मन में अकारण अभाव का अनुभव करने से लाभ नहीं है। इस कन्या ने सृष्टि-कर्ता के वरदान से संहार-रूपिणी होकर जन्म लिया है। जहाँ जाएगी, जिसके घर जाएगी—उनका उद्‌देश्य पूर्ण होगा। और यदि उनका अनुमान गलत न हो, पांडव जीवित हों एवं इस सभा में विद्यमान हों, तो उनके घर ही

जाएगी। उससे ही उनका अधिक काम बनेगा।

उन्हें, मन को संयत करके, प्रकृतिस्थ होने में कई क्षण लगे। उसके बाद भी—उनके अनमनेपन की सघनता नहीं टूटी—उसी दशा में बड़े भाई को उत्तर दिया, ''आपने भी लड़की को नहीं समझा। मैं, लड़कियों को जितना जानता हूँ, यह लड़की कभी भी सूत-पुत्र का वरण नहीं करेगी। कर्ण ने यदि ऐसी चेष्टा की—तो वे अकारण ही उपहास के पात्र बनेंगे।''

''जब तुम कह रहे हो, तो इसमें और क्या सन्देह है। लड़कियों को तुमसे अधिक कौन जान सकता है ?''

बलदेव ने अवसर पाकर, एक बार फिर छोटे भाई को व्यंग्य के शल्य से बींध दिया।

॥ ४ ॥

भाग्य से अंगाधिपति का आसन वृषियों के आसन से बहुत दूर नहीं था। कर्ण चाहते थे कि मित्र, परम उपकारी और सम्मान रक्षक दुर्योधन के पास बैठें—किन्तु राजाओं की मर्यादा के अनुसार आसन निर्धारित होने से उन्हें दूर रहना पड़ा। अंग कौरवों के अधीन करद-राज्य मात्र है। उस राज्य का शासक स्वाधीन, चक्रवर्ती राजाओं की पंक्ति में स्थान नहीं पा सकता।

कन्या के, सभा-स्थल पर उपस्थित होने पर भी अनुष्ठान आरम्भ होने में कुछ विलम्ब हुआ। काफी कुछ, जो किया जाना आवश्यक था, तब तक भी नहीं हुआ, आयोजन का बहुत सा छोटा-मोटा काम शेष था। इसके अतिरिक्त अभी तक लोग लगातार सभा में आ रहे हैं। अन्य लोगों या दर्शकों के लिए उतनी चिन्ता नहीं है। वे तो दोपहर के पूर्व ही आकर बैठ गए हैं, समस्त आमन्त्रित अतिथि ही अब तक उपस्थित नहीं हो पाए, घंटे की तीव्र ध्वनि और घोषकारों की उच्च कंठ से स्वयंवर प्रारम्भ होने की घोषणा सुनकर शीघ्र ही आने शुरू हुए। बहुत से, द्वारपालों और आसन बतानेवालों की प्राण-पण से की गई चेष्टा के बावजूद, निर्धारित आसन नहीं खोज पा रहे हैं। उनमें से कुछ असन्तुष्ट हैं; अपनी भूल का ध्यान न करके तेज आवाज में यजमान और व्यवस्था करनेवालों की भर्त्सना कर रहे हैं। इस कारण, कुछ अव्यवस्था और अत्यधिक कोलाहल प्रतीत हो रहा है। द्रुपद-पुत्र धृष्टद्युम्न मंच पर तैयार खड़ा है, किन्तु इस अशान्त अवस्था में स्वयंवर सम्बन्धी शर्त आदि की घोषणा सम्भव नहीं हो पा रही है।

स्थिति समझकर—अनुमान लगाकर, कि अभी भी दो घड़ी समय है—वासुदेव अपने आसन से उठकर, अपने सभासदों के साथ बैठे अंगाधिपति की ओर बढ़े। विस्मित बलदेव के, 'कहाँ जा रहे हो, कहाँ जा रहे हो' प्रश्न को सुनकर भी—न सुनने का बहाना करके, कृष्ण ने क्षण-भर में ही कर्ण के सम्मुख पहुँच, सौजन्य-सूचक अभिवादन करके कुशल क्षेम पूछी, ''महावीर अंगाधिपति, स्वास्थ्य एवं अन्य प्रकार से कुशल तो हैं ?

परिवार के सब समाचार तो अच्छे हैं ?...यहाँ कोई असुविधा तो नहीं है ?''

कर्ण आश्चर्यचकित हुए। उन लोगों का केवल सामान्य परिचय है, बल्कि दुर्योधन का शस्त्र-गुरु होने के नाते बलदेव से तो कई बार वार्तालाप का सुयोग मिला था–स्मरण नहीं आ रहा, कि श्रीकृष्ण से दो बार से अधिक भेंट हुई हो। उनकी इस आत्मीयता का क्या कारण है ?...मन-ही-मन कुछ शंकित भी हुए, कपटी और अत्यधिक धूर्त के रूप में वासुदेव की बदनामी है–उनकी इस अकारण और अनपेक्षित अन्तरंगता से मन में अपने आप ही शंका होती है।

विनम्र अभिवादन से और भी आश्चर्य हुआ। जो भी हो, गोपालकों के घर पालन-पोषण होने पर भी श्रीकृष्ण यदु-वंश की सन्तान हैं। यदु और वृषि वंश अपने क्षत्रिय होने का दावा करते हैं। श्रीकृष्ण ने सब कुछ जानकर सूत-पुत्र को क्यों नमस्कार किया ? राजा हो गए हैं, ठीक है, किन्तु इससे क्षत्रिय तो नहीं हो गए हैं !

किन्तु, विस्मय या शंका जितनी भी रहे–शिष्टता या नम्रता से तो दूर नहीं रहा जा सकता। कर्ण ने खड़े होकर नमस्कार का प्रत्युत्तर देते हुए कुशलता पूछकर और आदर के साथ वासुदेव के दोनों हाथ पकड़कर पास बैठा लिया।

''आइए, आइए। क्या भाग्य है, आप कृपापूर्वक मुझे स्मरण करने आए हैं। संकेत करने से मैं ही चला आता।''

''नहीं-नहीं, इसमें क्या हुआ ! आयु के अतिरिक्त आप शायद प्रत्येक विषय में मुझसे बढ़कर हैं। केवल महावीर ही नहीं–महान् मानव भी हैं। आपके मुक्त-दान की कहानी, परोपकार एवं जन-सेवा का विवरण आज समस्त भारत को विदित है।''

''छिः छिः ! वे सब बातें कहकर लज्जित न करें। मेरी क्षमता अत्यन्त सीमित और नगण्य है। आप आयु में भी बड़े हैं; विद्या, बुद्धि, राजनीति, सब जगह आप के ज्ञान का लोहा माना जाता है, आपकी प्रतिभा सब लोगों को विदित है।...आपने मुझे स्मरण रखा, इसके लिए मैं कृतज्ञ और धन्य हूँ।...अब अपने-अपने सब लोगों के विषय में बताइए। आचार्य बलदेव स्वस्थ और प्रसन्न तो हैं ? क्या उन्हें मेरा स्मरण है ?''

''बहुत अच्छी तरह ! आपको वही बताने तो आया हूँ। आप उन्हें स्मरण ही नहीं हैं–आप पर उनकी अगाध आस्था है। आपके, सभा-गृह में प्रवेश करते ही आर्य बलदेव ने कहा, यही एक मात्र व्यक्ति है, जो आज की कठिन शर्त जीत सकता है। और कोई भी दिखाई नहीं दे रहा है। सुर-वन्दिता, देवताओं के अंश से उत्पन्न यह कन्या अंगाधिपति के कंठ में ही वर-माला अर्पित करेगी।''

''मैं ! बलदेव ने मेरे विषय में कहा ? क्या ऐसा !'' कर्ण, आनन्द और निश्छल विस्मय के साथ आसन छोड़कर उठने को हुए, ''आप क्या कह रहे हैं ? लगता है, परिहास कर रहे हैं !''

श्रीकृष्ण ने भौंहें सिकोड़कर, चेहरे तथा आँखों में अकपट आश्चर्य भाव लाकर कहा, ''क्यों ? आपके मन में यह विचार क्यों आया ? अपनों के साथ अकारण विनम्रता से कोई लाभ नहीं है–आप ही बताइए, इस सभा में आपसे बढ़कर धनुर्धर और कौन

है ? ऐश्वर्यवान, बली, सुयोद्धा तो और भी अनेक हैं–किन्तु यहाँ अन्यथा दैहिक शक्ति या रण-कौशल दिखाने का अवसर कहाँ है ? जो धनुष-बाण में अत्यन्त निपुण हो, केवल वही इस शर्त को जीत पाएगा। अर्जुन के जीवित होने पर भी कुछ बात थी, जमदग्नि के शिष्य, कर्ण के अतिरिक्त और किसी को भी इस सभा में सम्भावित-विजेता के रूप में नहीं देख रहा हूँ !''

अर्जुन शब्द सुनने के साथ-ही-साथ कर्ण की भौंहें टेढ़ी हो गईं और मुख-मंडल आरक्त हो उठा। किन्तु, कुछ क्षण के लिए ही। मृत व्यक्ति पर अकारण क्रोध करने से कोई लाभ नहीं। वासुदेव ने, विशेषकर अर्जुन के श्रेष्ठतर होने की बात तो कही नहीं, केवल प्रतिद्वन्द्वी के रूप में उल्लेख किया है। कर्ण, कुल मिलाकर आनन्दित हुए, प्रसन्न कंठ से कहा, ''यही तो ! किन्तु सच कह रहा हूँ, इस स्वयंवर सभा में प्रतियोगिता के लिए नहीं आया हूँ। सोचा, इस शर्त को महारथी दुर्योधन ही जीतेंगे, हम लोग सोल्लास बन्धु-पत्नी को लेकर हस्तिनापुर लौटेंगे।''

''किन्तु, आपका यह विचार उचित नहीं है, मनुष्य को पुत्र-मोह में अन्धा होते सुना था, आपको मित्र-प्रेम में अन्धा होते देख रहा हूँ,'' श्रीकृष्ण ने, सहज स्वर में प्रच्छन्न तिरस्कार किया, ''कुरुवंश-तिलक दुर्योधन गदा-युद्ध में जितना कुशल है–उतना क्यों, उसका दशांश भी धनुर्युद्ध में नहीं है, इसे आपसे अधिक और कौन जानता है ? इसके अतिरिक्त, अंगाधिपति आप महावीर हैं, जैसे आश्रित की, आपद्ग्रस्त की रक्षा करना और अपने बराबरवाले के साथ युद्ध करना वीर का धर्म है उसी प्रकार वीरता के बदले कन्या-रत्न को प्राप्त करना भी उसी कर्तव्य में आता है। यहाँ शस्त्र-निपुणता के प्रदर्शन को ही वीरता माना जाएगा। इस प्रतियोगिता में भाग लेना आपका आवश्यक कर्तव्य है, इस कर्तव्य का पालन न करने पर आप पाप के भागी होंगे। अधिक-से-अधिक, यदि महा-उपकारी मित्र को सम्मान देना चाहते हैं–तो आप आगे न बढ़कर, दुर्योधन के पराजय-वरण तक प्रतीक्षा कर सकते हैं। उसके बाद कहिए, निरस्त्र होकर बैठे रहने का और क्या कारण हो सकता है !''

कर्ण के मन में यह बात बैठ गई। श्रीकृष्ण के इस अनचाहे उपदेश को उपकार मानकर कृतज्ञता अनुभव की। किन्तु, उस मनोभाव को प्रकट करने का समय नहीं मिला। उसी समय सभा-गृह में कुछ शान्ति हुई, धृष्टद्युम्न ने संकेत से प्रदर्शित किया कि अब वह अपनी घोषणा प्रारम्भ करेगा। श्रीकृष्ण उसके हाथ उठाने की मुद्रा देखते ही शीघ्रतापूर्वक अपने आसन पर लौट आए।

इधर, बलदेव कुतूहल के कारण व्याकुल हो गए थे, श्रीकृष्ण के आसन ग्रहण करते ही प्रश्न किया, ''क्या बात है ! अचानक–कर्ण के साथ इतनी आत्मीयता किसलिए ?''

''नहीं, आत्मीयता क्या !'' वासुदेव ने सहज-शान्त भाव से उत्तर दिया, ''आपका आशीर्वाद और सान्त्वना मात्र देकर आया हूँ।''

हलधर ठीक-ठीक नहीं समझ सके। उन्होंने कर्ण को कब आशीर्वाद दिया था ! आजकल उन्हें क्या इतना स्मृति-भ्रम हो रहा है ? ''मेरी ओर से क्या कहा ?'' श्रीकृष्ण

की ओर विह्वल दृष्टि से देखकर पूछा।

"वही, जो आपने कहा था, इस शर्त को पूरा करके इस नारी-रत्न को प्राप्त करने के लिए कर्ण ही एकमात्र योग्य पात्र है–वही सूचना देकर उत्साहित कर आया हूँ। अच्छा ही हुआ, कर्ण ने पहले इस प्रतियोगिता में भाग न लेने का निश्चय किया था।"

"पर तुमने जो कहा था, लड़की उसका वरण नहीं करेगी ?" बलदेव और भी भ्रान्ति में पड़ गए।

"वह तो केवल मेरा अनुमान है। मैं जो सोचता हूँ, क्या आपकी बात का महत्त्व उससे बहुत अधिक नहीं है ? दुर्योधन का शस्त्र-गुरु होने के नाते, अंगाधिपति भी आपको गुरु की भाँति ही श्रद्धा करते हैं। आपकी सान्त्वना पाकर उनका उपकार ही हुआ। बहुत उत्साह और नवीन शक्ति प्राप्त की।"

बलदेव प्रसन्न हो उठे। अपने अनुज द्वारा सामान्य महत्त्व दिए जाने पर भी वे ब्रह्मांड-विजय का आनन्द अनुभव करते हैं।

कोलाहल कुछ शान्त होने पर भी, पूर्ण रूप से शान्ति नहीं हुई। इसी कारण, पहली बार में धृष्टद्युम्न की घोषणा पूरी तरह नहीं सुनी जा सकी। यह समझकर, उसने क्रमशः तीन दिशाओं में मुँह घुमाकर पुनर्घोषणा की :

"आप लोग कृपा करके लक्ष्य कीजिए, ऊपर, इस सभा-भवन के शीर्ष स्थान पर एक लक्ष्य-वस्तु स्थापित की गई है। उसके नीचे एक चक्राकार यन्त्र है, और यह देख रहे हैं एक विशाल धनुष एवं पाँच तीक्ष्ण बाण। जो, घूमते हुए चक्र के छिद्र-पथ में से पाँच बाण छोड़कर, लक्ष्य-भेद करेंगे, मेरी बहन–द्रुपदराज-कन्या कृष्णा, उनका ही पति के रूप में वरण करेगी।"

घोषणा समाप्त होने पर, कुमार धृष्टद्युम्न, द्रोपदी को एक साथ मुख्य-मुख्य राजाओं का परिचय देकर चुप हो गया।

उसके बाद सभा में पुनः भारी कोलाहल होने लगा। दर्शक, किसकी कितनी सम्भावना, का अनुमान लगाने लगे। किसी-किसी ने कहा कि राजा द्रुपद ने इस कन्या को, अन्य गृह में न भेजने की इच्छा के कारण ही, यह कठिन शर्त रखी है। किसी ने पांचाल राजा का समर्थन भी किया, जो इस कन्या को चाहता है, उसे अपनी योग्यता का प्रमाण देना ही पड़ेगा !

राजाओं के बीच, पूरी तरह अन्य कारण से कोलाहल और वाक्-युद्ध दिखाई दिया। वे प्रमाण देने के पूर्व ही, परस्पर होड़ करने लगे कि केवल उन्हीं की इस शर्त को जीतने की सम्भावना है। सब ही अपनी-अपनी गुणावली अर्थात् पराक्रम और वीरता का कुछ सत्य और कुछ काल्पनिक बखान करके, अहंकार दिखाने लगे।

किन्तु, इस प्रकार की खोखली प्रशंसा बहुत देर तक सम्भव नहीं हो पाई। अन्त में एक को उठना ही पड़ा। उसके बाद और एक, और एक। इस रूपवती कन्या को देखकर सभी कामातुर और लोभी हो उठे, इस प्रभाव से भी कुछ शीघ्रता में थे। जो प्रारम्भ में गए उनमें ही दुर्योधन थे। इसके अतिरिक्त शाल्व, शल्य, क्राथ, वक्र,

कलिंगराज, बंगाधिपति, विदेहराज, यवनराज, वत्सराज, सिन्धुराज, कोसलाधिपति आदि। किन्तु कोई भी सफल नहीं हो पाया। लक्ष्य-भेद की बात तो दूर, बहुतों से धनुष ही नहीं उठ पाया। एक-दो व्यक्ति उठा भी पाए, तो धनुष पर प्रत्यंचा चढ़ाने में समर्थ नहीं हुए। धनुष को झुकाकर प्रत्यंचा क्या चढ़ाते, धनुष के आघात से छिटककर गिरने लगे। उन सबके अलंकार, कवच-कुंडल ऊपर की ओर उछलकर चारों ओर बिखर गए, किसी-किसी के वस्त्रादि भी फट गए। शरीर पसीने-पसीने हो गया, जोर-जोर से साँस चलने लगी।

उठकर जाने से पहले प्रायः सभी ने भुजा पर चपेटा मारकर बल-प्रदर्शन और आत्म-प्रदर्शन किया। अपने आप ही अपनी पूर्वकाल की कीर्ति की याद दिलाकर अपनी महिमा का प्रचार किया, 'उद्बाहुरिववामनः' कहकर अपने पूर्ववर्ती असफल प्रतियोगियों पर व्यंग्य किया–उसके बाद धनुष के आघात से गौरवविहीन एवं श्रीहीन होकर, लज्जित मुख लिये चुपचाप आकर आसन ग्रहण कर लिया।

इस प्रकार, अनेक के असफल हो जाने के बाद, उचित अवसर देखकर अन्त में, महा-दानी अंगाधिपति कर्ण उठे। जब दुर्योधन की और कोई आशा नहीं है, तो उनके, प्रतियोगिता में भाग लेने में क्या कठिनाई है ? अब तक इस कारण प्रतीक्षा की कि कहीं अतिरिक्त लोभ या व्याकुलता प्रकट न हो !

कर्ण ने, आत्मश्लाघा, बाहुबल का प्रदर्शन या शब्दाडम्बर का प्रयोग, कुछ भी नहीं किया, मर्यादा के अनुसार धीर मन्द गति से चुपचाप जाकर, उस विशाल धनुष को आसानी से उठाकर, उस पर अवज्ञापूर्वक प्रत्यंचा चढ़ा दी–जिसे उठाते ही अधिकांश प्रतियोगी दूसरी ओर लुढ़क गए थे।

सभा का उद्घोषक, आसन छोड़कर धनुष की ओर बढ़ते ही, प्रतियोगियों के नाम, परिचय और कुछ पूर्व-यश की घोषणा कर रहा था। यही उसका कार्य था, जिसके लिए उसकी नियुक्ति हुई थी। कई दिन घूम-घूमकर विभिन्न राजाओं के सभासदों से सब विवरण एकत्र किया था। कर्ण के उठते ही, नियमानुसार, उनके नाम और गुणों की घोषणा की गई।

नाम सुनते ही पांचाली का मुख कान्तिहीन हो गया, उन्हें आसानी से धनुष पर प्रत्यंचा चढ़ाते देख, वे आवेग के अवरुद्ध हो जाने और आशंका से अशान्त हो गईं, सम्पूर्ण शरीर काँपने लगा। उस समय प्रतीक्षा करने या अन्य कुछ करने का समय नहीं था, भाई धृष्टद्युम्न या पिता द्रुपद से बिना अनुमति लिये ही उन्होंने स्पष्ट स्वर में कहा, "मैं सूत जाति के व्यक्ति से विवाह नहीं करूँगी, कर्ण के सफल होने पर भी, उन्हें वर-माला अर्पित करने के पूर्व आत्म-हत्या कर लूँगी।"

द्रोपदी ने बिना सोचे, अचानक सारी बात कह दी। घायल व्यक्ति को यह आघात कितना दुखी कर सकता है–उस समय नहीं समझी। अब–कह देने के बाद–शायद कुछ समझी। किन्तु तब क्या उपाय था ? हाथ से पासा, धनुष से बाण और मुँह से बात–एक बार निकल जाने पर, लौटाई नहीं जा सकती।

महामति कर्ण हँसे। तिक्त-मधुर हँसी। द्रोपदी को भी शोकार्त अनुभव हुए।

कर्ण सावधानीपूर्वक, धीरे से प्रत्यंचा उतारकर, धनुष को निर्दिष्ट स्थान पर रखकर, शान्त-गम्भीर स्वर में बोले, "कल्याणी, आप सुखी हों, स्वस्थ रहें, मेरे कारण आपको मृत्यु ही क्या, कोई भी दुख नहीं उठाना पड़ेगा। मैं विरत हो गया।"

उसके बाद, ऊपर आकाश की ओर मुख करके, अपने आराध्य सूर्यदेव को प्रणाम कर एवं उसी के साथ सम्भवतः अपने मन की वेदना–निवेदन करके, शान्त-गम्भीर गति से, अपने आसन पर आकर बैठ गए।

इसी बीच दूसरे की दया पर निर्भर सामान्य सूत-पुत्र के अहंकार और दुस्साहस को लेकर, चारों ओर जो व्यंग्य का स्वर गूँजने लगा था, वह उनके कानों में पड़ा या नहीं, कर्ण के मुख का भाव देखकर कुछ भी समझ में नहीं आया।

श्रीकृष्ण अब तक अपलक यह नाटक देख रहे थे, विशेष रूप से कर्ण पर ही उनकी दृष्टि गड़ी थी। अब, अर्ध-व्यक्त स्वर में बोल उठे, "ठीक, आधा कार्य तो हो गया। कर्ण, पांचालों का जीवन-भर के लिए शत्रु हो गया। यह अपमान उसके मन से कभी नहीं मिटेगा।"

॥ ५ ॥

इच्छा और लालसा का अभाव नहीं है, तब भी संकोच और शंका मिटते नहीं।

अनामन्त्रित दर्शकों के बीच जो स्थान ब्राह्मणों के लिए निर्धारित किया गया था, वहाँ काफी देर से साँवले रंग का एक युवक व्याकुल हो रहा था; उसके दोनों हाथों में, बाहुओं और कन्धों की मांसपेशियों में तनाव हो रहा था। लगा कि जैसे आँखों के सामने किसी दूसरे व्यक्ति को अति सरल काम बिगाड़ते देखकर कुशल व्यक्ति को असहनीय अनुभव होता है–उसी प्रकार इस तरुण ब्राह्मण को भी हुआ।

अब तक अनेक लोग समझ गए कि उसकी व्याकुलता का क्या कारण है। अधिकांश लोगों ने उस पर व्यंग्य किया और उपेक्षापूर्वक शान्त रहने को कहा। जिसे बड़े-बड़े क्षत्रिय वीर नहीं कर पा रहे हैं–यदि उसे एक सामान्य भिक्षाजीवी ब्राह्मण करने जाए–तो लोग उसे तत्पर होते ही धिक्कारेंगे, पागल भी समझेंगे। यही सोच भी रहे हैं। बहुत लोग मुँह पर ही कह रहे हैं, "यह काम मत करो, यदि द्वारपालों ने सचमुच ही पागल समझकर सभा से बाहर निकाल दिया तो बहुत अपमान होगा। उससे समस्त ब्राह्मण समाज ही उपहास का पात्र बनेगा।"

दूसरी ओर, दो-चार उत्साहित भी करने लगे।

इतने बड़े-बड़े महारथी तो हार गए, सबके सब प्रसिद्ध वीर हैं। यदि उन सबका प्रयास पागलपन नहीं था–तो दरिद्र ब्राह्मण होने से ही उसे पागल समझकर सभा से निकाल देंगे ? क्यों ? धृष्टद्युम्न ने तो सबका ही आह्वान किया है। ब्राह्मण तो श्रेष्ठ वर्ण के होते हैं। वे जिसे चाहें, ग्रहण कर सकते हैं। क्षत्रिय की कन्या ? उससे क्या ?

'स्त्री रत्नं दुष्टकुलादपि।' फिर यह कन्या तो अगर्भजात है, यज्ञाग्नि से उत्पन्न हुई है, इसका जन्म देवता के वरदान से हुआ है–ब्राह्मणों को, इसे ग्रहण करने में कोई दोष नहीं है। और प्रयत्न करके देखने में क्या हानि है ? ब्रह्म-ज्ञान से प्राप्त शक्ति भी तो है, सम्भव है, हो ही जाए।...

उसके पास बैठा एक दानवी आकृति का ब्राह्मण युवक भी उत्साहित कर रहा था। कह रहा था, "जाओ, जाओ, कोई भय नहीं है। किसी की बात मत सुनो, तुम निश्चय ही कर सकोगे। बैठे-बैठे पौरुष का अपमान नहीं देखा जाता। यदि इस प्रतियोगिता में भाग न लिया, तो इतने दिनों की शिक्षा-दीक्षा को धिक्कार है ! जाओ, जाओ। जो होना है, होगा।"

तब भी युवक का संशय नहीं गया।

इस बीच नृपति वर्ग भी निष्क्रिय नहीं बैठा है। अनेक जा रहे हैं–निराश होकर लौट भी रहे हैं। इतने अहंकारी चेदिराज शिशुपाल भी धनुष पर प्रत्यंचा चढ़ाने में ही घुटना मोड़कर बैठ गए। सम्राट जरासन्ध की भी वही दशा हुई। उनके केयूर (बाँह का आभूषण) और कंठ-हार के टूटने से मणि-मुक्ता, टूटी हुई माला के पुष्प-पलाश की भाँति बिखर गए। असीम बलशाली के रूप में विख्यात मद्रराज भी दूर जा गिरे।

अन्त में, जब कोई राजा या वीर शेष नहीं रहा–रहा भी, तो साहस करके आगे नहीं बढ़ा, सभा का केन्द्रीय-स्थल खाली था, विशाल धनुष खुला हुआ पड़ा था, व्याकुल धृष्टद्युम्न बारम्बार प्रतियोगियों का आह्वान कर रहा था–द्रोपदी मलिन मुँह लिये, नेत्र झुकाए खड़े-खड़े अवसाद अनुभव कर रही थी और यही सबकी बातचीत का विषय बन गया था–उसी समय एक श्याम-वर्ण ब्राह्मण-युवक, प्रायः सुध-बुध खोकर उठ खड़ा हुआ।

अधिक क्या कहना–जो स्वाभाविक था, वही हुआ। जैसे, चारों ओर धिक्कार और व्यंग्य का तूफान उठ खड़ा हुआ, धीरे-धीरे धीमी बातों ने कोलाहल का रूप धारण कर लिया।

वामन होकर, चन्द्र नहीं–सूर्य की ओर हाथ बढ़ाना चाहता है–यह युवक कौन है, इसकी धृष्टता और दुस्साहस भी तो कम नहीं है !

जैसे, उसके अपने समाज, ब्राह्मणों के बीच भर्त्सना और उपहास की लहर और भी अधिक उठी। बहुतों का स्वर तीव्र हो गया, कहने लगे, "बैठ जाओ, बैठ जाओ, लोगों को और मत हँसाओ। क्या यह लड़का पागल है ! कोई यहाँ से इसे बाहर निकाल दो न ! सारे द्वारपाल क्या कर रहे हैं ?"

फिर किसी-किसी ने कहा, "नहीं भई, आयोजन बहुत दुखान्त हुआ जा रहा है, ऐसे में, मंच पर एक विदूषक भेजना आवश्यक है। यह कार्य इसके द्वारा हो जाने दो, अच्छा ही तो है !"

अब तक कोई स्पष्ट विरोध न होने पर भी, राज्य का जो संकोच, लज्जा और बन्धन उसे रोक रहा था– वह मानो इस प्रबल भर्त्सना की ध्वनि से पूर्णतः कट गया।

युवक का चेहरा कठोर हो उठा, बाहु कठोर हो उठे और कन्धों की मांसपेशियाँ भी कठोर हो उठीं। भौंहें सिकोड़कर जलती हुई दृष्टि से एक बार आलोचकों की ओर देखकर, दृढ़ कदमों के साथ धनुष-वेदी की ओर बढ़ गया।

अब तक जमीन पर खजूर के पत्तों के आसन पर बैठे रहने से इतना पता नहीं चला था, किन्तु अब वेदी के पास जाकर उत्तरीय को कमर में बाँधकर खुली सुदीर्घ देह के साथ तनकर खड़ा होते ही, व्यंग्य और निन्दा से भरा कोलाहल जैसे स्तब्धता में बदल गया। युवक श्याम वर्ण होने पर भी सुगठित शरीर और तेजस्वी पौरुष के कारण इस समय अत्यन्त श्रेष्ठ पुरुष प्रतीत हो रहा है, और—बहुत अयोग्य भी नहीं लग रहा है। उसकी भाव-भंगिमा देखकर लगता है, कि जो कार्य करने आया है—उसकी गुरुता को समझता है।

पांचालनन्दिनी कृष्णा भी क्लान्ति युक्त कौतूहल और कुछ अवज्ञा-भाव से मुँह ऊपर करके देख रही थी, किन्तु उसके भाव में भी अचानक परिवर्तन आ गया। पुनः पलकें गिरने से पहले ही नील-पद्म-पलाश की भाँति नेत्र-दृष्टि, निर्धन-वेशधारी श्यामवर्णी ब्राह्मण तरुण को देखते ही मुग्ध हो उठी। कुछ क्षण तक पलकें गिरी ही नहीं, मानों, नेत्र इस प्रतियोगी की कान्ति के समक्ष अपलक स्थिर हो गए। उसके हृदय में पुनः व्याकुलता और आशंका का तूफान उठा—किन्तु अन्य कारण से। कर्ण को देखकर आशंका हुई थी कि यदि शर्त जीत गया तो ! अब भय होने लगा, कि यदि शर्त जीत न सका तो ! व्याकुल मन, मस्तिष्क के द्वार पर बार-बार सिर पटकने लगा—किसी प्रकार, किसी बहाने शर्त को सरल-साध्य बना देने के उपाय की परिकल्पना के लिए।...

इस दुस्साहसी, चन्द्र-लोभी-वामनवत् ब्राह्मण को देखकर, एक और व्यक्ति की दृष्टि दीप्तिमान एवं मुग्ध हो उठी।

वह थी वासुदेव श्रीकृष्ण की दृष्टि।

उसे देखते ही, वे भी उत्तेजित होकर उठ खड़े हुए—किन्तु पीछे की ओर से किए गए असहनीय तिरस्कार के कारण बैठ जाने को बाध्य हो गए। तब भी उनकी आनन्दजन्य अस्थिरता शान्त नहीं हुई। भाग्यवश, उस समय सबकी दृष्टि ब्राह्मण युवक पर लगी थी, अन्यथा आसपास बैठे लोग उन्हें पागल समझते।

युवक ने, दृढ़ विश्वासपूर्वक धनुष-वेदी तक जाने पर भी, अकारण उत्कंठा या अशोभनीय-तत्परता नहीं दिखाई। प्रतीत हुआ कि वह कौशल का प्रदर्शन करके प्रशंसा पाने को व्यग्र नहीं है। धनुष के सामने पहुँचकर कुछ क्षण निश्चल खड़ा रहा। जैसे, मन-ही-मन, स्वेच्छा से स्वीकार किए हुए इस दुरुह कार्य की कठिनता को समझा। इसके पश्चात् वेदी की प्रदक्षिणा करके देवाधिदेव महादेव का स्मरण किया, हाथ-जोड़कर ललाट स्पर्श करके उन्हें प्रणाम अर्पित कर सहजता से धनुष उठा लिया। तत्पश्चात्, उस पर प्रत्यंचा चढ़ाने और बाण छोड़ने का कार्य इतनी शीघ्रता से हुआ, कि लोग ठीक से देख ही नहीं सके। पलक गिरते न गिरते, सबने देखा कि लक्ष्य-वस्तु लगभग एक साथ ही पाँच बाणों से बिंधने के कारण खंड-खंड होकर मिट्टी में बिखर गई।

ये मानो, कैसे क्या हो गया !

उसके बाद जो घटा, युवक भी सम्भवतः इसके लिए प्रस्तुत नहीं था। सभा में बहुत कोलाहल होने लगा, उसमें हर्ष-ध्वनि ही अधिक थी। ब्राह्मणों का तो कुछ कहना ही नहीं, खड़े होकर, कमंडल, उत्तरीय, मृग-चर्म का आसन, जिसकी जो पूँजी थी, सब हिला-हिलाकर आनन्द प्रदर्शित करने लगे। विजयी वीर के मस्तक पर ऊपर से पुष्प-वृष्टि होने लगी, वादकों ने तुरही, दमामा आदि बजाना प्रारम्भ कर दिया। सूत-मागधगण स्तुति-पाठ करने लगा। केवल नृपति समूह और उनके सभासद एवं अनुचर पहले तो हत्प्रभ तथा विह्वल हो गए—पश्चात् घटना को पूर्णतः अनुभव करके उन्होंने लज्जा तथा अपमान से सिर झुका लिया।

इस सबमें और किसी ने तो उतना ध्यान नहीं दिया, वासुदेव श्रीकृष्ण ने देखा—पांचाल-कन्या कृष्णा को, अत्यधिक भावावेश के कारण, सुरापाई की भाँति किंचित् उन्मत्तता व्याप गई है, उनके पैर काँप रहे हैं, उत्तर की पहली वायु के स्पर्श से धान के पौधे के सिर की भाँति, सम्पूर्ण शरीर आन्दोलित हो रहा है। कृष्णा, एकटक विजयी वीर की ओर देख रही है, उसके, दो विशाल नील नेत्रों में जैसे दृष्टि का समुद्र उफन आया है। उसमें प्रेमयुक्त आकर्षण की तरंगें हैं; मुख से कुछ नहीं कह पा रही है; किन्तु वासुदेव को लगा कि जो कुछ कहना है, वह नीलोत्पल-पलाश चक्षु कह रहे हैं। वह लज्जा-भरी नीरवता बहुत कुछ बोल रही है। विजयी वीर के प्रति उस कन्या के प्रणय-भरे कंठ में स्वतः उत्पन्न स्तुति-गान को, वासुदेव श्रीकृष्ण ने मानो अपने स्थान से ही सुन लिया।...

धृष्टद्युम्न ने, भाव-विह्वल दशा में ही अपनी बहन के दोनों हाथ विजयी वीर के कंठ की ओर बढ़ा दिए, युवक ने भी, समवेत विपुल हर्ष-ध्वनि के बीच थोड़ा सिर झुकाकर सुन्दरी की वर-माला ग्रहण कर ली।

राजाओं की प्रारम्भिक विकलता एवं लज्जा अविलम्ब समाप्त हो गई। उन्होंने, उसके बाद जो अनुभव किया—वह था क्रोध। असीमित, प्रचंड क्षोभ।

द्रुपद ने उन्हें आमन्त्रित करके, बाहरी रूप से जो असीमित सेवा और आतिथ्य किया—उसके पीछे निश्चित रूप से यही अभिप्राय था, उन सबका अपमान करना। वे अच्छी तरह जानते हैं कि उनके साथ युद्ध नहीं कर सकते—इसी कारण यह चतुराई की।

क्रोध रूपी शत्रु ही ऐसा है कि उसे जितना प्रश्रय दिया जाए, उतना ही वह—लगातार ईंधन डालने के कारण अग्नि की भाँति बढ़ता जाता है। यहाँ ईंधन भी पर्याप्त था—आहत आत्माभिमान।

पहले, विक्षोभ ही मुख्य था, वही देखते-देखते आक्रामक हो उठा। "षड्यन्त्रकारी राजा को मार डालो, वंश तक नष्ट कर दो।" सब ऊँचे स्वर में कहने लगे। ब्राह्मण का वध करना सम्भव नहीं है, नहीं तो उस दुस्साहसी को भी समुचित फल देते—नाटक का जो असली सूत्रधार है, अब वे उसी द्रुपद का वध करके अपने अपमान का बदला लेंगे।

मनुष्य जो करना चाहता है—उसके लिए उसे अपने पक्ष में युक्तियों का अभाव नहीं

रहता। दुर्योधन आदि राजा कहने लगे, "क्षत्रिय राजकन्या के स्वयंवर में क्षत्री और राजाओं का ही अधिकार है। ब्राह्मण की तो इसमें गिनती ही नहीं हो सकती। हम लोग यदि इसे चुपचाप सह जाएँ, तो हमारी क्षात्र-शक्ति को धिक्कार है। यदि अब भी वह कन्या, हममें से किसी का वरण कर ले, तो हम लोग द्रुपद को छोड़ देने को सहमत हैं, नहीं तो पहले उस कन्या को जलाकर मार डालेंगे और फिर पांचाल राजवंश के सब लोगों को समाप्त कर देंगे।"

यह कहकर–वे मानो विनम्रता की प्रतियोगिता में उतरे। उपस्थित राजाओं में, जो वक्ता से अधिक योग्य (वर) पात्र थे–उच्च स्वर में उनकी घोषणा करने लगे। दुर्योधन ने शाल्व और भगदत्त को श्रेष्ठ बताया–कहा, "यदि वे इस कन्या को प्राप्त करते, तो मुझे कोई आपत्ति नहीं थी," इसके बाद शाल्व, शिशुपाल और भगदत्त ने कहा, "नहीं-नहीं, कुरुराज दुर्योधन प्रत्येक प्रकार से श्रेष्ठ पात्र हैं। कन्या का उन्हें ही वर-माला अर्पित करना उचित था। अधिक चतुराई का सहारा लेकर द्रुपद ने अपना सर्वनाश बुला लिया है।"

उस समय, द्रुपद की अवस्था, एक प्रकार से संकटमय थी। क्या करना उचित है–क्या करने पर सब कुछ ठीक होगा, उनका चित्त यह सोचने के लिए भी स्थिर नहीं था, होना स्वाभाविक भी नहीं था। वे इसके लिए तनिक भी प्रस्तुत नहीं थे। किसको पता था कि स्वयंवर-सभा का उत्सव-आयोजन इस प्रकार भयंकर रूप ले लेगा ! मनुष्य शर्त या प्रतिद्वन्द्विता में पराजित होकर लज्जित होते हैं। अकर्मण्यता की उस लज्जा को छिपाने के लिए इस तरह क्रोधित हो उठते हैं या हो सकते हैं, वे इससे अवगत नहीं थे। यह सब उनकी जानकारी से परे है। वे कैसे जान सकते थे, कि इतने क्षत्रिय वीरों के होते हुए भी, ब्राह्मण ही लक्ष्य-भेद करेगा। समस्त राजाओं को, इकट्ठे (झगड़े के समय ये सब भली प्रकार एकजुट हो सकते हैं) अपने ऊपर आक्रमण के लिए तैयार देखकर, उन्होंने असहाय की भाँति दीनमुख से ब्राह्मणों की ओर देखा।

युद्ध से अनजान और सामान्यतः ज्ञान की साधना करनेवाले ब्राह्मणों ने भी कुछ समझे बिना ही आश्वासन दिया, "भय मत करो, हम लोग इस दंड-कमंडलु से ही अहंकारी, असभ्य और बर्बर लोगों के साथ युद्ध करेंगे।"

वे अपने आशय का प्रमाण देने के लिए, पूर्व के आनन्दोत्सव की भाँति ही–जिसके पास जो कुछ था–मृग-चर्म और कमंडलु हिलाने लगे।

शस्त्रजीवी क्षत्रियों के साथ शास्त्रजीवी निरीह ब्राह्मणों की यह स्पर्धा–क्षत्रियों के मतानुसार धृष्टता थी–उसे चुपचाप सहना सम्भव नहीं था। वे, 'मारो-मारो' कहकर दौड़े–एक दल द्रुपद की ओर तथा एक दल ब्राह्मणों की ओर। इस संकट में, सम्राट जरासन्ध, जो इन राजाओं में सबसे अधिक शक्तिशाली थे, सबके सामने पराजित होने के कारण लज्जित होने के साथ ही सभा-स्थल छोड़कर, मगध की ओर चल दिए थे। ...फिर भी, जो हैं–वे ही, इस छोटे से पांचाल देश के लिए काफी हैं। दुर्योधन, कर्ण, शल्य, शाल्व, रुक्मांगद, शिशुपाल–ये सब ही विख्यात योद्धा हैं, इनके अनुचर भी

विकट-योद्धा हैं।

ब्राह्मण कुछ नहीं कर पाते–उनके लिए, इन धनुर्धर योद्धाओं के समक्ष क्षण-भर ठहर पाना भी सम्भव नहीं था–किन्तु विजयी तरुण के पास जो बलिष्ठ युवक बैठा था और जिसने इसके पूर्व तरुण को प्रतियोगिता में भाग लेने के लिए बहुत उत्साहित किया था, वह उत्तरीय को फेंटे की भाँति बाँधकर खड़ा हो गया। उसके हाथ में अस्त्र नहीं था, किन्तु इससे उसे विशेष परेशानी नहीं हुई। इधर-उधर देखा–सामने ही शाल का एक वृक्ष था–बलपूर्वक उसे उखाड़कर–केवल हाथ से ही–एक ही पल में उसकी शाखा-प्रशाखाएँ तोड़कर दंड की तरह हाथ में ले लिया।

क्षत्रिय राजा तब तक अपने आसन छोड़कर आ गए। किन्तु यह स्पष्ट हो गया कि सबने, उस दानवी और आशा टूट जाने के कारण किए गए आक्रमण का समर्थन नहीं किया।

बलदेव बोले, ''आश्चर्य है ! लड़के ने अपनी शक्ति से प्रतियोगिता जीती है। द्रुपद की शर्त थी कि जो जीतेगा, उनकी कन्या उसे ही माला पहनाएगी–सब यही जानकर आए हैं। यह तो पता ही था कि एक जीतेगा और शेष सब असफल होंगे–कर्ण को जो अस्वीकार किया था, वह कन्या का ही अन्याय था, प्रतिवाद करना था, तो उसी समय करना ठीक था–अब इस निर्दोष पर टूट पड़ने का क्या कारण है ? चलो, हम उन दोनों ब्राह्मण बालकों की रक्षा करें।''

वे बोलते-बोलते आगे बढ़ने लगे थे कि श्रीकृष्ण ने उनका हाथ पकड़कर रोका। अब, बलदेव क्रोधित हो उठे, बोले, ''तो, यह अत्याचार, अविचार चुपचाप खड़े होकर देखोगे, करोगे कुछ नहीं ?''

''आर्य, हमें कुछ नहीं करना होगा,'' वासुदेव ने नम्रतापूर्वक, किन्तु प्रच्छन्न रहस्य युक्त स्वर में कहा, ''जो करना है, वही दोनों युवक करेंगे।''

''वे तो मात्र बालक हैं, कितनी ही शक्ति क्यों न हो–इतने सारे वीर योद्धाओं का सामना कैसे कर पाएँगे ?'' बलदेव ने भृकुटि चढ़ाकर प्रश्न किया और भाई की बात के वास्तविक रहस्य को समझने की कोशिश की।

''वे बालक हैं, किन्तु साधारण बालक नहीं। क्या आप उन्हें पहचान नहीं पाए ?''

''पहचाना–? नहीं तो ! वे कौन हैं ? क्या तुम पहचानते हो ?'' बलदेव ने व्याकुल होकर प्रश्न किया।

''सचमुच नहीं पहचान पाए ? आश्चर्य है !'' वासुदेव ने मानो बड़े भाई से इस अज्ञानता की आशा नहीं की थी, इसी भाव से उत्तर दिया, ''जिसने लक्ष्य-भेद किया है, वह तीसरा पांडव अर्जुन है। और जो मल्ल-योद्धा की भाँति वृक्ष हाथ में लिये तैयार है–वह भीम है। आपकी-मेरी बुआ के पुत्र।''

''यह क्या ! वे तो मर चुके हैं। वारणावत में जलकर मर गए हैं,'' बलदेव ने आश्चर्यपूर्वक प्रश्न किया।

''क्या आपने सचमुच ही विश्वास कर लिया था कि वारणावत के लाक्षागृह में

उनकी मृत्यु हो गई थी ? इतनी आसानी से उनका वध नहीं किया जा सकता। उन्होंने उस तरह सामान्य, क्षुद्र-प्राणियों की भाँति अस्वाभाविक मृत्यु के लिए जन्म-धारण नहीं किया है।''...

''तुम यह जानते थे ?'' बलदेव ने पूछा।

''जानता तो था—जरा, महा धनुर्धर कर्ण की बुरी हालत तो देखिए।''

जैसे चुम्बक लोहे को आकर्षित करता है, शायद वैसे ही अर्जुन ने भी कर्ण को आकर्षित कर लिया। अथवा, वे शायद सोच रहे थे कि युद्ध से अनभिज्ञ ब्राह्मणों में इस धनुर्वीर के अलावा और कोई उनके आक्रमण के योग्य नहीं है।... पहले उसे भी निश्चय ही योग्य नहीं समझा था, थोड़ी अवहेलना के साथ ही धनुष पर शर-सन्धान कर रहे थे; किन्तु आशंका ने उन्हें, प्रायः विमोहित कर दिया।

अर्जुन के पास धनुष नहीं था—भिक्षुक ब्राह्मण के वेश में आए थे—किन्तु लक्ष्य-भेद करनेवाला धनुष तो पड़ा ही था, उन्होंने पल-भर में धृष्टद्युम्न के तरकश से कुछ बाण लेकर—कर्ण द्वारा अच्छी तरह उठाकर सँभालने से पहले ही, उनके धनुष के दो टुकड़े कर दिए। कर्ण अपने अनुचर से धनुष लेकर फिर शर-सन्धान के लिए तैयार हुए, किन्तु फिर वही अवस्था हुई। अब कर्ण की चेतना कुछ लौटी। उन्होंने आश्चर्य से प्रश्न किया, ''ब्राह्मण, सच बोलो तुम कौन हो ? इस प्रकार की आश्चर्यजनक तीव्रता तो अपने गुरु परशुराम और अर्जुन के अतिरिक्त और किसी में भी नहीं देखी ! ऐसा आश्चर्यपूर्ण लक्ष्य-ज्ञान भी नहीं देखा।''

अर्जुन ने हँसकर कहा, ''मैं साधारण मनुष्य हूँ, मेरी अस्त्र-शिक्षा एक ब्राह्मण के पास ही हुई है। किन्तु आप इससे आश्चर्यचकित क्यों हैं, आपके शस्त्र-कौशल की ख्याति तो भारत भर में है। आप दूसरा धनुष लीजिए, मैं वचन देता हूँ कि आपका धनुष इस बार अखंडित रहेगा।''

''नहीं, रहने दो,'' कर्ण ने गर्दन हिलाई, ''तुम्हारी यह उदारता तुम्हारी शिक्षा के उपयुक्त है। प्रतीत होता है, ब्राह्मण के साथ प्रतियोगिता करना ही अनुचित हुआ।''

इतना कहकर वे, तटस्थ दर्शक की तरह, थोड़ी दूर हटकर खड़े हो गए।

इधर भीम ने भी प्रलय मचाना शुरू कर दिया। दुर्योधन तो पहले ही पराजित हो गए। उनकी दुर्दशा देखकर शल्य आगे आए। वे प्रसिद्ध मल्ल-योद्धा, उनके शरीर में दानव का बल—किन्तु इससे भी काम नहीं चला—भीम ने उन्हें एक के बाद एक कई बार उठाकर पटक दिया।

इसके पश्चात् राजाओं के जो दल अत्यधिक उत्साह के साथ, मारो-मारो कहकर बढ़ आए थे, वे स्तम्भित होकर खड़े रह गए।

अब मानो, उनमें धीरे-धीरे सुबुद्धि का उदय होने लगा। वे अच्छी तरह समझ गए, कि—ये दो ब्राह्मण-तरुण साधारण भिक्षुक नहीं हैं। अब किस प्रकार सम्मान के साथ विवाद समाप्त किया जाए, यही चिन्ता होने लगी, विशेषकर दूसरे सब ब्राह्मणों ने उनकी दुर्दशा देखकर जो व्यंग्य शुरू कर दिया, उसका कोई उत्तर नहीं दिया जा रहा है, वह

और भी असहनीय हो गया।

श्रीकृष्ण मानो, इसी मुहूर्त की प्रतीक्षा कर रहे थे। शान्त ही खड़े थे, किन्तु उनके दोनों विशाल नेत्र, इस तात्कालिक रण-क्षेत्र की सब घटनाओं को स्थिर भाव से देख रहे थे। जैसे उन्हें, बल का अहंकार करनेवाले राजाओं की प्रतियोगिता का परिणाम ज्ञात था, वे राजाओं की अधिक अवमानना से रक्षा करने के लिए उपयुक्त समय की प्रतीक्षा में थे। वही समय उपस्थित देख वे उस छोटे से रणांगन की ओर बढ़े।

पाषाणवत् स्थिर श्रीकृष्ण इतनी शीघ्रता से सक्रिय हो उठे कि बलदेव को समझने में कुछ समय लगा। वे, वास्तव में किस उद्देश्य से उस शोर-शराबे के बीच जा रहे हैं, वे भी नहीं समझ सके। यदि वे वहाँ युद्ध में भाग लेने गए हैं, तो उनकी सहायता के लिए अपना जाना आवश्यक मानकर, मजबूत बँधी हुई मुट्ठी में अपनी गदा पकड़ी, किन्तु उसी बीच यह भी समझ गए कि इसकी कोई आवश्यकता नहीं है।

जैसे मनुष्य, मस्त करी या गर्दन उठाए सिंह को आता हुआ देखकर, भय के कारण रास्ते के दोनों ओर हट जाते हैं–बलदेव ने देखा, वैसे ही, युद्ध करनेवाले और दर्शक, दोनों दलों ने वासुदेव को प्रसन्न-गम्भीर मुख, निर्भय, निरस्त्र आगे बढ़ते देख, शीघ्रता से मार्ग छोड़ दिया।

श्रीकृष्ण ने विवाद में पड़े उन लोगों के बीच जाकर दोनों हाथ उठाकर शान्त होने और ठहरने का संकेत किया, उसके बाद मुख्यतः राजाओं के दल को सम्बोधित करके बोले, "हे क्षत्रिय राजाओ, कृपा कर आप लोग अस्त्र त्याग दीजिए। ब्राह्मण अवध्य है, आप जैसे शस्त्र विद्या में कुशल महावीरों को अस्त्र-हीन ब्राह्मणों के साथ युद्ध करना शोभा नहीं देता। क्षत्रियों का धर्म, जैसे बराबरी के योद्धाओं के साथ अपने बल की परीक्षा करना है, वैसे ही एक और धर्म तथा प्रधान कर्तव्य, सदा ब्राह्मणों की रक्षा करना है, उन लोगों की तपस्या और ज्ञान-चर्चा में बाधा उत्पन्न करनेवालों के उत्पात से रक्षा करना है। ये, आप लोगों के क्रोध के योग्य नहीं हैं। और देखिए–आप सब, द्रुपद द्वारा घोषित स्वयंवर की शर्त जानकर ही, इस प्रतियोगिता में पधारे थे, इस युवा ने साधारण भाव से उस शर्त का पालन करके ही प्रतियोगिता जीती है। कन्या ने भी विधान के अनुसार ही इसके गले में वर-माला डाली थी। आप दूसरे के साथ विवाहित कन्या को लेकर क्या करेंगे ! आप लोग इस समय जो क्रोध और असन्तोष दिखा रहे हैं, वह तो बिल्कुल बालकोचित लग रहा है। आप सब शान्त हो जाइए। आप लोगों को इस युवा का परिचय भी ज्ञात नहीं है। एक अभिषिक्त राजा का, किसी भी अज्ञात कुलशील के साथ युद्ध करना उचित नहीं होता। वह देखिए, महाधनुर्धर कर्ण को–वे मात्र महा-योद्धा ही नहीं, महा-बुद्धिमान भी हैं–उन्होंने पहले आप सबके प्रस्ताव और क्षणिक उत्तेजना के कारण आपका साथ दिया, किन्तु तुरन्त इस आचरण को मूर्खता समझकर, अलग हट गए। आप लोग भी महामति कर्ण के मार्ग का अनुसरण कीजिए–उससे श्रेय-लाभ ही होगा।"

राजा भी यथासम्भव इसी तरह, सम्मान के साथ पीछे हटने की राह खोज रहे थे।

इन दो ब्राह्मण युवकों के बाहु-बल और शस्त्र-बल का जो नमूना उन्होंने देखा, उससे अधिक देखने की इच्छा नहीं थी। शायद ग्रह प्रतिकूल हैं–आज उनके अपमानित होने का दिन है–कौन जाने, अब भी सम्मान के साथ निवृत्त न होने पर, भाग्य में और भी अधिक क्या दुर्गति बदी हो !

श्रीकृष्ण की प्रार्थना से वे लोग बच गए, महाज्ञानी की भाँति एक-दूसरे को सम्बोधित करके कहने लगे, ''अरे, यदुकुल-श्रेष्ठ वासुदेव ने तो उचित ही कहा है। अकारण उत्तेजित न होकर उनकी सलाह पर ध्यान देना ही ठीक है। सत्य ही तो है, इन दो नवीन युवकों का परिचय भी हमें ज्ञात नहीं–इनके साथ युद्ध करना, हमारे लिए नितान्त अनुचित कार्य होगा। परिचय प्राप्त कर लें, उसके बाद उचित समय आने पर इस धृष्टता का प्रतिफल देना ठीक होगा।''

क्रोध और क्षोभ के समुद्र में, जो आघात और उथल-पुथल उत्पन्न हुई थी, जो तरंगें दिखाई दी थीं–वे धीरे-धीरे शान्त और सहज हो आईं; ईर्ष्या और लालसा की अग्नि, यथार्थ-युक्ति का बालू फेंकने पर न बुझने पर भी इस समय निर्धूम दिखाई दी। राजा एक-एक कर क्षोभ युक्त दीर्घ निश्वास छोड़ते हुए, अपने अहंकार के प्रतिफल को शान्त करने का प्रयास करते हुए अपने-अपने शिविर की ओर जाने लगे।

राजा द्रुपद भी निश्चिन्त हुए। एक तो, कन्या ने किस भिखारी ब्राह्मण के गले में माला डाल दी, उसका भविष्य क्या होगा–इस दुश्चिन्ता के कारण व्याकुलता का अन्त नहीं था–इसके ऊपर, वे अब तक, इस महाविनाश की आशंका से साँस रोके हुए जड़वत खड़े थे। कौरवों के हाथों, एक बार जो अपमान हुआ था, आज तक मन से उसकी स्मृति नहीं मिटी। वासुदेव धन्य हैं, आज उन्होंने, पांचाल राज्य की महाविनाश से रक्षा की है।

इस ओर से निश्चिन्त होकर, द्रुपद फिर से अपनी पहली व्याकुलता और दुश्चिन्ता में लौट गए। धृष्टद्युम्न से बोले, ''तुम यथा सम्भव छिपकर उन ब्राह्मणों का पीछा करो। दूसरे अनुचरों को भी वही निर्देश दो। कृष्णा को उन्होंने कहाँ ले जाकर रखा है–उनकी क्या दशा है–यह जाने बिना मुझे चैन नहीं मिलेगा।''

प्रचंड कोलाहल–बहुत लोगों का उत्तेजनापूर्ण वार्तालाप, लोगों की चारों ओर धक्का-मुक्की–इसमें ही वासुदेव ने आगे बढ़ अर्जुन के कन्धे पर हाथ रखकर धीमे स्वर में उन्हें सम्बोधित किया, ''पार्थ !''

अर्जुन ने एकदम से विस्मित होकर देखा, तभी वासुदेव ने धीरे से कहा, ''मैं यदुवंश में जन्मा, तुम्हारे मामा का पुत्र वासुदेव हूँ। मैंने तुम्हें बहुत पहले ही पहचान लिया था। इस स्वयंवर में मेरा आना तुम्हें खोजने के लिए ही हुआ था। तुम वधू लेकर आगे बढ़ो, मैं पीछे, आर्या कुन्ती को प्रणाम करने जा रहा हूँ।''

॥ ६ ॥

युधिष्ठिर इस स्थिति के लिए पूरी तरह तैयार नहीं थे।

भूख-प्यास और अब तक की उत्तेजना से उत्पन्न क्लान्ति उन्हें अधिक अवसाद युक्त नहीं बना सकी थी, किन्तु इस नवीन समस्या ने उनके मस्तिष्क में हलचल मचाकर अत्यधिक विचलित कर दिया।

उनके लिए, धर्म-रक्षा की चिन्ता सर्वदा मुख्य है, धर्म उन्हें जीवन के समस्त भोगों और अनुभूतियों से प्रिय है। आज भी उनके लिए वही चिन्ता, जीवन के प्रत्यक्ष और वास्तविक उद्देश्यों से प्रबल और प्रधान हो गई।

जिन्होंने धर्म को ही एकान्त भाव से धारण कर लिया है–उन्हें हमेशा सावधान रहना पड़ता है, बहुत सोच-विचार कर जीवन-पथ पर चलना पड़ता है। प्रायः दुराग्रह का फल कल्याणकारी नहीं होता, उसकी स्वाभाविक गति अन्याय की ओर होती है। युधिष्ठिर हमेशा से ही–कथनी, करनी, विचार, विवेचन में–संयत और धैर्यशील हैं। किसी सिद्धान्त को एकाएक ग्रहण करना, उनके स्वभाव के विरुद्ध है। इसी कारण बलवान और क्रोधी द्वितीय पांडव, कभी-कभी अधीर हो उठते हैं।–बड़े भाई के प्रति अश्रद्धा प्रकट हो जाने की आशंका के होते हुए भी, सब अवसरों पर जिह्वा पर नियन्त्रण नहीं रख पाते।

आज भी, युधिष्ठिर माँ की बात सुनकर कुटिया के द्वार पर पत्थर की भाँति निश्चल खड़े हो गए। माता कुन्ती जो बोली थीं–मन-ही-मन, बारम्बार वही बात दुहराकर, मानो वे इस समस्या के कठिन और दुर्गम मार्ग से निकलने का उपाय खोज रहे थे।

कुन्ती भी दिग्भ्रमित और व्याकुल हो गई हैं। उनके लिए भी यह स्थिति अभूतपूर्व है, इसीलिए इससे मुक्ति का उपाय भी नहीं सोच पा रही हैं।

वे जानती थीं कि पुत्र स्वयंवर-सभा में गए हैं। उन्होंने यह आशा बिल्कुल नहीं की थी कि सहाय-सम्बलहीन, मृगचर्म के आसन पर बैठनेवाले जीर्ण वस्त्रधारी, भिक्षुक-ब्राह्मणवेशी राज-पुत्र, स्वयंवर की शर्त पूरी करके, देवताओं के अंश से उत्पन्न, जन्म से ही किशोरी सुन्दरी-कन्या को जीतकर ले आएँगे। और, इस कारण ही उनके कानों में, भीम के आनन्दयुक्त, गम्भीर वाक्यों का विशेष अर्थ नहीं पड़ा। 'माँ देखिए, आज हम लोग क्या भिक्षा लाए हैं,' इस बात को सहज सरल ढंग से लिया।

भिक्षा में कुछ नवीनता है, इस भाव ने–एक अक्षर के 'क्या'[1] शब्द और स्वर में भरे हुए आनन्द को उपलब्ध करके भी, अच्छे भोजन, सुमधुर फल या मूल्यवान वस्त्र आदि से सम्बन्धित अनुमान के मार्ग से ही चिन्तन-क्षेत्र में प्रवेश किया। इसी कारण; बिना किसी दुविधा के, कुछ भी आगा-पीछा सोचे बिना कह दिया–'जो लाए हो, सब मिलकर उसका भोग करो।'

---

1. बङ्ला भाषा में क्या के लिए 'की' का प्रयोग होता है–(अनु.)।

कहते-कहते पांडु-महिषी कुटिया के भीतर से निकल आईं, श्यामांगी किन्तु अवर्णनीया सुन्दरी कन्या की ओर दृष्टि गई; सब अंगों में मणि-माणिक के आभूषण, गले में गुँज-माला और लाल रेशमी वस्त्रों के कारण यह पहचानने में तनिक भूल नहीं हुई कि वह राज-कन्या है। वे तुरन्त चौंककर खड़ी रह गईं,–ललाट पर हाथ मारा। अपनी निर्बुद्धि और विवेकहीनता के परिणाम से रक्षा के लिए ही जैसे अस्थिर और व्याकुल होकर चारों ओर देखा, धीर, स्थिर और प्रशान्त-चित्त ज्येष्ठ पांडव पर दृष्टि पड़ी, द्रोपदी का हाथ पकड़, तीव्र गति से आगे बढ़कर विह्वल स्वर में बोलीं, "पुत्र, मैंने बिना जाने-बूझे अन्याय कर दिया–अब तुम इसका कुछ उपाय करो, जिससे मेरा या इस वधू का कोई अनिष्ट न हो। ऐसा उपाय बताओ, जिससे मुझे अनुचित और असत्य-कथन के संकट से और इसे बहुचारिणी होने के दोष से मुक्ति मिले।"

माता कुन्ती, समस्त दायित्व युधिष्ठिर के ऊपर थोपकर निश्चिन्त हो गईं। किन्तु युधिष्ठिर उसे किस पर थोपें ? वे बाल्यकाल से ही धर्माश्रयी और धर्मभीरु हैं–इसी कारण उन्हें, अनेक लोग धर्मराज का धर्म-पुत्र कहते हैं। किस प्रकार धर्म द्वारा निर्दिष्ट पथ पर चलकर इन दोनों संकटों से उबरेंगे, जटिल समस्या का समाधान करेंगे–उनके जैसा स्थिर-बुद्धि व्यक्ति भी इस चिन्ता में कुछ क्षण के लिए किंकर्तव्यविमूढ़ हो गया।

अधिक विलम्ब करने का भी अवसर नहीं है। इसी कारण पूरी तरह मनोनुकूल निश्चय पर न पहुँच पाने पर भी–तात्कालिक रूप से जो उचित लगा, वही किया–अर्जुन की ओर घूमकर बोले, "फाल्गुनी, स्वयंवर में शर्त जीतकर तुमने ही यह कन्या प्राप्त की है, यह वधू धर्मानुसार तुम्हारी है। तुम इसके साथ शास्त्र के अनुसार विवाह करो।"

अर्जुन लज्जा के कारण कुछ सिर झुकाकर बोले, "यह कैसे हो सकता है ! आप और महाबली भीम मुझसे बड़े हैं, आप लोगों का विवाह न होने पर मैं कैसे विवाह कर लूँ ! यदि मैं आप दोनों से पहले या नकुल, सहदेव हम तीनों से पहले विवाह कर लें–तब क्या हम लोग धर्म से पतित नहीं हो जाएँगे ? आप दया करके, इस निर्देश को वापस लीजिए।"

भीम–अनुज की बात समाप्त होने से पहले ही–बोल उठे, "और तब माँ का आदेश ? उनके वचन की रक्षा का क्या होगा ?"

युधिष्ठिर कुछ विस्मित हो गए।

उनके कानों को सारी बात जैसे अस्वाभाविक प्रतीत हुई। जीवन की अच्छाई के विषय में सोचने में कहीं व्यवस्था का उल्लंघन हो गया। समस्त शब्दों ने, मानो उनके कानों में प्रबल आघात किया। उनके मन पर भी आघात किया। अनभ्यस्त, सुर-हीन सा प्रतीत हुआ। ऐसा अनुभव हुआ कि इस व्यग्रता में कहीं, साधारण मनुष्य की भाँति एक स्थूल लोभ विद्यमान है।

उन्होंने आश्चर्यचकित होकर मुँह उठाकर देखा। उनके मुँह उठाकर देखने के सम्बन्ध में भीम को पता नहीं। वे, निकृष्ट मनुष्य की भाँति समस्त शिष्टाचार भूलकर, मुग्ध भाव से, अपलक नेत्रों से द्रोपदी की ओर देख रहे थे।

केवल यही नहीं–इस बार उनकी आँखों में एक और भी आघात लगा–अथवा कहा जा सकता है कि एक नवीन ज्ञान प्राप्त हुआ।

कारण, इस बार अन्य भाइयों की ओर भी ध्यानपूर्वक देखा, उनकी शिक्षा और सभ्य आचरण पर उनकी अगाध आस्था थी–किन्तु उन सबकी भी वही अवस्था देखी। केवल अर्जुन के अतिरिक्त। अर्जुन तभी से, लज्जा के कारण मुँह नीचा किए, भूमि की ओर देखते खड़े हैं।

युधिष्ठिर ने और भी देखा।

देखा, इस बीच द्रोपदी भी इस आकस्मिक घटना के कारण सिर झुकाए, प्रच्छन्न-दृष्टि से, एक-एक कर पाँचों भाइयों की ओर देख रही है। उसकी चंचल दृष्टि में मुग्धता स्पष्ट है। मुख पर एक प्रकार की इच्छातुर हँसी है।

और, जो ज्ञान या जानकारी शेष थी, युधिष्ठिर ने इस बार उसे भी प्राप्त कर लिया।

अनुभव की–इस पद्म-पलाश जैसे नेत्रोंवाली, काले मेघ जैसे घने केशवाली, दिव्य-ज्योति युक्त, कान्तिमयी कन्या को देखकर–उन्होंने भी अपने शरीर और मन में पहले कभी न अनुभव होनेवाली चंचलता। सम्भवतः इसे ही आसक्तिजन्य-उत्तेजना कहा जाता है।

अवश्य ही एक क्षण से अधिक नहीं।

उसी समय–बलपूर्वक दृष्टि नियन्त्रित करके–युधिष्ठिर ने फिर से असहाय भाव से माँ की ओर देखा। जैसे, कुछ कहते हुए भी, नहीं कह पाए।

इस अविश्वसनीय आशा से, प्रतीक्षा करते रहे कि बात माँ के मुँह से निकल आएगी।

युधिष्ठिर और उनके चारों भाइयों की लज्जाजनक स्थिति तथा किंकर्तव्यविमूढ़ता कब तक रहती, यह कहना तो कठिन है, किन्तु उस साधारण कुम्भकार घर के सामने अचानक रथ के पहियों की घर्घर ध्वनि होते ही–जैसे कठोर एवं ऊँची-नीची भूमि पर ध्वनि होती है,–सातों जने चौंक गए, पांडव अत्यन्त भयभीत हो उठे।

इस मार्ग पर कभी भी रथ नहीं आता। इधर मार्ग ही नहीं है। चारों ओर फसलवाले खेत हैं, उनमें होकर केवल बैलगाड़ी ही आती-जाती है। पांडव इतने दिन से यहाँ हैं, किसी को इस स्थान पर रथ चलाने की चेष्टा करते भी नहीं देखा।

शायद, कन्या का समाचार लेने के लिए द्रुपद ने आदमी भेजे हैं। अथवा हो सकता है, यह सोचकर कि भिक्षुक-गृह में कन्या को कष्ट न हो, शैया और दूसरी सुखोपभोग की सामग्री भेजी हो। अथवा नष्ट आशावाले राजाओं की दुर्बुद्धि का पुनः जाग जाना भी पूरी तरह असम्भव नहीं है। वहाँ बहुत लोगों के रहते, जो परेशानी हुई थी, यहाँ, इस निर्जन स्थान पर उस असुविधा का कोई कारण नहीं है, सम्भव है, उसी अवसर का लाभ उठाने के लिए कुछ राजा आए हों।

भीम ने तत्क्षण अपनी गदा का स्मरण किया, अर्जुन तीव्रता से कुटिया में प्रवेश करके धनुष-बाण और तरकश ले आए।

किन्तु, जिन्हें सोचा था या जिन लोगों के विषय में सोचा था, उनमें से कोई नहीं था। रथ से जो लोग उतरे–उनके पांडवों से परिचित न होने पर भी, कुन्ती उन्हें पहचानती थीं। अर्जुन का कुछ पहले ही उनसे परिचय हुआ था।

श्रीकृष्ण और बलदेव।

पांडु-महिषी पहचान पाने पर भी, तुरन्त उनका परिचय नहीं दे पाईं। वे इतनी आश्चर्यचकित हो गईं कि कुछ देर तक उनके मुँह से कोई बात नहीं निकल पाई।

वासुदेव ने अपना परिचय कराने की बिल्कुल प्रतीक्षा नहीं की, आगे बढ़, कुन्ती के चरण स्पर्श किए और युधिष्ठिर की ओर देखकर बोले, "शायद, आपने अब तक भी हम लोगों को ठीक से नहीं पहचाना, मैं आप लोगों का ही सम्बन्धी हूँ, आपके मामा का पुत्र। माता पृथा हमारी बुआ हैं। मैं यादव-वंश का वसुदेव-पुत्र, श्रीकृष्ण हूँ और ये मेरे अग्रज बलदेव हैं।"

सबने उन्हें पहचान तो अवश्य लिया था किन्तु इस रूप में नहीं।

इस तेजस्वी पुरुष ने अपने असाधारण व्यक्तित्व और बुद्धि-चातुर्य से कुछ ही पहले एक भयानक संघर्ष टाल दिया था, अकारण होनेवाले रक्तपात को रोक एक बड़ी विपत्ति से मुक्त किया था। विपत्ति ही थी–इस सम्बन्ध में सन्देह का कोई अवकाश नहीं। एक ओर, भारत के लगभग सभी प्रान्तों के वीर राजा, दूसरी ओर, वे निरस्त्र पाँच भाई। वे कितने बड़े वीर और रण-कुशल ही क्यों न हों–इस विषम युद्ध का क्या परिणाम होता, कहना कठिन है। इस व्यक्ति ने परिस्थिति समझकर, यदि अवसरानुकूल बातों का प्रयोग न किया होता, तो वह अशुभ घटना नहीं टलती। अन्ततः, आँखों की शर्म के कारण भी राजा अपने को सहसा नहीं रोक पाते। इन्होंने ही स्थिति समझकर, उस शर्म के संकट से उनका उद्धार करके, युद्ध रुकवाया।

इतना होने पर भी–यह असाधारण रूप से बुद्धिमान, दूरदृष्टि सम्पन्न और कूटनीति-कुशल व्यक्ति उनका सम्बन्धी है–उन्होंने कभी भी नहीं सोचा था। इतनी दूर कल्पना का पहुँचना सम्भव नहीं था।

तब भी इतने अल्पकालिक जीवन में ही भाग्य ने उनके साथ इतना विचित्र खेल किया था–इस प्रकार स्थिति में व्यतिक्रम आया था–कि वे सहज ही विस्मित-विचलित या व्याकुल नहीं होते। विस्मित होने पर भी, उस भाव को तुरन्त दबा सकते हैं। युधिष्ठिर ने–आयु का गणित कुछ ठीक से न जानने के कारण दुविधा के साथ प्रणाम करने के लिए झुके हुए–वासुदेव को बलपूर्वक खींचकर, आलिंगनबद्ध करके पूछा, "किन्तु आप लोगों ने हमें कैसे पहचाना ? इस वास-स्थान के विषय में भी आपको किसने बताया ?"

श्रीकृष्ण ने उनके आलिंगन से मुक्त होकर, आवश्यक अभिवादन आदि के बाद, हँसते हुए उत्तर दिया, "जलती हुई आग कभी नहीं छिपती, राख उसे ढककर नहीं रख सकती–अग्नि से भी वह भस्मीभूत नहीं होती। वारणावत की उस कृत्रिम अग्नि का क्या साहस था, कि आप लोगों जैसी साक्षात-अग्नि को नष्ट करे ! मैं, निश्चित रूप से जानता

था कि आप लोग सुरक्षित हैं और आज, आप लोगों को, स्वयंवर सभा में भी पहचानने में देर नहीं लगी। दूसरों की दया पर निर्भर, ज्ञान की साधना करनेवाले ब्राह्मणों के बीच आप लोग किस प्रकार नहीं मिल पा रहे थे, वह आप लोग नहीं समझे थे, किन्तु सही दृष्टिवाले, दूसरे व्यक्तियों को समझने में परेशानी क्यों होगी ?''

उसके बाद थोड़ा रुककर कुछ विनोदपूर्ण हँसी के साथ बोले, ''मार्ग का निर्देश ? आप लोगों ने नहीं देखा, द्रौपद धृष्टद्युम्न कई चतुर गुप्तचरों के साथ आप सबका पीछा कर रहा था—सम्भवतः यहीं कहीं छिपकर आप लोगों की गतिविधि एवं कार्य-कलाप देख रहा है। यह मैंने पहले ही अनुमान कर लिया था कि वे आप लोगों का वास-स्थान देखने और यह पता लगाने आएँगे कि आप लोग किस अवस्था में रहते हैं, इसी कारण, मैंने उसी समय आप लोगों के पीछे आने की कोशिश नहीं की—अकारण, सामान्य लोगों की जिज्ञासा बढ़ाने से क्या लाभ ?—मैंने धृष्टद्युम्न की गतिविधि पर दृष्टि रखी, दूर रहकर उसका पीछा किया—फलस्वरूप, आप लोगों का वास-स्थान खोज निकालने में थोड़ी-सी भी असुविधा नहीं हुई। दूर से आप लोग भी दिखाई दिए—आप लोग पैदल ही तो आ रहे थे—इसके अतिरिक्त, आते समय दूसरे पथिकों को भी बातें करते सुना—कि ये भाग्यवान भिक्षुक, ग्राम के कुम्भकार मुहल्ले में रहते हैं !''

रीति के अनुसार, प्रणाम-आशीर्वाद, कुशलता और शिष्टाचार आदि के पारस्परिक आदान-प्रदान के बाद, युधिष्ठिर ने आवास से लगे हुए बरामदे में मृग-चर्म का आसन बिछाकर, वासुदेव को आदर के साथ बैठाया। घर में कुछ भी पका हुआ अन्न नहीं है, सुबह स्वयंवर सभा में जाने के पूर्व जो भिक्षा मिली थी, वह अब तक कच्चे चावल के रूप में ही है—इतने समय बाद भाई के पुत्र आए हैं, किस प्रकार उनका आतिथ्य करेंगी—आर्या कुन्ती इसी चिन्ता में व्याकुल हो गईं।

किन्तु वासुदेव ने किसी को भी उस विषय में सोचने का अधिक अवसर नहीं दिया। एक बार में ही सीधा प्रश्न किया, ''हम लोग जब यहाँ पहुँचे थे, तब आप सबको अत्यधिक चिन्ताकुल और अस्त-व्यस्त देखा था—क्यों, क्या पूछ सकता हूँ ? क्या, आप लोग, किसी नई शत्रुता की आशंका कर रहे हैं ?''

युधिष्ठिर के मुँह पर अचानक चमक आ गई। जैसे, उन्होंने अन्धकार में किनारा देख लिया। उन्होंने इस प्रश्न को, दैवी प्रभाव से उत्पन्न, अनुभव किया।

वे बोले, ''वासुदेव, कुछ देर पहले ही आपके जिस ज्ञान, दूर-दृष्टि और बुद्धि-कौशल का परिचय मिला था, उससे प्रतीत होता है कि आज आप ईश्वर की प्रेरणा से ही यहाँ आए हैं। आपके सामने समस्या रखकर, उसके समाधान का भार आपके ऊपर ही छोड़ देता हूँ।''

उन्होंने बताए भी। क्रमशः भीम का उच्छ्वास और कुन्ती का उत्तर दोनों—ही।

बात तुच्छ और साधारण—निर्देश भी साधारण—किन्तु जिनके मुँह से निकले हैं, वे साधारण नहीं। इनकी माता, राजमहिषी, देव-कृपा प्राप्त तथा देव-प्रिया। इतने पर भी, वे यहाँ, उस निर्देश का कैसे पालन करें ? क्या कन्या को, बहुचारिणी एवं इन्हें व्यभिचारी

होने का दोष नहीं लगेगा ?

श्रीकृष्ण अपने स्वभाव के अनुसार, मुँह पर रहस्यमय हँसी लाते हुए बोले, ''मैं आज, यहाँ, यह बात कहने के लिए ही आया हूँ। महाराज, आप धर्म के ज्ञाता तथा धर्म-परायण हैं, न्यायनीति सम्बन्धी ज्ञान, आपके लिए स्वाभाविक वस्त्रों की भाँति है। शास्त्र के अनुसार इस समस्या का समाधान अति सरल है। इस प्रकार का कोई वाक्य, जो अनजाने में या अज्ञानता के कारण बोला गया है–उसके विषय में पहले यह विवेचना करना उचित है–कि जिन्होंने बोला है, उन्होंने क्या सोचकर, किस उद्‌देश्य से या किस परिप्रेक्ष्य में बोला है। वाक्य के शाब्दिक अर्थ से अधिक सत्य है, वक्ता का कथन या उद्‌देश्य–विचारक सबसे पहले यही विवेचना करेंगे–यही है न्याय-शास्त्र, राजधर्मशास्त्र का मुख्य विधान। आर्या पृथा ने, खाद्य समझकर ही बाँट लेने के लिए कहा है–मनुष्य जानकर या सोचकर नहीं। यहाँ अवश्य ही उस प्रकार की कोई अनिवार्य बाध्यता लागू नहीं होती। किन्तु मैं बोलूँ क्या, मेरा अनुरोध है–आप लोग, उनके आदेश का, शाब्दिक अर्थ के अनुसार ही पालन कीजिए, आप पाँचों ही द्रुपद की कन्या के साथ विवाह कीजिए।''

''यह क्या ! क्या यह भी सम्भव है ! एक नारी के पाँच पति !...वह नारी भ्रष्ट तथा वेश्या नहीं कही जाएगी ? और, क्या हम लोग भी अधर्म पर चलनेवाले सिद्ध नहीं होंगे !''

जैसे, युधिष्ठिर ज्ञान-शून्य हो गए।

''देखिए महाराज, यदि आप लोगों के आचरण में नियम और संयम का बन्धन रहे, तो कोई, किसी भी स्थिति में, आप लोगों को भ्रष्टाचारी या व्यभिचारी नहीं कह पाएगा। आप लोग यदि, एक-एक कर, पाँच दिन में पाँचों, इस कन्या का पाणि-ग्रहण करें–पाँच दिन पाँचों, विवाह-रात्रि के शयन-कक्ष में व्यतीत करें एवं इसके बाद, वधू नियमपूर्वक एक वर्ष, एक स्वामी के साथ रहे और उस अवधि में मन-प्राण से केवल उसे ही पति माने–उस सम्बन्ध के आधार पर दूसरों को जेठ या देवर के रूप में माने–तब, इसे विचित्र तथा इस समाज में पूर्व में अघटित घटना मानने पर भी–कारण, अन्य किसी-किसी समाज में एक नारी के बहुत से पति होना अपवाद नहीं है–आप लोगों को दोषी या पाँच पतियों के कारण कुरु-कुल-रानी को वेश्या नहीं कहा जा सकेगा।...जहाँ तक मुझे ज्ञात है–परम तत्त्व-ज्ञानी व्यासदेव भी यहाँ, आप लोगों को यही परामर्श देने आ रहे हैं।''

उसके बाद, कुछ देर मौन रहकर, थोड़े गम्भीर स्वर में बोले, ''महाराज, मैं जानता हूँ कि इस अधर्म से कलुषित और स्वेच्छाचारिता से पीड़ित देश में धर्म का राज्य स्थापित करने के लिए ही आप लोगों का जन्म हुआ है। हमारे जातीय-जीवन में बहुत दिनों के अनेक पाप और बहुत अधिक गन्दगी जमा हो गई है। यह बात, आज किसी को भी याद नहीं रही कि राजा त्याग-भावना से प्रजा-जनों की रक्षा, धर्म के अनुसार दुष्टों के दमन और सज्जनों की रक्षा करने हेतु, ईश्वर के आदेश से, कर्मचारी की भाँति नियुक्त होते हैं।...आप लोग, जाति और देश को नए सिरे से, उसी सत्य की राह दिखाइए–

यही आपका सबसे बड़ा कर्तव्य और दायित्व है। जो कुछ राजा या राज-सत्ता का है, वह सब पाँचों के लिए है–राजा का कुछ भी निजी नहीं होना चाहिए–इसी महान सत्य के प्रतीक रूप में, आदर्श और दृष्टान्त स्वरूप, आप पाँचों भाई एक रानी के साथ भोग कीजिए, जनसाधारण इसी आदर्श से शिक्षा ग्रहण करे कि इस संसार में, व्यक्तिगत जैसी कोई भी आशा उचित नहीं है। जनता ही नारायण है, जनता ही ईश्वर है, उसकी वाणी ही भगवान की वाणी है। जैसे, जो कुछ शक्ति है वह पाँचों की है–उसी प्रकार जो कुछ भोग करने योग्य है, उसका भी सभी मिलकर भोग करें–इस आदर्श को फैलाना आप लोगों का कार्य होना चाहिए।''

वासुदेव का कथन समाप्त होने पर, वहाँ कुछ क्षण के लिए अखंड नीरवता उतर आई। उस दिन तीसरे पहर तक भी, चारों ओर निस्तब्धता छाई रही। बहुत देर के बाद, युधिष्ठिर ने व्याकुल होकर कहा, ''किन्तु यह सारी बात आप किससे कह रहे हैं और महाराज बोलकर किसे सम्बोधित कर रहे हैं ? हम लोग केवल राज्य-हीन ही नहीं, गृह-हीन तथा रास्ते के भिक्षुक भी हैं। यह उपदेश हमारे किस काम आएगा ?''

''न्याय और धर्म से आप कुरुकुलपति, राजा हैं। आप लोगों को, धर्म के राज्य की स्थापना के लिए ही निश्चित किया गया है। आपकी यह दुर्दशा नहीं रहेगी। साधारण दरिद्र मनुष्य किस प्रकार जीवन व्यतीत करते हैं, उन्हें, कैसा और कितना दुख सहना पड़ता है–शायद, विधाता ने उनके सुख-दुख विपत्ति-दुश्चिन्ता आदि की व्यापक जानकारी के लिए ही आप लोगों को इस स्थिति में रखा है। यह अच्छा ही हुआ, राज्य के संचालन के लिए इस ज्ञान की विशेष आवश्यकता है। मैंने बक राक्षस की कहानी सुन ली है–एक-एक व्यक्ति को, स्वेच्छा से भोजन के रूप में जाना पड़ता था–अब समझता हूँ कि उसका वध करना भीम का कार्य था। केवल राज-शक्ति या क्षात्र-शक्ति ही नहीं–जो अधम पाशविक शक्ति और दानवी बल है–वह भी किस प्रकार निष्ठुरतापूर्वक अत्याचार करता है–और किस प्रकार असहाय जन-साधारण उसे सहने को बाध्य होता है–क्या इस एक दृष्टान्त से ही यह स्पष्ट नहीं हुआ ?''

उसके बाद उठकर–धनंजय अर्जुन के पास जाकर, उन्हें प्रगाढ़ आलिंगन में बाँधकर बोले, ''किन्तु तुम, केवल मेरे भाई या सम्बन्धी ही नहीं हो, उससे बहुत अधिक हो–हम लोग, आज से एक-दूसरे के मित्र और अभिन्न-हृदय हैं। एक-दूसरे के सुख-दुख, चिन्ता-आशा के सहभागी। व्यास देव कहते हैं कि प्राचीन काल में नर और नारायण नामक दो अभिन्नात्मा मित्रों ने, हिमालय में बदरिकाश्रम में तपस्या करते हुए देह-त्याग किया था–हम दोनों उनकी वही नए शरीर धारण करनेवाली आत्माएँ हैं। सच-झूठ नहीं जानता, किन्तु यह ठीक है कि ऋषि या मनुष्य तपस्या से भगवान के निकट पहुँच जाता है, उसके साथ एकात्म हो जाता है। मनुष्य के ऊपर उठने की चेष्टा करने पर, ईश्वर उसके पास नीचे उतर आते हैं–और उसी नर-नारायण, मनुष्य तथा ईश्वर की शक्ति के एकत्र होने पर ही, असुर-शक्ति का विनाश सम्भव होता है। हम, शायद उन्हीं दो ऋषियों की आत्माएँ हैं, वे आत्माएँ परमात्मा में लय हो गईं–हम लोग परमात्मा की इच्छा

से उसी परम्परा और तपस्या-बल के कारण आए हैं। यह सब गूढ़ तत्त्व है, जिसका सम्पूर्ण रहस्य समझ में नहीं आता—मात्र इतना ही समझता हूँ कि बहुत दिनों से—मानो बहुत युगों से, जन्म-जन्मान्तर से मैं तुम्हारी राह देख रहा हूँ। हे पार्थ, हे सर्वदा विजयी, तुम मेरी वह ऐकान्तिक इच्छा पूर्ण करो। तुम मेरे बन्धु होओ !'

॥ ७ ॥

धनंजय अपने इस मनुष्य रूपवाले अभिन्नात्मा बन्धु को ठीक से नहीं समझ पाते, उसके मन के विचारों की थाह भी उन्हें नहीं मिलती।

यह पूर्णतः स्वीकारणीय है कि वासुदेव ने उनके इस राज्य की प्राप्ति के लिए बहुत अधिक किया। श्रीकृष्ण की स्थिर बुद्धि और असाधारण राजनीतिक कौशल के बिना यह शायद सम्भव नहीं होता। पांचाल राज के जामाताओं के भविष्य के प्रति व्याकुल होकर, सबसे अधिक चतुर गुप्तचर हस्तिनापुर भेजे गए। उनके अलग-अलग समाचार लाने पर भी, मुख्य बात प्राप्त हो गई। उससे ही लगा कि वे सत्य समाचार ही लाए हैं—उन्होंने कल्पना से कहानी नहीं गढ़ी।

ज्येष्ठता के हिसाब से कुरु-वंश का सिंहासन धृतराष्ट्र का ही प्राप्य था, किन्तु जन्मान्ध होने के कारण, उन्हें नहीं मिला। राजा होने पर भी पांडु ने स्वास्थ्य ठीक न होने के कारण, अपने चिर-कुमार ताऊ, महात्मा भीष्म को राज्य-संचालन का भार सौंपकर, बहुत दिनों तक राजधानी से दूर पर्वतीय अंचल में निवास किया। फलतः पांडु की अकाल मृत्यु होने पर अवयस्क पुत्र राज-मर्यादा के अभाव में परान्नजीवी, पराश्रित और अनाथ बन कर हस्तिनापुर नहीं आए जबकि पांडु-पुत्र युधिष्ठिर, इस पीढ़ी के ज्येष्ठ और पांडु के प्रथम पुत्र थे, न्याय के अनुसार उन्हें ही सिंहासन पर बैठना था।

इतने पर भी इन्हें धृतराष्ट्र की ईर्ष्याग्नि से मुक्ति नहीं मिली। कारण, ये केवल न्याय के अनुसार इस राज्य के अधिकारी ही नहीं थे, बल्कि विद्या, बुद्धि और शारीरिक बल के आधार पर शासक होने के भी अधिक योग्य थे। बालक भीम के ऊपर ही, सगोत्रीय भाइयों का अधिक आक्रोश था, कारण था, भीम का अपरिमित दैहिक-बल—उन लोगों ने, उसी आयु में उन्हें विष देकर मारने की चेष्टा की, किन्तु वे ईश्वर की कृपा से किसी प्रकार बच गए। उसके बाद, अस्त्र-शिक्षा समाप्त होने पर, परीक्षा के परिणाम के अनुसार जब अर्जुन ही उन सबमें श्रेष्ठ योद्धा और श्रेष्ठ धनुर्धारी सिद्ध हुए—तब कौरवों ने एक बहुत बड़ा षड्यन्त्र किया। वारणावत नामक एक बड़े ग्राम में ज्वलनशील पदार्थों से प्रासाद का निर्माण कराकर, उसमें पांडवों को भेज दिया—कारण बताया कि साथ-साथ रहने से कलह और द्वेष बढ़ता ही रहेगा। पुरोचन नामक एक कर्मचारी साथ भेजा, उसे बहुत अधिक पुरस्कार देने का लोभ दिया गया—ताकि वह अवसर पाकर उस प्रासाद में आग लगा दे और इन लोगों को जलाकर मार दे।

किन्तु, कौरव-पांडवों के—दासी के गर्भ से उत्पन्न—एक चाचा थे, विदुर—वे धर्मपरायण और ज्ञानी थे। उन्हें, यह षड्यन्त्रपूर्ण समाचार ज्ञात था। उन्होंने ही इन्हें, यात्रा से पहले उस सम्बन्ध में सचेत कर दिया और ज़मीन में गुप्तरूप से सुरंग बनाने के लिए एक विश्वसनीय आदमी भी भेज दिया। कहीं रहस्य न खुल जाए—पुरोचन इस आशंका में कुछ समय व्यतीत कर रहा था, इसके पहले ये लोग स्वयं ही लाक्षागृह में आग लगाकर सुरंग के मार्ग से जंगल में बहुत दूर भाग गए। इससे पहले इन्होंने एक और बुद्धिमत्ता पूर्ण कार्य किया। भागने के पहले दिन एक निषाद-स्त्री और उसके पाँच पुत्रों को निमन्त्रित करके बहुत भोजन कराया। उसके साथ छककर सुरापान का प्रबन्ध भी था, जिस कारण वे लोग सन्ध्या से ही अचेत हो गए। लाक्षागृह की राख में उन्हीं की अस्थियाँ देखकर कौरव निश्चिन्त हो गए कि पाँचों पांडवों की, इस दुर्घटना में मृत्यु हो गई है। इसी के साथ, पुरोचन के भी जल जाने के कारण, किसी अन्य प्रकार की साक्षी देनेवाला भी कोई नहीं बचा था। इस प्रकार इस योजना में सन्देह नहीं रहा।

उसी दिन से, ये लोग कौरवों के भय से, भिक्षा के अन्न पर जीवित रहनेवाले ब्राह्मणों के छद्मवेश में घूम रहे थे—इन्होंने अपना परिचय देकर, सिंहासन पर अधिकार जताने का प्रयास भी नहीं किया। कारण, राज-शक्ति और कोषागार, सभी कौरवों के हाथ में था, ये लोग नितान्त असहाय थे—शायद, अधिकार जताने पर मरना पड़ता।

•

वस्तुतः धृतराष्ट्र की, अभी भी इन लोगों को कुछ भी देने की इच्छा नहीं थी—दुर्योधन, कर्ण आदि की तो थी ही नहीं। राज्य का अधिकार तो दूर की बात है—उन लोगों की, इनका अस्तित्व तक स्वीकार करने की इच्छा नहीं थी। पंच-पांडव जलकर मर गए हैं—वे, इसी कथित विश्वास को बनाए रखना चाहते थे। किन्तु अचानक पांचालों और यादवों द्वारा खुला समर्थन दिए जाने पर वे पूरी तरह मुश्किल में पड़ गए। ईर्ष्या और हताशा—द्रोपदी के इनके अधिकार में आने के कारण ईर्ष्या एवं बार-बार कोशिश करके भी पांडवों को नष्ट न कर पाने के कारण हताश—इन्हीं दोनों भावों के मिलने के कारण, दुर्योधन ने पागल की भाँति बचपने से भरे हुए अनेक प्रस्ताव किए थे, कहा था बहुत-सा धन-सम्पत्ति देकर पांचालराज को वश में कर लूँगा—जिससे वे, सेना या सम्पत्ति से पांडवों की सहायता न करें, उन्हें त्याग दें या पांचाल में बन्दी बनाकर रखें—उसके बाद मैं अवसर पाते ही सेना सहित आक्रमण करके उन्हें पराजित कर दूँगा और मार डालूँगा।

जो, सबसे अधिक विद्वेष के पात्र हैं, जिन्होंने, अपने शौर्य, बल और अन्य गुणों की अधिकता से उन्हें क्षत्रिय समाज में तथा राजाओं के समाज में हीन बना दिया—उन्होंने ही पांचाल की इस स्वयंवर-सभा में फिर एक बार उन लोगों के मुख पर विशेषकर—उनके मुख पर, कालिमा पोत डाली—दुर्योधन इस जलन को किसी भी प्रकार नहीं भूल पाए, एक प्रकार से प्रलाप ही शुरू कर दिया।

एक बार कहते हैं, मित्र के वेश में, कपटी—अपने हितैषी चतुर गुप्तचर भेजकर

पांडवों में फूट डाल देंगे–जिससे वे स्वयं ही, परस्पर लड़-झगड़कर मर जाएँ; फिर कभी बोलते हैं, गुप्त रूप से, छिपकर मारनेवाले को भेजकर भीम की हत्या करूँगा, इसी से पांडवों का दिल टूट जाएगा, वे आत्म-हत्या कर लेंगे या संन्यास ले लेंगे।...कुछ तय नहीं कर पा रहे हैं–बस, पिंजरे में बन्द, सलाख द्वारा उत्तेजित किए जानेवाले व्याघ्र की भाँति दहाड़ रहे हैं और व्याकुल होकर इधर-से-उधर घूम रहे हैं।

कर्ण अवश्य–पर्याप्त कारण होते हुए भी उतने व्याकुल या विचलित नहीं हुए, सुध-बुध नहीं खो बैठे। दोनों बार के अपमान के ताप के कारण उन्हें ही अधिक क्षुब्ध होना चाहिए था–किन्तु उन्होंने कोई अनुचित प्रस्ताव नहीं किया, बल्कि इन सब बालकोचित प्रस्तावों के लिए मित्र दुर्योधन की थोड़ी भर्त्सना ही की।

उन्होंने कहा था, "कौरवों के द्वारा लांछित होने पर, आज तक भी पांचाल लोग यथेष्ठ बलशाली नहीं हो पाए; वासुदेव के यादव-सेना लाने में भी बहुत विलम्ब होगा; कोई बड़ी सेना थोड़े दिनों में ही नहीं लाई जा सकती–विशेष रूप से मत्स्य आदि राज्यों से होकर आना पड़ेगा, जिसके लिए अनुमति चाहिए, अनुकूलता चाहिए–अन्यथा रसद या घोड़े-बैल आदि के लिए आहार एकत्र नहीं किया जा सकेगा; अर्थात् अभी भी पांडवों को तैयार होने में छः-सात माह की देर लगेगी। हम लोग पांचाल के आसपास ही हैं, हमारी सेना भी तैयार है–यदि, हम तूफान की भाँति पहुँचे सकें, तो उन लोगों को अवश्य ही पराजित और बन्दी कर पाएँगे। मेरी राय में ऐसा करना ही उचित है।"

धृतराष्ट्र को यह परामर्श अनुचित नहीं लगा था। यदि उन्होंने यह न देखा होता, कि वासुदेव में बहुत अधिक दूर-दृष्टि है, तो वे भी शायद इसी का समर्थन करते। कृष्ण ने प्रचार कर दिया कि पांडवों के लिए, बाराती के रूप में, उत्सव में संगियों की कमी न पड़े–इस कारण उन्होंने बहुत पहले ही सात्यकि, कृतवर्मा, बभ्रू आदि यादव वीरों को सैन्य और पारिषदों के साथ आने के लिए कह दिया है, उसी के साथ पांडवों के लिए पर्याप्त मात्रा में धन-रत्न आदि और उनके सहयोग हेतु आनेवाली सेना के लिए यथोचित अश्व आदि के लिए भी।

धृतराष्ट्र या कर्ण इस समाचार के लिए एकदम तैयार नहीं थे। इधर यह भी दिखाई दिया कि कौरवों के पक्ष में, जो अजेय और दुर्धर्ष, कुरु-पितामह भीष्म और द्रोण हैं–वे भी पांडवों के विरुद्ध कूच करने के इच्छुक नहीं हैं। दासी-पुत्र विदुर तो हैं ही नहीं। अपने विनम्र और श्रद्धापूर्ण आचरण के कारण पांडव हमेशा ही विदुर के प्रिय हैं, इसी कारण, दुर्योधन और कर्ण आदि विदुर को और भी नहीं सह पाते। ऐसा नहीं है कि धृतराष्ट्र भी सदा उनका परामर्श मानकर चलते हों–तब भी पता नहीं क्यों, धृतराष्ट्र पर उनका बहुत प्रभाव है–घोर पातकी पर विवेक के अदृश्य रूप से आच्छादित प्रभाव की भाँति।

इन सबके विचार में पांडु-पुत्रों के साथ पर्याप्त अन्याय किया गया है, विशेष रूप से, लाक्षागृह का निर्माण करके उन लोगों की हत्या का षड्यन्त्र खुल जाने के बाद, इनमें से कोई भी मानव-समाज में मुँह नहीं दिखा पा रहा था। अब फिर यदि उनके प्रति अन्याय का आचरण किया जाएगा, तो समस्त संसार में भर्त्सना की आँधी उठ खड़ी

होगी। इससे अच्छा है कि उनके मन में चाहे जो भी रहे–आदर-सम्मान के साथ उनका स्वागत करना ही बुद्धिमानी का काम है। फिर ये लोग पांडवों के शौर्य और वीरता का कुछ नमूना तो देख ही चुके हैं–यदि इनका अनुमान पूर्णतः उलट-पलट गया और ये पांडवों को परास्त न कर पाए, तो इनका सबकुछ चला जाएगा। इससे अच्छा है, बुद्धिमान की भाँति आधा या आधे के आसपास देकर, उनके साथ समझौता कर लेना।

धृतराष्ट्र ने भी यही उचित समझा था। विदुर को दूत के रूप में पांचाल भेजकर भाई की सन्तानों को बुलाया भी था। उनके आदर-सत्कार और भोजन-पान में भी कोई त्रुटि नहीं हुई थी। उत्तम कोटि के वस्त्र आदि और नव-वधू के लिए आभूषणों की व्यवस्था भी की गई थी। इतना कि अन्तिम मुहूर्त में, श्रीकृष्ण की प्राण-पण से की गई चेष्टा से पांडवों के लिए जो एक रक्षा-वाहिनी बनाई गई थी–तैयारी न होने पर भी, उसके स्वागत, निवास, भोजन–एवं अश्व और बैलों आदि की देखभाल में भी कोई कमी नहीं हुई थी।

अन्ध-राजा ने अवश्य ही आधा नहीं देना चाहा। जो थोड़ा सा भूखंड इन लोगों के लिए चिह्नित कर दिया था, उसे अन्धे को छोड़कर दूसरा कोई भी, कुरु-राज्य का आधा भाग नहीं कहता। एक नगर तक देने को सहमत नहीं हुए–निस्संकोच बोल दिया, ''वह पड़ा है खांडवप्रस्थ, तुम लोग वहीं नगर बसाकर राजधानी बना लो।''

इसी अन्याय के कारण भीम अत्यन्त क्रोधित हो उठे थे, अर्जुन तक अपने आपको नियन्त्रित नहीं कर सके, उनका क्रोध, चेहरे की रेखाओं में स्पष्ट हो उठा था–उस समय भी श्रीकृष्ण ने आकर उन लोगों को शान्त किया। समझाया कि यह अच्छा ही हुआ–पहले से बसे राज्य या नगर में राजधानी स्थापित करने में, पग-पग पर कठिनाई होती है; खाली पड़ी भूमि ही उससे अच्छी है–इच्छा के आधार पर, अपनी परिकल्पना के अनुसार–सबसे महत्त्वपूर्ण बात, आवश्यकता और सुविधा के अनुसार नगर के ढाँचे का निर्माण किया जा सकता है। कहाँ कौन सा घर या मंडप, कहाँ रत्नागार, कहाँ शस्त्रागार, कहाँ अनाज-भंडार निर्मित किया जाएगा–यह अपनी सुविधा के अनुसार तय करने की स्वाधीनता है–यह बहुत अधिक सुविधाजनक है।

वासुदेव ने और भी कहा था, ''शक्ति-सामर्थ्य या धन-सम्पत्ति, राज्य के क्षेत्रफल पर निर्भर नहीं करती। जिस देश में आत्मोन्नति का सु-अवसर मिलता है, प्रजा अधिक संख्या में उस देश में ही आकर बसती है। शिल्प और वाणिज्य के ऊपर ही राज्य की समृद्धि निर्भर होती है। यदि राजा उसके अनुकूल परिस्थिति उत्पन्न कर सके, तो यह छोटा राज्य ही, प्रभाव और ख्याति में, बड़े क्षेत्रफलवाले राज्यों से बढ़कर हो जाएगा। दुर्योधन के पक्षवालों ने भूल कर डाली है, यह राज्य तो ऐसे ही इतना जन-बहुल है–यहाँ प्रजा-जनों की उन्नति की कम आशा है। दूसरी ओर, राज्य प्रारम्भ करते ही तुम लोग देखोगे कि उद्यमशील और परिश्रमी प्रजा-जन इस राज्य को छोड़कर तुम्हारे राज्य में चले आएँगे।''

श्रीकृष्ण ने और भी बहुत उपकार किया।

उनके ज्येष्ठ तात ने, खांडवप्रस्थ नामवाला जो स्थान, उनके लिए निर्धारित कर

दिया था–उसे पहाड़ी प्रदेश कहना ही उचित है। बहुत ऊँचे पहाड़ न होने पर भी, वहाँ पर्वत-शिलाएँ ही मिट्टी से अधिक हैं। वृक्ष बहुत कम–हरियाली के नाम पर केवल कँटीली झाड़ियाँ। कहीं-कहीं थोड़ी मिट्टी मिल जाने के कारण, एक-दो पेड़ सिर उठाए खड़े हैं। पर्वतीय अंचल कहना भी अनुचित–पत्थरों से भरा क्षेत्र कहने से ही कुछ ठीक वर्णन हो सकता है।

मानचित्र आदि देखकर, उन्होंने जिस स्थान पर राजधानी के निर्माण की परिकल्पना की थी, वहाँ पहुँचने का मार्ग बहुत ही दुर्गम था। वस्तुतः कोई मार्ग था ही नहीं। घने जंगल के बीच से मार्ग बनाकर ही जाना सम्भव था। असंख्य शिकारी-पशुओं से भरे उस घोर जंगल में पहचाने जा सकनेवाले फल का कोई वृक्ष तक नहीं, और न ही पीने योग्य जल का प्राचुर्य। वासुदेव पहले से ही इसके लिए तैयार थे। पहले वृक्ष काटकर मार्ग बनाएँगे, रात्रि-विश्राम के लिए स्थान-स्थान पर अस्थायी शिविरों का निर्माण करेंगे–गाय, भैंस, घोड़ों और दूसरे पशुओं की देखभाल तथा उनके चारे की व्यवस्था करेंगे–सब लोगों को चुन-चुनकर पहले ही नियुक्त कर दिया गया था। बड़ी-बड़ी मशकों में पीने का पानी साथ ले जाया गया था। इसके अतिरिक्त शिल्पी, भवन-निर्माणकर्मी और श्रमिकों का एक विशाल दल भी साथ ले लिया था। वे स्वयं, इन लोगों के साथ-साथ लगातार उस कष्टप्रद मार्ग से आए। रथ पर आना कठिन था, घोड़े पर चढ़कर ही आना पड़ा।

इसके बाद भी–यहाँ, नगर का नक्शा तैयार करना, उपकरणों का संग्रह–किसे क्या भार सौंपा जाएगा–यह सारी व्यवस्था उन्होंने ही की। इसी के साथ, सेना-वाहिनी, रक्षा-वाहिनी और मन्त्रणा-गृह के कर्मचारियों की नियुक्ति भी उन्हीं के परामर्श के अनुसार की गई। नगरी का शिलान्यास-यज्ञ व्यासदेव के द्वारा किया गया था, वह भी उनके ही निर्देश से। और, उसी के फलस्वरूप, कुछेक वर्षों में ही इतनी बड़ी एक महान और रमणीय नगरी तैयार हो गई।

व्यासदेव के अपने शब्दों में ही :

''वह नगर सागर-तुल्य विशाल परिखा से अलंकृत हुआ एवं श्वेतनाग से घिरी पाताल गंगा भोगवती की भाँति चन्द्र और शुक्ल-पीत मेघ सदृश आकाश-व्यापी प्राचीर-माला से शोभित होने लगा। उसके समस्त प्रासादों ने विशेष कपाटोंवाले विशाल प्रवेश-द्वारों के कारण विशाल पंखवाले गरुड़ की शोभा को धारण किया। यह श्रेष्ठ नगर, मेघ-समूह और मन्दार पर्वत के समान, अस्त्र-युक्त दुर्भेद्य नगर-द्वारों से पूर्णतः घिरा होने के कारण सुरक्षित हो गया एवं स्थान-स्थान पर द्वि-जिह्व सर्पों की भाँति शक्ति नामक अस्त्र-समूह से भरा हुआ, अस्त्र शिक्षा के लिए योद्धाओं द्वारा रक्षित अट्टालिका-समूह से सजा हुआ, समस्त तीक्ष्ण अंकुशोंवाला एक ही बार में सैकड़ों-सैकड़ों मनुष्यों का प्राणघाती, शतघ्नी नामक अस्त्र-युक्त यन्त्र-जाल भी लौहमय महाचक्र में शोभित होने लगा। समस्त पथ विशाल और सुविभक्त रूप में निर्मित हुए। वह नगर शुक्ल-पीत वर्णवाले नाना प्रकार के परमोत्कृष्ट अट्टालिका-समूहों द्वारा दीप्तिमान होकर, देव-लोक के समान शोभाशाली होने के कारण 'इन्द्रप्रस्थ' नाम से प्रकाशित हुआ। ऐसे नगर के

बीच, रमणीय और शुभ स्थान पर, श्री सम्पन्न धनपतियों के समान पांडवों की प्रासाद-मंडली, नभ-मंडल में तड़ित-माला से घिरे मेघ-वृन्द के समान शोभा पाने लगी।

"इसके बाद, संस्कृत, प्राकृत आदि समस्त नाना-देशीय भाषाविदों और समस्त वेदों के विशेषज्ञ ब्राह्मणों ने आकर निवास करने के लिए उसी नगर का चुनाव किया। वणिक-समूह, धनोपार्जन की अभिलाषा से, नाना दिशाओं से वहाँ आने लगा। शिल्प-विज्ञान के पूर्ण ज्ञाता व्यक्ति बड़ी संख्या में, वहाँ आकर निवास करने लगे। नगरी के चारों ओर समस्त उद्यान परम रमणीय...पुष्प-फल युक्त विविध प्रकार के वृक्ष-समूह से सुशोभित।"

किन्तु, जिन्होंने इतना किया—मुख्यतः जिनकी सहायता से अत्यधिक कम समय में, मात्र छः-सात वर्ष में, यह असम्भव कार्य सम्भव हुआ—इन वर्षों में जिन्होंने आधे से अधिक समय इस खांडवप्रस्थ में ही व्यतीत किया—अब उनका यह मनोभाव क्यों ? वे अर्जुन को, इस नवीन, नव-निर्मित राजधानी और अभी-अभी प्राप्त राज्य को छोड़कर, भारत की परिक्रमा के लिए लगातार क्यों प्रेरित कर रहे हैं ?

उनकी बातों में कोई युक्ति ही नहीं है, ऐसा नहीं है। वे बोले, पांडव, देवताओं की कृपा से प्राप्त पृथ्वी के सार्वभौम शासक हों—वे यही देखना चाहते हैं। वही उच्च आशा उनकी भी, अर्थात् पांडवों की भी होनी उचित है। और यदि वह है, तो इस देश को—देश के रूप में इसके निवासियों को, अच्छी तरह जानना-समझना आवश्यक है। उनसे घनिष्ठ-परिचय की आवश्यकता है। केवल बाहु-बल पर निर्भर रहने से—राजा को पराजित किया जा सकता है—वास्तव में राज्य-विजय नहीं होती। विजित राज्य को अधीन रखना वांछनीय नहीं है—विजयी का अपनी भूमि के साथ एक हो जाना ही वांछित है। और यह सम्भव हो जाने पर, विजित के साथ विजयी की आत्मीयता स्थापित करने के लिए, उसके सुख-दुख, आशा-आकांक्षा, रीति-नीति, आचार-संस्कृति-साहित्य आदि के साथ, जीवन के सम्बन्ध में उसकी विचार-दृष्टि के साथ और दर्शन के साथ परिचय स्थापित करना आवश्यक है।

श्रीकृष्ण ने कहा, "राज्य अपना स्वरूप स्वयं ही ग्रहण करता है; शिशु के बालक और बालक के किशोर होने में समय नहीं लगता। देखभाल और शासन सम्बन्धी दैनन्दिन कार्यों के लिए राजा युधिष्ठिर रहें, भीमसेन रहें। तुम अब भविष्य की बातों की चिन्ता करो, आगे बढ़ो। यह राज्य सुदृढ़ नींव पर प्रतिष्ठित और शक्तिशाली होता रहेगा, तुम इस बीच समस्त भारत-भूमि की प्रदक्षिणा कर लो। प्राकृतिक वैचित्र्य के कारण इस देश के मनुष्यों की विभिन्न जातियाँ हैं, उनके चेहरे विभिन्न हैं, भाषा और संस्कृतियाँ भी विभिन्न हैं—रीति-नीति, आचार कोई भी—एक के दूसरे से नहीं मिलते—पृथक, स्वतन्त्र। वह सब जानना-समझना है—उनकी आशा, आकांक्षा, इच्छा को वश में करने की चेष्टा करो। नहीं तो, इस देश को संगठित और शक्तिशाली नहीं बना पाओगे। एक धर्म के सूत्र में बँधी इन बहुत सारी जातियों का यथार्थ-समन्वय करना कठिन कार्य नहीं है—यदि तुम्हारा परिचय उनके हृदयों के साथ रहे। हे भरतर्षभ, तुम अपने पूर्वजों द्वारा नामांकित इस भारत-भूमि की परिक्रमा करो। इसी से तुम्हारी तीर्थ-परिक्रमा—नर

रूपी नारायण की परिक्रमा–का कार्य पूरा होगा।''

अर्जुन का मत इस मूल वक्तव्य से भिन्न नहीं है। वे, यह सब स्वीकार करते हैं–इसका अन्तर्निहित सत्य। किन्तु तब भी, राजवंश की सन्तान, राजपुत्र हैं–नवीन राज्य की प्रतिष्ठा और राज्य-शासन का स्वाद प्राप्त कर लिया है, क्षमता और उच्चाशा का स्वाद–जिसने उन्हें उग्र और तेजस्वी मधु-मदिरा की भाँति वश में कर लिया है। व्याघ्र की सन्तान जैसे पहले-पहल मांस और रक्त का आस्वादन करके आनन्दित, विस्मित और उन्मत्त हो उठती है–कुछ-कुछ वैसी ही अवस्था उनकी भी है।

बहुत कार्य करना होगा, बहुत कार्य शेष है। परिकल्पना अभी भी अधूरी है–उसी में नित्य नया संयोजन हो रहा है–प्रतीत होता है कि उनके न रहने से यह पूर्ण व्यवस्थित रूप में सम्पन्न नहीं होगी। उनकी भाँति चारों ओर दृष्टि रखकर कोई नहीं कर पाएगा। वासुदेव से यही विनयपूर्वक कहा, ''मित्र, हमने अभी ही पहला राज्य प्राप्त किया है। सब कुछ नया है। हम लोगों को कोई ज्ञान और जानकारी नहीं है। ईर्ष्यालु सम्बन्धी पास में ही हैं–वे जानकार और प्रतिष्ठित हैं–क्षमता और कौशल, दोनों ही उनके वश में हैं। इस सम्बन्ध में हम लोग अब तक पूर्णतः अन्धकार में थे, न राजनीति जानते हैं, न दंड-नीति और न जानते हैं न्याय-नीति। सबका ज्ञान नए रूप में ग्रहण करना पड़ रहा है। अब भी, इस सबको ग्रहण करने में बहुत समय लगेगा।''

कहते-कहते, जैसे फाल्गुनी ने मन में कुछ हिम्मत पाई; बोले, ''कोई ज्ञान ही नहीं है, प्रत्येक क्षेत्र में ठोकर खाकर सीखना पड़ रहा है। एक ही नियम सबके लिए नहीं चलता–स्थिति-भेद के अनुसार अलग-अलग नीति अपनानी होती है–उस जानकारी की भी आवश्यकता है। इसके अतिरिक्त, सीमा-रक्षा की व्यवस्था, अपराधियों के दमन का प्रबन्ध, सैन्य-वाहिनी का प्रशिक्षण–अनेक कार्य शेष हैं। इसी समय राज्य छोड़ना क्या सम्भव या उचित है ?''

वासुदेव के होंठों के किनारे मन्द-हास्य के कारण बहुत देर से वक्र हो रहे थे, अब वे रहस्यपूर्ण, अभ्यस्त हँसी से रंजित हो उठे।

बोले, ''मित्र, यदि इतना ही आत्म-विश्वास और आत्म-निर्भरता है, तो मुझे क्यों ले आए हो ? मैं भी अपना सब कार्य छोड़कर, बार-बार क्यों आ रहा हूँ ? शासन-व्यवस्था ने तो सुचारु रूप ग्रहण कर लिया है–तब किसलिए तुम्हें इतनी चिन्ता है ? ठीक है, मैं तुम्हारा सम्पूर्ण दायित्व ग्रहण करता हूँ–तुम्हारी समग्र कल्पना के यथार्थ-रूपान्तरण का दायित्व–तुम निश्चिन्त होकर चले जाओ।...समय बहुत कम है, मित्र ! तुम्हारी शक्ति और बुद्धि, सामान्य मानव-जनोचित आवेग की प्रवृत्ति से ढकी हुई है–अन्यथा, तुम्हें यह सब नहीं समझाना पड़ता। इस भारत भू-खंड में शीघ्र ही अग्नि जलेगी–विपुल रूप में सर्वग्रासी हिंसा की अग्नि–समस्त भारत में रक्त की बाढ़ आएगी। आलस्य-विलास में, लोभ-लालसा में, व्यसन-सम्भोग में, सुरापान-अफीम में–इस देश का शासक-समाज तीव्र गति से सर्वनाश के पथ पर बढ़ रहा है। लोभ से ईर्ष्या और पर-समृद्धि के प्रति दुख–उससे संघर्ष अनिवार्य है। इन निरुत्साही ऐश्वर्यभोगियों से भी कभी देश का कोई

कल्याण नहीं होगा, ये अपना दायित्व और कर्तव्य भूल गए हैं–सेवा करने के अधिकार को, सेवा पाने का अधिकार कहकर भूल कर रहे हैं; धर्म, न्याय, नीति इनके हाथों बन्दी हैं, उनका आर्त्तनाद तुम नहीं सुन पा रहे हो; मैं सुन पा रहा हूँ। इस श्रेणी का ध्वंस किए बिना, न इस देश की मुक्ति है, न शान्ति।''

कहते-कहते यादव-श्रेष्ठ उत्तेजित हो उठे थे, धनंजय के दोनों हाथ थामकर गम्भीर वाणी में बोले, ''तुम्हारे हाथों ही वह मुक्ति आनी है–तुम्हारे द्वारा ही। किन्तु उससे पहले तुम सब प्रकार तैयार हो जाओ, तैयार रहो–मैं यही चाहता हूँ !''

अर्जुन ने सिर झुका लिया, सहमति जता रहे हैं, किन्तु नाना बहानों से विलम्ब भी कर रहे हैं। नित्य नए कारण उपस्थित कर रहे हैं।

अन्ततः एक दिन हाथ जोड़कर–और दो वर्ष के लिए प्रार्थना की। वे इन दो वर्षों के बाद निश्चय ही जाएँगे–वचन दिया।

और दो वर्ष ? यह क्या ?

दो वर्ष ही क्यों ?

वासुदेव आश्चर्यचकित हो उठे–किन्तु मात्र एक क्षण के लिए। फिर तुरन्त आँखों के सामने से धुएँ का एक आवरण हट जाता है।

स्पष्ट रूप में कारण सामने आया।

इतने दिन यह–यह स्पष्ट चित्र आँखों में न पड़ने के कारण विस्मित और अपनी बुद्धिहीनता के लिए अपने ऊपर क्षुब्ध हुए।

कृष्णा !!!

पार्थ ने मात्र एक वर्ष उनका साहचर्य प्राप्त किया है। तत्पश्चात्, दो वर्ष व्यर्थ व्यतीत हुए। नकुल और सहदेव की बारी समाप्त हुई। कृष्णा इस समय युधिष्ठिर की गृहिणी है। निश्चय ही वह अवधि व्यतीत होने में भी अधिक विलम्ब नहीं है–पर उसके बाद भी तो भीमसेन का एक वर्ष बाकी बचा !

उतने अल्प-काल में कृष्णा को पाकर तृप्ति नहीं हुई, अभी भी तृष्णा नहीं मिटी।

हजारों कार्यों और हजारों दायित्वों के होते हुए भी इस वीर धनुर्धर और महान-साधक का मन वहाँ पड़ा हुआ है।

आश्चर्य भरी है नारी की माया।

इतनी बड़ी शक्ति भी मोहाच्छन्न और सुप्त हो गई है।

किसी भी प्रकार रमणी के रूप की मादक-शक्ति से मुक्त नहीं हो पा रहे हैं, मन की सुप्तावस्था से नहीं जाग पा रहे हैं।

इस सत्य के प्रति सचेतन होने के साथ-साथ ही एक व्यंग्य और कुछ अवज्ञामिश्रित परिहास में वासुदेव के अधरोष्ठ पुनः परिहास से वक्र होने की तैयारी करने लगे–किन्तु वे क्षण-भर में ही एक बार और आश्चर्यचकित हो उठे।

क्षण-भर पहले की वह व्यंग्य-वक्रता, लज्जा और आत्म-धिक्कार से दयनीय हो उठी। कारण, उस आश्चर्यजनक रूप से बुद्धिमान और दूर-दृष्टि सम्पन्न मनुष्य के सामने

उसके अपने मन का चेहरा भी छिपा नहीं रहा।

देह धारण करने पर, शायद देह की इन्द्रियों की अधीनता को स्वीकार करने के अतिरिक्त कोई चारा नहीं है। उस शत्रु की दासता से अतिमानवी शक्ति का छुटकारा पाना भी कठिन है। साधक हो, चाहे भगवान के अंश के रूप में जन्म हो—चाहे पूर्व-जन्म के कितने ही पुण्य लेकर आए—आत्मा को देह-ऋण की पाई-पाई चुकानी ही पड़ेगी।

वासुदेव को सन्देह हुआ कि अर्जुन को दूर हटाने के लिए उनकी जो व्यग्रता और व्याकुलता है—इसका कारण भी सम्भवतः वह यज्ञाग्नि से उत्पन्न पावक-शिखा-रूपिणी कन्या—कृष्णा ही है।

अर्जुन के प्रति कृष्णा का पक्षपात इस समय साफ दिखाई देने लगा। पांडवों को वह उतना प्रतीत न होने पर भी वासुदेव की दृष्टि से नहीं बचा।

और मानो इससे ही अकारण ईर्ष्या अनुभव की।

ना, ना, छिः !

वासुदेव सिहर उठे।

वे यह सब क्या सोच रहे हैं ! सखी, आत्मीया, भ्रातृ-वधू।

देव-कार्य के लिए, देवों द्वारा भेजी गई, देव-अंश से उत्पन्न कन्या।

अग्नि से उद्भूत, अग्नि-स्वरूपा। कुरु-वंश के ध्वंस के लिए आविर्भूत।

वे मन-ही-मन अपने को ही स्मरण करने लगे।

अन्तर् में स्थित चैतन्य-रूपिणी अपनी सत्ता को।

साधारण मानव-सुलभ उस मोह से मुक्ति पाने के लिए, सुप्त आत्म-शक्ति को जगाने की चेष्टा करने लगे।

"यह देह विचित्र कारण से अब भी क्षोभ अनुभव कर रही है, यह साधारण व्याकुलता किसी प्रकार दूर नहीं हो रही है, बार-बार केवल एक बात मन में आ रही है, एक अतृप्ति है कि अन्तःपुर महिषी और सेविकाओं से भरा होने पर भी एक भी व्यक्ति मनोनुकूल नहीं है—अपना काम निकालनेवाले और स्वार्थ-पूर्ण करनेवाले इन शत्रुओं के हाथ से तुम मेरी रक्षा करो—हे वासुदेव, हे नारायण !"

॥ ८ ॥

अर्जुन ने अपने चित्त और बुद्धि के संघर्ष की दशा में ही यह बात कह डाली थी। इसके अतिरिक्त उपाय भी नहीं था। मानो, यह द्वन्द्व उनके लोक-प्रसिद्ध स्थैर्य को भी पार कर गया था। एक ओर विश्लेषण और विचार-बुद्धि वासुदेव द्वारा बताए मार्ग की ओर भगा ले जा रही थी—दूसरी ओर, चाहे वह आसक्ति थी या मोह—किसी भी प्रकार कृष्णा की चिन्ता और उस पर केन्द्रित असंख्य, अतृप्त स्वप्न-कल्पनाओं से मुक्त नहीं हो पा रहे थे। लगभग उन्मत्त हो उठे थे। दीर्घकाल तक प्रियतमा को नेत्रों से देखने से भी

वंचित होने की चिन्ता में—लज्जा और उपहास के भय को त्याग कर अल्प-अवधि के लिए प्रार्थना की थी—लम्बे समय तक अनुपस्थित रहने से पहले, कुछ दिन और उनके सान्निध्य और साहचर्य का उपभोग करेंगे, मुख्यतः यही सोचकर—शायद, जानते हुए भी कि इससे कुछ मिथ्याचरण भी हो रहा है। एक प्रकार से प्रतारणा ही की थी। न केवल वासुदेव की—बल्कि कुछ अपनी भी। किन्तु मन में उस प्रतारणा के छिपे न रहने से, मुख से विनती करने के साथ-ही-साथ बहुत लज्जित हुए थे, कुंठा और संकोच का अन्त नहीं रहा था।

जब सुना कि दूसरे दिन प्रातःकाल उठकर वासुदेव उनके इन्द्रप्रस्थ के प्रासाद को छोड़कर अकेले ही खांडव-वन में चले गए—तो वह कुंठा और संकोच बहुत अधिक बढ़ गए, उसी के साथ एक आशंका भी। बात केवल यही नहीं थी, कृष्ण कोई अंग-रक्षक या संगी-साथी, यहाँ तक कि रथ या सारथी भी साथ नहीं ले गए थे। नव-निर्मित नगरी की प्राचीर-सीमा पर रथ छोड़कर, पैदल ही वन में प्रवेश कर गए थे।

तब क्या वे अर्जुन के प्रति उदासीन या क्रुद्ध होकर—पिछले कई वर्षों के रात-दिन के साथी को छोड़कर—इस प्रकार अकेले चले गए ? तब क्या—तब क्या पांडवों का सदा के लिए त्याग कर दिया ? एक के अपराध का दंड सबको दिया ?

उद्वेग-उत्कंठा की सीमा-परिसीमा नहीं रही।

उसी के साथ कुछ-कुछ आत्म-पीड़न, आत्मा धिक्कार भी।

स्वयं को बड़ा अपराधी समझने लगे।

और भी विपत्ति—जिन्हें आशंका का कारण, अनुमान किया हुआ कारण बताकर कुछ परामर्श और मार्ग-दर्शन मिलता, उन युधिष्ठिर को सूचित करना भी कठिन है। ऐसा होने पर, यह भी बताना पड़ेगा कि क्यों उन्होंने श्रीकृष्ण का निर्देश नहीं माना, क्यों समय की भिक्षा माँगी। और तब क्या उनके अन्तर् की लालसा-लोलुपता से सना हुआ, कलुषित घृणा से भरा हुआ चेहरा—शान्त, परमदानी युधिष्ठिर की मनःदृष्टि से छिपा रहेगा ? विशेषतः, उनके सामने अर्जुन असत्य नहीं बोल पाएँगे ? उन्होंने जिन सब युक्तियों को श्रीकृष्ण के समक्ष प्रस्तुत किया था, उनसे श्रीकृष्ण को भ्रमित नहीं कर पाए—अर्जुन आज उस विषय में निश्चिन्त हैं—उसी प्रकार इस विषय में भी सन्देह का अवकाश नहीं है कि युधिष्ठिर भी पल-भर में उस युक्ति-जाल को छिन्न-भिन्न करके तात्कालिक-सत्य पर आधारित तथ्यों की भीड़ में से वास्तविक कारण खोज निकालेंगे।

केवल युधिष्ठिर ही क्यों, और भी जो-जो सुनेगा, समझ जाएगा। सूक्ष्म बुद्धि-कौशल के प्रयोग की यह पद्धति इतनी ही स्थूल है—प्रथम प्रणय की उन्मत्तता मनुष्य को अज्ञानी से भी अज्ञानी बना देती है, अब तक पुस्तकों में पढ़ते रहे थे, अब अपने माध्यम से प्राप्त इस वास्तविक ज्ञान से उन वचनों की सत्यता की उपलब्धि और रहस्य का प्रकाश हुआ—किसी को समझना शेष नहीं रहेगा कि असल कारण क्या है !

द्रोपदी स्वयं भी समझ लेगी।

छिः, छिः, यह बहुत लज्जाजनक है !

मन को अवश्य ही, एक अति क्षीण आश्वासन देने का प्रयास किया; अर्थात् प्रतीत होता है कि एक और अज्ञानता का प्रकाश कर डाला। वे मन को समझाना चाहते हैं कि वासुदेव को यह वन बहुत प्रिय है। यदुनन्दन ही जानते हैं कि उन प्रवेश-दुर्गम कँटीली झाड़ियों और पाषाणखंडों से भरे ऊबड़-खाबड़ पर्वतीय वन में क्या आकर्षण है–वे किस रस का आस्वादन करते हैं–इन्द्रप्रस्थ में रहने पर बीच-बीच में वे उस अरण्य में चले जाते हैं एवं उद्देश्यहीन भाव से भ्रमण करते हैं। उस समय अर्जुन अधिकतर उनके साथ रहते हैं, किन्तु पार्थ यह नहीं समझ पाते कि रुक्ष, स्वागत-सत्कार और कोमलता रहित प्रकृति के इस कंटकित रूप में कौन सा माधुर्य है।

उन्हें स्मरण है कि एक बार यहाँ आते समय, अर्जुन द्वारा एक स्थान पर–जो अपेक्षाकृत वनस्पति से भरा था–इस अरण्य-भूमि की दुर्भेद्यता और दुर्गमता की ओर ध्यान आकर्षित किए जाने पर, श्रीकृष्ण ने कुछ गम्भीर कंठ से उत्तर दिया था, "हे अर्जुन ! यह वन-भूमि मनुष्यों की वास-भूमि से अत्यधिक श्रेष्ठ है, यहाँ अकारण ईर्ष्या नहीं है, हिंसा नहीं है–लोभ, लालसा, मात्सर्य कुछ नहीं है। काम और क्रोध शायद है–किन्तु कोई भी उसे यहाँ छिपाने का प्रयास नहीं करता। वह, प्रवृत्ति या शत्रु की आदिम सरल मूर्ति के रूप में ही दिखाई देती है। प्रवृत्ति का बर्बर चेहरा दुस्सहनीय है–किन्तु कपट-भाव से ढक जाने पर वह असह्य हो जाता है।...इन वनस्पतियों की ओर आँख उठाकर देखो मित्र, वे छाया और आश्रय देकर जीव-जगत् का प्राण-पण से उपकार करती आ रही हैं। उनकी बात ही क्यों कहूँ, इस वन में जो मांस-भक्षी पशु घूमते रहते हैं, जिन्हें हम हिंस्र और शिकारी कहते हैं–मनुष्यों की अपेक्षा वे भी अच्छे हैं। जीवित रहने के लिए भोजन की आवश्यकता न होने तक वे हिंसा नहीं करते, वे भूख न होने पर, केवल रसना के स्वाद के लिए भोजन नहीं करते। और कुछ ज्ञान होने पर–समझोगे, कि मनुष्य उन सबसे अधिक हिंस्र है, जीवधारियों के वर्ग में बहुत अधिक अधम !"

इन सब अवसरों पर अर्जुन, श्रीकृष्ण को नहीं समझ पाते...कैसा एक भय अनुभव होता है। ऐसा प्रतीत होता है कि जो मनुष्य उन्हें सखा कहकर, बन्धु कहकर सम्बोधित करता है, उस मनुष्य की एक विराट् सत्ता है, आज तक भी उसके मनोजगत् के अनेक कोने उनके लिए अज्ञात हैं।

नहीं तो–उस काले अनार्य व्यक्ति द्वारा उन लोगों को अकारण गाली-गलौज और शाप दिए जाने के कारण–भीमसेन के, क्रुद्ध होकर उसका वध करने के लिए उद्यत होने पर, वे उसे शरण और साहस देकर उसकी रक्षा क्यों करते ? बाद में अवश्य ही पता चल गया था कि उस व्यक्ति के इतने आक्रोश या विद्वेष का क्या कारण था–पर उस समय तो कोई नहीं जानता था। श्रीकृष्ण के जानने का भी कारण नहीं था–तब, न जानने पर उसे क्यों क्षमा करना था ? तो क्या वे सचमुच अन्तर्यामी हैं ?

आज पुनः, उस दिन की वह अप्रीतिकर–व्याकुलता-भरी–घटना, अभी-अभी घटी घटना के समान, अर्जुन के मन में जीवित हो उठी।

मांस और चमड़े का व्यवसाय करनेवाला, अखाद्य भोजन करनेवाला, नीच कर्म करनेवाला एक निषाद। उसकी वेश-भूषा में–दुर्गन्धयुक्त मल से भरे, फटे हुए वस्त्र, आम की छाल का अधो-वस्त्र, हाथ में धनुष-बाण–उसकी आँखों के कोनों में बहुत दिन की गन्दगी; रूखे-सूखे, लगभग जटा बन गए पीला रंग लिये भूरे केश–स्नान के अभाव में, शरीर की त्वचा ने भी राख जैसा धूसर रंग धारण कर लिया है–अधरों पर पिछले दिन के मदिरापान और आधा भुना, रक्त सना मांस चबाने के चिह्न–एक प्रकार से मूर्तिमान पिशाच।

उस अवसर पर, वे दोनों रथ-अश्व आदि छोड़कर पैदल ही सँकरे, छोटे मार्ग से गहन-वन को पार कर रहे थे–वे और वासुदेव। वह व्यक्ति उस सँकरे मार्ग के बीच में खड़ा था। उसके मस्तिष्क पर, लगातार मदिरापान करने से उत्पन्न शिथिलता का प्रभाव तब भी समाप्त नहीं हुआ था, पैर आगे बढ़ाना कष्टदायक था, सँभलकर खड़ा भी नहीं हो पा रहा था। उन लोगों के पास पहुँचने पर भी–उसने सम्मान के साथ मार्ग देने के बदले, भौंह चढ़ी आँखों से, अवज्ञापूर्वक एक बार उनकी ओर देखकर एक घृणित व्यंग्योक्ति की। इसी के साथ धनुष पर प्रत्यंचा चढ़ाने की भी चेष्टा की, लेकिन हाथ या पैर कुछ भी वश में न होने के कारण, धनुष-बाण को किसी भी प्रकार लक्ष्य पर नहीं साध पाया।

अर्जुन असन्तोष से भर गए। कीड़ा–काटने में जहरीला न होने पर भी, व्याकुलता पूर्वक शरीर खुजलाने के कारण पैर के नीचे कुचल दिया जाता है; अर्जुन ने भी एक बार उसी भाव से अपने रात-दिन के साथी, धनुष की ओर देखा। उस समय मँझले पांडव भी वासुदेव के पीछे-पीछे उसी पैदल मार्ग से आ रहे थे। दूरी कम होने के अनुमान से–उन्होंने प्रायः साथ-ही-साथ, उस बाधा के कारण, क्रोधपूर्वक भृकुटि चढ़ाकर हुँकार की, किन्तु श्रीकृष्ण में ऐसी कोई विलक्षणता नहीं दिखाई दी। वे तो शान्त और प्रसन्नता-भरे चेहरे से, उस सँकरे मार्ग को छोड़कर कँटीली झाड़ियों के बीच से उस व्यक्ति की उपेक्षा करने की चेष्टा करने लगे।

किन्तु अचानक जैसे, उस व्यक्ति का नशा उतर गया। पहले खड़े-खड़े ही झूम रहा था–अब ऐसा लगा कि दोनों पैर स्वाभाविक और आज्ञाकारी हो गए हैं। वह तेज कदमों से, पत्थरों-काँटों से भरी ऊबड़-खाबड़ भूमि पर आकर, पुनः उनका मार्ग रोककर खड़ा हो गया। उसके बाद, मदिरापान के कारण लाल हुई कठोर दृष्टि से उन लोगों की ओर देखकर बोला, "रुको-रुको ! इतनी व्याकुलता का कोई कारण नहीं है। तुम–तुम लोग ही पांडव हो न ? वह जो एक विराट्-दल लगातार, वृक्ष काटकर और पशुओं को मार-मारकर नई नगरी बसाने जा रहा है–तुम लोग भी तो उसी दल के हो ? कितनी प्रसन्नता भरे मन से सर्वनाश की ओर जा रहे हो ! है न ? वाह, अच्छा है।"

भीम के हाथों की मुट्ठियाँ फिर भिंच गईं, अर्जुन की भृकुटि भयंकर हो उठी, किन्तु श्रीकृष्ण ने अपने स्वाभाविक मधुर-गम्भीर स्वर में उत्तर दिया, "हाँ ! यह तृतीय पांडव फाल्गुनी है। यह पीछे द्वितीय पांडव, तीनों लोकों में प्रसिद्ध, महाबली भीमसेन है। किन्तु

तुम कौन हो ? हमारा मार्ग इस तरह क्यों रोक रहे हो ? तुम्हारी आकृति और वेश-भूषा से प्रतीत होता है कि तुम निषाद हो, पशु मारकर मांस बटोरने आए हो। हम लोग तो तुम्हारे काम में बाधा उत्पन्न नहीं कर रहे हैं, तुम्हारे प्रतिद्वन्द्वी भी नहीं हैं, तब भी तुम इतने उत्तेजित क्यों हो रहे हो और तुमने किस कारण सर्वनाश शब्द कहा है ?''

अभी तक वह व्यक्ति–नहीं मालूम कि श्रीकृष्ण की बातें उसके कानों में पड़ीं या नहीं–लगातार अपलक-दृष्टि से भीमसेन की ओर देख रहा था। उसने उस ओर से दृष्टि न हटाते हुए उत्तर दिया, ''हाँ, मैं निषाद हूँ। मेरा नाम कीलक है।''

कहते-कहते उसका कंठ-स्वर अधिक तीव्र और दृष्टि, क्रोध से और अधिक लाल हो गई, थोड़ा आगे बढ़, अर्जुन के एकदम सामने आकर बोला, ''नाम सुनकर कुछ याद आया, मुझे पहचाना ?''

अर्जुन चिड़चिड़ा गए थे, अब आश्चर्य से उसकी ओर ध्यानपूर्वक देखा, किन्तु सिर से पैर तक निरीक्षण करने पर भी परिचय का कोई सूत्र नहीं पा सके। बोले, ''नहीं भाई, ऐसा तो नहीं लगता कि तुम परिचित हो। अब तुम ही पूर्व परिचय का सूत्र बताओ। हम लोग इससे पहले क्या तुम्हारे असन्तोष का कारण बने थे ?...यह तो स्मरण नहीं आता कि जान-बूझकर तुम्हारा कोई अनिष्ट किया था। यदि किया भी होगा–तो पूरी तरह अज्ञानता में।''

यह सौजन्य भीमसेन की समझ में नहीं आया। वे अपने हाथ के गदा के समान मोटे दंड को दृढ़तापूर्वक पकड़े, अर्जुन को एक ओर हटाकर आगे आ गए। यह मूर्ख, प्रगल्भ निषाद भाग्य का सताया हुआ है, मृत्यु का वरण करने के लिए अधीर हो उठा है; आज उसकी इच्छा पूर्ण ही कर देंगे।

किन्तु कीलक भयभीत नहीं हुआ। लगा, कि उसे मृत्यु से कोई डर नहीं है। जैसे सम्भावित मृत्यु की बात जानते ही उसका बात करने का ढंग और गला केवल अस्वाभाविक ही नहीं, बल्कि और अधिक व्यंग्य-विरूप हो गया। वह बोला, ''जब ये महाबाहु, महाबली भीमसेन, यात्रा-मार्ग में व्यवधान पैदा करनेवाले, नीच जातिवाले पापिष्ठों का वध करने के लिए व्याकुल हो उठे हैं, तो मैं ही क्यों बचा रहूँ !...भीमसेन, तुम ही अधिक अपराधी हो। बुद्धि किसी की भी हो, कार्य में तुमने ही परिणित किया था।...असन्तोष का कारण तुम नहीं जानते, नहीं ? यह भी याद नहीं आ रहा कि अनिष्ट किया है ! वह क्यों याद आएगा ? जो अनिष्ट करता है, उसे तो जानने या स्मरण रखने की आवश्यकता नहीं, जिसका होता है, वही याद रखता है। जो कीट पैरों से कुचला जाता है, कीट होने पर भी उसे मृत्यु की यन्त्रणा अन्यों के बराबर ही सालती है। नए राज्य का सुख-भोग करने के लिए, महा-आनन्द के साथ नवीन राजधानी की तैयारी कर रहे हो।...सुन लो–इस मद्यप और बुरा आचरण करनेवाले निषाद की बातों को याद रखने की कोशिश करो–यह राज्य और राजधानी तुम्हारे भाग्य नहीं होंगे, एक दिन भी सुख-शान्ति से उपभोग नहीं कर पाओगे। यह राज्य और ऐश्वर्य महा-अशान्ति का कारण बनेगा, सोने के पलंग की सुख-शैया, काँटों की शैया हो जाएगी। यह राज्य

महा-श्मशान भूमि में बदल जाएगा, तुम लोग उस श्मशान के पहरेदार, चांडाल की भाँति जीवित रहोगे। मेरे समस्त स्वजनों, प्रियजनों का तुमने अकारण नाश किया है, मुझे वंशहीन कर दिया है–हाहाकार को मेरे जीवन का सहारा बना दिया है–तुम्हारा भी अपना कहा जानेवाला कोई नहीं रहेगा, भोग और ऐश्वर्य के समस्त साधन विष हो जाएँगे। शोक और हाहाकार तुम लोगों का सम्बल होगा।...जाओ, मार्ग छोड़ देता हूँ, निर्विघ्न चले जाओ–फिर कह रहा हूँ, श्मशान-राज्य की ओर, सर्वनाश की ओर।

उसने सचमुच, उनका रास्ता छोड़, दूर जाकर दूसरी ओर मुँह घुमा लिया। किन्तु इस बार अर्जुन ही उसके सामने जाकर खड़े हो गए। बोले, ''सुनो। तुम हमारे सम्बन्ध में इस प्रकार कटु बातें क्यों कह रहे हो और शाप क्यों दे रहे हो–इसका उचित कारण बताए बिना तुम्हारा छुटकारा नहीं। हम लोग कोई अन्याय नहीं करना चाहते–अपने पक्ष के समर्थन में तुम्हें जो कहना है, उसे निश्चय ही सुनेंगे, किन्तु यदि नहीं कह पाए, तो दंड भी अवश्य ही भोगना होगा। तुम्हारा वध करने से हमारे हाथ और अस्त्र कलुषित हो जाएँगे, अतः कोई कठोर-दंड देंगे। याद रखो, मद्यप का प्रलाप क्षमा करने की एक सीमा है।''

''ओह, यही न ! अन्याय नहीं करना चाहते, ना ? तुम लोग क्षमा करना चाहते हो ? कौन माँग रहा है तुम्हारी क्षमा ? मैं तो न्याय चाहता हूँ। न्याय और अपराधी को दंड। तुम लोगों को न्याय-बोध का बड़ा अहंकार है, न ? उचित ही है। राज-काज सँभालने जा रहे हो, राजवंश की सन्तान हो, स्वयं राजा ही हो–तुम लोगों से न्याय की ही आशा करता हूँ।...अपने पक्ष के समर्थन से पूर्व, मैं ही न्याय की प्रार्थना करता हूँ। मेरा अभियोग पांडु-पुत्रों के विरुद्ध है। अकारण प्राण-नाश, आश्रित का नाश, आश्रय की प्रार्थना करनेवालों के साथ विश्वासघात–ये ही तीन अभियोग हैं। मैं उचित न्याय चाहता हूँ, न्याय और धर्म के अनुसार निर्णय !...अब करो न्याय।''

किन्तु, श्रीकृष्ण पूरे समय शान्त भाव धारण किए स्थिर दृष्टि से निषाद की ओर देखते हुए खड़े रहे। अर्जुन को लगा कि उनके होंठों के किनारे पर कुछ विकृत हँसी की मुद्रा है। अर्जुन के लिए यह बड़े विस्मय का कारण था।

श्रीकृष्ण अब पास आकर खड़े हो गए। उनके स्वर में लेशमात्र भी उत्तेजना या असन्तोष नहीं था, सहज भाव से बोले, ''शब्दाडम्बर और रहस्यपूर्ण भाषा को छोड़कर यदि अपना अभियोग स्पष्ट और सरल भाषा में बताओगे, तो इन लोगों को समझने या उत्तर देने में सुविधा होगी।''

उस समय कीलक में, पहले के मदिरापान के नशे और प्रगल्भता के कोई चिह्न नहीं थे, क्रोध की चरम सीमा के कारण, शायद उसका कंठ-स्वर मन्द हो गया था, ध्यान देने पर लगता था कि वह तीक्ष्णता के कारण ही मन्द सुनाई पड़ रहा है। वह बोला, ''स्पष्ट, सरल भाषा में भी कह सकता हूँ। तुम तो द्वारका के अधिपति श्रीकृष्ण हो, इनके परामर्शदाता। तुम्हारा मुँह देखकर लगता है, तुमने सब कुछ समझ लिया है, तब मुझे और यन्त्रणा क्यों देते हो ?...राजा, राजा ही क्यों, सभी क्षत्रियों के विषय में सुना

है कि वे आश्रित और आश्रय-प्रार्थी की रक्षा करते हैं, विशेषतः जिसने सरल विश्वास के साथ आश्रय लिया हो–उसकी रक्षा करने के लिए सहजतापूर्वक प्राण तक त्याग देना भी उनका धर्म है। यही न ?...किन्तु इन पापी नर-कीटों ने अपने तुच्छ प्राणों की रक्षा के लिए–वह भी कोई उसी समय प्राण इतने संकट में नहीं थे–अथवा विश्वासघात करके तुरन्त प्राण-रक्षा करनेवाली स्थिति भी नहीं थी–यदि वैसा होता तो भी उस कुकर्म का कोई औचित्य होता–उस प्रकार का कोई कारण नहीं था–इस आशंका को दूर करने के लिए कि कभी भविष्य में प्राण पुनः संकट में न पड़ जाएँ–जीवित रहकर राज्य-ऐश्वर्य और नारी-भोग के लोभ से–अकारण, सहज रूप से छः प्राण नष्ट कर दिए, उनकी मृत्यु का कारण गढ़ा !...और भी सरल भाषा में सुनना चाहते हो ?...मेरी स्त्री और पाँच पुत्रों को–मैं पशुओं का शिकार करने के लिए जंगल में दूर गया था, उसी अवसर पर–अच्छे भोजन और अच्छी मदिरा का प्रलोभन देकर बुला ले गए थे, ये लोग। हाँ, मृत्यु को सामने देखने पर, किसी को भी अकारण भोजन-पान के उत्सव की इच्छा नहीं होती–ब्राह्मण-भोज के नाम पर निम्न, भद्र, अनार्य, नीच–सभी जातियों को निमन्त्रित किया गया था–जैसे, निषाद इस आशा से जाल बिछाकर पक्षी पकड़ते हैं कि जंगली पक्षियों के साथ कोई मूल्यवान पक्षी भी आएगा–उसी प्रकार, इस आशा से ही वह आयोजन भी किया गया था कि मेरे स्त्री-पुत्र भी जाल में फँस जाएँगे। मैंने एकाधिक प्रत्यक्षदर्शियों से विवरण सुना है–उन्हें बुलाकर सन्ध्या से कुछ पहले ही भोजन कराया गया था–यह भी स्वाभाविक है कि भद्र और उच्च वर्ण के लोगों का भोजन समाप्त होने पर ही निम्न जाति को खिलाया जाए, सबकी यही रीति है। उन लोगों को जितना भोजन नहीं दिया गया था उससे अधिक मदिरा पिलाई गई थी, बिना मूल्य के, बिना परिश्रम के उत्तम कोटि की मदिरा–ये लोग भी जानते थे कि नीच जाति की स्त्री आकंठ सुरापान करेगी। वही हुआ भी, मदिरापान क़रते-करते मेरी स्त्री अचेत हो गई। अचेत होने तक इन लोगों ने परोसना बन्द नहीं किया–भगवान ही जानते हैं कि वह केवल मदिरा थी या उसमें कोई अन्य मादक पदार्थ था–वह बेचारी न उठकर खड़ी हो सकी, न वापस जा पाई, उस अवस्था में वह सूर्य डूबने पर अन्धकार में कहाँ जाती ! साथ में पाँच पुत्र भी थे, उन्होंने भी काफी मात्रा में सुरापान किया था, उसके साथ बहुत दिनों बाद बहुत प्रकार के अच्छे खाद्य मन भरकर खाए थे–मेरी स्त्री ने और कहीं भी जाने की चेष्टा नहीं की–यह विश्वास भी था कि इन लोगों के आश्रय में किसी अनिष्ट की आशंका नहीं है–वे निश्चिन्त होकर वहीं जमीन पर सो गए। इन लोगों ने वही सुयोग पाकर–हाँ, इन्होंने उसी सुयोग की आशा में वह आयोजन किया था–पूरे गृह को चारों ओर से घेरकर आग लगा दी, वह अग्नि, जिसे चक्राग्नि या घेरे की अग्नि कहते हैं, उसके बाद स्वयं निर्विघ्न सुरंग के मार्ग से भाग गए, उन निरपराध स्त्री और बालकों को निश्चित मृत्यु की गोद में डालकर। जानते हो यदुनाथ, क्यों ? जिससे उन लोगों की अस्थियाँ देखकर सबको निश्चय हो जाए कि अग्नि में पाँचों पांडव और उनकी बहुजन प्रिय माँ ही जले हैं, वे इन्हें खोज निकालने का और प्रयास न करें।'' उसके बाद कुछ रुककर फिर व्यंग्यपूर्वक कहा, ''कैसा रहा, बहुत स्पष्ट

भाषा में अभियोग व्यक्त हुआ न ? अब ठीक तरह विचार करो। तुम्हारे राज्य-शासन के प्रारम्भ में यही न्याय तुम्हारा पहला न्याय हो !"

भीमसेन, जननी के सम्बन्ध में व्यंग्यपूर्ण कथन सुनते ही फिर से उग्र वेग से अपना दंड उठाकर आगे बढ़ रहे थे–श्रीकृष्ण ने बाएँ हाथ से उन्हें रोका और संयत किया।

वैसे तो, आज प्रातःकाल से ही फाल्गुनी की विस्मित होने की बारी चल रही है–किन्तु यह विस्मय बहुत अधिक है। अर्जुन ने आज तक ऐसा शक्तिशाली व्यक्ति नहीं देखा, जो क्रुद्ध भीमसेन को किसी के विरुद्ध अस्त्र लेकर भागने पर, सहजता के साथ रोक सके। उन्होंने कभी कल्पना तक नहीं की कि श्रीकृष्ण की नवनीत जैसी कोमल देह में इतना शौर्य है ! अब समझ में आया कि उनके सम्बन्ध में अनगिनत असुरों के वध की जो किंवदन्ती प्रचलित है, जैसे केवल मात्र हाथ से कंस-वध की कहानी–वह मिथ्या कल्पना नहीं है, उसके मूल में सच्चाई है।

भीमसेन भी आश्चर्यचकित हुए। केवल यही नहीं, बल्कि इस अविश्वसनीय शरीर-बल से परिचित होकर, वे मानो कुंडलीवत् संकुचित हो गए, किसी प्रकार के विरोध भरे वाक्य बोलने की शक्ति भी नहीं रही।

भीमसेन को रोककर, श्रीकृष्ण ने कीलक को सम्बोधित किया, बोले, "आत्म-रक्षा के लिए कोई काम अनुचित या दंडनीय नहीं होता–न्यायशास्त्र में यह विधान है।"

"किन्तु यहाँ क्या आत्म-रक्षा के लिए ही ये हत्याएँ की गई थीं ? तब तो ये लोग कौरवों की शत्रुता से दूर जा रहे थे। भविष्य में और कोई विपत्ति न आए–क्या इस कारण इतनी अधिक शठता और विश्वासघात तुम्हारे न्यायशास्त्र के अनुकूल है ?"

"भविष्य में प्राणों के भय से रक्षा करने की व्यवस्था भी आत्म-रक्षा में ही आती है न निषाद !"

"ओहो ! यह तो मुझे ज्ञात नहीं था। मैं तो मूर्ख हूँ, शास्त्र पढ़े नहीं हैं। तुम्हारी बात का ही विश्वास करता हूँ। तब भी यदि यह आचरण सचमुच ही पाप न हो, शास्त्र में इसकी क्षमा का निर्देश भी रहे, तो मानना होगा कि वह न्याय-नीति तुम लोगों की ही भाँति सुविधावादी, अन्यायी-अधर्मियों की रची हुई है। मैं तुम लोगों से और विचार करने की प्रार्थना नहीं करूँगा। किसी प्रकार के मनुष्यत्व की और आशा नहीं करूँगा। तुम लोगों के अत्याचार को रोकने की शक्ति भी नहीं है, वैसा प्रयास भी नहीं करूँगा–यदि तुम्हारी इच्छा हो, तो मेरा वध कर सकते हो अथवा तृतीय पांडव ने कड़ा दंड देने का जो भय दिखाया था, वह भी दे सकते हो–लेकिन मैं अपना शाप वापस नहीं लूँगा। मेरे लिए, मेरा विवेक, सब शास्त्रों से बड़ा है, उसी विवेक के अनुसार तुम लोग अपराधी हो। अपराधी को दूसरे का न्याय करने का अधिकार नहीं होता।"

कीलक ने उन लोगों की ओर नहीं देखा, यह भी नहीं जानना चाहा कि वे लोग उसका वध करने को तैयार हैं या नहीं, धीमी गति से घने जंगल में प्रवेश कर गया।

अर्जुन ने वासुदेव के चेहरे पर गौर से देखा, तब भी वहाँ दुर्बोध्य प्रसन्नता और मुस्कुराहट थी।

क्या पता क्यों, अर्जुन या भीमसेन किसी ने भी उस क्रूरकर्मी निषाद के पीछे दौड़ने या उसे दंड देने का कोई उत्साह अनुभव नहीं किया।

इस घने जंगल के ऊँचे-ऊँचे वृक्षों के शिखरों की शाखा-प्रशाखाओं के पत्र-पल्लवों पर अभी भी प्रभात की किरणों का नर्तन विद्यमान है, चारों ओर के वृक्षों की चोटियों पर विभिन्न पक्षियों का तरह-तरह का मधुर कूजन भी बन्द नहीं हुआ है–विविध प्रकार के वन्य-पुष्पों और ओस से भीगी मिट्टी की सुगन्ध ने श्वास में प्रवेश करके घ्राणेन्द्रिय को प्रफुल्लित कर दिया है–चारों ओर, कहीं भी प्रकृति का आनन्द-समारोह तनिक भी म्लान या कम नहीं हुआ है–केवल, नवजीवन के यात्री, दो तरुणों को यह सब जैसे व्यर्थ अनुभव होने लगा, उनकी विपुल आशा और असीमित उत्साह में से जैसे और कुछ भी शेष नहीं बचा। अकारण एक अपराध-बोध की खिन्नता के कारण उनका अन्तर् दुख और चिन्ता के भार से आक्रान्त हो गया–एक अज्ञात, अशुभ आशंका की छाया, उनकी आशंका-आकांक्षा के आकाश को किसी भी तरह निर्मल और उज्ज्वल नहीं होने दे रही है।

वे गम्भीर और दुखी चेहरे के साथ वासुदेव के पीछे-पीछे चलने लगे।

॥ ६ ॥

उस दिन भीम और अर्जुन मुँहजोरी करनेवाले उस नीच, घृणित व्यक्ति की धृष्टता का समुचित उत्तर नहीं दे पाए–वे बार-बार अपने मन में अनुभव करते रहे कि उस, पशु से भी अधम, मद्यप, अखाद्य-भोजी को असह्य दर्प के लिए उपयुक्त दंड देना ही उनका कर्तव्य था। यद्यपि उसके शाप को तनिक भी महत्त्व देने की आवश्यकता नहीं थी; तब भी वे किसी भी प्रकार सहज, प्रकृतिस्थ और विषाद-मुक्त नहीं हो पाए तथा उन्हें एक निश्शब्द अपमान की दाहकता और अज्ञात आशंका से उत्पन्न बेचैनी सहनी पड़ी। उसके लिए, मन-ही-मन वासुदेव को दोषी मानकर अप्रत्यक्ष रूप से क्षोभ का अनुभव किया।

वासुदेव द्वारा उसे, मधुर व्यवहार से प्रश्रय देने एवं भीम को अनुचित रूप से रोकने के फलस्वरूप, वह इतनी अधिक मुँहजोरी करके भी निरापद चला गया–यही मानो, उस क्षोभ का अकथित कारण है।

सत्याश्रयी अर्जुन इस तथ्य को पूर्णतः अस्वीकार कर नहीं पा रहे थे कि उस व्यक्ति के अभियोग के मूल में सत्य का थोड़ा सा आधार है। एकदम मिथ्या या युक्ति-हीन न होने के कारण ही, उन्हें उस दिन बिल्कुल चुप रहना पड़ा एवं श्रीकृष्ण ने परिस्थिति को समझकर, उनके सम्मान की रक्षा के लिए एक अत्यन्त दुर्बल तर्क प्रस्तुत करने का प्रयास करके, बढ़ती हुई कटुता को दबाना चाहा। तब भी, अपमान तो न्यायसंगत तर्क के मुक्ति-पत्र या अनुमति की अपेक्षा नहीं करता, इसीलिए उस दिन उस निषाद की व्यंग्योक्ति, धिक्कार और अभियोग का उत्तर देने की सामर्थ्य न होने के कारण ही–

उन्होंने लज्जा व आत्मरक्षा का मार्ग खोजने के लिए, विशेष रूप से क्षोभ का आश्रय लिया। उस दिन के उपाय-हीन और प्रतिकार-हीन अपमान का दायित्व किसी दूसरे पर डाले बिना किसी दूसरी चीज को दोषी ठहराए बिना, उन लोगों की मुक्ति नहीं थी, वे अपने से निम्न के सामने मुँह नहीं दिखा सकते थे। मनुष्य मात्र में ही मनोभाव पलता है–भीम और अर्जुन भी मनुष्य हैं।...

आज भी–उस कटु अनुभव की स्मृति मन में आते ही–अर्जुन, वासुदेव के प्रति पुनः एक प्रकार के दुर्निवार-क्षोभ का अनुभव करने लगे। मानों उन्हें लज्जा और अपमान से बचाने हेतु, वासुदेव को, उस धृष्ट, अभद्र व्यक्ति का वध करना उचित था। तब, ये लोग मन से मुक्त हो सकते थे, इससे भी अधिक, अपमान की ग्लानि इस तरह नहीं सहनी पड़ती।

अर्जुन, उस दिन की घटना का स्मरण आते ही अपमान से व्याकुल हो गए। किन्तु हाय, यदि वे जानते, यदि जानना सम्भव होता–कि आज इस घड़ी वासुदेव, किस उद्देश्य से, अपना कौन सा कार्य पूरा करने के लिए अकेले खांडव-वन में प्रविष्ट हुए हैं, तो यह अपमान–अपमान क्यों, समस्त अनुभूति ही उनके लिए शिलावत् हो जाती, तब अपनी मृत्यु की इच्छा के अतिरिक्त अन्य कोई चिन्ता नहीं रहती। और वासुदेव के सम्बन्ध में उनका यह सीमाहीन विस्मय–और भी दुर्बोध्य, और भी कल्पनातीत हो जाता।

सम्भवतः, क्षोभ और दुख का अनुभव। असन्तोष ? उत्तेजना ? ना, अर्जुन में, उस मनुष्य के प्रति, यह सब अनुभव करने की शक्ति नहीं है। उनके कार्य-कारण की अविश्वसनीय सूक्ष्मता ने अर्जुन के मन में, जो सम्भ्रम और भय उत्पन्न कर दिया है–उसमें असन्तुष्ट होने का कोई मार्ग ही नहीं बचा।

उस क्षोभ, दुख आदि को अपेक्षाकृत दुर्बल अनुभूतियों के बाद–बहुत बाद अनुभव करते। बहुत समय के बाद–पाषाण हो जाने जैसी जड़ता मिटने पर।...

वासुदेव ने उस दिन, उस पिशाच-मूर्ति निषाद से मिलने की आशा से, अकेले उस गहन-वन में प्रवेश किया था।

इससे पहले और भी कई दिन कीलक की खोज में आए थे। उन दिनों, अर्जुन को छोड़कर अकेले ही आए। अर्जुन सोचते थे कि वे एकान्त स्थान पर अपने स्वरूप में अवस्थित होने या ध्यान करने के प्रयोजन से ही कँटीली झाड़ियों से भरे, हिंस्र पशुओं के रहनेवाले गहन-वन में प्रवेश करते हैं। वासुदेव के मन की विचित्र गति की खोज कर पाना–यहाँ तक कि सन्देह कर पाना भी अर्जुन के लिए असाध्य है–वे ऊपर-ऊपर से अनुभव करने पर भी, उसे कभी भी ठीक तरह से समझ नहीं पाए।

वासुदेव ने यह अनुमान कर लिया था कि कीलक समय-समय पर इस वन में आता है। अकेला, किसी को साथ लिए बिना। उसने कहीं भी नया निवास स्थान या परिवार बनाने की चेष्टा नहीं की, सम्भवतः भविष्य में भी नहीं करेगा। उस दिन के वार्तालाप से यह समझ गए हैं। उससे भी पहले से उन्हें, उसके विषय में पता था। जिस दिन संशय नहीं रहा था कि वारणावत के लाक्षागृह में जलकर बचे नर-कंकाल पांडवों के नहीं

हैं–हो भी नहीं सकते, उसी दिन विशेष कुशल और विश्वस्त गुप्तचर भेजकर वारणावत के चारों ओर यह खोज करवाई थी कि उस दिन उनकी बुआ, कुन्ती के निमन्त्रण पर भाग्य के भेजे हुए जो लोग आए थे, उनमें से कौन-कौन वापस नहीं लौटे।

गुप्तचर ने ही इस निषाद-स्त्री का पता दिया था। परिचय भी। और वे, उस तथ्य को जानने के बाद से ही, कीलक को खोजते फिर रहे हैं। भाग्य और मनुष्य के मिले-जुले अन्याय के कारण प्राप्त तीव्र क्षोभ और प्रतिशोध की आग लिये वह अकेला निश्चय ही कहीं होगा। यह ध्रुव-सत्य है–इतनी अधिक दग्धता उसे कभी स्थिर नहीं रहने देगी।

किन्तु, प्रतिहिंसा की इच्छा और क्षुब्ध अपमान–कोई भी, मनुष्य को कितना ही जलाए, तब भी भूख की ज्वाला इन सबसे बड़ी है। घने जंगल को छोड़कर निषाद के लिए भोजन या भोजन की प्राप्ति का कहीं उपाय नहीं है। इसीलिए उसे, लगातार निवास न करने पर भी, किसी-न-किसी वन में घूम-फिर कर आना ही पड़ेगा। परन्तु, चारों ओर जंगल की कमी न होने के कारण, वे खोज के क्षेत्र को किसी विशेष केन्द्र-बिन्दु की परिधि में नहीं बाँध पाए।

इस प्रकार अनुमान करने के कारण–उस दिन उसे देखते ही पहचान गए। जीवन में, जिसका कोई लक्ष्य नहीं, आशा नहीं; जिसका कोई घर नहीं, घर का सुख नहीं–वही इस तरह शरीर की उपेक्षा करके घूम सकता है, जीवन की अवज्ञा कर सकता है।

उस दिन पहचान तो लिया, किन्तु काम नहीं बन सका। उनकी बात किसी के सामने नहीं कही जा सकती थी। उसके बाद से ही, कीलक की खोज में, बीच-बीच में, यहाँ आ रहे हैं। वह कहाँ रहता है, यह प्रश्न करने का कोई लाभ नहीं होना था, यह पूछने का भी अवसर नहीं था कि फिर कब भेंट हो सकती है, शायद ऐसा करना निरर्थक भी होता। दैव-योग से भेंट हो गई, फिर दैवानुग्रह की ही प्रतीक्षा करनी होगी।

इसी प्रकार खोजते-खोजते कई दिन बेकार हो गए। पर, उस दिन लगा कि दैव अनुकूल है। कुछ घने जंगल में प्रवेश करते ही एक विशाल शाल-वृक्ष की जड़ से सिर टिकाए, लगभग चेतनाहीन सी अवस्था में सोया एक व्यक्ति देखा, एक हाथ में चिर-संगी धनुष, कुछ दूर तरकश एवं एकदम पास ही बड़ा सा मदिरा-पात्र।...पिछली रात की मदिरा की गन्ध से, प्रभात में ही आकृष्ट होकर मक्खियों का झुंड आ जुटा है, उनका एक दल, मिट्टी के पात्र को चारों ओर से घेरकर अँधेरा किए बैठा है, एक और दूसरा दल, उस व्यक्ति के थोड़े से खुले हुए होंठों के चारों ओर पीकर बची हुई मदिरा का प्रसाद पा रहा है।

वासुदेव ने और विलम्ब नहीं किया। दुखी और शंकित अर्जुन किसी भी क्षण उनकी खोज में आ सकते हैं। उन्होंने पहले, निद्रा में डूबे होने के कारण ढीली हुई मुट्ठी से बहुत सावधानी से धनुष निकाल लिया, उसके बाद तरकश को भी उठाकर एक वृक्ष की शाखा पर रख दिया। उसके बाद, जल के अभाव में, उस सुरा-पात्र को एक किनारे से पकड़कर, शेष बची थोड़ी सी मदिरा–अत्यधिक तीव्र प्रभावयुक्त खराब गन्धवाले पेय–को ही, उसके मुँह पर छिड़क दिया।

चौंककर, तुरन्त निद्रा भंग हो जाने के कारण व्याकुल होकर उठ बैठे कीलक ने हड़बड़ी में धनुष और तीर को खोजने के लिए अपनी मुट्ठी की ओर देखा–वह सब न मिलने के कारण जब वह और अधिक बेचैन और अस्थिर हो गया, तो श्रीकृष्ण धीमे मधुर स्वर में बोले, ''कीलक, शान्त हो जाओ। अस्त्र की आवश्यकता नहीं पड़ेगी, उसके लिए चिन्ता मत करो। मैं तुम्हारा मित्र हूँ।''

जो जंगली पशुओं से भरे वन में निवास करता है, उसकी इन्द्रियजन्य अनुभूति या छठी इन्द्रिय सदा डरी हुई सदा सतर्क रहती है। कीलक की मदिरापान या निद्रा के कारण उत्पन्न जड़ता टूटने में भी देर नहीं लगी। उसने और भी भय और आश्चर्य के साथ चारों ओर देखा, इस बार श्रीकृष्ण को देख पाया। ऐसा लगा कि पहचानने में भी असुविधा नहीं हुई। उसी सूत्र के सहारे उस दिन की घटना स्मरण हो आई।

समझ में नहीं आया कि आश्वस्त हुआ या नहीं। तब भी, कुछ शान्त हुआ। धीरे-धीरे हाथ के पिछले भाग से ललाट का पसीना और मुख पर छाई ग्लानि पोंछकर बोला, ''ओह तुम !...तो, यहाँ तुम क्या सोचकर ? क्या उस दिन का अधूरा कार्य समाप्त करने आए हो ? तभी पहले ही, तस्कर की तरह मेरा धनुष-तीर चोरी कर लिया ? पर इतनी सतर्कता की आवश्यकता नहीं थी। मेरा वध करने के लिए आने पर, मैं तुम्हें वैसे भी नहीं रोकता। बाधा देने पर भी तो पार नहीं पा सकता। हम लोग दूर से पशु-वध करते हैं–वह भी जीविका के लिए आमने-सामने खड़े होकर, अकारण मनुष्य-वध की आदत नहीं है।''

वासुदेव हँसे। वही रहस्यपूर्ण, भय-मुक्त हँसी–जिस हँसी को देखकर, बालक-वृद्ध-स्त्रियाँ, सभी समान रूप से मुग्ध और वशीभूत हो जाते हैं। बोले, ''नहीं कीलक, मैं तुम्हारा वध करने नहीं आया हूँ। वह इच्छा होती, तो उस दिन मँझले पांडव को क्यों रोकता ? मैं सत्य ही तुम्हारे मित्र के रूप में–मित्र बनने के लिए आया हूँ।''

''मित्र बनने के लिए आए हो ! मित्र ! हाः,'' कीलक ने एक अवज्ञासूचक शब्द के साथ जम्हाई ली। पिछली रात के नशे ने उसे अनिवार्य-जड़ता से भर दिया, उसी के साथ मस्तिष्क पर पत्थर के जैसा दबाव। उसने दोनों हाथों से अपना सिर थामकर तेज़ी से हिलाया, उसके बाद सुरा-पात्र को हिलाकर देखा कि थोड़ी-बहुत बची है कि नहीं। लगता है, थोड़ी सी थी, उसे ही गले में उतारकर, थोड़ा प्रकृतिस्थ हुआ। एक तृप्त-निश्वास छोड़कर बोला, ''मित्र, मेरे और किस काम आओगे ? मित्र से मेरा और कोई प्रयोजन नहीं है। तुम मेरा कोई उपकार करने के लिए आए भी नहीं हो। क्या चाहते हो, स्पष्ट बोलो, किस उद्देश्य से आए हो !''

''क्या तुम्हारा कोई प्रयोजन नहीं है ? अच्छी तरह सोचकर तो देखो।''

''नहीं, कुछ भी नहीं, मेरी कोई इच्छा या कामना नहीं है, इसीलिए कोई प्रयोजन भी नहीं।''

''प्रतिशोध लेने की इच्छा भी नहीं ? सत्य कहते हो ?''

निद्रा और नशे की जड़ता तो पहले ही टूटने लगी थी, अब नेत्रों की रक्तिम दृष्टि

भी चमकने लगी। कठिन और सन्दिग्ध। वैसे ही, जैसे मनुष्य की दृष्टि कहीं भी किसी विपत्ति की आशंका से सतर्क और सचेत हो जाती है।

''अच्छा ! यह मार्ग अपनाया है !...तुम तो उन्हीं लोगों के मित्र हो, मैंने देखा है कि तुम्हें वे मानते भी हैं। यह बात तुम्हारे मुख से अशोभनीय और हास्यास्पद नहीं लगती ?...बताओ तो, किस फन्दे में बाँधना चाहते हो ? किस जाल में फँसाना चाहते हो ? मेरे जैसे नगण्य प्राणी के प्राण नष्ट करने के लिए ऐसी योजना बनाने की क्या आवश्यकता है ?...एक क्षुद्र कीड़े की भाँति पैर के नीचे कुचल देने से ही सब हो जाएगा। यदि म्यान के खड्ग से वार करने की तुम्हारी इच्छा न हो–तो मेरा अस्त्र है, उसे उठाकर निर्बाध रूप से वध कर दो।...सत्य कहता हूँ, जीने की मुझे कोई साध नहीं है।''

''कीलक, तुम झूठ बोल रहे हो। असत्य भाषण कर रहे हो। अभी तुम्हारे जीवन का एक उद्देश्य है, पांडवों का सर्वनाश देखना। उन्हें दुख, पश्चात्ताप–अशान्ति की अग्नि में जलते हुए देखकर, तुम्हारी अशान्ति और दुख का अन्त होगा, हृदय की दाहकता शान्त होगी...ऐसा नहीं है ?...सुनो कीलक, तुम मेरी बात नहीं समझोगे। हम दोनों का प्रायः एक ही उद्देश्य है, बस कारण भिन्न है। ठीक है, वे मेरे मित्र हैं, सम्बन्धी भी हैं। तब भी, उनके अनिष्ट के लिए सोचना पड़ रहा है। तुम्हारे शाप से, वे लोग उस नवनिर्मित महानगरी के महा-श्मशान में राज्य करें, मेरी भी ऐसी ही कामना है।...क्या करूँ, मैं निरुपाय हूँ। उन लोगों को, बहुत लोगों के दुख दूर करने के लिए, यह दुख पाना ही होगा।''

तब भी कीलक का सन्देह दूर नहीं हुआ। रहस्य समझने के लिए, भौंहें चढ़ाकर, एकटक वासुदेव की ओर देखने लगा।

उसका मनोभाव समझकर, वासुदेव उसके और निकट आ गए।

एकदम सामने खड़े होकर उसके कन्धे पर हाथ रखकर बोले, ''कीलक, मेरी आँखों में देखो। क्या तुम्हारे मन में अभी भी है कि मैं तुम्हें प्रताड़ित करने आया हूँ, असत्य बोलकर विपत्ति में डालना चाहता हूँ ?''

कीलक, उस कोमल-मधुर स्पर्श से एक प्रकार से, विह्वल और अभिभूत हो गया। आँख उठाकर, उनकी आँखों से आँखें मिलानी चाहीं, किन्तु मिला नहीं सका। उसकी सम्पूर्ण देह काँपने लगी; ऐसा लगा कि समस्त देह की रक्त-धारा में, किसी कारण विपुल आनन्द की अनुभूति की एक तरंग जाग गई है, इसी से शरीर आन्दोलित हो रहा है।

''नहीं, नहीं,'' वह बहुत कठिनाई से बोल सका, कातरता-भरी अनुनय के साथ कहा, ''ऐसा नहीं लग रहा है। तुम पर विश्वास किया है, कर रहा हूँ। किन्तु, मुझे यह क्या हो रहा है ! लग रहा है, जन्म-भर के लिए तुम्हारा दास हो गया हूँ, तुम्हारे आदेश-पालन के अतिरिक्त, कोई उपाय नहीं बचेगा।''

''कीलक, सच ही, मैंने तुम्हें अपना सेवक बना लिया है। तुम्हें आज से, देव-कार्य-साधन और मानव-कल्याण के कार्य में नियुक्त कर दिया है।''

हाथ तब भी कीलक की बाँह पर था। कीलक उस अलौकिक स्पर्श के अविश्वसनीय

अनुभव और वर्णनातीत माधुर्य से लगभग चेतनाहीन होता हुआ, अस्फुट स्वर में बोला, ''बोलो, क्या करूँ ! क्या करना होगा ?''

''ध्यान से सुनो। मथुरा के निकट, आर्यों और अनार्यों के मिश्रण से जो वर्ण-संकर जाति उत्पन्न हुई है–जिसे आदिवासी ज्येष्ठ या ज्येठ कहते हैं–उसकी प्रधान वृत्ति दस्युकर्म है। किन्तु वे प्रबल प्रतापी कुरु-राजाओं के डर से इधर आने का साहस नहीं करते। तुम मांस बेचने के बहाने उनकी बस्ती में जाओ और बातों-बातों में उन्हें बताओ कि कुरु-राजधानी के दक्षिण में जो नई नगरी बसी है, वह पांडवों की राजधानी इन्द्रप्रस्थ है, पांडवों के खुले हाथ से दिए गए दान-दक्षिणा के कारण, वहाँ ब्राह्मण-बस्ती बहुत अधिक ऐश्वर्यशाली हो गई है, ब्राह्मणों के धन की सीमा नहीं है। यदि कोई उनका घर लूट ले, तो राज-प्रासाद को लूटने से अधिक लाभ में रहेगा। उन्हें डर नहीं है, ब्राह्मण-बस्ती में किसी तरह के पहरे की व्यवस्था नहीं है, वे शास्त्रजीवी निरीह ब्राह्मण होने के कारण, बिना किसी डर के निश्चिन्त होकर रहते हैं। उनके पास अपना भी कोई अस्त्र आदि नहीं रहता।...सोच लो, उन्हें प्रेरित कर पाओगे ?''

कीलक बोला, ''कर पाऊँगा। तुम्हारे इस विचित्र आदेश का कुछ भी रहस्य नहीं समझा। तब भी, जो कहा है, वही करूँगा।''

वह, उन्हें पहली बार प्रणाम करके, उसी समय दक्षिण-पश्चिम की ओर चल पड़ा।

वासुदेव फिर थोड़ा हँसे।

वे भी वहाँ और नहीं ठहरे, अपने स्वभाव के विपरीत, तेज गति से, लौटने के मार्ग पर चल दिए।

वे जानते थे कि अर्जुन प्रातःकाल उनके भवन में आकर, उन्हें न देखकर बहुत व्याकुल होंगे–विशेष रूप से, यदि सुना कि वे बिना अस्त्र के अकेले ही घने जंगल में गए हैं। और तब वे सबसे पहले उन्हें खोजने चले आएँगे।...

अर्जुन के सम्बन्ध में उनका अनुमान–जिसमें कोई भ्रान्ति नहीं–कुछ दूर जाते ही प्रमाणित हो गया। दिखाई दिया कि धनंजय सचमुच ही बदहवास से, शुष्क-मलिन मुख लिये, व्याकुल होकर इधर ही आ रहे हैं।

केशव को देखकर वे उद्विग्न और कुछ दुखपूर्ण खिन्न स्वर में बोले, ''मैंने शायद, अनजाने में या अज्ञानता के कारण कोई अपराध कर दिया है, इसी कारण कठिन दंड की व्यवस्था की है ? मेरे ऊपर नाराज़ होने पर मुझे दंड दीजिए, किन्तु इस तरह अपना जीवन संकट में मत डालिए।''

श्रीकृष्ण, उन्हें तुरन्त आलिंगनबद्ध करके बोले, ''मित्र, अनेक कारणों से–प्रधान कारण अवश्य जानता हूँ, नवीन प्रणय–तुम्हारी मानसिक-स्थिरता नष्ट हो गई है, अन्यथा जो नहीं किया, उस कल्पित अपराध की बात नहीं सोचते, मेरे असन्तुष्ट होने की कल्पना नहीं करते। और यदि पूर्णतः मोह-ग्रस्त न होते–तो यह नहीं सोचते–कि तुम्हारे ऊपर नाराज होकर मैं यहाँ जीवन नष्ट करने आया हूँ। नाराज होकर स्त्रियाँ और बालक, ऐसा कार्य करते हैं।...और करते हैं पागल। चलो, चलो, अभी तक सवेरे का जलपान नहीं

हुआ है, भूखा हूँ। ताजे मक्खन और प्रचुर मात्रा में पेड़ों के बिना यह भूख नहीं मिटेगी।''

अर्जुन ने, साथ चलते-चलते, बालकों की भाँति गम्भीर कंठ से कहा, ''मुझे—मुझे बहुत भय हो रहा था, लग रहा था कि शायद आपने हम लोगों को त्याग दिया है। क्या कहूँ, कितनी कुछ आशंका हो रही थी।''

''जानते हो, तुम्हारे हाव-भाव और बातों से मुझे कैसा लग रहा है ?''

अर्जुन ने विस्मित होकर प्रश्न किया, ''क्या ?''

''तुम्हारे लिए और अनेक नव-वधुओं का प्रबन्ध करने की आवश्यकता है। अब वही प्रयत्न करूँगा।''

॥ १० ॥

इतने सारे क्रुद्ध और क्षुब्ध ब्राह्मणों की बातों के मिश्रित कोलाहल में, उनकी मूल बात समझने में कुछ समय लगा। इसमें कोई सन्देह नहीं कि वे दुखी और अत्यधिक उत्तेजित हैं। कोई यज्ञ करते-करते उठ आया है, कोई पूजा-वन्दना आदि समाप्त करके खाने बैठा था, कोई गृह-देवता या इष्ट को भोग चढ़ा रहा था, सबमें अब तक वे चिह्न विद्यमान हैं। जो भोजन करने बैठे थे, उनमें से अनेक को कुल्ला करने का समय नहीं मिला, उस अपवित्र दशा में ही आ गए हैं—जो ब्राह्मणों के लिए महापाप है।

अर्जुन ने उन्हें समझाने की बहुत चेष्टा की, ताकि केवल एक व्यक्ति स्थिर होकर उनका मन्तव्य व्यक्त कर सके, शेष सब चुप रहें—इस तरह सबके एक साथ बोलने पर, जल्दी से अधिक देर ही होगी—किन्तु वह युक्ति, उन लोगों के आवेश-भरे मस्तिष्क में एवं जो लोग दूर थे, उनके कानों में, कोलाहल को पार करके नहीं पहुँच सकी।

उनके—उत्तेजना की प्रतिक्रिया और ऊँचे स्वर में बोलने के परिश्रम से थक जाने के कारण—थोड़ा शान्त होते ही, अर्जुन ने बहुत कष्ट से जिस बात की खोज की, उसके अनुसार, ज्येठ दस्युओं का एक दल, आज दिन के पहले पहर में उनकी फसल और गो-धन का हरण करके ले गया। वे निरीह शास्त्रजीवी ब्राह्मण हैं, उनके पास शस्त्रजीवी दस्युओं को रोकने लायक सामर्थ्य या अस्त्र नहीं हैं, रोक भी नहीं सके, फलस्वरूप वे शर्शरीक दस्यु बिना किसी बाधा के लूट-पाट कर रहे हैं, शायद अभी भी कर रहे हैं; इसके बाद लगता है स्त्रियों पर अत्याचार प्रारम्भ होगा, कारण, यद्यपि नगर की दूसरी बस्तियाँ अधिक दूर नहीं हैं, दस्युओं की पैशाचिक उल्लास-ध्वनि एवं स्त्री-बच्चों का आर्त्तनाद आदि उन सब तक न पहुँचने की भी बात नहीं है—तब भी वहाँ कोई प्रहरी या सैन्य-दल नहीं आया, किसी क्षत्रिय अधिवासी ने भी रक्षा के लिए अस्त्र आदि लेकर दौड़ आने की आवश्यकता नहीं समझी।

उसके बाद वे—बात समाप्त होते ही—फिर से राजा और राज-शक्ति को धिक्कारने लगे। वे उपार्जित धन का छठा भाग राजा को कर के रूप में दे रहे हैं—ब्राह्मण होने पर

भी छुटकारा नहीं मिलता—वह राजा है, सदा, सब प्रकार उनकी रक्षा करना उसका कर्तव्य है। केवल सुन्दर प्रासादों के निर्माण और जल आदि की व्यवस्था करने से ही नागरिकों की सुविधाओं की सम्पूर्ण पूर्ति नहीं हो जाती। सुरक्षा के लिए ही लोग राजधानी में आकर निवास करते हैं। इस राजधानी का क्या मूल्य है ? यहाँ रहने की अपेक्षा तो जंगल में निवास करना अच्छा है, सावधानीपूर्वक रहने से निरापद रहा जा सकता है। वहाँ जंगली पशुओं का भय है, दस्युओं का नहीं।

अपनी बात न कह पाने के कारण, अर्जुन थके हुए और हताश हो गए। कोई उपाय न देखकर वे अपना कंठ-स्वर ऊँचा करने को बाध्य हुए। कुछ कर्कश और कठोर स्वर सुनाई देने पर—अथवा सुन पड़ा मानकर—ब्राह्मण अपेक्षाकृत उत्तेजनाहीन कंठ से परस्पर—''सुनो, सुनो, धर्मात्मा, शक्तिशाली तृतीय पांडव क्या कहना चाहते हैं, ध्यान से सुनो,'' बोलकर एक-दूसरे को चुप कराने की चेष्टा करने लगे।

अर्जुन बोले, ''ब्राह्मणगण, आप अकारण इतने उत्तेजित मत होइए। हमारी धारणा थी कि दस्यु इस नगर में प्रवेश करने का साहस नहीं करेंगे। इसी कारण प्रहरियों की पर्याप्त व्यवस्था नहीं थी। अब पता चला कि ऐसा सोचना भूल थी। यही कारण है कि किए हुए अपराध के लिए क्षमा की भिक्षा माँग रहा हूँ। आप लोग शान्त हो जाइए, आप लोग जिस परिमाण में, फसल, सम्पत्ति और गोधन के अपहरण की बात कह रहे हैं—उसके अनुसार वे निश्चय ही, लूट-पाट करके अधिक दूर नहीं जा पाएँगे। आप लोग केवल दो दंड का समय दीजिए, वे जितनी भी दूर हों, उन्हें मार-कुचलकर आप लोगों की सम्पत्ति आपको दिला दूँगा। इसके अतिरिक्त भी राज-भंडार से अवश्य ही आपकी क्षति-पूर्ति की जाएगी। आप लोग निश्चिन्त होकर घर लौट जाइए, लूट-पाट के अलावा, उन दुश्चरित्रों ने यदि कोई दूसरा घृणित अत्याचार किया होगा—तो जान लीजिए, उन्हें अपराध की तुलना में चार गुना दंड भोगना पड़ेगा। पाताल में प्रवेश करने पर भी उन्हें छुटकारा नहीं मिलेगा।''

इतने दिनों में, तृतीय पांडव के शौर्य और अद्भुत शस्त्र-शिक्षा की बात जन-श्रुति में बदल गई है; ब्राह्मण, निश्चिन्त होकर आनन्दपूर्ण कोलाहल करते हुए, अपने-अपने घर लौट गए।

किन्तु आश्वासनदाता बड़े संकट में पड़ गए। जब वे इन लोगों को इस बुरी घटना के प्रतिकार का वचन दे रहे थे, तब ब्राह्मणों की विपत्ति और अपनों की अमर्यादा को छोड़कर दूसरी चिन्ता नहीं थी। समय का हिसाब लगाते हुए केवल रथ में घोड़े जोड़ने और मार्ग की दूरी तय करने की बात ही सोची थी। किन्तु अस्त्र ? उसमें तो एक बड़ी कठिनाई है !

वासुदेव ने ही परामर्श दिया था कि कनिष्ठ भाइयों के लिए उचित है कि अपने-अपने नव-निर्मित भवन में बीच-बीच में बड़े भाई और राजा को निमन्त्रण देकर बुलाएँ। इससे सौहार्द्र और भाईचारा बढ़ता है। राजा भी अवश्य छोटों को निमन्त्रित करेंगे। केवल, राज-सभा या मन्त्रणा-सभा में ही भाई परस्पर मिलते हैं—यह व्यवस्था

किसी भी प्रकार वांछनीय नहीं है–उससे मानसिक दूरी और व्यवधान की वृद्धि होती है।

उस बात के उत्तर में धनंजय ने एक विशेष नियम की याद दिला दी थी। अपनी इच्छा से बनाया हुआ, अपनी इच्छा से आरोपित नियम।

जब निश्चय हुआ कि पाँच भाई एक ही पत्नी को ग्रहण करेंगे–तब महर्षि नारद, स्वयं उपस्थित होकर उन्हें सतर्क कर गए थे, "केवल स्त्रियों के चलते बहुत मित्रता और भाईचारा नष्ट हो गया है; भाई के हाथों भाई की हत्या हुई है। प्राणों से भी अधिक प्रिय मित्र पराए से भी पराए हो गए हैं। इस विषय में तुम लोग यदि पहले से ही कुछ कठोर नियम नहीं बना लेते हो एवं धर्म-पालन की तरह उनका पालन नहीं करते हो, तो सन्देह है कि तुम लोग भी इस विपदा से बच पाओगे या नहीं। हाँ, जान-बूझकर ही विपदा शब्द का व्यवहार किया है। इसमें सन्देह नहीं कि सुन्दरी नारी-रत्न पाना सौभाग्य की बात है–किन्तु अनेक समय, वह चरम विनाश का कारण भी बन जाता है।"

उन लोगों ने उस उपदेश के अनुसार ही कुछ नियम बना लिए थे। बहुत विचार कर, बहुत विवेचना करके। उनमें से एक यह, कि जब पटरानी, कल्याणी द्रोपदी, किसी एक स्वामी के साथ किसी भवन में निवास करेंगी–तब दूसरे स्वामी, कभी उस भवन में प्रवेश नहीं करेंगे अथवा दोनों को अन्तरंग अवसरों पर नहीं देखेंगे। यदि कोई इस नियम का उल्लंघन करेगा, तो उसे ब्रह्मचर्य स्वीकार करके बारह वर्ष के लिए निर्वासन का वरण करना होगा।

इस नियम के कारण अब तक कोई असुविधा नहीं हुई। अब, असुविधा का एक विचित्र कारण दिखाई दे रहा है।

धनंजय फाल्गुनी के अत्यधिक अनुरोध और प्रार्थना करने पर, केवल एक पखवाड़ा पहले ही महाराज युधिष्ठिर उनके आवास-गृह में आए हैं एवं श्रेष्ठ तथा बड़ा होने के कारण–उनके निवास की व्यवस्था उसी घर में की गई है, जिसमें अर्जुन के अस्त्र-शस्त्र आदि रहते हैं। पूर्व-सूचना देकर, अनुमति प्राप्त करके उस घर में जाने में कोई बाधा नहीं है; उस समय आयुष्मती द्रोपदी आड़ में जा सकती हैं या घूँघट कर सकती हैं–और युधिष्ठिर भी कोई हर समय घर में ही नहीं रहते–इस कारण ऐसा नहीं लगा कि इस प्रबन्ध में कोई असुविधा हो सकती है।

तब भी क्या पता क्यों, अर्जुन ने एक अज्ञात और दुर्बोध अमंगल की आशंका के साथ उनके आवास-गृह में प्रवेश किया। देखा कि उनका गृह-सेवक या सेविका कोई नहीं है, सम्भवतः ये पास के सरोवर में नहाने या कपड़े धोने गए हैं। इन्हें दोष भी नहीं दिया जा सकता। उनका दोपहर का भोजन समाप्त हो चुका है, अतः अब ये लोग निश्चिन्त हैं। यह इन लोगों की फुर्सत का समय है।

निश्चय ही, धर्मराज युधिष्ठिर और प्रधान महिषी द्रोपदी भोजन कर चुके हैं–अन्यथा रसोइया और नौकर कहीं नहीं जाते–अब वे प्रणयालाप कर रहे हैं।

इस समय उस गृह में प्रवेश करने का एक ही परिणाम होगा। निर्वासन।

किन्तु, और समय भी तो नहीं है। उन्होंने ब्राह्मणों को वचन दिया है कि दो पहर के भीतर पापपूर्ण आचरण का प्रतिकार करेंगे, दुस्साहसी दस्युओं के कृत्य का समुचित उत्तर देंगे–अक्षम्य धृष्टता के लिए दंड की व्यवस्था करेंगे।

ब्राह्मणों की अवहेलना से शाप का भय है। आश्वासन देने में वे क्षण मात्र भी विलम्ब करते, तो सर्वनाश हो जाता। ब्रह्म-शाप के कारण अपने वंश के नष्ट होने और उसके साथ राजलक्ष्मी के नष्ट होने की अपेक्षा उनका अकेले दुस्सहनीय क्लेश स्वीकार करना ही उचित है। वंश की रक्षा करके और भाइयों को निरापद रूप से सुखी बनाकर, वनवास पाने में भी कोई दुख नहीं है।

वे अधिक दुविधा में नहीं पड़े। एक बार द्वार खटखटाकर कक्ष के भीतर चले गए। द्रोपदी इस समय उनकी पूजनीया हैं। कुछ खुले घर में रहनेवाली अग्रज-पत्नी को देखना अनुचित है–यह सोचते हुए और सब प्रकार सतर्क रहते हुए भी उनकी दृष्टि उसी ओर चली गई। देखा, उनका अनुमान ही ठीक है। उस समय, स्वामी की चरण-सेवा करते हुए भी द्रोपदी के वस्त्र, शयन-काल की भाँति शिथिल थे।

द्रोपदी विस्मत होते हुए भी हड़बड़ाई नहीं, तुरन्त माथे पर घूँघट खींच लिया। किन्तु उसी अत्यल्प काल में–प्रायः निमिष-भर में ही अर्जुन ने लक्ष्य किया कि केवल लज्जा ही नहीं–बल्कि, आकस्मिक रूप से प्रिय के दर्शन-सुख की अनिर्वचनीय अनुभूति भी उनके–नवोदित सूर्य की भाँति आरक्त-मुख पर छा गई।

नियम, रीति और न्याय–इन सबका पालन शरीर करता है, विचारक-बुद्धि, संस्कार–हृदय और अनुभूति, ये सब बन्धनों से ऊपर हैं, स्वाधीन।

उस समय अधिक देर करने का अवसर नहीं था, धनंजय, थोड़े से वाक्यों में ही अपने निर्लज्जतापूर्वक आने का कारण बताकर अपने अस्त्र आदि लेकर चले गए। उन्होंने निश्चय ही द्रोपदी की ओर फिर से नहीं देखा, किन्तु, पता नहीं क्यों ऐसा अनुभव हुआ कि–नीलकमल और पलाश की शोभावाली युगल नेत्र-दृष्टि घूँघट को पार करके उनका पीछा कर रही है।

अर्जुन के लिए, दस्युओं का पीछे करके उन्हें मार गिराना और ब्राह्मणों की सम्पत्ति को छुड़ाना कुछेक घड़ी का कार्य है। उसकी कोई चिन्ता नहीं थी। उन्हें अपने अभियान का परिणाम तो पता ही है। उनके कार्मुक उठा लेने पर, थोड़े से ही क्यों हजारों दस्युओं की भी खैर नहीं।

चिन्ता दूसरे विषय में है, दूसरे कारण से।

फाल्गुनी, चिन्तित और दुखी मन से घर लौटे।

उन्होंने, जिस प्रिय-साहचर्य से वंचित होने के डर से श्रीकृष्ण का निर्देश नहीं माना था, उसी साहचर्य को खोना पड़ेगा। और भी लम्बी अवधि के लिए। मानव-जीवन में बारह वर्ष का समय शायद तुच्छ है, किन्तु यौवन-काल में, विशेष रूप से नव-विवाहित व्यक्ति की विरहावस्था में–यह अवधि पर्याप्त लम्बी हो जाती है।

धर्मराज भी चिन्ता में डूबे हुए हैं।

युधिष्ठिर किसी भी समय विचलित नहीं होते। उन्हें अब तक उनकी प्रजा, जो धर्मराज कहकर पुकारती है—वह नितान्त अकारण नहीं है। धर्म की भाँति ही वे अविचल और स्थिर हैं। धर्म-गति की भाँति ही धीर। इतना होने पर भी जैसे आज उनके मुख की शान्ति चली गई है, वे कुछ उद्विग्न दिख रहे हैं। बार-बार अपनी हथेलियों को ध्यान से देख रहे हैं, जैसे उनमें किसी आनेवाले अमंगल की सूचना खोज रहे हों।

पटरानी द्रोपदी भी स्थिर नहीं हो पा रही हैं; महल के विभिन्न कमरों में, बिना किसी प्रयोजन के घूम रही हैं, घर की साज-सज्जा बिगाड़कर, उसे फिर नए सिरे से सजाने की कोशिश कर रही हैं। किन्तु अनेक प्रकार की असम्बद्ध चिन्ताओं और अन्यमनस्कता के कारण अव्यवस्था ही बढ़ रही है—मन के अनुरूप सुसज्जित नहीं कर पा रही हैं।

रथ के पहियों और घोड़ों के खुरों की आवाज तथा उसी के साथ घर के नौकरों, सेवकों व प्रजा की हर्षमिश्रित जय-ध्वनि से विजयी वीर के लौट आने का समाचार मिल गया था। तब भी, युधिष्ठिर ने अन्य दिनों की भाँति स्नेहपूर्वक उठकर अगवानी करने की चेष्टा नहीं की, वरन् मुख झुकाए हुए अर्जुन के द्वारा चरण-स्पर्श करते समय प्राण-पण से कोशिश करने पर भी जैसे उनका रंग उड़ गया। मुँह पीला पड़ गया। केवल अस्पष्ट स्वर में आशीर्वाद वाक्य बोल पाए, यह भी नहीं पूछ पाए कि कार्य सम्पन्न हुआ या नहीं और भाई शरीर की क्षति के बिना निरापद आ पाए या नहीं।

किन्तु, अर्जुन ने व्यर्थ में समय नष्ट करके—जो दुख निश्चित था, उसे बढ़ाना नहीं चाहा। दुविधा अथवा अनिश्चय में रहने का अर्थ तभी हो सकता है, जब थोड़ी सी भी आशा की सम्भावना दिखाई दे।

उन्होंने स्वयं ही दस्युओं के विनाश और ब्राह्मणों की सम्पत्ति आदि के पुनरुद्धार का समाचार देकर—कुछ क्षण की प्रतीक्षा के बाद हाथ जोड़कर निवेदन किया, "अब महाराज का आदेश पाते ही निर्वासन-यात्रा के लिए प्रस्तुत हो सकता हूँ।"

जो असीम विपत्ति और वैपरीत्य के सामने होने पर भी उद्विग्न नहीं होते—वे ज्ञानी युधिष्ठिर भी व्याकुल हो उठे।

अब तक, इस संकट-काल की प्रतीक्षा ही कर रहे थे, अनिवार्य जानते हुए भी आशंका में बिंधे हुए थे।

उन्होंने कहा, "नहीं-नहीं, यह क्या कहते हो ! तुमसे कुछ भी अपराध नहीं हुआ। मैंने बुरा नहीं माना। आपत्ति-काल में सभी नियमों का उल्लंघन होता है। प्रजाजनों पर विपत्ति, ब्रह्म-शाप से सब कुछ नष्ट हो जाने की आशंका—इससे बड़ा आपत्तिकाल और क्या आ सकता है ? नहीं-नहीं, तुम्हें कहीं भी नहीं जाना है। विशेष रूप से, राज्य के चारों ओर शत्रु हैं, विद्वेष के बादलों ने इस राज्य को सब ओर से घेर रखा है—इस समय तुम्हारे अनुपस्थित रहने से बहुत विपत्ति आ जाएगी।"

अर्जुन ने उसी प्रकार हाथ जोड़े हुए—नम्र किन्तु, दृढ़ स्वर में उत्तर दिया, "महाराज, मेरी जो कुछ शिक्षा है, धर्माचरण के सम्बन्ध में जो कुछ ज्ञान और विचार है, वह सब ही आपकी कृपा से प्राप्त किया है, जीवन-निर्माण के मार्ग को आपके चरणों में बैठकर

ही देख पाया हूँ। आपसे ही सुना है कि विवेक के साथ छल नहीं किया जा सकता, झूठ के साथ समझौता नहीं हो सकता। सत्य का केवल एक ही मार्ग है—धर्म और अधर्म के बीच कोई मध्य-मार्ग नहीं हेाता। हम लोगों ने जो नियम बनाए हैं, यदि उनका उल्लंघन करेंगे—तो प्रजा-जन और हमारी सन्तान कोई भी हमारा अनुशासन और नहीं मानेंगे। नहीं महाराज, अन्याय को जानकर भी, स्नेहवश उसे बढ़ावा देना—यह दुर्बलता आपको शोभा नहीं देती। आप अनुमति दीजिए, बारह वर्ष का समय देखते-देखते व्यतीत हो जाएगा। युद्ध में सरलता से न मारे जा सकनेवाले, महावीर भीमसेन यहाँ रहेंगे, पांडव-सिंहासन का कोई भी शत्रु उनके सामने पड़ने का साहस नहीं करेगा।''

तब भी युधिष्ठिर के चित्त की स्थिरता नहीं लौटी। उन्होंने बहुत अधिक अस्थिर और व्याकुल होकर, श्रीकृष्ण को इस प्रासाद में अविलम्ब आने की सूचना भेजी। पिछले कुछ वर्षो में विपद-सम्पद, सब विषयों में उन पर निर्भर रहने की आदत हो गई है, किसी भी कारण मन स्थिर न कर पाने पर, उसके विचार का भार श्रीकृष्ण पर छोड़ देते हैं। इसी कारण, उनके द्वारका लौटने की बात उठते ही, अनेक कारण उपस्थित करके, इसमें विलम्ब करने की चेष्टा करते हैं।...

किन्तु आज ग्रह विपरीत हैं, श्रीकृष्ण ने भी धर्मराज को निराश किया।

सहज, प्रशान्त भाव से युधिष्ठिर की बातें सुनीं—मुख पर वही दुर्बोध्य, मधुर हँसी लिये हुए—उसके बाद कुछ क्षण चुप रहकर उत्तर दिया, ''धर्मराज, इस विषय में आपको उपदेश या परामर्श देना, मेरे लिए धृष्टता होगी। आवश्यकता से अधिक स्नेह के वश में हो जाने के कारण ही आपकी ज्ञान-दृष्टि ढक गई है, अन्यथा आपके मन में ऐसा प्रश्न ही नहीं उठता। यदि सत्य के मार्ग को छोड़ना उद्देश्य नहीं है, तो अर्जुन के निर्वासन के अतिरिक्त कोई उपाय नहीं है। यह अपनी इच्छा से स्वीकार किया गया नियम है—इसका उल्लंघन करने पर हमेशा अपनी दृष्टि में ही लज्जित होना पड़ेगा। नहीं महाराज, अर्जुन को और एक रात भी राजधानी में ठहरना उचित नहीं होगा। आज, सन्ध्या होने के पूर्व ही गृह एवं नगर को छोड़ देना उसका कर्तव्य है।''

युधिष्ठिर ने माथा ठोंक लिया।

यह तो स्पष्ट है कि वे मन से, 'जाओ', इस शब्द का उच्चारण नहीं कर पाएँगे। वे दीर्घकाल के संगी हैं—सम्पद-विपद में, दुख-आनन्द में, अच्छे-बुरे समय में, हमेशा साथ रहे हैं, भीम और अर्जुन, दोनों लोग ही मुख्य सहयोगी हैं—किन्तु उनकी अधिक आस्था और विश्वास अर्जुन पर ही है। वही अर्जुन लम्बी अवधि के लिए अज्ञात मार्ग पर चले जाएँगे—बेबसी तो अनुभव होगी ही।

अर्जुन ने और किसी सम्मति की प्रतीक्षा नहीं की। अपने अन्तःपुर में जाकर, द्रोपदी को सूचना देकर अस्त्र और आवश्यक द्रव्यादि की व्यवस्था करने के लिए कहा। उसके चेहरे की क्या दशा हो गई है—वह भी देखने की चेष्टा नहीं की।

देखते-देखते यह समाचार चारों ओर फैल गया।

सब भाइयों ने रोकने का प्रयास किया, भीम तो अत्यधिक उत्तेजित और भयंकर

रूप से क्रुद्ध हुए—जब नगरवासियों, विशेष रूप से ब्राह्मणों ने सुना कि उन्हीं के कारण धनंजय की यह दशा हुई है—तो सबने कहा कि वे भी, अर्जुन की इस अनिर्दिष्ट यात्रा के साथी होंगे। पांडव-गण, अर्जुन, यहाँ तक कि स्वयं परम-ज्ञानी, वाक्-पटु श्रीकृष्ण को भी विविध प्रकार से समझाकर और आश्वासन देकर शान्त करने में बहुत समय लगा। सब माने भी नहीं। बहुत दूर और बहुत दिनों तक उनका अनुगमन किया।

श्रीकृष्ण भी बहुत दूर तक आए।

दूसरे दिन सूर्यास्त के समय, एक झरने के किनारे शिविर बनाकर, अर्जुन ने जब हाथ जोड़कर लौट जाने का अनुरोध किया—तब उन्होंने, अँधेरी रात का बहाना करके कपड़े के तम्बू में ही वह रात बिताई। दूसरे दिन प्रातःकाल—यह जानकर कि पूरी अवधि तक पूरे रास्ते अर्जुन के साथ रहना सम्भव नहीं है और अकारण कुछ दूर और जाना व्यर्थ है—विदा ली। जाते समय इतना कहा, ''यह तुम्हारे लिए एक प्रकार से अच्छा ही हुआ। स्वेच्छा से, तुम लम्बे समय के लिए, कृष्णा को यहाँ छोड़कर कहीं भी नहीं जा पाते—बाध्य होकर जो करना पड़ता है—वह इच्छापूर्वक करना कठिन है।'' कहते-कहते, जैसे उनके नेत्रों में थोड़ा परिहास नाचने लगा, उसे देखकर अर्जुन ने लज्जित होकर सिर झुका लिया।

श्रीकृष्ण बोलते ही चले गए, ''आशा करता हूँ, तुम इसे विधि का आदेश मानकर इस अवसर का लाभ उठाओगे, देश और देशवासियों के विषय में जानकारी और ज्ञान प्राप्त करोगे।...मैंने तुम्हें भारतभूमि की परिक्रमा करने के लिए कहा था, अब तो अधिक समय मिल गया है, तुम सम्पूर्ण भारत-खंड का भ्रमण करो। एक बात कहता हूँ, इस देश के अनार्य आदिवासियों की अवहेलना मत करो—स्मरण रखो कि हम लोगों के साथ, शिक्षा-दीक्षा और जीवन-शैली में समानता न होने पर भी—उनकी भी एक सभ्यता है, और वह सभ्यता और भी प्राचीन है। इस देश की जलवायु और प्रकृति के सम्बन्ध में उनकी बहुत अधिक जानकारी है। उनके साथ अवज्ञापूर्वक नहीं मिलोगे—चित्त में श्रद्धा लेकर मिलोगे। यदि अच्छा लगे—तो उनकी कन्या ग्रहण करने में संकोच न करना। तुम्हारा ब्रह्मचर्य द्रोपदी के सम्बन्ध में है, यह निर्वासन केवल उन्हीं के कारण हुआ है; इसी आशंका से—कि तुम लोगों की सांसारिक अज्ञानता की उर्वर भूमि में, कभी किसी की भी लालसा अत्यधिक उग्र होकर भ्रातृ-विरोध का बीज न बो दे। राज्य की सीमा के बाहर किसी जनपद में तुम्हारे निवास करने पर भी नियम का उल्लंघन नहीं होता, किन्तु उससे भ्रातृ-विरोध की सम्भावना होती। तुम्हारा मन अस्थिर होता। लोभ की, आकांक्षा की वस्तु निकट सीमा में होने पर व्यक्ति की लालसा उग्र हो जाती है। इसलिए, दूर जाना ही उचित है। दक्षिण के देश घूमकर तुम समुद्र के किनारेवाले मार्ग से पूर्व की ओर चले जाना। तुम्हारी परिक्रमा पश्चिम में समाप्त होगी, मैं बारहवें वर्ष द्वारका में तुम्हारी प्रतीक्षा करूँगा...पूर्व देश के सम्बन्ध में कुछ सचेत रहना। प्राग्ज्योतिषपुर का भगदत्त शक्तिशाली व्यक्ति है, कौरवों का मित्र है, इसी कारण तुम लोगों का शत्रु है। उस देश के चारों ओर जो छोटे-छोटे राज्य हैं, उन सबके साथ मित्रता स्थापित करना, अवसर देखकर परिणय

सूत्र में भी बँधना, वह सम्बन्ध भविष्य में काम आ सकता है।...अर्जुन, तुम लोगों का जन्म, साधारण मनुष्य की भाँति ऐश्वर्य, विलास-सामग्री और इन्द्रिय-भोग के लिए नहीं हुआ है—अनेक देव-कर्तव्यों का पालन करना होगा, यही बात स्मरण रखकर, अपने आपको उसी प्रकार तैयार करो।''

इसके बाद, श्रीकृष्ण ने अर्जुन को प्रगाढ़ आलिंगन में बाँधकर और दोनों गालों का चुम्बन करके, विदा ली।

॥ ११ ॥

धीरे-धीरे द्रोपदी के प्रति तृष्णा और उनके दर्शन के अभाव से उत्पन्न चित्त का क्षोभ शान्त होने लगा है। यज्ञाग्नि से उत्पन्न उस कन्या की, देव-लोक में दुर्लभ सुन्दरता—अग्नि-शिखा की भाँति प्रज्वलित रूपाग्नि भी, केवल स्मृति में शेष रह गई है। नया स्थान, नए मनुष्य—अपरिचित, अनजाना परिवेश—मन में नया उत्साह और नई इच्छाएँ उत्पन्न कर रहे हैं। वे नई-नई विस्मयपूर्ण मुग्धता का आस्वादन कर रहे हैं। और भी देखने, और भी जानने के लिए व्यग्र और उत्सुक हो उठे हैं।

वासुदेव के परामर्श और निर्देश की बात भी याद आती है। क्रमशः उसका रहस्य भी खुलता जाता है। इस देश में इतने भिन्न-भिन्न श्रेणियों के मनुष्य हैं, इसकी पूर्व-कल्पना भी सम्भव नहीं थी। उनके साथ मिलकर, उनकी शिक्षा-दीक्षा, आचार-अनुष्ठान, धर्माचरण, धार्मिक-विश्वास—उनके सुख-दुख, आशा-आकांक्षा से परिचित होते-होते एक मनोरम अनुभूति का बोध किया—जैसे उनके सम्मुख एक विशाल, अज्ञात, नया संसार अनावृत हो गया है।

इनके विचार और कल्पना से सीखने के लिए भी बहुत कुछ है। उन्होंने यह भी सीखा—कि इस देश का कोई भी व्यक्ति, चाहे वह अति सामान्य हो या निम्न वर्ग का, अवहेलना योग्य नहीं है। यह जैसे, ईश्वर का एक विश्व-रूप है। ये उनकी विराट्-शक्ति, विशाल-ऐश्वर्य और निस्सीम-महिमा का ही विचित्र विकास है।...यह मूल्यवान शिक्षा भी उन्हें मिली—कि इस देश पर स्वाभाविक रूप से शासन करने के लिए—विशेष रूप से विभिन्न श्रेणियों की जीवन-शैलियोंवाले अति विचित्र मनु-सन्तानों पर सार्वभौमत्व और एकछत्र राजत्व स्थापित करने के लिए, पहले इनकी जीवन-धारा के साथ परिचित होना, इनकी चिन्तन-धारा के साथ सम्बन्ध स्थापित करना आवश्यक है। इसीलिए प्रतिदिन, प्रतिपल वासुदेव का उपदेश स्मरण आने लगा, उनकी दूर-दृष्टि का मूल्य समझ में आया।

और, उस मूल्य को समझकर ही, सम्पूर्ण रूप से उसके पालन की चेष्टा करते हैं। इस देश के आदिम, अनार्य निवासियों की भी उपेक्षा नहीं करते, उनके साथ मित्रवत् समान भाव से मिलने का प्रयास करते हैं—अविनय और अहंकार को सब प्रकार छोड़कर।

उससे उपकृत भी होते हैं। शायद उससे भी अधिक आश्चर्यचकित होते हैं। इस विषय में उनकी कोई कल्पना ही नहीं थी–कि उनके अस्त्र-शस्त्र, उनकी प्रयोग-विधि इतनी उन्नत है–इतनी निपुण और सफल तथा शक्तिशाली है। किसी-किसी क्षेत्र में उन्हें, पराजय के बदले ही उसका ज्ञान प्राप्त करना पड़ा। इस प्रकार की एक-दो घटनाओं से अन्तरंगता भी हुई–अर्थात् नारी-साहचर्य प्राप्त हुआ। और, यह कहना पर्याप्त नहीं होगा कि इस साहचर्य से वे मात्र सुखी और सन्तुष्ट हुए। वास्तव में, इतना कहना बहुत कम होगा। उस मिलन की स्मृति चिरकाल तक अन्तर्मन में पुलक-माधुर्य बनकर जीवित रहेगी। उस अन्तरंग परिचय के फलस्वरूप, इन अनार्य नारियों के प्रति, वे जो विस्मयपूर्ण श्रद्धा धारण करके जा रहे हैं, वह भी बहुत साधारण नहीं है।

विशेष रूप से, दो कन्याओं और उनके देशवासियों के प्रति बहुत अधिक विस्मयपूर्ण श्रद्धा है। उनके मन में उनकी बात हमेशा रहेगी। भविष्य में, किसी शक्तिशाली शत्रु के सम्मुख आने पर, ये विद्वेषी या उदासीन होकर नहीं रहेंगे। इनके साथ घनिष्ठ सम्पर्क स्थापित करके इन्हें जो आत्मीय और सहायक बना पाए हैं–इसके लिए वे ईश्वर और गुरु-बन्धु-उपदेष्टा वासुदेव को शत-शत धन्यवाद देते हैं।

इन दोनों कन्याओं में पहली है, सुदूर पर्वतीय अंचल में निवास करनेवाले नागराज कैरव्य की कन्या उलूपी।

उलूपी किसी व्रत के उपलक्ष्य में गंगा-स्नान के लिए आई थी। उस दिन, धनंजय फाल्गुनी भी दैवयोग से वहाँ आए। प्रभात-काल में स्नान के समय–वे विधान के अनुसार इष्ट को प्रणाम करने के बाद, गंगा-जल सिर पर छिड़ककर पानी में उतरे। यशस्वी शिल्पी के द्वारा निर्मित कुशल मूर्ति-शिल्प की भाँति, उस नयनप्रिय, श्यामवर्णी, अनिन्द्य-सुन्दर, खुली बलिष्ठ देह पर दृष्टि पड़ते ही, उलूपी क्षण-भर में ही मुग्ध हो गई, नेत्र हटा नहीं पाई।

हटाने की आवश्यकता भी अनुभव नहीं की। सरल पर्वतीय लोग इस प्रकार की नागरिक शालीनता के अभ्यस्त नहीं होते। वे मनोभावों को छिपाने की कोई आवश्यकता अनुभव नहीं करते, बल्कि उसे कृत्रिमता और मिथ्या-आचरण मानते हैं।

सुन्दरी रमणी की मुग्ध दृष्टि, बलवान पुरुष को चुम्बक की भाँति आकर्षित करती है। उसी विचित्र, अमोघ नियम के अनुसार अर्जुन की दृष्टि भी आकर्षित हुई थी। वे भी मुग्ध हो गए थे।

यह, द्रोपदी की भाँति अलौकिक रूपसी नहीं है। वे, आर्यावर्तवालों के जिस गात्र-वर्ण या शरीर सौष्ठव से परिचित हैं–यह उससे पूर्णतः भिन्न है। वहाँ लालिमा युक्त गौर-वर्ण, यहाँ पीताभ। तब भी पर्याप्त गोरा, उज्ज्वल–इसमें सन्देह नहीं। पर्वतराज की दुहिता की नासिका उठी हुई नहीं है। किन्तु नासिका की हीनता, मुख की शोभा और सुकुमारता को हीन नहीं कर पाती। अर्जुन को अनुभव हुआ कि इस दिव्यरूपा, सौन्दर्य-प्रदीप्त, मनोरमा, सुकुमारी, तन्वंगी की सुकोमल देह-लता के साथ, उत्तर पश्चिम भारत की खड्ग-नासिका एकदम अशोभन लगती। कन्या का देह-गठन पुष्प-वल्लरी की

भाँति लोचदार है, लगता है छूते ही बिखर जाएगा। नवनीत-कोमल विशेषण, मानो इस कन्या को देखकर ही रचा गया था।

किन्तु अर्जुन सुशिक्षित, सुसंस्कृत और रुचि-सम्पन्न हैं। शिष्टता और शालीनता बोध के कारण, मनोभावों के दमन की शिक्षा उनके स्वभाव में है। यह क्षत्रिय राजवंश की प्राथमिक शिक्षा है। उन्होंने बलपूर्वक अपनी दृष्टि और चित्त को संयत करके, स्नान के बाद इष्ट की आराधना में ध्यान लगाया। इसका फल विपरीत निकला। उलूपी इससे पहले महाबलवान पुरुष की देह-गठन की सुकुमारता पर मुग्ध हुई थी–अब, उस वीर पुरुष के चेहरे की भक्ति-तन्मयता और इष्ट-भाव में ध्यानमग्न मुख की ज्योति में सुध-बुध खो बैठी (बाद में यह सब उलूपी के मुख से ही सुना गया)।

पूजा और स्तोत्र-पाठ के बाद किनारे पर आकर अर्जुन शरीर पोंछ रहे थे कि अचानक उन्हें कुछ पर्वतीय सैनिकों ने घेर लिया एवं उस घटना का कारण समझ पाने या रोकने की चेष्टा करने से पहले ही मजबूत रेशम की रस्सियों में बाँध लिया। अस्त्र उठाने का अवसर ही नहीं मिला।

उसके संगी अनुचरों ने अवश्य ही बाधा उत्पन्न की थी। धनंजय को उसी समय एक अलौकिक सी जानकारी हुई। उन्होंने देखा, उनके साथियों द्वारा एक तीर छोड़ते ही, इन तथाकथित बर्बर पर्वतीय निवासियों ने हजारों तीरों से आकाश को ढक दिया। पांडव-पक्ष के कार्मुक, भाले आदि अस्त्र, पल-भर में टुकड़े-टुकड़े हो गए। अस्त्र ढोनेवाले भी तीरों के विष से चेतनाहीन हो गए।

यह दशा देखकर, अर्जुन पहले तो अपने साथियों के प्राणों के विषय में ही निराश हो गए थे; कारण, उन्होंने सुना था कि इन वनवासियों के हल्के तीर, लम्बाई में छोटे होने पर भी जितने तीक्ष्ण होते हैं, उतने ही विषाक्त भी। साधारणतः ये सर्प-विष में बुझे हुए होते हैं, शरीर में बिंधने मात्र से, उस विष के रक्त-प्रवाह में मिल जाने से मात्र कुछ अनुपल में ही घायल व्यक्ति की मृत्यु हो जाती है। सौभाग्य से इन लोगों ने उतने भयानक अस्त्र का प्रयोग नहीं किया, केवल औषध-विष मिश्रित तीरों से अचेतन या मूर्च्छित कर दिया।

अर्जुन ने रोकने क्या, प्रतिवाद करने का अवसर भी नहीं पाया। पलकें गिराने में जितना समय लगता है, उन्होंने उतने समय में ही उन्हें बाँध लिया। बन्धन-मुक्त होने की कोशिश व्यर्थ और अकारण कष्टकर जानकर, वैसी चेष्टा भी नहीं की। उसी बन्दी अवस्था में, उन्हें कुछ दूर, नागराज एरावत वंशीय कैरव्य के स्थानीय प्रासाद में ले गए। अर्जुन ने अवाक् और विस्मित होकर देखा कि उन लोगों से बहुत अधिक छोटे और दुबले-पतले मनुष्य, रण के अश्वों से भी तीव्र-गामी और कष्ट सहन करनेवाले हैं। एक ही व्यक्ति आसानी से, उन जैसे बलिष्ठ शरीर वाले पुरुष को भी, पीठ पर लादकर बहुत कम समय में पहाड़ के दुर्गम रास्ते को पार करके, नाग-महल में ले गया।

बुद्धिमान अर्जुन ने और भी सोचा था, उन्होंने अपनी छठी इन्द्रिय द्वारा समझ लिया था कि इस सम्पूर्ण घटना के पीछे, वही तन्वंगी रूपसी कन्या है। और, इसी कारण

उन्होंने अधिक कुछ रुकावट डालने की चेष्टा नहीं की। तरुणी नारी जब किसी चाहने योग्य तरुण को बन्दी बनाए, तो उसे मधुर और दीर्घ बन्दी-दशा की भूमिका माना जाना चाहिए–वहाँ किसी प्रकार के शारीरिक अनिष्ट की आशंका नहीं होती। मार डालना उद्देश्य होता तो उस नदी के किनारे ही वध कर सकते थे।

जैसी आशा की थी–कैरव्य के आवास पर पहुँचने पर आतिथ्य या आदर-सत्कार में कोई त्रुटि नहीं हुई। पता चला कि मूर्च्छित अनुचरों के लिए भी अच्छा प्रबन्ध किया गया है; दूसरे स्थान पर रहने पर भी, उनका राज-अतिथि के रूप में ही आदर हो रहा है। उन्हें वहाँ, नींद में भरा होने के अलावा कोई विकल्प नहीं है।

अर्जुन का अनुमान सही निकलने में विलम्ब नहीं हुआ। इन पर्वतीय वनवासी लोगों ने व्यर्थ का वाक्-जाल फैलाना और भूमिका बनाकर मुख्य बात को पेचीदा तथा लम्बा करना नहीं सीखा। संक्षेप में स्पष्ट बात कहना ही उनकी परम्परा है। कैरव्य के गृह में पूजा और होमाग्नि का प्रबन्ध था। हर कमरे में ही प्रज्वलित अग्नि-कुंड दिखाई दिए। अर्जुन ने अपने नित्य के अभ्यास के अनुसार ही पूजा सम्पन्न की। बिना विरोध के भोजन भी ग्रहण किया। यह बन्दी-अवस्था किस कारण है–अनावश्यक समझकर, किसी से यह प्रश्न भी नहीं पूछा। इसकी आवश्यकता भी नहीं थी। भोजन समाप्त होते ही, हाथ में पान-कपूर लिये स्वयं उलूपी दिखाई पड़ी। अकारण कोई संकोच या व्यर्थ विलम्ब न करके उन्हें बताया कि वे अर्जुन के प्रणय की प्रार्थिनी हैं, अर्जुन के द्वारा ग्रहण किए जाने पर वे कृतार्थ होंगी।

वासुदेव के अभय-वचन और उपदेश स्मरण थे, इच्छा भी प्रतिकूल नहीं है–तब भी आजन्म नागरिक की शिक्षा के अनुसार ही अर्जुन ने उत्तर दिया, "भद्रे, मैंने बारह वर्ष का ब्रह्मचर्य धारण करके देश-भ्रमण का व्रत लिया है, इस समय नारी-सहवास करणीय नहीं है।"

कमरे में आने के बाद से ही उलूपी मुग्ध-दृष्टि से अर्जुन के मुख की ओर देख रही थी, अब उस दृष्टि में, थोड़ी उपहास की हँसी मिल गई, उनके अधरों के कोनों तक वह हँसी फैल गई। ज्ञानी व्यक्ति, अपेक्षाकृत कम ज्ञानी की चतुराई समझकर या यह जानकर कि दूसरा पक्ष प्रार्थना अस्वीकार करने के लिए किस कौशल का सहारा लेगा, पहले ही तैयार होकर उस प्रत्याशित युक्ति के सामने जैसे आत्म-सन्तोष पूर्ण उपहास की हँसी हँसते हैं–उलूपी की हास्य-मुद्रा भी कुछ उसी प्रकार की है।

वह शान्त स्वर में बोली, "आप लोगों ने नियम बनाया था–जब आप लोगों में से कोई द्रोपदी के साथ रहेगा, उस समय दूसरा कोई भी भाई उस स्थान पर जाने से बारह वर्ष के निर्वासन का दंड स्वीकार करेगा–स्वेच्छा से निर्वासन। इसमें ब्रह्मचर्य का प्रश्न नहीं था। इसमें, जितना ब्रह्मचर्य-पालन आवश्यक है, वह केवल पट्ट महादेवी द्रोपदी के प्रति ही है, अर्थात् निर्वासन जनित दूरी के फलस्वरूप जितना अवश्यम्भावी है, यह स्वतः सिद्ध है। दूसरी नारी को ग्रहण करना आपकी इच्छा के अधीन है, उसमें कोई बन्धन नहीं है।"

अर्जुन के आश्चर्य की सीमा नहीं रही।

यह देश इन्द्रप्रस्थ से बहुत दूर है, इनके और उनके बीच दूत-विनिमय भी नहीं होता। उनका यह स्वैच्छिक निर्वासन भी कोई इतनी महत्त्वपूर्ण घटना नहीं है कि उसका समाचार अपने आप ही देश-देश में फैल जाता। तब ? यह अनुमान लगाना स्वाभाविक है कि किसी ने सोच-समझकर किसी उद्देश्य से पहले ही यह समाचार भेज दिया है।

किन्तु किसे यह आवश्यकता आ पड़ी ? इस कार्य में किसका स्वार्थ है ?

तब क्या वासुदेव ने ही ? यह मिलन क्या उन्हीं की इच्छा है, पूर्व-कल्पित ?

कौन जाने ! वासुदेव के लिए सब कुछ सम्भव है, किन्तु, इतना होने पर भी जैसे विश्वास नहीं होता।

जैसे, इस गम्भीर रहस्य का भी, तल नहीं पाते।

अधिक सोचने का भी समय नहीं है। इस श्रेष्ठ तरुणी नारी के दोनों नेत्रों में एकनिष्ठ वासना की अग्नि, जैसे सर्वस्व समर्पण की डलिया सजाकर आरती कर रही है, सम्पूर्ण सत्ता उनके प्रति ही उत्सुक और उन्मुख है। उत्कंठा युक्त। वह आरती, वह पूजा उन्हें भी अरुचिकर नहीं है।

इतने पर भी एक बार, तीक्ष्ण दृष्टि से, कन्या का सर्वांग निरीक्षण करके बोले, ''तुम तो पहले ही किसी अन्य की पत्नी हो। अवश्य ही, इससे पूर्व तुम्हारा विवाह हुआ था ?''

इस अभियोग पर उलूपी तनिक भी लज्जित नहीं हुई, अकम्पित स्वर में उत्तर दिया, ''मैं विधवा, किन्तु निस्सन्तान हूँ। विवाह के थोड़े समय बाद ही मेरे पति की मृत्यु हो गई। मेरी अतृप्त कामना पूर्ण करके, मुझे सन्तान देकर, आपको धर्म-पालन का पुण्य मिलेगा।...और, नियोग द्वारा पुत्र-दान तो आपके वंश के लिए कोई नई घटना नहीं है।''

अर्जुन, दोबारा चौंक उठे। यह कन्या सब जानती है, उनके सब समाचार रखती है। कोई भी अन्तरंग, गोपनीय बात जानना बाकी नहीं। शायद, यह कोई मायाविनी, अलौकिक शक्ति सम्पन्न है, नहीं तो, कोई पहले से तैयार रहने के लिए इसे सब कुछ बता गया है, सम्भाव्य आपत्तियों के लिए युक्तियाँ भी एकत्र करके सुझा गया है।

उन्हें बादवाले अनुमान की बात ही अच्छी लगी।

अर्जुन ने और कोई प्रतिवाद नहीं किया। प्यासा होने पर, मुँह के सामने आए सुपेय को अस्वीकार कर देना मूर्खता है।

उलूपी की इच्छा पूर्ण करके–शरीर, मन, वचन द्वारा निवेदित उसकी पूजा ग्रहण करके, अर्जुन तृप्त हो गए। उन्हें, इस विषय में कोई सन्देह नहीं रहा–कि ये पर्वत-कन्याएँ सब प्रकार की सेवा करके पुरुष का मनोरंजन कर सकती हैं। उनके बाद के सम्पूर्ण जीवन में उस सुमधुर, विस्मयकारी अनुभव की स्मृति बनी रही। उसके बाद, अनेक सुसभ्य, सुशिक्षित नागरिकाओं के सम्पर्क में आए, साहचर्य पाया–तब भी उनके मन में बार-बार यही आया–कि उस अनुभव की कोई तुलना नहीं। सोचते कि राज-ऐश्वर्य, ठाट-बाट–समस्या-संघर्ष-विद्वेष का सारा बोझ छोड़कर, उसी प्रणय-सर्वस्वा, चित्त-सर्वस्वा,

पर्वती नारी के पास चले जाएँ।

दो अत्यधिक आश्चर्यजनक नारी-रत्नों में, दूसरी हुई मणिपुर की राज-कन्या चित्रांगदा।

उसे, बाँधकर ले जाने की आवश्यकता नहीं पड़ी। वीर-श्रेष्ठ अर्जुन स्वयं ही पकड़ में आ गए। बन्धन को इच्छित और श्रेयस्कर समझा।

मार्ग में ही मिले।

जिज्ञासु धनंजय, नगर-पथ पर निरुद्देश्य भ्रमण कर रहे हैं। उन्हें इस देश के, दबी नासिकावाले, गौर-वर्ण, नम्र मनुष्य जैसे अच्छे लग रहे हैं, वैसे ही वे यहाँ के घर-बार का आडम्बरहीन, लघु और नेत्रों को आनन्द देनेवाला निर्माण-कौशल, दुकानों की सजावट, सँवरी वेश-भूषा—सब प्रकार से परिष्कृत रुचि और सूक्ष्म शिल्प-ज्ञान का परिचय पाकर मुग्ध हो रहे हैं।

जल्दी का कोई कारण नहीं, अनमने भाव से ही मार्ग तय कर रहे हैं—अचानक, एक सँकरे, कम वाहनोंवाले मार्ग पर घोड़े के खुरों की ध्वनि सुन, घूमकर देखा, तो क्षण-भर में ही चमत्कृत हो गए—जैसे स्तब्ध रह गए हों।

इस शब्द से वे परिचित हैं। विस्मय उसी में है, उसी कारण चौंककर देख रहे थे। जैसे कुशल, वीर योद्धा घोड़ा हाँकता है, कोई उसी प्रकार घोड़े पर चढ़कर आ रहा है। यह किसी आलसी, धनी व्यक्ति का विलास-भ्रमण नहीं है—जो आ रहा है, वह अश्वारोही के रूप में ही युद्ध-विद्या की शिक्षा प्राप्त कर रहा है, शायद युद्ध का अभ्यास कर रहा है; इस क्षेत्र में उसका कौशल सन्देह से परे है।

किन्तु इस वर्तमान दृश्य का उनके किसी अनुमान के साथ मेल नहीं बैठा।

यह क्या देख रहे हैं !

कोई वीर योद्धा नहीं, यहाँ तक कि पुरुष भी नहीं। एक अतीव सुन्दरी नारी—मँझोले कद की, सुनितम्बा, सुस्तनी, सुगोरी, सुगठित शरीरवाली नवयुवती कन्या, उस सँकरे मार्ग पर, अतिशय कौशल के साथ, पथिकों और अन्यान्य वाहनों की बाधा को पार कर, स्वच्छन्दतापूर्वक घोड़ा दौड़ाती हुई चली गई।[1]

उसका वेश लगभग पुरुष का ही है, घोड़े की पीठ पर भी पुरुष की भाँति ही बैठी थी, एकदम सीधी और निर्भय होकर; बाएँ हाथ में वल्गा, दायाँ हाथ कमर में बँधी तलवार पर; किन्तु चर्म-कवच आदि कुछ नहीं, अर्थात् लगता है, वह इस देश में किसी शत्रु की आशंका नहीं करती, अथवा किसी शत्रु को ही आशंका योग्य नहीं समझती—सम्भवतः उसके मन में कोई आशंका है ही नहीं।

किन्तु, वीर के मन में मोह उत्पन्न होने का यही एक मात्र कारण नहीं है। भाव-भंगिमा रण-कुशल योद्धा की, पर उसकी मुख-श्री कितनी सुकुमार; कैसी, लता की

---

1. महाभारत में लिखा है, अर्जुन ने, 'वाहन पर आरूढ़ चित्रांगदा को, स्वेच्छापूर्वक नगर के पथ पर भ्रमण करते हुए देखा था। शब्द-कोश में 'बरारोहा' शब्द के दो अर्थ हैं—सुनितम्बिनी, उत्तम वाहन पर आरूढ़। मैंने बादवाला अर्थ ही ग्रहण किया है। यह मानने का कोई कारण नहीं कि राज-पुत्री कन्या पैदल मार्ग में घूमती थी।—**लेखक**

भाँति कोमल दो बाँहें; काजल लगे दो बड़े नेत्रों की कैसी मोह-मदिर दृष्टि; ओस धुले पुष्प की भाँति, नितान्त अकलुषित, निर्मल चेहरा; बँधी हुई, किन्तु कुछ-कुछ ढीली होने से हवा में उड़ती घनी काली केश-राशि, एक-दो छोटे केश, पसीने में भीगकर, सप्तमी के चन्द्रमा की भाँति सुन्दर ललाट पर, पत्र लिखने का कार्य कर रहे हैं; ईश्वर की आश्चर्यजनक रचना, इस नारी की ओर देखने पर पल-भर में ही मुग्ध हो जाना पड़ता है, पलकें नहीं गिरतीं।...

लगभग एक घड़ी उसी प्रकार स्तम्भवत् स्थिर होकर खड़े रहे। दृष्टि स्थिर, किन्तु शून्य। किसी चमकदार प्रकाशित वस्तु पर आँख पड़ जाने से, जैसे कुछ क्षण के लिए दृष्टि चौंधिया जाती है, उस प्रकाशमान पदार्थ की आकृति में एक काली छाया आँखों के सामने दिखाई देती है—उन्हें भी वैसा ही दिखाई दे रहा है। वह छवि और नहीं है, विद्युल्लेखा की भाँति क्षण-भर को चमकी थी—किन्तु छाया ही बची है।...क्या देखा, ठीक-ठाक समझ नहीं पा रहे हैं—केवल, जो देखा, वह बहुत सुन्दर, इससे पहले इतनी सुन्दर छवि और कभी नहीं दिखाई पड़ी—मन में बार-बार यही बात उठ रही है। सुन्दर, अति सुन्दर !

बहुत देर बाद चेतना लौटने पर देखा, उनकी ओर चारों ओर से अगणित पथिकों की जिज्ञासु दृष्टि लगी हुई है। उनकी व्याकुलता से—कारण का अनुमान करके—बहुतों की आँखों में उपहास-भरी हँसी उभर आई है। अर्जुन ने इस अस्वाभाविक, अशिक्षित मनुष्य जैसी अवस्था के कारण लज्जा का अनुभव किया, अपने को संयत करने में भी देर नहीं हुई। अकारण ही, अपने आचरण के पक्ष में तर्क देते हुए एक व्यक्ति से बोले, "किसी नारी को, इस प्रकार पुरुष की भाँति घोड़े पर चढ़ते और उसे दौड़ाते हुए नहीं देखा न—थोड़ा अवाक् हो गया था—"

उस वृद्ध पथिक ने कुछ मुस्कुराकर उत्तर दिया, "सुशील पुरुष, आप विदेशी लगते हैं, अन्यथा इतने विस्मित नहीं होते। जिन्हें देखा है, वे कोई साधारण नारी नहीं हैं, वे राज-कन्या चित्रांगदा हैं। वे पुरुष की भाँति, युवराज की भाँति राज्य-शासन में पिता की सहायता करती हैं, उनके पास राजनीति और शस्त्र-विद्या सीखती हैं।"

राज-कन्या चित्रांगदा ! मणिपुर की राज-कन्या !

अर्थात् नितान्त अलभ्य नहीं : असम्भव नहीं मिलन की आकांक्षा भी।

इतने पर भी, अर्जुन ने दो दिन प्रतीक्षा की, स्वयं को शान्त करने की चेष्टा की। नगर की सीमा पर शिविर बनाया—सरलता से या अकारण अपना परिचय देने की इच्छा नहीं थी। वहीं, दो दिन-तीन रात एकान्त-वास किया। किन्तु, उसके बाद भी—अपने अन्तर के आवेग के साथ प्राण-पण से युद्ध करके भी—जब मन का दमन और प्रवृत्ति का संयमन नहीं कर पाए तथा इच्छा का शमन नहीं हुआ—तब आडम्बरपूर्वक अंग-रक्षक, दूत, घोषणाकार, अनुचर आदि को लेकर राजोचित मर्यादा के अनुसार राजपुरी की ओर प्रस्थान किया। वहाँ पहुँचने पर उनके एक अंग-रक्षक ने प्रासाद की देहरी के सामने रखे ढोल को बजाकर घोषणा की, "कुरुवंश-गौरव, धर्मात्मा, महाराज युधिष्ठिर के छोटे भाई

महावीर अर्जुन, भारत-प्रदक्षिणा के क्रम में यहाँ उपस्थित हुए हैं। शत्रु के रूप में या इस राज्य को क्षति पहुँचाने की इच्छा से नहीं, युद्ध या राज्य-विजय के उद्देश्य से भी नहीं– वे, प्रेम और सौजन्य के पारस्परिक आदान-प्रदान के उद्देश्य से, मित्र और सम-धर्मा क्षत्रिय राजा के रूप में, मणिपुर-अधिपति के दर्शन के प्रार्थी हैं।''

अर्जुन के शौर्य और शस्त्र विद्या में उनके कौशल की कहानी, अनेक देशों को पार करके, इस पूर्वी-देश में भी पहुँच गई थी। उनके आगमन का समाचार अप्रत्याशित था, विशेष रूप से मित्रता और सौहार्द्र स्थापित करने के लिए। राजा चित्रवाहन ने उत्साहपूर्वक बाहर आकर आगवानी की। चरण-अर्घ्य, पानी आदि यथा-विधि अर्पित किया गया : अतिथियों के स्तर और पद के अनुसार वास-स्थान, कच्ची भोज्य सामग्री, रसोइए और सेवक आदि की व्यवस्था भी की गई। अर्जुन के लिए प्रासाद के श्रेष्ठ कक्ष का प्रबन्ध किया गया।

चित्रवाहन, उनके दोनों हाथ पकड़, अपने आसन पर बैठाकर बोले, ''इस शुभ आगमन से मैं अपने को कितना सम्मानित अनुभव कर रहा हूँ और कितना आनन्दित हुआ हूँ–यह कह नहीं पा रहा हूँ। आशा करता हूँ महाराज युधिष्ठिर और आपके अन्य भाई कुशल होंगे। हस्तिनापुर के राज-परिवार में भी अवश्य ही मंगल होगा। मेरी प्रार्थना है कि आपका मणिपुर-प्रवास लम्बा हो, इस देश में कम-से-कम एक वर्ष निवास करें। यहाँ खाने-पीने का अभाव नहीं होगा, शिकार का भी पर्याप्त अवसर है, मणिपुर, नृत्य-गीत आदि और अभिनय के लिए प्रसिद्ध है–इस राज्य के निवासियों में अनेक, नृत्य-कला और संगीत-शास्त्र में पारंगत हैं–ऐसा नहीं लगता कि आपके मनोरंजन में कोई कमी होगी।''

''राज-श्रेष्ठ, मेरा लम्बे समय तक रहना, आपके अनुग्रह पर निर्भर है,'' अर्जुन बोल उठे।

सौजन्य का प्रदर्शन, अभ्यर्थना, प्रति निमन्त्रण, कुशल समाचार का विनिमय–यह राज-आतिथ्य की सर्वजन-स्वीकृत प्रारम्भिक भूमिका है। किसी गूढ़ उद्देश्य या प्रार्थना को, इस सब प्राथमिक विनयपूर्ण वार्तालाप के बाद कहा जाता है। यही नियम है। किन्तु अर्जुन, विगत दो दिनों में धैर्य और स्थिरता की, लगभग अन्तिम सीमा पर आ पहुँचे हैं। उनकी धमनियों का रक्त-प्रवाह उन्मत्त हो गया है, आशा और आशंका से बिंध रहे हैं, क्षत-विक्षत; कामना और वासना से मन का आवेग अनियन्त्रित हो उठा है। वे और विलम्ब नहीं सह पा रहे हैं। बोले, ''राजन्, उपहार या सौगात का आदान-प्रदान, राज-आतिथ्य का प्रमुख अंग होता है। मैं तो पथिक हूँ, अधिक कुछ ला नहीं पाया, नए ढंग के कुछ नव-निर्मित अस्त्र मात्र लाया हूँ। आशा करता हूँ, सामान्य होने पर भी वे आपको अरुचिकर या नगण्य नहीं लगेंगे। किन्तु महाराज, यदि मैं धृष्ट की भाँति किसी उपहार की, पहले ही याचना कर लूँ, तो आशा करता हूँ, आयु में छोटा होने के नाते, आप मेरी निर्लज्जता और धृष्टता क्षमा कर देंगे; इसी थोड़े से आश्वासन या प्रश्रय की प्रार्थना करता हूँ।''

"अवश्य, अवश्य। याचना क्यों, आदेश दीजिए। आप निस्संकोच अपनी इच्छा प्रकट कर सकते हैं। मेरे सम्मान और धर्म के अतिरिक्त जो भी चाहेंगे, सामर्थ्य होने पर अवश्य ही पूरी करूँगा।"

"महाराज, मैं आपकी सुदर्शनी कन्या चित्रांगदा से विवाह का प्रार्थी हूँ।"

उपहार की प्रार्थना की बात सुनकर राजा चित्रवाहन कुछ शंकित हो गए थे। अब, वह संशय समाप्त हो गया, किन्तु राजा चित्रवाहन, गम्भीर और अनमने से हो गए। कुछ क्षण चुप रहकर बोले, "तृतीय पांडव, आप संसार की किसी भी कन्या के लिए वर के रूप में अकाम्य नहीं हैं। किन्तु इस विषय में एक दूसरी जटिलता है। हमारे वंश में, पिनाकधारी भगवान उमापति की इच्छा से, सबको एक ही सन्तान होती है। इससे पहले मेरे पूर्वजों के यहाँ अवश्य ही पुत्र हुए थे, किन्तु मुझे दैव-वश यह कन्या ही प्राप्त हुई है। और कोई दूसरी सन्तान सम्भव न होने के कारण, मैं इस कन्या को पुत्र के रूप में पाल रहा हूँ ; अर्थात् उसके गर्भ से उत्पन्न पुत्र हमारा वंश-धर माना जाएगा और वह इस सिंहासन को भी प्राप्त करेगा। उस सन्तान पर उसके जन्मदाता या उसके वंश का कोई अधिकार नहीं होगा। मेरी कन्या इस राज्य की भावी शासक है, उसका भी पति-गृह में रहना सम्भव नहीं है। यदि, इस शर्त पर आप मेरी कन्या को ग्रहण करने के लिए सहमत हों–तो मैं उसे आनन्द और आह्लादपूर्वक आपको समर्पित कर दूँगा।"

भूखे व्यक्ति के सम्मुख, लोभनीय, अमृत जैसी गन्धवाला रुचिकर सुखाद्य आ जाए–तो उसके लिए, खाद्य का गुणवगुण, दाता की शर्त और उसका प्राप्य या अधिकार कितना है–इस प्रकार की कोई बात सोचना सम्भव नहीं होता। अर्जुन ने भी इन सब बातों का विचार करके, वृथा समय नष्ट नहीं किया। उसी समय सहमति दे दी।

वे इस वधू को इन्द्रप्रस्थ ले जाने को उतने उत्सुक नहीं हैं।

दो दिन की सम्भोग-इच्छा पूर्ण हो जाने पर, फिर से भारत-भ्रमण के लिए निकल पड़ेंगे, नारी का साथ न होना ही उचित है।

अर्जुन के अनुमान में थोड़ी भूल हो गई थी। उस दिन चित्रांगदा का पूर्ण मूल्य निर्धारित नहीं कर पाए।

इसके बाद, फाल्गुनी यह समझ ही नहीं पाए कि एक-दो करके, कई माह कैसे व्यतीत हो गए। उनके मन में था–कुछ महीने यहाँ रहकर वर्षा के प्रारम्भ में ही चले जाएँगे। वस्तुतः यह अनुभव ही नहीं कर पाए कि इतने दिन कट गए और उनका प्रवास-काल इतना लम्बा हो गया। जिस आनन्द और मादकता में, स्थान-काल-पात्र का अनुमान नहीं रहता–उसी आनन्द से घिरा होने के कारण, उनके घड़ी, पल, दिन, रात्रि, पक्ष, मास और वर्ष एकाकार हो गए। आनन्द और विस्मय। उलूपी भी अच्छी लगी थी, किन्तु उसमें नई-नई विस्मयपूर्ण खोज नहीं कर पाए थे, इसीलिए उन्होंने, उसके गर्भवती होते ही नाग-राज्य छोड़ दिया–उनके मन में, यह जानने के लिए प्रतीक्षा करने का विचार

भी नहीं आया कि सन्तान क्या होगी। यहाँ उसके विपरीत है। चित्रांगदा का संग-साहचर्य त्यागने की बात ही नहीं सोच पाए। यहाँ तक कि उसके गर्भवती, सन्तान-सम्भवा होने के बाद भी नहीं।

असल में, चित्रांगदा का सौन्दर्य केवल देह में ही नहीं है—जो यौवन की क्षण-जीवी सीमा में बँधा होता है—चित्रांगदा के सौन्दर्य की नित-नवीनता की कोई सीमा नहीं है, कोई अन्त नहीं।...कोमलता-कठोरता में, संयम-आवेग में, प्रेम-कर्तव्य परायणता में, राज-कार्य और सेवा-भाव में—वह अभिनव है। दिन-रात नए-नए रूप में भासित, प्रकाशित। एक ओर प्रेमिका नारी, सरला, प्रणय-कातर—लगता है, काम-सर्वस्वा—दूसरी ओर राज-कार्य, राज-नीति में, धीर-स्थिर, अति बुद्धिमती, कूट-नीति कुशल; फिर, शिकार के समय अस्त्र चलाने में उसके जैसी दूसरी कोई नहीं। अर्जुन ने परीक्षा करके देखा है, युद्ध-विद्या में भी वह शिक्षार्थी नहीं है, उसे रण-कौशल के सूक्ष्मातिसूक्ष्म तत्त्व अच्छी तरह आते हैं।

इस प्रकार चित्रांगदा, अर्जुन के मानस-पटल पर प्रतिक्षण नए-नए रूप धारण करती है। जब सोचते हैं कि उसके एक रूप को देखते-देखते मन भर गया है, उसी समय एक नया रूप प्रकाशित हो जाता है। आश्चर्य की सीमा नहीं रहती। इस नारी के साहचर्य में थकावट अनुभव नहीं होती, किसी अनुभव की पुनरावृत्ति नहीं होती। द्रोपदी भी असाधारण और अतुलनीय हैं, किन्तु वे महिषी तथा प्रेयसी हैं। चित्रांगदा उससे बहुत अधिक है—समवयस्का मित्र। हमेशा, जीवन के सब कार्यों में संगिनी होने योग्य। अर्जुन सोचते हैं, वह उनकी आदर्श अर्धांगिनी है।

अन्त में एक दिन—तीन वर्ष की लम्बी अवधि व्यतीत हो जाने के बाद—अर्जुन सोए हुए की भाँति सचेत हुए। मन में आया कि भारत की परिक्रमा के मार्ग में अभी अनेक राज्य शेष हैं। वासुदेव ने जिस कार्य के लिए भेजा था, जो व्रत धारण कराया था—वह आज भी असमाप्त या केवल आधा समाप्त है।

इस अवधि में चित्रांगदा को एक पुत्र भी हो गया। देखने में अति सुन्दर, अर्जुन के सब लक्षण लेकर जन्मा है। इस पुत्र को छोड़कर जाने में भी कष्ट होता है।...यह माया का कैसा बन्धन है ? बीच-बीच में अपने से ही प्रश्न करते हैं, नहीं तो, ऐसा क्यों लगता ? प्रतीत होता है कि यही तो अच्छा है, प्रतिष्ठा और ख्याति खोजने के लिए दुराशा के पीछे दौड़कर क्या होगा ?...

अर्जुन को इस क्षणिक आत्म-विस्मृति और मन की दुर्बलता पर विजय पाने में अधिक देर नहीं लगी। एक बार मन को दृढ़ करके, चित्रांगदा के सम्मुख विदा की प्रार्थना की।

तब तक चित्रांगदा का युवराज के रूप में अभिषेक कर दिया गया था, देश की वास्तविक शासक के रूप में। उसमें साधारण नारी की दुर्बलता नहीं है। तब भी, तीन वर्ष की लम्बी अवधि, जिस सुख-स्वप्न की भाँति व्यतीत हो गई थी, उससे जागकर,

कठोर वास्तविकता में आने पर विचलित अनुभव किया, व्याकुल हो गई।

सम्भवतः, अर्जुन जैसे स्वामी को हमेशा के लिए छोड़ देना होगा ? वह, अश्रु-पूरित नेत्रों से स्वामी के गले लगकर बोली, "कुछ समय और बिल्कुल भी ठहरना नहीं हो सकेगा ?"

"नहीं सुचरिते," अर्जुन ने भी रुद्ध कंठ से उत्तर दिया, "ऐसे ही बहुत अधिक दिन बिना काम के सुखोपभोग में कट गए हैं। हम लोग क्षत्रिय हैं, राज-पुत्र; हमारे लिए कर्तव्य समस्त व्यक्तिगत विचारों से ऊपर है। निश्चित ही तुम अपने इस निरुपाय स्वामी को, कर्म-कर्तव्यहीन, दुर्भाग्यशाली, कायर या नपुंसक के रूप में नहीं देखना चाहोगी.. .और, जब भी जिस भी दिन जाऊँगा, तुम्हें तभी दुख अनुभव होगा। तुम तो सामान्य साधारण नारी नहीं हो, यह दुर्बलता तुम्हें शोभा नहीं देती। तुम प्रसन्नतापूर्वक विदा दोगी–यही आशा करता हूँ।"

चित्रांगदा, अपने प्रियतम को, बाहुओं में और भी दृढ़तापूर्वक आबद्ध करके, उनके चौड़े वक्ष को आँसुओं से भिगोकर, व्यथा-भरे स्वर में बोली, "मैं राजा चित्रवाहन की पुत्री-रूपी पुत्र हूँ–राज-धर्म के दायित्व के सूत्र में बँधी हुई–किन्तु, वह मेरी देह का, कर्तव्य-बुद्धि का बन्धन है–मेरे मुख की हँसी किसी की भी क्रीत-दासी नहीं है। हँसी या नेत्र-जल, कर्तव्य का विचार नहीं करते।"

क्या वीर अर्जुन की भी दोनों आँखें भीग आई थीं ? कौन जाने ? तब भी, वे कुछ देर उत्तर नहीं दे पाए। काफी देर बाद बोले, "यह जानकर ही तो तुमने मुझे माल्यदान किया था–कि मैं तुम्हारे यहाँ क्षण-भर का अतिथि हूँ !"

लगा, चित्रांगदा मलीन हँसी हँसी, बोली, "मैंने आपको माल्यदान नहीं किया, आपने ही छीन ली थी। तो, यह बात रहने दो। क्या मन इतना विचार करके चलता है ? नहीं तो सब जानकर भी–आप ही क्यों मुझ पर मुग्ध होकर विवाह करते ? आप मुझे नहीं ले जा सकते, अकेले मैं ही आपकी नहीं हूँ–उस समय तो यह सब विचार नहीं किया था !...मैं कोई अभियोग नहीं लगाती, केवल स्मरण दिला रही हूँ–मनुष्य का मन, उसका प्रेम–कर्तव्य, धर्म, प्रयोजन आदि किसी का विचार नहीं करता।"

इस बार अर्जुन पूर्णतः निरुत्तर रह गए।

चित्रांगदा ने, अन्त में बाहु-बन्ध शिथिल कर दिया।

आँखें पोंछकर, एक दीर्घ निश्वास छोड़कर बोली, "आप जाइए, और नहीं रोकूँगी। भाग्य का विधान अनुल्लंघनीय जानकर भी, मेरा स्वभाव उसके द्वार पर सिर पटकने का नहीं है, उससे मेरा ललाट ही क्षत-विक्षत होगा, भविष्य नहीं बदलेगा। मुझे भीख माँगने की आदत भी नहीं है। हम, अनार्य पर्वती नारी हैं–हमारा प्रेम पूर्णतः शर्तविहीन होता है, अपना कहा जानेवाला कुछ नहीं रखतीं। हमारे प्रेम में दूसरा पुरुष नहीं होता, उसमें, मात्र एक ही पुरुष होता है, एकेश्वर। आपके सुसभ्य आर्यावर्तवासियों को, अनेक नारियों को एक ही हृदय में बसाने में कठिनाई नहीं होती है। आप मेरी बात या पीड़ा नहीं समझेंगे, मैं आपकी बहुत सी प्रेयसियों में से एक हूँ, शायद प्रेयसी कहना भी भूल

है–भोग्य वस्तु की भाँति हूँ। विरह-व्यथा भूलने के लिए आप एक पहर बाद ही दूसरी नारी को ग्रहण कर सकते हैं, फिर उसे भूल जाने में भी देर नहीं लगेगी, किन्तु मेरे जीवन में और कोई सान्त्वना और कोई आश्रय नहीं रहा।''

कहते-कहते, कुछ पहले कही गई कठोर बात से भी–राज-कन्या आवेग में निढाल हो गई, बोली, ''किन्तु, क्या सचमुच, और कभी नहीं देख पाऊँगी ? और मिलना नहीं होगा ? यदि, केवल एक बार और बाँध पाती। लगता है, कहने के लिए बहुत शेष रह गया है, आपके चरणों में अर्पित करने के लिए, अब भी जीवन का कुछ बचा हुआ है–सब अहंकार और चरित्र की दृढ़ता को तिरोहित करके आपके सामने भिखारिणी बनकर खड़ी हूँ।...यह क्या, किसी भी प्रकार सम्भव नहीं ?''

अर्जुन ने प्रणय के आवेग में भरे कंठ से उत्तर दिया, ''प्रियतमे, शान्त हो जाओ। दुख मत करो। यदि जीवन रहा, तो इस क्षेत्र का भ्रमण समाप्त होने पर, एक बार अवश्य आऊँगा, छः माह रहकर जाऊँगा–तुम्हें वचन देता हूँ। उसके बाद भी–अवसर और सुयोग के अनुसार या निमन्त्रण मिलने पर तुम भी इन्द्रप्रस्थ आ सकती हो, आओगी, यही मेरी आशा है। हमेशा के लिए न सही, कुछ दिन के लिए आने में तो कठिनाई नहीं है। मैं विश्वास दिलाता हूँ, वहाँ तुम्हारा सम्मानित स्थान, महादेवी द्रौपदी के बाद ही निर्धारित रहेगा।''

उसके बाद, कुछ देर मौन रहकर बोले, ''और यदि कभी किसी का धर्मराज युधिष्ठिर के साथ संघर्ष होता है–तो मणिपुर राज-शक्ति की सहायता तो मिलेगी ?''

''अधिक क्या, न्याय और धर्म के अनुसार आप ही इस सिंहासन के अधिकारी हैं। मैं भी आपको वचन देती हूँ, यदि जीवित रही–अपने पुत्र को अपने योग्य, सम-योद्धा के रूप में ही देखेंगे, आत्मज के रूप में उसका परिचय देने में कभी लज्जित नहीं होंगे। आवश्यकता होने पर रण-क्षेत्र में वह आपके दाहिने रहेगा।''

''प्रिये, मैं धन्य हुआ, कृतार्थ हुआ।''

॥ १२ ॥

अर्जुन ने अपना वचन निभाया। पूर्वांचल छोड़ने से पहले, एक बार और मणिपुर गए।

किन्तु, केवल वचन की रक्षा के लिए।

अवश्य ही मन की अभिलाषा भी थी। बहुत अधिक थी।

अधिक होने पर ही बार-बार लगा कि पुनः, नए सिरे से उस आकर्षण के घेरे में–एकनिष्ठ रूप में सर्वस्व समर्पण किए हुए उस प्रेम-भाव के बीच, पड़ने की आवश्यकता नहीं है।

मणिपुर छोड़ने के बाद, काफी दिन तक बहुत खालीपन अनुभव हुआ। यह जीवन का प्रथम अनुभव है, इसीलिए बहुत दुस्सह। जब, द्रौपदी को छोड़कर आए थे, तब भी

दुख हुआ था, लगा था कि वह वियोग ही मर्मान्तक है, आज समझे कि किसी दुख को, भाग्य के किसी आघात को ही आखिरी मानने का कोई कारण नहीं है। द्रोपदी प्रिया है, महिषी है, चित्रांगदा उससे भी बढ़कर है—दासी, सखी, बान्धवी और हृदय-संगिनी। कई बार लगा था—काश, चित्रांगदा को साथ ले जा सकते ! रण में, वन में, दुर्गम स्थानों पर सर्वत्र वह, उनकी आदर्श जीवन-संगिनी, हृदय-संगिनी, सह-धर्मिणी बन पाती। रक्षिका भी। चित्रांगदा, महा-बलवती, रण-कुशला है—इस बीच यह ज्ञान भी हो गया था।

उस अति-विषाक्त मनोवेदना की पुनरावृत्ति उचित नहीं, किन्तु वे वचनबद्ध थे—एक बार जाना ही पड़ा। इस बार पहले से ही सतर्क थे, अधिक दिन ठहरने को तैयार नहीं हुए। पुत्र बड़ा हो गया है; वह और बड़ा बन्धन है, संकट-भरा आकर्षण। पुत्र, उनकी सरलता और माँ की सुकुमारता लेकर जन्मा है। लाखों के बीच दिखाई पड़ता है। पुत्र को पास रखने की इच्छा होती ही है। अपनी इच्छा के अनुसार पालने की इच्छा होती है। यद्यपि, चित्रांगदा पर उनका पूर्ण विश्वास है कि वह ठीक प्रकार पालन-पोषण करेगी। यह वचन भी दिया है कि वह, एक समय उसे द्वितीय-अर्जुन बनाकर पिता के पास भेजेंगी। वह अपनी शिक्षा का प्रमाण, आवश्यकता के समय, विपत्ति के दिनों में देगा। शायद, चित्रांगदा तो कभी भी नहीं जाएगी, सम्भवतः और कभी देख भी नहीं पाएगी—यदि किसी प्रयोजन से, अर्जुन स्वयं ही पुनः यहाँ आएँ, तो भेंट हो सकती है—तब भी, चित्रांगदा ने आश्वासन दिया है कि बभ्रुवाहन जाएगा।

इसके बावजूद—इतने अच्छे पुत्र को, उस अनिश्चित भविष्य के सहारे छोड़कर जाते हुए किसे कष्ट नहीं होगा ! एक-एक बार मन में आता है कि पुत्र और उसकी माँ को बलपूर्वक ले जाएँ—अर्जुन को कौन रोकेगा ?—दूसरे ही क्षण यह लगता है, चित्रवाहन की शर्त स्वीकार करके ही उनकी पुत्रिका-कन्या से विवाह किया है। धर्म से बँधे हैं।

इस कारण, एक बार फिर प्रिया की विरह-वेदना से भाराक्रान्त मन से अकेले ही विदा लेनी पड़ी। यह उनके प्रायश्चित की अवधि है, वे भारत-खंड की परिक्रमा का व्रत लेकर निकले हैं, अकेले ही तो भ्रमण करना है। दो दिन का यह सुख-लाभ ही स्मृति का संगी रहे। जो होगा नहीं, जो होना नहीं है—उसके लिए व्यर्थ विलाप करना या मन में दुख अनुभव करना उचित नहीं है।

परिक्रमा, विधि के अनुसार बाएँ से की जाती है। अर्जुन उसी के अनुसार चले। भारत के पूर्वी उप-खंड का भ्रमण पूर्ण करके, दक्षिण पहुँचकर, समुद्र तट पर स्थित रामेश्वर की पूजा करके, पश्चिमी उप-खंड में पहुँचे। इस पथ पर बहुत तीर्थों में स्नान किया, अनेक देवताओं के दर्शन हुए। अनेक जातियों, आचार-व्यवहार और विधि-विधान के साथ परिचय हुआ। वासुदेव ने विशाल और प्राचीन अनार्य-सभ्यता की बात बताई थी, तब भी अर्जुन यह अनुमान नहीं कर पाए थे कि वह इतनी प्राचीन और इतनी विशाल होगी। अब, सामने देखने पर अभिभूत हो गए। ऐसा नहीं है कि इस नए अपरिचित देश में, किसी भी नारी के साथ अन्तरंगता न हुई हो। फलस्वरूप, चित्रांगदा से विच्छेद का दारुण, दुस्सह दुख भी धीरे-धीरे मन्द पड़ने लगा।

पार्थ पश्चिम उप-खंड से होते हुए उत्तर की ओर बढ़े। लक्ष्य पहले से ही निश्चित था—द्वारावती।

वासुदेव को बहुत समय से न देखने के कारण, व्याकुलता और दुख अनुभव कर रहे हैं। थोड़ी निस्संगता भी। इसके अलावा, जो देख-सुन रहे हैं, जो विस्मयकारी ज्ञान प्राप्त हो रहा है, उस सबको, उन्हें बताकर चर्चा किए जाने तक चैन नहीं पा रहे हैं।

सौराष्ट्र पहुँचकर सुना कि श्रीकृष्ण सोमतीर्थ में रह रहे हैं। यह स्थान उन्हें बहुत प्रिय है, बीच-बीच में यहाँ एकान्त-वास करते हैं। इसे, वासुदेव का मानसिक-विश्राम भी कहा जा सकता है। क्या पता—इस स्थान के साथ कोई मधुर स्मृति भी जुड़ी है या नहीं !

अर्जुन के लिए अवश्य ही अच्छा हुआ। प्रथम तो यह, कि बहुत समय से उनकी भी सोम-पर्व को देखने की इच्छा है—देखने की इच्छा यह जानने के लिए कि इस स्थान में ऐसा क्या है, जो उनके गुरु और आत्मीय पुरुषोत्तम को इतना आकर्षित करता है ! दूसरी बात यह, कि वासुदेव के साथ कुछ पहले ही मिलना हो जाएगा। पार्थ ने पूर्व-सूचना भेजने की चेष्टा नहीं की, एक दिन निरन्तर रथ हाँकते हुए सोमतीर्थ पहुँच गए।

किन्तु, पता लगा कि उनके समाचार न भेजने पर भी, उनके शुभागमन की सूचना पाने में वासुदेव को कोई कठिनाई नहीं हुई। वे सोमतीर्थ के प्रवेश-मार्ग पर ही प्रतीक्षा कर रहे थे। अर्जुन एक बार फिर, आतंक और आश्चर्यमिश्रित भ्रम में पड़ गए। जिसे मित्र के रूप में, आत्मीय के रूप में ही अनुभव करना भाता है—ऐसा यह मनुष्य क्या सचमुच ही अन्तर्यामी है ?

श्रीकृष्ण ने देखते ही, उन्हें प्रगाढ़ आलिंगन में बाँध लिया। अर्जुन कुछ कहने जा रहे थे, उन्हें रोककर बोले, "इसी समय व्यस्त होने का कोई कारण नहीं है। बारह वर्ष के देश-भ्रमण का वृत्तान्त एक दिन में कहा या सुना नहीं जा सकता। लम्बा मार्ग तय करने की थकन है और तुम्हारा व्रत भी पूर्ण हो गया है, अब तुम निश्चिन्त होकर विश्राम करो। जो कोई भी बातचीत है, कल होगी।"

इतने पर भी अर्जुन ने रात को, पास की शैया पर लेटे हुए कुछ-कुछ कहना चाहा। देखा, कि या तो वासुदेव को पहले ही समाचार प्राप्त हो चुका है अन्यथा वे प्रसंग प्रारम्भ करते ही समझ गए हैं—पहले की तरह सन्देह हुआ, वे अन्तर्यामी हैं; या फिर, यह सब उन्हीं का चक्र है। अर्जुन ने जो कुछ किया, जहाँ गए, उसके नियामक वासुदेव ही हैं, वासुदेव की इच्छा के बाहर नहीं जा पाए।

वासुदेव हँसकर बोले, "ठीक है, अब सो जाओ। अकेली चित्रांगदा होती तो कहता, कि उसे स्वप्न में देखो—किन्तु उलूपी, चित्रांगदा तथा अप्सराएँ—कौन जाने, कितनी और यहाँ-वहाँ, जम्बू द्वीप में हैं ! इसमें सन्देह नहीं कि किसी एक को स्वप्न में देख लेने पर, शेष रात अनिद्रा में कटेगी।"

अर्जुन हतबुद्धि होकर कुछ कहने जा रहे थे, शायद प्रमाणित करना चाहते थे कि इस सन्दर्भ में उनका कितना कम दायित्व है, वासुदेव रोककर बोले, "नहीं-नहीं, इसमें

लज्जा का कोई कारण नहीं है। मैं तो, तनिक यों ही परिहास कर रहा था।...मित्र, यह अच्छा ही हुआ। मैं यही चाहता था कि देश-देश में सम्बन्धी हों, देश-देश में मित्र। पूर्व दिशा काफी निरापद हो गई, प्राग्ज्योतिषपुर के भगदत्त बहुत अधिक शत्रुता नहीं कर पाएँगे।''

दूसरे दिन ही कृष्ण और अर्जुन द्वारका के लिए रवाना हो गए।

पहले दिन अर्जुन की अगवानी करने जाने के पीछे—जिससे सोमतीर्थ में एक दिन का विलम्ब हुआ—वासुदेव का एक गूढ़ उद्देश्य था। अर्जुन दूसरे दिन, द्वारका पहुँचकर उसे समझ पाए।

नहीं, पहले वह भी नहीं समझ पाए।

नगरी के प्रवेश-पथ पर, समुद्र तटवर्ती बन्दरगाह पर ही एक विशाल तोरण बना हुआ है—विजय-तोरण, भिन्न-भिन्न प्रकार के विचित्र पत्र-पुष्पों से लदा हुआ और पताकाओं से सुसज्जित, सुन्दर रूप में चित्रित। नगरी में प्रवेश करके भी सर्वत्र उत्सव-सज्जा देखते हैं। मुख्य-मुख्य बड़े मार्गों पर असंख्य तोरण, तोरणों के बीच पुष्प-मालाओं के चँदोवे। हर घर में ही उत्सव-समारोह, हर गृहस्थ ही प्रसन्नता-प्रदर्शन के लिए प्रस्तुत, उत्सुक।

साधारणतः राजा के किसी युद्ध में विजय प्राप्त करके आने पर ही इस प्रकार के उत्सव-समारोह होते हैं। अर्जुन ने विस्मित होकर पूछा, ''यह तो विजय-महोत्सव का आयोजन है। तब क्या वृषि-वंशियों ने किसी युद्ध में विजय पाई है ? या फिर चिर-शत्रु जरासन्ध को मार दिया गया है ?''

वासुदेव का मुख मन्द हँसी से भर गया। वैसे ही—जैसे मनुष्य किसी विनोदपूर्ण षड्यन्त्र के सफल होने पर हँसता है। बोले, ''नहीं, वैसा कुछ नहीं है। तब भी तुमने ठीक ही अनुमान किया है, एक विजयी वीर के स्वागत का ही आयोजन है।''

''विजयी वीर ? वह कौन है ?'' कंठ में विस्मयपूर्ण आघात का स्वर।

अर्जुन तब भी वास्तविक बात नहीं समझ पा रहे हैं।

निश्चय ही, और अधिक विलम्ब नहीं हुआ।

जो अन्धक और वृषि वंशवाले, उत्सव की वेश-भूषा में सजकर, माला, चन्दन, मधु, धूप इत्यादि लेकर प्रधान राज-पथ पर स्वागत के लिए आ रहे थे, वे वासुदेव के उत्तर देने के पूर्व ही—अर्जुन को देखकर उनके नाम की जय-ध्वनि करने लगे। वह जय-ध्वनि, प्रतिध्वनि की भाँति पुनरुच्चारित होकर बहुत दूर तक गूँजी।

घर-घर में पुनरुच्चारित होने लगी। चबूतरों से पुष्प-वृष्टि और मंगल-ध्वनि होने लगी।

''अब समझे बन्धु, किसके स्वागत का आयोजन है !'' वासुदेव, स्नेहपूर्वक, परिहास से भीगे स्वर में बोले।

अर्जुन आनन्द और लज्जा-भरे मुख से बोले, ''किन्तु, मैंने तो कोई विजय नहीं पाई, इस अकारण सम्मान से संकोच अनुभव कर रहा हूँ।''

"मित्र, तुम्हारे जैसे रण-विशेषज्ञ, शस्त्र-शास्त्र के ज्ञाता के लिए युद्ध में जय-लाभ करना ऐसा कोई कठिन कार्य नहीं है। तुमने, उससे बहुत कठिन–जिसे लम्बे समय तक निभाना कठिन है, व्रत का पालन किया है ! इसके पूर्व, किसी ने यह कार्य नहीं किया, दूर भविष्य में भी कोई करेगा, ऐसा नहीं लगता। विजयी के रूप में रक्त की धारा न बहाकर–मित्र के रूप में, सम्पूर्ण भारत की विभिन्न जाति-उपजातियों, भाषा-संस्कृति के साथ जो सम्बन्ध-सूत्र स्थापित किया है–यह किसी बड़ी युद्ध-विजय से भी बहुत अधिक कठिन कार्य है, बहुत बड़ा कृतित्व !"

अर्जुन ने, इस शुभेच्छा और प्रशंसा को सिर नवाकर स्वीकार किया। उनके, भावावेग से काँपते कंठ से कोई उत्तर नहीं निकला।

श्रीकृष्ण, द्वारका में केवल एक दिन ठहरकर, अर्जुन को लेकर रैवतक चले गए। वहाँ, किसी व्रत के उपलक्ष्य में उत्सव है, सबको यह बताया कि उत्सव में अर्जुन की श्रान्ति सहजता से दूर हो जाएगी। केवल, इस विजय के स्वागत के लिए ही राजधानी में आना हुआ, अन्यथा पहले ही वहाँ चले जाते।

रैवतक के सम्बन्ध में अर्जुन की कुछ अधिक जिज्ञासा है।

इस स्थान के चयन और यहाँ नगर बसाने में श्रीकृष्ण की असाधारण-बुद्धि तथा दूर-दृष्टि का एक और निदर्शन हुआ। उन्होंने, जरासन्ध के आक्रमण की आशंका से, अपने लिए निरापद स्थान के रूप में, इतनी दूर, सहस्र योजन के अन्तर पर, समुद्र से घिरी द्वारकापुरी का चयन किया था। स्थल मार्ग पर, जिसकी जितनी शक्ति है, जल-मार्ग में वह उतना ही असहाय है। आगे-पीछे, इसके पर्याप्त प्रमाण मिले हैं।

किन्तु, यह तो निवास-स्थान और राजधानी की बात हुई। राज्य न होने पर भी राजधानी का क्या मूल्य है ?

राज्य की स्थापना मुख्य भू-खंड के अतिरिक्त सम्भव नहीं है। प्रजा को बसाना, गो-पालना या कृषि-कार्य–उपार्जन का कोई भी उपाय क्यों न हो–विशाल भू-सम्पत्ति की आवश्यकता है। जल से घिरे लघु-द्वीप में वह सम्भव नहीं।

मुख्य भाग से राज्य-शासन चलाते हुए, वहाँ भी एक जन-सम्पर्क केन्द्र स्थापित करने की आवश्यकता है। प्रजा के लोग, पग-पग पर होनेवाले अभावों और शिकायतों की सूचना देने के लिए समुद्र पार करके कैसे आएँगे ? आ पाना सरल नहीं है। इसके अलावा, अधिकतर लोग समुद्र पार करने में डरते हैं।

इसीलिए, प्रमोदावास नामक यह दूसरी राजधानी स्थापित की है। किन्तु यहाँ रहने पर शत्रु-भय भी होगा। इस कारण वासुदेव ने इस पर्वत-शिखर को चुना था। यहाँ की जलवायु अतीव मनोरम है, हमेशा वसन्त विराजता है। नयनाभिराम दृश्य हैं। ऊपर की बहुत सारी समतल भूमि आवास-गृह बनाने योग्य है। कई झरनों के कारण पीने के पानी की कमी नहीं है–यहाँ पहुँचने का केवल एक ही मार्ग है, वह भी बहुत तंग है, अर्थात्

ठीक प्रकार विचार कर, स्थान का चुनाव करके, यदि एक सौ लोग पहरा दें, तो एक अक्षौहिणी सेना के दसवें भाग पर भारी पड़ सकते हैं।...

अर्जुन रैवतक पहुँचकर, जितने प्रसन्न हुए, उतने ही चमत्कृत भी।

सुन्दर दृश्य और शीतल वायु के कारण—मन और दृष्टि ने क्षण-भर में ही सुख का अनुभव किया। नगरी को—नगरी न कहकर, समृद्ध गाँव कहना ही उचित है—निर्माण-कौशल सुन्दर है। इस दृश्य में कहीं भी बेमेल और आँखों को चुभनेवाले विशाल पक्के महल नहीं बनाए गए हैं। अट्टालिकाओं के पास फूस की झोंपड़ियाँ— धनी-दरिद्र और ऊँच-नीच के निवास-स्थानों को दर्शाती हैं—किसी प्रकार के भेद को नहीं दर्शातीं। छोटी-छोटी कुटियाएँ, उनसे लगे विस्तृत पुष्प-उद्यान, प्रत्येक चौराहे पर एक मन्दिर।

विस्मय केवल इसी कारण नहीं है।

वासुदेव ने पहले ही बताया था—किसी एक पूजा के उपलक्ष्य में तीन दिन का उत्सव होगा, इसी कारण यादवों के मुख्य-मुख्य लोग द्वारका से रैवतक जा रहे हैं। उन्होंने यह भी बताया था कि पूजा तो केवल बहाना है, लक्ष्य है उत्सव। अन्धक और वृषि-वंशियों ने उत्सव के लिए, पंचांग में देखकर पूजा की तिथि तय की है।

किन्तु उत्सव इस प्रकार का होता है—अर्जुन यह कल्पना भी नहीं कर पाए थे। उनकी बाल्य एवं किशोरावस्था लगातार भ्रमण में व्यतीत हुई थी—जीवन की रक्षा के लिए एक स्थान से दूसरे स्थान पर जाना पड़ा—उसके बाद भी तो अभी बारह वर्ष तक सम्पूर्ण भारत का भ्रमण करके आए हैं, कहीं ऐसा उत्सव-उन्माद नहीं देखा। यहाँ सभी तरुण, प्रौढ़, समान भाव से युगल के रूप में निकल पड़े। संग में नारी—या तो अनेक स्त्रियों का एक पुरुष है या कोई पर-स्त्री अथवा वेश्या को साथ लिये है। सबकी आँखें मदिरा या भाँग से लाल हैं, ढुल-ढुल हो रहे हैं। प्रत्येक ने पर्याप्त पुष्प-आभूषण धारण कर रखे हैं, समस्त ऊपरी भाग चन्दन पुता हुआ। प्रभात-काल में वेश-भूषा पर्याप्त सँवरी हुई थी, अब दोपहर में कुछ ढीली हो गई है; किसी-किसी का उत्तरीय नीचे खिसक गया है, किसी-किसी का आँचल भूमि पर लोट रहा है। कहीं पर नृत्य-गीत, नाटक आदि का अभिनय हो रहा है, वहाँ अनेक लोग जमा होकर तरह-तरह की टिप्पणियाँ कर रहे हैं या प्रशंसा कर रहे हैं; कुछ लोग स्वयं नाचते-गाते घूम रहे हैं, कहीं पाँसे और जुए आदि के अड्डे जमे हैं, इन सबके कारण विशाल जन-समागम विद्यमान है। इनमें, प्रत्येक मार्ग पर गाना गाते हुए घूमनेवालों के समूह ही अधिक हैं। आर्य बलदेव स्वयं रेवती को साथ लिये, मदिरा के नशे में मत्त होकर घूम रहे हैं। इसके अलावा, शाल्व, प्रद्युम्न, अक्रूर, सारण, सात्यकि, हार्दिक्य आदि वंश-प्रमुख और राजकुमार भी एकाधिक नारियों के संग मार्ग में निकल पड़े हैं, सभी आमोद-प्रमोद के नए-नए रास्ते तलाशने, उपाय खोजने में लगे हैं।[1]

अर्जुन, दर्शक के रूप में ही बहुत देर तक, वासुदेव के संग, मार्गों पर घूमते रहे। वासुदेव इस प्रकार के पागलपन को पसन्द नहीं करते, यह बात ये लोग भी जानते हैं,

1. मध्य-युगीन पाश्चात्य देशों के 'कार्निवाल' नाम से जाने जानेवाले उन्मत्तकारी आनन्दोत्सव भी कुछ इसी प्रकार के थे। कार्निवाल का आयोजन रोम में सम्भवतः अब भी प्रचलित है।—**लेखक**

इसलिए, उन्हें देखकर सभी क्षण-भर के लिए संकोच अनुभव करते हैं, इतना कि आँख मिलने पर बलदेव भी लज्जित हो रहे हैं।

क्या पता, वासुदेव जान-बूझकर एक विशेष दिशा की ओर ले जा रहे थे या नहीं, किन्तु वे अचानक नगर के मध्य भाग में स्थित, बड़े मन्दिर के सामने आ पहुँचे। यही मन्दिर इस उत्सव-समारोह का केन्द्र-बिन्दु है, यहीं तीन दिन पर्यन्त पूजा की जानी है।

उनके वहाँ पहुँचने के समय अधिक भीड़ नहीं है, दो-चार व्यक्ति पूजा के लिए आए हैं या पूजा समाप्त करके वापस जा रहे हैं। स्त्रियाँ अधिक हैं।

यह दैवात् है या वासुदेव की योजना।

इन पुजारिनों में एक किशोरी कन्या को देखकर, अर्जुन का चलना कब रुक गया, कब वे स्थिर, निश्चल और बेसुध हो गए, वे स्वयं भी नहीं समझ पाए। यह ज्ञान भी नहीं रहा–कि इस प्रकार किसी अपरिचित नारी को अपलक देखते रहना, शिष्टाचार के विरुद्ध है।

अपने आचरण, परिवेश, संगी–जो किसी विषय में सतर्क नहीं है–उसे भद्रता का ध्यान ही कैसे रह पाएगा ? अर्जुन में किसी भी विषय में और कोई सचेतनता नहीं बची थी।

कम उम्र की कुमारी कन्या। निश्चित ही सम्भ्रान्त वंश की है, कारण, साथ में अनेक दासी या सखियाँ हैं, वे पूजा-सामग्री लाई हैं।

सुन्दरियाँ तो अनेक देखी हैं। द्रौपदी की तो बात ही नहीं। कई सुन्दरी तरुणियाँ, अभी भी देखी हैं। अनिन्द्य सुन्दरी न होने पर भी चित्रांगदा में दूसरा आकर्षण है, वह आकर्षण वीर हृदयी के मन में कम तरंगें उत्पन्न नहीं करता। किन्तु इस जगत्-सौन्दर्य से उत्पन्न, विशाल ताम्रवर्णी नेत्रोंवाली कन्या के गम्भीर सौन्दर्य में जो माधुर्य, श्रद्धा में डूबी भंगिमा में, लज्जा की छुवन से झुकी दृष्टि में, गति के कोमल छन्द में, देह में भरे यौवन के उछाल में, जो आश्चर्य-भरी इन्द्रजालिक माया है, वह अभिभूत करती है, मोह-ग्रस्त बनाती है।–अब तक ऐसा रूप किसी और कन्या में नहीं देखा।

बलिष्ठ पुरुष का मन, उत्साह और प्रश्रय के सूर्यताप द्वारा, संसार के झंझटों से कोमल लता-प्राण की रक्षा करना चाहता है। द्रौपदी और चित्रांगदा जैसी कन्याओं से यह साध पूरी नहीं होती। सुभद्रा से होती है।

फाल्गुनी की यह पाषाणवत् अवस्था, अपलक दृष्टि, खुले ओठों में रुका निश्वास–वासुदेव की आँखों से नहीं बचे। वे शायद यह जानते थे और आशा कर ही रहे थे। शायद, इस नाटक के मंचन के लिए ही जान-बूझकर, अर्जुन को बिना बताए, इधर ले आए थे।

कुछ देर तक प्रिय मित्र की दुर्दशा का आनन्द लेकर, कुछ परिहासपूर्ण हँसी के साथ बोले, "यह क्या, वन-चारी ब्रह्मचारी का मन इतने सामान्य कारण से चंचल क्यों ?...लगता है, चित्रांगदा का चित्र भी स्मृति के दिगन्त में अस्त हो गया है !...मैं तो सदा से ही बदनाम हूँ, किन्तु देख रहा हूँ, दृढ़-चित्त फाल्गुनी भी पल-पल

में मन खो रहे हैं।''

अर्जुन इस पर लज्जित हो उठे, थोड़े आत्म-सचेत भी हुए, किन्तु उसी समय प्रकृतिस्थ नहीं हो पाए। व्याकुलता और लज्जा-भरे स्वर में पूछा, ''यह, यह कन्या कौन है ?''

''यह सुभद्रा है। मेरे पिता वसुदेव की कन्या, सारण की सहोदरा।''

अब तक सुभद्रा मन्दिर में चली गई थी, दृष्टि से परे हो जाने के कारण इन्द्रजाल का प्रभाव काफी कम हो गया। अर्जुन भी अपने आसपास के प्रति सचेत हो गए। वे यह जानकर बहुत लज्जित हुए कि मणिपुर की भाँति ही अनेक लोगों की जिज्ञासा और परिहास के पात्र बन गए हैं। 'छिः छिः, वासुदेव ने क्या सोचा, मुझे कितना दुर्बल समझा, कैसा अभद्र सोचा'–यह सब सोचकर सिर नहीं उठा पा रहे हैं।

इस बीच दोनों आगे बढ़ने लगे। मन्दिर के पास से ही गुजरे, तब भी लज्जा के कारण इच्छा होने पर भी–उस ओर नहीं देख पाए।

किन्तु कितनी ही लज्जा क्यों न हो, मन के अशान्त उच्छ्वास को अधिक देर छिपाना सम्भव नहीं हुआ। एक दीर्घ निश्वास छोड़कर बोले, ''अपूर्व ! सत्य कहता हूँ, ऐसी और कभी नहीं देखी। यह अलग है, एक ही।''

श्रीकृष्ण ने अत्यन्त सहज भाव से उत्तर दिया, ''हाँ, यह अवश्य मानने योग्य है, मेरी भगिनी के रूप में विशिष्टता है। रूप के अलावा–सोचता हूँ, गुणों की भी तुलना नहीं है। ऐसी मधुर-भाषिणी और अच्छे स्वभाव की लड़की कम ही देखने को मिलती है–इतनी सेवा-परायण, इतनी स्नेहशील, कोमल-प्राण।...यह, तुम्हारी कृष्णा के विपरीत है। कृष्णा क्यों, इसकी, तुम्हारी किसी चित्त-प्रिया के साथ समानता नहीं है। कृष्णा महिषी, गृहिणी है; नई-नई कीर्ति और कर्म के लिए प्रेरित करेगी; सुभद्रा श्रान्ति दूर करेगी, प्राणों को शान्ति देगी। यही सन्तान, मेरे पिता को भी सबसे प्रिय है, उनकी नेत्र-मणि।...तो देखो, अगर चाहो तो उसे बताऊँ !''

अर्जुन और भी सिर झुकाकर, प्रायः अर्द्ध-स्पष्ट स्वर में बोले, ''क्या उसके स्वयंवर का आयोजन हो रहा है ? क्या ऐसी कोई योजना है–?''

श्रीकृष्ण ने कहा, ''यदि सुभद्रा ने सचमुच तुम्हारे मन को आकर्षित किया है, तो–''

बात पूरी होने से पहले ही अर्जुन बोल पड़े, ''हाँ, लगता है, यह कन्या न मिलने पर, जीने का कोई अर्थ नहीं। लग रहा है, इतने दिनों तक, इसके लिए ही प्रतीक्षा करता रहा, यह मेरी तृष्णा की शान्ति है, जीवन की पूर्णता–''

''धैर्य रखो मित्र, धैर्य। ऐसा और भी कितनी बार लगेगा। तुम ही वास्तव में वीर हो, भावावेग सर्वस्व।...यह बात रहने दो, यदि इतने दुर्बल हो गए हो, तो कहता हूँ–स्वयंवर के फेर में मत पड़ो।''

''क्यों ? फेर में, क्यों कह रहे हैं ?''

वासुदेव हँसे, उनकी अपनी वही हँसी। बोले, ''तुम्हारा, अपने ऊपर इतना विश्वास है ! मित्र, लड़कियों का मन आश्चर्य की वस्तु है–देवता भी उसका तल नहीं पा सकते–

तुम तो बहुत छोटे हो। स्वयंवर का अर्थ ही है, कन्या की अभिरुचि पर निर्भर करना। एक बार स्वयंवर की घोषणा होने पर, कन्या जिसे चुन लेगी, उसे, उसी के हाथ सौंपना पड़ेगा। दिया हुआ वचन लौटाया नहीं जा सकता। यह कोई निश्चित है कि सुभद्रा तुम्हारे गले में ही माला डालेगी ? द्रोपदी ने कर्ण को छोड़कर तुम्हारा वरण किया था! उस समय तुम्हारा परिचय भी नहीं जानती थी ! अपने सम्बन्ध में, तुम्हारी जैसी उच्च धारणा है, यदि वैसी मेरी बहन की न हो ? लड़कियाँ, हृदय की आज्ञा से चलती हैं, सोच-विचार को महत्त्व नहीं देतीं। यह कोई नियम नहीं है कि पुरुष को पसन्द करते समय, सभी उसकी वीरता या कुलशील या पांडित्य का विचार करें। एक-एक की एक-एक प्रकार की इच्छा और बुद्धि होती है। इसका इतिहास भी तो कम नहीं है कि किसी-किसी ने पूरी तरह अपात्र को प्रेम किया। यदि समझते हो कि उसे न पाकर तुम्हें कष्ट होगा–तो स्वयंवर के जाल में पैर मत फँसाओ।''

''तब ?'' अर्जुन यह बात नहीं समझ पाए, ''तब क्या, ऐसे ही–अर्थात् आपके पिता से कहकर–''

''ना, इसका भी कोई निश्चय नहीं है कि वे स्वेच्छा से आनन्द के साथ, अपनी प्रिय कन्या को, शक्तिशाली स-पत्नी के घर भेज देंगे। विशेष रूप से ऐसे वर के साथ जो चाहे और जो भी हो, राजा नहीं है, राजा का भाई है।''

''तब ?'' पुनः वही विमूढ़ प्रश्न।

''तुम्हारा प्रयोजन–तुम ग्रहण करोगे ! इतनी क्या चिन्ता है ! तुम क्षत्रिय वीर हो–पृथ्वी की भाँति स्त्रियाँ भी वीर-भोग्या होती हैं। इच्छा प्रबल हो, तो लेकर चले जाओ। हरण कर लो।''

''आपकी बहन का हरण करके ले जाऊँगा ?''

''क्या दोष है ? विवाह के लिए, कन्या का बलपूर्वक हरण करना क्षत्रियों के लिए नियम-विरुद्ध या अन्याय नहीं है।''

''किन्तु–'' अर्जुन, लोभ और विवेक के बीच झूलते मन से बोले, ''सुभद्रा यदि उसके बाद भी मुझे पसन्द न करे ?''

वासुदेव ने कहा, ''मूर्ख ! इतने दिन में भी नहीं समझे–स्त्रियाँ देह के बल पर ही अधिक ध्यान देती हैं, पसन्द करती हैं ! जाओ, कल ही उत्तम अवसर है, कल इस पूजा और उत्सव का अन्तिम दिन है। सुभद्रा इस समय आती है, कारण कि इस समय भीड़ नहीं रहती, कोई अधिक लोग नहीं आते। बाधा दिए जाने की कोई सम्भावना नहीं होगी। और, प्रधान यादवों के पास, यह समाचार पहुँचने पर, उनके तैयार होते-होते, तुम लोग बहुत दूर जा चुके होगे।''

अर्जुन ने, मित्र को झुककर नमस्कार किया–कृतज्ञता और कृतार्थता की अभिव्यक्ति के रूप में।

॥ १३ ॥

यह भी विधि-लीला नहीं है, वासुदेव की इच्छानुसार ही घटा है– इसे अर्जुन बहुत बाद में जान सके।

श्रीकृष्ण ने ठीक ही कहा था; अपहरण का यह समाचार जब भयभीत एवं सन्त्रस्त सखी-दल तथा मन्दिर के पुजारी ने गोष्ठी-प्रधानों को खोजकर दिया–सरलता से दिया भी नहीं जा सका, लगातार तीन दिन तक किए सुरापान के प्रभाव से मुक्त करके इस स्थिति को हृदयंगम कराने में पर्याप्त समय लगा–तब तक अर्जुन का रथ बहुत दूर पहुँच चुका था, वे रैवतक से उतरकर समतल में भी कुछ दूर चले गए थे।

पहले दिन रात को वासुदेव ने ही सब निर्देश दे दिए थे। रथ लेकर कहाँ रुकना होगा, किस स्थान व किस मार्ग से घूमकर जाने से किसी की विशेष दृष्टि नहीं पड़ेगी–इत्यादि। सुभद्रा पूजा समाप्त करके अन्यमनस्क भाव से मन्दिर से बाहर आएगी, उस समय भी उस पर थोड़ी-बहुत देव-आराधना की तन्मयता छाई रहेगी–वही अवसर होगा।

अर्जुन को अधिक नहीं बताना पड़ा। सामान्य आभास देने पर ही समग्र चित्र की कल्पना कर ली। कुछ अधिक बल-प्रयोग की आवश्यकता भी नहीं पड़ी। अर्जुन के पराक्रम की ख्याति तो सुनी ही थी, यहाँ आने के बाद दर्शन भी हो गए थे, शायद सुभद्रा के मन में भी थोड़ी अभिलाषा जगी होगी–उन्होंने बहुत कम प्रारम्भिक विरोध के उपरान्त अपहरण के इस आयोजन को प्रायः शान्त भाव से स्वीकार कर लिया; ऊँचे स्वर से पथिकों को सावधान करके सहायता की भिक्षा की माँग अथवा जब रथ अपेक्षाकृत धीमी गति से दौड़ने को विवश हो रहा था, तब उतर पड़ने की चेष्टा–कुछ भी नहीं किया।

किन्तु यह सम्भव नहीं कि ये लोग मनोभावों का इतना सूक्ष्म सम्भाव्य विश्लेषण करते। यादव प्रधानों के कानों और मस्तिष्क में यह समाचार पहुँचते ही–मधुमक्खियों के छत्ते की भाँति नहीं–बर्र के छत्ते में जोर से ढेला मार देने के समान प्रतिक्रिया हुई–चारों ओर प्रचंड क्रुद्ध हुँकार उठने लगी। अधिकांश का नशा हिरन हो गया। सभी लोग अर्जुन तथा उनके वंश के सम्बन्ध में कटु वाक्य कहने लगे। यादवों का अपमान किया है, फाल्गुनी ने आतिथ्य की मर्यादा भंग की है, हर तरह से शिष्टाचार के नियमों का उल्लंघन किया है। कोई बोला इस दुस्सहनीय साहस के लिए कठोर दंड देना आवश्यक है–ताकि कोई भविष्य में भी इस प्रकार का दुष्कर्म, दुर्वृत्ति मनुष्यों के समान आचरण करने का साहस न करे। बलदेव ने कहा, "चलो, अभी चलें, सब पांडवों का वध करके उनकी उस नवीन राजधानी को तहस-नहस करके आएँ।"

सात्यकि, शम्ब, सारण आदि महावीरगण भी बहुत अधिक बल और साहस दिखाने लगे। बोले, "मृत्यु निकट आने पर ही मूर्खों में इस प्रकार का दुस्साहस दिखाई देता है। मूर्ख लोग नहीं जानते कि किसके सामने धृष्टता दिखाने आए हैं।"

सभी उत्तेजित और क्रोधोन्मत्त। विधिपूर्वक रण-सज्जा भी दुष्कर। तब भी देखते-देखते

ही—लगभग एक पहर में ही—सहस्राधिक योद्धा, अश्व, रथ, अस्त्र ढोनेवाले खच्चर आदि तैयार हो गए।

ये सारे समाचार वासुदेव के पास पहुँच रहे थे—उन्होंने ऐसी व्यवस्था कर रखी थी, जिससे पल-पल में नियमित रूप से पहुँचे—किन्तु वे विचलित नहीं हुए, क्रुद्ध परिजनों को शान्त करने की चेष्टा भी नहीं की।

वरन् अपने स्वभावानुसार आत्म-विश्लेषण में डूब गए। उन्होंने यह कार्य किस हेतु किया, उनके अन्तःकरण को यही प्रश्न पीड़ा दे रहा था। एक उत्तर तो प्रस्तुत ही है; तात्कालिक कारण स्पष्ट एवं प्रत्यक्ष। पांचाल, नाग-राज्य, मणिपुर, मद्र आदि देश पांडवों के साथ विवाह और अन्यान्य आत्मीयता-सूत्रों में बँध जाने के कारण उनके विरुद्ध नहीं जाएँगे। इन्हीं के साथ यदि वृषि और अन्धक वीर-गण भी जुड़ जाएँ तो अनिवार्य संघर्ष के समय पांडव बहुत अधिक अकेले नहीं पड़ेंगे। ये लोग यदि पक्ष में न भी रहे तो विपक्ष में भी नहीं जा पाएँगे।

किन्तु क्या इस स्थूल कारण को छोड़कर और कोई कारण नहीं है ?

क्या प्रच्छन्न रूप से कहीं भी किसी अन्य अभिप्राय ने कार्य नहीं किया ?—एक विशेष तथ्य : यह विवाह होने पर द्रोपदी के मन में अर्जुन के प्रति उतनी श्रद्धा, उतना प्रेम और उतनी ऐकान्तिक आसक्ति नहीं रहेगी, बल्कि किंचित् विद्वेष या वितृष्णा कार्य करने लगेगी ?

पांचाली, पांचाली ! यह तुमने क्या किया ! वासुदेव को इस प्रकार बार-बार संशयाच्छन्न क्यों बना रही हो !

यदि उन्हें अपने मन में इसी कुटिल अभिप्राय का अनुभव हुआ और उसके प्रभाव में ही उस तात्कालिक कारण को खोज लिया—तो वह उनका घोर अन्याय हुआ। उस विषय में अर्जुन को, सुभद्रा के अपहरण के लिए प्रेरित करने का उनका कोई अधिकार नहीं है।

प्रायः सभी लोग जब युद्ध में जाने के लिए तैयार हो गए और यह निर्देश भी दे दिया गया कि जो लोग पीछे रह जाएँगे, वे दल बनाकर किस प्रकार सेना-सामन्तों के साथ आगे जानेवाले इस दल में कहाँ मिलेंगे—तब बलदेव को ही यह बात स्मरण आई।

कुछ विचलित होकर प्रश्न किया, "किन्तु श्रीकृष्ण ? श्रीकृष्ण कहाँ हैं ? कहाँ, वे तो दिखाई नहीं दे रहे हैं ! पहले यह जानना तो आवश्यक है कि इस विषय में उनका क्या विचार है। उन्हें क्या यह समाचार नहीं मिला !"

वस्तुतः बलदेव के मन में इस भाई के प्रति हमेशा से ही एक सन्देह रहता है। सब लोग सामान्यतः जिस प्रकार सोचते हैं, उनके अनुज की चिन्ता उस दिशा में नहीं जाती,—यह वे हमेशा से ही देख रहे हैं। वे कोई दूसरी युक्ति देकर उनकी सोची-समझी कार्य-धारा को बिगाड़ देते हैं। स्वयं ही अन्तिम क्षणों में लज्जित होना पड़ता है। इसीलिए

वे वासुदेव की सम्मति और समर्थन पाए बिना किसी भी काम में पूरी तरह आगे बढ़ने का भरोसा नहीं कर पाते।

बलदेव की आशंका दूसरों के मन में फैलने में भी देर नहीं लगी। कई लोग तुरन्त ही उन्हें संवाद देने के लिए वासुदेव के घर की ओर दौड़े।

यादव वीर-गण रण-सज्जा से सज्जित हैं, रथ, अस्त्र आदि भी तैयार हैं, वे अब उनका नेतृत्व करेंगे, सब यही प्रतीक्षा कर रहे हैं।—उन्होंने बताया।

श्रीकृष्ण जैसे बहुत-बहुत दूर से अपने मन और चेतना को लौटाकर लाए।

बलपूर्वक मन के तरल कालुष्य और अन्याय-बोध को दूर करके प्रकृतिस्थ हुए।

बाहर आकर बलदेव के समक्ष करबद्ध खड़े होकर अत्यन्त निरीह भाव से पूछा, ''आर्य मुझे स्मरण किया है ?''

कुछ क्षण तक क्रोध और उत्तेजना के कारण बलदेव के कंठ से आवाज नहीं निकल पाई। अन्त में आवेश के कारण अवरुद्ध कंठ से कठिनाई के साथ बोले, '' 'स्मरण किया' का मतलब ! क्या तुमने कुछ सुना नहीं ! सुना नहीं, आर्या पृथा के उस कुल-कलंकी पुत्र ने क्या किया ? तुम्हारा तो अति प्रिय मित्र है, तुम्हारे अत्यधिक महत्त्व देने के कारण ही हमने उसे इतना सम्मान दिया, किन्तु वह उसके योग्य नहीं था। जिसका जन्म अच्छे वंश में होता है, वह भोजन ग्रहण करके भोजन-पात्र नहीं तोड़ देता—अन्नदाता का अनिष्ट नहीं करता। सुभद्रा का हरण करके उसने हमारे सिर पर पैर रखा है। वह बहुत निकृष्ट है, नीच मनवाला। हमारी इतनी मैत्री और आतिथ्य का यही प्रतिदान ! हम लोग यह अपमान कभी भी सहन नहीं करेंगे। आवश्यकता होने पर मैं अकेला ही पृथ्वी कौरवों से शून्य कर दूँगा।''

''अर्जुन द्वारा सुभद्रा के ग्रहण की बात सुनी तो है। किन्तु यह तो नहीं समझ पा रहा हूँ कि इस कार्य से उसने ऐसा क्या दुष्कर्म या अन्याय कर डाला।''

''इसका अभिप्राय !'' एक अन्धकवंशीय प्रधान बोल उठा, ''ओऽऽ, वह तो तुम्हारा प्रिय मित्र है, तुम उसका दोष क्यों देखोगे ?''

''हाँ, वह मेरा मित्र है, किन्तु उसका एक मात्र परिचय इतना भर नहीं है। और मैं इस समय भी यह परिचय देते हुए लज्जित अनुभव नहीं कर रहा हूँ कि वह मेरा मित्र है,'' उसके बाद उस व्यक्ति की ओर से मुँह फेरकर बलदेव को सम्बोधित करते हुए बोले, ''आशा है, आप भी इसमें दो मत नहीं होंगे कि पात्रता की दृष्टि से अर्जुन बहुत योग्य है। कुरुवंश की वह सन्तान हमारी बुआ का पुत्र है। पृथ्वी पर महादेव के अतिरिक्त उसके समान रण-कुशल कोई वीर नहीं है। आपके प्रिय छात्र दुर्योधन ने पांडवों के साथ बहुत अन्याय और अत्याचार किया—तब भी पांडव आज पूर्ण गौरव के साथ प्रतिष्ठित हैं। इतने दिनों में ही दूसरे राजाओं ने उनके नगर-निर्माण, राज्य-शासन-पद्धति, न्याय-नीति-निर्णय आदि का अनुकरण करना प्रारम्भ कर दिया है। अब तक उसने बारह वर्ष की अवधि में बहुत कम अनुचरों के साथ भारत-भ्रमण कर लिया है; चारों ओर मैत्री और आत्मीयतापूर्ण सम्पर्क बनाकर तथा सौहार्द्र-भावना का आदान-प्रदान करके अपने

राज्य की नींव को और भी दृढ़ बना लिया है। उसका शौर्य, अस्त्र-शिक्षा, चारित्रिक-दृढ़ता और नम्रता समस्त भारत-खंड का आदर्श है।''

इस बीच बलदेव काफी कुछ नरम पड़ गए थे। वे, हाँ, ना, करते हुए बोले, ''वह तो ठीक है, वह तो हुआ ही है–पर क्या इसी कारण इस प्रकार–बलपूर्वक हरण करना–''

''क्षत्रिय का विवाहार्थ कन्या-हरण करना कोई नियम-विरुद्ध नहीं है, अन्याय भी नहीं है। इस प्रकार बहुतों ने किया है। कुरु पितामह महाभाग भीष्म ने तो दूसरे के लिए भी किया। इसके अतिरिक्त वह और किस प्रकार इस कन्या के साथ विवाह कर सकता था ! हम लोगों ने तो स्वयंवर की घोषणा की नहीं। किसी-किसी कुल में यौतुक-प्रथा भी प्रचलित है, वर सर्वोच्च मूल्य चुकाकर कन्या को ग्रहण करते हैं। हम लोग इसके लिए भी तैयार नहीं हैं, कन्या का विक्रय नहीं करेंगे। वह भी भिक्षुक की भाँति क्यों दान ग्रहण करता ? इस क्षेत्र में जो श्रेष्ठ मार्ग था–वीरता का शुल्क चुकाकर कन्या ग्रहण करना–अर्जुन ने उसी का अनुसरण किया। मुझे तो इसमें कोई अन्याय या अपराध नहीं दिखता।''

बलदेव हतप्रभ की भाँति कुछ क्षण भाई के मुख की ओर देखकर उनके मन के तल को पाने की वृथा चेष्टा करते हुए बोले, ''तो, तुम अब क्या करने को कहते हो ?''

''हम लोगों को उचित है, शीघ्र ही दूत भेजकर सादर ससम्मान निमन्त्रण देकर उन लोगों को वापस बुला लेना–और दोनों के विवाह की रीति-सम्मत व्यवस्था करना। मैंने महाराज युधिष्ठिर की अनुमति की प्रार्थना के लिए इसी अन्तराल में दूत को इन्द्रप्रस्थ भेज दिया है, प्रतीत होता है, उन्हें कोई आपत्ति नहीं होगी। तब भी, जब तक वह दूत वापस न आए–कुछ दिन प्रतीक्षा करनी होगी–उसके पहले अनुष्ठान पूर्ण करना शोभा नहीं देगा।''

''ठीक है !...तो सब काम तो तुमने कर ही रखा है ! हम लोगों ने इतनी देर तक व्यर्थ ही क्रोध किया।...इस तरह झूठ-मूठ ही मधु-मदिरा का नशा बेकार हो गया।''

बलदेव पुनः निश्चिन्त होकर मधु-मदिरा और रेवती की खोज में निकल पड़े। सम्भवतः समस्त यादव प्रधानों का क्षोभ और क्रोध इतनी सहजता से शान्त नहीं हुआ–लेकिन वासुदेव की इच्छा के विरुद्ध कौन जाए ?

अर्जुन के द्वारा, लौटकर विनयपूर्वक क्षमा-प्रार्थना करने से अनेक लोग फिर से सामान्य हो गए। द्वारावती के वसुदेव की कन्या सुभद्रा आसन्न विवाहोत्सव के आयोजन में व्यस्त हो गई।

दीर्घ बारह वर्ष पश्चात् प्रिय संदर्शन, प्रिय मिलन।

द्रौपदी सहज भाव से ही–शायद अभिमानाहत मन की आवाज के विरुद्ध ही–उत्सुक और व्याकुल होकर प्रतीक्षा कर रही थी।

श्रीकृष्ण की सुगौर सुन्दरी बहन को ब्याहकर ला रहे हैं–यह समाचार सुनकर एक

प्रकार के अभिमान का अनुभव तो करती ही। बहुत गहन अभिमान। और यह अभिमान अकारण था, इस प्रकार का आरोप कोई भी विवाहित नारी उस पर नहीं लगा सकती।

अर्जुन ने क्षत्रिय राजवंश की कन्या के साथ और एक जो विवाह किया है—अनार्य कन्याएँ, जिनसे दूर का, सुनने भर का भी परिचय नहीं, वे यहाँ किसी दिन भी नहीं आएँगी, आएँगी भी तो कुछ क्षणों के लिए, यहाँ की जीवन-शैली, रीति-नीति, ऐश्वर्य-आडम्बर का परिचय पाने की इच्छा से, वह इच्छा पूरी होते ही फिर लौट जाएँगी—यह परिचित घर की कन्या है, सम्बन्धी है, वह आएगी घर बसाने के लिए और फिर चार वर्ष के अन्तर पर स्वामी का संग-लाभ प्राप्त करने का भाग्य तो उसका नहीं है, वही प्रकृत गृहिणी बनकर रहेगी, घरनी—यह आशंका जितनी भी हो—अभिमान उस कारण भी उतना नहीं है। राजवंश की किस वधू को और कब स्वामी से सपत्नी-मुक्त अधिकार मिला है ! विशेषकर जो स्त्री स्वयं ही हर समय निकट नहीं रह पाती, उसका तो इतनी आशा करना भी अन्याय है। और फिर सपत्नी तो इस प्रासाद में इससे पहले ही अनेक आ चुकी हैं।

नहीं, उस कारण नहीं।

अभिमान का अन्य कोई गम्भीर कारण है। यह भी नारी-हृदय के जानकारों के सामने स्पष्ट है। अर्जुन विवाह के बाद ही यदि नव-वधू को लेकर इन्द्रप्रस्थ आ जाते—तो उतने दुख या आशंका (हाँ, आशंका भी, वह मनोभाव अस्वीकार करना मिथ्याचरण होगा) का कारण ही नहीं रहता।

बारह वर्ष व्यतीत हो जाने पर भी अर्जुन अपनी कृष्णा को देखने के लिए व्याकुल नहीं हुए—दीर्घ ब्रह्मचर्य-व्रत का पालन करके आ रहे हैं, कृष्णा के संग-साहचर्य का उनका ही पहला अधिकार है—इस विषय में सभी पांडव-भ्राता एकमत हैं और द्रोपदी को उसी के अनुसार निर्देश या अनुमति दी हुई है—फाल्गुनी को इस तथ्य के ज्ञात न होने का कोई कारण नहीं है। इतने पर भी रैवतक में कृष्ण के अन्तःपुर के एकान्त विलास-भवन में नवोढ़ा वधू के साथ पूरे एक वर्ष पर्यन्त मस्त रहे—इस आचरण का रहस्य उसके सामने तो है ही—अन्य सबके सामने भी स्पष्ट है। यहाँ आने पर द्रोपदी का पहला अधिकार, अर्थात् मन से न चाहने पर भी, सुभद्रा को कम-से-कम एक वर्ष के लिए शयन-मन्दिर से परे रखना होगा—नित्य-मिलन की सम्भावना नहीं रहेगी—अर्जुन ने यह समझकर ही तो कहीं इस अवधि की चोरी नहीं की ? इस बीच बारह वर्ष व्यतीत हो चुके हैं—कृष्णा ने तो स्त्री होकर भी यह हिसाब रखा, और अर्जुन नहीं रख पाए ? नहीं, इतनी बड़ी भूल या असावधानी विश्वास योग्य नहीं है।...

अभिमान का एक और कारण है, श्रीकृष्ण द्वारा किया गया एक अकारण-अप्रत्याशित पत्राघात।

पत्र आया था गोपनीय। द्रोपदी के अपने हाथ में व्यक्तिगत दूत आकर दे गया था।

द्रोपदी श्रीकृष्ण को अपने मित्र के रूप में ही जानती थी।

मित्र से भी अधिक, स्नेही बड़े भाई के रूप में। उपकारी व हितचिन्तक के रूप में।

जो विपद-सम्पद में हमेशा कल्याण-कामना करे—इस प्रकार का अग्रज-बन्धु।

अर्जुन के इस विवाह का आयोजन उसी वासुदेव ने किया है—जानबूझकर, योजनाबद्ध रूप में दोनों का संयोग कराया—यह संवाद ही पर्याप्त है। द्रोपदी को यही विश्वासघात प्रतीत हुआ। वासुदेव ने अपनी बहन को थोप दिया—मित्र पर अधिक प्रभाव बढ़ाने के उद्देश्य से।

द्रोपदी वीरता के रूप में शुल्क चुकाकर खरीदी गई स्त्री भर है—सुभद्रा, मित्र की बहन और सुन्दरी है, उसके प्रति अर्जुन की अधिक आसक्ति स्वाभाविक है—यह सब जानते हुए भी, अर्जुन को इस विवाह के लिए प्रोत्साहित करने का एक ही अर्थ द्रोपदी के लिए है—वह है द्रोपदी का अनिष्ट करना।

किन्तु, जैसे वासुदेव की इच्छा इससे भी पूर्ण नहीं हुई।

तीव्र आघात के ऊपर अपमान भी ठोंक दिया। यह पत्र भेज दिया। शुष्क पत्र। स्नेह-सम्बन्ध से रिक्त।

वासुदेव ने साधारण कुशल-क्षेम के पश्चात् सुभद्रा और अर्जुन के विवाह का समाचार दिया है। किन्तु यह स्पष्ट है कि उस विषय में उन्हें रंच-मात्र संकोच नहीं है। इस समाचार ने द्रोपदी के मन में ईर्ष्या और सपत्नी के सम्बन्ध में विद्वेष उत्पन्न किया या नहीं—यह उद्वेग ही अधिक है।

अर्जुन जैसे सब नारियों के काम्य स्वामी के हृदय पर एकाधिकार स्थापित कर लेगी—श्रीकृष्ण यही सोचते हैं—किन्तु द्रोपदी की ऐसी अन्यायपूर्ण मनोवांछा नहीं है। जो पुरुष किसी एक नारी के हृदय-बन्धन में बँधकर रह सकता हो—विधाता ने अर्जुन का सृजन उस साधारण परिमाप में नहीं किया है। यह दूसरी धातु का बना है, निर्माण भी अन्य प्रकार से हुआ है। इतने दिनों में द्रोपदी ने निश्चित रूप से ही स्वामी के इस विराटत्व और अनन्यत्व को जान लिया है—और वे अपने स्वामी के सम्बन्ध में साधारण-नारी जैसे मनोभाव नहीं रखतीं। श्रीकृष्ण का विचार है कि वे प्रसन्न मन से ही सुभद्रा को छोटी बहन के रूप में स्वीकार कर लेंगी। आदि—

क्षोभ और दुख से कृष्णा के नेत्रों में जल भर आया।

वासुदेव उन्हें क्या सोचते हैं ? कृष्णा को ? वासुदेव और उनके प्राण-प्रिय मित्र अर्जुन ?

हीन, कलहप्रिय, मनोभावों के दमन में असमर्थ, अशिक्षिता ग्राम्य नारी ?

द्रोपदी का जन्म देव-अंश से हुआ है, देव-कार्य हेतु, उनका आविर्भाव होमाग्नि से हुआ है। वे जन्म से शिक्षित हैं। वे महिषी बनने के लिए ही पृथ्वी पर आई हैं। वे सामान्य यदुवंशी कन्या से ईर्ष्या करेंगी—जिसका पिता कुछ दिन पहले तक अपने ही साले के कारागार में बन्दी था, जिसने निर्लज्ज की भाँति कारागार में ही सन्तान उत्पन्न की है !...ऐसी के प्रति मन में ईर्ष्या उत्पन्न होने से पहले ही उनकी मृत्यु हो जाए !

किन्तु वे वासुदेव के विषय में सोच रही हैं।

वासुदेव, उन्हें इतना हीन समझकर किस प्रकार स्वयं में ही हीन और छोटे हो गए!

उनका, यह पत्र भेजना उचित नहीं हुआ—क्या वासुदेव उस विषय में कम सचेत थे !

इसके लिए स्वयं ही उनकी लज्जा की सीमा-परिसीमा नहीं थी !

किन्तु उन्हें यह पत्र न भेजकर भी शान्ति नहीं मिलती। उन्होंने इससे एक प्रकार का प्रायश्चित किया है—यह बात वे किसे समझाएँ। द्रौपदी को तो नहीं ही—और किसी को भी यह रहस्यमयी बात किसी दिन नहीं बताई जा सकती। समस्त रहस्यों के नियन्ता अन्तर्यामी के भी जो अन्तर-पुरुष हैं—केवल वही साक्षी रहे—उन्हें अपने मानव-मन में छिपी कुटिल-विचारणा का आभास होते ही कितनी अधिक अव्यक्त यन्त्रणा हुई, साथ ही ग्लानि भी !

परन्तु वह बात भी तो शायद पूर्ण-सत्य, उनकी इस विवाह-योजना का एकमात्र कारण नहीं है। इतने पर भी, जिनकी सत्ता नित्य-शुद्ध और न्याय-धर्म की साकार मूर्ति है—वे इस विचारानुमान के आकार ग्रहण करने के कारण उत्पन्न कालुष्य को सहन नहीं कर पाए।...द्रौपदी के आक्रोश के पात्र। यदि उनका यह आयोजन अर्जुन को द्रौपदी की दृष्टि में विद्वेष का पात्र बना देने के लिए हुआ है—तो द्रौपदी के समक्ष अपने को भी हीन और अनादरणीय बना देने के लिए उन्हें यह पत्र भेजना पड़ा है, अनुताप का मूल्य चुकाने के लिए—कुछ आंशिक दंड भोगने के लिए।

''कृष्णा, मैं किसी भी दिन तुम्हारी दृष्टि में तुम्हारे स्वामियों से ऊँचा न उठ जाऊँ—यही आशीर्वाद देता हूँ !''

द्रौपदी अपने को मन-ही-मन निरासक्त और सामान्य मानवोचित मानाभिमान या स्वाभाविक ईर्ष्या से चाहे जितना ऊपर समझें—अर्जुन के सामने आते ही अपने राज्य की सबसे साधारण स्त्री-प्रजा की भाँति ही क्षोभ से फट पड़ीं।

''आप—आप फिर यहाँ क्यों ?...आश्चर्य ही क्या, कौन नहीं जानता, पुरानी फटी हुई पादुका और पुरानी प्रेमिका—नूतन के आगमन भर से दोनों ही असह्य हो जाती हैं ! पुरातन बन्धन में नई अधिक शक्तिशाली गाँठ पड़ जाने से पहलेवाली गाँठ ढीली हो ही जाती है। जो, इससे अलग आशा करता है, वह मूर्ख है। व्यर्थ में नेत्रों की लज्जा की आवश्यकता नहीं है, आप अपनी उसी यादवनन्दिनी के पास जाइए, उसे लेकर सुखपूर्वक रहिए—मुझे रंचमात्र क्षोभ नहीं है !''

कम्पायमान अधरोष्ठ, विद्युतवर्णी दृष्टि, मर्मभेदी कंठ और तीव्र-कठोर वाक्य—सबके ऊपर 'आप' सम्बोधन !

अर्जुन—देव, दानव, गन्धर्व, किसी भी शत्रु के सामने निर्भीक होकर खड़े हो सकते

हैं–किन्तु उनमें अभिमानाहत प्रेयसी के समक्ष खड़े होने का साहस नहीं है। यह भी ज्ञान नहीं कि इस अवस्था में क्या करणीय है या क्या करके यह आवेश शान्त होगा। पहले कभी भी इस प्रकार की जानकारी नहीं हुई।...वे अत्यन्त दीन होकर निरीह भाव से बार-बार क्षमा-प्रार्थना करने लगे। ऐसा भी नहीं कि अपने कार्य के समर्थन में थोड़ी-बहुत युक्ति के प्रयोग की चेष्टा नहीं की। किन्तु व्यवहार और कथन में इतनी अकुशलता और असम्बद्धता दिखाई दी कि कृष्णा इतने दुख और क्षोभ में भी उनके परिहास के रस का उपभोग किए बिना नहीं रह सकी। शायद कुछ भरोसा भी हुआ।

अर्जुन भी प्रियतमा नारी के समक्ष और अधिक देर खड़े रहने का साहस नहीं कर सके। पसीने-पसीने होकर, आरक्त मुख लिये चिन्तित मन के साथ अपने प्रासाद में लौट गए। वहाँ नव-वधू के वेश में सज्जित सुभद्रा प्रतीक्षा कर रही है–कि तैयार होकर स्वामी के साथ सास और जेठानी तथा सपत्नी को प्रणाम करने जाएगी। उससे क्या कहेंगे ? द्रोपदी के पास ले जाने पर शायद बहुत से कटु-वाक्यों और वक्रोक्तियों का सामना करना पड़ेगा; वासुदेव की बहन की अवमानना का अर्थ है–समस्त यदुवंश का अपमान–उनकी सहमति के विरुद्ध और उनके अनुमोदन के बिना विवाह कर लाए हैं, इस अवस्था में यदि यहाँ सुभद्रा को विद्वेष का सामना करना पड़े तो वृष्टि और अन्धकगण मित्र के बदले शत्रु हो जाएँगे। इन सब नाना दुश्चिन्ताओं के कारण अर्जुन की अशान्ति की सीमा न रही।...

जब आकर देखा कि सुभद्रा ने राजकुल-कन्या और राज-वधू के मूल्यवान वस्त्रालंकार उतारकर अति दीन ग्वालिन का वेश धारण कर लिया है, तो अशान्ति और दुश्चिन्ता क्षण-भर में सौ गुनी बढ़ गई।

आशंका के कारण महाधनुर्धर फाल्गुनी का कंठ सूख गया। वे इस वेश-परिवर्तन का एक ही अर्थ समझे–भारी अभिमान। किन्तु–उसे इतनी देर में द्रोपदी की विमुखता की बात कौन बता गया ? तब क्या इस बीच कृष्णा ने स्वयं ही किसी सहचरी या दासी से कोई अपमानजनक बात कहला भेजी ?

पूछने का साहस भी नहीं हो रहा है। जड़ कंठ से केवल इतना कह पाए, ''यह–यह सब क्या है भद्रा ?''

किन्तु सुभद्रा की भयमुक्त, मधुर हँसी ने जैसे निमिष मात्र में, शरदान्त के उत्तर-समीर की भाँति समस्त चिन्ता के मेघ उड़ा दिए। बल्कि वह कुछ लज्जित भाव से हँसकर बोली, ''अग्रज श्रीकृष्ण का ऐसा ही निर्देश है। मैं दीन-हीन वेश में, साधारण ग्वालिन की भाँति पटरानी को प्रणाम करने जाऊँ–किसी प्रकार की बहुमूल्य वेशभूषा या आडम्बर न हो !''

अर्जुन ने शान्ति की निश्वास छोड़कर एक बार फिर मन-ही-मन श्रीकृष्ण की बुद्धि का अभिनन्दन किया।

तब भी ऐसा नहीं है कि आशंका एक ही बार में दूर हो गई। नारी-जाति के मनोभावों का अन्त पाना सम्भव नहीं है, उन्हें वासुदेव की इसी उक्ति ने काफी दुर्बल

बना दिया था।

निश्चय ही कुन्ती के सम्बन्ध में संशय का कोई कारण नहीं था।

यह जानी हुई बात है कि वहाँ आदर और अभ्यर्थना ही होगी। कौन जाने, शायद कुन्ती, कृष्णा के एकाधिकार से बहुत सन्तुष्ट नहीं थी; उन्होंने तुरन्त सुभद्रा को साग्रह-सस्नेह अपनी ओर खींचकर, मस्तक सूँघकर और चुम्बन लेकर बार-बार आशीर्वाद दिया। इतना ही नहीं, आडम्बरहीन वेश के कारण भर्त्सना भी करने लगीं।

किन्तु–

इस बार द्रोपदी।

शत्रु-त्रासक अर्जुन, सुभद्रा को थोड़ा सा आगे बढ़ाकर, धड़कते हृदय और सूखे कंठ से यज्ञ के अश्व की भाँति खड़े हो गए।

किन्तु प्रतीत हुआ कि उतनी आशंका का कोई कारण नहीं था। सुभद्रा ने श्रीकृष्ण के उपदेश-निर्देश अच्छी तरह ही स्मरण रखे हैं। वह जेठानी को प्रणाम करके बोली, "मैं आपकी एक नई दासी हूँ, मुझे सेवा का अधिकार देकर कृतार्थ कीजिए।"

द्रोपदी भी उसी बीच आश्वस्त हो गईं। शायद कुछ देर पहले के व्यवहार हेतु लज्जित भी; अर्जुन का म्लान मुख और अपराधी जैसी शंकित दृष्टि भी उन्हें पीड़ा पहुँचा रही थी। उन्होंने, प्रणाम करती सुभद्रा को अत्यधिक विनयी होने से पहले ही खींचकर, प्रगाढ़ आलिंगनबद्ध करके कहा, "कल्याणी, तुम्हारा स्वामी सपत्नी से मुक्त हो, तुम सौभाग्यवती होओ।"

अर्जुन ने इतनी देर में कुछ आश्वस्त अनुभव किया। कृष्णा की ओर कृतज्ञ-दृष्टि डालकर अच्छी तरह देखा, वहाँ भी पद्मपलाश के समान दो विशाल नेत्रों में–केवल सान्त्वना या क्षमा ही नहीं भर आई, बल्कि मानो वे दो परिपूर्ण सरोवरों के समान ही प्रेम और कामना में लहराने लगे।

॥ १४ ॥

भगिनी को दरिद्र गोप-वधू की भाँति ससुराल भेजने पर भी–श्रीकृष्ण उसकी मर्यादा नहीं भूले। यह उसका प्राप्य भी नहीं था। यह जानकर ही कि अन्तःपुर में उनका तड़क-भड़क के साथ प्रवेश कृष्णा को प्रीतिकर नहीं लगेगा, इस तरह अकेले निराडम्बर रूप में उनके सामने जाने का निर्देश दिया था, साधारण गृहस्थ घर की वधू के साथ जो परिजन होते हैं, वे भी नहीं लेने दिए।

उपहार-यौतुक आदि आया–इन लोगों के पहुँचने के कुछ दिन बाद ही।

साधारण प्रजा या राज-कर्मचारी जैसे पहली घटना के लिए तैयार नहीं थे, वैसे ही दूसरी घटना के लिए भी नहीं।

आश्चर्य-पर-आश्चर्य। अनेक को यह एक बड़ा दिखावा ही लगा। कोई-कोई कृष्णा

के पास स्वयं आकर ही कह गए कि यादवों द्वारा अधिक दिया जाना पांचालों से अपना प्राधान्य और श्रेष्ठता प्रमाणित करने के लिए है। जितना प्रदर्शन कर रहे हैं, उनकी सामर्थ्य उतनी नहीं है। मूर्ख लोग ही इस प्रकार ऋण-ग्रस्त होकर ऐश्वर्य का परिचय देते हैं। प्रतिष्ठा पाने के लिए यह व्याकुलता देखकर उनके मन में दया आती है। इत्यादि–

ये लोग जो अपरिमित यौतुक-द्रव्य आदि लाए थे, हमारे लिए उसका वर्णन कठिन है :

"महायशस्वी श्रीमान् कमल-लोचन कृष्ण ने, वर और वर-पक्षवालों को वैवाहिक रीति के अनुसार उत्तम-उत्तम धन प्रदान किया तथा सुभद्रा को खानदानवालों द्वारा उपहार के रूप में दिया गया बहुत सा धन दिया। उन्होंने पांडवों को सुशिक्षित निपुण सारथियों के साथ चार घोड़ोंवाले किंकिणी-जाल और मालाओं से सजे हुए एक सहस्र रथ; मथुरा प्रदेश की तेजवान एवं बहु मात्रा में दूध देनेवाली दस सहस्र गायें; चन्द्रवर्णी शुद्ध स्वर्ण से भूषित एक सहस्र घोड़ियाँ; कृष्ण-केशर युक्त, श्वेतवर्णी, वायु के समान द्रुतगामी एक हजार प्रशिक्षित खच्चरियाँ, स्नानपानोत्सव की व्यवस्था में कुशल, सेवा करने में दक्ष, वयस्का, गौरवर्णवाली, अच्छा वेश धारण करनेवाली, कान्तिमयी, अलंकृता गले में एक सौ तैंतीस तोले के हारों से सुशोभित एक हजार परिचारिकाएँ; वाह्लिक देश की काठीवाले सौ हजार घोड़े; नाना प्रकार के बहुमूल्य वस्त्र और कम्बल आदि विविध सामग्री प्रसन्न मन से प्रदान की तथा सुभद्रा को दस व्यक्तियों द्वारा ढोया जा सकनेवाला शुद्ध और मिश्रित दोनों प्रकार का उत्कृष्ट स्वर्ण उपहार में दिया।

"हलधर बलराम ने प्रसन्न होकर विवाहोपलक्ष्य में सम्बन्ध के गौरव की वृद्धि के लिए धनंजय को, तीन प्रकार का मद बहानेवाली पर्वत-शृंग के समान ऊँची, साहसी, युद्ध में पीछे न हटनेवाली, स्वर्ण-मालाओं से भूषित, सुनिनाद-भरे घंटे लटकानेवाली, हौदे-पलंग युक्त एक हजार मनोहर हथिनियाँ महावतों सहित उपहार में प्रदान कीं। मसृण फेन जैसे वस्त्र-कम्बल आदि का आकार महागज और महाग्राह जैसा, पताका का स्वरूप फैले हुए शैवाल जैसा, इन्हीं के सदृश्य धन-रत्न का भंडार–इन सबके एकत्रित रूप का जल-प्रवाह जब उमड़ते हुए पांडु सागर में समाकर उसे परिपूर्ण बनाने लगा, तो वह शत्रु-गण के लिए शोक का कारण बन गया।"[1]

इसके अतिरिक्त वृषि, भोज और अन्धक आदि सगोत्री तथा बन्धु-बान्धव अपरिमित यौतुक लेकर आए।

"बुद्धिमान, महाकीर्तिमान, दानशील, अक्रूर, महा-तेजस्वी, शत्रु-दमनकारी, सुशील वृषि सेनापति, अति तेजस्वी उद्धव, साक्षात् बृहस्पति-शिष्य महानुभाव सत्यक, सात्यकी, सात्वत, कृतवर्मा, प्रद्युम्न, शाम्ब, निशठ, शंकु, चारुदेष, झिल्ली, विपृथ, सारन, गद–ये सब और अन्य अनेक बहुत परिणाम में तरह-तरह के उपहार लेकर आए।"

---

1. यह अनुवाद वर्धमान महाराज के संस्करण महाभारत से लिया गया है।

इन्द्रप्रस्थ की साधारण प्रजा ने इस प्रकार का समारोह और इतना धन-रत्न कभी नहीं देखा था, अतः वे लोग हक्के-बक्के रह गए—तो इसमें क्या आश्चर्य ?

अधिक क्या कहा जाए, पांडवों की ओर से भी इसी के अनुकूल आदर-सत्कार, आतिथ्य या प्रति-सौहार्द्र में कोई कमी नहीं हुई। आतिथ्य का प्रधान अंग उत्कृष्ट भोजन-पान और विश्राम व्यवस्था है, यह भार स्वयं भीमसेन ने सँभाला। इतने अल्पकाल में इतने सारे लोगों के लिए उपयुक्त रसना-तृप्तिकर, सुस्वादु, विविध स्वादोंवाला भोजन, सुमधुर फल और पेय, उच्चकोटि की सुरा, सुकोमल शैया, उत्तम गृह के अभाव में उत्तम और सुसज्जित तम्बू आदि की सुन्दर व्यवस्था भीमसेन के अतिरिक्त और किसी के भी द्वारा किया जाना सम्भव नहीं होता। इसके अलावा और व्यवस्था भी थी। उसका दायित्व नकुल और सहदेव पर था। अर्जुन उस पक्ष के जामाता थे—इस कारण कुछ लज्जित भाव के साथ थोड़े उदासीन रहे। पर उससे कोई हानि नहीं हुई। थोड़े समय में ही यह प्रमाणित हो गया कि नकुल-सहदेव भी पर्याप्त कर्मठ हैं। अल्प समय में ही कुशल नट-नटी, नर्तक-नर्तकी, गायक-गायिकाओं के द्वारा नृत्य-गीत, अभिनय—रुचि-भेद के अनुसार शिकार आदि मनोरंजन की व्यवस्था हो गई। व्यक्तिगत सेवा के लिए असंख्य प्रियदर्शन और कुशल सेवक तथा सुन्दरी परिचारिकाएँ भी नियुक्त हो गईं।

आयु-भेद के अनुसार मनोविनोद की भिन्न-भिन्न व्यवस्थाएँ आवश्यक होती हैं।

कोई-कोई हृदय से क्रीड़ा-प्रेमी थे, उनके लिए मद्र देश से पाशा खेलनेवाले और मल्ल-योद्धा लाए गए। और कोई—अक्रूर आदि—सत्संग-चर्चा में रुचि रखते थे। उनके सान्निध्य में स्वयं युधिष्ठिर रहे। दर्शन-शास्त्र में पारंगत दो-चार पंडितों को निमन्त्रित करके लाया गया। अर्थात् किसी प्रकार किसी को भी कोई असन्तोष या अभाव अनुभव न हो—इसके लिए पांडव भाई हमेशा सजग और सतर्क रहे।

कुटुम्बवाले[1] अतिथि होकर आने पर हमेशा आयोजनकर्ता की त्रुटियाँ निकालने की चेष्टा करते हैं। सबके सन्दर्भ में ठीक न होने पर भी अनेक सन्दर्भ में यह सत्य और अनुभूत है। यादव-पक्ष में भी ऐसे लोगों का अभाव नहीं था। किन्तु बहुत चेष्टा करने पर भी आदर-सत्कार व्यवस्था में कोई छिद्र न खोज पाने के कारण थक गए। अन्त में, ''आतिथ्य की बहुत अधिक व्यवस्था है, इतने उत्तम भोजन और उच्चकोटि की सुरापान से हमारा शरीर अस्वस्थ हो जाएगा'' इस बहाने घर लौटने के लिए व्याकुल हो गए। जो छिद्रान्वेषी नहीं थे, उन दायित्वशील व्यक्तियों ने भी, ''बहुत दिन तक देश छोड़कर रहना उचित नहीं है,'' इस विचार से द्वारका लौटने की अनुमति देने की प्रार्थना की।

---

1. बंगाल की परम्परा के अनुसार विवाह के अवसर पर वर या कन्या पक्ष के लोग एक-दूसरे को कुटुम्बी कहते हैं। (अनुवादक)

पांडवों ने भी–अधिक क्या कहें–भीतर-ही-भीतर चैन की साँस लेकर थोड़े शुष्क सौहार्द्र के बाद अनुमति दे दी–किन्तु वासुदेव को जाने देने के लिए सहमत नहीं हुए। सबने सम्मिलित भाव से उनसे इन्द्रप्रस्थ में और कुछ दिन व्यतीत करने का अनुरोध किया।

कौन जाने, सम्भवतः वासुदेव का भी वही उद्देश्य था, वे सहज ही सहमत हो गए। सामान्य रूप से कुछ अंग-रक्षक और अनुचर अपने लिए रखकर शेष सभी को द्वारका की ओर रवाना कर दिया। सावधानी के साथ–मगधाधिपति जरासन्ध के अधीन और उनके अनुयायी राज्यों से बचते हुए, विनय और सौजन्यपूर्ण मित्र राज्यों के साथ सौहार्द्र मजबूत करके जाने का निर्देश देकर विदा दी।

इसके पाश्चात् भोजन-पान, शिकार और रात्रि में नृत्य-गीत आदि के उपभोग को छोड़कर अन्य कोई कार्य नहीं रहा। अतिथियों के साथ कई दिन व्यस्त रहने के कारण राज-काज की बहुत हानि हो गई थी, अब पांडव उसी सब उपेक्षित कर दिए गए, किन्तु आवश्यक कार्य में व्यस्त हो गए। युधिष्ठिर ने केवल अर्जुन को निर्देश दिया, ''तुम हर समय वासुदेव के साथ रहो, उन्हें साहचर्य और सेवा से प्रसन्न करो। इस समय तो किसी शत्रु के आक्रमण की आशंका नहीं दिखती, अतः तुम्हारा जो दायित्व है–प्रतिरक्षा व्यवस्था, उसके लिए विशेष रूप से व्यस्त होने की आवश्यकता नहीं है। तुम वासुदेव के मनोरंजन में ही अपना पूरा मन लगाओ।''

मानो वासुदेव बिल्कुल इसी अनुमति की प्रतीक्षा कर रहे थे। वे अर्जुन को लेकर नगर की सीमा के बाहर यमुना के किनारे चले गए। उस समय ग्रीष्म-काल आनेवाला था, सभी जल-विहार हेतु उत्सुक थे। कुछ अन्तःपुर-नारियाँ भी साथ थीं, आहार आदि और अन्यान्य सेवा में कोई कष्ट नहीं था। किन्तु देखा गया कि वासुदेव को घर की अपेक्षा जंगल से ही अधिक प्रेम था–वे अधिकतर अर्जुन को साथ लेकर नदी-तीर के वनांचल में मृग और वराह का शिकार करते रहे।

विलास और विषय-भोग में दिन अबाध रूप से चले जा रहे थे, नदी के प्रवाह की भाँति। पुर-नारियाँ भी मत्त हो गई थीं। उनका अत्यासक्त आचरण देखकर लग रहा था कि उनका एकमात्र लक्ष्य आनन्द ही है, विषय-भोग ही इष्ट है।

किन्तु वासुदेव का यहाँ आने का एकमात्र लक्ष्य सुख या विषय-भोग नहीं है–यह अर्जुन भी समझते थे, प्रधान उद्देश्य क्या है–बस यही नहीं पकड़ पा रहे थे।

कुछ दिन बाद जान गए।

एक दिन सहसा अपने स्वभाव के अनुसार उठकर श्रीकृष्ण प्रातःकाल अकेले ही खांडव वन में चले गए।

अर्जुन इतने दिन में वासुदेव के इस प्रकार के आचरण के अभ्यस्त हो गए थे। इसीलिए इस बार अधिक बेचैनी नहीं दिखाई, व्याकुल नहीं हुए। शान्त मन से श्रीकृष्ण

के लौट आने की प्रतीक्षा करने लगे।

शायद द्रोपदी आदि के आनन्दोत्सव में कुछ बाधा आ पड़ी। किन्तु वासुदेव किसी गम्भीर कारण से इस प्रकार छिप गए हैं–यह किसी को भी सन्देह नहीं हुआ।

असल में किसी को भी इस बात का अनुमान नहीं था कि वासुदेव इस प्रकार अकेले गहन वन में जाकर क्या करते हैं। अर्जुन को भी नहीं। कभी वे सोचते थे कि श्रीकृष्ण किसी निर्जन स्थान पर ध्यानस्थ होकर रहते हैं, कभी मन में आता था कि केवल इस महावन के शान्त-गम्भीर सौन्दर्य का आनन्द लेते हैं। फिर मन में आता था कि वे अकेले निर्जन स्थान पर अपने कार्य और कर्तव्य के सम्बन्ध में विचार करते हैं। एक-दो बार पूछा–किन्तु विशेष कोई ठीक-ठीक उत्तर नहीं मिला; इसी से लगा कि वासुदेव इस विषय में कौतूहल दिखाया जाना पसन्द नहीं करते। अतः और अधिक पूछने का साहस नहीं हुआ।

चाहे जितनी कल्पना या चिन्ता करें, किन्तु वासुदेव के प्रयोजन और कार्य-कारण के सम्बन्ध में असन्दिग्ध अनुमान करना अर्जुन की सामर्थ्य के परे है। उनके विचार और बुद्धि का तल पाया ही नहीं जा सकता–जो कुछ वे खांडव वन में जाकर करते हैं, वह तो किसी भी मनुष्य की कल्पना से बाहर है। अर्जुन की भी।

उस दिन लौटने में कुछ अधिक विलम्ब हो गया।

उसका कारण–उस दिन भी वे खांडवप्रस्थ में निषाद कीलक की ही खोज में गए थे। जिन सब स्थानों पर उसके होने की बात थी–या जिन स्थानों पर वह रहता था–वासुदेव ने उन सभी स्थानों पर देखा, किन्तु उसे नहीं पाया। वासुदेव को यह अनुपस्थिति कुछ दुर्बोध्य लगी। वे अब तक कीलक को नियमित रूप से पारिश्रमिक देते आ रहे हैं, उसके सुरापान का मूल्य चुकाते हैं। शर्त–प्रतिमाह की पूर्णिमा और कृष्ण-द्वादशी को वह इसी घने जंगल में रहेगा, यदि वासुदेव को कोई आवश्यकता हुई–तो वे स्वयं आकर अथवा किसी विश्वस्त अनुचर को भेजकर सम्पर्क कर लेंगे। अनुचर की क्या पहचान होगी, इस सम्बन्ध में भी पहले से ही निर्देश दे दिया गया है–जिससे कीलक निशानी देखते ही वासुदेव द्वारा भेजे हुए व्यक्ति को पहचान ले।

इस बीच ऐसी आवश्यकता आई भी। वासुदेव उसे अच्छी तरह खोज सके थे। थोड़े से विशेष स्थान निश्चित किए हुए हैं–उनमें से ही किसी पर कीलक रहेगा। वह रहता भी था। उन्होंने आज ही विपरीत पाया।

श्रीकृष्ण लगभग पूरे दिन ही घूमे–उस निर्जन, विषधारी-सरीसृपों के निवास करनेवाले, हिंस्र-पशुओं से भरे हुए घने वन-क्षेत्र में। उन्हें इनमें से किसी का भी भय नहीं। आज तक उन पर किसी रीछ या व्याघ्र ने आक्रमण नहीं किया, उनकी दृष्टि पड़ने भर से शंख-चूड़ का उठा हुआ फण झुक गया था। नहीं, वे दूसरे कारण से चिन्तित और उद्विग्न थे। कीलक की आज विशेष आवश्यकता है–अतः उसे यथा-स्थान न पाकर बेचैन हैं।

अन्त में जब प्रायः उसे खोज पाने की आशा त्याग करके लौट रहे थे, तभी वनस्थली के सूखे पत्तों के ढेर में तीव्र पद-संचालन का शब्द हुआ। वासुदेव असन्दिग्ध अनुमान के साथ घूमकर रुक गए।

हाँ, कीलक ही। कीलक सचमुच ही तीव्र श्वास लेते हुए भागा आ रहा है। उसके सारे अंग धूल-धूसरित, देह पसीने-पसीने–पसीने के साथ धूल मिलने से कीचड़-भरी कहना ही उचित है। आँखें थकी हुईं, मद्य-पान के कारण लाल भी।

वासुदेव ने भौंहें सिकोड़ीं। तब क्या यह आदमी मद्यपान और उससे जुड़े नीच व्यसन में ही मग्न था। स्थान, काल, तिथि का हिसाब और आवश्यक रूप से पालन की जानेवाली शर्त याद नहीं रखी, स्मरण नहीं आया कि आज कृष्ण द्वादशी है ?

उनकी भृकुटि का अर्थ शायद कीलक ने समझ लिया। उसने रुक्ष स्वर में उत्तर दिया, ''नहीं जी, ऐसा नहीं है। तुम्हारा कार्य ही कर रहा था। अतिरिक्त कार्य। तुमने नहीं बोला था–बोलने का समय भी नहीं था–पर तुम्हारा काम सोचकर ही कर रहा था। नहीं, जितना भी नशा करूँ, इस सब काम में मुझसे भूल नहीं होती।''

''मेरा काम ? क्या काम ?'' कुछ पल में ही वासुदेव की प्रशान्ति लौट आई थी।

''मांस बेचने हस्तिनापुर गया था। वहाँ कुछ अधिक गम्भीर स्थिति देखी। अतिरिक्त लोगों का आगमन। बाहर के लोगों के आने से चीजों की दर और बढ़ गई है, मांस दोगुने दाम पर खरीदना चाहते हैं। बात क्या है–सुना कि दुर्योधन के निमन्त्रण पर चेदि और मगध से विशेष राजदूत आए हैं। उनके ही अंग-रक्षकों और परिचारकों आदि के कारण इतनी भीड़ है। इन्हें अचानक क्यों बुलाना पड़ा–सोचने लगा। याद आया कि जरासन्ध और शिशुपाल दोनों ही तुम्हारे शत्रु हैं–हाँ, बहुत दिन से घूम रहा हूँ, यह सब खबर तो मुझे है ही। आज तुम्हारे पास से कोई आ सकता है, जानता हूँ कि तुम भी यहाँ हो–यही सोचकर उनके दल में जा मिला था कि तुम्हें देने लायक कोई खबर ला सकता हूँ या नहीं। अंगरक्षक सेना के लोग अपने को बहुत बड़ा समझते हैं–मेरी इस देशी मदिरा की गन्ध से शायद नाक चढ़ाएँगे–किन्तु भोजन पकानेवाले सेवक, और अंग-मर्दन करनेवाले तो ऐसा नहीं करेंगे। और कितनी ही गोपनीय बात या मन्त्रणा क्यों न हो–दास-दासी से नहीं छिपी रहती। उन्हें यही सोचकर लगातार दो दिन आग्रहपूर्वक मदिरापान कराया, मांस के बढ़ती दाम मिले थे, इससे नुकसान भी नहीं हुआ–इसी कारण इतनी देर हुई, दोपहर से पहले यात्रा शुरू ही नहीं कर पाया, तब भी सारे रास्ते दौड़ता ही आ रहा हूँ–''

''तो खबर क्या है ?''

''दुर्योधन चाहता है कि जरासन्ध अपने दलबल और बन्धु-बान्धवों को लाकर इन लोगों की इस नवीन राजधानी को धूल में मिला दे; पांडवों का वध कर दे। इस राज्य को जीतकर दुर्योधन को देने के बाद वह जरासन्ध की सहायता करेगा–तुम्हारा वध करने में, तुम्हारे वंश को मिटा डालने में।''

वासुदेव हँसे।

ईर्ष्या में पागल हो जाने के कारण दुर्योधन में बचपना भर गया है। नहीं तो ऐसी काल्पनिक बात नहीं सोचता, उनके समक्ष भी यह प्रस्ताव नहीं रखता। वह अवसरानुकूल निर्णय-शक्ति से रहित हो सकता है–किन्तु जरासन्ध और शिशुपाल ने निश्चय ही अपना ज्ञान नहीं खो दिया है। पांडवों पर आक्रमण करने पर, वृषि, अन्धक और पांचाल वाले केवल दर्शक नहीं बने रहेंगे। वह एक घोर संग्राम होगा। यदि इतनी शक्ति होती–तो जरासन्ध के जो प्रत्यक्ष शत्रु हैं, उन यादवों का ही विनाश कर सकता था। अभी-अभी कंस के शासन से मुक्त हुआ, दीर्घकाल की पराधीनता में कापुरुषता का अभ्यासी, यादवों पर आक्रमण करके उन्हें पराजित नहीं कर पाया, श्रीकृष्ण और बलदेव का वध भी सम्भव नहीं हुआ–बार-बार मथुरा का घेराव किया, उस चेष्टा में हजारों-हजार सैनिक खेत रहे। अब समुद्र पार करके उस सुदूर पश्चिमी देश में जाकर यादवों का दलन कितना सम्भव हो पाएगा–निश्चय ही इतना समझने योग्य बुद्धि जरासन्ध में है, अन्यथा आज वे उत्तर भारत के राज-चक्रवर्ती के रूप में मान्यता न पा सके होते। मथुरा पर कन्याओं के वैधव्य का दुख और उनका हाहाकार सहन न कर पाने के कारण ही चढ़ाई की थी, इसके अतिरिक्त–तो शायद यह अनुमान भी नहीं कर पाए कि यादवों में कष्ट सहने की कितनी शक्ति है। जो भी हो, इससे और भी शिक्षा मिली–इस समय दुर्योधन का काँटा निकालने के लिए वे उसके साथ हैं–यह तो ज्ञात ही है कि पांडवों पर आक्रमण की स्थिति में यादव दर्शक-मात्र होकर नहीं रहेंगे–घोर युद्ध में कूद पड़ेंगे। वे इतने अबोध नहीं हैं।

पर अधिक विलम्ब भी उचित नहीं।

जिस उद्देश्य से आए हैं, अब वही कार्य करना आवश्यक है।

कीलक कुछ कुंठित और असमर्थ भाव से बोल रहा था, कृष्ण ने सुना, ''उनमें–अर्थात् जरासन्धों के बीच क्या मन्त्रणा होगी, यह पता नहीं चला। इनके ही प्रस्ताव लेकर देश वापस जाने पर वे लोग विचार करके देखेंगे।''

''वह मुझे पता है कि वे क्या निश्चय करेंगे, उसकी चिन्ता नहीं। तुम्हें जिस काम के लिए बुलाया था, सुनो। दानव स्थपति मय का कोई पता चला ?''

''नहीं, उसने अपने को नागराज तक्षक के भय से इस प्रकार छिपा लिया है कि उसे किसी भी तरह नहीं खोज पा रहा हूँ। पर, मैं इस विषय में निश्चित हूँ–कि वह इसी वन में है।''

''आश्चर्य ! वह इसी वन में है–किन्तु उसका पता नहीं मिला ?''

''ना। वे लोग अनेक प्रकार की माया जानते हैं, उनके लिए छद्म वेश धारण करना कोई इतना कठिन काम नहीं है। दीर्घकाल तक निराहार रह सकते हैं। वह जहाँ है–यदि वहाँ से बाहर नहीं निकलेगा तो पकड़ूँगा कैसे ?''

''तो क्या करने की सोच रहे हो ?''

''क्या पता, कोई उपाय तो सूझ नहीं रहा है।''

''इसी वन में है–इस विषय में तो कोई सन्देह नहीं ?''

"ना, वह मैं निश्चित जानता हूँ। सब कुछ देखकर, सब कुछ सोचकर ही यह समाचार दिया है। अनेक लोगों ने उसे इसी वन में प्रवेश करते देखा है, किन्तु बाहर निकलते एक ने भी नहीं देखा। उसके घर से भी पता किया है, सभी सम्बन्धियों और मित्रों से–वह कहीं भी नहीं गया।"

"तो एक काम करो। आवश्यकतानुसार कुछ विश्वस्त सहयोगी जुटा सकते हो ? उनको निश्चय ही पारिश्रमिक दूँगा, बिना कृपणता के दूँगा।"

"काम क्या है ?"

"इस खांडव-वन में आग लगानी होगी। वह वृत्ताग्नि चारों ओर जलेगी, कहीं भी रिक्त स्थान न रहे। केवल एक ही मार्ग खुला रहेगा, उस पर मैं और अर्जुन पहरा देंगे। दानव-स्थपति कितना बड़ा मायावी और इन्द्रजालिक क्यों न हो, अग्नि उसे जलाए नहीं–यह सम्भव नहीं।"

"किन्तु ठाकुर, वे लोग अनेक छद्म-वेश धारण कर सकते हैं, तुम पहचानोगे कैसे।"

"यदि कोई प्राणी ही न बच पाए, तो वह भागेगा कैसे ? यह वही समझेगा जो अपने रूप में ही निरापद है, उसका वध करने का कोई कारण नहीं।"

"किन्तु इतने बड़े जंगल में आग लगाऊँगा तो लोग नाराज नहीं होंगे ? तरह-तरह की बातें नहीं पूछेंगे ?"

"और क्या पूछेंगे ! दावानल कोई अप्राकृतिक घटना नहीं है। और प्रचार करो कि यज्ञ में निरन्तर हवि-पान करने के कारण अग्नि की परिपाक-शक्ति मन्द पड़ गई है, इसीलिए वे मांस-भक्षण करके रसना को प्रकृतिस्थ बनाने हेतु इस जंगल को खाने में प्रवृत्त हो गई हैं।"

"ठीक है, यही कहूँगा। किन्तु इतने बड़े जंगल में चारों ओर से आग लगाने का कार्य–बहुत लोग चाहिए; उन लोगों को एकत्र करने में कई दिन का समय लगेगा।"

"ठीक है, ऐसे कितने दिन लगेंगे ? इस बीच जरा नजर रखो, दानव न भाग जाए। आनेवाली शुक्ला एकादशी का दिन निश्चित रहा। यदि सारे दिन में भी सम्पूर्ण वनस्थली जलाना सम्भव नहीं हुआ–तो प्रथम रात्रि की ज्योत्स्ना आने तक भी ठीक है।...कल तुम यहाँ प्रतीक्षा करना, मैं एक सहस्र स्वर्ण-मुद्राएँ भेजूँगा, आशा है कि उनसे काम चल जाएगा।"

धन का परिमाण सुनकर कीलक की दृष्टि क्षण-भर में ही लुब्ध हो उठी। उसने जल्दी-जल्दी कई बार गर्दन हिलाई।

उसके बाद वासुदेव लौटने के लिए तैयार हुए–तभी पता नहीं क्या सोचकर बोला, "सुनो–"

कीलक के दोनों नेत्र कठोर और कुटिल हो उठे। वह बोला, "मुझे समझ में नहीं आता, तुम क्या कहते हो। विश्वास भी नहीं आता, किन्तु तुम पर अविश्वास भी नहीं

कर पाता।...तुम जो कहते हो कि अब पांडवों की सहायता करने से ही मेरे प्रतिशोध का मार्ग सुगम होगा—यह क्या ठीक है ?''

''निषाद, मैं झूठ नहीं कहता,'' श्रीकृष्ण ने शान्त-गम्भीर कंठ से उत्तर दिया। सहज-स्वाभाविक स्वर—किन्तु लगा कि जैसे जंगल में बहुत दूर तक एक गम्भीर लय में ध्वनित-प्रतिध्वनित होता रहा।

''कौन जानता है ! पर, जब विश्वास करने के अलावा कोई उपाय ही नहीं, तो किया। देखो, उसी वन में एक विशाल देव-प्रदत्त धनुष है, गंडक के मेरुदंड से निर्मित—आज तक पृथ्वी पर इस प्रकार का अस्त्र निर्मित नहीं हुआ—जो इस धनुष को काट सके। यह धनुष, प्रचुर अस्त्र-शस्त्र, एक विशाल गदा और दो रथ भी छिपे हैं। इस प्रकार छिपाए गए हैं कि कोई जान न पाए। यदि उन सबको हटाया न गया तो अग्नि में नष्ट हो जाएँगे, तुम लोगों को मिल जाएँ तो तुम्हारी शक्ति की सीमा नहीं रहेगी, अजेय बन जाओगे। लोगे तुम लोग ?''

यद्यपि वासुदेव के चेहरे के भाव से लोभ या अशोभनीय व्याकुलता प्रकट नहीं हुई—पर उनकी आँखें चमक उठीं। बोले, ''हाँ, सुना है। गांडीव धनुष—कपिध्वज रथ, कौमुदकी गदा—इनके विषय में सुना है। नहीं पता चला कि कहाँ हैं। चलो अभी देख आता हूँ। लगेगा तो कल ही वह सब हटा लूँगा।...और निषाद मैं तुम्हारा यह सहयोग भी स्मरण रखूँगा, तुम्हारी जो अभिलाषा है, वह पूर्ण होगी, प्रतिशोध की इच्छा फलीभूत होगी। तुमसे सच कहता हूँ, पांडवों का पुत्र-नाश और वंश-नाश तुम देख सकोगे।

॥ १५ ॥

पन्द्रह दिन तक अहर्निश चली उस प्रलयाग्नि-लीला में विराट खांडव वन, अपने असंख्य पशु-पक्षियों सरीसृपों और थोड़े-बहुत वनचारी मनुष्यों के साथ भस्मीभूत हो गया। उनमें भी पशु-पक्षी और सर्प आदि ही अधिक। पैशाचिक और बर्बर मनुष्य, जो जंगली-जीवन के अभ्यस्त हैं तथा हिंसक जन्तुओं की भाँति ही जीवन-यापन करते हैं—उन्हें कीलक और उसके सहयोगियों ने पहले ही सतर्क कर दिया था। किसी-किसी ने सुना था, किसी ने नहीं सुना। जिन्होंने सुना था, उनमें से भी बहुतों ने विश्वास नहीं किया था। कल्पना नहीं कर पाए कि इतना बड़ा वन पूरा ही भस्मीभूत हो जाएगा। जब प्रत्यक्ष देखा, तो कोई उस अग्नि-वृत्त से बाहर नहीं निकल पाया। अग्नि-शिखाओं में एक सर्वनाशा मोह होता है, जिससे सब ज्ञान, विशेषज्ञता, बुद्धि विचार ढक जाते हैं। उन्हीं प्रलयंकर लपलपाती अग्नि-शिखाओं द्वारा चारों ओर से घेरते देखकर वन-मानुष और वनचारियों में हत्ज्ञान की स्थिति पैदा हो जाए तो इसमें आश्चर्य ही क्या है !

किन्तु जो भी हो; वासुदेव का उद्देश्य सिद्ध हो गया। महान उद्देश्य के लिए

दो-चार प्राणियों या मनुष्यों की प्राण-हानि दोष नहीं है। जो लगातार मरते हैं–अनेक कारणों से–उनकी मृत्यु कोई अस्वाभाविक घटना नहीं है। वासुदेव का प्रयोजन मय दानव से है। इस खांडव के जले बिना उसे नहीं पाते, यही मुख्य बात है।

दानव-स्थपति मय ने दावन-शत्रु महेन्द्र के भय से उन्हीं के मित्र नागराज तक्षक के अरण्य-आवास में अपने को छिपा लिया था। वही सुयोग है कि इस समय तक्षक नहीं रहते। इन्द्र और कहीं भी क्यों न खोजें–अपने शत्रु की खोज परम मित्र के घर में नहीं करेंगे। इन्द्र को विश्वास नहीं है कि तक्षक अपने मित्र के शत्रु को आश्रय देंगे। कल्पना में भी नहीं आता।

किन्तु–वासुदेव का अनुमान भ्रान्ति-हीन है। ग्रस लेनेवाली अग्नि के समक्ष दूसरे किसी भी भय से अपने को छिपाकर रखना सम्भव नहीं। केवल इतना भर नहीं, अपना परिचय भी स्वयं ही देना पड़ा। इस अग्नि-वृत्त से बाहर निकलने का जो एकमात्र संकीर्ण मार्ग है–उस मार्ग में प्राणान्तक यम के सहचरों की भाँति पहरे पर थे–वासुदेव और अर्जुन। इतने पर भी कहीं छद्म-वेश में या अज्ञात परिचय के कारण सामान्य वनचर के रूप में उनकी दृष्टि से न निकल जाए–अतः वे बिना विचारे उस निष्क्रमण-मार्ग से निकलनेवाले समस्त प्राणियों का वध कर रहे थे।

मय बहुत देर तक प्रतीक्षा करता रहा कि शायद कुछ समय में दावानल स्वयं ही थम जाएगा–यही आशा थी। किन्तु जब और अधिक सम्भव नहीं रहा तब उसी मार्ग के सामने आकर अति उच्च स्वर में अर्जुन से दया की भिक्षा माँगने लगा, ''हे फाल्गुनी, मेरी रक्षा करो, मैं तुम्हारा चिर-ऋणी रहूँगा। मैं तुम्हारी शरण में आया हूँ। तुम्हारे वंश में शरणार्थियों के लिए प्राण देने के अनेक दृष्टान्त हैं–आशा करता हूँ कि तुम आज तक उस इतिहास को नहीं भूले होगे।''

उसके बाद परिचय दिया, ''मैं दानव-स्थपति–दानवों का विश्वकर्मा मय हूँ, मेरी रक्षा करने पर, मैं तुम्हारा कोई प्रिय कार्य सम्पन्न करके अवश्य ही तुम्हारा ऋण चुकाऊँगा।''

अर्जुन ने यह परिचय जानने के पूर्व ही, शरणार्थी प्राण-भिक्षा माँग रहा है, इसे ही पर्याप्त कारण मानकर, अपने अस्त्र समेट लिये थे; श्रीकृष्ण को भी हाथ उठाकर अस्त्र त्याग देने का संकेत कर दिया था। अब–परिचय पा लेने के बाद, इच्छित व्यक्ति को हाथ में आया जानकर तो–कोई और आवश्यकता ही नहीं रही। उन लोगों ने एकदम अस्त्र त्याग दिए। तब तक न वन, न वनचर–कुछ भी विशेष नहीं बचा था। वासुदेव ने और नहीं सोचा कि किसकी रक्षा हुई और किसकी नहीं। उनका उद्देश्य सफल हुआ, प्रयोजन सिद्ध–वे शान्त-देह और निश्चिन्त मन से यमुना के किनारे प्रमोद-आवास में लौट आए। अग्नि के ताप से शरीर भी आधा जल गया। तेल और औषधि की तुरन्त आवश्यकता है, अतः मय-दानव के साथ बातचीत में और समय व्यतीत नहीं किया। दानव-स्थपति की मर्यादा पर इतना तो निर्भर किया ही जा सकता है कि वह कृतज्ञता का ऋण चुकाने आएगा ही।

वासुदेव ने खांडव-वन के दाह के इस प्रयोजन की बात अर्जुन को नहीं बताई थी–मय दानव की बात।

ऐसी आवश्यकता भी नहीं हुई। कई दिन बाद मय दानव ने स्वयं ही अर्जुन से मिलकर पूछा, ''तुमने मुझे प्राण-दान दिया है, उसका मुझ पर बहुत अधिक ऋण है। पूरा चुकाने की सामर्थ्य तो शायद नहीं है–किन्तु वह ऋण आंशिक रूप में किस प्रकार उतार सकता हूँ–तुम्हारा कोई मनोवांछित कार्य पूर्ण करके–यदि बता दो तो अनुगृहीत होऊँगा।'' तब अर्जुन ने वासुदेव की ओर ही संकेत कर दिया। कहा, ''मेरी कोई आवश्यकता या ऐसी कोई इच्छा नहीं है–तुम्हारे द्वारा मेरे मित्र और सम्बन्धी श्रीकृष्ण की किसी आज्ञा का पालन या प्रिय-कार्य किए जाने पर ही मेरा ऋण चुक जाएगा। तुम इन्हीं से पूछो।''

श्रीकृष्ण शायद यह भी जानते थे। उनके पास उत्तर भी तैयार था। बिना किसी दुविधा के बोले, ''देखो, धर्मराज युधिष्ठिर नया राज्य स्थापित करके थोड़े समय में ही यशस्वी और सब लोगों के श्रद्धेय हो गए हैं। पांडवों के पास जो शक्ति, कार्य-कुशलता और बुद्धिमत्ता है–उसके कारण इसमें सन्देह नहीं कि युधिष्ठिर की गणना शीघ्र ही राज-चक्रवर्ती के रूप में होगी। राज-चक्रवर्ती के रूप में स्वीकृत होते ही, श्रद्धा और मान्यता जताने के लिए, देश-विदेश से राजा आएँगे। ऐसी स्थिति आने में अधिक विलम्ब नहीं है। किन्तु वर्तमान स्थिति में इस राजधानी में उस अवसर के उपयुक्त कोई व्यवस्था नहीं की जा सकती। मेरी इच्छा है–कि यदि तुम वास्तव में अपनी प्राण-रक्षा का मूल्य चुकाना चाहते हो–तो इस नई राजधानी के पास उपयुक्त स्थान का चुनाव करके एक ऐसे सभा-गृह का निर्माण कर दो, जो सब प्रकार से भारत-खंड के भावी महाराज-चक्रवर्ती के उपयुक्त हो। हे दानव-स्थपति, मैं जानता हूँ कि शिल्प-रचना के प्रत्येक क्षेत्र में तुम्हारा नैपुण्य, शिल्पी-श्रेष्ठ के रूप में विख्यात विश्वकर्मा की अपेक्षा बहुत अधिक है। इसमें भी सन्देह नहीं कि स्थापत्यकार की दृष्टि से भी तुम अद्वितीय हो। सब लोगों को उसका प्रत्यक्ष प्रमाण देने के लिए तुम एक ऐसे सभा-गृह का निर्माण करो–जो विशालता, सौन्दर्य और अभिनवता में इस भू-मंडल पर अभिनव और अनिर्मितपूर्व के रूप में जाना जाए। वह सभा-भवन ऐसा हो, जिसे कोई न केवल इस जम्बू-द्वीप में, बल्कि सारे संसार में कहीं निर्मित न कर सके, कल्पना भी न कर पाए–भविष्य में भी न कर सके–न भूतो न भविष्यति। उसका विवरण मानव-जाति के इतिहास में चिरकालिक-आश्चर्य के सकमकक्ष के रूप में अंकित रहे। हे महा-स्थपति यह कार्य पूर्ण होने पर, मेरा मनोवांछित कार्य सम्पन्न करने के कारण केवल तुम्हारा जीवन-रक्षा ऋण ही शेष नहीं होगा–यह भवन युग-युगान्तर तक तुम्हारी अक्षय कीर्ति की घोषणा भी करता रहेगा।''

मय, स्थिर भाव से अर्ध-निमीलित नेत्रों के साथ नत-मस्तक होकर कुछ क्षण हाथ

जोड़े खड़ा रहा—इसके बाद वासुदेव को प्रणाम करके बोला, "ऐसा ही होगा। किन्तु इस पृथ्वी पर सुविशाल भवन का निर्माण अत्यन्त व्यय-साध्य है, आशा है, यह तो आप भी जानते हैं। असंख्य शिल्पी और कारीगर लगेंगे तथा सहस्र से अधिक साधारण श्रमिक। इसके अलावा उपकरणों का प्रश्न है। श्वेत-पत्थर, स्फटिक, सोने, चाँदी और मणि-माणिक्य का तो कहना ही क्या। लाखों-लाख श्रेष्ठ हीरे आवश्यक होंगे। वह सब कौन जुटाएँगे—नहीं पता कि महाराज युधिष्ठिर की इतनी सामर्थ्य है या नहीं, सन्देह प्रकट करने की धृष्टता के लिए क्षमा करें—पर ये समस्त मुख्य बातें पहले ही निबटा लेना आवश्यक है, जिससे पर्याप्त सुविधा हो, अकारण समय व्यतीत न करना पड़े। कार्य प्रारम्भ होने पर उपकरण या धन आदि की आपूर्ति में बाधा उपस्थित होना या दूसरे की अनुकूलता की प्रतीक्षा करना—शिल्प-कर्म के लिए ही क्यों, किसी भी बड़े कार्य के लिए हानिकारक है; अकारण विलम्ब तो होती ही है, अनेक बार वह कार्य भी पूर्ण नहीं होता।"

वासुदेव ने मानो कुछ उदासीन भाव से प्रत्युत्तर दिया, "उपकरण और धन की आपूर्ति का दायित्व मेरा है, कार्मिक एकत्र करने का भार तुम्हारे ऊपर रहा।"

शंकित और विस्मित अर्जुन जब तक कुछ कह पाएँ, तब तक आश्वासन और प्रतिश्रुति मिलने से निश्चिन्त तथा प्रसन्न मय-दानव ने विदा ले ली।

व्याकुल अर्जुन बोले, "आपने यह क्या किया। नहीं-नहीं, हमारे पास इतनी धन-सम्पत्ति कहाँ ? यह तो कुबेर के लिए भी असाध्य कार्य है ! आप उसे पूरा करेंगे—"

"तुमने तो मेरे ऊपर ही छोड़ दिया था, अब क्या फिर वह कथा दुहराकर मुझे अपमानित करना चाहते हो ?"

वासुदेव के केवल इस एक प्रश्न ने अर्जुन को निर्वाक् बना दिया।

पता चला कि श्रीकृष्ण ने उपकरण एकत्र करने का जो वचन दिया था—वह, दायित्व के सम्बन्ध में पूरी तरह सोच-विचार करके ही दिया था।

इससे पहले, इसी दानव-स्थपति मय ने, दानवराज वृषपर्वा के लिए कैलास के उत्तर में बिन्दु-सरोवर के किनारे एक सभा-गृह का निर्माण किया था। वह विशेष यज्ञ के लिए ही तैयार हुआ था, उसके धातु के बने बहुत से उपकरण आदि अभी भी फेंके हुए पड़े हैं। वासुदेव के यह स्मरण कराते ही मय ने उस प्रासाद को तोड़कर वहाँ के मूल्यवान स्फटिक, श्वेत-पत्थर और मणि-माणिक्य ले आने की व्यवस्था की। इसके अतिरिक्त उस जनहीन तुषारावृत पर्वत-प्रदेश में युग-युगान्तर से ढेर सारे स्वर्ण और मणि-मुक्ता संचित थे—किंवदन्ती है कि वृषपर्वा से भी पहले देवराज इन्द्र ने बहुत वर्षों तक यज्ञ किया था—उस समय असंख्य स्वर्ण-मंडित चैत्य या मन्दिर बनाए गए थे, अब वे सब भी काम आए।

ये समस्त उपादान बिना बाधा के ले आए गए। मय उनके साथ दो अन्य वस्तुएँ

भी ले आया, वृषपर्वा का देवदत्त नाम का एक महा-नाद करनेवाला शंख एवं संसार भर में अतुलनीय एक गदा। मय ने, शंख अर्जुन को और गदा भीम को उपहार में दी। उस शंख का गम्भीर भीम-नाद बहुत दूर तक पहुँचता था और हजार-हजार श्रोताओं के मन में आतंक पैदा करता था। गदा स्वर्ण-खचित, किन्तु साधारण मनुष्यों के वश में सरलता से आनेवाली नहीं थी। वृषपर्वा ने विशेष कारीगर द्वारा बनवाया था। आकार में उतनी अधिक विशाल या भयावह न होने पर भी बहुत अधिक भारी थी–विशेष बलशाली व्यक्ति को छोड़कर कोई भी उसे घुमा या युद्ध में उसका प्रयोग नहीं कर सकता था। इस गदा के आघात से भूमि पर न गिरे या न मरे–उस समय भीमसेन और दुर्योधन के अतिरिक्त, ऐसा कोई मल्लवीर नहीं था। शत्रु को मारने में अद्वितीय उस गदा को पाकर भीमसेन आनन्द से नाचने लगे। अर्जुन भी अब गांडीव धनुष, कपिध्वज रथ, अक्षय तूणीर और देवदत्त शंख प्राप्त करके विश्व को भयभीत करनेवाले अपराजेय योद्धा के रूप में परिगणित हुए।

इसके पश्चात् मय उस आश्चर्य-सभा के निर्माण में प्रवृत्त हुआ। स्थान के चुनाव की ही सबसे बड़ी समस्या थी। मय ने एक ऐसा स्थान चुना–जहाँ रहनेवालों को ग्रीष्म का असह्य-ताप, शीत का तीक्ष्ण हिम और उत्तर की वायु कष्ट न पहुँचाए, अतिवृष्टि का जल एकत्र होने से वृक्ष-समूह नष्ट न हो। सभागृह निर्माण हेतु कुछ ऊँची, किन्तु समतल और पक्की मिट्टी देखकर लम्बाई-चौड़ाई में दस सहस्र हाथ के बराबर भूमि का चयन किया। अधिकतर यूँ ही पड़ी हुई भूमि, उसमें जनपद या ग्राम विशेष नहीं थे, वनवासियों के जो दो-चार घर थे, राजा के आदेश से अन्यत्र बहुत अच्छी भूमि देकर उनके पुनर्वास की व्यवस्था हो गई।[1]

दानव-स्थपति ने हिमालय से बहुत से उपकरण और सम्पत्ति संग्रह की थी। केवल वृषपर्वा या इन्द्र ने ही नहीं, अनेक विख्यात व्यक्तियों ने उनसे भी पहले उस स्थान पर दीर्घकाल तक यज्ञ आदि किए थे। देव, दानव-गन्धर्वों की प्रिय साधना-स्थली, यह स्थान, शिव की निवास-भूमि कैलास के निकट ही है। उन्हीं सब यज्ञकर्ताओं के द्वारा छोड़ी गई अपरिमित धन-सम्पत्ति से वह स्थान कुबेर का भंडार बन गया है। परित्यक्त होने के कारण ही उस पर किसी के अधिकार जताने की चिन्ता भी नहीं है। जो ले लेगा, वह सम्पत्ति उसी की है। मय, आठ हजार बलिष्ठ अनार्य आदिवासियों को एकत्र करके, उनकी सहायता से वह पत्थर, स्फटिक मणि-माणिक और स्वर्ण ढुलवाकर ले आया एवं तब भी उन्हें विदा नहीं किया, वे ही श्रमिक के रूप में कार्य करने लगे। महाराज युधिष्ठिर ने उनमें से बहुत लोगों को, सभा-गृह का निर्माण पूरा होने के पश्चात् वहाँ का प्रहरी नियुक्त कर दिया।

इन आठ हजार महाबलवान श्रमिकों, सहस्राधिक स्थापत्य-शिल्पियों एवं स्वयं मय ने–एक वर्ष दो माह तक रात-दिन परिश्रम करके उस सभा-गृह का निर्माण पूर्ण किया।

---

1. अनेक लोगों की धारणा है कि इसी सभा-स्थल पर वर्तमान मेरठ शहर बसा है।–**लेखक**

मय ने वही कर दिया जो श्रीकृष्ण ने कहा था, ''न भूतो न भविष्यति।'' पहले भी पृथ्वी पर कहीं भी ऐसा सभागृह निर्मित नहीं हुआ था, सम्भवतः बाद में भी नहीं होगा।

''मय ने त्रि-लोक में विख्यात ऐसे मणिमय सभा-गृह का निर्माण किया, जिसकी दीप्ति से मानों सूर्य की चमक भी फीकी पड़ गई। यह विशाल सभा-गृह नवोदित मेघों की भाँति आकाश में छा गया। उसकी प्राचीर और सिंह-द्वार रत्न-युक्त, आन्तरिक भाग अनेक प्रकार के उत्तम द्रव्यों और चित्रों से सज्जित।...मय दानव ने वहाँ एक अद्वितीय सरोवर का निर्माण किया। उसकी सीढ़ियाँ स्फटिक निर्मित, जल अति निर्मल, विविध मणि-रत्नों से भरा और स्वर्णमय पद्म, मत्स्य और कछुओं से शोभित। जो समस्त राजा देखने आए थे, उनमें से कोई-कोई उसे सरोवर न समझ पाने के कारण जल में गिर पड़ा। सभा-स्थल के चारों ओर खिले हुए फूलों से युक्त वृक्षों से शोभित उद्यान तथा हंस और कारंडव आदि से युक्त पुष्करियाँ थीं।[1]

युधिष्ठिर ने सभा समाप्त होने पर गुरुजनों की अनुमति और ब्राह्मणों के अनुमोदन से घृत-मधुयुक्त खीर, मृग-सूअर के मांस और अन्यान्य विविध प्रकार के स्वादिष्ट भोज्य-पदार्थों से कई हजार ब्राह्मणों को भोजन कराया एवं देवपूजा और देव-विग्रह की स्थापना करके अन्त में सभा-गृह में प्रवेश किया तथा वे दुर्लभ मणि-माणिक्य जड़े नव-निर्मित सिंहासन पर आसीन हुए। इस उपलक्ष्य में कई दिन मल्ल-युद्ध, लाठी का खेल, नृत्य-गीत और नाट्य-आयोजन आदि से युक्त उत्सव समारोह चला।

देश-विदेश में इस आश्चर्यमय और अद्वितीय सभा-गृह की ख्याति फैलने पर मित्र-राज्यों के राजा बिना बुलाए ही देखने आए। उनके विस्मय की भी सीमा नहीं रही। इस अवसर पर उनमें से कुछ हास्यास्पद और लज्जित भी हुए। स्फटिक निर्मित गृह-प्राचीर को बाहर निकलने का मार्ग समझकर सिर में चोट खाई, फिर सरोवर के अति-स्वच्छ जल के मध्य प्रकाशित स्वर्ण-निर्मित और मणि-रत्नों से शोभित पुष्प-वृक्षों को उद्यान समझकर पुष्प तोड़ने गए तथा जल-मग्न हो गए।

धन-सम्पत्ति की प्रचुरता का अन्त नहीं था, सम्मान और विस्मय-बोध का भी नहीं। उनके लिए सब कुछ जैसे अलौकिक और अविश्वसनीय था। इसी बीच पांडवों के धैर्य, सौजन्य और लोकोत्तर शौर्य की ख्याति भारत-खंड के राज-प्रासादों में गौरव की सृष्टि कर चुकी थी, इसी के साथ—विशेषकर कृष्णा के स्वयंवर के बाद—थोड़ी ईर्ष्या की भी। अब यह ऐश्वर्य देखकर वे दोनों मनोभाव ही और अधिक बढ़ गए। सबको यही प्रतीति हुई कि पांडवों ने अपने बाहु-बल से ही कुबेर के मन में भी ईर्ष्या उत्पन्न करनेवाली यह अपरिमित सम्पत्ति एकत्र की है। कोई भी नहीं जानता था कि यह विपुल और संख्या में न गिनी जा सकनेवाली धन-सम्पत्ति, दुर्गम हिमालय पर्वत के गहन निर्जन प्रदेश से एकत्र की गई है, मय ने भी किसी से नहीं बताया, कारण कि ऐसा होने पर ये सब स्वर्ण-लोलुप राजा गले हुए मांस के ढेर पर गिद्धों की भाँति वहाँ पहुँच जाते और मय

1. भावानुवाद—राजशेखर बसु।

के कार्य में बाधा पहुँचाते।

पर-समृद्धि से ईर्ष्या रखनेवाले दर्शकों के दल क्षोभपूर्वक दीर्घ निश्वास छोड़ते हुए अपने-अपने घरों को लौटे। वे हृदय की वेदना प्रकट करने या किसी दिन बलपूर्वक इस सम्पत्ति का अपहरण कर पाएँगे—ऐसा स्वप्न देखने का भी साहस नहीं कर पाए।

किन्तु इस देश के समस्त प्रान्तों से आए हुए अगणित राजाओं और सम्मानित दर्शकों की ईर्ष्या और विस्मयमिश्रित प्रशंसा और चाटुकारिता, प्रजाजनों की हर्ष-भरी जय-ध्वनि, कौरव-भ्राताओं के हृदय-दहन की परिहास-भरी कहानी—किसी से भी पांडवों को सम्पूर्ण तृप्ति नहीं मिल सकी।

इस सबके मूल में जो वास्तविक योजनाकार हैं—जिनकी परिकल्पना और निर्देश से ही इस स्वप्न-कल्पना की वस्तु ने आकार धारण करके पांडवों को स्वप्नातीत सौभाग्य प्रदान किया—जिनके दुस्साहसिक प्रबन्ध से ही यह असम्भव, सम्भव हुआ—वे पांडवों के एकनिष्ठ शुभाकांक्षी व्यक्ति कहाँ हैं !

वही वासुदेव ?

वे, आए क्यों नहीं ?

जिनकी सबसे पहले आने की बात थी, सबकी अपेक्षा अधिक आनन्दित होने की बात ?

धर्मराज ने सभा-गृह के सामान्य आकार ग्रहण करने के समय से ही आदर के साथ बुलावा देने के लिए दूत भेजना प्रारम्भ कर दिया था, पूर्णता निकट आती देख ससम्मान आमन्त्रित कर दिया था, इस गृह में प्रवेश का पहला अधिकार आपका ही है, यह भी सविनय स्मरण करा दिया था—किन्तु इस सभा-गृह का प्रतिष्ठा-यज्ञ और प्रवेश तथा सिंहासनारोहण आदि आयोजन सम्पूर्ण हो गए—तब भी वे क्यों नहीं आए ? जिन्हें सर्वाधिक उत्साहित और आग्रहशील होना था—वही वासुदेव इस प्रकार उदासीन और निस्पृह क्यों रहे ?

तब क्या कहीं पांडवों से कोई अपराध हो गया ?

उनका, इतनी जल्दी गृह-प्रवेश करना अनुचित हो गया ? उनके आने तक प्रतीक्षा करना उचित रहता ?

इसका उत्तर कोई नहीं खोज पाया। कोई इस रहस्य का समाधान नहीं कर पाया। यहाँ तक कि युधिष्ठिर के दूत वृषि और अन्धक प्रधानों से भी कोई समुचित उत्तर प्राप्त नहीं कर सके।

इससे पांडवों की बेचैनी बढ़ गई। वे हाथ में आई एक सुभोग्या वस्तु का शान्ति के साथ आनन्द नहीं उठा सके।

वासुदेव अकारण इतना विलम्ब क्यों कर रहे हैं—द्वारावती में कोई भी यह सच-सच नहीं जानता।

यादव सोच रहे हैं कि सुभद्रा के श्वसुरालय में नव आयोजन के अवसर पर इन्द्रप्रस्थ में अकारण दीर्घ-काल व्यतीत करके आए हैं—आलस्य-विलास में, विषय-भोग में, शिकार करने में—इससे राज-कार्य की क्षति हुई है, इसी कारण झंझट और परेशानी से घिरे श्रीकृष्ण अब और नगर त्याग नहीं कर पा रहे हैं।

वासुदेव का यह दुर्बोध्य आचरण—उनके गुप्त अन्तर्द्वन्द्व का इतिहास—उनकी प्रियतमा महिषियाँ भी नहीं जानतीं।

उनको बताने योग्य बात भी नहीं।

दानव-स्थपति ने स्थान का चयन करके गृह-निर्माण की सूचना दे दी और वासुदेव ने यही देख, निश्चिन्त होकर इन्द्रप्रस्थ छोड़ दिया।

इससे पहले बहुत बार इन्द्रप्रस्थ आए और द्वारका वापस गए—किन्तु इस बार के आने-जाने के बीच कुछ विशिष्टता थी। अब वे इस घर के कुटुम्बी और सम्बन्धी हैं। इस स्थिति में विदा के अवसर के कुछ नियम-रीतियाँ हैं, वे उन्हें—स्वयं सारे संस्कारों से ऊपर होने पर भी—मानने को बाध्य हैं। सेवकों को पारितोषिक देना, सम्बन्धियों-गुरुजनों को वस्त्र आदि की प्रनामी,[1] गृह-देवता व नगर-देवता की पूजा-अर्चना ब्राह्मणों को सादर प्रणाम आदि करके सम्मान-दक्षिणा देना—सबसे ऊपर सम्बन्धियों की आयु-पद-सम्बन्ध इत्यादि का विचार करके विदा-वार्तालाप करना और करणीय आचरण करना—ये विदा-ग्रहण के आवश्यक अंग हैं।

इसी प्रकार एक आवश्यक (किन्तु अकारण) कर्तव्य है—सुभद्रा को उनकी ज्येष्ठा सपत्नी और जेठानी को सौंपकर लौकिक सभ्याचरण के चलते उनसे अनुजा की देखभाल और स्नेहपूर्ण व्यवहार का अनुरोध।

उसी अवसर पर सुभद्रा का हाथ कृष्णा के हाथ में सौंपते हुए उनके हाथ का स्पर्श करना पड़ा। नहीं, केवल स्पर्श नहीं, एक हाथ में उनका हाथ लेकर, दूसरे हाथ से सुभद्रा का हाथ पकड़कर रखना पड़ा। उस दिन उस सुरनारी-दुर्लभ, मदन के हृदय में भी काम उत्पन्न करनेवाली के हस्त-कमल के स्पर्श ने वासुदेव के शरीर में अकस्मात् तेजस्वी मधु-मदिरा की भाँति उग्र मादकता का संचार कर दिया।

यौवन की ऊष्णता किन्तु पसीने से भीगे हुए, पुष्ट-दल की भाँति कोमल उस अतुलनीय सुन्दर कर-कमल का स्पर्श होते ही वासुदेव श्रीकृष्ण ने एक पुलक-वेदना भरी सिहरन का अनुभव किया—'दुःखेश्वनुद्विग्नमना सुखेषु विगतस्पृह'; जो समस्त वासना-कामना को कालिय नाग की भाँति मथित-मर्दित करके जितेन्द्रिय हो गए थे—क्षण-भर के लिए—प्रतीत होता है, पल-भर से अधिक समय नहीं—कुछ विह्वलता, पहले कभी अनुभव न किया गया चित्त-चांचल्य अनुभव किया—साधारण तरुण युवा की भाँति।

नहीं, श्रीकृष्ण शरीर को दोष नहीं दे सकते। वे दोनों हाथ सामान्य और साधारण नहीं हैं, किन्तु उस स्पर्श में लोकातीत अभिनवता नहीं है।

---

1. विशिष्ट धार्मिक व सांस्कृतिक अवसरों पर गुरुजनों, ब्राह्मणों व कुटुम्बियों को वस्त्रादि की सादर भेंट दी जाती है। यह विशेषकर बंगाल में प्रचलित है। (अनुवादक)

शरीर के साथ अनुभूति का सहज सम्पर्क होता है, उसी अनुभव-शक्ति ने तुरन्त उनके मन तक विद्युल्लेखा की गति से यह संवाद पहुँचा दिया कि बचपन से ही अनेक रूपों में असंख्य सुन्दरियों के सम्पर्क में आने पर भी करांगुलि स्पर्श की ऐसी घटना इससे पहले कभी नहीं घटी।

निमिष-भर ही अनुभव किया–पलक गिराने भर के समय में ही–उससे अधिक नहीं।

किन्तु कृष्णा उस अत्यल्प काल में ही उनके चित्त की अवशता और विस्मयकारी-पुलकन को समझ गईं। समझ गईं इस परिमापहीन अल्प समय में ही। परिस्थिति और उसके प्रभाव से मुख की तात्कालिक दशा–परिस्थिति और कर्तव्य के वशीभूत ओठों पर परिहास-मधुर मुक्त हँसी लाते हुए भी, पता नहीं कैसी एक प्रकार की स्थिर, निश्चल दृष्टि से वासुदेव की आँखों में देखा।

उससे क्या विस्मय प्रकट हुआ ? या कौतूहल ?

अभियोग, तिरस्कार ?

अथवा सीमाहीन किन्तु छिपा हुआ वेदनानुभव?

यह नहीं समझा जा सका, ऐसी पाषाणवत् भाव-प्रकाश हीन थी–वह दृष्टि।

ओठों के किनारे पर प्रसन्न-हास की वैसी ही रेखा है, मुख-मुद्रा में अभय-आश्वासन का भी अभाव नहीं–अवश्य ही उनके मध्य उस दृष्टि की विशेषता किसी के दृष्टि-पथ में नहीं आई–वासुदेव के अतिरिक्त। वासुदेव की वह अभिभूत अवस्था भी किसी ने लक्ष्य नहीं की।

क्षण-भर की उस विह्वलता के लुप्त होने में भी समय नहीं लगा।

द्रोपदी की वह दुर्बोध्य-दृष्टि तुरन्त ही मिल गई थी। उस दृष्टि की भाषा भी उनके अन्तर में पहुँच गई थी–या कहा जा सकता है कि उसने तीव्र आघात से आन्दोलित कर दिया। साथ-ही-साथ उनके सन्दर्भ में नितान्त अस्वाभाविक रूप में ही–लज्जित और संकुचित हो गए थे।

उसके बाद सब कुछ स्वाभाविक ढंग से घट रहा था। दोनों ओर ही स्वाभाविक वार्तालाप में असुविधा नहीं हुई, कंठ-स्वर में भी कोई व्यतिक्रम नहीं था। द्रोपदी ने भी अपने नीलोत्पल-पलाश तुल्य नेत्रों की आश्चर्य और रहस्यभरी दृष्टि से मुख पर विस्मय तथा हास्य लाकर स्थान, काल, पात्र, घटना के उपयुक्त सद्व्यवहार किया, कुछ हास-परिहास भी; सुभद्रा को आलिंगन में बाँधकर पर्याप्त स्नेह और साहस दिया–सचमुच स्नेह की पात्र छोटी बहन की भाँति ही। उनके मन की उस अल्प-काल की मानसिक उथल-पुथल के इतिहास को वहाँ उपस्थित पुर-स्त्रियों, सखियों और दासियों के समूह में से कोई भी जान तो क्या पाता शंका भी नहीं कर पाया।

अति साधारण घटना।

न कही जानेवाली, न स्वीकार की जानेवाली, गोपनयुक्त।

किन्तु वासुदेव को उसी ने प्रचंड रूप से विचलित कर दिया।

देह तो देह-धर्म का पालन करेगी ही। यह जानी हुई बात है। किन्तु उन्होंने सोच लिया था कि वे इस अवश्यम्भावी सत्य को जीत चुके हैं। द्रोपदी के प्रति उनकी दुर्बलता स्वभावगत है। कृष्णा की प्रतिभा, व्यक्तित्व, बुद्धि, कर्मेच्छा और कर्तव्य-शक्ति देखकर ही वे एक तीव्र क्षोभ अनुभव करते हैं, यह सोचकर कि उनका अनुष्ठित और आकांक्षित कर्म-यज्ञ इस नारी-रत्न को संगिनी के रूप में पाकर कितना सहज हो जाता। तो क्या वे आत्म-वंचना के शिकार हो गए ?

इस संशय और चित्त की बेचैनी से ही उनकी इन्द्रप्रस्थ जाने की अनिच्छा हुई।

यह भी अवश्य ही निश्चित है कि पांडवों को अधिक दिन टाला नहीं जा सकता। दूत पर दूत आ रहे हैं, शायद इस बार धनंजय या धर्मराज स्वयं आकर उपस्थित हो जाएँ।

यह आशंका सच होने पर भी उन्हें संकोच त्यागकर मन को स्थिर करना कठिन हो जाता—यदि उनकी महिषी रुक्मिणी उनकी सहायता न करतीं। उन्होंने रुक्मिणी से कुछ नहीं बताया, किन्तु रुक्मिणी में यही आश्चर्यजनक शक्ति है—वे पल-भर में ही स्वामी के मन के छोटे-छोटे अभिप्राय और दुविधा-द्वन्द्व तक को अनुभव कर सकती हैं। ऐसा, उनके गहरे प्रेम के कारण सम्भव हुआ, प्रियतमा सत्यभामा भी इस प्रकार की सिद्धि नहीं प्राप्त कर सकीं।

उन्होंने एक दिन इस प्रसंग को उठाया। बोलीं, "यदुनाथ, आपको इस प्रकार की अशोभन जड़ता और हीन-व्यक्ति जैसा संकोच शोभा नहीं देता।"

"संकोच !" मानो वासुदेव चौंक उठे।

"हाँ । आपके मुख से ही बहुत बार सुना था कि देवता हो या देवाधिदेव हो या स्वयं भगवान ही हों, मर्त्यलोक में विचरण करनेवाली नर-देह धारण करने मात्र से ही देह की सहज गति-प्रकृति, उसके धर्म, उसकी क्रिया-प्रतिक्रिया की अधीनता स्वीकार करनी ही होगी। यदि चित्त में किसी प्रकार की व्याकुलता उत्पन्न हुई है, तो वह तो नितान्त रूप से उस स्वाभाविक नियम के अनुसार ही हुई है, अतः उसी के अनुसार इस संकोच ने भी नियमानुसार देह-धर्म का पालन मात्र किया है। दया करके यह स्मरण कीजिए कि आप तो उन दोनों से ही ऊपर हैं। जिनके ऊपर महान कर्तव्य-भार है—जिसे कर्तव्य-यज्ञ कहना ही उचित है, जिन्होंने उसका कल्पनातीत आयोजन किया है—उन्हें, सामान्य भी नहीं एक अति-तुच्छ घटना के कारण इस तरह शिशिर के दिनों के मेढक की भाँति जड़ता के गड्ढे में बन्द होकर रहना शोभा नहीं देता। आपका व्रत साधारण मनुष्यों की रक्षा करना है। आप उस मनुष्य से स्वतन्त्र और स्वयं-प्रकाशमान हैं। आप केवल देह-भर नहीं हैं, यह थोड़ी-बहुत शिक्षा आपकी सेवा करते हुए आपके चरणों में बैठकर ही प्राप्त की है—इसी से साहस करके कह रही हूँ कि साधारण मनुष्य के लिए जो लज्जा या संकोच का कारण है—वह आपके लिए नहीं है। आपके लीलामय रूप की यह क्षणिक अनुभूति आपके कर्ममय रूप की बाधा न बने—यही मेरी प्रार्थना है।"

श्रीकृष्ण जैसे बहुत दिन की निद्रा से जाग गए।

बोले, "प्रिये, मैं धन्य हूँ। तुम्हारी यह मनन-शक्ति यदि मेरी शिक्षा का फल है–तो वह शिक्षा भी धन्य है। किन्तु क्या वह शिक्षा मेरी ही है ? जीवन में बार-बार तो मुझे तुमसे ही शिक्षा लेनी पड़ती है। सोचता हूँ, तुम्हें एक असाधारण शुभ-ग्रह के प्रभाव से ही प्राप्त किया था। कभी-कभी लगता है, मैं ही तुम्हारे योग्य नहीं हूँ।"

रुक्मिणी हँस पड़ीं। प्रेम-विह्वल, मधुर हँसी। बोलीं, "इस खुशामद से ही लगता है कि आप फिर से अपने रूप में लौट आए हैं।...तो इन्द्रप्रस्थ जाने की व्यवस्था करूँ ?"

"अवश्य। जितनी शीघ्रता से हो सके। मैं, बल्कि इसी समय पिता वसुदेव और आर्य बलदेव से अनुमति ले आऊँ।"

॥ १६ ॥

इन्द्रप्रस्थ पहुँचकर प्रारम्भिक आदर-सत्कार और मान-मनौवल का आवेग धीमा पड़ने पर–कुछ देर में स्नान-विश्राम आदि समाप्त करने के बाद–वासुदेव ने अलौकिक स्वप्न-महल की भाँति अविश्वसनीय रूप से सुन्दर सभा-गृह को पांडवों के साथ घूम-घूमकर देखा। बहुत देर तक देखते रहे। कारण, स्थापत्य-कौशल, शिल्प-कला या निर्माण नैपुण्य की दृष्टि से ही नहीं–सौन्दर्य कला के चरमोत्कर्ष की दृष्टि से भी यह प्रासाद अनुपम है, अदृष्टपूर्व। इसका उद्यान, सरोवर, कृत्रिम साज-सज्जा–यहाँ तक कि प्राचीरें भी देखने योग्य हैं। समग्रतः नयनाभिराम एवं सुदृढ़–इस सभा-भवन का निर्माण निरापद रक्षा के लिए उपयुक्त रूप में किया गया है। आवश्यकता और सुकुमारता का ऐसा अपूर्व समन्वय कदाचित् ही दिखाई पड़ता है।

आदर-सत्कार में जैसे आन्तरिक आनन्दोल्लास का अभाव नहीं था, वैसे ही शिकायत भी बहुत थी।

शिकायत इतने समय तक–विशेष रूप से, इस सभा-गृह का निर्माण कार्य समाप्त होने का समाचार पाने के बाद भी–न आने के कारण थी। अर्जुन के नेत्रों में आँसू, कृष्णा का कंठ-स्वर आवेग-रुद्ध। वास्तव में उनकी शिकायत कम नहीं थी–एक प्रकार से भर्त्सना ही की। युधिष्ठिर की उत्कंठा ही अधिक थी–कहाँ पर क्या अपराध हो गया, जो श्रीकृष्ण ने उनका इस प्रकार त्याग कर दिया। भीम बोले, "यह तो आपको पता ही है कि हम लोग नागर-जनों की रीति-परम्परा के अभ्यस्त नहीं हैं, तब भी यदि हमारे आचरण में कोई त्रुटि पाते हैं, तो हमें इस ठाट-बाट की आवश्यकता नहीं है। यह राज्य और राजधानी तुम ही ले लो, हम लोग फिर से वन में चले जाते हैं।"

वासुदेव इस सब अभिमान और शिकायत को अपनी अभ्यस्त मृदु-मुस्कान के कवच से निष्प्रभावी करके अधिकतर सभा-गृह की ओर ही ध्यान लगाए रहे। प्रशंसा के उल्लास और विस्मय की अभिव्यक्ति में इतने दिन की दुश्चिन्ता और दुख को भुलाने में इन लोगों को अधिक समय नहीं लगा।

इस सभा-भवन को बिना देखे हुए भी वासुदेव जानते थे कि मय क्या करेगा। कुछ अनुमान भी कर लिया था। और इस कारण ही जब यहाँ आने से पहले सत्राजित-नन्दिनी ने कहा था, "सुना है कि ऐसा सभा-भवन बना है, जिसकी तुलना तीनों लोकों में नहीं है। इन्द्र-सभा क्षेत्रफल में विशाल होते हुए भी इतनी सुन्दर नहीं है। आप उसका एक अच्छा-सा नामकरण कर दीजिए। पृथ्वी का स्वर्ग–इसी प्रकार का अर्थ हो, ऐसा नाम दीजिए।"

तो वासुदेव ने हँसकर उत्तर दिया था, "उस सभा को देखे बिना ही मैं उसका नामकरण कर सकता हूँ। किन्तु वह बताने योग्य नहीं है।"

"वह नाम क्या है–जिसे किसी से बताया नहीं जा सकता ?" सत्यभामा ने आश्चर्य के साथ कौतूहलपूर्वक प्रश्न किया।

"उनके सामने भले ही कहा जा सकता है, ईर्ष्या-भवन या असूया-भवन–किन्तु वास्तव में उसे सर्वनाश-प्रासाद, सर्व-विनष्टि-भवन ! नियति-गृह या परिणाम-गृह ही कहा जा सकता है।"

"हे भगवान् ! यह कैसी अशुभ बात कह रहे हैं ? नहीं-नहीं, छिः," सत्यभामा अज्ञात अमंगल की आशंका से सिहर उठी थीं।

"जो सत्य है, वही कह रहा हूँ। इसका अर्थ धीरे-धीरे समझोगी।"

उन्होंने इस प्रसंग पर अपनी चिर-अभ्यस्त रहस्यमय हँसी का पर्दा खींच दिया था।

यहाँ आकर सभा-गृह देखने पर भी उस विचार में परिवर्तन का कोई कारण नहीं देखा। बल्कि उनका यह विश्वास ही दृढ़ हुआ–कि अमरावती में भी दुर्लभ यह प्रासाद-भवन एक दिन ईर्ष्या के रास्ते भारत की समस्त क्षात्र-शक्ति को महाविनाश की ओर ले जाएगा।

लगा कि कल्पना के उस महापरिणाम को प्रत्यक्ष देखकर वे प्रसन्न ही हुए।

भोजन आदि के बाद एकान्त वार्तालाप के समय वासुदेव ने पूछा, "इसके बाद ? इस बीच बोलिए क्या-क्या उल्लेखनीय घटनाएँ हुई हैं। बताने योग्य क्या समाचार है ?"

लगा कि धर्मराज वही समाचार देने के लिए उत्सुक थे, बोले, "महातपस्वी, सर्वज्ञ नारद कृपा करके कई दिन पूर्व यहाँ पधारे थे।"

वासुदेव इस समाचार से अनभिज्ञ नहीं थे, शायद नारद के शुभागमन के मूल में उनकी ही प्रेरणा थी–पर वे सीधे होकर बैठते हुए बोले, "अच्छा ! यह तो अच्छा समाचार है। आपकी नगरी पवित्र और राज-सभा धन्य हो गई।...तो उन्होंने क्या कहा ? मुनिवर की कलह-प्रियता की कुख्याति प्रायः किंवदन्ती बन गई है–ऐसा कोई अशान्ति का बीज बोकर तो नहीं गए ?"

"नहीं-नहीं, बल्कि राज्य-संचालन के सम्बन्ध में कई महामूल्यवान निर्देश-उपदेश दे गए हैं।"

"यह तो बहुत उत्तम समाचार है। वांछनीय भी। वे त्रिकाल-ज्ञाता हैं, त्रिभुवन भर की राज-सभाओं में उनका अबाध रूप से आना-जाना है। इस विषय में उनके समान

ज्ञानी और कौन है ! पर मैं जानता हूँ कि वे आपको ऐसे किसी आचरण या कर्तव्य का निर्देश नहीं दे सकते, जिसका आप अभी भी पालन नहीं कर रहे हैं,'' वासुदेव ने मन्द मुस्कान के साथ अन्तिम बातें कहीं।

धर्मराज परिहास में भी मिथ्या नहीं बोलते, नम्रता दिखाने के लिए भी नहीं कह पाए, ''नहीं-नहीं, ऐसा क्यों, मैं अधिक क्या कर पाया हूँ'' इत्यादि। उन्होंने प्रशंसा के कारण आरक्त एवं नतमुख होकर उत्तर दिया, ''क्या पता, सब कुछ तो देखा नहीं। ऐसा हो सकता है कि—आज भी किसी-किसी विषय पर मेरी दृष्टि न पड़ी हो।''

उनके मनोभाव को समझ कर वासुदेव ने प्रसंग बदल दिया, ''उसके बाद ? वे और क्या बोले ? कोई अन्य समाचार ?''

युधिष्ठिर कुछ-कुछ संकोच के साथ बोले, ''इतना अधीर होकर, वही बात बताने के लिए तुम्हारी प्रतीक्षा कर रहा था। उन्होंने बताया है कि हमारे वंश में जिन राजाओं ने राजसूय यज्ञ किया, वे परलोक में भी अतुलनीय सम्मान के अधिकारी हुए। यदि मैं वह यज्ञ कर सकूँ—तो हमारे पूर्वज प्रसन्न होकर आशीर्वाद देंगे। राजा होकर राजसूय यज्ञ पूर्ण करने के समान और कोई सुकीर्ति नहीं है। इह-लोक और पर-लोक में सदैव यज्ञ-कर्ता के इस महान कार्य की प्रशंसा होती है। देवता और ऋषि-गण धन्य-धन्य करते हैं। ऋषि-श्रेष्ठ नारद ने मुझसे राजसूय यज्ञ का अनुष्ठान करने के लिए कहा है। कहा है कि अन्यथा इस सुरपुरी-दुर्लभ सभा-गृह की मर्यादा नहीं रहेगी। यह जो मय की स्थापत्य-साधना है—यह भी व्यर्थ हो जाएगी।''

इतना बोलकर—कहीं बहुत अधिक दुस्साहस या धृष्टता अथवा महत्त्वाकांक्षा तो प्रकट नहीं हो गई—इस आशंका के कारण व्याकुल मन से श्रीकृष्ण के मुख की ओर देखने लगे। भीम और अर्जुन भी वहाँ उपस्थित थे—वे बहुत दिनों से अपनी शिक्षा और शक्ति की परीक्षा के लिए अधीर हो रहे थे—उन्हें इस प्रस्ताव में ऐसा कोई आश्चर्य या धृष्टता नहीं दिखी, आशंका या व्याकुलता भी नहीं। ऐसा भी नहीं लगा कि बहुत अधिक दुराशा या दुस्साहस प्रकट हुआ हो। वरन् उन्हें कार्य-कारण सम्बन्ध-परम्परा के अनुसार इस भवन के निर्माण की यही स्वाभाविक परिणति अनुभव हुई।

शायद, वासुदेव ने इसी प्रस्ताव की आशा की थी। वे शायद सब कुछ जानते भी थे। पर एक बार अस्फुट स्वर में 'नियति' शब्द का उच्चारण करके मौन और चिन्तामग्न हो गए।

वे उच्चरित तीन सामान्य अक्षर वहाँ उपस्थित और किसी के भी कानों में नहीं पड़े। वे सभी शान्त-धीर भाव से वासुदेव के सुचिन्तित मतामत की प्रतीक्षा करने लगे।

श्रीकृष्ण बहुत देर तक ध्यान-मग्न की भाँति स्थिर रहे। लगा, जैसे चिन्तन की किसी गहराई में अवगाहन कर रहे हों। एक बार पांडव-भाइयों को यह आशंका भी होने लगी कि वे अर्ध-निद्रा-मग्न हो गए हैं। अन्त में और अधिक दुविधा या अनिश्चय की स्थिति सहन न कर सकने के कारण युधिष्ठिर ने उन्हें सचेत करने के उद्देश्य से धीमे स्वर में पुकारा, ''वासुदेव !''

श्रीकृष्ण ने मुख उठाकर, स्थिर दृष्टि से उनकी ओर देखा। धीरे-धीरे बोले, "यह प्रस्ताव असंगत या अनुचित नहीं है–असम्भव है या नहीं, यही विचारणीय है। सच बात तो यह है कि मुझे यह लोभ हुआ था–आप लोगों के समक्ष यह प्रस्ताव रखने का। केवल एक व्यक्ति की बात सोचकर दुविधा में रहा।"

"एक आदमी ! वह कौन ?" अधीर भीम ने पूछा। उसके स्वर में दोनों ही थे, अविश्वास और अवज्ञा।

ऐसा नहीं लगा कि श्रीकृष्ण ने उनके उस मनोभाव पर ध्यान भी दिया हो। धीरे-धीरे पहले की तरह उत्तर दिया, "मगध सम्राट जरासन्ध। भारत-खंड में ऐसे किसी राजा या राज-शक्ति का स्मरण नहीं आता जिसे पांडव भाई पराजित या वशीभूत न कर सकें। केवल जरासन्ध के सम्बन्ध में ही मुझे आशंका और संशय है। इस व्यक्ति का व्यक्तिगत शौर्य अपरिसीम है और सेना विशाल तथा अपराजेय। उनके सेनापतियों का रण में मारा जाना कठिन है, वे कुशल और विश्वस्त भी हैं। उसका कारण है, जरासन्ध का अपने कर्मचारियों के प्रति अविश्वसनीय रूप से सहृदय होना और स्नेहपूर्ण व्यवहार। उन्होंने अपनी पुत्रियों के क्रन्दन से व्यथित और क्रुद्ध होकर[1] मथुरा पर बहुत बार आक्रमण किया–यादव किसी प्रकार एकता और दृढ़-संकल्प से रक्षा कर सके। उन्होंने अपनी स्वाधीनता की रक्षा के लिए अमानुषिक कष्ट सहे। उस आक्रमण को असफल करने के लिए मैंने स्वयं रात-दिन परिश्रम किया था, इसीलिए मैं उनके कौशल, शक्ति और पराक्रम से अवगत हूँ। वे निर्दयी और क्रूर हैं–भयंकर क्रूर-कर्मा। छियासी राजाओं और राजपुत्रों को अकारण पराजित करके दारुण दुर्दशा के बीच अन्धकार-गृहों में बन्दी बना रखा है। इसमें सन्देह नहीं कि जरासन्ध के पराजित होने और मारे जाने पर ये समस्त राजा प्रसन्नता के साथ आप लोगों के वशीभूत और कृतज्ञ होंगे। किन्तु यह सोचने का कोई कारण नहीं है कि जो इतने सारे राजा या क्षत्रिय नहीं कर पाए, वह पांडवों के लिए सहज साध्य हो जाएगा। सम्पूर्ण शक्ति का प्रयोग करके भी अपने को बार-बार उनका प्रतिरोध करने की स्थिति में न पाकर मैंने बहुत दूर सिन्धु के पार जाकर निवास-स्थान बना लिया।"

"तब क्या आशा छोड़ ही बैठेंगे ? बलदर्पी, निर्दयी जरासन्ध इसी प्रकार क्षत्रिय राजाओं के सिर पर पैर रखकर चलते रहेंगे ?"

युधिष्ठिर के कंठ से पता नहीं किस तरह का क्षोभ और हताशामिश्रित स्वर निकला।

"कभी भी नहीं," अधीर भीमसेन गरज उठे। अर्जुन की भी भृकुटि चढ़ गई।

वासुदेव थोड़ा हँसे, अपनी निज की हँसी। बोले, "महाबली वृकोदर और महारथी अर्जुन की यह अधीरता प्रशंसनीय है, क्षत्रियों के लिए उचित है। किन्तु इस सन्दर्भ में अनेक प्रश्न हैं। स्वाधीन, मित्र और करद राज्य–सबसे ही अधीनता-प्रदर्शन के रूप में

1. जरासन्ध की दो पुत्रियाँ कंस की पत्नियाँ थीं। कंस के वासुदेव के हाथों मारे जाने पर दोनों विधवाओं का प्रतिशोध स्वाभाविक था।–लेखक

कर संग्रह करके, उसी धन से राजसूय यज्ञ करने का विधान है। अश्वमेध यज्ञ में घोड़ा छोड़ दिया जाता है। वह जहाँ इच्छा हो, घूमता है। किसी के द्वारा उसे न रोका जाना पर्याप्त है। उसमें पराजय या अधीनता स्वीकार करने का प्रश्न इतना स्पष्ट नहीं है। किन्तु इसमें उस प्रकार का कोई छद्म-आवरण नहीं है, कर देने भर से अधीनता प्रमाणित हो जाती है। इससे कोई हानि या लाभ नहीं कि धन की मात्रा कम है या अधिक–हीनता स्वीकार करने का अगौरव ही दुस्सहनीय है। जो देंगे, उनमें से बहुत से आहत और अपमानित अनुभव करेंगे। मन-ही-मन उस आघात के ताप को सहेंगे। इस कारण यह आशा छोड़ देना ही अच्छा है कि वे आपत्ति काल में पांडवों की ओर से युद्ध करेंगे। और–भीम और अर्जुन चाहे जितने बड़े योद्धा हों, मैं उन्हें युद्ध में जरासन्ध के सामने शक्ति-परीक्षा का परामर्श नहीं दूँगा।''

''तब इस प्रस्ताव पर विचार-विमर्श करने में इतना समय और वाणी व्यय से क्या लाभ मिला ?'' क्षुब्ध भीमसेन ने निश्वास छोड़ते हुए कहा।

''ठहरिए, मेरी बात समाप्त नहीं हुई,'' वासुदेव बोले, ''युद्ध दो प्रकार से किया जाता है। एक, अस्त्र द्वारा। मैं आमने-सामने के युद्ध में जरासन्ध पर सीधे आक्रमण करने को निरुत्साहित कर रहा हूँ। इसमें मैंने ऐसा नहीं कहा कि वह अपराजेय या अमर है। जो बाहु-बल से नहीं हो सकता, उसे कौशल से साधा जाता है। पर मुझे लगता है, यहाँ–कौशल और बाहु-बल, दोनों की आवश्यकता पड़ेगी।''

''ऐसा–!'' विस्मित अर्जुन ने प्रश्न किया।

''उसकी चर्चा यथा-समय करूँगा। जहाँ कौशल का प्रश्न है, उसमें गुप्त-मन्त्रणा की पूरी आवश्यकता है। तुम लोगों से तो बताना ही होगा–कारण इस कर्म के कर्ता तुम लोग ही हो। किन्तु अभी वह समय नहीं आया। अभी तो प्रस्ताव भी परिकल्पनाहीन कल्पना के घेरे में है। इस विराट यज्ञ की तैयारी भी विशाल और विविध प्रकार की है। संकल्प निश्चित होने पर एक कार्य-प्रणाली भी निर्धारित करनी पड़ेगी। उसके पश्चात् प्राथमिक तैयारी। दिग्विजय-यात्रा उसके बाद की बात है। उस प्रसंग को लेकर इसी समय उत्तेजित होना क्या अर्थहीन नहीं है ?''

प्रतीत होता है, अन्तिम बातें युधिष्ठिर को अच्छी तरह हृदयंगम नहीं हुईं–वे उससे पहले के एक शब्द को लेकर चिन्ता और बेचैनी अनुभव करने लगे। अब कुछ जोर देकर बोले, ''कौशल–अर्थात् मिथ्याचरण तो नहीं ? मेरी इच्छा नहीं कि शुभ-कार्य के प्रारम्भ में कोई मिथ्या या असदाचरण हो।''

इस प्रश्न के उत्तर में श्रीकृष्ण का कंठ-स्वर थोड़ा कठोर हो गया, ''महाराज, मिथ्याचरण या मिथ्या-भाषण छोड़कर भी कौशल का सहारा लिया जा सकता है। किन्तु, आप शास्त्र को जाननेवाले हैं, शास्त्रकार, सब कुछ जाननेवाले ऋषि-गण के उपदेश से आप अनभिज्ञ नहीं हैं। देह धारण करके संसार-धर्म का पालन करने के लिए प्रायः मिथ्या-भाषण अनिवार्य है, उन्होंने इसकी उपलब्धि जीवन को पूर्णतः जान कर की थी। धर्मराज युधिष्ठिर–यह नाम और सत्य-निष्ठा आपकी इस अल्पायु में ही अनेक के लिए–

विशेषकर परिचितों के बीच प्रायः एकार्थ हो गए हैं। तब भी मैं कहता हूँ, शायद आपको भी यह शरीर छोड़ने से पहले मिथ्या बोलना पड़ेगा। शास्त्र में है, सत्य बोलना ही धर्म-संगत है, सत्य ही श्रेष्ठ है, किन्तु यह निश्चित करना अत्यन्त कठिन है कि हमेशा सत्य के अनुसार कर्म करना उचित है या नहीं। जहाँ मिथ्या बोलने पर हित होता हो एवं सत्य, मिथ्या की भाँति अनिष्टकारी हो जाए, वहाँ सत्य बोलना अनुचित है, मिथ्या बोलना ही कर्तव्य है। इसी तरह किस-किस विषय में मिथ्या बोलने से अधर्म नहीं होता, उस सम्बन्ध में शास्त्रकारों का विधान अत्यधिक स्पष्ट है। विवाह के समय, परिहास में, रति के समय, प्राण-संकट की दशा में, जहाँ सर्वस्व विनष्ट होता हो, स्त्रियों के सामने एवं दूसरे के उपकार के लिए मिथ्या बोलने में दोष नहीं है।[1] हे, भारत में अग्र-गण्य, आप उन छियासी राजाओं के विषय में सोचकर देखें—जो केवल मगधपति की अपेक्षा दुर्बल होने के अपराध में कारागृह में असीम दुख भोग रहे हैं, संकल्पित सौ की संख्या पूर्ण होते ही जरासन्ध ने जिनके बलिदान की घोषणा कर रखी है ! इस मद-गर्वी के सामने सज्जन और ब्राह्मण अकारण अपमानित हो रहे हैं। लगातार अकारण युद्ध में बहुत व्यक्ति मर रहे हैं—क्या इससे उनका केवल युद्ध-विलास चरितार्थ नहीं होता। केवल मात्र कन्याओं के अनुरोध पर, जरासन्ध ने बार-बार मथुरा पर आक्रमण किया—किन्तु क्या आप यह अनुमान लगा सकते हैं कि उसके फलस्वरूप दोनों पक्षों के कितने लोग हताहत हुए ? ऐसे व्यक्ति को कौशल या मिथ्याचरण द्वारा मही-तल से मिटा डालना भी श्रेयस्कर है—इसमें यदि कोई पाप हो तो पाप और पुण्य ये दोनों शब्द-संज्ञाएँ ही मिथ्या हैं !''

॥ १७ ॥

फाल्गुनी, जरासन्ध के मारे जाने के बाद बहुत दिन तक दुखी रहे, मानो किसी कार्य या विचार-विमर्श में ही उनकी रुचि नहीं रही। सद्यमुक्त हुए इतने सारे राजाओं का साधुवाद, उल्लास और कृतज्ञता ज्ञापन तथा चारों ओर उठनेवाले धन्य-धन्य शब्द भी उन्हें सन्तुष्टि प्रदान नहीं कर सके, न उनके मन की ग्लानि को दूर कर सके।

दीक्षान्त के लिए प्रस्तुत ब्रह्मचारी के वेश में, एक प्रकार से मिथ्या परिचय ओढ़ करके, सेवकों या अन्तरंग परिजनों के आने-जाने के मार्ग से न जाकर, अन्य द्वार से अन्तःपुर में प्रविष्ट होकर, शीघ्रता से शयन-कक्ष में घुसकर अचानक मल्ल-युद्ध का आमन्त्रण देना—यदि यह, चौर-कार्य की भाँति निन्दनीय या का-पुरुष का आचरण नहीं है, तो वे नहीं जानते कि कौन सा आचरण किस प्रकार का है ! किसी भी रूप में छल या चातुर्य से कार्य-सिद्ध करना वीर का कर्म या धर्म नहीं है। यह सद्वंश में उत्पन्न क्षत्रिय की शस्त्र-शिक्षा का उद्देश्य भी नहीं है। तब भी उन लोगों को वासुदेव के

1. महाभारत, कर्ण पर्व, 26वाँ अध्याय; आदि पर्व, 11वाँ अध्याय द्रष्टव्य।

परामर्श के कारण वह कार्य करना पड़ा। जरासन्ध को मल्ल-युद्ध का आह्वान करके उन्होंने वृकोदर को इस ढंग से आगे कर दिया, जिससे वीर एवं विशालकाय जरासन्ध उसे ही प्रति-योद्धा चुनें।

अर्जुन के क्षोभ का यह कारण भी है कि उन्हें, इतने दिनों तक यत्नपूर्वक प्राप्त की गई शिक्षा के प्रयोग का सुयोग प्राप्त न हुआ। जरासन्ध ने उन्हें बालक समझकर, उनकी उपेक्षा करके ही भीमसेन के साथ बल-परीक्षा की इच्छा प्रकट की। उनके साथ मल्ल-युद्ध में पराजित होकर अर्जुन लज्जित भले ही होते–किन्तु तब अपनी दृष्टि में इस प्रकार अपमानित न होते। स्वयं को इतना क्षुद्र न समझते।

आश्चर्य है, स्मरण नहीं आता कि अब तक वासुदेव की भाँति स्थिर-बुद्धि, विराट्-मनीषा और सूक्ष्म विचार-शक्ति सम्पन्न कोई अन्य देखा हो। ऐसे अति-श्रेष्ठ मनुष्य ने उन लोगों को अनायास कैसे इस नीच-जनोचित कार्य में प्रवृत्त किया और उसकी शिक्षा दी–विशेष रूप से भीम को ! यह स्मरण आते ही अन्धकार-भरे कक्ष में भी फाल्गुनि का मुख लाल हो उठा। दर्पण या नव-निर्मित जलाशय में अपनी प्रतिच्छाया की ओर ताकने में लज्जा अनुभव होने लगी। तेरह दिन तक लगातार युद्ध करके चौदहवें दिन, थके हुए जरासन्ध ने क्षण-भर के लिए रुककर जब केवल थोड़ा साँस लेने के अवसर की तीव्र-इच्छा प्रकट की तब उनकी दुर्बल और थकी हुई अवस्था की ओर संकेत करने के लिए ही वासुदेव ने कहा, "भीम, थके हुए शत्रु को अधिक पीड़ित करने से उसकी प्राण-हानि हो सकती है–अतएव तुम अभी मन्द-मन्द बाहु-आघात द्वारा किसी प्रकार युद्ध काल का पालन करते जाओ।" भीम ने उस संकेत को समझकर ही क्लान्त, महाबली जरासन्ध को बलपूर्वक घुमाकर, उछालकर और पीटकर मार डाला। उस समय अर्जुन के मन में आया–इससे तो उनका स्वयं का मर जाना उचित होता ! छिः ! बिचले बड़े भाई ने यह क्या किया !

किन्तु विराट-पुरुष वासुदेव निर्विकार। उन्होंने भीमसेन की प्रशंसा ही की, अजस्र गुणगान किया। इस विषय में कोई सन्देह नहीं रहा–कि वे हमेशा से अधिक तुष्ट और सफल-काम हो गए।

और शिकायत के उत्तर में अर्जुन का थोड़ा तिरस्कार ही किया। बोले, "पूर्व युगों में कुछ दानव तपस्या द्वारा, शस्त्राभ्यास द्वारा, शिक्षा, चिन्तन और एकाग्रता द्वारा अपराजेय हो गए थे, किन्तु परवर्ती काल में दुर्विनीत और शक्ति के दर्प से भरे वही सब दानव तपस्या व सद्बुद्धि का त्याग करके मानवों के महा-शत्रु बन गए, उस अशुभ का नाश करने के लिए स्वयं भगवान या महाशक्ति को बार-बार अवतार लेना पड़ा–उन्हीं अति-घमंड के कारण दुर्विनीत और अत्याचारी दानवों के ध्वंस के लिए। नैकष रावण भी महातपस्वी और महावीर था। उसी रावण की शक्ति को चूर्ण और ध्वंस करने के लिए भगवान रामचन्द्र ने रावण के अनुज को अपने पक्ष में करके युद्ध से पहले घर का भेद लिया था। राम के छोटे भाई लक्ष्मण ने विभीषण की सहायता से चोर की भाँति गुप्त मार्ग से निकुम्भिला यज्ञशाला में जाकर उपवासी और यज्ञ-संकल्पी मेघनाद का वध

किया था। उससे भी पहले भगवान ने बालि का दमन करने के लिए वामन-रूप धारण करके पूरी तरह मिथ्याचरण और छलना ही की थी। सिंह आदि जंगल के हिंस्र-पशुओं का वध करने के लिए मनुष्य नख-दन्त का प्रयोग नहीं करते—छलना और लौह-अस्त्र का सहारा लेते हैं। क्या वे पापाचरण करते हैं ? तुम लोग अपनी रसना-तृप्ति को जब शिकार के लिए जाकर मृग, शशक आदि निरीह पशुओं का वध करते हो, तब तुम्हारा यह सब नीति-ज्ञान कहाँ चला जाता है ? जरासन्ध ने अपने से निर्बल राजाओं को बिना कारण पराजित और अपमानित करके अनेक कष्टों के बीच कारागार में बन्दी बना रखा था—वह क्या दुर्बलता के अवसर का लाभ उठाना नहीं था ? फाल्गुनी, संसार की—विशेषकर राज-कार्य की व्यवस्था बहुत जटिल है। बिना विचारे या विवेचना किए कुछ पुरातन नीति-ज्ञान और मूल्य-बोध को पकड़े मत रहो, बहुत दिन तक प्रचलन में होने भर से कोई धारणा या विश्वास सत्य नहीं हो जाता। उसे भ्रान्तिहीन मानने की आवश्यकता भी नहीं है। और इतनी माया-ममता अनुचित स्थान पर न बाँटते फिरो। यदि किसी दिन युद्ध-क्षेत्र में देखो कि बन्धु-बान्धव ही बन्धु-बान्धवों को पराजित कर रहे हैं, सारे कुशल और विख्यात योद्धा मिलकर एक सामान्य बालक का वध करके विजय-गौरव से उत्फुल्ल हो रहे हैं—तो विस्मित या दुखी न होना। संसार की रीति समझ कर सान्त्वना रखो।''

अर्जुन को भी इन सब सच बातों को स्वीकार करने के लिए बाध्य होना पड़ा। तब भी कहीं, जैसे अन्याय-बोध का काँटा मन से निकलना नहीं चाहता। सोचा, श्रीकृष्ण अकारण ही भयभीत हुए, गांडीव हाथ में रहते, जरासन्ध उन्हें पराजित नहीं कर सकते थे।

निश्चय ही वासुदेव ने अधिक दिन विषण्ण और अभिमान से आहत होने का अवसर नहीं दिया।

इन लोगों को उनके ही उपदेश और युधिष्ठिर के निर्देश पर अविलम्ब दिग्विजय यात्रा पर निकलना पड़ा।

चार भाई सेना के साथ चार दिशाओं में यात्रा पर निकले। अर्जुन गए उत्तर दिशा की ओर, भीमसेन पूर्व दिशा में, सहदेव दक्षिण और नकुल पश्चिम।

इस दिग्विजय-यात्रा में ही अर्जुन का क्षोभ, लज्जा में परिणत हो गया, उनके वीरत्व का घमंड भी कुछ कम हो गया।

कई देशों के राजाओं से सम्राट का प्राप्य, सम्मान का प्रतीक, कर ग्रहण करके—उनसे आनुगत्य स्वीकार कराकर प्राक्ज्योतिषपुर जा पहुँचे। वहाँ, कुशल राजा भगदत्त दुर्धर्ष वीर एवं कौरवों के प्रति बहुत अधिक प्रीति-युक्त थे। वे भला सहजता से अधीनता क्यों स्वीकार करते ? अर्जुन ने भी वैसी आशा नहीं की थी, तब भी यह कल्पना भी नहीं थी कि भगदत्त को पराजित करना कठिन होगा। किन्तु आठ दिन लगातार भयंकर युद्ध चलने पर भी कोई भी पक्ष दूसरे को पराजित नहीं कर सका।

तब भगदत्त ही स-हास और स्नेहपूर्ण स्वर में बोले, ''वत्स, मैं तुम्हारे पिता का मित्र हूँ, तुम मेरे पुत्र के समान हो। मैं तुम्हारे शौर्य पर प्रसन्न हूँ, तुम्हें अपने समान योद्धा

स्वीकार करता हूँ। मेरा, तुम्हारे प्रति कोई विद्वेष और असूया-भाव नहीं है, तुम्हारा वध करने की इच्छा तो एकदम नहीं है। इतना युद्ध भी तुम्हारे बल की परीक्षा करने के लिए किया है। बोलो, तुम क्या चाहते हो, मैं प्रसन्न होकर वही दूँगा।''

वही दिया भी। धनंजय को, राज चक्रवर्ती के प्राप्य के अनुसार नाना प्रकार के धन-रत्न, वस्त्र, हाथी इत्यादि प्रसन्न मन से प्रदान किए।

यह तो ठीक है कि पराजित नहीं हुए, किन्तु अर्जुन को लगा–वासुदेव अन्तरिक्ष में दूर से ही कुछ दया-भरी विद्रूप हँसी हँस रहे हैं।

सच है, भगदत्त उन्हें पराजित नहीं कर सके, उसी प्रकार स्वयं भी अपराजित रहे। क्लान्त भी नहीं हुए। शायद इसी तरह सप्ताह-भर और युद्ध चलता तो हो सकते थे– यही सम्भावना धनंजय के सम्बन्ध में भी थी। भगदत्त के साथ युद्ध करने में यह दशा है, जरासन्ध के साथ युद्ध करने जाते तो कौन जाने क्या होता ! हो सकता है पराजित ही हो जाते। जरासन्ध द्वारा वध किए जानेवाले राजाओं की सौ की संख्या पूर्ण होने में एक और संख्या जुड़ जाती।

मानस सरोवर के पार हमेशा हिमाच्छादित रहनेवाले हरिवर्ष पहुँचकर अर्जुन को एक और आघात लगा। वहाँ के प्रधान प्रवेश-पथ के पहरे पर विद्यमान राज्य-रक्षक उनके आगमन से न भयभीत हुए, न रुष्ट हुए, न उन्होंने आवेश या युद्ध की इच्छा प्रकट की। बल्कि जैसे अभिभावक बालकोचित अबोध आचरण देखकर स्नेह-वश बढ़ावा देनेवाली हँसी-हँसते हैं, उसी प्रकार मन्द हास किया और कहा, ''भद्र, यहाँ प्रवेश करने की व्यर्थ चेष्टा न करो। यह हिम का मरु-देश है, यह देश हमेशा घने, दुर्भेद्य, निश्छिद्र, सर्व विनाशकारी कुहरे से घिरा रहता है। यहाँ प्रवेश करके तुम कोई प्रतिद्वन्द्वी या प्रतिपक्षी नहीं देख पाओगे, किन्तु जो इस देश के निवासी हैं, वे इस सदा छाए रहनेवाले कुहरे के अभ्यस्त हैं, वे इच्छा होने पर अनायास और अकस्मात् तुम्हारा और तुम्हारे साथियों का वध कर सकते हैं। प्रकृति भी यहाँ भयंकरी है, वस्तुतः वही तुम्हारी प्रतिपक्षी है। आज तक कोई भी साधारण मनुष्य यहाँ प्रवेश करके जीवित वापस नहीं लौट सका। कहीं-कहीं अतल-स्पर्शी हिम-कीच है–पैर रखने मात्र से उस अतल में समा जाओगे, कहीं भीतर-ही-भीतर शिथिल, विराट, हिमनद हैं, सामान्य पद शब्द महाभयंकर शब्द में बदलकर शब्द करनेवाले को पूरी तरह अपने अन्दर समाधिस्थ कर लेते हैं। जिन्होंने यहाँ जन्म नहीं लिया है, वे घड़ी-भर भी यहाँ जीवित नहीं रह सकते। और बल-प्रयोग या शक्ति-परीक्षण का प्रयोजन ही क्या है ? यदि तुम्हारी कोई प्रार्थना या इच्छा हो तो बोलो, सम्भव होने पर प्रसन्नता के साथ पूर्ण करेंगे।''

धनंजय ने ताक कर देखा। किन्तु नेत्र खुल भर सके। कुछ भी देखा नहीं जा सका। कहीं भी कोई वृक्ष, फसल, यहाँ तक कि हरी घास की श्यामलता तक दृष्टि-गोचर नहीं हुई। दृष्टि अधिक दूर तक गई भी नहीं। लगा, यहाँ चन्द-सूर्य का प्रकाश प्रवेश नहीं करता। हिम में प्रतिबिम्बित अनैसर्गिक, अप्राकृतिक प्रकाश पर ही भरोसा है, वह भी कुहरे से ढका हुआ, उस घने, सूची-भेद्य, वाष्प-भरे कुहरे ने छायान्धकार कर रखा है।

जैसे यह सम्पूर्ण भू-खंड एक भयावह, अज्ञेय, अज्ञात रहस्य से ढका है। जिस देश में कोई इन्द्रिय गोचर नहीं, कोई ईर्ष्या प्रकट नहीं करता, दूसरे की ईर्ष्या समाप्त करने की चेष्टा भी नहीं करता—उस देश में वे किसके साथ युद्ध करें ?

अर्जुन को विवश होकर उनके सामने ही अपनी बात कहनी पड़ी। रक्षा-वाहिनी ने प्रसन्नता और उदारता के साथ उनकी इच्छा पूर्ण की। सम्राट के कर के रूप में उस देश के अपने कुछ-कुछ अस्त्र एवं लम्बे बालोंवाले पशु-चर्म दिए। इसी के साथ कुछ मूल्यवान मणिरत्न—यह इच्छा प्रकट करके कि सम्राट इन्हें आभूषण के रूप में प्रयोग करें।

प्राप्य पाया, अभीष्ट पूर्ण हुआ, कार्य सिद्ध हुआ—बिना युद्ध के, बिना रक्तपात के, यहाँ तक कि बिना किसी कड़वाहट के—पर अर्जुन अपने को पराजित और अपमानित अनुभव करने लगे। यहाँ प्रति-पक्ष दिखाई भी नहीं दिया, कोई मिला ही नहीं, मानो वे अवहेलना के साथ चुप और अदृश्य हो रहे। केवल प्राकृतिक दशा और परिवेश के समक्ष पराभूत होकर उस उपेक्षा को निरुत्तर ही सहना पड़ा। यही है मनुष्य के शौर्य और वीर्य का परिमाण और परिणाम ! इस अहंकार में ही वे वासुदेव के भीरुता प्रकट करने को, चातुर्य का अवलम्बन ग्रहण करने के प्रस्ताव को और शत्रु की शारीरिक दुर्बलता के सुयोग का लाभ उठाने के निर्देश को—हीन जनोचित आचरण समझकर क्षुब्ध हो गए थे ? धिक् !

निश्चित रूप से और कहीं भी कोई असुविधा नहीं हुई।

ऐसा नहीं कि छिटपुट युद्ध नहीं करने पड़े, किन्तु पांडव भाइयों ने सर्वत्र ही आसानी से विजय प्राप्त की। केवल सहदेव माहिष्मती पहुँचकर थोड़े संकट-ग्रस्त हो गए थे। माहिष्मती पूरी तरह नारी-शासित न होने पर भी उस राज्य में नारियाँ ही प्रधान हैं। वहाँ पुर-स्त्रियाँ खुले रूप में व्यभिचारी जीवन व्यतीत करती हैं; किन्तु उस आचरण को कोई भी दोषपूर्ण नहीं मानता। लगता है, उन्हें नियन्त्रित करना असम्भव जानकर कोई वैसा प्रयास भी नहीं करता। किन्तु रण-क्षेत्र में वे दुर्धर्ष और कठिन-प्राण निकले। परिणामस्वरूप शायद सहदेव को पराजय स्वीकार करके किसी को सहायता की प्रार्थना के साथ राजधानी भेजना पड़ता और अन्त में हो सकता है फाल्गुनि का आना आवश्यक हो जाता, किन्तु राज-जामाता अग्नि ने कनिष्ठ-पांडव की इस अपमान से रक्षा कर ली। उनके परामर्श और मध्यस्थता से ही एक सन्धि हुई, नियम-पालन के रूप में राजा नील ने साधारण सा कर भी दिया और यज्ञ में उपस्थित होने की वचन-बद्धता भी मिल गई। सहदेव ने सन्तोष की साँस ली।

यह तो आकस्मिक घटा, किसी ने माहिष्मती को संकट का स्थान नहीं माना था। थोड़ी दुश्चिन्ता का कारण पूर्व दिशा में ही था।

चेदिराज शिशुपाल, जरासन्ध के प्रति मैत्री-भाव से भरे थे। इसे लेकर सबको ही थोड़ी आशंका थी कि जो व्यक्ति उन्हें अभी-अभी मारकर आ रहा है, उसके प्रति शिशुपाल का मनोभाव कैसा होगा ! किन्तु शिशुपाल ने उस आशंका को निर्मूल सिद्ध

करते हुए भीमसेन का बहुत आदर और सम्मान के साथ स्वागत-सत्कार किया। प्रारम्भिक सत्कार और कुशल प्रश्न पूछने के बाद स-हास इस शुभागमन का अभिप्राय जानने की इच्छा प्रकट की एवं उसे जान लेने पर भी उनकी भद्रता तथा आत्मीयतापूर्ण व्यवहार में कमी नहीं आई। उन्होंने इस सत्य को सहज ही स्वीकार कर लिया कि युधिष्ठिर राज-चक्रवर्ती होने के सर्वथा उपयुक्त हैं। प्रचुर मात्रा में कर और उपहार दिए–उसके बाद भी भीमसेन को विदाई नहीं देनी चाही। वे भोजनप्रिय हैं, उनकी यह ख्याति सुदूर चेदि में भी आ पहुँची थी। इसी कारण शिशुपाल ने इतनी प्रचुर मात्रा में और विविध प्रकार के भोजन की व्यवस्था की, कि भीम पन्द्रह दिन के लगभग वहीं रह गए–इससे पहले उस स्थान से विदा नहीं ले सके।

पांडवों को चेदिराज से भी अधिक आशंका अंगराज कर्ण के सम्बन्ध में थी। अंग कौरवों का अधीन राज्य था, मित्र राज्य भी। किन्तु इसके अलावा भी आशंका का कारण था, विराग और विद्वेष। महेन्द्र के लिए दुर्लभ शौर्य और इस लोक में दुर्लभ उदार चरित्रवाले होने पर भी सामान्य कुल में जन्म लेने के कारण कर्ण किसी भी क्षेत्र में अपने योग्य सम्मान और स्थान प्राप्त नहीं कर सके थे।

बहुत दुख उठाकर किशोर वय में श्रेष्ठ योद्धा भार्गव से अस्त्र-शिक्षा प्राप्त की। किन्तु उसका परिचय देने के लिए उचित स्थान व अवसर नहीं पा सके। अन्त में भाग्य की खोज में हस्तिनापुर आकर, पांडवों की अस्त्र-परीक्षा की रंग-भूमि में जाकर, उस दिन के श्रेष्ठ धनुर्धर अर्जुन से प्रतिद्वन्द्विता करनी चाही। किन्तु भास्कर की भाँति तेजस्वी इस तरुण के आकस्मिक आगमन और स्पर्धा की इच्छा व्यक्त करने से उस परीक्षा के प्रधान आयोजक आचार्य कृप कुछ भयभीत हो गए। अतः उन्होंने इस आशंका से–कि उनके आश्रयदाता की सन्तान और एक समय के छात्र अर्जुन का सम्मान कहीं नष्ट न हो जाए–सूत या सारथि-पुत्र कर्ण राजपुत्रों के साथ प्रतिद्वन्द्विता के अयोग्य है, इस बहाने से उन्हें उस न्यायोचित अधिकार से वंचित कर दिया।

यही क्षोभ का आरम्भ था, किन्तु अन्त नहीं।

उनकी तेज-पुंज-आकृति और गौरव-भरे विशाल ललाट को देखकर अनेक लोग आकृष्ट हुए थे, पांडवों के यश से ईर्ष्या रखनेवाले दुर्योधन उनमें अन्यतम थे। उन्होंने उसी समय उन्हें करद-राज्य अंग का अधिपति घोषित कर दिया और रीतिपूर्वक शास्त्र के अनुसार अभिषेक की तत्काल व्यवस्था की। किन्तु उस अनुष्ठान के समाप्त होने पर जैसे ही कर्ण ने पुनः धनुष को हाथ लगाया–'राजमाता कुन्ती मूर्च्छित हो गई हैं' इसी स्वर के साथ आचार्य कृप ने परीक्षा-समाप्ति की घोषणा कर दी।

भाग्य ! जन्म-लग्न में प्रतिकूल नक्षत्र के बैठे होने से वे देव-अंश से उत्पन्न होने पर भी पितृ-परिचय से वंचित रहे। वे कुन्ती के ही पुत्र हैं, उनका कलंक-भरा परिचय है, कुमारी के पुत्र, किन्तु तब तक उस परिचय को भी कोई नहीं जानता था, स्वयं कर्ण भी नहीं। सद्यजात शिशु मिट्टी के एक पात्र में बहा जा रहा था, जो उस आयु में भी तेज-पुंज, कान्तिमान तथा जन्म से कवच और कुंडल धारण किए हुए था–सारथि

अधिरथ यह देख दयार्द्र होकर निकाल लाए और पुत्रवत् लालन-पालन किया। उस सूत्र के आधार पर ही उन्हें सब सूत-पुत्र जानते हैं।

जिन्होंने, जन्म लेते ही माता द्वारा त्याग दिए गए शिशु के जीवन और प्राणों की रक्षा की है, कर्ण यह परिचय जानकर भी उन्हें त्याग देते, इसमें निश्चित रूप से सन्देह है। कर्ण इस प्रकृति के अकृतज्ञ और अवसरवादी नहीं थे।

और भी, पांचाल की स्वयंवर सभा में द्रौपदी ने इसी परिचय के कारण उनका मर्मान्तक अपमान किया था। सब प्रकार से योग्य होने पर भी उन्हें स्वयंवर की शर्त के अनुसार परीक्षा देने का न्यायपूर्ण सुअवसर नहीं दिया गया था। शर्त की घोषणा करते समय धृष्टद्युम्न ने किसी प्रकार की वृत्तिगत या जातिगत बाध्यता का उल्लेख नहीं किया था। इसके बाद भी द्रौपदी ने कह दिया था, "सूतपुत्र के गले में वर-माला डालने से पहले मैं आत्महत्या कर लूँगी, यह भी उचित होगा।" उस समय कर्ण, पहले की गई घोषणा की याद दिलाकर अपना दावा प्रस्तुत कर सकते थे, किन्तु उन्हें ऐसी इच्छा नहीं हुई। उन्होंने करुणापूर्ण मधुर हँसी के साथ अभयदान और आश्वासन दिया था, "कल्याणी, तुम प्रसन्न होओ, सुखी रहो। तुम्हें, मेरे लिए अपने जीवन को अकाल नष्ट नहीं करना पड़ेगा।"

कौन जाने उस दिन द्रौपदी अपने अत्यन्त कठोर और अन्यायपूर्ण व्यवहार तथा अकारण किए गए अपमान के इस परिष्कृत और भद्र प्रतिशोध को समझ पाई या नहीं !

जो भी हो, पांडवों के प्रति उनकी ईर्ष्या और विद्वेष स्वाभाविक है। अतः किसी ने भी आशा नहीं की थी कि वे बिना युद्ध के कर दे देंगे। भीम भी युद्ध के लिए तैयार थे। किन्तु कर्ण ने ऐसा कुछ नहीं किया, बल्कि पार्षदों के साथ आकर आन्तरिक प्रेम के साथ भीम की अगवानी की तथा विनयपूर्वक आदर-सत्कार और आतिथ्य ग्रहण करने का न्योता दिया।

तब भी भीम थोड़े आशंकित थे। भौंहें टेढ़ी करके बोले, "किन्तु मैं केवल मित्रता की स्थापना या सौजन्य के आदान-प्रदान के लिए नहीं आया हूँ। महाराज चक्रवर्ती, पांडव-श्रेष्ठ युधिष्ठिर ने राजसूय यज्ञ की आकांक्षा की है, वह यज्ञ भारत-खंड के समस्त राजाओं द्वारा कर देकर अधीनता स्वीकार किए बिना सम्भव नहीं है। मैं वही कर-संग्रह करने आया हूँ। यह बात जानकर भी आप मेरी अगवानी करेंगे या नहीं, सोचकर देख लीजिए। कर प्रदान किया जाएगा—यह वचन पाए बिना मैं आपका आतिथ्य ग्रहण नहीं कर सकूँगा—कारण, किसी का आतिथ्य ग्रहण करके जो उसके साथ युद्ध करता है, वह का-पुरुष और कुल-कलंकी होता है।"

कर्ण ने लगभग बलपूर्वक उन्हें वक्ष पर खींच लिया और आलिंगनबद्ध करके उत्तर दिया, "प्रियवर, कर्ण के पास प्रार्थी होकर आनेवाला कोई भी खाली हाथ लौटकर नहीं जाता—यह एक प्रकार की जनश्रुति बन गई है। क्या तुमने वह नहीं सुनी ?"

"क्या संकट है ! वह तो भिक्षा है, याचना। मैं आया हूँ, सम्राट के कर की इच्छा

से,'' भीम, जैसे थोड़े हक्के-बक्के रह गए।

''वह भी तो प्रार्थना ही है। कर की प्रार्थना करने ही आए हो, अधीनता भी तुम चाहते हो। भिक्षा शब्द पर मुझे आपत्ति है। प्रार्थी की प्रार्थना, अभिलाषी की अभिलाषा पूर्ण करना मनुष्य के लिए महान सुयोग है, जो वह कर पाता है, वही कृतज्ञ और कृतार्थ होता है। भाई भीम ! मैं तुमसे उसी पुण्य-सुयोग की प्रार्थना कर रहा हूँ।''

भीम ने लज्जा से सिर झुकाकर अपनी कठोरता के लिए क्षमा-प्रार्थना की।

इस अगवानी से ही भीमसेन के विस्मय की सीमा नहीं रही, बाद के कई दिन तो उन्हें उस विस्मय ने विह्वल कर दिया।

आदर-सत्कार और आतिथ्य कई मास पर्यन्त प्रचुर मात्रा में प्राप्त किया, चेदिराज ने तो चूड़ान्त आतिथ्य किया था–किन्तु, जैसे कर्ण का आचरण, स्नेह एवं प्रीतिपूर्ण, व्यवहार भिन्न प्रकार का है, भीमसेन सोच नहीं पा रहे थे कि इसका कैसे वर्णन करें। यह आन्तरिकता केवल अनुभव की जा सकती है–इसे कोई अभिधा नहीं दी जा सकती। आत्मीयवत ? नहीं, आत्मीय से बहुत अधिक। ज्येष्ठ सहोदर जैसे बहुत समय बाद लौटकर आए अतिप्रिय अनुज को वात्सल्य देता है–कर्ण का आचरण भी कुछ उसी प्रकार का था।

कर्ण स्वयं भी नहीं समझ पा रहे थे। लगता था, अपना आचरण और मन की जटिलता अपने लिए ही दुर्बोध्य हो गई है। इस विशालकाय, कठोर-भाषी, अति खाद्य-लोलुप भीमसेन को देखकर उनके हृदय में स्वतः ही यह कैसा अद्भुत और अकारण प्रीति-रस निसृत हो रहा है !

वात्सल्य ? बहुत कुछ उसी प्रकार का। मानो जैसे कोई एक अदृश्य बन्धन उन्हें इस तरुण के प्रति अमोघ आकर्षण में बाँध रहा है, रक्त में एक रहस्यपूर्ण उद्वेलन उछाल मार रहा है। इसे प्यार देते साध नहीं मिट रही है। इसे तृप्त करते तृप्ति नहीं हो रही है।

पर एक समय विदा देनी ही पड़ी।

भीम भी जैसे अनिच्छापूर्वक ही सक्रिय हुए। आनन्द और विलास का चाहे जितना प्रबन्ध हो–कार्यवश आए हैं, लौटना ही होगा, अकारण विलम्ब करना उचित नहीं है–यह तथ्य भी विस्मृत नहीं कर पा रहे हैं। कर्ण ने कर के रूप में यथेष्ठ धन और अन्य वस्तुएँ दीं। उनके साथ भेंट-उपहार भी। प्रार्थी की आकांक्षा से अधिक देना उनका स्वभाव है, फिर यहाँ तो जैसे मन का आग्रह और भी अधिक है। इसके बाद समय गँवाने का और कोई प्रयोजन नहीं था, किन्तु अपने मन को समझाया जाए–ऐसी कोई युक्ति भी नहीं।

विदा-काल में सद्-व्यवहार के आदान-प्रदान और आलिंगन इत्यादि के समय कर्ण एक कदम और भी आगे बढ़ गए। पुत्र या सहोदर अनुज को विदा करते समय जैसे मस्तक सूँघने की रीति है, उन्होंने वैसा ही किया।

लगता है, भीम ठीक ऐसे व्यवहार के लिए तैयार नहीं थे। वे इस आन्तरिकता से

कुछ विह्वल हो उठे। ऐसे अवसर पर चरण स्पर्श करना स्वाभाविक है, ऐसी रीति भी है। भीम की सम्पूर्ण सत्ता ने उसी ओर अग्रसर होना चाहा। किन्तु यह व्यक्ति एकदम नीच जाति का है, उनके प्रणाम के योग्य नहीं है—यह स्मरण आने के कारण ही उन्होंने अपने को रोक लिया।

प्रणाम न कर पाने पर भी भीमसेन हाथ जोड़कर उनके प्रति कृतज्ञता निवेदन करते हुए बोले, ''मैंने पहले ही महाराज चक्रवर्ती युधिष्ठिर की ओर से आपको ससम्मान और सादर आमन्त्रित कर दिया है, अब अपनी ओर से कर रहा हूँ। हम लोग आपके शुभागमन की प्रत्याशा में दिन गिनेंगे। आपने जो आदर-सत्कार किया है, शायद उसका शतांश भी नहीं कर पाएँगे—और वह करना भी नहीं चाहते। किसी-किसी का ऋणी रहना ही सुखकर होता है, आप वही व्यक्ति हैं। तब भी आशा करता हूँ, आदर-सत्कार की भूल-चूक आन्तरिक-भावना से पूरी हो जाएगी। आपकी मैत्री और प्रेम पाकर मेरे सब भाई प्रसन्न और कृतार्थ अनुभव करेंगे। आप हम पाँचों भाइयों के ही अग्रज मित्र के रूप में रहेंगे—यही मेरी आशा और प्रार्थना है।''

कर्ण हँसे। करुणापूर्ण मधुर हँसी—औदार्य और ईर्ष्यामिश्रित। कहा, ''तुम सब भाइयों के साथ ही सौहार्द्र-स्थापन सम्भव है—किन्तु अर्जुन ? नहीं, इस जन्म में और नहीं !''

''क्यों ?'' भीमसेन विस्मित हो गए, ''आपका उसके साथ शत्रुता का तो कोई कारण उत्पन्न नहीं हुआ। कभी भी आप लोग किसी युद्ध में एक-दूसरे के सामने पड़े हों, ऐसा भी नहीं सुना—?''

''नहीं, इस प्रकार की घटना नहीं हुई एवं वही विद्वेष का कारण बन गया है।''

''इसका अर्थ ?'' भीमसेन ने अपने को और भी विमूढ़ अनुभव किया।

''शत्रुता नहीं—प्रतिद्वन्द्विता भी नहीं—प्रतियोगिता ही करनी चाही थी। प्रतियोगिता में पराजित होता या विजयी। उससे बैर या विद्वेष का कोई कारण नहीं बचता। किन्तु मुझे वह सुयोग या अवसर नहीं दिया गया। दो-दो बार चेष्टा करना व्यर्थ हो गया। एक तुच्छ कारण से मेरी प्रार्थना अस्वीकार कर दी गई—भिखारी को भिक्षा मिलती है, मुझे वह भी नहीं मिली। एक बार तुम लोगों की परीक्षा—रंगशाला में और एक बार द्रोपदी के स्वयंवर में।''

''किन्तु उसमें अर्जुन का तो कोई हाथ नहीं था।''

''जैसे वह सत्य है, वैसे ही मेरा यह व्यर्थता का ताप और अन्याय के कारण चित्त का क्षोभ भी सत्य है। एक बार प्रतियोगिता के न्यायोचित सुयोग से वंचित हुआ था, क्रूरमना एक ब्राह्मण के चातुर्य द्वारा और एक बार वंचित हुआ, एक स्त्री के अर्थहीन जाति-अभिमान द्वारा। उसने राजकीय घोषणा को भी मिथ्या कर दिया था। जो भाव तात्कालिक प्रतियोगिता में समाप्त होकर स्थायी मैत्री-सम्बन्ध के रूप में परिणत हो सकता था, उसने ही मेरे मन में तीव्र प्रतिद्वन्द्विता का आकार धारण कर लिया और धीरे-धीरे शत्रुता में परिणत हो गया।...नहीं, अब और सखा-भाव सम्भव नहीं। आमने-सामने के

किसी युद्ध में अर्जुन के सामने उतरने तक और यह प्रमाणित करने तक कि शस्त्र संचालन में कौन अधिक कुशल है, मुझे शान्ति या चैन नहीं।...और, उस युद्ध का फलाफल भी जानता हूँ—इस धरती से या तो अर्जुन या कर्ण विदा लेगा। इसीलिए भाई वृकोदर, इस जन्म में उसके साथ मित्रता सम्भव नहीं होगी। मृत्यु का मुझे दुख नहीं, उसके लिए रंच-मात्र भी चिन्तित नहीं हूँ, मैं केवल उसके सामने इस सत्य को सिद्ध करना चाहता हूँ कि मैं योद्धा की दृष्टि से तथा शस्त्र-शास्त्र के ज्ञान की दृष्टि से किसी भी अंश में अर्जुन से हीन या निकृष्ट नहीं हूँ। अब, यही मेरा ध्यान-ज्ञान और स्वप्न है।''

॥ १८ ॥

पांडवों ने चारों ओर ससम्मान-सविनय निमन्त्रण भेज दिए थे। इस कार्य के लिए सहस्रों ब्राह्मण नियुक्त किए गए थे; स्वयं सहदेव को बहुत कठिन कार्य-भार दिया गया था, निमन्त्रित लोगों की सूची तैयार करने का। कारण, वे धीर-स्थिर भाव से हिसाब रखनेवाले थे। वे किसी अन्य कार्य में न लग जाएँ या कोई उन्हें किसी दूसरे कार्य का दायित्व न सौंप दे—इस विषय में महाराज चक्रवर्ती का स्पष्ट निर्देश था।

वस्तुतः वे स्वयं भी इस विषय में विशेष रूप से चिन्तित थे।

जिनके साथ युद्ध करके कर-संग्रह करना पड़ा था—उनके मन में भी पराजय की आत्मग्लानि या निस्सहाय अवस्था में पड़ने के कारण वेदनानुभव की तीव्रता और कड़वाहट न रहे, विजयी पक्ष के वाणी-कार्य-व्यवहार से किसी प्रकार का औद्धत्य, तिरस्कार या अहंकार प्रकट न हो—इसके लिए पांडव-भाइयों के प्रयत्न में कोई कमी नहीं थी, उनके उद्वेग की भी सीमा नहीं थी। दिग्विजय-यात्रा से पहले इस विषय में छोटे भाइयों को बार-बार सतर्क करके भी युधिष्ठिर मानो निश्चिन्त नहीं हो सके थे—अतः कुछ दिन बाद ही उस विषय में, दूत के हाथ पत्र भेजकर पुनः स्मरण करा दिया था।

भाइयों के सम्बन्ध में उतनी दुश्चिन्ता नहीं थी, जितनी उनका अनुगमन करनेवाली सेना और सेनानायकों के सम्बन्ध में। विजितों की सम्पत्ति की लूट-पाट विजयी सेना का अपराध नहीं माना जाता—यह उनका मज्जागत विश्वास होता है। इन्हीं दूसरों के धन-लोलुपों पर कड़ी नजर रखने—और उन्हें संयत रखने की बात उन्होंने बार-बार स्मरण कराई थी। किस प्रकार उनके उन्मत्त लोभ को लगाम लगाकर रखना है, किसी सीमा तक कठोर हाथों से उनके प्रकृत-दर्प और दूसरों के प्रति हीनतामिश्रित उदासीनता को चूर-चूर करना है—यह युद्ध कुछ भी नहीं है, जय-पराजय का प्रश्न किसी सर्वोच्चता का पर्याय नहीं है, बल्कि यह एक प्रकार के शक्ति-परीक्षण की क्रीड़ा मात्र है; इसी कारण विजितों के प्रति सौजन्य और विनय-भाव को प्रेम-प्रीति के पर्याय के रूप में विकसित करना होगा—इन समस्त पत्रों में इसी सम्बन्ध में धर्मराज युधिष्ठिर के सूक्ष्मातिसूक्ष्म निर्देश थे।

यद्यपि वे बार-बार स्वीकार कर रहे थे कि यह सब उपदेश और उसका गूढ़ार्थ–सुदूर भविष्य में फैले फलाफल के सम्बन्ध में सतर्कता–वासुदेव की ही दूर-दृष्टि और प्रशासनिक-प्रतिभा का फल है, क्योंकि इस विषय में श्रीकृष्ण ने ही उनका ध्यान और मन आकर्षित किया था–तब भी इस सम्बन्ध में किसी के भी दो मत नहीं थे कि इसमें उनके स्वभाव सुलभ भद्रता-बोध ने भी कम भूमिका नहीं निभाई थी। स्पष्ट है, वासुदेव ने इस रूप में अतिशयता का मार्ग-दर्शन तो नहीं किया होगा। इसी कारण अन्त में तो निम्न श्रेणी के कर्मचारियों ने इस सतर्कता-बाहुल्य को कुछ अनुकम्पा मिश्रित प्रश्रय की दृष्टि से देखना प्रारम्भ कर दिया था–दबे-ढके रूप में उपहास की दृष्टि से भी। जैसे धर्मराज समय से पहले ही बूढ़े हो गए हैं–और यह अकारण अति-व्याकुलता वार्धक्य का ही अंग है।

उसी निरहंकार के कारण हो या अत्यधिक कौतूहल वश–पांडवों के ऐश्वर्य और शक्ति की ख्याति उनकी रण-वाहिनी से भी पहले पहुँच गई प्रतीत हुई। नव-निर्मित इन्द्रजालिक सभा-गृह के सम्बन्ध में तो अदम्य कौतूहल दिखाई दिया–विजित राजा तक भी अपमान या लज्जा के कारण विमुख नहीं रहे और न उन्होंने निमन्त्रण स्वीकार करने में कुंठा अनुभव की। भारत-भर के समस्त प्रान्तों, यहाँ तक कि समीपवर्ती देशों से भी स्वाधीन राजा, आश्रित और करद-राजा-गण, शासक-वर्ग–दल-के-दल इस राजसूय यज्ञ के दर्शन करने या इसके अंगीभूत होने आए। 'अंगीभूत होने' इस कारण कह रहा हूँ कि उन्हें नियम-पालन के प्रमाण स्वरूप जो प्रदेय कर के रूप में देना था, वह तो पहले ही दे दिया था, अब यहाँ आकर भी सब राशि-राशि धन यज्ञ-भांडार में जमा करने लगे। यह एक प्रकार की प्रतियोगिता ही चल पड़ी। जो सबसे निर्धन थे, उन्होंने भी सहस्र मुद्राओं से कम नहीं दिया। धनी और प्रतापी राजन्य-वर्ग यज्ञ के आयोजकों और कार्यकर्ताओं के पास बार-बार स्पर्धा दिखाने लगे कि इस विशाल कार्य का जितना व्यय-भार है, सब वे ही वहन करेंगे, मानो महाराज चक्रवर्ती युधिष्ठिर उस सम्बन्ध में थोड़ी सी भी चिन्ता न करें या परेशान न हों।

लगता है, इस आश्वासन की आवश्यकता भी थी।

युधिष्ठिर, यह देखकर कि अन्न, धन और अन्यान्य आवश्यक द्रव्यादि कितनी मात्रा में एकत्र हैं तथा शुभाकांक्षी सम्बन्धियों, मन्त्री और अमात्य-गण के साथ परामर्श करके ही यज्ञ के आयोजन में प्रवृत्त हुए थे–तब भी उन्होंने यह कल्पना नहीं की थी कि आमन्त्रित अतिथियों की संख्या इतनी अधिक हो जाएगी। अभी-अभी जले खांडव वन के विस्तृत भू-खंड एवं इन्द्रप्रस्थ के चारों ओर अवस्थित ग्रामों-नगरों के निस्सीम क्षेत्र और जंगल तक फैले हुए कई महानगर स्थापित हो गए। अधिकांश आवास-गृह कपड़े के तम्बुओं के और लकड़ी व घास-फूस के ही बने थे, भविष्य की आवश्यकता का विचार करके कुछ पत्थर-निर्मित महल भी तैयार किए गए थे, किन्तु वे थोड़े से ही थे–अब तत्काल बनाए गए इन आवासों का क्षेत्र और संख्या, अधिकतम अनुमान को भी पार कर गए।

समस्त राजा अपनी प्रतिष्ठा-सम्मान और शक्ति के अनुसार–अंग-रक्षक, सारथि, अश्व-रक्षक, भृत्य और धातु के पात्र ढोनेवालों के बहुत से दल साथ लाए। मार्ग को निरापद बनाने के लिए–यह तो निश्चित ही नहीं कि कौन सा राज्य कब किसी दूसरे राज्य के प्रति अप्रसन्नता या शत्रुता के भाव से भर जाएगा–थोड़ी-थोड़ी सेना भी साथ लानी पड़ी। जिनका मार्ग उस प्रकार विपद-भरा नहीं था–वे बिना किसी कारण केवल मर्यादा के अंग के रूप में लाए थे।

समागत राजाओं ने, लगभग सबने ही प्रस्ताव किया–कहना उचित होगा, विनयपूर्वक अनुरोध किया कि साथ आए अनुचरों या सेवकों की व्यवस्था वे स्वयं ही करेंगे–किन्तु पांडवों के लिए उसे मान लेना सम्भव नहीं था, उससे सम्राट का सम्मान नहीं रहेगा–इसी से उन्होंने उस बात पर कान भी नहीं दिया। प्रस्ताव करनेवालों को हाथ जोड़कर मना कर दिया। बोले, ये सब ही उनके अतिथि हैं, यह दायित्व समझकर ही तो निमन्त्रण दिया है। इसके आलावा केवल राजा या शासकों को ही तो निमन्त्रित नहीं किया, भारत खंड में सब जगह ब्राह्मण दूत भेजकर बिना किसी भेद-भाव के ब्राह्मण-शूद्र, समस्त विशिष्ट और गण्यमान्य व्यक्तियों को निमन्त्रित किया है। आयोजन भी उसी अनुपात में करना पड़ा था। वैसे, कुछ अधिक व्यवस्था कर लेना भी स्वाभाविक ही था, जिससे वास्तव में कल्पना की अपेक्षा अधिक विशाल रूप धारण कर लेने पर भी लज्जित या अपमानित होने का कोई कारण न उपस्थित हो। पहले ही उपयुक्त गृह-शिल्पी लगाकर अतिथियों की मर्यादा और आवश्यकता के अनुसार समस्त आवास-गृहों का निर्माण करा लिया गया था। उद्वेलित समुद्र की तरंगों की भाँति जन-समागम देखकर, अब केवल उस कार्य की सीमा अधिक विस्तृत तथा गति अधिक तीव्र कर दी है।

जैसे-जैसे गृह-निर्माण-कार्य आगे बढ़ने लगा, वैसे ही आवास-योग्य लगते ही कर्मचारी, वस्त्र, शैया, खान-पान के पात्र और अन्यान्य धातु-पात्र आदि का हिसाब लगाकर रखने लगे। इसी बीच सहस्र-सहस्र दुधारू गाएँ, भोजन तैयार करनेवाले सेवक, सुदर्शन दास-दासी जुटा लिये गए और आवश्यकता के अनुसार तथा संख्या के हिसाब से उन्हें वितरित कर दिया गया। इसके अतिरिक्त अतिथियों के मनोरंजन के लिए गायक, नर्तक, रमणी, नट-नटी, सरस और कौतूहलवर्द्धक कथा कहकर मनोरंजन करने में सक्षम सुवक्ताओं की व्यवस्था कर ली गई। आतिथेयों की किसी भी प्रकार कोई त्रुटि न खोज पाने के कारण ही कोई-कोई तो मानो क्लान्ति और विरक्ति का अनुभव करने लगे।

पांडव भाइयों ने इस कार्य में भी मानव साध्यातीत शक्ति का परिचय दिया। आगमन के समय अपनी क्षमता और अभ्यागतों की मर्यादा के अनुसार सभी की व्यक्तिगत रूप से माल्य, चन्दन, उत्तरीय, मधु और स्वर्ण के साथ अगवानी की। अतिथियों का मनोभाव चाहे जो भी रहा हो–किन्तु सभी बोलने को बाध्य हुए कि पांडव भाइयों ने जो आयोजन, जो सुव्यवस्था एवं व्यक्तिगत रूप से जो परिश्रम किया–सभी व्यक्तियों के स्वच्छन्दतापूर्वक रहने के प्रबन्ध हेतु जिस दूर-दृष्टि और विचार-शक्ति का परिचय दिया, जिसके फलस्वरूप एक विशाल सुनियन्त्रित कार्य-चक्र एक मास से भी

अधिक समय तक अपने नियम के अन्तर्गत घूमता रहा—वह अन्य किसी के लिए भी सम्भव नहीं होता, आज तक हुआ भी नहीं।

व्यासदेव ने लिखा है :

"उन लोगों को धर्मराज के आदेश से, बहुत से खाद्य पदार्थों से युक्त तथा विशाल जलाशयों और वृक्ष-समूहों से सुशोभित वास-गृह प्रदान किए गए। धर्मनन्दन ने स्वयं उन महान नरपतियों की पूजा की। इसके बाद उन्होंने पवित्र होकर निर्दिष्ट वास-स्थान की ओर गमन किया। उन समस्त वास-गृहों में से कोई-कोई कैलाश-शिखर के समान मनोहर, नाना-द्रव्यों से विभूषित, सुनिर्मित, शुभ्र वर्णवाला, सब ओर से बहुत ऊँची दीवारों से घिरा हुआ, स्वर्ण-जाल फैला हुआ, मणियुक्त फर्श से शोभित, चढ़ने में सुखद सीढ़ियों से युक्त, असाधारण आवरणयुक्त महामूल्यवान आसनवाला, मालाओं से सजा, उत्तम अगरु-गन्ध से सुवासित तथा हंस और चन्द्रमा के समान शुभ्रवर्णवाला होने के कारण एक योजन दूर से भी उत्तम दर्शनीय; बड़े-बड़े एक-से द्वारों से युक्त, नाना प्रकार के उपकरणों से युक्त एवं बहुत प्रकार की धातुओं से युक्त होने के कारण हिमाचल के शिखरों की भाँति सुदर्शनीय था। समागत भूपालों ने उनमें विश्राम करके अन्त में प्रचुर दक्षिणा लेकर अति विशाल समुदाय से घिरे धर्मराज युधिष्ठिर के दर्शन किए। समूह-के-समूह राजाओं और महर्षि-ब्राह्मणों से भरा हुआ वह सभा-मंडप उस समय देव-समूहोंवाली स्वर्ग-भूमि की भाँति अत्यधिक दीप्तिमान होने लगा।"

मुख्य रूप से सहदेव द्वारा निर्धारित व्यवस्था के अनुसार ब्राह्मण-दूत ही निमन्त्रण देने गए थे। किन्तु कहीं-कहीं उन लोगों को स्वयं भी जाना पड़ा था। कौरवों और यादवों को दूत भेजकर निमन्त्रित करना शोभा नहीं देता; उसी प्रकार पांचालों और मद्र-देशवालों को भी।

इसी कारण स्वयं नकुल हस्तिनापुर गए थे—पुरोहित धौम्य के साथ, कौरवों को ससम्मान निमन्त्रित करने के लिए।

जन-श्रुति सत्य को सौ-गुना बढ़ा देती है, कभी-कभी विरूप भी कर देती है। किन्तु यहाँ इसकी सम्भावना कम है, कारण यह, कि हस्तिनापुर से इन्द्रप्रस्थ के मार्ग की दूरी बहुत अधिक नहीं है, दूत भेजकर ठीक-ठीक बात पता की जा सकती है और दुर्योधन ने इसमें किसी प्रकार की चूक या विलम्ब नहीं किया। जो कुछ भी रंग मिलाया गया—वह दूत की कल्पनाशक्ति के सहारे ही। जहाँ प्रत्यक्ष ज्ञान प्राप्त न किया जा सके—समय और अवसर के अभाव के कारण—वहाँ उस शून्य को अपनी कल्पना के द्वारा भरने के अलावा क्या उपाय ! तब भी पर्याप्त सत्य समाचार ही प्राप्त कर लिया था। फलस्वरूप बहुत समय तक कौतूहल के कारण अशान्त और अस्थिर रहे—सभागृह के बन जाने के बाद से ही। अब नकुल द्वारा पर्याप्त विनयपूर्वक निमन्त्रित कर दिए जाने पर—भीष्म, द्रोण, धृतराष्ट्र को तो किया ही, बड़े होने के कारण दुर्योधन को भी चरण-वन्दना करके

लगभग भिक्षा की याचना शैली में आमन्त्रित किए जाने से किसी प्रकार की कुंठा या अभिमानजनित बाधा नहीं रही।

कौरव सदल-बल और सपरिवार—अर्थात् पत्नियों को साथ लेकर इन्द्रप्रस्थ आ गए। दूसरे राजाओं के साथ तो मात्र अतिथि का सम्पर्क था—किन्तु कौरव-यादव-पांचाल के सम्बन्धी-कुटुम्बियों तथा उनकी अन्तःपुर-स्त्रियों को भी निमन्त्रित किया गया था। इन लोगों के हाथ जोड़कर अनुरोध करने पर कौरवों ने अपने सम्बन्धी-कुटुम्बियों और कुटुम्ब की स्त्रियों को भी ले आने में दुविधा अनुभव नहीं की।

ऐसा लगा कि ये लोग विराट् कर्म-भँवर के बीच आ पड़े। सभा-भवन को अच्छी तरह देख लेना या पांडवों के ऐश्वर्य और प्रताप को ठीक-ठीक मापना, उस समय इनमें से कुछ भी सम्भव नहीं था। तब भी जितना देखा और समझा, उससे ही उनकी मुख-कान्ति काली पड़ गई; आहार, निद्रा यहाँ तक कि वेश-भूषा तक में उनकी रुचि समाप्त हो गई। कौरवों की पुर-स्त्रियाँ अपने स्वामियों की अकर्मण्यता और अक्षमता के प्रति तथा प्रत्येक प्रकार की कमी के प्रति खुले रूप में विरक्ति प्रकट करने लगीं। कोई-कोई क्षुब्ध और क्रुद्ध होकर प्रथम-दिन जो निर्दिष्ट आवास-गृह के भीतर प्रविष्ट हुई—तो किसी भी प्रकार उसके बाहर आकर उत्सव-आयोजन में शामिल होने के लिए तैयार नहीं हुई।

यादव-प्रधानों के आने में थोड़ा विलम्ब होने के बावजूद जनार्दन श्रीकृष्ण बहुत पहले ही इन्द्रप्रस्थ आ पहुँचे थे। किन्तु यज्ञ के कर्म-कांड के प्रारम्भ से ही उनका आचरण और मुख का भाव निरासक्ति-भरा और निस्पृह हो गया था। किसी अनात्मीय दर्शक की भाँति सब कुछ दूर से ही देख रहे थे, मानो इस सुविशाल यज्ञ या उसकी कार्य-व्यवस्था—प्रबन्ध-आयोजन—के साथ उनका कोई सम्बन्ध नहीं था। तब भी इतने दिन में पांडवों के समस्त अन्तरंग ही जान गए थे कि इस अभूतपूर्व, कल्पनातीत, विराट यज्ञ-आयोजन की परिकल्पना के प्रारम्भ से ही पांडवों ने उनके उपदेश, निर्देश और परामर्श लेकर ही इस प्रकार का कार्य किया है।

उनके इस अद्भुत आचरण पर—जिसे सहज रूप से बीत-स्पृहा, इन लोगों के सम्बन्ध में बीत-श्रद्धा भी कहा जा सकता है—सभी आश्चर्य अनुभव करने लगे। यहाँ तक कि पांडव भी बेचैनी अनुभव किए बिना नहीं रह सके। किन्तु श्रीकृष्ण के सम्बन्ध में इन सब लोगों का ही कुछ भयमिश्रित सम्भ्रम था, अतः ये लोग साहस करके भी हर समय उनके आचरण या मनोभाव के सम्बन्ध में प्रश्न नहीं कर पाते।

पर, एक दिन सहदेव रह न पाने के कारण, कनिष्ठ को स्वाभाविक रूप से प्राप्त छूट के सहारे, प्रश्न कर ही बैठे, ''आर्य, आप इस प्रकार दूर-दूर क्यों रहते हैं, और रात-दिन ऐसा क्या लक्ष्य करते हैं ? आपका इतना ध्यान किस विशेष घटना की ओर है ?''

श्रीकृष्ण ने धीरे से हँसकर उत्तर दिया, ''घटना नहीं, चित्त-वृत्ति। एक विशेष चित्त-वृत्ति भी कह सकते हो।''

"वह क्या है, जिसे इस एकत्र राजन्य-वर्ग के बीच पूरी तरह ध्यान देने योग्य समझने की इच्छा हो रही है ?"

सहदेव का साहस जैसे एक प्रश्न पूछकर ही चुक गया था, जिस कारण वे मात्र इच्छा प्रकट करके रह गए, प्रतीक्षा करने लगे कि शायद श्रीकृष्ण कृपा करके उत्तर दें।

श्रीकृष्ण ने तुरन्त उत्तर दिया, "मात्सर्य ! असूया भाव मनुष्य के चेहरे पर कितने रंगों में आता-जाता है—वही देख रहा हूँ।...कह सकते हो, सीख भी ले रहा हूँ।"

"आप सीख प्राप्त कर रहे हैं !" सहदेव ने अविश्वास-भरे स्वर में विस्मयपूर्ण अभिव्यक्ति की।

"निश्चय ही। क्या शिक्षा का अन्त है ! जब तक जीवन है, तब तक ही शिक्षा का सुयोग होता है, यहाँ तक कि अन्तिम साँस लेने तक भी। इसके अलावा यहाँ तो परिहास के भी कम कारण नहीं हैं। इसलिए यह नितान्त अरुचिकर या विरक्तिकर नहीं है। ईर्ष्या इतने प्रकार की होती है—अब लगता है कि होनी स्वाभाविक ही है—पहले नहीं जानता था, ऐसा सोचकर भी नहीं देखा था। आत्मीय-मित्र भी ईर्ष्यित हैं, पर वे उसे प्राण-पण से छिपाने की चेष्टा कर रहे हैं; चेहरे पर आनन्द का भाव लाना पड़ रहा है—परिणामस्वरूप उनके कष्ट की सीमा नहीं है। साधारण राजन्यवर्ग भी ईर्ष्यित हैं, उसके साथ कुछ लुब्ध भी हैं। अपनी अक्षमता को मन्द-भाग्य कहकर क्षोभ का अनुभव कर रहे हैं। ऐसा सोचकर कि यह सुयोग उन्हीं लोगों ने तुम लोगों के हाथ पर रख दिया है, अपने को चुपचाप धिक्कार रहे हैं। देख नहीं रहे हो कोई-कोई किस प्रकार अकारण क्रुद्ध और विरक्त हो जा रहा है !...फिर तुम्हारे स-गोत्री और निकट सम्बन्धी धार्तराष्ट्रों को देख रहा हूँ। उनकी उज्ज्वल मुख-कान्ति क्षण-भर में श्याम-वर्ण और क्षण-भर में अंगार-वर्ण धारण कर रही है—और कभी रक्त-हीन विवर्ण हो रही है। एकमात्र अपवाद केवल महावीर अंगाधिपति हैं। वे भी ईर्ष्यित हैं, पर अन्य कारण से।...तुम लोगों के ऐश्वर्य या धन-सम्पत्ति के प्रभाव से उत्पन्न-सौभाग्य की इस ज्वलन्त दीप्ति से नहीं।"

"अन्य कारण ? और क्या कारण हो सकता है ?"

"वह—? उसे न ही सुनो। शायद एक दिन स्वयं ही समझ जाओगे।"

सहदेव की और अधिक जिज्ञासा प्रकट करने की हिम्मत नहीं हुई।

॥ १६ ॥

ईर्ष्या के इस लक्षण को—चेहरे के लावण्य की इस विवर्णता या दीप्तिहीनता को—किसी ने लक्ष्य कर लिया है या कर रहा है, अंगाधिपति को इसकी तनिक भी आशंका नहीं थी। उन्हें लग रहा है कि यह छिपा हुआ घाव, यह व्यथापीड़ित ईर्ष्या और क्षोभ पूर्णतः उनके अपने हैं।

यह दाहकता यन्त्रणादायी है—तब भी, इसे उन्होंने यत्नपूर्वक पाला है। वास्तव में

यह अन्तर्वेदना ही यन्त्रणादात्री के साथ उनका एकमात्र सम्पर्क-सूत्र है, यही यन्त्रणा उन्हें हर समय घेरे रही है और उनके अन्तर् को छूती रही है—दुर्लंघ्य व्यवधान को पार करके। यही उनके हृदय की आसक्ति को वहाँ पहुँचाने का एकमात्र साधन है—जहाँ उनके स्वयं पहुँचने का कोई उपाय नहीं है।

द्रोपदी। कृष्णा। पांडव-महिषी—इन्द्रपस्थ की पटरानी !

इस जीवन में बहुत नारियों ने कामना की थी उनकी, महावीर, भास्कर सदृश तेजस्वी और अनल-कान्तिवाले कर्ण की। स्वेच्छा से आकर जिन्होंने आत्म-दान किया था, उनमें अलौकिक सुन्दरियों का भी अभाव नहीं था। वे, अपनी प्रधान महिषी के प्रेम से भी तृप्त हैं, पूर्णकाम हैं—इसमें भी कोई सन्देह नहीं। तब भी पांचाल की स्वयंवर-सभा में उस दिन कृष्णा द्वारा किए गए निष्ठुर निषेध का घाव आज भी हरा है, वह अपमान उन्हें हर समय लगातार अग्नि-दाह के रूप में दग्ध कर रहा है।

वही, केवल एक बार। उसके बाद उन्होंने द्रोपदी को और नहीं देखा।

पांडवों के नव-राज्याभिषेक में निमन्त्रण की मर्यादा रखने के लिए तुच्छ-सी परेशानी को बहुत बड़े रूप में दर्शाकर, आना टाल दिया था।

किन्तु उस एक दिन देखने की स्मृति ही काफी है। अनुभव होता है, जीवन में और चाहे जो प्राप्त कर लिया हो—किन्तु इस नारी को पाए बिना उनका यह वीर्य, शौर्य, ख्याति—सब कुछ मिथ्या है, इस जीवन का और कुछ अर्थ ही नहीं है।

उस दीप्तिमयी के मुखावयवों का सम्पूर्ण वास्तविक रूप विस्मृत हो गया था—केवल इच्छातुर कल्पना के सहारे गढ़ी हुई अस्पष्ट चित्र-मूर्ति की मन-ही-मन पूजा करते रहे हैं, कामना भी।...

उसके बाद दीर्घकाल में फिर देखा है।

किन्तु यह क्या देखा !

अग्नि से उत्पन्न—साक्षात् अग्नि रूपिणी, शिखामयी यह कन्या, मानो विद्युताग्नि की शिखा की भाँति पल-भर में दृष्टि को दग्ध करके चली गई। जैसे उस ज्योति से त्रिभुवन प्रकाशित हो गया था, उसी प्रकार उसके अभाव में जैसे सब कुछ प्रगाढ़ अन्धकार से ढक गया। नहीं, इस अग्नि में दाहकता की शक्ति है, पावनता की नहीं। जलाकर केवल दाहकता उत्पन्न करती है, क्षत-विक्षत करती है। यह मृत्यु-रूपिणी है, मुक्ति-रूपिणी नहीं।

किन्तु, क्या केवल यही रूप !

नहीं, कर्ण इस नारी को जितना देखते हैं, उतने ही विस्मित और अभिभूत होते हैं।

पांडवों के इस अकारण, अप्रत्याशित, अयाचित सौभाग्य पर ईर्ष्या करते हैं। हाँ अकारण ही। उनमें कोई भी इसके योग्य नहीं है। शायद वे इसका महत्त्व भी नहीं समझ रहे हैं।

मानो, कृष्णा ही इस विशाल, संख्या-गणना की सीमा से परे, महान यज्ञ-आयोजन की नियन्त्रक और केन्द्र-बिन्दु हैं। सभी जगह उनका प्रभुत्व, समस्त कार्यों पर उनकी

तीव्र दृष्टि–उनके आदेश की पताका शोभित है। इस विशाल कर्म-उद्योग की तुलना यदि अश्वों से की जाए तो कहना पड़ेगा–लक्ष कोटि या उससे भी अधिक रथ के अश्वों की रास मात्र इस एक नारी के हाथों में है। यही कहना उचित है कि पांडव कार्य हैं, द्रोपदी कारण। वे बाहु हैं, द्रोपदी मस्तिष्क। एक सुकुमार शरीर मानो सहस्र भागों में विभक्त होकर लाखों कर्तव्यों और दायित्वों का पालन कर रहा है।

कर्ण ने ऐसा कभी नहीं देखा, कभी सोच भी नहीं पाए। कभी सुना भी नहीं कि ऐसा होता भी है। यह वास्तविकता, सम्पूर्ण अनुमान और इतने दिनों की अगणित रंगों में रँगी सुविशाल कल्पना को पीछे छोड़ गई है। जैसे सम्पूर्ण विस्मय भी लघु और तुच्छ हो गया है।

तब भी कर्ण यह सोचकर निश्चिन्त थे–कि यह चिन्ता-भावना एक मात्र उनके ही गोपन-मन की सम्पत्ति है, यह यन्त्रणा, यह दाहकता उनकी नितान्त निजी है।

इसका कारण, वे यह जानते हैं कि सम-व्यथी न होने पर किसी के लिए भी इस सत्य का अनुमान करना सम्भव नहीं है।

और यहाँ उनका सम-व्यथी, उनकी चिन्ता का भागीदार कौन होगा ? उनके मन की इस झंझा का अनुमान कौन कर पाएगा ?

श्रीकृष्ण की गणना तो की ही नहीं। चाहे जितने बुद्धिमान हों, किन्तु वे उनके मन की थाह कैसे पा सकते हैं ? उनका इस प्रकार के मनोभाव का कोई कारण नहीं है। वे तो सब तरह से पूर्ण हैं, तृप्त।

इसी कारण जब एक दिन दोपहर ढले, सभा-गृह से जुड़े उद्यान में, मय दानव–लगता है, माया-दानव कहना ही उचित है–द्वारा रचित स्वप्न-कानन में उदास भाव से टहलनेवाले, दिगन्त की ओर दृष्टि लगाए कर्ण को श्रीकृष्ण ने बाहु-पाश में जकड़कर प्रश्न किया–तो वे आश्चर्य से भौंचक हो गए, उनके ललाट और कपोल क्षण-भर में विवर्ण हो उठे और उनके देवों से भी श्रेष्ठ कंठ पर स्वेद-बिन्दु दिखाई देने लगे–इस सबमें केवल विस्मय ही नहीं था, बल्कि एक अज्ञात आशंका का भाव भी था। अनेक लोग इस व्यक्ति को मायावी, इन्द्रजालिक कहते हैं–क्या यह सत्य है ? उसने किस प्रकार उनके मन के सर्वाधिक गुप्त कक्ष की कुंजी खोज निकाली है ?

श्रीकृष्ण ने प्रश्न किया, ''अंगाधिपति, यहाँ आने के बाद से मात्सर्य के बहुविध रूप और रंग देख रहा हूँ, एकमात्र आपके मुख का भाव ही उससे मुक्त और अपरिवर्तनीय है। इन लोगों की प्रायः अलौकिक सम्पदा और प्रभुता से आपको बिन्दु मात्र भी ईर्ष्या अनुभव नहीं हो रही है ? भारत के समस्त राजा युधिष्ठिर को राज-चक्रवर्ती मानकर प्रणति कर रहे हैं, इससे भी आपको अन्तर्दाह नहीं है–आश्चर्य है !''

अपने को सँभाल पाने में थोड़ी देर तो लगी ही।

कर्ण ने कुछ देर चुप रहकर, धीरे-धीरे उत्तर दिया, ''नहीं, शक्ति होने पर, उस

शक्ति के अर्जन के लिए साधना करने पर–एवं उसके सदुपयोग का सुयोग आने पर यह कुछ अस्वाभाविक या असम्भव नहीं है। तब फिर मैं ईर्ष्या या दुख का अनुभव क्यों करूँगा ? ईर्ष्या करते हैं दुर्बल और अकर्मण्य, विधाता ने मुझे पौरुष दिया है, शौर्य मेरे अधिकार में है, अस्त्र शिक्षा के लिए मैंने केवल जीवन ही दाँव पर नहीं लगाया, सम्पूर्ण भविष्य दाँव पर लगाकर साधना की है, कहना चाहिए तपस्या की है। मेरा क्षोभ इतना ही है कि–उस शौर्य और शिक्षा के प्रयोग का सुयोग या स्थान मुझे नहीं मिला। यह जन्म ही मेरा प्रबल शत्रु हो गया, प्रतिद्वन्द्वी बन गया। पांडवों से झूठ-मूठ ईर्ष्या करके क्या करूँगा ? मैं यह सच स्वीकार करने को विवश हूँ–कि जो ईर्ष्या कर रहे हैं, उनमें से कोई भी पांडवों की टक्कर का प्रतिद्वन्द्वी नहीं है।''

श्रीकृष्ण गहन-भावोच्छ्वास भरे कंठ से बोल उठे, ''धन्य, धन्य कर्ण, आप धन्य हैं। लोग आपको जो महान, देव-चरित्रवाला मनुष्य कहते हैं, वह सत्य नहीं है–आप देव-दुर्लभ चरित्र हैं।''

उसके बाद अपने को थोड़ा सँभालकर अत्यधिक शान्त स्वर में पुनः प्रश्न किया, ''किन्तु अंगाधिपति, क्या यही एक-मात्र कारण है ? क्या इतना क्षोभ केवल इसी कारण है ? क्या ईर्ष्या का और कोई भी हेतु नहीं ? अपने मानस-संसार की अवस्था और प्रकृति के सम्बन्ध में आप पूरी तरह सतर्क तो हैं ?''

कर्ण को जैसे पुनः एक प्रबल आघात लगा।

उसी प्रकार का शंका-सम्भ्रम-भरा विस्मय का आघात।

उनका मुख कुछ देर के लिए पुनः लालिमायुक्त हो उठा।

उन्होंने अकस्मात् चलना बन्द कर दिया, घूमकर वासुदेव के सामने सीधे खड़े हो गए। कुछ समय तक तीक्ष्ण, निष्पलक दृष्टि से उनके मुख की ओर ताककर जिज्ञासा की, ''आपने यह प्रश्न क्यों किया ? आपने यह कैसे सोचा कि और कोई हेतु भी हो सकता है ? अनुमान द्वारा? किन्तु सम-व्यथी न होने पर मन के सर्वाधिक गुप्त कक्ष में अन्तर्लीन यह रहस्य अनुमान का विषय भर तो नहीं है। तब फिर–आपको इस प्रकार का क्षोभ क्यों है ? आश्चर्य है ! मेरा अनुमान है कि एक पुरुष को इस संसार में जो कुछ काम्य हो सकता है–आप वह सब प्राप्त कर चुके हैं। एक सम्राट के रूप में प्रतिष्ठा नहीं मिली, तब भी आपकी लोकोत्तर प्रतिभा और अविश्वसनीय रूप से तीक्ष्ण-बुद्धि का जो परिचय पाया था या अब पा रहा हूँ–सही है कि अधिकतर लोगों के मुख से सुना ही है, किन्तु चाहे जितना भी अतिरंजित हो, कुछ सत्य तो उसमें है ही–आपके इच्छा करने पर वह प्रतिष्ठा भी आपके लिए बहुत अधिक प्रयत्न-साध्य नहीं होती। यह प्रासाद, यह ऐश्वर्य तो आपका दिया हुआ ही है।...इसी से सोचता था कि आप तो परिपूर्ण हैं, तृप्त-काम हैं।''

श्रीकृष्ण हँसे। अपनी वही घनी-रहस्यभरी हँसी। जितनी गहन, उतनी ही दुर्बोध्य !

बोले, ''अंगाधिपति, पुरुष क्यों समग्र रूप में मनुष्य की बात सोचिए। इस पृथ्वी पर जिसने भी शरीर धारण किया है–उसकी समस्त आकांक्षाएँ कभी भी सफलीभूत नहीं

होतीं, होनी सम्भव नहीं हैं। कुछ-न-कुछ काम्य बिना प्राप्त हुए रह ही जाता है–कुछ-न-कुछ अतृप्ति शेष रहती ही है। संसार का यही नियम है। एक कामना पूर्ण होते-न-होते मनुष्य दूसरी के विषय में सोचने लगता है। उसके भोग की सीमा नहीं है, कामना-वासना की भी नहीं। यहाँ तक कि मृत्यु के समय भी वह अक्षय-स्वर्ण-वास या और भी सुखदायी पुनर्जन्म की कामना के साथ अन्तिम साँस छोड़ता है। वस्तुतः आकांक्षा और कामना को दबाने से पिपासा नहीं मिटती–उसके लिए उसे मारना आवश्यक है। सम्पूर्ण निवृत्ति का ही अर्थ है निर्वाण–महा-निर्वाण। ऋषि उसी के लिए तपस्या करते हैं, किन्तु क्या कोई उसे पाता है ? सहस्रों वर्षों और शत-जन्मों की तपस्या के बाद भी देखने में आता है कि वह कठोर साधना पल-भर में व्यर्थ हो जाती है, और वे साधारण भोग–अथवा प्रतिष्ठा, प्रभुता व सम्मान के लिए लालायित हो उठते हैं। शायद–करोड़ों मनुष्यों में से कोई एक उस दिव्य पूर्णत्व, उस दुर्लभ वस्तु–महापरिनिर्वाण को प्राप्त करता है–अकाम होने की सिद्धि को पहुँचता है।''

कर्ण, वासुदेव के चेहरे पर स्थिर-बद्ध दृष्टि टिकाए उनकी बातें सुन रहे थे–किन्तु वहाँ पूरी तरह मन लगाना सम्भव नहीं हुआ। आधा मन सामने विद्यमान अवर्णनीय रूप से सुन्दर–नीलकान्त मणि की भाँति नीलाभ, विशाल नेत्रों के भीतर से, वक्ता के मनोराज्य की अन्तरगूढ़ रहस्य-यवनिका को उठाने की चेष्टा कर रहा था। इसी बीच दीर्घ निश्वास छोड़ते हुए बोले, ''तब क्या आप भी–? आपका यह क्षोभ क्या मेरी हताशा का सम-धर्मी ही है ?''

श्रीकृष्ण उन्हें फिर से प्रगाढ़ आलिंगन में बाँधकर लगभग फुसफुसाते हुए बोले, ''बन्धु, सर्वदा सब प्रश्नों का उत्तर देना सम्भव नहीं होता, और...समस्त कौतूहल भी प्रकट नहीं करना चाहिए।''

उसी दिन युधिष्ठिर ने मध्याह्न के समय विशेष सम्बन्धियों, गोत्रवालों और अन्तरंग मित्रों की एक आयोजन-मन्त्रणा-बैठक बुलाई थी।

यज्ञ के पुरोहित, प्रधान होता आदि पहले ही एकत्र हो चुके थे। यह दायित्व स्वयं महर्षि व्यासदेव ने वहन किया था। सुदामा, याज्ञवल्क्य–इनके पुरोहित धौम्य, पौल आदि सुपंडितों और तपस्वियों को कार्य का भार सौंपकर व्यासदेव स्वयं ब्रह्म या प्रधान होता के रूप में यज्ञ के समस्त धार्मिक कार्यों को पूर्ण करेंगे। किन्तु केवल यज्ञ कहने भर से काम नहीं चलेगा, क्योंकि आखिर यह राजसूय यज्ञ है। इसी कारण कार्य और दायित्व दोनों ही बहुत प्रकार के हैं, बहुत वैचित्र्य भरे। उनका पालन करना या उन्हें सम्पन्न करना भी बहुत कठिन है। इस मन्त्रणा या परामर्श-सभा का आयोजन इसे देखते हुए ही किया गया है।

आए हुए सम्मानित व्यक्तियों में से व्यासदेव, भीष्म, द्रोणाचार्य, कृपाचार्य व धृतराष्ट्र की चरण-वन्दना करके, विदुर को नमस्कार निवेदन करके–सगोत्री भ्राताओं

का सस्नेह आलिंगन करके और छोटों का प्रेमपूर्वक शिर-चुम्बन करके युधिष्ठिर ने सभी को हाथ पकड़कर यथायोग्य आसन पर बैठाया; उसके बाद अपने आप बड़ों से थोड़े नीचे आसन पर बैठकर–अब तक जो-जो कार्य सम्पन्न हुए थे–उनका संक्षिप्त विवरण देते हुए हाथ जोड़कर बोले, "यदि यह बता दें कि इस विराट-आयोजन में अनुग्रह करके कौन क्या भार स्वीकार करेगा तो मेरी विपुल दुश्चिन्ता थोड़ी सी कम हो जाएगी।"

निवेदन शेष करके उन्होंने कुछ उत्सुक एवं कुछ उत्कंठा-भरी दृष्टि से पितामह भीष्म की ओर देखा।

जन्माधिकार-सूत्र से भीष्म इन लोगों के पितामह हैं। सिंहासन भी उन्हें ही मिलना था। किन्तु उनके पिता कुरुराज शान्तनु एक रूपवती मत्स्यजीवी-कन्या को देखकर अपना ज्ञान खो बैठे और उन्मत्त की भाँति उसके पिता के सामने जाकर विवाह का प्रस्ताव कर बैठे। वह धींवर इस प्रकार के राजाओं के चरित्र को जानता था। दो दिन की सम्भोगेच्छा पूर्ण हो जाने पर कन्या को दासी की भाँति एक ओर कर देंगे, उसके गर्भ से उत्पन्न सन्तान को जारज-सन्तान की भाँति समझेंगे। इसीलिए उसने शर्त रखी, "इसके गर्भ से पुत्र होने पर, वही सिंहासन पर बैठेगा, यह प्रतिज्ञा करने पर ही मैं कन्या-दान करूँगा।"

शान्तनु ने अपने को असहाय अनुभव किया। पुत्र देवव्रत रूप, गुण, विद्या, बुद्धि, विवेक और शौर्य में–गर्व करने योग्य सन्तान है, पृथ्वी पर उसके समान कोई वीर नहीं है, जिन्होंने अपने भुजबल से पृथ्वी को इक्कीस बार क्षत्रियों से हीन कर दिया था, वे महर्षि भार्गव भी उससे पराजित हो गए थे–उस पुत्र को कैसे सिंहासन से वंचित करें ? केवल यही बात नहीं कि वैसा करना बहुत बड़ा अन्याय ही होगा, बल्कि उससे कुरु-सिंहासन की क्षति भी होगी। वे शर्त पर राजी नहीं हो सके। म्लान मुख से राजमहल लौट आए किन्तु कामनातिरेक के अतृप्त रहने के कारण उनकी आहार-निद्रा चली गई, दिन-दिन क्षीण होने लगे। देवव्रत ने पिता में हुए इस परिवर्तन को लक्ष्य करके सेवकों से उसका कारण जान लिया और वे पिता को बिना बताए ही धींवरराज के पास पहुँच गए, उन्होंने उससे कहा, 'मैं प्रतिज्ञा करता हूँ कि मेरी इसी माता का पुत्र–यदि पुत्र ही उत्पन्न हुआ–सिंहासन प्राप्त करेगा।'

धींवरराज बोला, "किन्तु बेटा, यदि इसके बाद तुम्हारे पुत्र सिंहासन पर दावा जताएँ ? क्या मेरे दौहित्र उनके सामने ठहर सकेंगे ? इसी अवश्यम्भावी विपत्ति को समझकर मैं प्रौढ़-पात्र को कन्या सौंपने के लिए तैयार नहीं हूँ।"

देवव्रत ने कहा, "ठीक है, मैं प्रतिज्ञा करता हूँ, कभी भी स्त्री-गहण नहीं करूँगा, तब तो कलह-विवाद की और कोई सम्भावना नहीं बचेगी ?"

धींवरराज ने निश्चिन्त होकर कन्या को कुरुराज के अन्तःपुर में भेज दिया।

देवव्रत, यही भीष्म प्रतिज्ञा करने के कारण जन-समाज में भीष्म के रूप में जाने गए। तभी से उन्होंने तपस्वी की भाँति जीवन व्यतीत किया एवं उपदेष्टा-अभिभावक के रूप में इनका लालन-पालन और रक्षा की। भाई विचित्रवीर्य की अकाल मृत्यु हो जाने पर उन्होंने ही भाई के पुत्र अन्धे धृतराष्ट्र, रुग्ण पांडु और दासी के गर्भ से उत्पन्न इनके भाई विदुर का पालन किया; इसी कारण वे सब लोगों के श्रद्धेय हैं; इस वंश में अग्र-गण्य हैं।

भीष्म कुछ देर मौन रहकर बोले, ''यहाँ हमारे भ्रातृ-तुल्य, महा-ज्ञानी, महा-तपस्वी कृष्ण द्वैपायन[1] उपस्थित हैं, वे मेरी अपेक्षा बहुत अधिक बुद्धिमान हैं, अतः सबसे पहले उनका मताभिमत जानना नितान्त वांछनीय है, कर्तव्य भी है। किन्तु पुत्र, तुम्हें भी सत्य-निष्ठ, स्थिर बुद्धिवाला, बुद्धिमान माना जाता है–मेरा दृढ़ विश्वास है कि तुम किसी प्रकार की अकुशलता प्रकट नहीं करोगे। तुमने इस सम्बन्ध में क्या निश्चित किया है ? यदि बता दो कि तुम्हारा विचार क्या है, तो यह निर्णय कर सकते हैं कि हम लोग उसका अनुमोदन करें, उसमें कुछ परिवर्तन करें या उसे पूरी तरह छोड़ दें।''

व्यासदेव ने सहमति में सिर हिलाते हुए कहा, ''श्रीमान् युधिष्ठिर ने तरुण-आयु होने पर भी आज तक अकुशल व्यक्ति की भाँति कोई कार्य नहीं किया, किसी प्रकार की हठ ठानना भी उनकी क्षमता से परे है। उनकी विवेचना आदि और कार्य-निर्देशन-शक्ति देखकर मैं विस्मित हुआ हूँ। मुझे लगता है, उन्होंने जो विचार किया होगा और जो निर्धारित किया होगा वह परिवर्तन की अपेक्षा नहीं रखता।''

मानो, उनके इस उत्साह-दान से युधिष्ठिर ने कुछ मानसिक बल प्राप्त किया, तब भी पहले की भाँति ही हाथ जोड़कर बोले, ''अनुमोदन करने की अपेक्षा आप लोगों के द्वारा निर्धारित सूची ही सब प्रकार से श्रेष्ठ होती। कोई भी परिचित नाम मिल जाने पर नए नाम के विषय में नहीं सोचता। तब भी आप लोगों ने जब आदेश किया है, तो मैं आप लोगों के समक्ष अपना प्रस्ताव निवेदन कर रहा हूँ। मुझे प्रतीत होता है कि कौन सा कार्य संगत है या असंगत, करना आवश्यक है या अनावश्यक–यदि यह निश्चित करने का भार कृपापूर्वक कुरु-पितामह, हम लोगों के एकनिष्ठ हित-चिन्तक महात्मा भीष्म और शस्त्र-गुरु द्रोणाचार्य ग्रहण कर लें, तो वह सर्वप्रकारेण उचित रहेगा। उसी प्रकार मुझे लगता है कि यदि भोजन-रसिक, बुद्धिमान दुःशासन खाद्य-भंडार को नित्य परिपूर्ण रखने और सुघड़तापूर्वक वितरित करने का भार लें; गुरु-पुत्र अश्वत्थामा ब्राह्मणों के आतिथ्य और सम्मान-रक्षा का दायित्व ग्रहण करें; महामति संजय राजन्यवर्ग की सेवा में नियुक्त रहें; सभी प्रकार से ऐश्वर्य के प्रति बीत-स्पृह गुरु कृपाचार्य यदि कोषागार और रत्न-भंडार की रक्षा का महत्-भार वहन करने एवं उसी के साथ दक्षिणा आदि देने की व्यवस्था के लिए भी सहमत हों तो यह महत्त्वपूर्ण सुकठिन और गुरुत्वपूर्ण

---

1. धींवर कन्या के गर्भ से उत्पन्न व्यासदेव, महर्षि पाराशर के ही औरस पुत्र थे। रंग कालिमायुक्त होने के कारण उन्हें कृष्ण और द्वीप पर जन्म लेने के कारण द्वैपायन कहा जाता था।

कार्य भली प्रकार सम्पन्न हो सकता है।...धर्मज्ञ विदुर को छोड़कर, आय-व्यय का व्यौरा रख सके और आवश्यकता समझकर उचित रूप में व्यय कर सके—ऐसा कोई व्यक्ति मुझे नहीं सूझता। वाह्लीक, सोमदत्त, पितृतुल्य धृतराष्ट्र और हमारे स्नेह के पात्र भगिनी-पति जयद्रथ[1] को समस्त कार्य का पर्यवेक्षण, परिदर्शन और समग्र रूप से नियन्त्रण करना ही शोभाकारी और यथोचित है। एक और गुरुतर कार्य शेष रहा, वह है, भेंट-उपहार लेने और आमन्त्रित अतिथियों की अगवानी करने का कार्य। मैं महामानी, आत्म-सम्मान के प्रति सचेत, स्नेही-भ्राता सुयोधन[2] को इस कार्य का सबसे उपयुक्त कर्ता समझता हूँ।"

युधिष्ठिर द्वारा अपना वक्तव्य समाप्त करके चुप होते ही चारों ओर 'साधु', 'साधु' की ध्वनि होने लगी। भीष्म, द्रोणाचार्य, व्यासदेव आदि मुख्य ज्ञानी-जनों ने इस तालिका का पूरी तरह केवल अनुमोदन ही नहीं किया—बल्कि इसकी भूरि-भूरि प्रशंसा करके, मुक्त कंठ से स्वीकार किया कि उनके द्वारा इसकी अपेक्षा अच्छी विवेचना सम्भव नहीं होती।

प्रशंसा और हर्ष-ध्वनि के थोड़ा कम होते ही उस मन्त्रणा-गृह में अपेक्षाकृत चुप्पी छा गई। सभी लोग प्रसन्न थे। यहाँ तक कि कार्यभार प्रदान करने में यथायोग्य सम्मान-प्रदर्शन की बात सोचकर मानो चिर-ईर्ष्यी दुर्योधन भी बहुत अधिक सन्तुष्ट हुए।

और भी कुछ दायित्व-भार बाँटना शेष था, युधिष्ठिर ने तेजी से उसकी सूची पढ़ी। बाद में कोई भ्रान्ति या विसंगति न सामने आए, सो नकुल अलग एक भोज-पत्र पर उस सबको लिपि-बद्ध करने लगे।

थोड़ी देर में यह कार्य भी समाप्त हो गया। अब सभी सभा भंग होने के विषय में सोचने लगे—भीष्म, द्रोण, धृतराष्ट्र, वाह्लीक, दुर्योधन और उनके मामा सौबल शकुनि ने विभिन्न दलों में बँटकर, अपने-अपने दल में धीमी एवं अस्पष्ट आवाज में चर्चा आरम्भ कर दी।

किन्तु वासुदेव श्रीकृष्ण ने अब तक किसी भी बात पर मुँह नहीं खोला।

वे सभा-गृह में सबसे पीछे एक कोने में चुपचाप बैठे थे। उनकी दृष्टि इसी ओर खुली खिड़की के रास्ते दूर एक घर की छत पर जमी थी; वहाँ दो कपोत-कपोती एक-दूसरे के साथ कृत्रिम लड़ाई में लिप्त थे—वे जैसे उसी को एकटक मनोयोगपूर्वक देख रहे थे। लगता है, वे यहाँ रहते हुए भी विचार-विमर्श या लोगों के साथ जुड़े नहीं थे, बल्कि कहीं बहुत दूर चले गए थे, अब तक की परिचर्चा का एक अक्षर भी उनके कान में नहीं पड़ा था, जैसे इसके साथ उनका सम्बन्ध ही नहीं था।

किन्तु जिस समय मन्त्रणा या आयोजन के पूर्व की व्यवस्था के अच्छी तरह निबट जाने के कारण सन्तुष्ट युधिष्ठिर सभा-समाप्ति की घोषणा के लिए मौन अनुमति की

---

1. धृतराष्ट्र का जामाता, दुःशला का पति।
2. दुर्योधन; स्नेह के कारण दुः के स्थान पर सु जोड़ दिया जाता था।

प्रार्थना के साथ चारों ओर देख रहे थे–तभी श्रीकृष्ण ने अचानक अपना अब तक का मौन भंग किया, स्वभाव के अनुरूप परिहासपूर्ण हँसी के साथ बोल उठे, ''यह नहीं जानता था कि महाराज चक्रवर्ती युधिष्ठिर मुझे नितान्त अकर्मण्य समझते हैं। मैं सोचता था–अहंकार भी कह सकते हैं–अन्ततः कोई छोटे-से-छोटा, नितान्त महत्त्वहीन कार्य-भार तो पा ही जाऊँगा।''

इस कंठ-स्वर और वक्तव्य से सभा में उपस्थित सभी लोग चौंक पड़े। इतनी देर तक वासुदेव ने जो एक बात भी नहीं कही थी–इस तथ्य के प्रति भी सब लोग पहली बार ही सचेत हुए। पांडव उद्विग्न और लज्जित हुए; भीष्म, द्रोण आदि आश्चर्यचकित–कुरुभाई, इन लोगों में आसन्न मनोमालिन्य के मनोवांछित सौभाग्य की आशा न करके भी परिहास पूर्ण परिस्थिति की प्रत्याशा में प्रसन्न और उत्कंठित हो उठे।

मात्र युधिष्ठिर विशेष विचलित नहीं हुए, उनके प्रशान्त मुख पर कोई विशेष विलक्षणता नहीं दिखी, बल्कि उन्होंने कोमल स्वर में शान्त भाव से उत्तर दिया, ''वासुदेव, मेरी धारणा थी, बल्कि अब भी है कि मैंने वास्तव में जो कुछ किया है या कर रहा हूँ या आगे करूँगा–वह तुम्हारे प्रतिनिधि के रूप में ही। मैं तो तुम्हारी इच्छा प्रकट कर रहा हूँ। इस विशाल कर्म-चक्र के चक्री तुम ही हो, तुम ही इसके स्रष्टा और द्रष्टा हो; इसकी ध्यान-मूर्ति हो। इस कार्य की कल्पना से अभिव्यक्ति तक और अब वर्तमान वास्तविक आकार ग्रहण करने तक–सब कुछ क्या तुम्हारी इच्छा से नहीं घटा ? मैं जानता हूँ, हम सबके सुपरिचालन का कठिन दायित्व तुम अकेले वहन कर रहे हो, इसीलिए तुम्हें इस विशाल कार्य के किसी खंड-भाग के रूप में नहीं देखना चाहता। तुम्हें किसी सामान्य कार्य में नियोजित करने की बात सोची ही नहीं। अब यदि तुम्हारी इच्छा है–तो बोलो तुम्हारी अभिलाषा कौन सा कार्यभार ग्रहण करने की है, तुम किस कर्तव्य को सुघड़ रूप में सफलीभूत करना चाहते हो–तुम सहज रूप में उसे ग्रहण करो। तुम पूर्ण हो, किन्तु अब यदि पुनः अपने को खंड-भाग के रूप में दर्शाने की इच्छा है, तो हम लोगों को क्या आपत्ति हो सकती है ? हम उसी से प्रसन्न और निश्चिन्त होंगे।''

जनार्दन श्रीकृष्ण का कवि-कल्पनातीत, अवर्णनीय और मोहनीय मुख-मंडल अत्यधिक मधुर हास्य से रंजित हो उठा। बोले, ''महाराज युधिष्ठिर–जो धर्मराज के नाम से अधिक परिचित हैं–सत्यवादी हैं, आवश्यकता होने पर भी झूठ नहीं बोलते, यही जानता था, यह नहीं जानता था कि वे विनय-वचनों में भी इतने पटु हैं।''

कुरुराज जामाता जयद्रथ अचानक एक प्रकार के कठोर व्यंग्य की हँसी के साथ बोले, ''हाँ, ठीक। महाराज चक्रवर्ती बड़े विपत्तिजनक मार्ग पर अग्रसर हो रहे हैं। विनय-वचनों के आगे की पंक्ति होती है चाटुकारिता–और कौन नहीं जानता कि चाटुकारिता का आधा भाग स्वार्थ और आधा झूठ से गढ़ा होता है।''

इस धृष्टता से अनेक लोगों की भौंहें सिकुड़ गईं। भीष्म का मुख विरक्त और कठोर हो गया, पर वे उस मनोभाव को छिपाते हुए बोले, ''मेरा विश्वास है कल्याणीय युधिष्ठिर ने अपना आन्तरिक विश्वास ही प्रकट किया है, न कि अकारण विनय। मैंने

भी यहाँ आकर जितना सुना है, प्रत्यक्ष देखा है और पांडवों के साथ बातचीत करके जाना है, उससे—मैं भी उनके साथ एकमत हूँ। उनके प्रस्ताव का समर्थन भी करता हूँ। अब वासुदेव द्वारा अपनी इच्छा प्रकट करने के बाद ही हमारी दायित्व-विभाजन की तालिका पूर्ण हो सकती है।''

इस बार श्रीकृष्ण उठकर खड़े हो गए। अनुग्रह प्रार्थना की मुद्रा में दोनों हाथ आधे जोड़कर कहा, ''जितना सुना है, उसके अनुसार प्रायः मुख्य-मुख्य समस्त कार्यों का भार बँट चुका है और निश्चित ही वह योग्य व्यक्तियों को सौंपा गया है। केवल एक कर्तव्य की बात सम्राट युधिष्ठिर यहाँ तक कि पितामह भीष्म की दृष्टि से भी छूट गई है। मैं उसी तात्कालिक रूप से मुख्य कर्म के सम्पादन की अनुमति की प्रार्थना करता हूँ। अभ्यागतों के पाद-प्रक्षालन का भार कृपा करके मुझे दिया जाए।''

प्रतीत होता है, सभा में यदि अकस्मात् बज्रपात हो जाता तो भी सब लोग अपने को उतना हत्‌चेतन और विमूढ़ अनुभव नहीं करते। उस सभा-गृह में कुछ क्षण के लिए जैसे निर्जन, प्राणीहीन, सदैव हिम से ढके सुमेरु पर्वत के शिखरों की भाँति एक अलौकिक निस्तब्धता छा गई। सुई गिरनेवाली शब्दहीन नीरवता।

अविश्वसनीय। अविश्वसनीय।

पहले सभी ने सोचा—क्या उन्होंने ठीक प्रकार सुना है ? वासुदेव की बात का सही-सही अर्थ समझ सके हैं ?

उसके बाद किसी ने सोचा कि श्रीकृष्ण ने यह व्यंग्य में कहा है। अपना नाम न लिए जाने के अभिमान के कारण इन लोगों को समुचित पाठ पढ़ाने के लिए ही यह अद्‌भुत प्रस्ताव किया है।

बहुत—बहुत देर बाद व्याकुल युधिष्ठिर बोले, ''ना-ना—यह क्या कह रहे हो ! तुम अवश्य ही परिहास कर रहे हो अथवा हम लोगों पर विरक्त या रुष्ट हो गए हो ! ठीक है, इस कार्य की बात मन में नहीं आई—शायद तुम उस ओर ध्यान आकर्षित करने के लिए ही—''

श्रीकृष्ण का स्वर एक साथ गम्भीर, शान्त तथापि तीक्ष्ण हो आया। वे युधिष्ठिर की बात काटकर बोले, ''नहीं महाराज, आप लोगों को याद आने पर भी मैं यही कार्य माँगता। आप किसी दूसरे को यह भार सौंपते तो मैं उनसे भिक्षा माँग लेता। मेरे लिए यही देव-कार्य है, भगवत-सेवा। जहाँ बहुत से मनुष्य एकत्र हों, जहाँ जनता हो, जहाँ पंच-जन हों—वहीं वास्तव में ईश्वर का अस्तित्व है, उनकी उपस्थिति है। मैं मन-प्राण से इस पर विश्वास करता हूँ। अधिकांश का मताभिमत ही सत्य और ग्राह्य होता है। निस्सन्देह बहुत लोगों की सम्मिलित इच्छा ही दैव-इच्छा होती है। हे महाराज चक्रवर्ती, आपका यह सुविशाल यज्ञ, ऐसा कर्म-समारोह है—जो पहले कभी आयोजित नहीं हुआ, सम्भवतः बाद में भी नहीं होगा, इतिहास युग-युग तक जिसकी साक्षी देगा और कहानी कहेगा, जो सहस्र वर्षों बाद किंवदन्ती के रूप में रहेगा—मैं उसी यज्ञ के इस सुफल की भिक्षा माँग रहा हूँ। यही अति-दुर्लभ सुयोग, जन-देवता—जनतारूपी ईश्वर की सेवा और

पूजा का अकल्पनीय सौभाग्य ही मेरा काम्य और प्रार्थना है। यज्ञ का सम्पूर्ण फल आपका ही रहे—मात्र इतने से पुण्य-संचय का अधिकार मुझे दीजिए !''

सभागृह कुछ देर के लिए पुनः पहले की भाँति नीरव हो गया। लगने लगा, कृष्ण के बिजली गिरने की ध्वनि की भाँति गम्भीर कंठ-स्वर की गूँज उस कक्ष के स्तम्भ-स्तम्भ से टकराकर सभा-गृह के वायुमंडल में प्रतिध्वनित होने लगी, उसी के प्रभाव से सब लोग उदास और चिन्तातुर हो उठे। अनेक लोगों के विस्मय से फटे नेत्रों की पलकें बहुत देर तक नहीं गिरीं।

उन सबके मध्य केवल विदुर आँसुओं से भीगे नेत्रों के साथ अत्यधिक आवेग-भरे कंठ से बोले, ''धन्य, धन्य ! श्रीकृष्ण तुम्हीं पुरुषोत्तम हो। तुम्हारे द्वारा कही गई जन देवता की वाणी-मूर्ति तुम्हीं हो, उसकी शक्ति ने तुममें ही संघटित रूप धारण किया है। मैं तुम्हें प्रणाम करता हूँ।''

॥ २० ॥

संकल्पित यज्ञ की पवित्र वेदी में प्रारम्भाग्नि प्रज्वलित होने के पूर्व ही उस विशाल सभा के अन्तःगृह में एक दूसरी अग्नि प्रधूमित हो उठी।

प्रारम्भ में स्फुल्लिंग के रूप में। किन्तु, कौन नहीं जानता कि एक क्षुद्र अग्नि-कण को भी अनुकूल उपादान प्राप्त हो जाने पर विशाल अग्नि-लीला में परिणत होते विलम्ब नहीं घटता।

नहीं, वह स्फुल्लिंग यज्ञ-विदों के, अग्नि उत्पन्न करनेवाले डंडों के घर्षण में दिखाई नहीं दिया और वह अग्नि यज्ञ करनेवालों के हवि-दान के काम भी नहीं आई।

उस अग्नि का कारण बनी ईर्ष्या, यज्ञ-वाहन बना चेदिराज शिशुपाल। अनेक लोगों के आहत अभिमान की वाणी बनकर।

यज्ञ प्रारम्भ होने से पहले यज्ञपति युधिष्ठिर का अभिषेक आवश्यक है। उससे पहले भी कुछ कार्य हैं। किसी-किसी देवता का स्मरण करना है; उसके बाद ब्रह्मा, ऋत्विक-अध्वर्यू-उद्‌गाता आदि का वरण करना है; पुरोहितों, समागत ऋषियों और प्रधान-प्रधान विप्रों को अर्घ्य समर्पित करना है, उसके साथ ही विशिष्ट अतिथियों को माल्य-वन्दना आदि का अर्घ्य निवेदित किया जाना है। राजन्य वर्ग इसी श्रेणी में आता है।

विशाल यज्ञ-सभा अत्यधिक हलचल से भर गई। उसमें याज्ञिक और ब्राह्मणों का तर्क-वितर्क तथा अपने ज्ञान-प्रदर्शन का दर्प ही अधिक है। राजाओं की अहंकार दर्शाने की प्रतियोगिता तो है ही—पारिषद भी कम नहीं हैं, बल्कि उनकी अहंकार दिखाने के कारणों की सूची कुछ अधिक बड़ी है।

किन्तु ऋत्विक पुरोहित का वरण पूर्ण होने पर, जब विधि के अनुसार अर्घ्य-दान

का समय आया–तो अचानक वह विशाल कोलाहल पूरी तरह शान्त हो गया। और, इसी निस्तब्धता में सहसा ब्राह्मण भी अपना अन्तहीन तर्क-वितर्क स्थगित करके कौतूहलपूर्वक उसी दिशा में एकटक ताकने लगे; अर्थात् विशिष्ट अतिथि राजाओं की ओर।

इस आकस्मिक नीरवता का कारण है।

भारत-भर के समस्त प्रान्तों से छोटे-बड़े सभी–स्वाधीन, सामन्त और करद राजाओं का आगमन हुआ है। इनमें से प्रत्येक को ही अर्घ्य दिया जाना सम्भव नहीं है। अवश्य ही चुने हुए कुछ लोगों को देना होगा। वह सौभाग्य किसका भोग्य है ? पांडव किसे छोड़कर किसके प्रति सम्मान प्रदर्शित करेंगे–इसी कारण कौतूहल और बेचैनी-भरी प्रतीक्षा है। राजन्य-वर्ग के लिए केवल कौतूहल भर नहीं है–इस सम्मान या अवहेलना का उनके लिए बहुत मूल्य है। उन्होंने जिसे मन में प्राप्य मान रखा है, उसे न पाकर वे केवल असम्मानित ही नहीं–बल्कि अपमानित अनुभव करेंगे। थोड़ा-बहुत दावा सभी का है। जो छोटे राजा हैं, सामान्य शक्तिवाले हैं, वे भी मन-ही-मन वंश-मर्यादा के अभिमान को सामने रखकर बहुत बड़ा दावा मान रहे हैं।

शायद भीष्म ही राजवंशीय या क्षत्रिय समाज में सबसे बुजुर्ग व्यक्ति हैं, और वे राजाओं के इस मनोभाव से विलक्षण रूप से अवगत हैं। वे यह भी जानते हैं कि–युधिष्ठिर अर्घ्यदान से पूर्व इसकी कार्य-विधि के सम्बन्ध में उनसे ही पूछेंगे, उनसे ही जानना चाहेंगे कि क्या करणीय है। इसी कारण बहुत विचार करके उन्होंने इस समस्या का समाधान भी सोच रखा था।

युधिष्ठिर ने भी सचमुच–यथासमय उनके सामने आकर–वह प्रश्न उपस्थित कर दिया।

भीष्म ने मन-ही-मन उत्तर सोचकर रखने पर भी थोड़ी देर मौन रहकर, एक बार उपस्थित राजन्य-वर्ग की ओर ताक लिया, मानो उनके मनोभाव की मौखिक छवि के साथ अपने विचार को एक बार और मिलाकर देख लिया हो। उसके बाद अपने स्वभाव के अनुसार धीरे-धीरे बोले, "गुरु, पुरोहित, स्नातक, सम्बन्धी, मित्र और राजा-गण–शुभ कार्य के प्रारम्भ में ये सभी अर्घ्य पाने और सम्मानित होने योग्य हैं। ये लोग कृपा करके बहुत दिन बाद हमारे यहाँ पधारे हैं, इसीलिए इन्हें अर्घ्य समर्पित करके इनके प्रति सम्मान प्रकट करना कर्तव्य है। तब भी इस श्रेणी के अभ्यागतों की जितनी बड़ी संख्या है, इन सबको अर्घ्य समर्पित करने में आज का दिन तो लगेगा ही–पन्द्रह दिन लग जाने में भी आश्चर्य नहीं होगा। अतः मेरे विचार से इन लोगों के प्रतिनिधियों के हिसाब से कुछ प्रधान व्यक्तियों को अर्घ्य समर्पित करो, किन्तु उससे भी पूर्व, इस सभा में जो सर्वश्रेष्ठ अभ्यागत हैं–उन्हें सबसे पहले और श्रेष्ठ अर्घ्य समर्पित करके अपना कार्य प्रारम्भ करो। मुझे प्रतीत होता है, इस व्यवस्था में तुम्हारी त्रुटि निकालकर कोई भी खिन्न नहीं होंगे।"

संख्यातीत अतिथियों को अर्घ्यदान करने की बात सोचते हुए, अत्यधिक समय लग जाने के विचार ने युधिष्ठिर को व्याकुल कर दिया था। अब जैसे उन्होंने बहुत सीमा

तक निश्चिन्त होकर, हाथ जोड़कर पुनः प्रश्न किया, ''पितामह, इस विषय में आप ही उस सर्वाग्र-गण्य व्यक्ति को बताइए, जो समस्त अतिथियों में पहले और श्रेष्ठ अर्घ्य पाने योग्य है।''

भीष्म ने उत्तर दिया, ''जो नत-मस्तक सबके पाद-स्पर्श करके समस्त लोगों के श्रद्धेय हो गए हैं, जिनके आगमन से यह सभा आलोकमय हो गई है, यहाँ की वायु प्रमुदित और आह्लादित हो गई है—उन श्रीकृष्ण को छोड़कर और किसी का भी विचार मेरे मन में नहीं आता। तुम यह अर्घ्य उन्हें ही समर्पित करो।''

भीष्म का यह प्रस्ताव जिनके कानों में पड़ा—इसमें बहुत बाधा भी नहीं थी, कई लोग उच्च-घोषकार द्वारपाल के रूप में नियुक्त थे, ताकि समस्त आवश्यक प्रश्नोत्तर को पुनः उच्चारित करके सभा के कोने-कोने में सबसे दूर तक पहुँचा दें—उनमें से अधिकांश ने ही हर्ष-ध्वनि के साथ भीष्म के प्रस्ताव का समर्थन किया। किन्तु एक और वर्ग, जो राजा पांडवों से ईर्ष्या रखते थे और वृषि या यादवों के प्रति विद्वेष से भरे थे—उनके मुख क्रोध से लाल हो गए, वे जल्दी-जल्दी दीर्घ निश्वास छोड़ने और हाथों की मुट्ठियाँ भींचने लगे, किन्तु अधिकतर लोगों द्वारा अनुमोदन किए जाने के कारण सहदेव द्वारा उस श्रेष्ठ अर्घ्य-दान कार्य को सबके सामने सम्पन्न करने पर भी तत्काल किसी प्रकार का प्रतिवाद करने का साहस नहीं किया।

एकमात्र चेदिराज शिशुपाल को छोड़कर।

सम्राट जरासन्ध के पाप-कर्म-सहचर इस शिशुपाल का शैशव-काल से ही एक विचित्र इतिहास था।

शिशुपाल, श्रीकृष्ण-बदलेव का निकट सम्बन्धी था, इनका फुफेरा भाई। व्यक्ति के रूप में जितना दुराचारी था, उतना ही क्रूर, विवेकहीन भी।

किंवदन्ती है कि जन्म के समय उसके चार हाथ और तीन नेत्र थे। इतना भर ही नहीं, जन्म के साथ-ही-साथ वह गधे की भाँति उच्च स्वर में बोलने लगा था। उसके माता-पिता अशुभ की आशंका से उसे तत्काल त्याग देने को तैयार हो गए थे। किन्तु गणनाकार भविष्यवक्ताओं ने गणना करके बताया, ''आप लोग अकारण भय मत कीजिए। समय आने पर यह शिशु मनुष्य के स्वाभाविक रूप को प्राप्त कर लेगा। यौवन प्राप्त होने पर महाबली, पराक्रमी और युद्धप्रिय होगा। किसी भगवत-अंश से उत्पन्न महापुरुष—इसके सम्बन्धी—द्वारा गोद लेते ही इसकी अतिरिक्त भुजा सूखकर विलीन हो जाएगी, तृतीय नेत्र भी गायब हो जाएगा। यह साधारण मनुष्य की ही भाँति अंग-प्रत्यंगवाला हो जाएगा। किन्तु जिसके स्पर्श से यह अलौकिक घटना घटेगी, परमायु पूर्ण होने पर उसी के आयुध से इसकी मृत्यु भी होगी। यही इसकी भाग्य-लिपि है, किसी भी कारण इससे भिन्न नहीं घटेगा।''

चेदिराज महिषी ने गणनाकारों की बातों से कुछ निरुद्विग्न होकर नव-जातक को

गोद में उठाकर स्तनपान कराया और उसका पालन करने लगी। किन्तु पूरी तरह आश्वस्त नहीं हो सकी। भविष्य-द्रष्टाओं की निष्ठुर गणना ने उनके दिन-रात को भयाक्रान्त बना दिया।

इसी कारण वे शिशु को समागत अतिथि, सम्बन्धी, ऋषि, ब्राह्मण–सभी की गोद में देने लगीं, किन्तु किसी के स्पर्श से भी कोई परिवर्तन नहीं हुआ। कुछ काल बाद एक बार किसी दूसरे देश की यात्रा के प्रसंग में श्रीकृष्ण कुछ प्रहर के लिए अतिथि हुए एवं उनकी बुआ ने–किसी आशा से नहीं, बहुत कुछ अभ्यास के वशीभूत हो, कारण कि उस समय श्रीकृष्ण स्वयं तरुण-वयस्क के रूप में अपने भाग्य की खोज में थे–शिशु को उनकी गोद में दे दिया। किन्तु इस बार प्रायः साथ-ही-साथ आश्चर्यजनक परिणाम दिखाई दिया। कंठ-स्वर तो स्वाभाविक-सामान्य की भाँति हो ही गया–दोनों अतिरिक्त भुजाएँ भी उसी क्षण से शुष्क और विवर्ण होने लगीं। वे दोनों सूखी बाहुएँ कुछ दिन के भीतर ही मूल से कटी शाखा की भाँति अपने आप झड़ गईं एवं तीसरा नेत्र-विवर भी इस प्रकार निश्चिह्न हो गया कि माता के लिए भी यह याद करना कठिन हो गया कि वह किस स्थान पर था !

पर–एक दुश्चिन्ता के समाप्त होते ही एक-दूसरी दुश्चिन्ता दिखाई देने लगी।

चेदिराज महिषी ने बहुत अधिक व्याकुल होकर वासुदेव को बुला भेजा एवं श्रीकृष्ण के आने पर उनके दोनों हाथ पकड़कर अनुनय की, ''तुम प्रतिज्ञा करो, किसी भी दिन मेरे पुत्र का वध नहीं करोगे !''

उस आयु में–श्रीकृष्ण कंस-वध के पश्चात् भी यदुवंश को सुप्रतिष्ठित या स्वतन्त्र शक्ति के रूप में स्थापित नहीं कर पाए थे, इतना होने पर भी–उनकी रहस्यमय हँसी लोगों की चर्चा का विषय हो गई थी। उस दिन भी उन्होंने अपनी दुर्ज्ञेय हँसी हँसते हुए उत्तर दिया, ''इस जगत् में देह-धारण करने पर देह का नाश अनिवार्य है; जन्म ग्रहण करने पर मृत्यु अवश्यम्भावी है। आपका पुत्र अमर नहीं हो सकता।–आप भी इस बात को निश्चय ही स्वीकार करेंगी। यदि मेरे द्वारा ही उसका विनाश है, यही शिशु की भाग्य-लिपि है–गणना करनेवालों ने यदि भूल नहीं की है, तो वह होगा ही। पर यह आशंका क्यों करती हैं कि मैं अकारण ही किसी का–विशेषकर सम्बन्धी का–वध करूँगा ? यदि यह बालक आगे चलकर मेरा कोई विशेष अनिष्ट न करे या मेरे साथ युद्ध न करे तो उसके वध का कोई कारण नहीं देखता। तब भी, आपके मन की सन्तुष्टि के लिए मैं प्रतिज्ञा करता हूँ कि अपने प्रति किए गए उसके एक सौ अपराध क्षमा करूँगा। उसके बाद भी यदि किसी कारण मेरा अनिष्ट या अपमान करता है, तो मैं और उत्तरदायी नहीं रहूँगा।''

उस समय उतना आश्वासन भी पर्याप्त अनुभव हुआ।

माता को भी, पुत्र को भी। मानो शिशुपाल बहुत कुछ उसी के बल से दुस्साहसी होकर किशोरावस्था से ही बुरा आचरण करता घूमने लगा। दुर्जनों को दुर्जन-मित्रों या सहायकों का अभाव नहीं होता, शिशुपाल अपने आप ही कई अपेक्षाकृत कम बड़े राज्यों

का सेनापति बन गया।

स्वाभाविक रूप से सर्वाधिक आक्रोश वासुदेव पर है। इसी कारण शिशुपाल ने विगत कई वर्षों में अकारण ही नाना प्रकार से उनकी काफी अवमानना और क्षति की है, तथा उन्हें अनेक प्रकार से लज्जाजनक स्थिति और संकट में डालने की चेष्टा की है।

और अनुकूल अवसर भी मिले हैं। श्रीकृष्ण का क्रमशः बढ़ता हुआ पराक्रम, ख्याति और प्रतिष्ठा अनेक लोगों की ईर्ष्या का कारण हो गए थे। विशेषकर जरासन्ध के साथ शत्रुता तो सब लोगों को ज्ञात हो गई थी। स्वर्ण-लता आम का अवलम्बन लेती है और विष-बेल कंटक-वृक्ष का आलिंगन खोजती है। पाप भी पाप के साहचर्य के लिए लालायित होता है। विकृत-रुचिवाले दुष्ट-बुद्धि मनुष्य मन्द-बुद्धिवालों के आश्रयदाता होते हैं। इसी कारण शिशुपाल ने जरासन्ध का संरक्षण प्राप्त कर लिया था। जरासन्ध के नाम से और भी अनेक राजाओं ने कुछ भय के कारण और थोड़ा अपने को निरापद बना लेने की आशा से—उसकी सहायता की।

जरासन्ध की मृत्यु के कारण यादवों के साथ आमने-सामने के युद्ध का साहस न रहने पर भी शिशुपाल ने चोरों की भाँति गुप्त उपायों और चातुर्य से श्रीकृष्ण को लज्जित या क्षतिग्रस्त करने का मार्ग नहीं छोड़ा। श्रीकृष्ण को प्रतिज्ञा के कारण निरुपाय जानकर बहुत अधिक बड़प्पन भी हाँकता रहा।

अब इसमें क्या आश्चर्य कि वही शिशुपाल जनार्दन की पूजा का प्रतिवाद करता ! और यह भी लगभग निश्चित ही था कि वह प्रतिवाद नीच और घृणास्पद गाली-गलौच का रूप ले लेता।

किन्तु वह गाली-गलौच श्रीकृष्ण पर ही केन्द्रीभूत नहीं रही।

उनके बहाने मुख्य रूप से—इन्होंने ही निर्देश दिया था—भीष्म और उन्होंने निर्देश को मान्य किया था, कहकर पांडवों पर बरसने लगा।

भीष्म ने विवाह नहीं किया पितृ-भक्ति के कारण, किन्तु शिशुपाल उन्हें क्लीव, नपुंसक कहने का सुयोग भला क्यों छोड़ता ! यह अर्घ्य श्रीकृष्ण ग्रहण कर रहे हैं, अतः उन्हें कूड़े के ढेर पर फेंके गए भोजन का लालची रास्ते का कुत्ता कहने में भी संकोच नहीं किया। अपने समर्थन में कुछ-कुछ युक्तियाँ भी दीं। श्रीकृष्ण प्रकृत रूप में नृपति नहीं हैं, इस कुल के अभिषिक्त नरपति उनके नाना उग्रसेन हैं। वयोवृद्ध के रूप में असंख्य लोग कृष्ण से बड़े हैं, भीष्म ही हैं। वे पांडवों-कौरवों के कुलपति भी हैं। इच्छा-मृत्यु भीष्म, शस्त्र गुरु द्रोणाचार्य, शास्त्र गुरु कृप, बहुशास्त्र ज्ञाता अश्वत्थामा, महामानी राजा दुर्योधन, मामा शल्य, आत्मीय द्रुपद, भीष्मक के उपस्थित रहते श्रीकृष्ण किसी तरह भी अर्घ्य नहीं पा सकते। विशेष रूप से, अतुल प्रतापी, विश्व को भयभीत करनेवाले जरासन्ध अन्यायपूर्वक मार दिए गए थे—केवल इन्हीं विवेकहीन, वीर-धर्म से विमुख श्रीकृष्ण के षड्यन्त्र और सलाह से ही। ये दुर्मति भद्र-समाज में स्थान पाने योग्य नहीं हैं।

किशोर सहदेव ने अपने हाथ से ही अर्घ्य-दान किया था। वे और अधिक न सह सकने के कारण बोल पड़े, ''जो श्रीकृष्ण की पूजा नहीं सह सकता, मैं उसके मस्तक पर पदाघात करता हूँ।''

ऐसा बोलना उचित नहीं हुआ, विशेषकर क्योंकि वे होता-पक्ष में से ही एक थे। सभा में प्रतिवाद का धीमा स्वर उठा। युधिष्ठिर भी 'छिः !' बोलकर अस्फुट स्वर में सहदेव को धिक्कारते हुए उठे और विनय-वचनों तथा मधुर वाणी से शिशुपाल को चुप और शान्त करने की चेष्टा की। किन्तु उन सान्त्वना-वाक्यों ने आग में घी डालने का ही काम किया। शिशुपाल बहुत अधिक क्रुद्ध और धृष्ट हो उठा। गर्दभ के समान कर्कश स्वर में और भी अधिक गाली-गलौच और अहंकार का प्रदर्शन करने लगा। उसके दुस्साहस से बल पाकर कुछ अन्य राजा और प्रधान भी अपने-अपने आसन छोड़कर उसके साथ सभा-गृह से बाहर आने की चेष्टा करने लगे।

इतनी देर में भीष्म का धैर्य भी समाप्त हो गया।

वे बोले, ''श्रीकृष्ण केवल हम लोगों के ही पूज्य नहीं, सम्पूर्ण विश्व के पूजनीय हैं। उन्होंने जन्म से ही जो आश्चर्य-भरे कार्य किए हैं, वे और कब, कहाँ सुने गए हैं ? पूतना-वध तो एकदम शैशव की बात ही है। बाल्यावस्था में और भी कितने दानव-सदृश भयंकर दस्युओं, पामर एवं षड्यन्त्रकारियों को मारा था, गोवर्धन पूजा के समय यादवों का नेतृत्व करके इन्द्र का दर्प चूर्ण किया था—ये वृत्तान्त उनके यौवन-काल में ही किंवदन्तियों में परिणत हो गए थे। जब केवल किशोर एवं वयस्कावस्था के सन्धि स्थल पर थे, तभी इन्होंने महाबली, पराक्रमी दस्युराज कंस को एकक युद्ध में पराजित करके तथा उसका वध करके, नाना उग्रसेन, अपने माता-पिता और बहुत से अन्यान्य सज्जन क्षत्रियों को भयावह कष्टों से भरे कारावास से मुक्त किया था। यदि इन्होंने जरासन्ध के वध के लिए बाहुबल की अपेक्षा कौशल पर अधिक भरोसा किया, तो इसमें कोई भी दोष नहीं है। शत्रु विशेष के लिए विभिन्न युद्ध-पद्धतियों का सहारा लेना कोई नई और अशास्त्रीय बात नहीं है। मनुष्य के लिए केवल नख-दन्त से शेर को मार पाना सम्भव नहीं है।...और वृद्ध ? कोई केवल वय-वृद्ध होने भर से ही दक्ष या पूज्य के रूप में गणनीय नहीं हो जाता। ज्ञान-वृद्ध, बल-वृद्ध और धन या संगति-वृद्ध—ये भी वृद्ध के रूप में गणनीय होते हैं, ये भी वृद्धत्व के मानक होते हैं। श्रीकृष्ण समस्त शास्त्रों के अच्छे विद्वान, मानव-मन के ज्ञाता, अत्यधिक बलवान योद्धा हैं, अब पर्याप्त मात्रा में ऐश्वर्य भी प्राप्त कर चुके हैं—अतः हर प्रकार से वही इस सभा में वृद्धतम व्यक्ति हैं। उनमें शास्त्र में उल्लिखित छः प्रकार की योग्यताओं में से अधिकांश योग्यताएँ विद्यमान हैं। गुरु, ऋत्विक, स्नातक, सम्बन्धी, मित्र, नृपति—इनमें से अधिक-से-अधिक चार योग्यताओं के बल पर ही वे इस अर्घ्य पर अपना दावा जताने में सक्षम हैं। जिसे श्रीकृष्ण की योग्यता में सन्देह है—वह घोरतम अज्ञानी और अबोध है। वे इस सभा में ही उपस्थित हैं, जिसकी मृत्यु निकट है वह उनके साथ युद्ध करके देख ले कि श्रीकृष्ण में कितना पराक्रम है !''

इस प्रकार और भी बहुत देर तक वाद-प्रतिवाद—कुत्सित वाक्-युद्ध चलता रहा।

इतनी देर तक श्रीकृष्ण स्थिर-भाव से अपने आसन पर बैठे थे। मुख पर वही स्वभाव सिद्ध रहस्यमय प्रसन्न हँसी, दृष्टि में उदासीनता या निर्लिप्तता। कुत्सित स्थिति के धीरे-धीरे चरम-सीमा पर पहुँचने से यज्ञ की व्यवस्था के भंग हो जाने की आशंका दिखाई देते ही वे अचानक उठ खड़े हुए। उन्हें खड़े होते देखने के साथ-ही-साथ सम्पूर्ण कोलाहल और विवाद में उलझे दोनों दलों का वाक्-युद्ध पूरी तरह थम गया।

श्रीकृष्ण गम्भीरता-भरे उच्च स्वर में बोले, "सभा में उपस्थित ऋषि, ब्राह्मण-वृन्द, सम्बन्धी, मित्र और समागत सज्जन-वृन्द, दया करके आप सभी सुनिए। यह व्यक्ति हमारे सम्बन्धियों में गिना जाता है। मैं इसकी माता के करुण-वचनों के कारण इसके एक सौ अपराध क्षमा करने की प्रतिज्ञा से बँधा हुआ था—कुछ देर पहले ही आपने वह कहानी भीष्म के मुख से सुनी है। जैसे माता के आँचल में छिपा हुआ शिशु अपने को निरापद मानकर प्रगल्भता करता है—इसकी अवस्था भी लगभग वैसी ही है। किन्तु एक सौ अपराधों की सीमा लाँघे जाने पर भी—यदि वह धृष्टता केवल मौखिक कटु-वचनों तक ही सीमित होती, तो मैं उसकी उपेक्षा करता। लेकिन इस मूर्ख की धृष्टता चरम सीमा पर पहुँच गई है। यदि इसके दुराचरणों की पूरी तालिका गिनाई जाए तो एक पहर बीत जाएगा, समय का इससे अधिक अपव्यय और क्या हो सकता है ? अतः मैं अभी-अभी घटे एक-दो पाशविक आचरणों की बात बताऊँगा, उससे ही आप लोग समझ जाएँगे कि इसका चरित्र कैसा है। जब मैं और आर्य बदलेव निमन्त्रित होकर भारत के दूसरे प्रान्त प्राक्ज्योतिषपुर गए थे, तो इस दुराचारी ने यदुवंश का दौहित्र होकर भी द्वारका को उजाड़ दिया और जला दिया, लूट और नारियों का अपमान तो किया ही, भोजराज हमारे अतिथि के रूप में कई माह तक रैवतक में थे, इसने मेरी और बलदेव की अनुपस्थिति का सुयोग पाकर अचानक सेना के साथ आकर उनके सहचरों में से कुछ की हत्या कर दी और कुछ को बन्दी बनाकर ले गया। इसी पापात्मा ने अपने ही मामा-मेरे पिता वसुदेव के यज्ञ के अश्व का हरण किया था। तपस्वी अक्रूर की भार्या द्वारका से सौवीर राष्ट्र जा रही थीं—उनकी इच्छा के विरुद्ध इस पाखंडी ने उनका हरण किया और उनके साथ अनाचार किया। इसी कुलांगार ने छद्म वेश में अपने मामा की पुत्री भद्रा का हरण करने में भी संकोच नहीं किया। इतना भर ही नहीं, इसी मूर्ख ने मेरे विवाह में बाधा डालने के उद्देश्य से रुक्मिणी से प्रार्थना की थी, किन्तु भुजाएँ ऊपर उठाए वामन द्वारा चन्द्रमा की अभिलाषा करने के समान असफल हो गया, तब भी तनिक भी लज्जा अनुभव नहीं की।...मैं बुआ के अनुनय को स्मरण करके ही इस समस्त अनाचार और विरुद्धाचरण को सहन करता रहा। पर, इस पशु से भी निकृष्ट प्राणी के कृमि-कीट की भाँति आचरण और दुर्व्यवहार, उन्हें दिए गए वचन, एक सौ की संख्या को पार कर गए हैं, अब मैं इस पापिष्ठ का वध करूँगा।"

जैसे बालक अनेक बार अपनी नवोपलब्ध शक्ति की सीमा न जानने के कारण अनायास प्रज्वलित अग्नि को हाथ में उठाने की चेष्टा करते हैं—जैसे मोह-ग्रस्त व्यक्ति

स्वयं ही विषधर सर्प के निकट चले जाते हैं–उसी प्रकार शिशुपाल मृत्यु निकट देखकर भी और अधिक कटूक्तियाँ और व्यंग्योक्तियाँ करने लगा, विशेषकर रुक्मिणी को लेकर।

उसी बीच–अपनी बात समाप्त होने से पहले ही–केशिनिसूदन केशव श्रीकृष्ण की भृकुटि भयंकर और दृष्टि कराल हो उठी, दर्शकों को अनुभव हुआ कि मानो उस दृष्टि से समस्त चराचर दग्ध हो जाएगा। जो हमेशा उनकी प्रसन्न, मधुर, शान्त मुखश्री देखते आए थे, वे उनकी ओर देखकर विस्मय और आतंक से मूर्च्छित होने लगे; कुछ लोग तो वास्तव में उस दृष्टि के तेज को न सह सकने के कारण मूर्च्छित हो ही गए। मृत्यु-अग्नि बरसानेवाले उन विशाल नेत्रों की ओर देखने पर कुछ लोग न तो देख पाए और न उस ओर से नेत्र हटाने में ही समर्थ हुए।

उस दृष्टि की दुस्सहनीयता के समक्ष शिशुपाल भी इस प्रकार जड़वत हो गया कि और कुछ तो क्या करता, आत्मरक्षा की चेष्टा में भी समर्थ नहीं रहा। यहाँ तक कि ऐसा अवसर विशेष भी नहीं पा सका। श्रीकृष्ण ने निमिष-भर में अगणित क्षत्रिय-वीरों के मध्य शिशुपाल के अनुचरों और सहयोगियों के सामने ही अपने विख्यात चक्रास्त्र से उसके दो टुकड़े कर दिए।

उसके बाद भी वह विशाल यज्ञ-सभा बहुत देर तक प्राण-हीन, सोए हुए के समान स्तब्ध रही। कोई भी कुछ सोच पाने, प्रतिवाद कर पाने, यहाँ तक कि वासुदेव का जय-घोष कर पाने योग्य भी नहीं रहा। जो राजा, अब तक शिशुपाल का समर्थन और अनुसरण कर रहे थे, उनमें से कोई-कोई अवश्य ही चुपचाप अपने दाँत परस्पर रगड़ रहा था या ओठ काट रहा था, किन्तु किसी का भी मुँह से बात निकालने का साहस नहीं हुआ। एक बात–इस अभूतपूर्व, अकल्पनीय और अवर्णनीय घटना के प्रभाव से मुक्त होने में लगभग एक दंड समय लगा। इस पूरे समय उस विशाल जन-समुद्र पर मृत्यु-भय का सन्नाटा ही छाया रहा।

॥ २१ ॥

प्रथम दिन की उस अवांछित घटना के बाद यज्ञ में और कोई बाधा या विपत्ति नहीं दिखाई दी। युधिष्ठिर ने कुशल शास्त्रज्ञों द्वारा किए गए विधान के अनुसार शिशुपाल के शव को अन्तिम संस्कार के लिए भेजकर उस स्थान को अच्छी तरह साफ करके और उसके पुत्र को चेदिराज घोषित करके विधिपूर्वक संकल्प के बाद यज्ञ प्रारम्भ किया।

ऐसा नहीं कि क्षोभ पूर्णतः समाप्त हो गया हो। संसार में ऐसे मनुष्य सदैव होते हैं–जो अन्याय के दमन को अत्याचार के रूप में देखते हैं एवं प्रत्यक्ष प्रमाण होने के बावजूद दुष्कर्मी के प्रति ममता रखते हैं। पाप की सहायता लेकर शक्ति-सम्पद एकत्र करनेवाले व्यक्तियों की संख्या कोई बहुत कम नहीं है। राजाओं में भी इस प्रकार के मनोभाव यथेष्ट मात्रा में विद्यमान हैं। वे क्षुब्ध और कोई-कोई क्रुद्ध हो रहे। किन्तु

शिशुपाल की भाँति दुर्धर्ष व्यक्ति का परिणाम, श्रीकृष्ण की वह भयंकर संहार-मूर्ति एवं पांडवों के समर्थकों की संख्या और शक्ति–प्रत्यक्ष देखकर किसी ने भी कोई खुला प्रतिवाद करने का साहस नहीं किया। तब भी उनमें से अनेक अपमानित और असहाय होने के कारण जल्दी-जल्दी दीर्घ निश्वास छोड़ने लगे और दाँतों-पर-दाँत घिसते हुए या फिर ओठ काटते हुए मनोवेदना के दमन की चेष्टा करने लगे। कुछ, यह इच्छा करके सान्त्वना प्राप्त करने लगे कि भविष्य में अवसर आने पर इसका प्रतिशोध लेंगे।

किन्तु उस ओर किसी का भी ध्यान नहीं था, अतः किसी ने भौंहें तक नहीं सिकोड़ीं। मध्य में आए इस थोड़े से छिद्रवत व्यवधान के बाद फिर सबके मन में उत्सव-आयोजन का संगीत गूँजने लगा, अधिकांश की चिन्तना को कर्मानुष्ठान की विशालता से उत्पन्न आश्चर्य और मोह ने ढक लिया। दो-चार लोगों ने इधर ध्यान दिया अवश्य था–भीष्म, विदुर आदि ने–उन्होंने यथासम्भव अतिरिक्त सम्मान और आदर प्रकट करके इन लोगों को कुछ हद तक शान्त करने की चेष्टा भी की–किन्तु यह साफ समझ में आ गया कि उससे उनके हृदय की अग्नि शमित या शान्त नहीं हुई। पर ये सब छोटी-छोटी बातें–यज्ञ-कर्म और 'दीयतां भुज्यतां' के विपुल आयोजन में–दबकर रह गईं। आमन्त्रित, अनामन्त्रित जनसाधारण एवं विप्र आदि तो हुए ही, राजन्य-वर्ग भी इस प्रकार के अभूतपूर्व सत्कार, सुखाद्य तथा विलास-द्रव्यों की प्रचुरता से अभिभूत हो गया। उनमें से अधिकतर इस प्रकार के भोग-विलास और आहार आदि के अभ्यस्त नहीं थे और अनेक के लिए यह कल्पनातीत–परी-कथाओं के वर्णन में सुना हुआ सा था। साधारण-जन मन भरकर सन्तुष्ट हुए, वे पांडवों का जय-जयकार करने लगे। विशिष्ट अतिथियों में भी प्रायः सभी ने, छिपे-छिपे हृदय में उठनेवाली दीर्घ निश्वास छोड़कर स्वाभाविक रूप से व्याकुल करनेवाली ईर्ष्या का मन में ही दमन करके, मुख से इनके प्रति धन्यवाद ज्ञापित किया और प्रति-निमन्त्रण देकर विदा ली। पांडवों ने, जाते समय जो उपहार द्रव्यादि भेंट किए, उनका पार्थक्य या वितरण-विषमता और कल्पित पक्षपात लम्बे यात्रा-पथ की चर्चा के विषय रहे।

गए नहीं, तो केवल धार्तराष्ट्र भाई और उनके काका-मामा–गान्धार राज-पुत्र, सुबल-पुत्र शकुनि, जिनके जीविका-निर्वाह का मुख्य उपाय ज्येष्ठ भागिनेय की अहर्निश चाटुकारिता और कुमन्त्रणा-दान को ही कहा जा सकता है।

पांडवों ने ही–कुछ तो कर्तव्य-बोध के वशीभूत सौजन्य पूर्ण व्यवहार की रीति का पालन करते हुए और कुछ श्रीकृष्ण के परामर्श से कुल-भ्राताओं से कुछ दिन और ठहर जाने का अनुरोध किया था। कहा था, लाखों-लाख लोगों की इस भीड़ और कार्य की व्यस्तता में भाइयों के साथ अन्तरंग-वार्तालाप और प्रेम-व्यवहार का अवसर ही नहीं मिला। यदि वे लोग कुछ दिन और यहीं विश्राम करें तो उस इच्छित एकान्त का सुयोग मिल सकता है।

यह ठीक है कि आमन्त्रण दिया था–किन्तु यह आशंका तो की ही नहीं थी कि कौरव सचमुच ही सहमत हो जाएँगे।–हाँ, आशंका ही। कौरव कभी भी उनके शुभाकांक्षी नहीं हैं। ज्येष्ठ होने पर भी जन्मान्ध होने के कारण धृतराष्ट्र को सिंहासन से वंचित होना पड़ा था। फिर भी यदि उनकी सन्तान वंश में बड़ी होती तो वह दुख किसी हद तक दूर हो सकता था। वहाँ भी उन्हें भाग्य ने वंचित कर दिया। छोटे भाई पांडु की सन्तान युधिष्ठिर ने पहले जन्म ले लिया। धृतराष्ट्र के एक सौ पुत्र हुए–किन्तु किसी भी ओर से सिंहासन पर दावा जताने का कोई अधिकार नहीं रहा।

पांडु की अकाल मृत्यु के बाद भीष्म ने उनकी पाँचों अवयस्क सन्तानों और इस राज्य का दायित्व सँभाला। उनकी इच्छा थी कि इनके ठीक-ठाक बड़े हो जाने पर वे भाग्य के अन्याय की थोड़ी क्षति-पूर्ति कर देंगे, अर्थात् कुरु-राज्य को वंश की इन दोनों धाराओं में बाँट देंगे। किन्तु धृतराष्ट्र के पुत्रों से उतनी प्रतीक्षा नहीं की गई। वे अदृष्ट की प्रवंचना को अपने बुद्धि-बल से पराजित करने की चेष्टा करने लगे। केवल अन्याय भर नहीं–चरम-पाप के मार्ग का अनुसरण करने लगे और वह प्रायः बाल्य-काल से ही प्रारम्भ हो गया। वे हत्या के द्वारा कुल-कंटक निकालने की चेष्टा करने लगे।

दुर्योधन, भीम के लगभग समवयस्क थे। दोनों ही महा-बली, दोनों ही मल्ल-क्रीड़ा और गदा-युद्ध में सुदक्ष। स्वाभाविक रूप से इस क्षेत्र में प्रतियोगिता का प्रश्न उठता है। किन्तु वहाँ भी लगा कि विधाता ने कुछ पक्षपात कर दिया। एकाधिक बार भीम ही शारीरिक पराक्रम और बल में अधिक योग्य सिद्ध हुए। इस कारण उनका आक्रोश भीम के प्रति ही सबसे अधिक था। उन्होंने बाल्य-काल पूरा होने के पूर्व ही कई भाइयों के साथ षड्यन्त्र करके भीम की हत्या करने का प्रयास किया। किन्तु दैव-कृपा से–दुर्योधन की दृष्टि से दैव विडम्बना से–भीम अलौकिक रूप से बच गए।

इसके बाद जब पांडु-पुत्र कैशोर्य में पदार्पण करके सब ओर से ही साफल्य और यश अर्जित करने लगे–तो यह स्वाभाविक था कि ईर्ष्या, क्षोभ और निष्फल-आक्रोश धीरे-धीरे विद्वेष और क्रोध का रूप धारण करता। यद्यपि–भीष्म ने कोई पक्षपात नहीं किया, सबकी शिक्षा एक ही शिक्षक, एक ही शस्त्र-गुरु की देख-रेख में हुई। किन्तु कौरव भीम और अर्जुन में से किसी के भी समकक्ष न हो सके। दुर्योधन ने प्रायः विवेकहीन होकर एक अज्ञात कुल-शीलवाले योद्धा, कर्ण के माध्यम से प्रदर्शनी-परीक्षा-मंडप में अर्जुन को पराभूत करने की चेष्टा की–शायद किसी दूसरे के उसकी अपेक्षा श्रेष्ठ प्रमाणित होने से भी उसका क्षोभ कुछ शान्त हो जाता–किन्तु माता कुन्ती के अकस्मात् अस्वस्थ होकर गिर जाने के कारण क्रीड़ा-मंच युद्ध क्षेत्र में परिणित होने से रह गया। आक्रोश और आवेश–बाहर आने के मार्ग के अभाव में–और भी अधिक बढ़ गए।

अन्ततः क्रूरमना दुर्योधन ने–सम्भवतः धृतराष्ट्र के अनुमोदन और भावेच्छानुकूलता के सहारे छल करके पांडवों को एक दूरस्थ ग्राम में भेजकर उन्हें अग्नि में जलाकर उनकी हत्या का षड्यन्त्र किया। प्रासाद ज्वलनशील पदार्थ, लाख से बनाया गया था। पांडु-पुत्र, अंग-रक्षकों का छद्मवेश धारण किए कौरवों के वेतन भोगी, पुरस्कार लोलुप सैनिकों

से घिरे थे–पुरोचन नामक एक अति निष्ठुर पापकर्मा व्यक्ति इस वीभत्स हत्याकांड का निरीक्षण कर रहा था।

बच पाने की सम्भावना नहीं थी, किन्तु दासी के गर्भ से उत्पन्न उनके पितृ-तुल्य धर्मनिष्ठ, विद्वान और बुद्धिमान विदुर ने पांडवों को पहले ही केवल सावधान ही नहीं कर दिया था, बल्कि उस ईर्ष्याग्नि-वृत्त से परित्राण पाने के उपाय का संकेत भी कर दिया था। उस उपाय से इन लोगों ने किसी प्रकार प्राण-रक्षा की।

रक्षा हो जाने पर भी–सम्बलहीन और निस्सहाय पांडवों ने पुनः राजधानी लौट जाने का साहस नहीं किया। भिक्षुक ब्राह्मण के वेश में एक स्थान से दूसरे स्थान पर घूमने-फिरने लगे। किसी प्रकार जीवन की रक्षा भर की। इसमें सन्देह है कि इस तरह बच पाना भी सम्भव होता या नहीं–भीम ने एक अनार्य कन्या से विवाह करके और उसकी अनुकूलता तथा सहायता प्राप्त करके अनेक सुविधाएँ जुटा लीं, उसी से रक्षा हुई !

उसके बाद–जब इन्होंने अपने को पांचालों के जामाता के रूप में प्रकट किया, जब यादव और वृषियों ने इन्हें अपने सम्बन्धी के रूप में स्वीकारा–जब भीष्म, द्रोणाचार्य आदि प्रधान वीरों और योद्धाओं ने धिक्कार का शक्तिशाली स्वर उठाया, तब कुछ दिशाहारा हुए धृतराष्ट्र ने अपने पुत्रों की अवमानना करके इस थोड़े से राज्यांश को ही आधे राज्य के रूप में पांडवों को जनाकर अपनी पदवी और आयु के सम्मान की रक्षा की। इस थोड़े से को ही आधार बनाकर पांडव-राज अपने शौर्य, बुद्धि और साहस के बल पर अल्प-कालावधि में ही भारतखंड के सम्राट के रूप में स्वीकृति पाकर इस स्वप्न-कल्पनातीत समृद्धि के अधिकारी भी बन गए। यह सब देखकर कौरव स्नेह-विगलित हो जाएँगे तथा इनकी और अधिक श्री-वृद्धि की कामना करेंगे–ऐसी आशा रखने का कोई कारण नहीं–पांडव वह रखते भी नहीं।

कौरव भी प्रेम के वशीभूत नहीं ठहरे थे। वास्तव में इस ऐन्द्रजालिक प्रासाद और इन लोगों द्वारा अर्जित अविश्वसनीय धन-राशि के विषय में कौरवों के आश्चर्य की कोई सीमा नहीं थी। पिछले एक माह में उसके सम्बन्ध में थोड़ा सा अस्पष्ट अनुभव ही हुआ था सम्पूर्ण उपलब्धि का सुयोग या अवसर नहीं मिला था।

वैसे ही, इस प्रकार के प्रायः दैव-प्राप्त सौभाग्य से कुटुम्बियों के मन में द्वेष उत्पन्न होना स्वाभाविक होता है। ऐसा भी नहीं कि कौरव उस ज्वाला की तीव्रता तथा दाहकता से अनभिज्ञ थे। किन्तु किसी-किसी यन्त्रणा का–वेदनादायक होने के बावजूद–विकृत मानसिकता और विपरीत मनोधर्म का अनुसरण करनेवाले मनुष्य उपभोग भी करते हैं। मनुष्य विषधर सर्प की दृष्टि की ओर ताकने पर एक ही साथ आतंकित एवं मोहग्रस्त हो जाते हैं। कौरव भी अपेक्षाकृत निर्जनता तथा कार्य के अभाव की दशा में इन्द्रप्रस्थ नगरी, पांडवों के भोग-विलास समारोह और इस नव-निर्मित प्रासाद के गलियारों को देखकर विषामृत का पान करने लगे।

लांछना की भी सीमा नहीं रही। विशेषकर, भाग्य-लिपि में दुर्योधन की दुर्दशा ही कुछ अधिक थी। भवन के कोनेवाली स्फटिक-प्राचीर में खुले हुए द्वार की कल्पना करके

बाहर निकलने को होते ही मुख और मस्तक पर चोट खाई। जल के भ्रम में कृत्रिम सरोवर में स्नान के लिए जाने पर हास्यास्पद स्थिति बन गई। फिर वास्तविक विशाल बावड़ी को स्फटिक निर्मित कृत्रिम जलाशय समझकर उसके ऊपर से गुजरते समय महामूल्यवान वस्त्र आदि के साथ जल में जा पड़े। ऐसा नहीं कि ऐसे समस्त अवसरों पर पांडव उपस्थित रहे हों–किन्तु चारों ओर अन्य बहुत से लोग थे। एवं स्वतः उत्पन्न हँसी को प्राण-पण से दबाने की चेष्टा करते हुए भी उस हास के उपभोग की हास्य-रेखा उनके अधरों के कानों पर फूट उठती थी।

फलस्वरूप दुर्योधन ने यहाँ के अत्युत्तम भोज्य पदार्थों में भी कसैला स्वाद अनुभव किया। विलास-शैया कंटक-शैया में बदल गई। वे इनकी ऐश्वर्य-सम्पदा की कोई सीमा, संख्या और परिमाण नहीं पा सके। वह भी एक महा-यन्त्रणा बन गई। वे निष्फल आक्रोश के साथ पांडवों द्वारा सहस्र-सहस्र ब्रह्मचारियों, गृहस्थों और उनमें से प्रत्येक के अगणित दास-दासियों के पालन किए जाने को देखते रहे। उनके प्रासाद में प्रतिदिन दस सहस्र लोग स्वर्ण-पात्रों में उत्तम खाद्यों का आहार ग्रहण करते थे। अभ्यागत विशिष्ट अतिथि जो उपहार लाए थे–वे सब दुर्योधन ने ही ग्रहण किए थे। इतनी सम्पदा और इतनी विलक्षण वस्तुएँ हैं, इतने विभिन्न देश और जातियाँ हैं–जो युधिष्ठिर की प्रधानता स्वीकार करती हैं–उस सबका ज्ञान दुर्योधन को नहीं था, यहाँ तक कि कल्पना से भी परे था। युधिष्ठिर ने अकेले यादवों से ही उपहारस्वरूप जो उत्कृष्ट रत्न-खचित स्वर्ण-कलश और अन्यान्य द्रव्यादि प्राप्त किए थे, सम्भवतः उनके मूल्य के समान सम्पदा जरासन्ध के भांडार में भी नहीं थी। पुनः राजन्यवर्ग की विदा के समय जो कुछ प्रति उपहारस्वरूप प्रदान किया गया था, वह भी अपरिमित एवं अगणित था। यज्ञ शेष होने तक जितने धन-रत्न कर-स्वरूप अथवा उपहारस्वरूप आए, युधिष्ठिर उन सबको स्थानाभाव के कारण ग्रहण भी नहीं कर सके। वे, नगर की दीवार के बाहर स्तूप के आकार में पड़े थे। लगता था, वर्तमान में युधिष्ठिर के पास जितनी सम्पदा है, उतनी वरुण, इन्द्र या कुबेर के भांडार में भी नहीं है।

पांडवों के इस सौभाग्य को लेकर जितना सोचते या अनुमान करते, अन्तस् में उतनी ही ईर्ष्याग्नि प्रज्वलित होती थी। उसमें ईंधन झोंकनेवाले लोगों की भी कमी नहीं थी। मामा सौबल और आसपास मँडरानेवाले सेवकों ने इस सबको पांडवों द्वारा अवमानना करने का सुपरिकल्पित आयोजन समझा–और यही समझाया भी। फलस्वरूप, कौरवों के मन में यह बात बैठ गई–कि इस सभागृह के निर्माण का एकमात्र कारण उन्हें नीचा दिखाना ही है। इसीलिए किसी प्रकार एक पखवाड़ा व्यतीत करके, जब उन्होंने हस्तिनापुर के लिए यात्रा आरम्भ की तो लगा कि उनमें सौजन्य व्यवहार के अनुसार मौखिक रूप से आनन्द और सन्तोष व्यक्त करने की शक्ति तक नहीं बची थी। उनकी बातचीत और मुख के भावों से स्पष्ट प्रकट होने लगा कि यह सुख-वास उनके लिए नरक की यन्त्रणा के समान हो गया।

तब भी–वहाँ मुख के भावों और आचरण पर संयम का जो थोड़ा-बहुत बाँध लगा रखा था–अपने घर लौट आने पर वह भी नहीं लगाया जा सका। दुर्योधन एकदम ही टूट गए। आत्मीय-स्वजनों, बन्धु-बान्धवों में से किसी के भी साथ गम्भीर मन्त्रणा अथवा प्रेम-सम्भाषण की बात तो दूर–बातचीत तक नहीं की। आहार-निद्रा का पूरी तरह त्याग न करने पर भी जितनी बची, वह किसी स्वस्थ व्यक्ति की जीवन रक्षा के लिए पर्याप्त नहीं थी। परिणाम यह हुआ कि दुर्योधन दिन-रात पतले होते और सूखते जाने लगे। अन्यान्य राजकुमारों की ऐसी स्थिति न होने पर भी, मानो वे वहाँ के अप्रमाणित, कल्पित अपमान की लज्जा के कारण यहाँ के प्रजा-परिजनों–यहाँ तक कि सेवकों के सामने भी मस्तक नहीं उठा सक रहे थे। लगता था, जो अपनी शक्ति सम्पदा है, उसे भी पूरी तरह गवाँकर एकदम रिक्त हो गए हैं। इसी कारण मृगया, क्रीड़ा आदि समस्त प्रकार के आमोद-प्रमोद का त्याग करके अधिकांश समय, शोक पालन करने की भाँति, घर के एक कोने में ही व्यतीत कर रहे थे।

धृतराष्ट्र अन्धे होने पर भी–अथवा अन्धे होने के कारण ही–राज्य और राजपुरी, विशेषकर पुत्र-कन्या के समाचारों के विषय में अत्यन्त सचेत रहते थे। संवाद एकत्र करने और उन संवादों को पल-पल उन्हें सुनाने के लिए ही बड़ी संख्या में कर्मचारी नियुक्त थे। फिर ऊपर से, उनका पुत्रों के प्रति स्नेह और अतिशय सतर्कता–दुर्बलता कहना ही उचित होगा–सर्वजनविदित है। दुर्योधन के इस भाव-परिवर्तन और स्वास्थ्य क्षीण होने का समाचार उनके पास भी स्वाभाविक रूप में पहुँचने लगा। पुत्र तो सभी प्रिय हैं किन्तु दुर्योधन सबसे प्रिय हैं। उनकी इस दुर्दशा के समाचार से वे अत्यधिक उद्विग्न एवं अस्थिर हो उठे।

जब दुर्योधन को बुला भेजने का कोई सुफल नहीं निकला–तब वे स्वयं ही शिविका पर चढ़कर पुत्र के वास-भवन में उपस्थित हुए और व्याकुल कंठ से उनके विषाद तथा जीवन के प्रति–विशेषतः आनन्दोपकरणों के प्रति–इतनी अधिक अनिच्छा और अरुचि के कारण के सम्बन्ध में बार-बार प्रश्न करने लगे।

"वत्स दुर्योधन, सुना है तुम दिन-प्रति-दिन शुष्क, निर्बल, मलिन होते और पीले पड़ते जा रहे हो। भोजन आदि आमोद-आह्लाद के प्रति रुचि नहीं है, स्वजनों या समवयस्कों के साथ भेंट या मधुर वार्तालाप नहीं करते और न रमणियों की सेवा ग्रहण करते हो। इतने अधिक दुखी क्यों हो गए हो ? यदि दैहिक-अस्वस्थता ही इसका कारण है, तो हस्तिनापुर में गुणी और ज्ञानी वैद्यों का अभाव तो नहीं है। मैं तो बहुत अधिक सोचने पर भी तुम्हारे इस निष्फल दुख का कारण नहीं समझ पा रहा हूँ। इस राजपुरी का समस्त विपुल ऐश्वर्य तुम्हारी इच्छानुसार उपभोग के लिए ही हैं, तुम्हें ही समर्पित है। तुम्हारे भाई या मित्र तुम्हारे प्रति किसी प्रकार के अप्रिय आचरण के विषय में सोच भी नहीं सकते। तुम्हारी पेटिका में उत्तम-उत्तम महामूल्यवान वस्त्रादि हैं। प्रतिदिन मांसयुक्त भोजन करते हो। श्रेष्ठ अश्व और सुनिर्मित रथों का अभाव नहीं है। क्रीड़ा अथवा मृगया के समस्त साधन विद्यमान हैं। बहुमूल्य आरामदायक शैया, मनोरमा भार्या,

चित्तहारिणी सुन्दरी रमणियाँ, सुसज्जित आवास-गृह–तुम्हारी इच्छा के अधीन हैं और आज्ञापालक सेवकों की भाँति प्रतीक्षा कर रहे हैं। इसके अतिरिक्त यदि तुम्हारी कोई अन्य भोग-अभिलाषा हो, तो कहो, मैं इसी क्षण उसकी व्यवस्था करूँ !"

दुर्योधन जैसे क्षोभ से फट पड़े। बोले, "आप इन समस्त भोग्य-वस्तुओं पर गर्व करते हैं ? और भी देंगे ? आप क्या देंगे, क्या दे सकते हैं ? आपकी ऐश्वर्य के विषय में कोई समझ ही नहीं है। भाग्य-दोष से–भाग्य-दोष क्यों कहूँ, भाग्य की कृपा ही कहूँगा, यह सब देखकर मेरी तरह तीक्ष्ण-विष-ज्वाला का अनुभव आपको नहीं हो रहा है–आप अन्धे हैं। पांडवों की सभा में उपस्थित थे, किन्तु उनके धन या प्रभाव-विस्तार की सम्पूर्ण जानकारी नहीं कर पाए। उस भीड़-भाड़ में आपके संवाद-प्रदाताओं को भी वास्तविक विवरण देना सम्भव नहीं हुआ। पांडवों की अमरापुरीदुर्लभ श्री और असुरदुर्लभ शक्ति ही मेरे दुख का कारण है। कुटुम्बियों-खानदानियों की इतनी विपुल उन्नति और लगातार बढ़ती समृद्धि को देखने के बाद भी जो निश्चल, निष्क्रिय और उदासीन होकर बैठ जाएँ, वे या तो मृत हैं अथवा नपुंसक।"

बोलते-बोलते अतृप्त रोष और आत्म-धिक्कार के कारण दुर्योधन के नेत्रों में जल भर आया था।

क्षण-भर चुप रहने के बाद उन क्षोभाश्रुओं को हथेली से पोंछने के बाद बोले, "आप जानते हैं कि युधिष्ठिर घर में यज्ञ करनेवाले कई सहस्र ब्रह्मचारियों का भरण-पोषण करते हैं, उनमें से प्रत्येक की सेवा के लिए तीस-तीस दासियाँ नियुक्त की हैं ? उनके घर प्रतिदिन दस सहस्र ब्राह्मण स्वर्ण पात्रों में भोजन करते हैं ? आपके समस्त सैनिकों और सेवकों की संख्या को जोड़कर जो संख्या आती है, पांडवों के पास उससे बहुत अधिक केवल घोड़ियाँ और ऊँटनियाँ हैं। इस यज्ञ में उपहार ग्रहण करने का भार मेरे ऊपर ही था। उसमें जो सब द्रव्यादि आए थे उनमें से बहुतों के विषय में हम लोग जानते तक नहीं थे, उन अमूल्य द्रव्यों का विवरण किसी ग्रन्थ में भी नहीं मिला। उपहारों की महामूल्यता और विपुलता आपकी कल्पना से परे है। मेरे लिए भी हिसाब रखना असम्भव हो गया था। अन्त तक आते-आते मैं थक गया था। राज-भांडार में ही क्यों राजधानी भर में उस सबकी रक्षा करने योग्य कोई स्थान शेष नहीं था। हमारे राज्य के समान कई एक देशों की समस्त सम्पत्ति का जितना मूल्य होगा, उससे कहीं अधिक मूल्य के आश्चर्यजनक उपहार-द्रव्य नगर-दीवार के बाहर एक स्थान पर ढेर के रूप में पड़े होने के कारण नष्ट हो गए। वहाँ ऐसा कोई दरिद्र व्यक्ति नहीं था, जो उनमें से किसी को ले लेता।...महाराज, कल्पना-कथाओं में प्राप्त उस श्री-वृद्धि को प्रत्यक्ष देखने के पश्चात्, जीवित रहने की मेरी रंचमात्र भी इच्छा नहीं है। शत्रु की इस प्रकार की शक्ति-सम्पदा को देखने पर भी कौन सत्वधारी पुरुष स्थिर रह सकता है ! मुझे प्रतीत होता है कि मैं न स्त्री हूँ, न अ-स्त्री, न क्लीव–कुछ भी नहीं हूँ। पुरुष होने पर कोई भी, शत्रु के अपरिमित सौभाग्य को देखकर अविचलित नहीं रह सकता। स्त्रियाँ तक सपत्नी के प्रभाव-विस्तार को सहन नहीं करतीं। अब लगता है, मेरी मृत्यु ही उचित है,

चाहे अग्नि से हो या जल में प्रवेश करके–अन्यथा मैं विष खाकर मृत्यु का वरण करूँगा–यह आप निश्चित जान लीजिए।''

धृतराष्ट्र, पुत्र के स्नेह में व्याकुल और इस समय उसके मन के क्लेश का विवरण सुनकर दुखी होने पर भी, पूर्णतः विवेक शून्य नहीं हुए थे। अप्रसन्नता भरे स्वर में बोले, ''तुम यह कैसी बात कर रहे हो। उन्होंने अपने भुज-बल से ऐश्वर्य अर्जित किया है, यदि तुममें क्षमता हो तो तुम भी करो। वीर भोग्या वसुन्धरा ! पृथ्वी का धन तो शेष नहीं हो गया, समस्त देशों का ध्वंस तो नहीं हो गया अथवा सम्पूर्ण प्रजा तो विनष्ट नहीं हो गई है। दूसरे की श्री से ईर्ष्या करके मृत्यु का वरण करने के समान और कौन सी का-पुरुषता हो सकती है।''

दुर्योधन ने भी कटु स्वर में उत्तर दिया, ''आप अच्छी तरह जानते हैं कि अकेले मुझसे यह सम्भव नहीं है। हमारा वैसा सहाय्य-सम्बल कहाँ है ? इस समय अधिकांश क्षत्रिय राजा ही उनके वशीभूत हैं, उन्हीं के आज्ञावाही। वे पाँचों भाई ही रण-कुशल तथा सुदक्ष सेना-नायक हैं। हमारे पक्ष में तो सेनापति कहने के लिए दो अकर्मण्य बूढ़े भर हैं–भीष्म और द्रोण। वे भी पांडवों के कल्याण हेतु अधिक व्याकुल हैं। उनके भरोसे दिग्विजय सम्भव नहीं है। मैं पूरी तरह जानता हूँ, हमारा कहीं भी कोई भी नहीं है। जिसके दुख को पिता ही नहीं समझ रहे हैं, उससे अधिक दुर्भाग्यशाली और कौन हो सकता है !''

धृतराष्ट्र की छाती को सर्वाधिक प्रिय पुत्र के अभिमानरुद्ध कंठ-स्वर ने तीक्ष्ण शस्त्र की भाँति बींध डाला, वे विषम रूप से विचलित हो उठे, तब भी एक क्षण सच्चेष्टा करते हुए कुछ दुर्बल स्वर में बोले, ''वत्स, युधिष्ठिर तुम्हारे प्रति कोई विद्वेष नहीं करते। राज्य-प्राप्ति के समय उनका अर्थ-बल और मित्र-बल तुमसे अधिक नहीं था–बल्कि बहुत कम ही था। यदि उन्होंने उस सामान्य से सम्बल के आधार पर इतनी अभूतपूर्व राज-श्री अर्जित कर ली है–तो तुम क्यों नहीं कर सकोगे ? तुम्हारे और पांडवों के पितामह एक ही हैं–थोड़ा भी दूर का सम्पर्क नहीं है। यदि भाई मित्रता के बन्धन में बँधकर रहते हैं, तो समृद्धि और शक्ति उनका आश्रय प्राप्त करती है। तुम भाइयों का विनाश क्यों करना चाहते हो ? यदि तुम उनके समक्ष प्रेमपूर्वक कोई प्रार्थना करोगे तो वे उसे अवश्य ही पूर्ण करेंगे। तुम यदि अश्वमेध यज्ञ करना चाहो, तो सहज ही कर सकते हो। भार्गवजित् महात्मा भीष्म, महाधनुर्धर द्रोण, ब्रह्मास्त्र को जाननेवाले महावीर अश्वत्थामा, अंगराज महाबली कर्ण, गुरु कृपाचार्य, सुबल पुत्र-गण, राजा सोमदत्त–इनमें से कोई भी नगण्य नहीं है। इनके, तुम्हारा सहायक होने पर एक दिन वसुन्धरा तुम्हारे चरणों पर होगी।''

शकुनि इन्द्रप्रस्थ से ही भानजे को उत्तेजित कर रहे थे, उन्होंने यहाँ आकर भी कुटुम्ब-विद्वेष की अग्नि में ईंधन झोंकने में तनिक भी आलस्य नहीं किया। इस अवसर पर वे बोले, ''महाराज, आपने हम लोगों के नाम का उल्लेख किया है और हमें रथी के रूप में स्वीकार किया है, उसी आधार पर साहस करके एक बात कहता हूँ–जैसे

वृथा-सन्ताप अर्थहीन होता है, उसी प्रकार राजाओं के लिए अपनी शक्ति और सहयोगियों के सम्बन्ध में की गई अयथार्थ बड़ी कल्पना भी हानिकर होती है। पांडवों और पांचालों के एकत्र होने पर–यदि वासुदेव श्रीकृष्ण साथ रहें, तो यादव वीर भी अवश्य ही उनका साथ देंगे–युद्ध में उन्हें देवता भी पराजित नहीं कर सकेंगे। कल्याणीय दुर्योधन, मैं जो कहता हूँ, उसे सुनो, वहाँ रहते हुए ही मैं एक विशेष बात लक्ष्य करके आया हूँ–युधिष्ठिर की द्यूत-क्रीड़ा में सीमातीत आसक्ति है। किन्तु जितनी उनकी इच्छा है, उतनी निपुणता नहीं है। वे, इस क्रीड़ा के छल-कौशल और गोटियाँ फेंकने के हिसाब को बिल्कुल नहीं जानते। व्यसन ही मनुष्य की दुर्बलता है, महा बुद्धिमान व्यक्ति उसी छिद्र-पथ से सर्वनाश को प्राप्त हो गए हैं। तुम एक काम करो। उन्हें द्यूत-क्रीड़ा के लिए सादर आमन्त्रण भेजो। इस बीच मैं जैसे कहूँ, उसी प्रकार एक सभा-गृह का निर्माण करो। ना, ना, उनके साथ प्रतियोगिता करने को नहीं कहता, ऐश्वर्य-प्रदर्शन की आवश्यकता नहीं है। हमारी साधन-सीमा के भीतर उसका आयतन और साज-सज्जा रखने से ही कार्य बनेगा। मैं, इस नवीन भवन के निर्माण की बात एक विशेष उद्देश्य से ही कह रहा हूँ। उसके द्वार और गवाक्ष इस प्रकार बनाने होंगे–जिससे प्रकाश युधिष्ठिर के मुख पर आकर पड़े और वे द्यूत-पट को अच्छी तरह न देख पाएँ। मैं गोटी चलने के कौशल द्वारा ही उनकी सर्वस्व श्री–इस कुबेर-कल्पनातीत ऐश्वर्य को जीतकर, पांडव-राज-लक्ष्मी को–तुम्हारे घर में बन्दिनी बना दूँगा।''

दुर्योधन लोभ और प्रतिशोध की इच्छा पूर्ण होने की आशा से अत्यधिक उत्तेजित हो गए। बोले, ''महाराज, मामा की बात तो सुन ली न, अब अनुमति दीजिए, ताकि उसी प्रकार व्यवस्था करूँ।''

अचानक, धृतराष्ट्र का वाम अंग फड़का, खिड़की के सामने से एक कौआ कर्कश ध्वनि करता हुआ चला गया। उन्होंने और भी अनेक बुरे लक्षण अनुभव किए। अमंगल की आशंका से विवर्ण होकर असहाय स्वर में कहा, ''वही तो, शकुनि, कहाँ तो तुम उसे विरत करते और कहाँ उत्तेजित कर रहे हो। भाइयों के इस संघर्ष का फल कभी भी शुभ नहीं होगा। मुझे प्रतीत होता है, तुम इन्हें जान-बूझकर सर्वनाश के मार्ग पर धकेल रहे हो। पुत्र, तुम अपने को अभी भी संयमित और शान्त करो। तुमने ज्येष्ठ होने के कारण कुरु-वंश का राज-सिंहासन प्राप्त किया है। तुम्हें सभी भारत-खंड के अग्र-गण्य राजा के रूप में मान्यता देते हैं। पांडवों के साथ होने पर पृथ्वी का कोई व्यक्ति तुम्हारा कोई अमंगल नहीं कर सकेगा। तुम निःसंशय और निश्चिन्त होकर राज-सुख का भोग करो–वृथा ही क्यों जन-हानि और परिजन-हानि के इस पथ पर जाना चाहते हो ?''

दुर्योधन क्षुब्ध होकर बोले, ''मामा, इस नगरी में एक आपके अतिरिक्त कोई दूसरा मेरा अपना नहीं है। दया करके आप ही मुझे कोई तीव्र हलाहल ला दीजिए, जिससे मैं क्षण-भर में ही बिना यन्त्रणा के प्राण-त्याग कर सकूँ।''

धृतराष्ट्र ने उन्मत्त की भाँति लड़खड़ाते हुए पुत्र के पास जाने की चेष्टा करते-करते

कहा, "वत्स, शान्त होओ, शान्त होओ। और कुछ काल धैर्य धारण करो।...तुम जानते हो कि मैं धर्मात्मा, विद्वान विदुर से परामर्श किए बिना किसी कार्य में प्रवृत्त नहीं होता। उन्हें संवाद दो कि वे आएँ। पहले सुनूँ, वे क्या कहते हैं, उसके बाद मन स्थिर करूँगा–"

दुर्योधन विरक्ति और अवज्ञापूर्वक बोले, "चाचा विदुर राजा अथवा क्षत्रियों की मनोवेदना क्या समझेंगे ? वे स्वभाव से भीरु और पांडवों के प्रेम में अन्धे हैं। वे आपके अन्न से प्रतिपालित होकर उनके कल्याण के लिए सोचते हैं। इसमें भी दोष नहीं था, किन्तु मैंने लक्ष्य किया है, हमेशा ही देखा है–कि वे आपके सामने मेरी बुद्धि और रुचि को हीन प्रमाणित करने की चेष्टा करते हैं। उनके समक्ष यह प्रस्ताव उपस्थित करते ही वे अच्छे-बुरे का विचार किए बिना इसमें बाधा खड़ी करने की चेष्टा करेंगे, कारण कि यह प्रस्ताव और इच्छा–मेरी है।...मैं आपको अन्तिम रूप से साफ-साफ कह देता हूँ–इस दारुण अन्तर्दाह, इस सन्ताप की शान्ति का प्रबन्ध न होने पर मैं प्राण-त्याग करूँगा ही। न युद्ध के लिए और न झगड़े के लिए–बल्कि उन्हें क्रीड़ा के लिए आमन्त्रित कर रहा हूँ, यदि इसमें भी बाधा डाल रहे हैं, तो आप निन्यानवे पुत्रों को लेकर सुखपूर्वक रहिए, ज्येष्ठ पुत्र और कभी भी आपका विरक्ति-भाजन नहीं बनेगा।"

आँसुओं से रुँधे और टूटे हुए स्वर में असहाय-अन्धे धृतराष्ट्र बोले, "तब भी, तब भी, एक बार विदुर से कहना आवश्यक है। वे क्या कहते हैं...विदुर, विदुर कहाँ हैं? मेरे पास उन्हें छोड़कर कोई धर्म-बुद्धि-सम्पन्न व्यक्ति नहीं है। अरे, यहाँ कौन है, द्वार-सेवक–कोई विदुर के पास जाकर अभी ही पूरा संवाद दो। कहो, मैं उन्हें स्मरण कर रहा हूँ। उनसे विशेष प्रयोजन है। विशेष प्रयोजन। अभी तुरन्त आने को बोलो।"

इसके बाद, शून्य में आलम्बन खोजने की भाँति दोनों बाहुएँ सामने फैलाकर सब प्रकार से अन्धे धृतराष्ट्र कम्पायमान दुर्बल पैरों से एक बार फिर शिविका पर चढ़ गए, ज्ञान शून्य और स्थान-काल भुला दिए गए की तरह करुणा-भरे उच्च स्वर में 'विदुर ! विदुर !' पुकारते, पुकारते।

प्रासाद की पाषाण-प्राचीरों और छतों-गलियारों में प्रतिध्वनित होकर, बलशाली प्रौढ़ के उस उच्च स्वर के अन्तिम दो अक्षर, किसी विलक्षण नियम के अनुसार बहुत देर तक लौटकर आते रहे–'दूर ! दूर!'

जिनके कानों में भी वह प्रतिध्वनि पहुँची, मानो वे अकारण ही सिहर उठे। केवल, सद्य-विजय में डूबे दुर्योधन के कानों में ही किसी दुर्लक्षण के रूप में प्रतिभासित नहीं हुई।

॥ २२ ॥

इन्द्रप्रस्थ, आनुष्ठानिक यज्ञ-कर्म सम्पूर्ण होने के पश्चात् भी कुछ दिन तक–सहज रीति के अनुसार, जन-संकुल और कोलाहलपूर्ण रहा, कार्य सम्बन्धी व्यस्तता का भी अन्त नहीं

था। जहाँ कई लाख अतिथि और अभ्यागत एकत्रित हुए हों, सहस्र योजन तक अस्थायी आवासों का प्रबन्ध हुआ हो, वहाँ एक ही दिन में तो समस्त दायित्व और कार्य पूर्ण नहीं हो जाते। इतने सारे लोगों का विदाई-पर्व ही एक विशाल कार्य होता है। असंख्य यान-वाहनों और अश्व-खच्चरों के लिए मार्ग निर्धारण करना तथा उनके मार्ग के खान-पान की व्यवस्था करना—एकदम से कठिन प्रतीत होता है। तब भी पांडवों के व्यवस्थित योजनाबद्ध मन और पूर्व विचारित उचित निर्देशों के कारण कोई चिन्तनीय घटना सामने नहीं आ पाई।

इस सबमें यज्ञ के वैदिक कार्य आदि बाह्य और सामान्य तथ्य भर रह गए। यज्ञ में आहूत देवता स्वर्ग में निवास करते हैं, उन्हें पार्थिव वस्तुओं से कोई प्रयोजन नहीं, थोड़ा अभिमान है, वह भी साधारण सा ही। विपुल संख्या में ईर्ष्या-द्वेष और अभिमान भरे इन नर-देवताओं को सन्तुष्ट करके मधुर वचनों से विदा करना ही वास्तविक यज्ञ कहा जा सकता है। खाद्य, पेय, सेवक, यान-वाहन—अतिथियों के अपने-अपने राज्य को लौटने की पूरी व्यवस्था, कौन किस मार्ग से, किसके पूर्व गमन करेगा, किसका पहले जाना आवश्यक है—इत्यादि जानकारियाँ एकत्र करके, किसी के अहम् को चोट न पहुँचे—इस विषय में सतर्क रहते हुए सुन्दरतापूर्वक व्यवस्था संचालन करना मनुष्य की सामर्थ्य से बाहर का कार्य है। विदा-पर्व का दायित्व स्वागत-सत्कार-पर्व से अधिक कठिन और दुर्वह था। कारण, दो माह के निद्राहीन, अविराम परिश्रम की थकन ने सभी कार्यकर्ताओं की प्रभूत शक्ति को लगभग समाप्त कर दिया था। मात्र शरीर ही निष्क्रियता के शिकार नहीं बन गए थे, उन्हें संचालित करनेवाले मन—या चिन्तन-शक्तियाँ भी क्लान्ति और विषाद से भर गए थे।

इस कारण यह स्वाभाविक था कि वासुदेव उन्हें परामर्श और उपदेश देने में कुछ समय व्यतीत करते। सबने उनकी उपस्थिति को स्वाभाविक और इन्द्रप्रस्थ-राजसभा की शासन-यवस्था का अंग मान लिया था। वस्तुतः यज्ञ-समाप्ति की घोषणा के बाद काफी समय व्यतीत हो जाने पर वासुदेव ने द्वारका लौट जाने का प्रश्न उठाया तो लगा था कि पांडवों के सिर पर आकाश टूट पड़ा है। उन्होंने...व्याकुल होकर और कुछ दिन ठहर जाने का अनुरोध-अनुनय किया था। श्रीकृष्ण उस व्याकुलता और विनती की अनदेखी नहीं कर पाए। तब भी, जब अन्त में उन्हें विदाई देनी ही पड़ी, तो उस दिन अश्रुपूर्ण नेत्रों से प्रेम-नमस्कार और आलिंगन आदि किया—एवं नगर की बाहरी सीमा तक वृद्धा नारियों की भाँति श्रीकृष्ण के गरुड़ध्वज-रथ के पीछे-पीछे आए।

यह सब कुछ स्वाभाविक था। इसमें किसी को कुछ भी आश्चर्यजनक या अशोभन नहीं दिखा। सबको यही आशा थी कि श्रीकृष्ण इस यज्ञ के प्राण-स्वरूप हैं और वे समस्त कार्य अच्छी तरह सम्पन्न न होने तक इनके पास ही रहेंगे। इस अवधि में कहीं और भी एक अन्य विराट् नाटक अभिनीत हो रहा है, कोई अप्रीतिकर घटना घट रही है—किसी ने तनिक सन्देह भी नहीं किया। किसी को इस बात की कल्पना करना तक सम्भव नहीं हुआ—कि श्रीकृष्ण की प्रिय राजधानी द्वारावती शत्रु द्वारा उजाड़ी जा रही

है, पुर-नारियाँ लांछित और अपमानित की जा रही हैं तथा आत्मीय-स्वजन विशेषकर उनके पुत्र पराजित और घायल हो रहे हैं।

कोई जान भी नहीं पाया, यादव तक नहीं।

कारण, एक के बाद एक जो चार दूत यह समाचार लेकर आए थे—वह समाचार भी किसी को नहीं मिला।

नहीं मिला, उसका कारण था—उनके इन्द्रप्रस्थ आने के बाद से ही द्वारका से प्रति सप्ताह नियमित रूप से दूत वहाँ के समाचार लेकर आ रहे थे। वासुदेव यही व्यवस्था करके आए थे। किसी विशेष आशंका के कारण नहीं, एकदम सामान्य नियम-पालना की भाँति। इसी तरह सभी राजाओं के दूत आते थे—मानो वे प्रत्यक्ष रूप से राज्य-शासन कर रहे थे, नाम मात्र के राजा नहीं थे—उन सबके लिए यह आवश्यक था। एक पखवाड़े तक संवाद या उत्तर की प्रतीक्षा विपत्तिजनक होती थी; यों ही—रात-दिन यात्रा करने पर भी—जहाँ अश्व या रथ ही सर्वाधिक तीव्रगामी यान-वाहन हों, संवाद-वाहकों को दूर देश से पहुँचने में बहुत समय लग जाता था—इतने दिन में नाना प्रकार के विपत्ति-विरोध घट सकते थे। किरात, म्लेच्छ और अनार्य जातियों के लोग अनेक पर्वतों की चोटियों पर प्रकाश-संकेतों की व्यवस्था करके बहुत शीघ्रता से संवाद भेज देते थे—किन्तु उस गति की भी सीमा थी, ऐसे अनेक पथ थे, जिनमें कोई ऊँचा पर्वत नहीं था। दोनों ओर से ही नियमित रूप से संवादवाहक भेजे जाते थे, आवश्यक होने पर दो-तीन दिन के अन्तराल पर, शान्ति बनी रहे तो सप्ताह या पन्द्रह दिन के अन्तराल पर भी। तब भी केवल अश्वों को ही विश्राम मिलता था, अश्वारोहियों या रथियों को नहीं। विश्राम अनिवार्य होने पर सांकेतिक भाषा में लिखे हुए पत्रों को अन्य लोगों को देना होता था—ताकि संवाद की गति न टूटे।

लक्ष्य-स्थल पर पहुँचकर मात्र एक-दो दिन विश्राम करने के बाद संवादवाहकों को फिर से अन्य प्रान्तों के संवाद लेकर यात्रा पर निकलना पड़ता था। इस तरह समस्या और समाधान का क्रम चक्राकार चलता था; शासनकर्ता के निर्देश या मन्त्रणा और अस्थायी शासकों के अभिमत-निवेदन का क्रम।

किन्तु यादवों के शिविर में पिछले चार-पाँच सप्ताह से इस क्रम में व्यवधान पड़ रहा था। इसके बावजूद किसी के पास भी उसके विषय में जानने या उसे लक्ष्य करने का उपाय नहीं था। जहाँ नित्य उत्ताल जन-समुद्र हिलोरें ले रहा हो, जहाँ अतिथियों, अभ्यागतों, सेवकों, दासों, पशुओं के एकत्र होने से घनी घासभरी भूमि की भाँति निश्छिद्र अवस्था हो गई हो—वहाँ यह आशा रखना भी मूढ़ता थी कि सब लोग सबकी गतिविधियों के समाचार रखेंगे।

द्वारावती के दूत वासुदेव के पास ही संवाद पहुँचाते थे, भेजनेवाले थे वसुदेव। उनके निवास और विश्राम का प्रबन्ध वासुदेव के आदेश-निर्देश के अनुसार ही किया जाता था। पुनर्यात्रा के दिन वे उनसे ही पत्र लेकर यात्रा प्रारम्भ करते थे। उन सब पत्रों में क्या रहता था या रहता है, इसे किसी ने भी नहीं जानना चाहा, यहाँ तक कि उस विषय

में अग्रज बलदेव या सात्यकि तक ने कोई जिज्ञासा प्रकट नहीं की। किसी ने सोचा तक नहीं—कि कोई विशेष समाचार हो सकता है या कोई विपद-आपद आ सकती है। कारण, यह तो नितान्त गत्यानुसारी था, नित्य-नैमित्तिक। सबका विचार था कि कुछ विशेष जानने योग्य होने पर तो वासुदेव अवश्य ही बताएँगे।

गत चार-पाँच सप्ताह की अवधि में भी द्वारावती के समाचार नियमित ही पहुँचते रहे थे, किन्तु वहाँ उनका उत्तर नहीं जा पाया था। कोई इसका कारण नहीं जान पाया कि क्यों नहीं जा पाया था, इतना तक नहीं कि जा नहीं पाया। बहुत समय बाद पता चला कि संवादवाहक, इन्द्रप्रस्थ की सीमा पार करके जंगल में पहुँचते ही दस्युओं के हाथों घायल और बन्दी हो गए थे। उसके पश्चात् वे कहाँ गए, उनका क्या हाल बना, जीवित भी बचे या मार दिए गए—इस विषय में कोई कुछ नहीं कह सका। कीलक और उसका दल राजधानी को प्रतिदिन पहाड़ के बराबर ढेर मांस की आपूर्ति करने आता था। इस बीच शायद ही एक-आध दिन किसी दुर्लभ अवसर पर वह श्रीकृष्ण से भेंट करने गया हो—तब भी यह शंका कौन करता कि उसके साथ पंचनदवासी दस्युओं का कोई मेल-मिलाप है ?

श्रीकृष्ण को द्वारका के सिवाने पर पहुँच जाने के बाद ही इतनी बड़ी गड़बड़ हो जाने का पूरा विवरण मिला।

किसी ने भी लक्ष्य नहीं किया था कि क्रुद्ध और प्रतिशोध के लिए व्याकुल शाल्व ने, यज्ञ के प्रारम्भ होने के दिन शिशुपाल को मार दिए जाने के साथ-ही-साथ किसी की भी जानकारी में आए बिना यज्ञ-नगरी छोड़ दी थी। एक-दो कर्मचारियों ने इस समाचार से अवगत होते हुए भी, प्रधान यज्ञ-कर्ताओं को इसकी सूचना देना आवश्यक नहीं समझा। और जिन्होंने लक्ष्य किया था, उन्होंने इस बात पर विचार नहीं किया कि उस विषय में चिन्ता करना अथवा शाल्व की गतिविधियों के समाचार एकत्र करना आवश्यक है। शाल्व भी यह जानता था—उसने सुयोग का पूरा लाभ उठाया। वासुदेव और अद्भुत कुशल यादव वीर यहीं काफी समय तक यज्ञ-नगरी में व्यस्त और आनन्दोन्मत्त रहेंगे—उसने इस विषय में पूरी तरह निश्चित होकर अपनी सेना के साथ द्वारका पर आक्रमण करके उसे पूरी तरह नष्ट-भ्रष्ट कर डाला। वहाँ कुछ रक्षक-सेना अवश्य थी। दो-चार उल्लेखनीय योद्धा भी थे। किन्तु इतना कुशल युद्ध-संचालक कोई नहीं था, जो उस थोड़ी सी सेना के साथ शाल्व को रोक सके। किसी ने इस अप्रत्याशित, अकारण और आकस्मिक आक्रमण की आशंका भी नहीं की थी, अतः वे तैयार भी नहीं थे। शाल्व अपने सौभ नामक यान पर चढ़कर युद्ध करता था, जिसकी जल-थल-आकाश में समान गति थी।[1] उसके साथ, पैदल सेना ही नहीं, रथ पर चढ़कर युद्ध करनेवालों के लिए भी लड़ना कठिन था। श्रीकृष्ण के पुत्र किशोर प्रद्युम्न दुर्धर्ष वीर थे। उन्होंने प्राण-पण से आक्रमण को रोका, किन्तु गम्भीर रूप से घायल हो जाने के कारण उनके

1. महाभारत—वन-पर्व द्रष्टव्य।

लिए भी युद्ध का संचालन अन्त तक सम्भव नहीं रहा। फलस्वरूप असहाय, अरक्षित द्वारावती और उसके आसपास के क्षेत्र शाल्व की भयंकर नारकीय प्रतिशोध-वासना के समक्ष आत्म-समर्पण को बाध्य हो गए। उसके अनुचरों के घृणित कार्यों के परिणामस्वरूप स्त्रियों, शिशुओं और बीमारों की क्रन्दन-ध्वनि ने आकाश की वायु को बहुत दूर तक कलंकित और कालिमा-युक्त कर दिया। उन सब अत्याचारों की कथा का वर्णन भी महा-पाप है।

द्वारका पहुँचकर श्रीकृष्ण ने विनाश की लीला देखकर कोई विलाप या दुख प्रकट नहीं किया। सर्वप्रथम किए जानेवाले कर्तव्य का विचार करके पहले मृतकों के घर जाकर उनके आत्मीय-जनों को सान्त्वना दी और उनके परिवारों की आर्थिक अवस्था आदि के विषय में सूचना प्राप्त की तथा घायलों की चिकित्सा व सेवा कार्य का प्रत्यक्ष निरीक्षण किया। पुत्र प्रद्युम्न असीमित क्रोध, दुख और लज्जा अनुभव कर रहे थे उन्हें आश्वस्त किया। कर्तव्य पालन करना ही क्षत्रियों के जीवन धारण करने का लक्ष्य है, उसमें किसी प्रकार की अवहेलना न करने को ही सिद्धि मानना चाहिए। धर्म मानकर युद्ध में प्रवृत्त होना, व्यक्तिगत विद्वेष को प्रधानता न देना, दुख से मुक्ति हेतु देशवासियों की सेवा और देश की स्वाधीनता की रक्षा के लिए आगे आना–इनसे बड़ा और क्या कर्तव्य है ? कुमार, जो असम्भव था, यदि उसे सम्भव नहीं कर पाए तो लज्जा या क्षोभ अनुभव करने का कोई कारण नहीं है।...

यह समस्त कार्य दो प्रहर में हो गया। इस प्राथमिक दायित्व का पालन करके वासुदेव, वृषि, अन्धक और यादव-प्रधानों को लेकर मन्त्रणा-सभा में पहुँचे–स्नान और आहार भी नहीं किया। कुल-प्रधान भी यहाँ आने पर विनाश और प्राण-हानि की दशा देखते ही अपमान से जलने लगे, वे उस अग्नि के ताप से अधीर और उन्मत्त जैसे हो गए। अब तो एक ही कार्य बचा था, उस सम्बन्ध में किसका मत भिन्न था ? इस अनाचार, चौर-कर्म और विश्वासघात के प्रतिशोध तथा घृणित अपराध के लिए दंड दिए बिना उन्हें चैन नहीं था।

युद्ध-यात्रा तो निश्चित ही थी। किन्तु वह कब, कहाँ और किस प्रकार होगी–यही प्रश्न शेष था।

स्थिर होकर प्रबन्ध करने के लिए जितना विलम्ब आवश्यक है–उसे भी प्राण-पण से चेष्टा करके तुरन्त करें–शाल्व को दंड देने की यात्रा करने हेतु ये उतनी ही प्रतीक्षा कर रहे थे। वासुदेव श्रीकृष्ण ने सेनापतित्व के प्रश्न पर विनयपूर्वक हाथ जोड़कर प्रधान योद्धाओं के समक्ष अनुमति-प्रार्थना की। कहा कि वे राजधानी की रक्षा करें और उनकी अनुमति से श्रीकृष्ण सैन्य-संचालन का भार-ग्रहण करेंगे।

एक प्रधान–उद्धव ने प्रेमपूर्वक हँसते हुए उत्तर दिया, "वासुदेव इससे तो हम लोग ही उपकृत होंगे। तब भी इतने लोग द्वारावती की रक्षा के लिए आवश्यक नहीं होंगे,

अतः हम लोग तुम्हारे अधीनस्थ योद्धा के रूप में तुम्हारा अनुसरण ही करेंगे। मुझे नहीं लगता कि उसमें हमारा रंच मात्र भी गौरव घटेगा।

शेष सबने ही समवेत स्वर में उस प्रस्ताव का अनुमोदन किया।

युद्ध के व्यवस्था-चक्र को पूर्ण करके वासुदेव ने लगभग आधी रात के समय अन्तःपुर में प्रवेश किया।

रुक्मिणी तो साथ ही लौटी थीं, यहाँ पहुँचकर पुत्र के गम्भीर रूप से घायल हो जाने का समाचार पाते ही रथ मोड़कर प्रद्युम्न के आवास-भवन चली गई थीं। इसके पश्चात् उनके साथ भेंट करने का उपाय ही नहीं था, ऐसी आवश्यकता भी नहीं थी। श्रीकृष्ण क्षण-भर सोचने के बाद सत्राजित-दुहिता के आवास की ओर जानेवाले मार्ग पर चल पड़े।

सत्यभामा भी अन्यान्य विशिष्ट पुर-नारियों के साथ इन्द्रप्रस्थ गई थीं। यज्ञ-समाप्ति के एक माह के बाद जब अधिकतर यादव-प्रधानों ने आर्य बलदेव के साथ लौटने की तैयारी की तो श्रीकृष्ण ने उन्हें भी भेज दिया था। यहाँ का विशाल अन्तःपुर एक छोटा-मोटा संसार ही है। उसके संचालन में तनिक सी शिथिलता आने-भर से अनेक प्रकार की अव्यस्थाएँ और उपद्रव खड़े हो जाते हैं। इस सन्दर्भ में सत्यभामा की दृष्टि तीक्ष्ण एवं सजग है तथा इसके लिए समस्त कर्तव्य-शक्ति और सांसारिक कार्यों के विशेष ज्ञान की पूरी आवश्यकता है—ये कारण देखते हुए ही भेजा था। सेवकों, परिचारिकाओं और दूसरे कर्मचारियों द्वारा सम्पूर्ण कर्तव्यों का पालन करा लेने में भला सत्यभामा की तुलना कहाँ है !

इस अहेतुक छलपूर्ण बात से सत्यभामा के अधरोष्ठ पर मृदु-मन्द हास्य-रेखा फूट आई, प्रतिवाद की भाषा भी नहीं निकली। इसका पहला कारण था—बात का अनेक अंशों में सत्य होना। दूसरा—श्रीकृष्ण का आदेश अनर्थक नहीं होता, वे बिना उद्देश्य किसी कार्य में प्रवृत्त नहीं होते, और उन्होंने इतने दिन में अपने प्रियतम, आर्य-पुत्र को अच्छी तरह पहचान लिया था; उनकी इच्छा या उपदेश अत्यन्त मधुर भाषा में अनुरोध किए जाने पर भी, यहाँ तक कि विनय पूर्ण मुद्रा में व्यक्त किए जाने पर भी—सर्वथा अपरिवर्तनीय होता था। उनके आपाततः अर्थहीन लगनेवाले दुर्बोध्य कर्म-मार्ग में कभी भी परिवर्तन नहीं होता था। वे आदेश को मनवा लेना जानते थे, मनवाकर ही छोड़ते थे। चाहे कौशल से हो, चाहे तर्क के प्रयोग से या फिर चाहे किसी निष्ठुर, कठिन पद्धति के प्रयोग से। उनकी इच्छा में बाधा डालने की चेष्टा, पर्वत के कठोर शरीर पर समुद्र की लहरों के बार-बार पछाड़ खाने के समान निष्फल होती है। उससे पाषाण विचलित नहीं होता, विगलित तो होता ही नहीं।

तब भी—स्तम्भ पर बँधी सौ से भी अधिक वर्तिकाओं के तीव्र प्रकाश में—श्रीकृष्ण ने सत्यभामा के अनिन्द्य सुन्दर, विकसित कमल-नयनों की ओर देखकर समझ लिया कि

उन्हें विराट वाक् या अभिमान-युद्ध का सामना करना पड़ेगा। आज प्रिय सत्यभामा अत्यधिक क्रोधित हो गई हैं।

कारण के अनुमान में भी कठिनाई नहीं हुई।

किन्तु उन्होंने इस प्रसंग में अज्ञानता और सारल्य को ही श्रेष्ठ समझा।

परिहास करते हुए बोले, ''पूर्णिमा की खिली हुई ज्योत्स्ना में आज ग्रीष्म के सूर्य का ताप अनुभव कर रहा हूँ ! प्रियतमे, तुम्हारी यह क्रोधाग्नि किसे ग्रसने के उद्देश्य से महाभयंकर वज्र के रूप में दिखाई दे रही है ? वह हत्भागा तुम्हारा यह दासानुदास तो नहीं है ?''

''अपने रहस्यमय उद्देश्य का ताना-बाना बुनने में आज कंसार इतने तन्मय और एकाग्रचित्त हो गए हैं कि बहुत बार व्यवहृत होने के कारण पुरानी पड़ गई परिहास की रस-हीन पुनरावृत्ति से उत्पन्न कर्ण-कटुता भी उनके कानों को आघात नहीं पहुँचा रही है। हा, धिक्कार है, आज आपका रसिकराज नाम आपके लिए लज्जाकर हो गया है।''

कम्पित अधरा सत्यभामा क्षण-भर चुप रहकर अपने क्रोध और अभिमान के आवेग को कुछ नियन्त्रित करके पुनः बोलीं, ''आपकी बुद्धि की तो सीमा नहीं है। उद्देश्य की सिद्धि के लिए बार-बार हम लोगों को ही लांछना में धकेलने के अतिरिक्त किसी अन्य उपाय की खोज नहीं कर पाए ? फिर, कुछ दिन और द्वारका से, अपने प्रिय बन्धुओं की मिलन-सीमा से दूर रहना चाहते हो—यही न ? तो ठीक है, उसके लिए बहुत से कारण मिल सकते हैं। कुछ दूर वनस्थली में शिकार के लिए जा सकते हो। हिमालय में तपस्या करने या वृन्दावन में पुरानी पादुकाओं की भाँति परित्यक्त गोपिकाओं से मिलने—अथवा गोदावरी-तीर्थ में स्नान करने जाने—कितने ही कारण घट सकते हैं। आपके तीक्ष्ण मनःक्षेत्र की उर्वर भूमि में इस प्रकार के अ-कारणों की खोज करना एक पल का कार्य है।''

श्रीकृष्ण अत्यधिक क्लान्त हो गए थे। और, उन्होंने बार-बार ही लक्ष्य किया था कि रुक्मिणी और सत्यभामा, इन दो नारियों ने—शायद द्रौपदी ने भी, उनके मन के घने अरण्य में बहुत दूर तक प्रवेश कर लिया था। इनके सामने अकारण आत्मगोपन अथवा दिखावा करने का कोई लाभ नहीं।

उन्होंने बात को और नहीं बढ़ाया। एक दीर्घ निश्वास छोड़कर सिर पर बँधी पगड़ी और कमर में बँधी तलवार को म्यान से बाहर करके चुपचाप सत्यभामा के फैले हुए हाथों में दे दिया। उसके बाद एक ऊँचे आसन पर बैठकर तीक्ष्ण-शान्त स्वर में कहा, ''उससे शाल्व का वध नहीं किया जाता। किन्तु इससे एक साथ ही दो उद्देश्य सिद्ध होंगे। दोनों ही मेरे लिए आवश्यक हैं। शाल्व का दुराग्रह और दुश्चारित्र्य समस्त सीमाओं को लाँघ गए हैं, वह शिशुपाल की भाँति ही पृथ्वी पर भार बन गया है, मनुष्य-समाज की घृणा में परिणित हो गया है। किन्तु प्रिये, इस समय इस सबको छोड़ो, मैं सचमुच बहुत थक गया हूँ। प्यास से व्याकुल पथिक, तुम्हारे द्वार पर प्यास हरण करनेवाले मधुर

अमृत की खोज में अतिथि बनकर आया है, उसे अमृत के बदले अग्नि देकर वंचित न करो।...थोड़ा सा विश्राम करने दो। लगता है, एक पल में ही आगामी कल का कार्य-दिवस प्रारम्भ हो जाएगा। विश्राम का अवसर बहुत थोड़ा है।''

उस पुरुष-श्रेष्ठ के लिए अस्वाभाविक अपरिमित थकन उसके नेत्रों में दिखाई दे रही थी, इसके पश्चात् इन्दीवर की भाँति कोमल सेवाभावी हाथों से स्वामी की उस क्लान्ति को मिटाने के लिए प्रस्तुत होने के अतिरिक्त और क्या उपाय था ? हृदय में जो ममता उमड़ आई थी–धूलि और स्वेद में लिपटा, रेखाओं भरा ललाट और दुखी आँखें देखकर–उससे ही आहत-अभिमान और रोषाग्नि का तीन-चौथाई भाग समाप्त हो गया था–जितना शेष था, वह मन में उद्वेलित प्रेम के करण अब समाप्त हो गया।

इसके अलावा वह, कंठ-स्वर को भी तो पहचानती है। कोई व्यर्थ में ही इतने समय से इस मनुष्य के साथ नहीं रहती।

यह शान्त कंठ-स्वर–पत्थर नहीं है, पत्थर भी पर्याप्त ताप से पिघल जाता है–नियति की भाँति कठोर और निर्मम है; मृत्यु की भाँति अनिवार्य है।

उनके चरणों पर सिर पटकने से भी लाभ नहीं, उससे अपना ललाट ही रक्त-रंजित और क्षत-विक्षत होगा, उन्हें नहीं पिघलाया जा सकेगा।

॥ २३ ॥

मन, जिसे देखने-भर से आनन्द, आश्वास, कृतज्ञता और तृप्ति से भर जाता है–कभी-कभी वही नेत्र न हटाए जा सकनेवाले लावण्य को देखकर आशंका से कंटकाकीर्ण भी हो उठता है–युधिष्ठिर को इसका नितान्त नया ज्ञान हुआ।

विदुर सदैव उनके हिताकांक्षी हैं–वे भी विदुर के प्रिय हैं–किन्तु उस दिन उन्हें देखते ही जैसे किसी अमंगल की आशंका से उनका हृदय काँप उठा था। वे उनकी बात सुनते ही विह्वल होकर उनके मुख की ओर ताकते रहे। उनके मुख से बहुत देर तक कोई बात नहीं निकली।

उनके उस समय के मनोभाव का चित्रण विह्वलता के अलावा अन्य किसी शब्द के द्वारा नहीं किया जा सकता। किंकर्तव्यविमूढ़ता कहने पर भी ठीक-ठाक नहीं हो सकता। यह प्रस्ताव, यह आमन्त्रण इतना अप्रत्याशित था, विदुर की मुख-मुद्रा इतनी भावहीन, निर्विकार तथा आत्मीयता-संयोगहीन थी–पहले तो युधिष्ठिर के मुख की ओर देखने के पूर्व ही विदुर की दृष्टि स्निग्ध और मुख-मुद्रा प्रीति-कोमल हो उठती थी–कि उनके मुख से निकली बातों के मर्म को समझने में बहुत देर लगी।

दुर्योधन ने एक नवीन सभा-गृह का निर्माण कराया है; उन्होंने कुल में बड़ा होने के अनुसार युधिष्ठिर को उस सभागृह के प्रवेशानुष्ठान हेतु निमन्त्रण भेजा है। उनके ज्येष्ठ अग्रज, भारत के निर्विरोध सम्राट युधिष्ठिर उस नवीन सभा-गृह का आनुष्ठानिक

उद्घाटन करें—उनकी ऐसी इच्छा है। दुर्योधन ने उस उत्सव के उपलक्ष्य में थोड़ी द्यूत-क्रीड़ा का आयोजन भी किया है। विदुर, कुरु-वृद्ध धृतराष्ट्र के आदेश से इन दोनों अनुष्ठानों के लिए उन्हें सपरिवार आमन्त्रित करने आए हैं। विदुर ने सम्बन्धी के रूप में और कुरु-राज्य के मन्त्री के रूप में आने के कारण पुरोहित या किसी राजकुल-वधू को साथ लाने की आवश्यकता अनुभव नहीं की। वे आशा करते हैं, महाराज चक्रवर्ती इसे किसी प्रकार की त्रुटि नहीं मानेंगे।

बाह्य रूप से यह वक्तव्य बहुत प्रांजल प्रतीत होता है, किसी वाक्य या वाक्यांश के शब्दगत अर्थ को समझने में कोई कठिनाई नहीं है।

विह्वलता या अर्थ-ग्रहण में कठिनाई किसी अन्य कारण से है।

यह आमन्त्रण इतना आकस्मिक, इस प्रकार अकारण एवं विदुर के मुख का भाव और कंठ-स्वर इतना कृत्रिम व आत्मीयताहीन था, कि युधिष्ठिर को इन संयोगों के गूढ़ अर्थ की खोज की व्याकुलता के कारण ही सरल मर्मार्थ हृदयंगम नहीं हो रहा था।

सर्वाधिक विस्मयकारी था विदुर का आचरण।

ऐसी कठोर निस्पृहता या निर्वैयक्तिकता का एक ही अर्थ हो सकता था—उनका आगमन केवल आदेश की पालना के लिए हुआ था, इस कार्य को उनके हृदय या विचार-बुद्धि का अनुमोदन प्राप्त नहीं था।

विदुर केवल धर्मज्ञ या धर्मपरायण नहीं थे। वे अत्यधिक बुद्धिमान और विद्वान राजनीतिज्ञ थे। उनकी प्रसिद्धि बहु-दूरदर्शी के रूप में थी। वे सदैव सत्परामर्श देते थे। कभी कोई असत् या अमंगलकारी परामर्श नहीं देते थे, ऐसे किसी प्रस्ताव का अनुमोदन नहीं करते थे, जिससे भविष्य में हानि की सम्भावना हो। इस सत्य से पूरी तरह अवगत होने के कारण ही उनका परामर्श हमेशा प्रिय या रुचिकर न होने पर भी उत्तम होता था। धृतराष्ट्र ने पुत्रों के प्रबल विरोध के बावजूद उन्हें वास्तविक शुभाकांक्षी जानकर मन्त्री के आसन पर प्रतिष्ठित किए रखा था।

अपने जीवन-दर्शन और जीवनादर्श को धर्म तथा सत्य से सम्बद्ध रखने के कारण ही दुष्ट-बुद्धि-रहित पांडव, विदुर को बहुत अधिक प्रिय थे। वे हमेशा से उनकी कल्याण-कामना करते रहे थे। युधिष्ठिर को इसका सम्पूर्ण परिचय भी वारणावत-यात्रा के समय मिल गया था। वे लोग विदुर के सतर्क किए बिना आत्म-रक्षा की तैयारी नहीं कर सकते थे। यहाँ तक कि शायद उनके मन में विपत्ति की कोई आशंका ही नहीं उठती। उन्हीं विदुर की यह दुर्बोध्य मुख-मुद्रा रंच मात्र भी किसी मंगल को प्रकट नहीं करती।...

युधिष्ठिर को बहुत देर तक इसी प्रकार स्तब्ध बैठे देखकर विदुर ने अपनी बात दोहराई—सावधानी के साथ, मानो एक-एक शब्द को स्मरण करके।

इस बार समस्त बातों में से सरल और साधारण तात्कालिक बात के मस्तिष्क में प्रवेश करने में अधिक विलम्ब नहीं हुआ।

तब भी युधिष्ठिर ने और कुछ देर चुप रहकर प्रश्न किया, "चाचाजी, क्या इस

विषय में आपका मत और परामर्श जान सकता हूँ ?''

लगा कि विदुर का ललाट कान्ति-युक्त और मुख-मुद्रा कुछ स्वाभाविक हो गई।

किन्तु उन्होंने एक प्रश्न करते हुए ही इसका उत्तर दिया, ''तुम मेरा व्यक्तिगत मत जानना चाहते हो ?''

''हाँ, पूर्णतः व्यक्तिगत। हम लोगों के हितकामी और स्नेह-परायण पितृ-रूप में।''

''वत्स, मैंने द्यूत-क्रीड़ा से किसी का भी भला होते नहीं सुना। इसके बहाने अनेक विवाद; रक्तपात और स्वजनों की हानि के भयावह और शोकपूर्ण विवरण तो मेरे सुनने में आए हैं। शर्त रखकर जो खेल होता है, उससे अधिकांशतः विवेक-बुद्धि निष्क्रिय हो जाती है, दृष्टि अन्धी हो जाती है, हिताहित का ज्ञान लुप्त हो जाता है। इस खेल का नशा मदिरापान के प्रति आसक्ति से अधिक प्रबल होता है। इस आयोजन के प्रति मैंने अपनी अनिच्छा और आपत्ति प्रकट कर दी थी, कुरुकुलपति धृतराष्ट्र ने पुत्र-प्रेम में मोहान्ध होकर उस पर कान नहीं दिया। मैं उनके वेतन-भोगी सेवक के रूप में उनके आदेश का पालन करने आया हूँ, इस आमन्त्रण या द्यूत-क्रीड़ा की व्यवस्था में मेरी तनिक भी सहमति नहीं है, न मुझे इससे आनन्द मिला है। तुम लोग सपरिवार अपने पैतृक आवास-भवन में—मेरे अत्यन्त निकट रहोगे, उस सम्भावना से भी मुझे प्रसन्नता का बिल्कुल अनुभव नहीं हो रहा है। यह सभा-गृह अत्यधिक तीव्र-गति से निर्मित हुआ है, पाप-बुद्धि सौबल इसका प्रधान प्रबन्धक और इस समस्त आमन्त्रण-व्यवस्था का परामर्शदाता है। दुर्योधन पूरी तरह उसके परामर्श से ही चल रहा है। वत्स युधिष्ठिर, मैं इस सबमें मंगल के कोई लक्षण नहीं देख पा रहा हूँ, बल्कि अत्यन्त उद्वेग अनुभव कर रहा हूँ।''

विदुर के चुप होते ही, युधिष्ठिर मस्तक को हाथ से दबाते हुए कुछ देर—भटके व्यक्ति की भाँति सोचते रहे। उसके बाद पूछा, ''इसका उपाय ?''

''यदि तुम अपनी बुद्धि और भाइयों के परामर्श से इस निमन्त्रण को अस्वीकार कर सको, तो सब प्रकार रक्षा हो जाएगी।''

युधिष्ठिर विपन्न-मुख से बोले, ''किन्तु चाचाजी, सुना है, क्षत्रियों द्वारा युद्ध और द्यूत-क्रीड़ा के आमन्त्रण को अस्वीकार किया जाना भद्र-समाज में कापुरुषता माना जाता है। समस्त राजन्य-समाज ने जिन्हें कुछ दिन पूर्व ही सम्राट के रूप में स्वीकार करके पूजा की है, क्या उनके लिए इस आमन्त्रण को अस्वीकार करना शोभनीय अथवा संगत होगा ?''

विदुर ने कुछ कठोर स्वर में कहा, ''वत्स, साधारण क्षत्रिय का धर्म और राजा का धर्म एक नहीं होता। राजा का सबसे पहला कर्तव्य अपनी प्रजा के प्रति है। उसके बाद उसकी या उसके वंश की मर्यादा की रक्षा का प्रश्न उठता है। अपने सिंहासन को निरापद रखने के प्रश्न पर विचार करना भी कर्तव्य है। तुम्हारे राज्य में जो सुखी हैं, नित्य बढ़ती हुई समृद्धि का भोग कर रहे हैं—उन्हें एक अत्याचारी, दम्भी, अपने भोग-विलास को ही सर्वस्व माननेवाले पड़ोसी राज-परिवार की करुणा तले फेंक देने का

तुम्हें कोई अधिकार नहीं है।...इसके अतिरिक्त शब्दों और वाक्यों के प्रयोग के गुण तथा कौशल से ही बातचीत मनोहारी होती है, अन्यथा अरुचिकर और अप्रीतिकर हो जाती है। अस्वीकृति के सैकड़ों सही कारणों की खोज क्या राजनीति के जानकारों या राज्य-शासकों के लिए इतना कठिन काम है ?...इस प्रकार की अवस्था में तो–आत्म-रक्षा के कारण ही कहा जाएगा–सामान्य झूठ का आश्रय लेना भी अन्याय नहीं होता–शास्त्र में स्पष्ट निर्देश दिया गया है।''

युधिष्ठिर मुख झुकाए चुपचाप बैठे रहे, कोई प्रत्युत्तर नहीं दिया। अर्थात् यह परामर्श उनके मनोनुकूल नहीं हुआ। विदुर ने विपत्ति का अनुमान कर लिया। जब सत्-परामर्श स्वीकार करने योग्य नहीं लगता–तो समझ लेना चाहिए कि वास्तव में बुरा समय आ गया है, श्रोता के राशि-लग्न में बुरे ग्रह का प्रवेश हो गया है।

उन्होंने कुछ क्षण युधिष्ठिर के उत्तर की प्रतीक्षा की फिर व्याकुल होकर बोले, ''ठीक है, तुम्हारे समस्त अच्छे-बुरे कामों में जो तुम्हें हितकारी परामर्श देते हैं, जो वास्तव में तुम्हारे मंगल के आकांक्षी हैं–उन वासुदेव श्रीकृष्ण को क्यों स्मरण नहीं करते ? किसी को उनके परामर्श के लिए भेजो न !''

इस बार लगा कि परामर्श धर्मराज के मनोनुकूल हुआ। तब भी वे कुछ चिन्ता और दुविधाग्रस्त मन से बोले, ''किन्तु चाहे कितनी तीव्र गति से दूत के आने-जाने की व्यवस्था क्यों न की जाए, दंड भर भी विश्राम न करके केवल अश्व परिवर्तन करने में ही समय नष्ट हो, यहाँ से द्वारावती आने-जाने में एक मास से अधिक समय लग जाएगा, क्या कुरुराज के दूत इतने दिन प्रतीक्षा कर सकेंगे ? आप तो उस राज्य के मन्त्री भी हैं।''

''कर सकूँ या नहीं कर सकूँ, जो इतनी विशाल राज्य-शासन-व्यवस्था के नियन्ता हैं, जिनके दायित्वों का अन्त नहीं है–वे एक क्षण में समस्त कार्य छोड़कर प्रायः अकारण आमन्त्रण-यात्रा करेंगे–ऐसी आशा करना ही असंगत है। तुम लोगों द्वारा सब तरह से विचार करके, अनुपस्थिति अवश्यम्भावी होने की दशा में, कौन किस दायित्व का निर्वाह करेगा, इसकी व्यवस्था करने के लिए–मन में निश्चय करने में विलम्ब होगा, यह स्वाभाविक है।''

इसके बाद कुछ देर चुप रहकर–मानो मन-ही-मन हिसाब लगाकर विदुर बोले, ''मैं चार-पाँच दिन विश्राम करके वापसी-यात्रा करूँगा। उन्हें ये सूचित कर दूँगा कि तुम्हें इस आमन्त्रण का उत्तर देने में कुछ दिन का विलम्ब होगा। तुम्हारा मन और निश्चय स्थिर हो जाने पर तुम्हारा दूत उनके पास उत्तर पहुँचा देगा। तब तक प्रतीक्षा करने के अलावा कोई उपाय नहीं है।''

''आप कुछ और दिन विलम्ब नहीं कर सकते ?''

''महाराज चक्रवर्ती के आदेश का पालन अवश्य ही करना पड़ेगा। किन्तु ऐसा करने पर वहाँ व्याकुलता और उत्सुकता बढ़ जाएगी, दुर्योधन क्रोधित हो उठेगा। सोचेगा कि यहाँ मैं तुम्हें उसके विरुद्ध भड़का रहा हूँ। उसकी आवश्यकता नहीं है। मैं अपने

एक विश्वस्त संगी को छोड़े जा रहा हूँ। वही तुम्हारी प्रतिक्रिया और उत्तर लेकर यथासमय हस्तिनापुर लौट आएगा।''

वही व्यवस्था हुई।

कठोर परिश्रमी, जानकार और कुशल संवादवाहकों को सर्वाधिक तीव्रगामी रथों पर द्वारका भेजा गया। उन्हें दो दलों में बाँटकर दोनों दलों को दो भिन्न मार्गों से भेजा गया ताकि यदि एक दल किसी कारण विपत्ति में पड़ जाए या दस्युओं के हाथों में पड़ जाए या फिर बन्दी बना लिया जाए, तो दूसरा दल पहुँच सके। दोनों दलों को एक ही पत्र की प्रतिलिपि दी गई। निश्चय किया गया–कि उनमें से कोई भी मार्ग में विश्राम नहीं करेगा, रात-दिन रथ में ही रहेंगे। केवल सम्राटों की अश्व-शालाओं में से, उनके अनुमति-पत्र के अनुसार सारथी और अश्व बदले जाएँगे–उनकी थकन को देखकर।

किन्तु एक माह से भी अधिक समय बाद दोनों दलों ने लौटकर एक ही समाचार दिया–श्रीकृष्ण द्वारका में नहीं हैं। कोई नहीं जानता कि निश्चित रूप से कहाँ हैं ? वासुदेव के इन्द्रप्रस्थ में रहते समय शाल्व ने द्वारका को उजाड़ा और लूटा था। दमन और उत्पीड़न से वृषि और अन्धकों की सबसे अधिक दुर्दशा हुई थी; शिशुओं और नारियों के हाहाकार से आकाश तक क्रोध तथा प्रतिहिंसा से भर गया था। श्रीकृष्ण यहाँ से लौटने के बाद वह दृश्य देखकर और दुर्दशा की कथा सुनकर प्रतिशोध की प्यास से उन्मत्त जैसे होकर बिना विश्राम किए उसी समय शाल्व के विरुद्ध युद्ध करने चले गए थे। शाल्व सौभ नामक त्रिचारी विमान का स्वामी है। वह अन्तरिक्ष में युद्ध करके आत्म-रक्षा के लिए समुद्र के गर्भ में छिप जाता है। श्रीकृष्ण आहार-निद्रा का त्याग करके सब जगह उसका पीछा कर रहे हैं, अतः किसी को पता नहीं है कि उन दोनों का युद्ध कब और कहाँ हो रहा है ! इस स्थिति में वासुदेव से भेंट करके उन्हें युधिष्ठिर का पत्र सौंपना सम्भव नहीं हो सका।

फिर वही दुविधा, वही किंकर्तव्यविमूढ़ता।

किन्तु आश्चर्य ! जैसे दुर्दिन निकट आ जाने पर बुद्धि नष्ट हो जाती है–वैसे ही उन्होंने इस कठिनतम दायित्व और घोर विपत्ति की सम्भावना से भरे निश्चित-कर्तव्य का निर्धारण करने के लिए भाइयों से परामर्श करना उचित नहीं समझा। प्रहर-भर दुविधाग्रस्त रहने के बाद निमन्त्रण स्वीकार करने की सूचना देकर कुरुराज के दूत को रीति के अनुसार उपहार-पुरस्कार देकर विदा कर दिया।

इसके पश्चात् जब भाइयों और स्त्रियों को बताया तो करने के लिए कुछ रह ही नहीं गया था। भीम क्रोधित हुए, अर्जुन ने अप्रत्यक्ष तिरस्कार किया–भविष्य-द्रष्टा नकुल गम्भीर हो रहे। किन्तु उस समय राज-सम्मति के विपरीत चलना सम्भव नहीं था।

असल में शकुनि ने ठीक ही अनुमान किया था–युधिष्ठिर द्यूत-क्रीड़ा में दुर्बल और अकुशल हैं, अतः इस खेल में उनकी प्रबल आसक्ति है। उन्हें उसी लोभ-भरी आसक्ति

ने दुर्निवार गति से आकर्षित किया था अथवा नियति ने–कौन जानता है किसने !

दूत के यह समाचार लेकर हस्तिनापुर पहुँचते ही वहाँ महोत्सव के समान महोल्लास की ध्वनि गूँजने लगी। प्रासाद के कोने-कोने में भोजन-पानी की बाढ़-सी आ गई।

केवल विदुर मस्तक पर हाथ मारकर बड़बड़ाए, ''पांडव-सौभाग्य-सूर्य उदय की वेला में ही अस्त हो गया ! सामने विस्तीर्ण दुर्भाग्य-रात्रि है। नहीं पता वासुदेव, यह तुम्हारी क्या लीला है !''

यात्रा प्रारम्भ करने के तुरन्त पहले–सैनिकों के दल तैयार हो गए। जब आगेवाला दल इन्द्रप्रस्थ की सीमा पर पहुँच गया, तो पीछे आनेवाले दल के अधीर अश्वों की हिनहिनाहट की ध्वनि के नदी के पारवाले पर्वत से टकराने के कारण उत्पन्न प्रतिध्वनि ने, शान्त एवं अनुद्विग्न नगरवासियों को चकित एवं त्रस्त कर दिया। तभी एक सामान्य बाधा आ खड़ी हुई।

एक सेविका ने प्रधान-महिषी की शिविका से आकर सूचना दी–यात्रा में विघ्न आ गया है, साम्राज्ञी अकस्मात् रजस्वला हो गई हैं। इस अवस्था में तो यात्रा निषिद्ध है। महादेवी भी व्याकुल हो रही हैं तथा अमंगल की आशंका कर रही हैं। वे जानना चाहती हैं कि अब महाराज चक्रवर्ती का क्या निर्देश है।

युधिष्ठिर ने इस अनुचित विलम्ब से अप्रसन्न होने के कारण भौंहें सिकोड़कर उत्तर दिया, ''हम लोगों ने पहले ही यथा-निर्दिष्ट शास्त्र-विधि के अनुसार यात्रा प्रारम्भ करके प्रासाद की सीमा को पार कर लिया है; अब चाहे जो हो, यात्रा नहीं रुकेगी। प्रधान महिषी की शिविका हमारे रथ के आगे ले आने को कहो, वे ही आगे चलेंगी। समस्त महिषियाँ ही आगे चलेंगी, हमारा रथ उनके पीछे-पीछे चलेगा–यही मेरा निर्देश है।''

इसके बाद और कोई प्रश्न नहीं रह गया।

निर्देश के अनुसार शिविका, रथ, हाथी, अस्त्र और खाद्य सामग्री ढोनेवाली बैल-गाड़ियाँ आदि एक-एक कर आगे चले, उनके पीछे रक्षक सैन्य-दल। विपुल संख्या में इन यान-वाहनों के चलने से उठी धूल को देखकर लगा, जैसे मध्याह्न के पूर्व के सूर्य का प्रदीप्त रश्मि-जाल वर्षा के जल से ढक गया है। प्रभात-काल में ही मानो सन्ध्या की छाया घिर आई थी।

वही धूल काफी देर तक हवा के झोंकों के कारण इधर-उधर उड़कर जब स्थिर हुई और भूमि पर आई तथा सूर्य की किरणों के प्रचंड ताप ने पथिकों के शरीर को उत्तप्त करके पसीने से लथपथ कर दिया, तो पता चला कि और कई प्राणी पैदल ही इस दल का अनुसरण कर रहे हैं।

निषाद कीलक और बहुत से कुत्तों से घिरा बैलों और सूअरों का एक विशाल दल। लगा कि कीलक व्यापार के लिए जा रहा था। किन्तु आज उसके नेत्रों में तथा मुख पर वही चिरस्थायी हिंसा और घृणा का भाव नहीं, बल्कि अपरिसीम तृप्तिजन्य प्रसन्नता

का भाव फूट रहा था। परिणामस्वरूप उसका बीभत्स मुख भी अपेक्षाकृत देखने योग्य लगने लगा था।

कीलक ने चलते-चलते संगीत के पद की भाँति बार-बार अस्फुट स्वर में एक ही वाक्य दोहराया था, ''सर्वनाश की ओर भागकर जाने में क्या आनन्द, क्या आग्रह ! अपना हो चाहे दूसरे का—लगता है, सर्वनाश का मार्ग अधिकतर मनोहारी ही होता है।''

॥ २४ ॥

राजकुल के अन्तःपुर में सौजन्य प्रकट करने की कई पारम्परिक रीतियाँ होती हैं—जिनका पालन किया जाना आवश्यक है। कौरव-वधुएँ इससे परिचित भी हैं। तब भी उस सम्बन्ध में उनमें से प्रत्येक को पुनः सचेत कर दिया गया था। सतर्क करने के लिए विशेष संवादवाहिकाएँ हैं, वे राजा या प्रधान महिषी—या अन्तःपुर की मुखिया—के निर्देश को प्रत्येक वधू या कन्या के कक्ष में जाकर दे आती हैं। इस अवसर पर भी ऐसा ही किया गया है।

जो वधुएँ मुख्य प्रासाद में नहीं रहतीं, दुर्योधन या दुःशासन की पत्नियाँ—ये प्रधान कुमार, दास-दासी और परिजनों के साथ अलग स्वतन्त्र भवन में वास करते हैं—उन्हें बता दिया गया था कि वे आज के दिन पांडव-पुर-नारियों की अगवानी के लिए, स्नान-शृंगार आदि के पश्चात् प्रासाद में आकर प्रतीक्षा करें। कारण, वे स्थानाभाव के कारण अलग रहती हैं, किन्तु हैं इसी परिवार के अन्तर्गत, प्रधान महिषी गान्धारी के अधीन। लोक-दृष्टि में तो ऐसा ही है। पांडव महिषियाँ, राजमाता और इनके साथ जो पुर-ललनाएँ आ रही हैं, उन्हें अन्तःपुर के प्रवेश मार्ग से रथ या पालकी पर ढका वस्त्र हटाकर उतार लाना होगा। फिर एक-एक व्यक्ति एक-एक अतिथि को अन्तःपुर के निर्धारित कक्ष में पहुँचा देगा।

दोनों पक्षों की मर्यादा विचारणीय है। उसी के अनुसार स्वागत-आयोजन सम्पन्न करना होगा। इस विषय में स्पष्ट निर्देश भी दिया गया है। दुर्योधन की प्रधान पत्नी भानुमती पांडवों की पटरानी द्रोपदी को हाथ थामकर उतारेंगी, माल्य-चन्दन और नव-वस्त्रों से उन्हें भूषित करेंगी, उपहार आदि ग्रहण करेंगी, उसके बाद उनका हाथ पकड़कर मार्ग दिखाते हुए ले जाएँगी। अन्य वधुएँ पांडवों की दूसरी रानियों या वधुओं को उतारेंगी। यह भी पहले ही समझा दिया गया था कि इस पक्ष की वधुओं में से, आयु एवं पद-मर्यादा के अनुसार कौन किसका स्वागत करेगी !

इसी रीति के अन्तर्गत गान्धारी की भी देहरी पर आने की बात थी—अपनी देवरानी राजमाता कुन्ती की अगवानी के लिए। यद्यपि उनकी कुन्ती से भेंट करने की पर्याप्त इच्छा है, किन्तु इस अवसर पर थोड़ी दुविधा और संकोच था। इस षड्यन्त्र में पुत्रों ने निश्चित रूप से ही उनकी सम्मति नहीं ली थी। पिता-पुत्रों ने परस्पर किसी प्रकार

का विचार-विमर्श किए बिना भी यह निश्चय कर लिया था—कि उन्हें कोई भी समाचार नहीं दिया जाएगा। इसे अलिखित या अकथित समझौता कहा जा सकता है। किन्तु सम्पूर्णतः धर्म-परायणा और अतिशय बुद्धिमती गान्धारी तो मानो वायु से भी अधर्म की गन्ध प्राप्त कर लेती थीं। अकस्मात् धूमधाम के साथ पांडवों को निमन्त्रण भेजा जा रहा है, चारों ओर तैयारी का शोर मच रहा है—नौकर-चाकर, परिजन, अंग-रक्षक, सारथी, सामान ढोनेवाले—इतने सारे लोगों के लिए स्थान निश्चित करना, उनके खान-पान आदि की व्यवस्था करना इतना सरल कार्य नहीं है, चुपचाप हो जानेवाला काम भी नहीं।

इतना सब कुछ केवल सौजन्यवश नहीं है। कोई विशेष उत्सव, आनन्द- अनुष्ठान—सौजन्य, सौहार्द या भ्रातृत्व-भाव बढ़ानेवाली घटना होती तो उसके पूर्व ही उन्हें सूचित किया गया होता, उनका अभिमत और निर्देश लिया गया होता। उनके पुत्र इससे भी अजाने नहीं हैं कि उससे उनके कार्य-दायित्व का गुरु-भार बहुत कम हो जाता। उन्हें आशंका के कारण ही नहीं बताया गया। उनके, दृढ़ और स्पष्ट स्वर में किसी कार्य का निषेध कर देने पर, अन्तःपुर में ऐसा कोई नहीं, जो उस निषेधाज्ञा का उल्लंघन करने का साहस कर सके। यह सब कुछ दूसरा ही है और उसमें पांडवों का शुभ या कल्याण निहित नहीं है। अधर्म-मार्ग का अवलम्बन करने के कारण कौरवों का भी नहीं। मूर्ख लोग नहीं जानते कि अधर्म से कुछ दिन तक अधिक सुविधाएँ मिल सकती हैं, विजय या सफलता भी असम्भव नहीं है, किन्तु उस मार्ग का अनुसरण करने से एक दिन समूल नष्ट होना पड़ता है।

संकोच इसी कारण था। किन्तु उन्हें राजमाता कुन्ती ने उस दायित्व से मुक्ति दे दी। उन्होंने राजधानी में प्रवेश करने के पूर्व ही एक तीव्रगामी दूती भेजकर सूचना दे दी—कि वे विदुर के भवन में ही वास करेंगी और सीधे वहीं चली जाएँगी।

इसके बाद भानुमती ही सब प्रकार से मुख्य बन गईं। अगवानी करनेवालियों की प्रधान। तब भी प्राधान्य का यह प्रथम अवसर ही उन्हें अरुचिकर लगने लगा।

भानुमती अपने समस्त अंगों को कौरव-भंडार के सर्वाधिक मूल्यवान मणि-मुक्ताओंवाले आभूषणों से ढककर तथा कौशलपूर्वक अत्यधिक अनिच्छा और अरुचि के भाव को मुख पर बिखराते हुए द्वार पर आकर खड़ी हो गईं। बस, उनकी यही चेष्टा थी कि उनके मुख पर ईर्ष्या का चिह्न न झलके। उपेक्षा, अवज्ञा, कठोरता आदि चाहे जो प्रकट हो—किन्तु मात्सर्य अर्थात् वे ईर्ष्यालु हैं—यह बात न समझ पड़े।

किन्तु दुर्योधन-महिषी को पहले ही एक प्रचंड आघात लगा—वे इसके लिए बिल्कुल तैयार नहीं थीं। अत्यन्त दूर कल्पना में भी उस परिस्थिति की आशंका नहीं थी।

किन्तु इसमें पांडवों का भी कोई षड्यन्त्र या पूर्व परिकल्पना नहीं थी। नितान्त आकस्मिक घटना घटी। खांडवप्रस्थ पार करते समय किसी या किन्हीं ने ओट से तीक्ष्ण तथा अचूक तीर चलाकर महारानी के रथ के चार घोड़ों को गम्भीर रूप से घायल कर दिया। यह तो बाद की बात थी कि उनके प्राण बचेंगे या नहीं, किन्तु यह निश्चित हो गया कि वे रथ को नहीं खींच सकेंगे।

इन्हें, घटना के सचमुच घट जाने तथा उसकी गम्भीरता को अनुभव करने में काफी समय लगा।

किसका इतना दुस्साहस हुआ ? साक्षात् काल के मुख-गह्वर में प्रवेश करना भी इससे कहीं अधिक छोटा और निरापद कार्य है !

प्रारम्भ में ही सन्देह हुआ कि यह कौरवों के किसी गुप्तचर का काम है–किन्तु पांडव-भाइयों में से कोई, शोभनता और अपने वंश के सम्मान का विचार करके, उस संशय को जिह्वा पर भी नहीं लाया। उसके स्थान पर उन्होंने उस पेड़-पौधों भरी वनस्थली के पत्ते-पत्ते को छान मारा। किन्तु अपने विश्वस्त परिचित यात्री-दल में सम्मिलित व्यक्तियों के अलावा किसी सन्दिग्ध आदमी को नहीं पाया। कुछ मांस-व्यवसायी निरीह निषाद मृगों और सुअरों का एक झुंड लिये उनके पीछे-पीछे आ रहे थे–आवश्यकता भर व्यवसाय करने की आशा लेकर–यह बात किसी के मन में भी नहीं आई कि वे इतना साहस करेंगे। वे थे भी बहुत पीछे, इसके अतिरिक्त उनके पास जो धनुष और तीर थे वे भी गाँवों या जंगलों में प्रयोग किए जानेवाले, घर में बने हुए थे। साधारण खाल की डोरी और बेंत का बना धनुष। तीर आदि पर भी कहीं किसी कौशल का चिह्न नहीं था। जिन सुतीक्ष्ण तीरों से राज-अश्व घायल हुए थे वे निस्सन्देह किसी दक्ष यान्त्रिक द्वारा बनाए गए थे। और अभ्यस्त, प्रशिक्षित तथा कुशल व्यक्ति के अलावा किसी के लिए इतना अचूक शर-सन्धान भी सम्भव नहीं था।

बाध्य होकर खोज-अभियान को विराम देना पड़ा।

अब प्रश्न उठा कि महादेवी किस वाहन से जाएँ ? उनके लिए किसी अन्य शिविकारोहिणी के साथ जाना अशोभनीय और अमर्यादाकर था। एक रथ या शिविका को खाली करवाकर उसमें ले जाया जा सकता था, किन्तु वह भी महा-महिषी के उपयुक्त नहीं होता। बहुत सोच-विचार के बाद मन में आया–कि इस राज-यात्री-दल के आगे-आगे एक हाथी जा रहा है, सौन्दर्य और प्रदर्शन के चिह्न के रूप में–हाथी की पीठ पर राज-जनोचित हौदे की व्यवस्था की गई थी, किन्तु सवार कोई भी नहीं था। यह हाथी राजसूय यज्ञ में प्राक्ज्योतिषपुर से उपहार के रूप में आया था। पर्वताकार विराट् सुदन्ती एवं सुशिक्षित था। सुसज्जित तो था ही। भीमसेन ने प्रस्ताव किया, ''महा-महिषी कृष्णा इस हाथी पर ही सवारी करें, इससे उनकी मर्यादा भंग नहीं होगी। असुविधा का भी कोई कारण नहीं है। सभी उसे उनके उपयुक्त वाहन के रूप में देखेंगे। सवारी के लिए जो हौदा है, वह भी पर्याप्त आरामदायक, विशाल और मूल्यवान वस्त्रों से सजा छोटा-मोटा घर जैसा ही प्रतीत होता है, उसमें स्वच्छन्दतापूर्वक जाया जा सकता है। लगता है, जैसे किसी ने पहले ही ऐसी सम्भावना का विचार करके इस रूप में उनके लिए ही सुसज्जित किया है।''

किसी के पास इस प्रस्ताव पर आपत्ति उठाने का कोई कारण नहीं था। यह भी किसी के मन में नहीं आया–कि इसमें कोई अतिरिक्त अहंकार दिखाने की भावना खोज सकता है या इसे दूसरे को तुच्छ सिद्ध करने की चेष्टा मान सकता है।...

उस विशालकाय हाथी को प्रासाद के अन्तःपुर के प्रवेश-मार्ग से कुछ दूर ही रुक जाना पड़ा। कारण, बाहरी द्वार सम्भवतः रथ या पालकी के विषय में ही सोचकर निर्मित किया गया था, इतने विशालकाय वाहन की कल्पना नहीं की गई थी। शिक्षित हाथी महावत के संकेत पर अत्यन्त सावधानीपूर्वक बैठ गया, किन्तु विपुल कान्तिमय गज-पीठ स्त्रियों के लिए तो पर्वताकार प्रतीत होने के समान ही थी, भयकारी तो थी ही।

ऐसी परिस्थिति में किसी के लिए भी वहाँ से उतार लाना सम्भव नहीं था। कुशल महावत की बात और थी। वैसे एक व्यवस्था भी थी, चाँदी से बनी एक सीढ़ी साथ ही थी, उसे महारानी के उतरने की सुविधा के लिए हौदे के एकदम निकट लगा दिया गया।

किन्तु भानुमती की समस्या दूसरी थी। इस दशा में उनके लिए क्या करणीय है ? हाथी की पीठ से उतर आने तक प्रतीक्षा करना—अथवा वहाँ तक चढ़कर ले आना ? राज-आचरण के जानकारों का निर्देश पूर्णतः स्पष्ट था—बाएँ हाथ से शिविका या रथ के पर्दे को हटाकर दाएँ हाथ से अतिथि का दायाँ हाथ थामकर सम्मानपूर्वक उतारकर लाना होगा।...यह तो न शिविका है, न रथ, यहाँ क्या कर्तव्य है ?

सोचने या प्रतीक्षा करने का समय नहीं था। प्रासाद के कर्ता-धर्ता से निर्देश ले आने की चेष्टा करना भी मूर्खता थी। विवश होकर कुछ-कुछ हिलती हुई, छोटे-छोटे सोपानोंवाली सीढ़ी—अस्थायी सोपान होने के कारण पैर रखने का स्थान भी कम ही था—पर चढ़ना पड़ेगा। कुछ दूर ऊपर तो जाना ही होगा; यदि अभिमान के कारण पांडव-महिषी बैठी ही रहीं, तो पूरी सीढ़ी ही चढ़नी होगी। यह तो जैसे मर्त्य-लोक के किसी प्राणी के लिए स्वर्ग-लोक-वासी प्राणी को उतारकर लाने के समान था !

भानुमती को यह अपमान मृत्यु सरीखा लगा। उन्हें अनुभव होने लगा कि वे अज्ञात कुल में जन्मी क्रीत-दासी की भाँति तुच्छ और अवज्ञा के पात्र व्यक्ति की दशा को प्राप्त हो गई हैं। ऐसे में नेत्रों में जल भर आना स्वाभाविक था। किन्तु वह तो सामान्य स्त्रियों की बात है। राजरानियाँ किसी के सामने आँखों में आँसू नहीं लातीं, वह बहुत अपमानकर होता है। यह जानते हुए भी उनकी आँखें किस दुस्साहस के बल पर निरंकुश होना चाहती थीं ?

इतने भर में ही दीनता का अन्त नहीं था। ऊपर चढ़ते-चढ़ते उनकी आँखें, हाथी की पीठ पर रखे स्वर्ण निर्मित आसन के चारों ओर लटके पश्चिमी देश से आए कोमल पशु-लोम से बने आवरण पर पड़ीं—भानुमती ने इससे पहले कभी भी ऐसा नयन-मनोहर वस्त्र नहीं देखा था। वह निस्सन्देह अत्यधिक मूल्यवान था—यह भी ज्ञान या अनुमान की सीमा के परे था कि किस उपकरण द्वारा तैयार किया गया है—किन्तु वह भी छोटी बात थी, उस वस्त्र पर जो कसीदाकारी की गई थी, उससे प्रतीत होता था कि वह किसी शिल्पी के सम्पूर्ण जीवन की साधना का फल है।

क्षण-भर से कुछ ही अधिक हुआ होगा—भानुमती उस ओर देखने के कारण व्याकुल हो गईं, उन्हें स्थान, काल, पात्र आदि किसी विषय की चेतना नहीं रही—महिषी कृष्णा

अपने बाएँ हाथ से सामनेवाला परदा हटाकर हँसते हुए निकल आईं।

"अरी बहन, तुम इस सीढ़ी पर क्यों चढ़ आईं—यह तो बहुत कष्टपूर्ण कार्य है। छिः छिः ! क्या यह स्त्रियों के उपयुक्त है कि वे इस विचित्र आकार-प्रकार के जीव की पीठ पर सवारी करें ! मँझले पांडव समस्त संसार को अपनी तरह ही सोचते हैं, मुझे उन्होंने ही यहाँ चढ़ा दिया।...पहले तुम सावधानी के साथ उतर जाओ, मैं भी उतर आती हूँ।"

किन्तु उस समय भानुमती की दशा इन सबमें से एक भी बात का अर्थ समझने लायक नहीं थी। पांडव-महिषी ने उनकी भाँति स्वर्ण और रत्न के आभूषणों से समस्त अंग नहीं ढक रखे थे—किन्तु जो थोड़े-बहुत मणि-रत्न ही द्रोपदी ने धारण कर रखे थे, उनकी दुष्प्राप्यता, बहुमूल्यता और शिल्प-कौशल के सम्बन्ध में अलंकारप्रिय भानुमती के मन में किसी प्रकार के सन्देह का अवकाश नहीं था। कृष्णा ने इन सबके चयन में भी पर्याप्त सुरुचि का परिचय दिया था, यह बात चाहे मुख से स्वीकार करें या न करें, किन्तु मन-ही-मन कैसे अस्वीकार कर सकती थीं कि उनसे इस आश्चर्यजनक रूपवती नारी के सहज-सौन्दर्य में सौ-गुना वृद्धि हो गई थी ! दूसरी ओर वे यह जानकर स्वयं को और भी अधिक तुच्छ तथा लालची अनुभव करने लगीं कि अपनी देह पर लदे स्वर्ण और पत्थरों के बोझ के कारण दासियों एवं अन्तःपुर की दूसरी स्त्रियों की दृष्टि में परिहास की पात्र बन गई हैं।

भानुमती जिस ईर्ष्या के चिह्न तक को चेहरे पर प्रकट न होने देने के लिए दृढ़-प्रतिज्ञ थीं, उस ईर्ष्या के कारण ही उनका मुख काला पड़ गया—मात्सर्य के तीव्र सर्प-दंश की ज्वाला में जैसे सब तरह के हिताहित का ज्ञान भुला दिया, पलक झपकते ही प्रधान महिषी के स्तर से साधारण-गँवार नारी के स्तर पर आ गईं। हाथ थामकर ले जाने के साफ-साफ निर्देश का भी स्मरण नहीं रह गया। केवल मार्ग बतानेवाले की भाँति आगे-आगे गईं। देहली पर पहुँचकर—दासी माल्य, चन्दन, मधु, नव-वस्त्र आदि स्वागत-सामग्री से सजी स्वर्ण-थाली लिये खड़ी ही थी—किसी प्रकार उस अवश्य करणीय परम्परा को सम्पन्न करके—बिना बातचीत किए ही यन्त्रचालित की भाँति—एक दूसरी छत्र-वाहिका दासी को निर्देश दिया, "जा, पांडव-महिषी को उनके कक्ष तक पहुँचा आ। सावधानी के साथ ले जाना।" अन्तिम वाक्य काफी देर के बाद बहुत अनिच्छापूर्वक कहा गया।

द्रोपदी को यह अवमानना तीव्र कशाघात की भाँति अनुभव हुई।

केवल कुछ माह पूर्व ही वे इसी वधू को, सम्मान और धूमधाम के साथ अगवानी के बाद दोनों हाथ पकड़कर प्रासाद में ले गई थीं। आज उसे वह भी स्मरण नहीं रहा !

तब भी द्रुपद-नन्दिनी पांडव-पत्नी की शिक्षा कुछ दूसरे प्रकार की ही थी। उनके मुख पर किसी प्रकार का भाव-परिवर्तन दिखाई नहीं दिया। पहले की ही तरह, बल्कि और भी आन्तरिक स्नेह भरे स्वर में बोलीं, "बहन, सामान्य-सा उपहार लाई हूँ—"

ईर्ष्या, क्षोभ या तज्जन्य आवेश चाहे जितना क्यों न हो, आश्चर्य उससे कहीं अधिक था। इसी कारण एकदम रुककर उसी ओर देखने को बाध्य हो गईं।

"सामान्य" ! यह तो उपहारों का ढेर है। ढके हुए वस्त्र को (वह भी अदृष्टपूर्व था) हटाते ही क्षण-भर को आँखें भ्रमित हो गईं। रत्नालंकार, महामूल्यवान वस्त्र, दुर्लभ और इनके लिए अज्ञात गृह-सज्जा के साधन—जो पांडवों ने भी पहले कभी नहीं देखे थे, व्यवहार की बात तो दूर है, इसी राजसूय यज्ञ के अवसर पर पहली बार देखे और उनके उपयोग के विषय में सुना। इन सबको राजचक्रवर्ती के प्राप्य-अर्घ्य के रूप में सुदूर स्थानों से आए अतिथि लाए थे। वे अतिथि अपने देशों की श्रेष्ठ शिल्प-सामग्री लेकर ऐसे अनेक देशों से आए थे, जिनके विषय में पांडवों को जानकारी नहीं थी, यहाँ तक कि उन्होंने उनके विषय में सुना भी नहीं था। द्रोपदी, इसी दुराशा में कि भानुमती प्रसन्न और आनन्दित होंगी, उन्हीं उपहारों में से नारियों के मन को भानेवाली वस्तुएँ छाँट-छाँटकर ले आई थीं।

द्रोपदी ने जिसे प्रीति-सेतु की रचना करनेवाला सोचा था—वही कौरव-राजरानी को तीव्र ज्वालावाली अग्नि में झोंक देनेवाले हलाहल की भाँति जलाने लगा। वे, प्राण-पण से चेष्टा करके मुख पर उपेक्षा और अवज्ञा का भाव लाते हुए, चार बलशाली म्लेच्छ दासियों द्वारा लाई हुई, पर्वत के बराबर उस उपहार सामग्री को केवल एक बार दोनों हाथों से स्पर्श करके बोलीं, "ले लिया। सचमुच बहुत सुन्दर है।" उसके बाद दूसरी दासी को आदेश दिया, "अरी—इस सबको मेरे प्रासाद के किसी कक्ष में रख आ। किसी से एक सूची बना रखने को कह देना, विदा के समय इन्हें इसी के अनुसार उपहार देने होंगे।"

उसके पश्चात् द्रोपदी के साथ कोई भी वार्तालाप किए बिना तेजी से दूसरी दिशा में प्रस्थान कर गईं।

द्रोपदी ने, पूर्वोक्त दासी के साथ अपने लिए निर्दिष्ट आवास-कक्ष की ओर जाने से पहले एक बार अच्छी तरह दोनों ओर देखा। अन्य पांडव-पत्नियों के स्वागत के लिए जो कौरव वधुएँ प्रतीक्षा कर रही थीं, उनमें से प्रत्येक का मुख नीरस—विरक्ति और ईर्ष्या के कारण काला पड़ गया था। उन्हें देखकर समझा जा सकता था कि वे कैसा स्वागत करेंगी। उनमें से किसी के मुख पर भी प्रेम अथवा शुभेच्छा का भाव—यहाँ तक कि सौजन्य का भी चिह्न नहीं था। मानो पांडव-पत्नियों को लांछित और अपमानित करने के लिए ही बुलाया गया था।

धर्मराज ने यह क्या किया। लगता था, यहाँ का समस्त वातावरण पांडवों के प्रति विद्वेष-विष की कड़ुवाहट से भरा था, विषाक्त। युधिष्ठिर ने स्वयं आकर तो भूल की ही—अन्तःपुर की स्त्रियों को साथ लाकर उससे भी बड़ी भूल कर डाली।

केवल स्वागत में ही नहीं—भोजन, विश्राम, स्नान आदि—समस्त व्यवस्था में सब प्रकार से ईर्ष्या—द्वेष—और उससे उत्पन्न सायास अवज्ञा प्रकट होने लगी। कभी-कभी तो सारी शोभनता, शालीनता यहाँ तक कि इनकी सहन-शक्ति भी सीमा का अतिक्रमण करने लगी। कई बार कृष्णा के मन में आया कि वे अपनी शिविका या रथ मँगवाकर अकेली

ही इन्द्रप्रस्थ अथवा विदुर के घर माता कुन्ती के पास चली जाएँ। किन्तु जिनमें जन्म से ही सौजन्य-बोध हो, उनकी अस्थि-मज्जा और रक्त में मिल गया हो, वे हजारों अपमान सहन करने पर भी दूसरे को आघात पहुँचाने में दुविधा अनुभव करते हैं। उसी कारण द्रौपदी भी कष्टपूर्वक अपने को नियन्त्रित किए रहीं।...

सन्ध्या घिर आने पर भी किसी को कक्ष में दीपक जलाने का ध्यान नहीं आया। किसे पता कि इन्होंने द्रौपदी की अपनी दासियों को कहाँ, कितनी दूर स्थान दिया था, उनमें से कोई भी नहीं आ रही थी। शायद इन्होंने ही बहाना बनाकर रोक लिया था, "हमारे घर में हमारी दासियाँ ही सेवा करेंगी।"

उसी लगभग अँधेरे कक्ष में द्रौपदी, नेत्रों की कोरों में उभर आए क्रोधावेश के आँसुओं को प्राण-पण से रोकने की चेष्टा कर रही थीं कि अन्धकार में से ही एक छाया घनी होकर मूर्ति के रूप में द्वार के पास आकर खड़ी हो गई।

"कौन ?" कृष्णा चौंक उठीं।

जो आई थी, उसने सामने आकर उनके चरणों पर सिर रखकर प्रणाम किया।

"महादेवी ! आप मुझे नहीं पहचानेंगी। मैं एक तुच्छ शूद्रा दासी भर हूँ।"

"दासी ? किसकी दासी ? किसने भेजा है ?"

स्त्री ने इन बातों का उत्तर नहीं दिया। घोर-कृष्णवर्णा, अनार्य कन्या। किन्तु उसकी बातचीत बहुत प्रांजल लगी।

वह उनके पैरों के पास वस्त्र का एक टुकड़ा रखकर बोली, "आपके किसी हिताकांक्षी मित्र ने यह पूर्व देश से आया छोटा सा सूती वस्त्र भेजा है। दो सौ हाथ लम्बा है, किन्तु समेटने पर लगता है, जैसे केवल एक हाथ की साड़ी है। आप इस वस्त्र को कल सुबह अवश्य ही धारण कर लें।"

द्रौपदी विस्मित किन्तु कुछ सन्देह के साथ बोली, "मैं रजस्वला हूँ, इस अवस्था में नया वस्त्र धारण करना निषिद्ध है।"

दासी ने विनयपूर्वक किन्तु दृढ़ता के साथ उत्तर दिया, "आपत्ति-काल में कुछ भी निषिद्ध नहीं होता महादेवी। कल आपको घोर विपत्ति का सामना करना पड़ेगा। धर्म जिसके अधीन है, ऐसे एक व्यक्ति ने यह वस्त्र भेजा है। मैं शत्रु-पक्ष की कोई नहीं हूँ और न मूर्ख ही हूँ–इसका प्रमाण यह अँगूठी है।"

उसने दोनों हाथों पर एक वस्तु रखकर आगे कर दी।

द्रौपदी उसे हाथ में उठाकर पश्चिमी खिड़की के पास आई, वहाँ जितना प्रकाश था–उसमें ही अच्छी तरह देखा, घुमा-फिराकर देखा। अँगूठी उनकी ही थी, कुमारी अवस्था की–पिता द्वारा दी गई। किन्तु इसे कैसे मिली ? यह तो याद नहीं पड़ता–कि उन्होंने कभी किसी को दी थी ! शायद किसी दिन उतारकर किसी पेटिका में रख दी होगी, अँगूठी की बात याद आने पर भी यही सोचकर सन्तोष किया।

वे लौटकर कोई और प्रश्न करें—किन्तु देखा कि दासी नहीं है। जैसे, घने होते हुए अन्धकार को और भी घना करके छाया-मूर्ति की भाँति आई थी—वैसे ही, कब की उसी अन्धकार में विलीन हो गई।

वह सब केवल स्वप्न नहीं था—उसके प्रमाणस्वरूप वह वस्त्र अब भी वहीं पड़ा था।

॥ २५ ॥

मनुष्य-जीवन में कभी-कभी ऐसे दिन आते हैं, ऐसी घटनाएँ घटती हैं—जिन्हें वह अपने सम्पूर्ण ज्ञान का प्रयोग करने अथवा स्वयं उस घटना-क्रम का अंग होने पर भी पूरी तरह समझ नहीं पाता या उन पर विश्वास नहीं कर पाता। अपने जीवन-खंड के एक वास्तविक अंश को वह उत्तेजित और क्लान्त मस्तिष्क की कल्पना सोचता है तथा दुस्सह-दुख की चरम दुर्दशा को दुःस्वप्न समझता है।

द्रोपदी ने यह सत्य अपने प्रत्यक्ष-ज्ञान के बदले पाया, उसे नारी-जीवन की चरम लांछना को भी क्रय करना पड़ा।

उस दिन के प्रत्येक प्रहर और पल का इतिहास ही अविश्वसनीय है। उन्होंने यह तो किसी दिन कल्पना में भी दूर तक नहीं सोचा था कि मनुष्य अनायास इस प्रकार पशु से भी निम्न धरातल पर उतर सकता है। नहीं, पशु के साथ तुलना करने पर पशु का ही अपमान है। अत्यधिक घृणित, अस्पृश्य, अखाद्य-भोजी, मल के लालची पशुओं के जीवन में भी कुछ नियम होते हैं, जिनका वे कभी उल्लंघन नहीं करते। किन्तु उस दिन इन्होंने उस नियम की रक्षा भी नहीं की। यदि उनमें नीच पशुओं के समान ज्ञान या अनुभव-शक्ति भी होती, तो वे अपने उस दिन के आचरण के लिए घृणा और लज्जा से सिहर उठते। किसी के लिए किसी अवस्था में भी इस प्रकार के आचरण की कल्पना करना सम्भव नहीं। ऐसी नीचता, ऐसी कुत्सित प्रवृत्ति की उपमा राजवंश में ही क्यों—अत्यधिक तामसी जीवन व्यतीत करनेवाले, सदा मदिरा में डूबे रहनेवाले निषाद-जीवन में भी खोजे नहीं मिलेगी।

किन्तु उस दिन की उस लांछना-अवमानना के मध्य, आकंठ फेन भरी ग्लानि और क्षोभ के मध्य, आत्मदाही आवेश की असह्य ज्वाला के मध्य भी—कृष्णा को जीवन के अन्तिम दिन तक जिसका आचरण दुर्बोध्य और सर्वाधिक विस्मयकारी अनुभव होगा—वह है अंगाधिपति कर्ण की उन्मत्त नीचता।

दुर्योधन, दुःशासन आदि कौरव-मुखियाओं के इस प्रकार के पशुवत् आचरण का तब भी कुछ कारण है। वह कारण ईर्ष्या ही है जो कुटुम्बियों के बीच सब विषयों में अवश्यम्भावी न होने पर भी दुर्लभ नहीं है। एक ही वंश की दो शाखाएँ हैं—उनमें से एक शाखा के धन, मान, शौर्य, पराक्रम और प्रभाव में दूसरी शाखा को पीछे छोड़कर उन्नति के शीर्ष पर पहुँच जाने पर—विशेष रूप से जब निम्न स्तरवाली शाखा ने उसे

अंकुरित अवस्था में ही नष्ट करने में कोई कोर-कसर न छोड़ी हो—दूसरी शाखा के अन्तर में तीव्र विष-ज्वाला अनुभव होना अस्वाभाविक नहीं है।

किन्तु अंगाधिपति के ईर्ष्या रखने का तो कोई कारण नहीं है। सामान्य सूत-पुत्र हैं और कौरवों के करद या आश्रित राज्य के अधिपति हैं। शासन की दृष्टि से स्वाधीन शासक की भाँति ही राज्य करते हैं—क्या यही पर्याप्त नहीं ? जो उच्चाशा कौरवों के लिए स्वाभाविक है, जिस आशा के नष्ट होने की वेदना उनके लिए असह्य हो सकती है—क्या उस आशा को उनका आश्रित व्यक्ति भी मन-ही-मन पालेगा ? वे इतने निर्बोध, इतने अविचारी हैं ?

तब क्या वह द्रोपदी के ऊपर ही क्रोध था, व्यक्तिगत क्रोध ? क्या वे उस दिन की स्वयंवर-सभा की कठोर अवज्ञापूर्ण अस्वीकार की ज्वाला को आज तक भी नहीं भूल पाए ? क्या उसके प्रतिशोध की भावना ने ही उन्हें इतना अमानुषिक बना दिया ?

इस पर भी तो विश्वास नहीं आता। द्रोपदी की विश्वास करने की इच्छा ही नहीं होती। अंगराज कर्ण के शौर्य की ख्याति, उनकी महानता और अकृपण-दान की अगणित कहानियाँ—जो उनके जीवन-काल में ही सम्पूर्ण भारत-खंड में किंवदन्तियाँ बन गई हैं—उनके दीप्त तेज, आभिजात्यपूर्ण व्यवहार, विनम्र वार्तालाप आदि से उनका थोड़ा सा परिचय—कुछ प्रत्यक्ष और कुछ जनश्रुति के माध्यम से—हो ही गया है। इसलिए बिना किसी उद्‌देश्य के इस अकारण-अभद्रता तथा कुत्सित एवं अशोभनीय भाषा के व्यवहार पर विश्वास करने की इच्छा नहीं होती। क्या कृष्णा ने सब कुछ अपने ही कानों से सुना है ? स्वयं ही उस घृणा-भरी अंग-भंगिमा और मुख-मुद्रा का सामना किया है ?

वे किसी भी प्रकार सम्पूर्ण रूप से विपरीत इन दो व्यक्ति-सत्ताओं के मध्य साम्य स्थापित नहीं कर पा रही हैं।

।

प्रातःकालीन स्नान-वन्दन आदि समाप्त होते ही द्यूत-क्रीड़ा-सभा-स्थल से पांडव भाइयों को बुलावा आ गया था। उन्हें साधारण सा जलपान करके ही चले जाना पड़ा। पांडवों की पटरानी तब से ही अपने कक्ष की खिड़की के पास रखे आसन पर बैठी हैं—पास ही नव-निर्मित सभा-भवन को देखते हुए। उस ओर देखते-देखते उन्हें केवल यही अनुभव हुआ कि वह मवाद में लिपटे किसी जीव या किसी विषधारी सरीसृप की भाँति है। वह पिशाचपुरी है, उसका प्रत्येक पत्थर विद्वेष के उपकरण से लगाया गया है, उसके प्रत्येक छिद्र में सर्वनाश का षड्यन्त्र है। ठीक उसी प्रकार कौरवों द्वारा दिया गया यह वास-गृह— इसके भीतर-बाहर का वायुमंडल, लाखों साँपों द्वारा छोड़े गए साँसों से विषाक्त है। इन्द्रप्रस्थ का सभा-गृह दानव द्वारा निर्मित था, किन्तु पांडवों के पुण्य और सदिच्छा से वहाँ देवताओं की पूजा सम्भव हुई थी, वहाँ उनका अवतरण हुआ था। यज्ञाग्नि में समर्पित की हुई हवि को स्वयं ब्रह्म-देव ने ग्रहण किया था। दूसरी ओर मनुष्य द्वारा बनाए गए सभा-गृह में आज दानवी-लीला का चतुरतापूर्ण आयोजन हो रहा है,

यहाँ असत्य और शठता की समिधाएँ हैं, स्वार्थ ऋत्विक है—ईर्ष्या ही अग्नि है। दूसरे का सर्वनाश इस यज्ञ की सिद्धि है। यह सम्पूर्ण आयोजन आज नारकीय, पैशाचिक घटनाओं में ही पूर्ण होने पर इसमें आश्चर्य योग्य कुछ भी नहीं होगा।

व्याकुलता की सीमा नहीं रही। बाहर की निश्चलता या स्थिरता में तूफानी-क्रोध भरे समुद्र की अस्थिरता विद्यमान है। द्रोपदी इस प्रकार के मानसि उद्वेग से पहले परिचित नहीं थीं। अपवित्र अवस्था में ईश्वर की प्रार्थना नहीं हो सकती, केवल स्मरण का विधान है। इसलिए पूजा-पाठ की कोई आवश्यकता नहीं रह जाती। भोजन आया था—किन्तु अपमानपूर्वक दिया गया दान और विद्वेष के विष से युक्त अनुभव होने के कारण खाने की इच्छा नहीं हुई। पहली रात भी प्रायः अनाहार ही बीती थी, अनिद्रा भी थी ही।

रात में जागने के कारण लाल एवं उपवास के कारण थके हुए नेत्रोंवाली द्रोपदी, खुली हुई वेणी तथा बिखरे हुए केश लिये एक वस्त्र में उसी एक स्थान पर बैठी हैं—अज्ञात अमंगल की आशंका के काँटों से बिंधी हुई।

अज्ञात—अर्थात् नहीं पता कि विपत्ति किस मार्ग से किस रूप में आएगी—किन्तु किसी भी प्रकार आधारहीन नहीं। इन कुटुम्बी-शत्रुओं ने पांडवों को यहाँ केवल परिहास-क्रीड़ा या व्यसन-पूर्ति के उद्देश्य से नहीं बुलाया है। ये लोग किसी देव-बुद्धि द्वारा भी प्रेरित नहीं किए गए हैं। पांडवों के प्रति इनका स्नेह-प्रेम, आत्मीयता-बोध तनिक भी नहीं है। कभी भी नहीं था। पांडव जब पितृ-हीन थे—वास्तव में धृतराष्ट्र के आश्रित भर थे—तब भी नहीं था। विष का प्रयोग करके, अग्नि में जलाकर—कौरवों ने अनेक प्रकार से हत्या की चेष्टा की थी। सर्वोच्च शक्तिशाली, सर्वाधिक सम्मानित सबमें भय उत्पन्न कर देनेवाले, सम्राट के पद पर प्रतिष्ठित पांडवों के प्रति आज अच्छी भावना होगी—यह विचार मूर्ख को छोड़कर और कोई नहीं रख सकता।

ये विवेक को स्वीकार नहीं करते तथा धर्म की उपेक्षा करते हैं। अपनी इच्छा के साथ तर्क जोड़कर गुरुजनों की निषेधाज्ञा का उल्लंघन करते हैं। बड़े राजनीतिविदों की बुद्धि की उपेक्षा करके अपनी कपट-बुद्धि और पाप-भरी चेष्टाओं में अधिक आस्था रखते हैं। इसलिए सर्वस्व तो जाएगा ही—सब कुछ लुटवाकर ही इस कालपुरी से जाना पड़ेगा—यह तो भारत-सर्वेश्वरी द्रोपदी जानती हैं, किन्तु इसके अतिरिक्त और क्या अनिष्ट होगा, ये और किस-किस उपाय से दीर्घ-काल से संचित विद्वेष, नीच विचारों एवं वर्तमान में प्रबल रूप से प्रज्वलित द्वेष की अग्नि को शान्त करेंगे—बहुत प्रयास करने पर भी उसकी सही-सही कल्पना न कर पाने के कारण ही वे व्याकुल और उद्विग्न हैं—उन्होंने रात्रि की नींद और दिन का भोजन तक छोड़ दिया।

समाचार पहुँचने का प्रबन्ध है।

द्रोपदी ने वह प्रबन्ध सहदेव से अनुरोध करके कर लिया था।

बड़े भाइयों की भाँति ही द्रोपदी के प्रति प्रणय-मुग्ध होने पर भी–इस कनिष्ठ पति के मन में–बड़ी समझने के कारण उत्पन्न–सम्मान का भाव तनिक भी कम नहीं होता। यहाँ तक कि वे कृष्णा को प्रणयालिंगन में आबद्ध करते समय भी मानो सहज या स्वच्छन्द नहीं हो पाते। पति के प्राप्य एकान्त एकाधिकार और श्रद्धा को पूरी तरह ग्रहण करना तो क्या उपयोग भी नहीं कर पाते। ज्येष्ठ भ्रातृ-वधू सोचते हुए बीच-बीच में 'आर्या' और 'देवी' कहकर सम्बोधित करने लगते हैं–तभी शायद उन शब्दों के प्रथम अक्षर का उच्चारण करने के तुरन्त बाद कृष्णा की खिलखिलाहट-भरी परिहासपूर्ण हँसी से ध्यान आने पर अपने को रोक लेते हैं।

यह अपूर्व सुन्दरी, सुरलोकवासियों द्वारा काम्य नारी-रत्न सचमुच ही उनकी रमणी-पत्नी है–उन्हें वक्ष में आबद्ध देखने पर भी विश्वास नहीं होता, मानने में समय लगता है। विशेष रूप से द्रोपदी का गाम्भीर्य, जन्मजात कर्मण्य-शक्ति, प्रत्येक दिशा में प्रखर दृष्टि और उससे भी प्रखर बुद्धि, असन्तोष की अवस्था में वज्राग्नि की भाँति रोष से चमकती आँखें और कठोर भ्रू-भंगिमा देखने पर सम्मान किए बिना नहीं रह पाते।

द्रोपदी, सहदेव के इस मनोभाव और इस दुर्बलता से परिचित हैं। यह भी जानती हैं कि वे सदा इसी कारण उनके मन को सन्तुष्ट करने के लिए व्याकुल रहते हैं। कौरवों के अन्तःपुर में प्रवेश करने के बाद से उनकी पतियों से भेंट नहीं हुई। ऋतु-स्नान से पहले भेंट करना निषिद्ध भी है। किन्तु पत्र द्वारा बातचीत में असुविधा नहीं है। द्रोपदी ने इसी का लाभ उठाकर सहदेव को एक पत्र भेज दिया था। जिसके अनुसार वे दो बुद्धिमती, प्रत्युत्पन्नमती, कुशल संवादवाहिकाओं को नियुक्त करें–जो एक-एक पहर के बाद लगातार सभा-गृह के समाचार उनके पास पहुँचाएँ। सहदेव ने पत्र पाते ही वैसा प्रबन्ध कर दिया था। केवल यही नहीं–वे विशेष दूतियाँ सभा-गृह में अबाध रूप में आ-जा सकें, उसके लिए प्रवेशाधिकार के संकेत-शब्द भी बता दिए थे।

समाचार लगातार आ रहे हैं।

कोई भी शुभ समाचार नहीं–सन्तोषजनक तो एकदम नहीं।

युधिष्ठिर केवल हारते जा रहे हैं। दुर्योधन के क्रीड़ा का आयोजक और शर्त-निर्धारक होते हुए भी उनके प्रतिनिधि के रूप में सौबल शकुनि गोटियाँ चल रहा है। वह नियमानुसार, सच्चाई के साथ नहीं खेल रहा है, छल-कपट का आश्रय ले रहा है–युधिष्ठिर को इस सम्बन्ध में कोई सन्देह नहीं है, अपने इस पक्के विश्वास को वे स्पष्ट भाषा में प्रकट भी कर चुके हैं, तब भी इस क्रीड़ा से हट नहीं रहे हैं। गोटियों का नशा उन्हें मोह-ग्रस्त बना रहा है।

लगता है, यही यथार्थ पहला सर्वाधिक बुरा समाचार है।

द्रोपदी के लिए तो निश्चित ही। वे इसमें नियति के निर्मम संकेत को देख रही हैं। परमा नियति के अटल अन्ध-आह्वान को।

युधिष्ठिर ने पहला पण रखा, विश्व-भर में अद्वितीय, कुबेर के मन में भी ईर्ष्या उत्पन्न करनेवाला अपने गले में पड़ा अमूल्य मणि-हार। दुर्योधन ने ठीक-ठीक नहीं

बताया कि क्या रखेंगे, केवल कहा, "मेरे पास बहुत मणि-रत्न हैं, तुम्हारे जीत जाने पर पण की कमी नहीं पड़ेगी।"

और, उन्हें पण निर्धारण करने की आवश्यकता सचमुच नहीं पड़ी; कारण, छल-कपट में पारंगत शकुनि ने पलक झपकते ही वह पण जीत लिया। इसके बाद युधिष्ठिर ने हजार-हजार स्वर्ण-मुद्राओं से भरी कई सौ पेटियाँ पण के रूप में रखीं। शकुनि ने कपट-पाशा फेंककर उन्हें भी तुरन्त जीत लिया। इसके बाद एक-एक कर महाराज चक्रवर्ती का मणि-रत्नों से सजा हुआ सोने का रथ और उसके हिम-श्वेत, चन्द्र-कान्ति आठ अश्व[1], आभूषणों एवं चन्दन से श्रृंगार की हुई, नृत्य-गीत आदि में कुशल एक लाख सुन्दरी तरुणी दासियाँ; एक लाख कार्य-कुशल, नम्र स्वभाव के मेधावी एवं सुन्दर तरुण दास; एक हजार रण के हाथी; स्वर्णमयी ध्वजा-पताकाओं से शोभित कई सहस्र रथ—जिनके रथी युद्ध न करते रहने पर भी सहस्र स्वर्ण-मुद्राएँ मासिक वेतन पाते हैं; गन्धर्वराज चित्ररथ द्वारा अर्जुन को दिए गए विचित्र वर्ण के अश्व; हजारों साधारण रथ, गाड़ियाँ, अश्व, साठ हजार वीर एवं बलिष्ठ योद्धा, कई सौ धन के भंडार—यह सब शकुनि ने अपने विशेष कौशल से बनाई गई गोटियों द्वारा जीत लिया। जड़-बुद्धि युधिष्ठिर ने एक बार भी नहीं सोचा कि वे गोटियाँ बदलने के लिए कहें अथवा अपनी निजी गोटियों से दाँव चलने का दावा जताएँ।

खेल की दशा और युधिष्ठिर को मोह में डूबा हुआ देखकर—नियति-रचित विभ्रान्ति के अलावा इसकी और कोई व्याख्या नहीं की जा सकती—सभा में बैठे प्रौढ़ और विवेकशील व्यक्ति चिन्तित हुए। जो धर्म-भीरु, सत्-प्रकृति के लोग थे, वे इस खुली कपट-क्रीड़ा के परिणाम को जानकर भविष्य में होनेवाले महा सर्वनाश की कल्पना से व्याकुल हो उठे।

अन्त में, जब विदुर से और नहीं रहा गया तो वे धृतराष्ट्र से बोले, "महाराज, आपके समक्ष घोर विपत्ति उपस्थित है, इस समय आप उदासीन नहीं रह सकते। स्मरण कीजिए—इसी दुर्योधन ने जन्म लेते ही शृगाल की भाँति रुदन किया था। तभी पता चल गया था कि यह जातक भारत-वंश का विनाश करेगा। कुरुराज, जब अपने शरीर का कोई अंग इतना विषाक्त हो जाता है कि उसकी चिकित्सा सम्भव नहीं रहती, तो उसे तुरन्त त्याग देना पड़ता है। आप जानते हैं कि यादव, अन्धक और भोजवंशियों ने अपने सम्बन्धी कंस का त्याग कर दिया और उन्हीं के निर्देश पर श्रीकृष्ण ने कंस का वध किया। महाराज, आप आदेश दीजिए, जिससे अर्जुन के द्वारा दुर्योधन का वध किए जाने

---

1. युधिष्ठिर ने कहा, "जलद और जलधितुल्य घोषवाला, सहस्र-रथ से अधिक गतिवाला, व्याघ्र-चर्म से ढका, सुपुष्ट, सुन्दर पहियों और उपस्करवाला, शोभाशाली, किंकिणी-जाल से भूषित, मनोहर, जो राज-रथ हमें यहाँ लाया है जिसकी गर्वीली चाल के प्रति पृथ्वी का कोई व्यक्ति आकर्षित हुए बिना नहीं रह सकता, कुमुद के समान विशिष्ट कान्तियुक्त और सम्पूर्ण राष्ट्र में प्रशंसित आठ अश्व जिसे खींचते हैं—इस बार वही जयी रथ मेरी ओर से पण रहा।"

—वर्धमान संस्करण महाभारत

पर कौरव-गण और यह राज्य अमंगल से मुक्त हों। यदि एक व्यक्ति का त्याग करने से कुल की रक्षा होती हो–तो विद्वानों के लिए वह निर्ममता ही वांछनीय होती है; जैसे लड़ाई में मत्त साँड़ अपने सींग तोड़कर भविष्य की निरापदता को नष्ट कर लेता है– उसी प्रकार दुर्योधन भी अपने प्रासाद और राज्य के मंगल को परे धकेल रहा है। अभी भी समय है, आप उसका त्याग कर दीजिए।''

सभा में विद्यमान अनेक लोग उनका अनुमोदन करके प्रशंसा करने लगे, किन्तु दुर्योधन के क्रोध की सीमा न रही। उन्होंने बहुत कटु-वचन कहकर विदुर को सभा-गृह से निकल जाने का आदेश दे दिया।

भारत-साम्राज्ञी द्रोपदी को एक के बाद एक इसी प्रकार के समाचार मिल रहे हैं।

उनका ललाट और हथेलियाँ पसीने से भीग गए। अपरिसीम प्यास के कारण मानो वक्ष तक सूखने लगा।

और भी संकट-भरा समाचार आएगा–यह वे साफ-साफ देख रही हैं। जब धर्म, मोहान्धता, मूढ़ता, भ्रान्ति और जड़ता से पूरी तरह ढक जाए, तो कल्याण और कहाँ रहेगा। तब श्री और कल्याण तो डूब ही जाएँगे।

संवाद मिल भी गया।

वह, नियति के निर्दयतापूर्ण निर्देश की भाँति ही उनकी सहन-शक्ति पर अव्यर्थ और अमोघ आघात करने लगा।...

शकुनि ने व्यंग्य-भरा प्रश्न किया, ''राजन् ! तुम्हारा तो लगभग सारा धन ही हम लोगों के हाथों में आ गया है। क्या पण रखने लायक और कुछ नहीं है ?''

युधिष्ठिर ने अन्धे की भाँति, उसके इस सुनिश्चित उद्देश्यपूर्ण व्यंग्य के फन्दे में पैर डाल दिया। कहा, ''मेरा ऐश्वर्य अपरिमित है, असंख्येय। तुम अयुत, प्रसूत, कोटि, अर्बुद, यहाँ तक कि मध्य और परार्ध[1] तक–जितना चाहो, उतना पण रखता हूँ।''

जब क्षण-भर में उसका स्वामी भी बदल गया, तो युधिष्ठिर बोले, ''पर्णाशा से लेकर सिन्धु नद तक फैले विशाल भू-खंड में मेरी जो, गो-भेड़-भैंस की मुख्य पशु-सम्पदा है– वही इस बार पण के रूप में रखता हूँ।''

इसके बाद जब राज्य की बची हुई पण योग्य सम्पदा और नर-नारी भी चले गए तब भाइयों के शरीर के महा-मूल्यवान आभूषण पण के रूप में रख दिए। किन्तु जैसे पुष्प के डंठल से विकराल बाढ़ को नहीं रोका जा सकता–उसी प्रकार इस बचे हुए सामान्य पण से सर्वनाश के निकट आने को अधिक नहीं टाला जा सका।

धन, धेनु, रथ, अश्व, दास, दासी सब चले गए। शेष बचे पाँच भाई।

अब युधिष्ठिर पागल की भाँति उन्हें ही पण के रूप में रखने लगे।

नकुल, सहदेव, धनंजय–अन्त में भीम भी, थोड़े समय में ही शत्रु के हाथ में चले गए।

---

1. कोटि, अर्बुद, खर्व, निखर्व, शंख, पद्म, महामद्म, मध्य, परार्ध।

अन्त में युधिष्ठिर ने अपने आपको ही दाँव पर लगा दिया। मानो, उनकी आगे बढ़कर सर्वनाश की अगवानी करने की प्रबल इच्छा हो।

वह पण भी–कौरव-पक्ष के सभासदों, पारिषदों और खुशामद करनेवालों की भारी हर्ष-ध्वनि के बीच–शकुनि ने जीत लिया।

किन्तु इतने पर भी वे बचकर नहीं जा सकते।

ये लोग रास्ते के भिखारी हो गए, उनके दास हो गए–लेकिन अभी भी अपमान का चरम शिखर नहीं आया।

अन्तःपुर की मर्यादा के विनष्ट हुए बिना वह आना भी नहीं था।

शकुनि भौंहें सिकोड़कर व्यंग्यमिश्रित स्वर में बोला, "अब ? तुम्हारे पास और तो कुछ पण के रूप में रखने लायक रहा नहीं। एक बची है, तुम लोगों की प्रेयसी–पांचालनन्दिनी। लोगों का कहना है कि स्त्री के भाग्य से धन मिलता है। देखो, उसे दाँव पर चढ़ाकर भाग्य का पुनरुद्धार कर सकते हो या नहीं !"

युधिष्ठिर ने तनिक आगा-पीछा नहीं सोचा, क्या करणीय है, क्या अकरणीय–पल भर विचार नहीं किया, न्याय-नीति की व्यवस्था का विचार या चिन्ता नहीं की–तुरन्त उसे दाँव पर लगा दिया।

और पराजित हो गए ![1]

शकुनि के मुख से 'उसे भी जीत लिया' वाक्य निकलते ही–कुछ क्षण के लिए अचानक सारी सभा जैसे प्रस्तरीभूत और निस्तब्ध हो गई; उसके पश्चात् सभा में बैठे समस्त वृद्धों और पक्षपातरहित व्यक्तियों ने एक साँस में केवल दो ही शब्दों का उच्चारण किया, 'धिक् ! धिक् !' करद और मित्र राज्यों के जो राजा वहाँ उपस्थित थे, उन सबने भी लज्जा और क्षोभ के वशीभूत सिर नीचा कर लिया। भीष्म, द्रोण, कृप आदि प्रमुख व्यक्ति पसीने-पसीने हो उठे। द्वार के निकट प्रतीक्षा करते विदुर अपने मस्तक पर बार-बार हाथ मारते हुए हाहाकार करने लगे।

केवल धृतराष्ट्र अपने मन के भाव को बाहरी सौजन्य के आवरण से भी ढके नहीं रख सके, वे व्यग्र होकर पूछने लगे, "जीत हमारी ही हुई है न ? हम ही जीते हैं न ?"

शकुनि ने उत्तर दिया, "निश्चय ही ! आप विजयोत्सव मनाने का आदेश दीजिए,

---

1. युधिष्ठिर बोले, "जो न नाटी हैं न लम्बी, न पतली हैं न मोटी, उन्हीं नील-कुन्तल-केशा, शरद-पद्म-पलाश-नयना, शारदोत्पलगन्धा, शारदोत्पलसेविनी लक्ष्मी तथा लावण्य-सौभाग्यरूपा श्री के समान रूप-सौन्दर्ययुक्त पांचाली को लेकर तुम्हारे साथ खेल में प्रवृत्त होता हूँ। हे सौबल ! पुरुष, लक्ष्मी के समान गुणवती स्त्री की कामना करता है–वे दया-भाव, रूप-सम्पदा, शील-सम्पदा आदि में वैसी ही हैं : मनुष्य अपने अनुकूल, प्रियंवदा और धर्मार्थकाम की सिद्धि में सहायक स्त्री की कामना करता है–जो इन समस्त विशेषताओं से युक्त हैं, जो सबके बाद सोकर सबसे पहले उठ जाती हैं और ग्वाले से लेकर गड़रिए तक सबका ध्यान रखती हैं, जिनका श्रम-बिन्दु युक्त मुख-मंडल शिशिर-शोभित कमल एवं मल्लिका की भाँति शोभा पाता है; उन्हीं यज्ञवेदी के समान सुन्दर कटि वाली, लम्बे केशोंवाली, ताम्र-वदना, अल्प-लोमा–सर्वांग सुन्दरी पांचालनन्दिनी द्रौपदी को दाँव पर लगा कर द्यूत-क्रीड़ा में प्रवृत्त होता हूँ।"

–महाभारत : वर्धमान संस्करण

याज्ञसेनी द्रोपदी अब दाँव में जीती हुई हमारी क्रीत-दासी है।''

दुर्योधन ने पूर्व में हुए अपमान-दैन्य-प्रतिशोध तथा अभी के उल्लास और गर्व से एक बार अपनी मूँछें ऐंठते हुए विदुर को ही पुकारा, ''चाचा, आप अभी तुरन्त याज्ञसेनी को सभा में ले आइए, वे हमारी पद-सेवा करेंगी।''

विदुर क्रुद्ध होकर बोले, ''मूर्ख, बिके हुए व्यक्ति की कोई सम्पत्ति नहीं होती, युधिष्ठिर को यह दाँव लगाने का किसी प्रकार अधिकार नहीं है। यह तुम्हारी विजय नहीं, भयंकर पराजय मात्र है। तुम्हारे सामने विषधर सर्प फन फैलाए खड़ा है—तुम उसे कुपित और उत्तेजित करके अति-दुखदायी मृत्यु का आह्वान कर रहे हो। तुम मृग होकर भी व्याघ्र को अपमानित करना चाहते हो ! मेष-शावक होते हुए भी सिंह की गुफा में प्रवेश करने का साहस दिखाने के इच्छुक हो रहे हो ! इस प्रकार मृत्यु की ओर मत दौड़ो; वह तो अनिवार्य ही है, उसे आमन्त्रित करके बुलाने से क्या लाभ ? तुम जो वाक्य कह रहे हो, उसे सुनना भी महा-पाप है। मूर्ख, मैं तुम्हें सचेत कर रहा हूँ, अभी भी अपने को सँभालो, संयत करो।''

दुर्योधन ने प्रायः रुष्ट होकर एक सन्देशवाहक-द्वारपाल को पुकारा और आदेश दिया, ''चाचा विदुर तो बस अपनी कुशलता की चिन्ता और हमारी अवनति की कामना करते रहते हैं। तुम्हें कोई भय नहीं, तुम जाओ, हमारी दासी द्रोपदी को यहाँ ले आओ। वे हमारी सेवा करेंगी।''

निरुपाय दूत ने लज्जा से मुख नीचा करके, आशंका से काँपते-काँपते जाकर अत्यन्त दीन और करुण भाव से वह आदेश पांचाली के समक्ष निवेदन कर दिया।

पांडव-कुल-लक्ष्मी द्रोपदी का भी अंग-प्रत्यंग काँपने लगा—किसी शंका के कारण नहीं—बल्कि क्षोभ और रोष से। कारण, कुछ पहले ही उन्हें वह समाचार मिल गया था।

वे क्षोभ के कारण रुँधे कंठ से केवल इतना बोलीं, ''प्रतिहारी, लगता है तुम कौरवों के सन्देशवाहक के रूप में भेजे हुए होने पर भी मेरे प्रति करुणा से भरे हो। मैं अनुरोध करती हूँ, तुम एक बार सभा में वापस जाओ और धर्मराज से पूछो—क्या पहले वे स्वयं को दाँव पर लगाकर पराजित हो गए थे ?—अथवा मुझे उससे पहले दाँव पर लगाया था ? क्या स्वयं के पराजित होने के बाद भी उन्हें, मुझे दाँव पर लगाने का अधिकार था ?''

प्रतिहारी न्याय की इतनी सूक्ष्म और पेचीदा नीति से अपरिचित था, वह कुछ क्षण व्याकुल खड़ा रहा, फिर सभा में लौट आया—और युधिष्ठिर के मुख की ओर न देखते हुए प्रश्न उपस्थित कर दिया।

युधिष्ठिर पहले से ही मुख झुकाए निर्जीव जड़-पदार्थ की भाँति बैठे थे, अब भी उसी प्रकार स्थिर बैठे रहे, पता नहीं चला कि उन्होंने प्रश्न सुना भी या नहीं ! उत्तर दिया दुर्योधन ने ही, रूखे स्वर में बोले, ''उन्हें जो प्रश्न करना है, स्वयं सभा में आकर करें।...जाओ, उन्हें ले आओ।''

प्रतिहारी तो वेतन-भोगी सेवक था, आदेश का पालन करने के अलावा उसके सामने कोई उपाय नहीं था। उसने फिर विवर्णमुख एवं डगमगाते कदमों से लौटकर

युधिष्ठिर की निरुत्तरता तथा दुर्योधन का आदेश द्रोपदी को बता दिया। द्रोपदी क्रोध और अपमान के कारण अग्नि-शिखा के समान हो गईं; उस ओर देखकर—जो उन्हें शासिका के रूप में ही देखने के अभ्यासी थे—वे सब अवश्य ही भयभीत हुए होंगे।

किन्तु पांचालनन्दिनी ने कोई कटु अथवा कुवाक्य नहीं कहा, बल्कि धीर भाव से विनती की मुद्रा में ही बोलीं, "प्रतिहारी, मैं विनय करती हूँ, तुम और एक बार उस सभा में जाओ, यद्यपि दुर्योधन का अणु-परमाणु तक पाप-बुद्धि, शठता और विद्वेष से बना है, तब भी वहाँ ऐसे कुछ सुबुद्धियुक्त व्यक्ति हैं, जो न्याय-नीति की मर्यादा से अनभिज्ञ नहीं है, मेरा प्रश्न उन्हीं से है : तुम उन्हीं से पूछकर आओ—मैं कौरवों की विजिता हूँ अथवा नहीं, उन्हें यह आदेश देने का अधिकार है या नहीं !"

प्रतिहारी की दशा शोचनीय थी। दुर्योधन के भयंकर कोप से कौन नहीं डरता ! तब भी इस महिमाशालिनी नारी के अनुरोध अथवा आदेश को न मानने की शक्ति भी तो उसमें नहीं थी ! यह यज्ञ के बलि पशु की भाँति काँपते हुए भारी कदमों से सभा के बीच में आकर खड़ा हो गया और पांडव-पटरानी की बातों को दोहरा दिया।

लेकिन उत्तर कौन देता ?

भीष्म, द्रोण आदि सभी वृद्ध-जन लज्जा के कारण सिर झुकाए चुपचाप माथे का पसीना पोंछने लगे। अर्जुन ने ऊपर का होंठ दाँतों में दबाकर, भीतर उठती क्रोधाग्नि के बाहर आनेवाले मार्ग को अवरुद्ध करने की चेष्टा में अपने दोनों होंठ खून से रँग लिये। भीम व्यर्थ क्षोभ के कारण शत्रु के बदले सभा के फर्श के पत्थरों पर ही बार-बार मुष्टिका से आघात करने लगे। युधिष्ठिर ने पानी माँगने के बहाने अपने एक विश्वस्त सेवक को पास बुलाकर, उसे गुप्त रूप से बताकर भेजा कि पांचाली रजस्वला होने के कारण उस एकवस्त्रवाली अवस्था में ही सभा में आकर धृतराष्ट्र से दया की भिक्षा माँगे।

दूत के निवेदन करने के क्षण-भर बाद ही जैसे द्रोपदी के नयन-कोरों में उत्पन्न हुई वज्र-विद्युताग्नि शान्त होकर वहाँ वर्षा प्रारम्भ हो गई। वे आँसुओं के कारण अवरुद्ध कंठ से बोलीं, "वे पापी कितना अपमान करेंगे, यह तो अभी पता नहीं, किन्तु यह प्रस्ताव भेजकर मेरे क्षत्रिय पति ने मेरा जो अपमान कर डाला है—वैसा अन्य किसी ने किसी दिन भी नहीं किया। मेरे भाग्य को ही धिक्कार है ! सुना है, मैं यज्ञ से उत्पन्न हूँ—हाय, उसी यज्ञाग्नि में मेरी मृत्यु क्यों नहीं हो गई !"

इधर दुर्योधन—अविश्वसनीय, अप्रत्याशित और कल्पनातीत सिद्धि हाथ में आ जाने पर भी अकारण उसके भोग में विलम्ब होने से—धीरज खोने के कारण कठोर स्वर में बोला, "यह सब बात बढ़ाने की उन्हें कोई आवश्यकता नहीं है। अधिकार भी नहीं है। तुम फिर जाओ और हमारा आदेश साफ-साफ कह दो। यदि सीधी तरह आना न चाहें—तो तुम उन्हें बलपूर्वक यहाँ ले आओ।"

'बलपूर्वक' इन शब्दों ने मानो सभा में बैठे तटस्थ लोगों को बेंत की मार की भाँति आघात किया। प्रतिहारी भी एक बार तो वायु द्वारा प्रताड़ित बेंत के पत्ते की भाँति काँप गया, फिर हाथ जोड़कर दीनतापूर्वक बोला, "आप स्वामी हैं, आपकी आज्ञा न मानने

पर आप जो चाहें दंड दे सकते हैं, यहाँ तक कि वध भी कर सकते हैं। आप वही दंड दीजिए, मैं बिना किसी विरोध के सिर झुकाकर स्वीकार करूँगा–किन्तु इस आदेश का पालन नहीं कर सकूँगा।...मुझमें भारत साम्राज्ञी को बलपूर्वक पुरुषों की इस सभा में लाने का साहस या शक्ति नहीं है।''

कौरव और उनके यश-गायकों, कृपा-पात्रों तथा आश्रितों को छोड़कर उस सभा में उपस्थित प्रायः सभी ने 'साधु', 'साधु' कहकर साधारण, दीन-वंश में जन्मे उस प्रतिहारी का अभिनन्दन किया। विदुर ने उसे आलिंगन में भर लिया।

किन्तु उस असीम हलचल और साधुवाद की ध्वनि को चीरकर किसी का कठोर-कर्कश स्वर गूँज उठा, ''नीच कुल में उत्पन्न यह मूर्ख प्रतिहारी, व्यर्थ में अपने बल का घमंड करनेवाले, अति-भोजी भीमसेन को देखकर मृत्यु-भय से व्याकुल हो गया है ! उसमें इस कार्य का साहस नहीं है। दुःशासन तुम जाओ और हमारी दासी द्रोपदी को बलपूर्वक केश खींचते हुए सभा में ले आओ।''

उस कोलाहल में अनेक यह नहीं समझ सके कि वह किसका स्वर था ! दुर्योधन का–अथवा अंगाधिपति कर्ण का ?

॥ २६ ॥

द्रोपदी ने चाहे और किसी दुर्दशा की कल्पना कर रखी हो, किन्तु–यह तो सोच भी नहीं पाई थीं कि दुःशासन की ऐसी धृष्टता, इतना अधिक दुस्साहस होगा। युधिष्ठिर से सम्बन्ध के कारण वे उसके बड़े भाई की पत्नी, अतः माता के समान सम्माननीया थीं। चरण-वन्दन के सर्वथा योग्य। ये दुःशासन के कालुष्य-भरे हस्त-स्पर्श से जो काँप उठी थीं, वह जितना रोष के कारण था उतना ही लगता है आश्चर्य के कारण भी।

तब भी दुःशासन के राज-रक्त को जगाने के उद्देश्य से उन्होंने करुणा-भरे स्वर में कहा था, ''दुःशासन इस समय मैं रजस्वला हूँ, एकवस्त्रा। इस अवस्था में जैसे उत्तरीय धारण करना निषिद्ध है, उसी प्रकार बड़े-बुजुर्गों अथवा पर-पुरुषों के सामने जाना भी। तुम मुझे इस दशा में मत ले जाओ। याद रखो, मैं तुम्हारे वंश की ही वधू हूँ।''

किन्तु मदिरा और विजय-गर्व–इन दोनों मादक तत्त्वों से उन्मत्त, लाल-नेत्रवाला दुःशासन कठोर-कर्कश आवाज में बोला, ''छोड़, छोड़। तू इस समय कौरवों की दासी है। हमारी जो इच्छा होगी, जहाँ इच्छा होगी, वहीं जाना पड़ेगा ! जहाँ रहने को कहेंगे, वहीं रहना होगा। तू अभी भी राजकुमारी अथवा राजकुल-वधू की मर्यादा की आशा करती है ? कितना अधिक घमंड है तुझे !'' बोलते-बोलते हा-हा करके प्रमत्त हँसी हँसते हुए द्रोपदी की लहराती हुई नीली आभा युक्त श्याम केश-राशि को मुट्ठी में बाँधकर उस कक्ष से बाहर की ओर खींचने लगा।

द्रोपदी एकदम बलहीना नहीं थी। पांचाल देश की नारियाँ प्राकृतिक रूप से ही

बलिष्ठ होती हैं–वे अचानक बल लगाकर दुःशासन की पकड़ से छूट गईं और जहाँ कुरु-कुल की स्त्रियाँ निर्वाक्-आश्चर्यचकित, हतबुद्धि और किंकर्तव्यविमूढ़ हुई भयभीत नेत्रों से इस अघटितपूर्व दृश्य को देख रही थीं, उस ओर दौड़ गईं। उनके सम्मुख जाकर अपमान से काँपते हुए रोने के कारण अवरुद्ध कंठ से प्रार्थना की, ''तुम भी क्षत्रिय-राजवंश की कन्या और वधू हो–इस मर्मान्तक अपमान से मेरी रक्षा करो। मैं दासी बनकर तुम लोगों की सेवा करने को तैयार हूँ। मुझे इस तरह साधारण कुलटा स्त्रियों की भाँति खुले सभा-गृह में हजारों नीच-दृष्टियों के सामने मत ले जाने दो।''

राजमाता गान्धारी वहाँ नहीं थीं। भानुमती भी नहीं थीं। वे वहाँ होतीं, तब भी इस बात में सन्देह है कि उनका हृदय द्रवित होता अथवा नहीं। जो वहाँ उपस्थित थीं, उन्होंने भी दुःशासन की उस भयंकर मुखाकृति को देखकर और अशोभनीय बातें सुनकर कुछ बोलने का साहस नहीं किया। यह भी है कि उन्हें इसका अवसर भी कोई खास नहीं मिला, उससे पहले ही पीछे आते दुःशासन ने दौड़कर फिर से कृष्णा की केश-राशि को दोनों मुट्ठियों में बाँध लिया और बलपूर्वक घसीटते हुए भीड़-भरे एवं परिजनों से घिरे मार्ग को पार करके सभा में ले आया।

प्रायः सभी लोग इस अशोभनीय, राजवंश की मर्यादा के प्रतिकूल आचरण से शर्मिन्दा हो गए, यहाँ तक कि दुर्योधन भी दूसरी दिशा में दृष्टि गड़ाकर चुप रहा–केवल कर्ण ही दुःशासन की इस दुर्बुद्धि की उच्च स्वर में प्रशंसा करके उसे और अधिक उत्तेजित करने लगे।

द्रौपदी सभा के बीच में पहुँचकर एक बार फिर प्राण-पण से शक्ति लगाकर दुःशासन की पकड़ से मुक्त हो गई। उसके बाद एक बार, लज्जा के कारण सिर झुकाए स्वामियों की ओर मेघ-विद्युत-दृष्टि से ताककर सभा में विद्यमान वृद्धों और कुल के प्रधानों की ओर घूमकर बोलीं, ''आप लोग मेरे बड़े हैं–शिक्षा-दीक्षा, न्याय-ज्ञान, धर्म-बुद्धि आदि में सब प्रकार से श्रेष्ठ हैं–मेरा आपसे एक प्रश्न है, आशा करती हूँ, अच्छी तरह विचारकर उत्तर देंगे–क्या अपने आपको हार जाने के बाद भी महाराज चक्रवर्ती युधिष्ठिर को इस कपट-भरी द्यूत-क्रीड़ा में मुझे दाँव पर लगाने का अधिकार था ?''

निष्फल रोष से दग्ध, प्रतिकार की शक्ति से विहीन भीष्म माथे पर आया पसीना पोंछते हुए बोले, ''सौभाग्यवती, तुम्हारे पूछने से पहले ही यह प्रश्न मेरे मन में भी उठा था, किन्तु इसके वास्तविक विश्लेषण में अभी तक भी सफल नहीं हो पाया। धर्म का विचार अति सूक्ष्म होता है, उसके सत्यासत्य का निर्णय हमारी शक्ति से परे है। जीत लिए गए अथवा बिके हुए व्यक्ति का कोई भी अधिकार नहीं होता, फिर भी स्त्री पर उसके स्वामी का अधिकार चिरन्तन है। यदि उसी का कुछ न रहे–तो उसकी स्त्री का भी कैसे रहेगा ? इस दृष्टि से विचार करने पर स्वामियों की पराजय के साथ ही तुम्हारी स्वाधीन सत्ता भी समाप्त हो चुकी है। युधिष्ठिर परम धार्मिक हैं, श्रेष्ठ तत्त्व-ज्ञानी हैं, यह कैसे कहा जा सकता है कि जब उन्होंने तुम्हें दाँव पर लगाया था, तब उन्हें वैसा करने का अधिकार नहीं था ?...तुमने कपटपूर्ण द्यूत-क्रीड़ा का आरोप लगाया है–यह

सोचना भी युधिष्ठिर का काम है। हो सकता है, शकुनि अत्यन्त जानकार जुआरी हो, अति चतुर और पासा फेंकने में दक्ष हो। युधिष्ठिर उनकी बराबरी के प्रतिद्वन्द्वी नहीं हों। फिर, अब तक खेलने के बाद भी यदि उन्होंने प्रतिवाद नहीं किया या खेलना नहीं छोड़ा तो यह अभियोग भी किस प्रकार लगाया जा सकता है ?''

पुनः कर्ण की ध्वनि मानो सायास कठोर होकर गूँज उठी, ''दुःशासन ! इस दासी और एक जराग्रस्त बूढ़े के प्रलाप पर इतना ध्यान देने की क्या आवश्यकता है ? द्रौपदी को यह अच्छी तरह अनुभव करने दो कि वह हम लोगों की दासी बन चुकी है।''

एक बार फिर–द्रौपदी ने करुणा-भरी दृष्टि से अपने पतियों की ओर इस प्रकार देखा, मानो चरम विपदा में पूर्ण अभय की खोज कर रही हो। किन्तु वे तो सारे के सारे सिर झुकाए बैठे थे–उनकी आँखों तक वह दीन पुकार पहुँची ही नहीं।

लगा कि कर्ण ने पलक झपकने के पूर्व ही कृष्णा को लक्ष्य कर लिया और उनकी वह नीरव-प्रार्थना भी उनकी दृष्टि से नहीं बच सकी। वह निष्ठुर-परिहास के साथ हा-हा करके हँसते हुए बोले, ''पांचाली, इन निर्जीव, का-पुरुष दासों की ओर देखने से कोई लाभ नहीं होगा। वे भी क्या मनुष्य हैं ? उन्हें गड़रिया भी कहा जाए तो लगता है उसी का अपमान होगा। पति चुनते समय तुमने विचारशीलता का परिचय नहीं दिया। यदि उस दिन दुर्योधन का वरण करतीं तो आज यह दुर्गति न होती।''

अब भीमसेन अपने को और नहीं रोक सका। विपुल दुख के ऊपर इस मर्मान्तक, कठोर आघात रूपी स्फुल्लिंग के प्रहार ने अग्नि प्रज्वलित करने का कार्य किया। वह बड़े भाई को सम्बोधित करके बोला, ''महाराज, सागर सहित पृथ्वी को जीतकर जो धन-रत्न लाए गए थे, भुवन-विजयी राजाओं ने स्वेच्छा से, प्रेमपूर्वक जितना अमूल्य द्रव्य आदि उपहार में दिया था–आप उस सबके साथ हमारे स्वनिर्मित राज्य, ऐश्वर्य यहाँ तक कि अपने भाइयों को भी दाँव पर लगाकर पराजित हो गए–उस पर भी मुझे इतना क्रोध नहीं आया। कारण, आप उस सबके साथ हमारे भी स्वामी हैं। किन्तु अब तो हम लोगों की सहन-शक्ति समाप्त हो गई है। द्यूत-क्रीड़ा में रुचि रखनेवालों की अनेक रखैलें होती हैं, तब भी वे उन वेश्याओं को जान-बूझकर दाँव पर नहीं लगा देते। किन्तु आपने अपनी प्रियतमा-भार्या और हमारी कुल-लक्ष्मी को दाँव पर लगा दिया। सहदेव, अग्नि जलाओ, स्त्री को दाँव पर लगाकर जिस हाथ से उन्होंने गोटियाँ फेंकी थीं–मैं उनके उस हाथ को जला डालूँगा।''

भीम आवेश में उठकर खड़े हो गए, तब अर्जुन उनका कन्धा पकड़कर उन्हें चुप कराते हुए बोले, ''छिः ! आर्य भीमसेन, आप भाग्य की मार से उत्तेजित होकर अपना ज्ञान खो बैठे हैं। बड़े भाई के सम्बन्ध में इस प्रकार के वाक्य कहना तो दूर, वैसी कल्पना करना भी निन्दनीय है। इस समय हम लोग शक्तिशाली शत्रुओं के सामने हैं, हमारा भाग्य खराब है, इस अवस्था में हमारी एकता और पारस्परिक सम्बन्ध के नष्ट होने का अर्थ है–प्रकारान्तर से उनकी ही बड़ी विजय, आक्रमण का नया अस्त्र उठाकर उनके हाथ थमा देना। सोचकर देखिए, इस समय किसी भी रूप में आन्तरिक संघर्ष देखकर

शत्रु उत्साहित होंगे, हम लोग समाज में उपहास के पात्र बन जाएँगे। क्षत्रियों के लिए युद्ध अथवा द्यूत-क्रीड़ा में पैर पीछे हटाने का अर्थ केवल कायरता प्रदर्शित करना नहीं होता, धर्म-भ्रष्ट होना भी होता है। धर्मराज युधिष्ठिर कुल-धर्म के पालन के लिए इस द्यूत-क्रीड़ा में प्रवृत्त हुए थे।''

अर्जुन की बात पूरी होने से पहले ही सभा में एक सुन्दर तरुण-युवक उठकर खड़ा हो गया। वह था, दुर्योधन का सगा छोटा भाई–विकर्ण।

विकर्ण बोला, ''सभा में उपस्थित सज्जन-वृन्द, विचारशीला द्रोपदी ने जो प्रश्न किया था, वह आप सभी से था, किन्तु कुरु-वृद्ध पितामह भीष्म, कुल-प्रधान धृतराष्ट्र, आचार्य द्रोण, कृप–आपमें से किसी ने भी उनके प्रश्न का उचित उत्तर नहीं दिया। इस सभा में भिन्न-भिन्न राज्यों से आए हुए राजा भी हैं, वे भी क्षत्रियों के धर्म अथवा आचरण से अवगत हैं। आप लोगों ने पक्षपात अथवा व्यक्तिगत विद्वेष या भय छोड़कर सत्य मतामत क्यों नहीं प्रकट किया ?''

जैसे उत्तर की प्रतीक्षा कर रहा हो, विकर्ण कुछ पल चुप रहा, फिर बोला, ''इस लज्जाजनक अवस्था में और इस विषय में क्या करणीय है, वह आप शान्त-चित्त होकर सोचिए। विद्वानों ने राजाओं की चार प्रकार की प्रबल-आसक्ति को व्यसन कहा है। मृगया, सुरापान, द्यूत-क्रीड़ा एवं स्त्री-सम्भोग। व्यसन में पागल होकर हिताहित का कोई ज्ञान नहीं रहता। उस व्यक्ति को धर्म-बुद्धि छोड़ देती है। ऐसे व्यक्ति की गणना अमानुषों में की जाती है। कोई, उसके द्वारा सम्पन्न कार्य को भी भ्रान्तिहीन अथवा प्रामाणिक नहीं मानता। महाराज युधिष्ठिर ने भी व्यसन में पागल होकर ही द्रोपदी को दाँव पर लगाया है। द्रोपदी अन्य पांडवों की भी पत्नी हैं। अपने को पहले ही हार जाने पर भी उन्हें स्त्री को दाँव पर लगाने का क्या अधिकार था, उन्होंने दूसरे की स्त्री को कैसे दाँव पर लगाया ? आप लोग एक और बात ध्यान रखिए, युधिष्ठिर ने पहले पांडव-पटरानी को दाँव पर लगाने की कल्पना तक नहीं की थी–धूर्त शकुनि ने उनकी व्याकुलता और बुद्धि-भ्रम को भाँपकर सुयोग देख वैसा प्रस्ताव किया–व्यसन में पागल महाराज आगा-पीछा सोचे बिना उसी पर सहमत हो गए। इसलिए द्रोपदी को किसी भी प्रकार कौरवों की विजिता नहीं माना जा सकता।''

विकर्ण की बात समाप्त होते ही सभा में भयंकर कोलाहल मच गया। अधिकतर लोग विकर्ण की प्रशंसा और शकुनि की घोर निन्दा करने लगे। किन्तु इससे पहले कि कुरु-कुल में से कोई–यहाँ तक कि दुर्योधन ही इस बात का उत्तर दे, क्रोध के कारण लाल चेहरा लिये अंगाधिपति कर्ण खड़े होकर विकर्ण का अपमान करने लगे।

''विकर्ण, तुम अपने वंश के, अपने भाइयों के प्रतिकूल व्यवहार कर रहे हो–यही पूर्णतः पशुतुल्य कार्य है। अग्नि उत्पन्न करनेवाले काष्ठ के घर्षण से उद्भूत अग्नि सबसे पहले जैसे उस काष्ठ को ही भस्म करती है–उसी प्रकार तुम भी पितृ-कुल के स्वार्थ के विरुद्ध कार्य कर रहे हो। इस सभा में इतने कुशल, ज्ञानी, शास्त्र के जानकार व्यक्ति चुप रहे–कुछ बोलने का साहस नहीं किया–क्या तुम अपने को उनसे भी बड़ा विद्वान

समझते हो ? तुम निरे बालक हो, धर्म के सूक्ष्म तत्त्वों को तनिक भी नहीं जानते–फिर भी हमें उसका ज्ञान देने चले हो ! इससे अधिक धृष्टता और बचकानापन और क्या हो सकता है ! तुम्हारी अवस्था छोटी है, इसी से इस प्रकार प्रगल्भता दिखाकर अपने को मूर्ख सिद्ध कर रहे हो।...कृष्णा अब नहीं रहीं, बहुत पहले ही कौरवों की विजिता हो चुकी हैं। युधिष्ठिर सब कुछ दाँव पर लगाकर पराजित हो गए थे, क्या द्रोपदी उस सर्वस्व में नहीं गिनी जातीं ? क्या शकुनि द्वारा उनका नाम स्मरण करा देने भर से ही युधिष्ठिर ने उन्हें दाँव पर लगा दिया था ? वे एकदम बालक हैं या एकदम अबोध ? और यदि समझते हो कि उन्हें एकवस्त्रा अवस्था में सभा में लाने से अन्याय हो गया है–तो इसके उत्तर में एक बात कहकर तुम्हारी भ्रान्ति दूर करता हूँ; स्त्रियों का मात्र एक ही पति शास्त्र-सम्मत माना जाता है। पाँच पतिवाली होते ही नारी वेश्याओं में गिन ली जाती है। यह बात सभी जानते हैं। द्रोपदी ने जिस पल पाँच व्यक्तियों का स्वामित्व स्वीकार किया, वे उसी समय वेश्या हो गई थीं। बहुजन-भोग्या वेश्या को एकवस्त्र ही नहीं, निर्वस्त्र अवस्था में लाने में भी कोई दोष नहीं होता।''

प्रतीत होता है, इतनी अभद्रता और अशिष्ट भाषा के प्रयोग से भी अंगाधिपति के अन्तर् की ज्वाला शान्त नहीं हुई–वे यह अनुभव करके भी अपने को नहीं रोक सके कि उनके दुस्साहस भरे कंठ-स्वर ने विद्वेष-रूपी विष से उस सभा के वातावरण को बिगाड़ दिया है–कठोर वाक्यों का आक्रमण समाप्त होते ही उनके मन में और अधिक अपमान की भावना जाग गई। तर्जनी के संकेत से दुःशासन को लक्ष्य करके बोले, ''दुःशासन, ज्ञान का अभिमान करनेवाले बालक विकर्ण के दर्प से तुम क्यों कर्त्तव्यच्युत हो रहे हो ? तुम पांडवों और याज्ञसेनी के समस्त वस्त्र उतार लो। याज्ञसेनी एक वस्त्र में आने के कारण बड़ी दुखी हैं–उन्हें उस वस्त्र-बन्धन से मुक्ति दो !''

सभी आश्चर्यचकित हो गए। कर्ण का इस प्रकार का, नीच के समान आचरण कल्पना से परे था।

किन्तु दुःशासन किसी चिन्ता अथवा विचार-संघर्ष की दुर्बलता का शिकार नहीं था। उसने विकर्ण और कर्ण के वाक्-युद्ध के बीच नशे के प्रभाव से उत्पन्न थोड़े से निद्रा-सुख का भोग कर लिया था। वह सहसा, अकारण ही हँसकर द्रोपदी की ओर बढ़ा।

कर्ण के निर्लज्जता-भरे निर्देश को सुनते ही पांडवों ने अपने-अपने उत्तरीय और पगड़ी उतारकर दुःशासन के उद्देश्य को पूर्ण कर दिया। किन्तु उस ओर न तो दुःशासन का और न कर्ण का–किसी का ध्यान नहीं था। उनकी आँखें द्रोपदी पर थीं। उस क्षण द्रोपदी दुख, क्षोभ, लज्जा और क्रोध के कारण तूफान द्वारा प्रताड़ित बेंत के पत्ते सी काँप रही थीं। उनके नेत्रों में विद्युत-प्रकाश और वर्षा का संयोग हो रहा था।

किन्तु दुःशासन को आगे बढ़ते हुए देखते ही कृष्णा मानो अचानक शान्त और निरुद्विग्न हो गईं। कुरु-वंश के प्रधान व्यक्ति सुन सकें, ऐसे स्वर में गम्भीर होकर बोलीं, ''समझ गई, इस सभा में सभी दुर्योधन के भय से त्रस्त और आतंकित हैं। यहाँ न्याय अथवा विचारशीलता की आशा रखना ही बुद्धिहीनता है। एक मात्र, यदि यहाँ पांडवों

के परम हित-साधक द्वारकाधीश उपस्थित होते, तो इस घमंड का सही प्रत्युत्तर देते। उनके रहते किसी का ऐसा दुस्साहस होता ही नहीं। इसलिए मैं–जन्म-जन्मान्तर मनुष्य का जो नित्य-संगी, नित्य-रक्षक है, उसी धर्म का ध्यान करके चुप हो जाती हूँ। इनमें से प्रत्येक के घर में माता, पत्नी, पुत्री हैं, फिर भी उनकी चुप्पी तथा प्रतिवादहीनता में मेरा यह अपमान हो रहा है। लगता है, संसार से धर्म-बुद्धि लुप्त हो गई है, आज अधर्म ही शक्तिशाली तथा प्रमुख हो गया है। तब भी मैं इस संसार के शाश्वत-तत्त्व धर्म की ही शरण में जाती हूँ, वे मेरी रक्षा करें।''

सभा के सभी सज्जन व्यक्ति मूक और चित्र-लिखित से निश्चल बैठे रहे। द्रोपदी के आरोप से सभी लज्जित थे, किन्तु 'अन्य किसी के विरोध के लिए आगे बढ़ने पर मैं भी अवश्य ही बढ़ूँगा' यह सोचने के कारण कोई भी इतने घोर-अशोभनीय कार्य को रोकने के लिए नहीं उठा। दुःशासन की अवस्था ही ऐसी नहीं कि वह इन सब बातों के रहस्य को समझे, विशेषकर उसे कर्ण ने पागल बैल की भाँति बार-बार उत्तेजित किया–वह सचमुच आगे बढ़ द्रोपदी के वस्त्र को किनारे से पकड़कर खींचने लगा !

कर्ण, दुर्योधन, दुःशासन, शकुनि और अन्य, जो घटनेवाली घटना की कल्पना किए हुए थे, उनके लिए वास्तव में कुछ नहीं हुआ। क्रन्दन, आक्षेप, दया की भीख–या फिर सम्भवतः आत्म-समर्पण–वे बस यही सोचे बैठे थे। किन्तु याज्ञसेनी ने वह सब कुछ नहीं किया, यहाँ तक कि वे रंच-मात्र भी विचलित नहीं हुईं, दोनों नेत्र मूँदकर, हाथ जोड़कर निश्चल खड़ी हो धर्म–एवं उनके लिए जो धर्म-शक्ति के प्रतीक थे–श्रीकृष्ण–का ध्यान करने लगीं।

किन्तु आश्चर्य का विषय वह स्थिरता ही नहीं थी।

उस दिन सभा में जो अविश्वसनीय घटना घटी, जिस अलौकिक दैवी-शक्ति का आविर्भाव हुआ–वह सभा में उपस्थित लोगों को मृत्युपर्यन्त न भूलनेवाली थी। सभा में आए हुए आमन्त्रित-अनामन्त्रित लोगों और दर्शकों के वंश में पुत्र-पौत्रादि के बीच पीढ़ियों तक वह कहानी कही गई–पर, पूर्वजों द्वारा कही जाने पर भी कालान्तर में लोगों के लिए उस लोकोत्तर घटना पर विश्वास करना कठिन हो गया।

पहले तो अनेक लोग विशेषकर दूरवाले दर्शक, समझ ही नहीं सके। पैशाचिक उल्लास के साथ दुःशासन भाभी का वस्त्र खींच रहा है, वह वस्त्र ढीला होकर खुलता जा रहा है–सब इतना ही देख रहे थे। अनेक ने लज्जा तथा अपने वंश के संस्कारों के कारण आँखें बन्द कर लीं। किन्तु काफी समय बीत जाने पर भी धिक्कार का कोई ऐसा स्वर सुनाई नहीं दिया, जिसकी आशा की जा सकती थी ! तभी सबने देखा, दुःशासन के सामने वस्त्र का एक स्तूप खड़ा हो गया है–किन्तु द्रोपदी इतने पर भी विवस्त्र नहीं हुईं। क्या पता कौन अलौकिक शक्ति अदृश्य स्थान से दुर्वृत्ति-दुःशासन के हाथ में लगातार वस्त्र देती जा रही थी, किनारा ही बड़ा से बड़ा होता जा रहा था–द्रोपदी का परिधान कहीं से तनिक भी नहीं खिसका।

नारियों के परिधान की नाप के विषय में सभी थोड़ा-बहुत जानते हैं–उस नाप से

सैकड़ों गुना वस्त्र खुल आया, लगातार खुलता रहा, स्तूप छोटा पहाड़ बन गया—पर द्रोपदी के शरीर का विवस्त्र होना तो दूर की बात है, किसी अंग का वस्त्र भी अपने स्थान से नहीं हटा। पीछे बैठे हुए लोग इस अभूतपूर्व, लगभग दैवी-घटना को देखने के लिए खड़े हो गए। अभी वस्त्र पर वस्त्र चला आ रहा था, त्वरित दृष्टि से देखने पर लगता था जैसे द्रोपदी के शरीर से ही आ रहा हो। विस्मय के कारण दुःशासन हत्-चेतन सा हो गया। विस्मय केवल इस कारण नहीं था कि वस्त्र लगातार बढ़ता जा रहा था, बल्कि इसलिए भी कि उतना पतला और मूल्यवान वस्त्र उन्होंने कभी देखा ही नहीं था। किस धागे से बना था वह ! अब तक उन्होंने न तो कभी ऐसा धागा देखा था, न उसके विषय में सुना था, जिससे इतना लम्बा वस्त्र बन सके।

यह घटना बहुत देर तक हुई। सभी हत्वाक हो गए। कोई भी पलकें नहीं झपका सका। लज्जा के कारण सिर झुकाए पांडवों ने यह सोचकर कि कौन सी आश्चर्यजनक घटना हो रही है, आँखें उठाकर देखा तो देखते ही रह गए।

वस्त्र खींचे जाने का वह क्रम बहुत देर तक चलने के बाद, खिंचे हुए वस्त्र से निर्मित स्तूप ने जब सचमुच पर्वत का आकार धारण कर लिया, तो दुःशासन थक गया और निराश होकर बैठ गया। सभा में भयंकर शोर-शराबा होने लगा। अब कौरवों के अधीन लोग भी—सम्भवतः धर्म की इस महान महिमा को अपनी आँखों से देखने के कारण कुछ साहस का संचार हो जाने से—कौरवों की निन्दा तथा सती-श्रेष्ठ द्रोपदी का जयगान करने लगे, सभा में हलचल की सीमा न रही।

कुछ पल काष्ठवत् निश्शब्द बैठे रहने के बाद कौरव-पक्ष में सबसे पहले कर्ण की चेतना लौटी। वे सभा में व्याप्त अव्यवस्था को देखकर बोले, "दुःशासन, अकारण क्यों विलम्ब कर रहे हो, इस दासी को तुरन्त हमारे दासी-भवन में ले जाओ !"

कर्ण की बात पूरी होने से पहले ही—चारों ओर मची हलचल के शोर को दबाकर सभा को स्तब्ध करते हुए, वज्र की भाँति घोष करनेवाला भीम का स्वर गूँजा, "इस सभा में विद्यमान सभी सुनें, रण-भूमि में इस पापात्मा, पापकर्मी दुःशासन की छाती को अपने नखों से चीरकर उसका रक्त-पान करूँगा। यदि न कर सकूँ तो मरने के बाद मुझे पितृ-लोक में स्थान न मिले—मैं पिशाच-योनि में पड़ूँ।"

इस भयंकर प्रतिज्ञा से सारी सभा—कुछ देर के लिए स्तब्ध रह गई। लगा कि सभी, न रोके जा सकनेवाले भावी अमंगल की आशंका के कारण असहाय अनुभव करने लगे।

सुयोग पाकर विदुर ने सभा के सुबुद्धिशील भद्रजनों से पुनः निवेदन करने का प्रयास किया। दोनों हाथ ऊपर उठाकर बोले, "भद्रजनो, साध्वी द्रोपदी ने जो प्रश्न किया था, आपने उसका अब तक कोई उत्तर नहीं दिया। बालक विकर्ण में जो सत्साहस है, उसे सभा में मौजूद वृद्ध और ज्ञानी लोगों में न देखकर मैं एक ही साथ आश्चर्य तथा दुख अनुभव कर रहा हूँ एवं इस काल को धिक्कार रहा हूँ। शास्त्र में कहा गया है कि जो व्यक्ति ज्ञानी होने पर भी धर्म-जिज्ञासु को सत्य उत्तर नहीं देता, उसकी दुर्दशा की सीमा नहीं रहती। जिसका धन छीन लिया जाए, जिसका पुत्र मर जाए, जो ऋण न चुका

सके, जो स्त्री अकाल-वैधव्य को प्राप्त करे, जो राज-कर्मचारियों द्वारा दंडित हो और सब कुछ खो दे, जिसे व्याघ्र घायल कर डाले, जिस स्त्री को सपत्नी को सहना पड़े—झूठा उत्तर देनेवालों को वे समस्त तथा और भी अनेक प्रकार की दुरवस्था-भरी यन्त्रणा के भोगों का निर्धारण किया गया है।"

विदुर ने मानो कुछ कहा ही न हो, कर्ण ने यह दिखाते हुए कहा, "दुःशासन, क्या देख रहे हो ? यह पागलों और बूढ़ों की सभा है। तुम शीघ्र ही दासी को उसके लिए उचित आवास-गृह में ले जाओ।"

इतनी देर में दुःशासन थोड़ा शान्त और थकान से मुक्त हो गया था, भीम की भयंकर प्रतिज्ञा के प्रारम्भिक आतंक की छाया भी कुछ दूर हो गई थी। उसने उठकर सुनी न जा सकने योग्य कटूक्ति एवं प्रच्छन्न हास्य के साथ द्रोपदी की केश-राशि को हाथ में पकड़ लिया।

किन्तु लगता है, मनुष्य की बुद्धि और ज्ञान की सीमा से परे इस अदृष्टपूर्व दैवी घटना के प्रभाव से द्रोपदी का आत्म-बल लौट आया था, वे क्रोधित बाघिन की भाँति दहाड़ीं। दुःशासन की पकड़ से बलपूर्वक मुक्त होकर सभा में बैठे वरिष्ठ लोगों और प्रधान व्यक्तियों की ओर देखते हुए ऊँची आवाज में बोलीं, "जिसे कभी सूर्य और चन्द्रमा तक नहीं देख पाए थे—वही आज कलुषित दृष्टियों के सामने इस प्रकार अपमानित हुई। पांचाल राज-कन्या, पांडव-पटरानी, कंस और शिशुपाल के वधकर्ता वासुदेव की प्रिय सखी की दुर्गति होती देखकर भी आज पांडव चुप रहे, कौरवों ने भी खुले सभा-गृह में अपनी पुत्र-वधू और कन्या के अपमान को सहन किया, यहाँ मैं किसी से भी इसके विरोध अथवा प्रतिकार की आशा नहीं रखती, बस, अपने प्रश्न के उत्तर की प्रार्थना भर करती हूँ—आप लोग कृपा कर बताइए कि मैं विजिता हूँ अथवा अजिता ! आप सभी जो निर्णय करेंगे, मैं उसे ही स्वीकार कर लूँगी।"

समस्त वरिष्ठ लोगों ने लज्जित और विवर्णमुख होकर सबसे वरिष्ठ भीष्म के मुख पर दृष्टि टिका दी।

भीष्म ने आँखें झुकाए हुए ही उत्तर दिया, "कल्याणी मैंने तुम्हें पहले ही बता दिया था कि ज्ञानी मनुष्यों, यहाँ तक कि ऋषियों को भी धर्म का रहस्य पूर्णतः ज्ञात नहीं होता। इस संसार में जिसे बलवान मनुष्य धर्म मानता है, वह अधर्म होने पर भी समाज में सत्य और धर्म के रूप में प्रतिष्ठित होता है, जबकि बलहीन द्वारा बताए हुए परम धर्म को भी कोई स्वीकार नहीं करता। जय-पराजय के इस वर्तमान प्रसंग में तुमने न्याय का जो प्रश्न उठाया है, उस पर सूक्ष्म और गहन विचार करके सत्य का निर्णय करना मेरे लिए असाध्य है। पर इतना अवश्य कह सकता हूँ कि आज कौरवों ने जिस कुत्सित लोभ का परिचय दिया और जो नीचता दिखाई, उससे अल्प-काल में ही यह कुल ध्वंस को प्राप्त हो जाएगा। भाग्यवती, तुमने इतने कष्ट और दुर्दशा में भी धर्म का सहारा लिया—वह तुम्हारे ही अनुकूल था, इसके लिए मैं तुम्हारी प्रशंसा करता हूँ। मैं तुम्हारे प्रश्न का उत्तर नहीं दे पाया। द्रोण, कृप आदि शास्त्र और धर्म के जानकार वृद्ध मृतक

की भाँति जड़ हुए बैठे हैं, इसलिए मेरी दृष्टि में तुम बुद्धिमान युधिष्ठिर से अपना प्रश्न करो। मैं नहीं समझता कि वे असत्य कहेंगे।''

भीष्म के चुप होते ही—यह समझकर कि अब कहीं कोई आश्रय बचा न विश्वास, द्रोपदी करुण-क्रन्दन करने लगीं। सारी सभा निर्वाक् हो गई। भीष्म के इस प्रकार स्पष्ट कहने पर भी युधिष्ठिर पहले की भाँति सिर झुकाए बैठे रहे, एक शब्द भी नहीं बोले।

सभा के इस मौन को लक्ष्य करके अपनी शक्ति और विजय के प्रति आश्वस्त दुर्योधन ने कुछ हँसी के साथ कहा, ''पांचाली, देख रहा हूँ, युधिष्ठिर तो निरुत्तर हैं। उनमें हमारी बात का विरोध करने की शक्ति नहीं है। तुम्हारे चार महाबली और ज्ञानवान स्वामी और भी यहाँ हैं, यह प्रश्न तुम उन्हीं से करो न। वे इस सभा में उपस्थित भद्र-जनों के सामने बोलें कि युधिष्ठिर को यह दाँव लगाने का कोई अधिकार नहीं था, वे मिथ्यावादी हैं—मैं तुम्हें इसी क्षण मुक्त कर दूँगा। जो भी हो, तुम एक मार्ग चुनो, सभा के सभी भद्र व्यक्ति तुम्हारे रोने से दुख का अनुभव कर रहे हैं, वे तुम्हारे मन्द-भाग्य स्वामियों का मुख देखने से नेत्रों में उत्पन्न लज्जा के कारण सही उत्तर नहीं दे पा रहे हैं।''

पुनः व्यापक कोलाहल होने लगा। बहुतों ने दुर्योधन का समर्थन किया। युवक आँखों ही आँखों में संकेत करके परिहाससूचक शब्द बोलने लगे। जो थोड़े से मध्य-मार्गी थे, वे उत्सुक होकर युधिष्ठिर को देखते यह प्रतीक्षा करने लगे कि वे क्या कहेंगे !

उत्तर दिया भीम ने। किन्तु वह उत्तर इस प्रश्न का नहीं था। वे आवाज के साथ दीर्घ निश्वास छोड़ते हुए बोले, ''धर्मराज हमारे बड़े और कुल के स्वामी हैं, ये हमारे प्रभु, हमारे पुण्य, हमारी तपस्या यहाँ तक कि जीवन तक के अधीश्वर हैं। वे अपने को और हमें पराजित मान रहे हैं, इसीलिए हम लोगों को निरुपाय चुप बैठना पड़ रहा है। अन्यथा जन्म-मरण के बन्धन में पड़ा कोई देहधारी व्यक्ति पांचाली की केश-राशि को मात्र छू लेने पर पल-भर भी जीवित नहीं रह पाता। बड़े भाई की मर्यादा की रक्षा के कारण ही यह अपमान सहना पड़ रहा है, विशेषतः धैर्यशील अर्जुन बार-बार रोक रहे हैं—नहीं तो, केवल हाथ और पैरों से ही आज कौरवों का नामोनिशान मिटा डालता।''

कर्ण का व्यंग्य-भरा स्वर और तीक्ष्ण हो गया, कहा, ''रहने दो, रहने दो। सभी जानते हैं कि तुम भोजन करने और घमंड दिखाने में होशियार हो। जब साधारण अपराधी बन्दी बनाकर राजकीय कारागार में डाल दिए जाते हैं, तो वे इसी प्रकार बालकोचित घमंड दिखाया करते हैं। इस भाँति व्यर्थ की वाग्वीरता किसी क्षत्रियवंशी को शोभा नहीं देती। याज्ञसेनी, तुम अपने प्रश्न का उत्तर मुझसे सुनो। शास्त्र के अनुसार परतन्त्र दास, उसका पुत्र और पत्नी—ये तीनों धन के अधिकार से वंचित होते हैं, इनका अपना कुछ नहीं होता, यदि उन्हें कभी कुछ मिलता है तो वह उनके स्वामी का ही प्राप्य माना जाता है। तुम उसी अधिकारहीन दास की पत्नी हो, उसकी धन-सम्पत्ति के साथ तुम भी स्वामी के अधीन हो गई हो, अतः व्यर्थ का वाग्जाल खड़ा न करके अपने स्वामी के अन्तःपुर में जाओ और उनके परिवार के लोगों की सेवा करो। सुन्दरी, अब धृतराष्ट्र के पुत्र ही तुम्हारे स्वामी हैं। दासी के लिए भी पति का चुनाव विधि-विरुद्ध नहीं है।

पाँचों पांडव पराजित होकर दास बन गए हैं। उनके और तुम्हारे मध्य पतित्व का अधिकार नहीं रहा। अतः तुम अपनी इच्छा से कौरवों में से किसी को पति चुन लो–जिसके साथ रहकर तुम्हें भविष्य में इस प्रकार के अपमान की सम्भावना न रहे। क्षत्रिय कुलोत्पन्न होना तो दूर, ये कुन्ती-पुत्र यदि मनुष्य होते–अथवा इनमें तनिक भी शौर्य होता–तो अपनी पत्नी को दाँव पर चढ़ाकर जुआ न खेलते।''

भीम ने ऊँचे स्वर में हा-हा करते हुए दीर्घ निश्वास छोड़ा। बड़े भाई की ओर उन्मुख होकर बोले, ''इस नीच सूत-पुत्र को दोष नहीं दे सकता। कारण, वह तो सच ही कह रहा है, वास्तव में हम लोग उनके दास हो गए हैं...हाय, यदि आप कृष्णा को दाँव पर नहीं चढ़ाते तो शत्रु आज हमें इस प्रकार व्यंग्य-बाणों से नहीं बींध पाते। एक स्थिति में वह खेल तो आपको रोकना ही था, फिर अपने को हार जाने के बाद ही क्यों नहीं रोक दिया !''

अब दुर्योधन की बारी थी। उन्होंने कृत्रिम सहानुभूति भरे स्वर में कहा, ''कहिए, महाराजचक्रवर्ती युधिष्ठिर, आप चुप क्यों हैं...भीम, अर्जुन तो सब तरह आप पर ही निर्भर हैं। आप ही बताइए–कृष्णा अपराजिता हैं अथवा पराजिता !''

इस कुटिल कथन के साथ ही एक हाथ से मूँछें मरोड़ते-मरोड़ते दूसरे हाथ से अपनी बाईं जंघा उघाड़कर, द्रोपदी का ध्यान उस खुली, कदली-दंड सदृश जंघा की ओर खींचने के लिए उस पर हल्का सा चपेटा लगाया तथा द्रोपदी को शरीर के उस अंग पर आकर बैठने का संकेत किया।

उनके इस शिक्षा-संस्कृति और मर्यादाहीन, बर्बर आचरण पर भीमसेन क्रुद्ध सिंह के समान गरजे, ''आप सभी सुनें, यदि मैं युद्ध-भूमि में गदाघात से इस पामर की जंघा न तोड़ डालूँ, तो मृत्यु के उपरान्त मुझे सद्‌गति न मिले–मेरी अपवित्र आत्मा को पितरों का नित्य-शाप लगे !''

कहते-कहते मानो क्रोध नहीं–बल्कि भीम के सर्वांग से साक्षात् अग्नि की लपटें फूटने लगीं।

उनके साक्षात् यम के समान विकराल रूप को देखकर अनेक लोग आतंक के कारण मूर्च्छित हो गए। लगा कि विदुर इसी सुयोग की राह देख रहे थे, वे उठकर फिर से बोले, ''हे भद्रजनो, आप देखिए, आज महाबली वृकोदर से पृथ्वी को विराट-भय उपस्थित हो गया है। लगता है दैव ही प्रतीपवंशियों के प्रतिकूल है, इसीलिए उसने गोटियों के रूप में अधर्म को भेज दिया। धार्तराष्ट्र अपने वंश की महिमा एवं अपनी मर्यादा को धूल-धूसरित कर, स्त्री, विशेषकर अपनी कुल-वधू को दाँव पर लगाकर द्यूत-क्रीड़ा करने लगे। धर्म के विनष्ट हो जाने पर सभी कार्य दूषित हो जाते हैं। यह सभा भी पाप-पुरी में बदल गई है। कोई भी व्यक्ति स्वयं असमर्थ होकर–अर्थात् स्वयं बिक जाने के बाद–कुछ दाँव पर लगाए तो उसे जीत जाना भी अर्थहीन होता है; स्वप्न में जीती हुई बाजी और इसमें कोई भेद नहीं। कौरवो, अब भी सँभल जाइए, नहीं तो महा-सर्वनाश हो जाएगा।''

दुर्योधन ने इस बात के प्रारम्भ होते ही अपनी भौंहें सिकोड़ ली थीं, वे विदुर की चेतावनी समाप्त होते ही व्यंग्य-विषाक्त कंठ से बोले, "यही तो, यही बात भीम, अर्जुन, नकुल, सहदेव स्वीकार करें कि युधिष्ठिर ने असमर्थ होकर कृष्णा को बाजी के रूप में रखा था–मैं इसी पल याज्ञसेनी को मुक्त करता हूँ !"

ठीक उसी समय, दिन के उसी पहर यज्ञशाला[1] में एक सियार ने भीषण चीत्कार की तथा तभी मानो उसी के सुर में सुर मिलाकर पता नहीं कहाँ से कई गधे और सभा-भवन की मुँडेर पर बैठे विकृत आकृतिवाले बड़े-बड़े पक्षी भी भीषण कर्ण-कटु स्वर में बोलने लगे।

उस बीभत्स एवं भीषण आवाज में बुरे लक्षण अनुभव करके सभी सन्त्रस्त हो गए, भीष्म, द्रोण, कृप आदि वृद्ध-जन 'कल्याण हो, कल्याण हो' की पुकार करने लगे। सभा में विद्यमान सभी लोग कुछ समय तक विमूढ़ की भाँति मूक हो रहे।

धृतराष्ट्र की महारानी महामना गान्धारी ने भी उस अमंगलकारी आवाज को सुन लिया था। इस महासती ने अन्धे पति से विवाह की बातचीत चलते ही पद्म-पलाश के समान अपने दोनों विशाल नेत्रों पर हमेशा के लिए पट्टी बाँधकर अपने स्वामी के जन्मजात-दुर्भाग्य को बाँट लिया था। उन्हें पति से अधिक कोई विशेष सुविधा प्राप्त नहीं थी–यही उनकी तपस्या थी। सम्भवतः अतिशय धर्म-परायणा, साध्वी और तेजस्विनी होने के कारण ही वे कुरु-कुल में सर्वश्रेष्ठ मानी जाती थीं, आज तक उसी रूप में स्मरण की जाती हैं।

पिता अथवा पुत्र किसी ने भी द्यूत-क्रीड़ा से पहले उनकी राय नहीं ली थी, कारण, उनके मना कर देने पर उन्हें इस आयोजन का साहस ही नहीं होता। बाद में अवश्य उनके कानों तक समाचार पहुँचा था, पर उन्हें आशंका नहीं थी कि क्रीड़ा-स्थल पर इतना घृणित कांड हो जाएगा, वे अपने पूजा-गृह में चुपचाप भगवान के ध्यान में लग गई थीं। अब इस भयंकर शब्द के कान में पड़ने और उस दिन की एक-एक कर घटनेवाली घटनाओं का विवरण सुनने के बाद एक सेवक को महाराज धृतराष्ट्र के पास भेजकर–नारी-प्रताड़ना रूपी महापाप से अविलम्ब बचने और पाप पूर्ण द्यूत-क्रीड़ा बन्द करने की प्रार्थना की।

शायद धृतराष्ट्र भी इस भयंकर रूप से बुरे लक्षण से विचलित हो उठे। उनमें दूसरे की सम्पत्ति से ऐश्वर्यशाली होने की चिन्ता की अपेक्षा आत्म-रक्षा की चिन्ता प्रबल हो उठी। भीम के बाहु-बल और अर्जुन के शस्त्र-बल–किसी से भी वे अपरिचित नहीं थे। भीम की दोनों प्रतिज्ञाएँ भी उनके कानों में पड़ गई थीं। इन्हीं सब नाना प्रकार की चिन्ताओं के कारण उन्होंने अब जाकर–इतनी देर बाद–द्यूत-क्रीड़ा का विरोध किया। दुर्योधन की थोड़ी भर्त्सना करते हुए पुत्र-वधू द्रोपदी को सम्बोधित करके बोले, "कल्याणी, तुम मेरी पुत्र-वधुओं में श्रेष्ठ हो। जो तुम्हें अपमानित कर रहे हैं, निस्सन्देह उन मूर्खों

1. जहाँ नित्य हवन होता है और इसी कारण हवन-कुंड की अग्नि लगातार प्रज्वलित अवस्था में रहती है।

की मृत्यु निकट आ रही है। तुम पूरे गौरव के साथ अपने नगर लौट जाओ, किन्तु हे भाग्यवती, उससे पहले मुझसे कोई वर माँगो। मैं तुमसे प्रसन्नता की प्रार्थना करता हूँ।''

द्रोपदी ने उन्हें प्रणाम करके हाथ जोड़कर कहा, ''यदि आपने कृपापूर्वक वर देने का निश्चय कर लिया है, तो—आर्य पुत्र महाराज युधिष्ठिर को मुक्त कर दीजिए। लोग मेरे बड़े पुत्र प्रतिविन्ध्य को दास-पुत्र पुकारें, यह मुझे असह्य है।''

''अवश्य, अवश्य,'' मानो धृतराष्ट्र कुछ व्याकुल होकर बोले, ''तुम कोई और वर भी माँगो।''

''तो, मेरे अन्य चारों पतियों को भी मुक्त कर दीजिए। मेरी और कोई प्रार्थना नहीं है।''

''ना ना। वह तो है ही। पांडव केवल स्वतन्त्र ही नहीं हैं, जीता हुआ यह धन-रत्न—द्यूत-क्रीड़ा का सम्पूर्ण धन उन्हें समर्पित करता हूँ। वे निश्चिन्त मन, निरापद रूप में इन्द्रप्रस्थ लौटकर ऐश्वर्य-भोग करें। उनका कल्याण हो, मैं उन्हें आशीर्वाद देता हूँ।''

उसके बाद युधिष्ठिर को अपने निकट बुलाया, ''पुत्र युधिष्ठिर, तुम मेरे सामने आओ।''

युधिष्ठिर के पास आकर खड़े होने पर—आहट से ही जानकर—अन्ध-राजा पुनः बोले, ''अजातशत्रु युधिष्ठिर, तुम्हारा कल्याण हो, तुम निर्विघ्न अपने नगर लौट जाओ। मैं तुम्हारा राज्य और सम्पत्ति, सभी कुछ लौटाता हूँ। मैं वृद्ध हो गया हूँ, पुत्र-स्नेह में शायद अकारण दुर्बल भी—मुझ पर क्रोध या क्षोभ न करो। तुम जो धर्म-पथ अनुसरणकर्ता होकर चुप और नम्र बने रहे, धैर्य छोड़कर कड़वी बातें नहीं कहीं अथवा क्रोध नहीं किया—इसी से पता चलता है कि तुम बहुत अधिक प्रबुद्ध हो। जहाँ बुद्धि है, वहीं क्षमा है। तब भी बार-बार कहता हूँ, तुम शान्ति के मार्ग पर ही रहो, कभी भी कुटुम्बियों के साथ युद्ध न करो। देखो, लकड़हारे की कुल्हाड़ी पत्थर में नहीं घुसती, लकड़ी में अनायास घुस जाती है। जो शत्रु के शत्रुतापूर्ण आचरण पर ध्यान न देकर उसके सद्गुण ही देखते हैं, वे ही उत्तम पुरुष होते हैं। वत्स, तुम दुर्योधन की निष्ठुरता को मन में न लाओ, वृद्ध गान्धारी और इस अन्धे पिता के लिए सोचकर उसे क्षमा करो। तुम्हारा कल्याण हो, तुम लोग सम्मान सहित सभी स्वजनों और सम्पदा के साथ इन्द्रप्रस्थ लौट जाओ।''

लेकिन धृतराष्ट्र की बात समाप्त होते न होते—कर्ण के हृदय-विदीर्ण करनेवाले व्यंग्य के आघात ने अभी-अभी आभासित होनेवाले शान्ति के परिवेश को छिन्न-भिन्न कर डाला।

बोले, ''आज तक अनेक नारियों की कहानियाँ सुनी थीं, किन्तु जो कीर्ति आज द्रोपदी ने स्थापित की, लगता है, संसार में उसकी तुलना नहीं। पुरुष और क्षत्रिय, वीर गिने जाते हैं—उनके उद्धार के लिए अबला नारी आगे आई, वे धन्य तो हैं ही !...पांडव नाव से गिरकर विपत्ति के अगाध सागर में डूब गए थे, उन्हें पत्नी ने ही नौका बनकर बचा दिया। पांडु-पुत्र हमेशा ही संकट-काल में पत्नी को आगे करके स्वयं पीछे हो जाते

हैं–निरापद छत्रछाया में, यह बड़ा आश्चर्यजनक व्यवहार है।''

लोहे पर पत्थर के घर्षण से अग्नि की लपटें ही उत्पन्न होती हैं। भीम फिर असह्य क्रोध में मानो फट ही पड़े। कहा, ''महाराज, आप आदेश कीजिए, सभा में विद्यमान शत्रुओं को इसी समय नष्ट कर डालूँगा। पत्नी के अपमान का प्रतिशोध लिये बिना हम अपने पुत्रों को किस प्रकार मुँह दिखा पाएँगे ? वे हमारा परिचय देने में भी लज्जा अनुभव करेंगे।''

अर्जुन ने उन्हें सान्त्वना दी, ''नीच लोग चाहे कितने भी कटु-वाक्य बोलें, किन्तु बुद्धिमान और उत्तम पुरुष उन पर कभी ध्यान नहीं देते–न विचलित होते हैं। शत्रुओं के शत्रुतापूर्ण आचरण को भी, जब तक सम्भव होता है, वीर और प्रतिष्ठावान व्यक्ति क्षमा करते हैं। आप चिन्ता न करें–समय आने पर हम लोग इस अपमान का बदला लेंगे। आप निश्चित रूप से जान लीजिए–मैं इस कर्ण का युद्ध-भूमि में अवश्य ही वध करूँगा।''

कर्ण इतने में पास ही आकर खड़े हो गए। वे अत्यन्त क्रुद्ध थे, भीम की भाँति उनकी इन्द्रियाँ भी मानो अग्नि उगल रही थीं। उनकी भयानक मूर्ति को देख सभी भयभीत हो मार्ग से हट गए।

कर्ण विशेष मुद्रा-भाव बनाकर अर्जुन के सामने खड़े हो गए और कठोर निन्दासूचक व्याजोक्ति करते हुए बोले, ''अर्जुन, यह शौर्य अब तक कहाँ था ? प्रियतमा पत्नी सभा में सहस्रों दर्शकों के सामने अभी अपमानित हुई, उसका प्रतिशोध लेने का तुम्हारा समय कभी बाद में आएगा ? माता-पिता की मृत्यु हो जाने पर उनका संस्कार और विधिपूर्वक श्राद्ध तुरन्त करना होता है; कोई अपनी सुविधा या अवसर के बहाने कभी भविष्य में तो नहीं करता। माता-पिता के सम्मान की रक्षा के समान ही कुल-वधू का सम्मान भी प्रयत्नपूर्वक रक्षणीय होता है। अर्जुन, अब तक मेरी एकमात्र आकांक्षा थी–आमने-सामने युद्ध करके तुम्हें पराजित करूँ। अब लगता है, तुमसे युद्ध करना मेरे लिए अपमानजनक है। तुम योद्धा हो ? तुम वीर हो ? तुम अपराजेय धनुर्धर हो ? तुम्हारा यही परिचय है !...हाय कौन्तेय, तुम्हारे शौर्य को धिक्कार है, तुम्हारी वीरता को धिक्कार है, तुम्हारे शस्त्र-ज्ञान को धिक्कार है। तुम्हें जिन्होंने रण-विद्या की शिक्षा दी, उन द्रोणाचार्य को भी धिक्कार है कि उन्होंने एक का-पुरुष को यह दुर्लभ विद्या प्रदान की। धिक्कार है ! धिक्कार है !''

॥ २७ ॥

उस दिन द्रोपदी, कर्ण के उस स्वभाव-विरुद्ध आचरण का कारण नहीं समझ सकीं। उस दिन ही क्यों–वह आज भी उनके लिए दुर्ज्ञेय, दुर्बोध्य और दुर्लभ्य बना हुआ है–उनके उस अकारण क्रोध और कटुता का रहस्य समस्त दुखों और समस्त कार्यों के बीच भी

उनके मन में व्याकुलता उत्पन्न करता रहता है; यहाँ तक कि लम्बे वनवास के एकान्त में, लोभ-क्रोध-ईर्ष्या से रहित शान्त वातावरण में और मनस्ताप का हरण करनेवाली प्राकृतिक शोभा के बीच भी वे उसे भूल नहीं सकीं। यह प्रश्न उनके मन में मानो तीव्र क्षोभ, क्रोध और दुस्सह वेदना का स्थायी संगी बनकर बैठ गया है।

हाँ, पांडवों को अन्ततः वनवास में ही जाना पड़ा।

मृग-चर्म धारण करके बारह वर्ष वनवास तथा और एक वर्ष अज्ञातवास।

शर्त थी–वह एक वर्ष जन-समाज के बीच किसी जनपद में व्यतीत करना होगा, किन्तु कोई भी उनका सही परिचय प्राप्त न कर सके। कम-से-कम कौरव पक्ष का तो कोई व्यक्ति भी न जान सके। यदि उस एक वर्ष के भीतर उनका भेद खुल गया तो पांडवों को और बारह वर्ष वन में ही व्यतीत करने होंगे।

कर्ण ने तनिक भी असत्य नहीं कहा था–पांडव द्यूत-क्रीड़ा के पहले चरण में सचमुच द्रोपदी के भाग्य से ही बच गए थे अथवा यह कहना भी ठीक होगा कि द्रोपदी के अकथनीय और अकल्पनीय अपमान के बदले ही अपनी मुक्ति और स्वयं की ही लाई गई आर्थिक सम्पदा को खरीद सके थे। किन्तु वह स्वाधीनता एकदम क्षण-जीवी थी। पांडव इन्द्रप्रस्थ भी नहीं पहुँचे थे कि उससे पहले ही फिर हस्तिनापुर का अशुभ आमन्त्रण आ गया।

पुनः द्यूत क्रीड़ा का आमन्त्रण–पहले तय की गई निश्चित शर्त के अनुसार।

इसके पहले और बाद का इतिहास भी द्रोपदी ने सुना था–वन में आने के बाद भी उसे सुनाने आनेवालों की कमी नहीं थी।

पांडवों द्वारा दल-बल सहित अपने नगर की ओर यात्रा प्रारम्भ करते ही दुर्योधन तीव्र क्रोध और क्षोभ से फट पड़ा। उसी के साथ दुःशासन भी : उसका भी क्रोध ही उसके क्षोभ या विलाप से कहीं अधिक था।

उन्हें अधिक दोष भी नहीं दिया जा सकता। यदि दुर्लभ सौभाग्य, बहुत दिनों की एकनिष्ठ आशा और कामना की वस्तु हाथ में आने के बाद दूसरे ही क्षण हाथ से फिसल जाए तो ऐसी मनोभावना स्वाभाविक ही कही जाएगी। यह भी ठीक है कि उस दुख में उसी प्रकार की मन की व्याकुलता और अर्धोन्माद की दशा हो जाएगी।

दुःशासन तो पिता को गाली-गलौच तक देने पर उतर आया, बार-बार कहने लगा, "इतना बड़ा कांड, इतना आयोजन करके और इतनी बदनामी उठाकर जो शक्ति तथा सम्पत्ति आई थी–वह इस मूर्ख, बुद्धि-भ्रष्ट बूढ़े के कारण ही चली गई। यह सम्पत्ति इतने दिन तक कुलवालों की सम्पत्ति थी, आज उसे शत्रुओं के हवाले कर दिया। कारण, इस घटना के बाद यह जरा-ग्रस्त बुद्धि का बूढ़ा चाहे जितनी विनती करे–किन्तु यह सम्भव नहीं कि पांडव हमारे प्रति अपने शत्रुता-भाव को छोड़ देंगे। उसकी तरह दूसरों की बुद्धि के सहारे चलनेवाले, वार्धक्य के कारण बुद्धि-भ्रष्ट वृद्ध अथवा नवजात शिशु के अतिरिक्त और किसी को वैसी आशा नहीं होगी।"

सर्वनाश निकट होने पर सबसे पहले मनुष्य का हितकारी ज्ञान बिला जाता है। वह

नहीं समझ पाता कि कौन उसका वास्तविक हिताकांक्षी है और कौन अनिष्ट करनेवाला। दुर्योधन भी एक बार फिर कुपरामर्श के मुख्य स्रोत सौबल की ही शरण में आ गए। विमूढ़ से होकर बोले, ''आप शीघ्र ही कोई उपाय कीजिए, अन्यथा इसके बाद और अधिक जीवित रहने का कोई अर्थ नहीं रह जाएगा। जीवित रह भी नहीं सकूँगा। यदि इतना होने पर भी वहाँ पांडव सुख और स्वच्छन्दतापूर्वक शासन कर पाए तो हमारा विनाश अनिवार्य है। अथवा उनका क्रीत-दास बनकर उनकी सेवकाई करते हुए जीवन-रक्षा करनी पड़ेगी। वह मुझसे नहीं होगा।''

शकुनि का मन और चिन्तन कभी भी सुमार्ग का अनुसरण नहीं करता। कुबुद्धि के प्रसंग में उसकी प्रतिभा चमक उठती है। आज भी कुपरामर्श देने में क्षण-भर भी विलम्ब नहीं हुआ। बोला, ''अब वृद्ध दोबारा पहले की भाँति द्यूत-क्रीड़ा के प्रस्ताव पर सहमत नहीं होंगे। इसके बदले केवल एक बार खेलने का एक प्रस्ताव रखो। एक बार ही कौड़ियाँ फेंकी जाएँगी, यही एक रास्ता है। जो पक्ष पराजित होगा, वह सब कुछ त्यागकर बारह वर्ष के लिए वन चला जाएगा और उसके बाद भी एक वर्ष अज्ञातवास में रहेगा। उस एक वर्ष की अवधि में उसके निवास-स्थान का पता चल जाने पर उसे फिर बारह वर्ष के लिए वन जाना होगा—यही शर्त रहेगी।''

''उसके बाद ?'' तब भी जैसे दुर्योधन को पूरी तरह विश्वास नहीं हो पाया, ''यदि हम ही पराजित हुए ?''

''वैसी आशंका मत करो। पांडव ही पराजित होंगे। तुम निश्चिन्त रहो। मेरे प्राणों की बाजी रही। यदि पराजय मिली—तो तुम्हारे सामने ही प्राण त्याग दूँगा।''

दुर्योधन प्रसन्न और निश्चिन्त मन से पिता के पास चले गए।

जिसकी उन्हें पहले से ही आशंका थी, वही हुआ—धृतराष्ट्र द्यूत-क्रीड़ा का शब्द भर सुनते ही घोर आपत्ति करने लगे, ''ना, ना, बहुत अनुनय-विनय करके बड़ी कठिनाई से उन लोगों को शान्त किया है। बार-बार उत्तेजित करके बलवान व्यक्ति को अपना शत्रु बना लेना मूर्ख का कार्य होता है।''

दुर्योधन ने कहा, ''महाराज, जिसे शत्रु होना था, वह तो हो ही गया। विषधर सर्प को क्रोधित करके, पदाघात से घायल करने के बाद चाहे उसे कंठ से ही क्यों न लगा लिया जाए, वह अपना विष नहीं समेट लेता, मित्र नहीं हो जाता। उनकी प्रतिज्ञा तो आप सुन ही चुके हैं—इसके बाद यदि कुछ दिन निर्विघ्न राज्य कर पाए तो तैयारी करके किसी-न-किसी बहाने हमारे साथ युद्ध ठान लेंगे—और सरलता से विनाश कर डालेंगे। उस सम्भावना को अंकुर की अवस्था में ही समाप्त करना चाहता हूँ। आप, हमारा प्रस्ताव सुनिए—इस बार, उस प्रकार की कोई घटना नहीं घटने दूँगा—मैं आपके चरण छूकर शपथ लेता हूँ। खेल केवल एक बार होगा, शर्त भी एक ही होगी। जो पक्ष पराजित होगा—इसमें हमें रत्ती भर संशय नहीं, कि पांडव ही पराजित होंगे—वह मृग-चर्म पहनकर, सब कुछ का त्याग करके बारह वर्ष के लिए वन चला जाएगा तथा उसके बाद एक वर्ष अज्ञातवास में रहेगा। यदि उस अवधि में उसे खोज लिया गया तो फिर से बारह

वर्ष वन में रहना होगा। पिताजी, उन्हीं तेरह वर्षों में कुबेर के लिए भी स्वप्नातीत उनका यह ऐश्वर्य अपने अधिकार में करके हम शक्ति और सैन्य तथा शस्त्रों की पर्याप्त वृद्धि कर सकेंगे। तब उनमें युद्ध करने जैसी सामर्थ्य नहीं बचेगी, वैसा प्रयास भी व्यर्थ होगा। आप कृपा करके अपनी सहमति दीजिए, राज्य-लक्ष्मी हमारे गले में माला पहनाने को प्रस्तुत है, आप उस सौभाग्य-माला की उपेक्षा करके उसे न ठुकराइए।''

लोभ तो था ही, छिपी-छिपी ईर्ष्या भी थी। धृतराष्ट्र विचलित हो गए, ''तो–तब तो वही करो। वही उचित है। शायद, अभी वे अधिक दूर नहीं जा पाए होंगे, तेज दौड़नेवाले अश्व पर किसी विश्वस्त और बुद्धिमान दूत को भेज दो–यह प्रस्ताव और आमन्त्रण देकर पांडवों को लौटा लाए।''

दुर्योधन ने पहले से ही उस प्रकार के विश्वस्त दूत को तैयार कर रखा था, उसने उनकी दृष्टि का संकेत पाते ही घोड़े को एड़ लगा दी।

इस बार गान्धारी के पास समय रहते ही यह समाचार पहुँच गया।

वे आकर, वेदना-व्याकुल किन्तु दृढ़ स्वर में धृतराष्ट्र से बोलीं, ''यह क्या किया महाराज, फिर से एक घोर अनर्थ का आवाहन कर डाला ! सुना है, कोई-कोई ऐसा प्राणी है, जो अपनी सन्तान को खा डालता है–आप तो मनुष्य हैं, ऊपर से ज्ञानी और विवेकवान होकर भी वही आचरण कर रहे हैं ! महाराज, हर तरह से विदुर ही आपका हित चाहनेवाला है, तब भी आप हमेशा उसकी सलाह की उपेक्षा करते हैं। मेरी प्रार्थना है, आप उसके परामर्श पर कान दीजिए और दुर्योधन का परित्याग कर दीजिए। अपने जन्म के समय, जब उसने जन्मते ही शृगाल की भाँति शब्द किया था, मैं तभी समझ गई थी कि यह कुल के ध्वंस को जन्मा है। मैंने आपसे तब भी–उसकी माता, गर्भ के भार से निर्बल जननी होने पर भी–यही अनुरोध किया था, आज भी विनती कर रही हूँ–आप ज्येष्ठ पुत्र का परित्याग कर दीजिए, उसके वध का आदेश दीजिए, अन्यथा आप सम्पूर्ण कुल के विनाश को तनिक भी नहीं रोक पाएँगे। इस पुत्र को जीवित रखकर, उसकी इच्छा के अनुसार चलकर इस वंश में पिंड-दान करने योग्य कोई शिशु भी जीवित नहीं बचेगा। अब भी समय है, महा-सर्वनाश से कुरु-वंश को बचाइए।''

धृतराष्ट्र ने उत्तर दिया, ''महारानी, विधाता ने मुझे बाह्य-नेत्रों से वंचित कर दिया है, किन्तु आन्तरिक-नेत्र, प्रज्ञा-दृष्टि प्रदान करके उस अभाव की पूर्ति की है। मैं साफ-साफ देख पा रहा हूँ कि इस वंश का विनाश निकट है, अवश्यम्भावी है। यह किसी भी प्रकार नहीं बच सकेगा। नींद में दूर तक फैले महा-श्मशान का स्वप्न देखता हूँ और जागते हुए चिता के धुएँ की गन्ध अनुभव करता हूँ। महादेवी, मुझमें इतनी सामर्थ्य नहीं कि सर्वनाश की इस बाढ़ को रोक सकूँ। उनको भी नहीं रोका जा सकेगा। अभी, तब भी वे दिखावे के लिए सम्मान की रक्षा करते हुए मेरी सम्मति लेते हैं; मेरे आदेश के अपनी इच्छा के विपरीत होते ही मेरा अभिमत लेना बन्द कर देंगे। मैं उनका पिता भले

ही हूँ–किन्तु इस राज्य की सम्पदा, राज-शक्ति, शासन-व्यवस्था–सभी कुछ उनके हाथ में है। मैं किस आधार पर उनकी इच्छा का प्रतिरोध करूँ ? वे मेरी राय का अनादर करके अपनी इच्छा के अनुसार कार्य करेंगे। मैं स्वेच्छा से ऐसा अपमान क्यों उठाऊँ ? उसके अलावा भी–महारानी, मैं जानता हूँ कि मेरा ज्येष्ठ-पुत्र बहुत लम्पट है, उसका विनाश अनिवार्य है और निकट भी–इस कारण और भी उसका परित्याग नहीं कर सकूँगा। संकट की इस घड़ी में, उसका एकमात्र मित्र, उसका पिता भला किस शक्ति के बल पर उसका परित्याग कर दे ? वह दुर्भाग्य के इस अन्तिम सहारे, पिता के आश्रय से उसे वंचित नहीं कर सकेगा।''...

इस ओर द्रोपदी ने भी कम अनुनय-विनय नहीं किया। उन्होंने स्वभाव-जन्य धैर्य खोकर व्याकुलता दिखाई थी। हाल ही की दुस्सह अवस्था का स्मरण करके इस अशुभ और ईर्ष्या-भरे निमन्त्रण को अस्वीकार करने का आग्रह किया था, अर्जुन से महाराज चक्रवर्ती को वर्तमान दशा के सम्बन्ध में सावधान करने की विनती की थी। अर्जुन ने भी–अर्जुन ही क्यों, सब भाइयों ने ही अत्यधिक कुटिल प्रतिहिंसा से उत्पन्न अनिष्ट की चिन्ता तथा उससे उत्पन्न, उद्धार की सम्भावना से रहित, विपत्ति की आशंका को सोचकर उन्हीं की भाँति ही पुनर्विचार करने का अनुरोध किया था–किन्तु कोई परिणाम नहीं निकला। युधिष्ठिर ने अविचल भाव से दृढ़तापूर्वक उत्तर दिया था, ''इसमें नए सिरे से विचार-विवेचन का कोई कारण नहीं है। विधाता के विधान के अनुसार जातक के भाग्य का शुभाशुभ उसके जन्म-लग्न में ही निर्धारित हो जाता है। प्राणी उस क्षण से ग्रह-योग के फल के रूप में ही सुख-दुख का भोग करते हैं। इस आमन्त्रण को अस्वीकार करने पर भी हमारी भाग्य-लिपि व्यर्थ या खंडित नहीं की जा सकेगी। ऐसी दशा में मैं पिता के समान वृद्ध के आदेश के उल्लंघन का अपराधी क्यों बनूँ ? इसलिए मेरे सामने पुनः द्यूत-क्रीड़ा में भाग लेने के अतिरिक्त कोई मार्ग नहीं है।''

तत्पश्चात् कुछ देर मौन रहने के बाद–अपराह्न के सिन्दूरी बादल की ओर दृष्टि टिकाए द्रोपदी से बोले थे, ''प्रिये, पाप और अनाचार के चरमोत्कर्ष पर पहुँचे बिना उनका निवारण नहीं होता। जो धर्म के मार्ग पर चलता है, उसे शायद कुछ दिन दुर्गति अथवा दुख भोगना पड़ता है–किन्तु अन्त में वही विजयी होता है, स्थायी भी रहता है। देखो रामचन्द्र की भाँति स्थिर-बुद्धि सर्वज्ञानी व्यक्ति भी स्वर्ण-मृग के पीछे दौड़े थे। क्या वे नहीं जानते थे कि धातु-निर्मित जीव के लिए जीवित प्राणी की सचलता सम्भव नहीं है ? तब भी वे गए थे–कारण, यदि इस माध्यम से अनाचार चरम अवस्था तक नहीं पहुँचता तो रावण की तपस्या का फल नष्ट नहीं होता और यदि वह न होता तो राक्षसी-तेज का ध्वंस करके पृथिवी पर शान्ति नहीं लाई जा सकती थी।''

आपत्ति-काल में भी स्थिर रहनेवाले इनके इस कंठ-स्वर से सभी परिचित थे। इस दृढ़ता को थोड़ा भी दबाया नहीं जा सकता था; इसलिए व्यर्थ ही अधिक समय व्यतीत

न करके पुनः हस्तिनापुर लौट आए थे। परिणाम तो पहले से ही ज्ञात था–अतः अनुमान के सहारे नहीं, स्थिर-निश्चय होकर सर्वनाश की ओर लौटे थे।...

केवल पत्नी अथवा छोटे भाइयों ने ही नहीं, मार्ग के दोनों ओर पंक्तिबद्ध खड़े नगरवासियों तथा सभा में बैठे सभी सम्बन्धी-कुटुम्बियों ने इस संकट के प्रति सावधान करने का प्रयास किया था। पांडवों को सुनाने के उद्देश्य से ही आक्षेप किया था, ''हाय, हाय ! क्या एक भी ऐसा हितैषी नहीं, जो इन्हें इस मृत्युतुल्य दुरवस्था के सम्बन्ध में सतर्क कर सके ! पतंगे दीप-शिखा की ओर भागते हैं; क्योंकि वे निर्बुद्धि और विचार-शक्तिहीन होते हैं। ये तो मूर्ख अथवा अविवेकी नहीं हैं, तब क्यों सर्वनाश की ओर बढ़ रहे हैं ?''

युधिष्ठिर ने करुण हँसी हँसते हुए हाथ उठाकर उनके प्रति कृतज्ञता प्रकट की–बगलवाले एक सम्बन्धी से बोले, ''हमारी नहीं, कौरवों की ही अमोघ-नियति उनकी दुर्बुद्धि को भड़का रही है। हम तो उनके भाग्य-चक्र में पड़कर निमित्त कारण भर बन रहे हैं।''...

इसके बाद, रीति-नियम के अनुसार सभी लोगों के सामने बाजी की शर्त की घोषणा, खेल खेलना और पराजित होना तो केवल एक पहर का कार्य था। केवल एक बार का खेल, केवल एक बार कौड़ियाँ फेंका जाना–एक पल की अवधि–शकुनि ने, इनका जो कुछ था, वह सब और जीवनावधि के तेरह वर्ष जीत लिये।

यह सब भी पहले से ही अनुमित था–इसलिए इनके परिताप, रुदन अथवा क्षोभ प्रदर्शित करने का कोई नवीन कारण नहीं था। इन्होंने ऐसा कुछ किया भी नहीं। भाग्य की इस छलना को सिर नवाकर स्वीकार कर लिया, नियति के समक्ष आत्म-समर्पण कर दिया। किन्तु कौरव-पक्ष के हर्षोल्लास ने शालीनता की समस्त सीमाएँ तोड़ डालीं। ईर्ष्या के कुत्सित दंश के कारण नीचता भरे मन का सर्वाधिक घृणित रूप प्रकट हुआ। उस प्रेत-तांडव के सामने सभा में बैठे वृद्धजन सिर नीचा करने को विवश हो गए, अनेक लोगों ने सभा-स्थल छोड़कर अपने को इस घृणित परिस्थिति से जुड़ने से बचाया।

सबसे अधिक अपमानजनक व्यवहार दुःशासन ने किया। पांडव आसानी से सुन सकें, इस प्रकार के ऊँचे स्वर में परिषद और वयस्क लोगों को सम्बोधित करके बोला, ''अबसे धर्मप्राण महात्मा दुर्योधन का साम्राज्य प्रारम्भ हुआ। कुरु-वंश के घाव के समान पांडु-पुत्र अपने योग्य विपत्ति-लाभ करके उपयुक्त स्थान की ओर प्रस्थान कर रहे हैं। यह असन्दिग्ध रूप से सिद्ध हो चुका है कि हम लोग सभी प्रकार से शत्रुओं से श्रेष्ठ हैं; विजय-लक्ष्मी और राज्य-लक्ष्मी ने हमें ही माला पहनाई है।...अचानक असीमित धन प्राप्त करके वे लोग अहंकार में फूल गए थे, हम लोगों को हास्यास्पद व परिहास का पात्र बनाकर–हमारी मजाक उड़ाकर सन्तुष्ट हो रहे थे। हाय ! आज उन्हें ही सिर झुकाए, मृग-चर्म का उत्तरीय धारण करके वनवास में जाना पड़ रहा है। यही विधाता का सच्चा न्याय है।...अरे, कौन है, उनके मुकुट और दूसरे आभूषण उतार लो, मृग-चर्म के परिधान के साथ वे सब अच्छे नहीं लगते। लोग देखेंगे तो हमारी ही रुचि की निन्दा करेंगे।''

इसके बाद कर्ण की ओर देखकर–मानो समर्थन की आशा में–एक आँख आधी दबाकर उपहास की मुद्रा में कहा, "उनका विचार था कि उनके समान और कोई पुरुष नहीं है। उन्होंने आत्म-प्रशंसा का उचित फल पा लिया। देखो, देखो, अच्छी तरह गहराई से देखो, दोनों आँखें तृप्त हो जाएँगी। तपस्वियों की भाँति मृग-चर्म पहन लेने भर से क्या होगा, उनका जो चेहरा है, क्या गँवार अनार्यों के समान नहीं लगता ? राजा द्रुपद ने क्या देखकर इन्हें अपनी कन्या दे दी ! याज्ञसेनी, तुम्हें भी इन सम्बलहीन, असहाय, बे-घरबार, साधारण मृग-चर्म पहने–सब तरह से अयोग्य पतियों के साथ वन जाने को विवश देखकर मुझे दुख हो रहा है। अच्छा, तुम एक काम करो, तुमने इन कापुरुषों की बहुत समय तक सेवा की है–अब बलवान और ऐश्वर्यशाली कौरवों में से कोई मनोनुकूल पति चुन लो, तुम सुखी और निर्विघ्न रह सकोगी। विचार करके देखो–जैसे फलहीन तिल, चमड़ा भर शेष मृग और चावल के बिना धान होते हैं–उसी प्रकार आज पांडव भी आन्तरिक शक्ति से शून्य पुरुष के रूप में बदल गए हैं, उनका अनुगमन पूर्णतः मूर्ख का कार्य होगा।"

भीमसेन और अधिक नहीं सह सके। दोनों हाथों की मुट्ठियाँ बाँध, आगे बढ़कर दुःशासन से बोले, "मूर्ख, इस शकुनि के बल पर, कपट-भरी द्यूत-क्रीड़ा में विजय पाकर तुझे इतना उल्लास हो रहा है ! धर्म से बँधा होने के कारण अभी इसका समुचित प्रतिफल नहीं दे पा रहा हूँ। किन्तु उसमें अधिक देर भी नहीं है। मनुष्य के जीवन में तेरह वर्ष कोई इतना लम्बा समय नहीं होता, वे दिन पूरे हो ही जाएँगे। जिस दिन तुझे समस्त बन्धु-बान्धवों और सहायकों के सामने पटककर और मर्म-स्थल चीरकर तेरा रक्त-पान करूँगा, तू उसी दिन इस अपमान का उचित प्रत्युत्तर पाएगा !"

दुःशासन वर्तमान में हुई स्वार्थ-सिद्धि के उल्लास में डूबा था, इस आनन्द को कटु-भविष्य की चिन्ता में नष्ट करने की उसकी इच्छा नहीं थी, वह "चुपकर मूर्ख ! मूर्ख, मूर्ख, तू मूर्ख है !" कहकर, दोनों हाथ ऊपर उठाकर नाचने लगा।

कर्ण अभी तक अपलक नेत्रों की विचित्र दृष्टि से पांचाली की ओर देख रहे थे। अब यह कर्कश ध्वनि कान में पड़ी तो दुःशासन की ओर देखा। उसे इस प्रकार मदिरा में डूबे निषाद की भाँति नाचते देख जैसे घृणा से भरकर मुख घुमा लिया।

किन्तु केवल दुःशासन का ही नहीं, दुर्योधन का ज्ञान भी जैसे बहुत दिनों की आशा–उसे दुराशा ही कहना उचित होगा–अप्रत्याशित रूप से पूर्ण हो जाने की प्रसन्नता में नष्ट हो गया था। वे राजवंश की मर्यादा और आभिजात्य की रीति को भुलाकर भीम के आसपास उनकी हाथी की भाँति चाल की भौंडी नकल करके चलने लगे और कुरुचि का परिचय देनेवाली अपनी इस मजाक पर स्वयं ही हँसकर लोटपोट हो गए।

भीम रोष से लाल नेत्रों के साथ कठोर आवाज में बोले, "यदि युद्ध हुआ तो देवता साक्षी रहेंगे–मैं गदा के वार से इस पापी दुर्योधन को धराशायी करके सभी लोगों की उपस्थिति में इसका सिर पैरों के नीचे रौंद डालूँगा।"

अर्जुन ने उन्हें बाँह से पकड़कर खींचते हुए कहा, "छिः ! जो वास्तव में वीर होते

हैं, उन्हें अपने मुँह मियाँ मिट्ठू बनना शोभा नहीं देता। शर्त के तेरह वर्ष बीतने के बाद जो कुछ होगा, वह संसार प्रत्यक्ष ही देखेगा, वह इतिहास में अंकित हो जाएगा। आपके समान मैं भी इस ईर्ष्या के दास, अकारण विद्वेष करनेवाले कटु-भाषी कर्ण का वध कर डालूँगा। आप दुर्योधन और दुःशासन के राक्षसोचित आचरण का प्रतिफल देंगे। यह, दूसरों के विनाश का इच्छुक, धूर्त सौबल और इसके अनुगामी–कोई भी बच नहीं सकेगा। यदि कोई हमारी सहायता करनेवाला भी न हुआ–तो भी हम पाँच भाई ही पर्याप्त हैं–आज की इस घटना का प्रतिशोध अवश्य लेंगे।''

ऐसा प्रतीत नहीं हुआ कि इन सबमें से कोई एक बात भी युधिष्ठिर के कानों में पड़ी हो। वे शालीन और गम्भीर भाव से धीरे-धीरे चलते हुए धृतराष्ट्र के सिंहासन के निकट पहुँचे। हाथ जोड़कर बोले, ''मैं समस्त भरतवंशियों के प्रति यथायोग्य सम्मान प्रकट करते हुए विदा की प्रार्थना करता हूँ। पितामह, द्रोण, कृप, अश्वत्थामा, समस्त अन्यान्य राजा, विदुर, धृतराष्ट्र, उनके पुत्र-गण, संजय आदि सभासद गण, सभी हमें प्रसन्न मन से विदा करें। यदि विधाता ने चाहा तो तेरह वर्ष के बाद फिर आप लोगों के सामने उपस्थित होकर नमस्कार, प्रीति और शुभेच्छा ज्ञापित करेंगे।''

किन्तु, जिनसे प्रार्थना की गई थी, उनमें से कोई भी उत्तर नहीं दे पाया, वे लज्जा से अपना सिर झुकाए निश्चल बैठे रहे, यहाँ तक कि जिनके लिए नेत्रों की लज्जा का कोई कारण नहीं था–उन जन्मान्ध धृतराष्ट्र ने भी अपना मस्तक झुका लिया। केवल विदुर ही हाथ उठाकर आशीर्वाद और सान्त्वना की मुद्रा में बोले, ''पुत्र, आर्या कुन्ती वृद्धा हैं, वे हमेशा से सुख-सुविधा में रही हैं, उनसे वनवास का कष्ट नहीं सहा जाएगा। उन्हें मेरे पास छोड़ जाओ। मैं शक्ति भर उनकी देखभाल करूँगा, भले ही उन्हें मेरे घर में पर्याप्त सुख न मिले, किन्तु इच्छानुसार रह सकेंगी।''

''जो आज्ञा,'' मानो युधिष्ठिर उनके प्रस्ताव के प्रति सम्मान प्रकट करते हुए बोले, ''चाचा, आपने हमें संकट की घड़ी में हमेशा ही यथासम्भव उपदेश और सुपरामर्श दिया है। वस्तुतः आपने हम लोगों को पुत्र के समान जानकर हमारे बचाव का प्रयास किया है। अब भी आपका आशीर्वाद और उपदेश ही हमारा पाथेय बनेगा–ऐसी आशा करता हूँ।''

विदुर ने कहा, ''वत्स, अधर्म द्वारा मिली पराजय से क्षुब्ध, लज्जित अथवा दुखी होने का कोई कारण नहीं होता। तुम पाँचों भाई, पुरोहित धौम्य और बहू द्रौपदी–तुम सभी अनन्त गुण-सम्पन्न एवं परस्पर हितकारी हो–तुम लोगों के एक रहने पर कोई भी तुम्हारा विशेष अनिष्ट नहीं कर पाएगा। तुम तो बुद्धिमान हो, तुम इन्द्र से विजय का बल, यम से क्रोध को नियन्त्रित करने की सामर्थ्य, कुबेर से दान की प्रवृत्ति और वरुण से संयम का आदर्श ग्रहण करो। तुमने जानते-बूझते कोई पाप नहीं किया, अतः मुझे पूरा विश्वास है कि सफल-काम होकर कल्याण के साथ तुम्हारा शुभ पुनरागमन होगा।''

पांडव, सभा-भवन से विदुर के घर गए—माता कुन्ती की चरण-वन्दना कर उनसे विदा की प्रार्थना के लिए। उन्हें देखते ही देवी पृथा उच्च स्वर में रोने लगीं। बोलीं, ''अशेष गुणवती, कर्त्तव्य-परायणा, पुण्यशीला पांचाली का यह रूप और दुर्दशा देखने से पहले मुझे मौत क्यों नहीं आ गई ! आज तुम्हारे पिता जीवित होते तो इसका प्रतिशोध अवश्य लेते। बहन माद्री भाग्यवती थीं, जो उन्हें यह सब नहीं देखना पड़ा।..पुत्र सहदेव तो मुझे मेरे शरीर से भी प्यारा और अभिन्न है—उसके बिना मैं कैसे रह पाऊँगी ? तुम लोग मुझे भी वन ले चलो, तुम्हारे साथ मुझे कोई भी कष्ट पीड़ित नहीं कर पाएगा।''

पांडवों ने बहुत कठिनाई से उन्हें शान्त किया और जाने से रोका। वे द्रोपदी को आलिंगन में भर उनका सिर चूमते हुए बोलीं, ''ध्यान से रहना। मैं जानती हूँ, जहाँ तक सम्भव होगा, मेरे बेटे, कष्ट, अपमान और विपत्ति से तुम्हें बचाएँगे। तुम अपने पतियों की अनुगामिनी बन रही हो—लम्बे समय तक तुम्हारा यह यश-गौरव दूसरी नारियों के लिए ईर्ष्या की वस्तु रहेगा। बेटी, मैं अपने सभी बेटे तुम्हें सौंप रही हूँ, किन्तु तब भी एक अनुरोध करती हूँ—सहदेव का विशेष रूप से खयाल रखना। वह हमेशा ही मेरे स्नेह और लाड़ की छाया में रहा है, उसके बिना वह मन में दुखी होगा।''

इसके बाद द्रोपदी कुरु-कुल-वधुओं के पास विदा लेने गईं।

द्यूत-क्रीड़ा का शोचनीय फल पता चलने के बाद से ही उनकी लज्जा और दुख की सीमा नहीं रही थी ! द्रोपदी की यह दशा देखकर वे सब रो उठीं। आँखों में आँसू भरे सभी बार-बार अपने पतियों की ओर क्षमा माँगने लगीं। एक दिन पहले ही, जो उनके प्रति घोर ईर्ष्या और विद्वेष से भरी थीं—वे ही अब पांडव-महिषी की दुर्दशा तथा अपमान पर लज्जावनत और दुखी हो गईं। यहाँ तक कि भानुमती भी सिर झुकाए उनके दोनों हाथ थामते हुए बोलीं, ''तुम हम लोगों का खयाल करके उनके इस अक्षम्य बर्बर आचरण और दुष्कृत्य को क्षमा कर दो। तुम नारी हो—नारियों की व्यथा को समझोगी। तुम्हारा एक-एक आँसू इनके महा-पतन के एक-एक सोपान की रचना कर रहा है। तुमने क्षमा न किया तो हमारा महा सर्वनाश हो जाएगा। हमारे लिए न कर सको, तो हमारी सन्तान का ही मुख देखकर किसी तरह इनका उद्धार करो।''

उनके इस अनुनय और अनुताप पर द्रोपदी की आँखें भी भर आईं। वे करुणा-विगलित स्वर में बोलीं, ''बहन, मेरी आँखों से बह चुके आँसू तो फिर से आँखों में लौटाए नहीं जा सकते। यदि सम्भव होता तो तुम्हारा मुख देखकर लौटा लेती। वे समस्त अश्रु-बिन्दु धर्म के चरणों में समर्पित होकर उन्हीं के न्यायालय के भांडार में सुरक्षित हो गए हैं। अब जो वे चाहेंगे, वही होगा। इतने पर भी यदि कौरव अभी भी होश में आ जाएँ—अभी भी पश्चात्ताप करके सोचें-समझें, तो मेरा विश्वास है, धर्म के न्यायालय में उनकी मुक्ति एकदम से असम्भव नहीं है।''

ऐसा नहीं कि पांडवों के विदा लेकर चले जाने पर केवल धृतराष्ट्र के अन्तःपुर में ही

शोक भरा क्रन्दन मचा हो–हस्तिनापुर के राज-पथ के दोनों ओर एकत्रित प्रजा के विलाप, पांडु-पुत्रों से वन-गमन स्थगित करने की विनती एवं धृतराष्ट्र को दिए जानेवाले शाप की ध्वनियों ने, सुदूर प्रासाद के भीतरवाले अकेले कक्ष में, अन्धे धृतराष्ट्र के कानों में पहुँचकर उन्हें उद्विग्न और आशंका से व्याकुल कर डाला।

उन्होंने कुछ देर असहाय अनुभव करते हुए विलाप करने के बाद अपने निजी-सचिव और सहचर संजय को भेजकर विदुर को बुला भेजा। परेशान और व्याकुल होकर उनसे पूछा, ''क्या पांडव नगर से बाहर चले गए ? क्या उन्हें बहुत दुखी देखा था ? वे लोग किस तरह गए–मुझे थोड़ा सा बताओ। मुझे पता है, मेरे नगर में अन्याय आनेवाला है। मेरे दुराचारी पुत्रों के प्राणों और धन के विनाश में अधिक विलम्ब नहीं है।...पांडव–युधिष्ठिर इन्हें शाप तो नहीं दे रहे थे न ?''

''महाराज, प्रतीत होता है, आप युधिष्ठिर को अभी तक पूरी तरह नहीं समझ पाए हैं। कहीं उनकी दृष्टि अत्यधिक करुण अथवा क्रुद्ध न हो उठे और वह दृष्टि कौरवों पर पड़कर कहीं उन्हें शाप-ग्रस्त न बना डाले, इसीलिए वे अपनी दोनों आँखें ढके हुए नगर-पथ को पार कर गए।''

''और ? अन्य चार जाने ? मेरी बहू द्रोपदी ?'' धृतराष्ट्र अपने स्वर की व्याकुलता नहीं छिपा सके।

''उनमें से भीम ने–तेरह वर्ष व्यतीत होने पर अपने भुजबल से आपकी सन्तान से उसके दुष्कृत्य का प्रतिशोध लेंगे–मानो इसी के संकेत स्वरूप अपनी लोहे जैसी मजबूत और बलिष्ठ भुजाएँ फैला रखी थीं; चिरंजीव अर्जुन जिस प्रकार युद्ध में अविराम बाण-वर्षा करेंगे उसी का पूर्वाभास देते हुए दोनों हाथों से बालू बिखेरते हुए जा रहे थे; नकुल और सहदेव ने चेहरे पर मिट्टी का लेप कर रखा था–वे दोनों ही अत्यधिक रूपवान और रमणियों का मन आकर्षित करनेवाले हैं–इस दशा में मार्ग में कोई ग्राम-वधू उनकी ओर आकर्षित होकर अपना धैर्य न खो बैठे–शायद उसी कारण यह सावधानी बरती हो।''

अत्यन्त अस्थिर और व्याकुल हो उठने पर भी धृतराष्ट्र तत्काल कुछ नहीं बोल पाए। थोड़ी देर बाद कुछ सकुचाते हुए बोले, ''मैंने कुछ पहले भू-कम्पन अनुभव किया था, प्रतीत होता है, एक वज्र-पात की ध्वनि भी हुई थी। विदुर–क्या यह सत्य है ? क्या तुमने भी ऐसा कुछ अनुभव किया था ?''

''हाँ आर्य, पांडवों के नगर की सीमा पार करते ही नगर के प्रवेश-द्वार पर वज्र-पात हुआ, उसी के साथ प्रबल भूमि-कम्प भी, उसके फलस्वरूप स्थान-स्थान पर काष्ठ-घर्षण के बिना ही अकारण अग्नि प्रज्वलित हो उठी। इसके अतिरिक्त प्रजा के विलाप और क्रन्दन के स्वर के साथ अचानक बड़ी संख्या में सड़े हुए मांस के लोभी गीधों तथा शृगालों की विकट-ध्वनि ने मिलकर भयावह कोलाहल उत्पन्न कर दिया।''

धृतराष्ट्र अपने मस्तक पर हाथ मारते हुए बोले, ''मैं जान रहा हूँ, मेरे पुत्रों का और बचाव नहीं। हाय ! हाय ! अत्यधिक अहंकार, उद्धत-व्यवहार और शक्ति-लोलुपता

ही उनके महा-अनिष्ट के कारण हैं। किन्तु मैं कर ही क्या सकता हूँ, उनमें से कोई भी मेरे वश में नहीं हैं। मैं ही अपने पुत्रों का त्याग करके, क्या लेकर और किसको लेकर रहूँ ?''

यह हाहाकार, यह क्रन्दन, यह कर्कश अमंगल ध्वनि कर्ण के प्रासाद में भी पहुँच ही गई ! द्रोपदी को पर्याप्त रुधिरवर्णी वस्त्रों में, खुले-बिखरे केश लिये आँसू पोंछते-पोंछते जाते हुए देखने पर, कर्ण मानो किसी विष-बुझे मर्मभेदी तीर द्वारा बींध दिए गए हों—इस प्रकार दोनों हाथों से छाती भींचे अपने प्रासाद में आकर उन्होंने एक अन्धकार भरे कक्ष में प्रवेश करके उसकी अर्गला लगा ली। तबसे उसी प्रकार अपने को छिपा रखा था।

द्रोपदी को इस दुरवस्था में अनार्य रमणियों की भाँति जाते देखकर मार्ग के किनारे एकत्र नागरिकों में से सभी ने कहा, ''तेरह वर्ष बाद ठीक इसी प्रकार कौरवों की पत्नियाँ, पति-पुत्र और आत्मीय-सम्बन्धियों के रक्त में लिपटी, खुले केश लिये उन्मादिनी की भाँति हस्तिनापुर के राज-पथ पर घूमती फिरेंगी—यह हमें दैव-दृष्टि से दिखाई दे रहा है।'' वे सब बातें गले हुए सीसे की भाँति कानों में प्रवेश करके अंगाधिपति की यन्त्रणा का कारण बन रही थीं।

हाहाकार, विलाप और अमंगल-सूचक शब्द मानो विराम नहीं ले रहे थे। अन्त में, और अधिक निश्चल न रह पाने के कारण कर्ण, पागल व्यक्ति की भाँति अपने प्रासाद से निकलकर पैदल ही दुःशासन के पास पहुँचे। उस घड़ी दुःशासन भी विषण्ण अवस्था में एक अकेले और सेवकहीन कक्ष में बैठा था। कुछ काल पूर्व का वह उन्मत्त आनन्द, वह विजय के गर्व का उल्लास जैसे कुछ भी शेष नहीं बचा था—उसके मदिरापान से विकृत मस्तिष्क में, इस अमंगल-चिह्न और प्रजा की दुख-भरी बातों ने थोड़ी प्रतिक्रिया उत्पन्न की होगी।

ऐसा प्रतीत हुआ कि कर्ण को देखकर उसके मन को कुछ बल प्राप्त हुआ। अधलेटी अवस्था से सीधे होकर उठते हुए सामने के पलंग की ओर संकेत करके बोला, ''आओ, आओ अंगराज। तुम्हारे विषय में ही सोच रहा था।''

किन्तु कर्ण ने इस सामाजिकता और सौजन्यता पर कोई ध्यान नहीं दिया। अकारण और अचानक क्रुद्ध स्वर में बोले, ''क्या हम लोग हमेशा सेवकों की भाँति हाथ जोड़कर दुर्योधन के आदेश और इच्छा पर चलते रहेंगे ? क्या हमें स्वतन्त्रतापूर्वक कुछ भी करने का अधिकार नहीं ? यहाँ तक कि उनके हित और प्रिय कार्यों का भी नहीं ?...चलो, हम कुछ लोग उनको बताए बिना अभी ही पांडवों का पीछा करें। वे असावधान हैं, तैयार नहीं हैं और अत्यधिक थके हुए तथा दुखी हैं। इस दशा में वे किसी भी प्रकार हमारे संयुक्त प्रचंड आक्रमण को विफल नहीं कर पाएँगे, हम लोग उन्हें सरलतापूर्वक मार डालेंगे। शत्रुओं को समृद्ध होने देकर बल एकत्र करने देना मूर्ख लोगों का कार्य है।...यही उत्तम अवसर है—दुर्योधन की अशान्ति और दुश्चिन्ता के विष-वृक्ष को निर्मूल करने का। हमारा उद्देश्य पूर्ण होने पर बन्धु दुर्योधन निश्चिन्त

होकर राज्य-भोग करने एवं मनोनुकूल शासन करने का अवसर प्राप्त करेंगे, तब वे हमसे असन्तुष्ट न होकर हमें धन्यवाद ही देंगे।''

नशा उतरने के कारण दुःशासन के चेहरे पर स्वाभाविक रूप से थकन और दुख दिखाई दिया। कर्ण को देखकर जो थोड़ा-बहुत उत्साह अनुभव किया था, उसके भी समाप्त हो जाने के कारण वह फिर से दुख अनुभव करने लगा। पहले की भाँति शरीर को तकिए पर टिकाते हुए धीरे-धीरे बोला, ''नहीं अंगाधिपति, मैं उन लोगों को पहचानता हूँ, जन्म से देख रहा हूँ। भूलो मत कि एक ही वृक्ष की दो शाखाओं पर हमारा जन्म हुआ है। चाहे जितने दुर्बल, थके हुए और दुखी हों—चाहे जितना अचानक आक्रमण क्यों न किया जाए—उन्हें पराजित करना इतना सहज नहीं होगा। यदि हम लोग चेष्टा करके असफल हो जाएँ तो सभी के लिए उपहासास्पद बन जाएँगे, दुर्योधन हम पर क्रोध करेंगे—और यदि मारे गए—तो असहाय हो जाएँगे। सुना है, कुछ ही पहले पितामह व्यासदेव स्वयं आकर पिताजी को भविष्य के अमंगल का एक भयावह विवरण सुना गए हैं। मानस-पट पर उस चित्र के अंकित होने में देर नहीं लगी। पिता व्याकुल हो उठे हैं और हम लोगों को गालियाँ दे रहे हैं। इस समय इस अविवेकपूर्ण कार्य की कोई आवश्यकता नहीं है। आप शान्त होइए, थोड़ा विश्राम कीजिए।

''शान्त !'' कर्ण विचित्र भाव से हँसे, दीपक के धीमे प्रकाश में भी दुःशासन उसे देखकर काँप उठा; वह हँसी आँसुओं से भी कहीं करुण थी; बोले, ''दुःशासन, इकट्ठा ही विश्राम करूँगा, रण-भूमि में मृत्यु की गोद में। और तभी—उसके हिमशीतल स्पर्श से—तत्क्षण शान्त हो जाऊँगा। उससे पहले इन दो अक्षरों से परिचय की कोई सम्भावना नहीं है।''

॥ २८ ॥

दुख और क्षोभ के भार से दबे हुए पांडवों को हस्तिनापुर की सीमा पार करने में थोड़ा समय लगा, इसमें शरीर की थकन भी कम बाधा नहीं बनी। विशेष रूप से द्रोपदी के दोनों पैर कुछ दूर चलने पर ही लहू-लुहान हो गए। किन्तु इसके बाद जो अकल्पनीय घटना घटी, उसने सम्पूर्ण क्लान्ति एवं क्षोभ को धो डाला तथा केवल एक मनोभाव ने उन लोगों को घेरकर अभिभूत कर दिया—वह मनोभाव था विस्मय; केवल विस्मय ! अधिक से अधिकतर विस्मय ! इतना कि द्रोपदी उस अपरिमित दुख और व्यापक क्षोभ के बीच भी किंचित् प्रसन्न हो गईं।

महिमा-मंडित व्यक्तियों के पतन में भी थोड़ी महिमा और मर्यादा दिखाई देती है। जब जड़ से कटा वृक्ष भूमि पर गिरता है, अथवा प्रचंड आँधी से उखड़कर ढह जाता है—तब पृथ्वी बहुत दूर तक, उस विशाल भार के गिरने की गति से उत्पन्न तरंगों का अनुभव करती है, तज्जन्य हलचल और प्रचंड ध्वनि से दूर-दूर तक का जनपद चौंक

उठता है। पांडव, दीन वेश में अपमानित-पीड़ित भिक्षुक की भाँति वन को जाएँ–दुर्योधन ने, ईर्ष्या के बीज से उत्पन्न इसी कामना-वृक्ष को नीच-कौशल के जल से सींचा था, इस आशा से कि वे पांडवों की दीन-दशा और असहाय अवस्था को देखकर व्यंग्य-भरा उपहास करके आनन्द मनाएँ। उसी आनन्ददायी दुर्दशा का विवरण सुनने की आशा में नगर की सीमा तक भेजे समाचार-संग्राहक की अधीर होकर प्रतीक्षा कर रहे थे। किन्तु वह व्यक्ति जो संवाद लेकर आया–उससे अभी-अभी द्यूत-युद्ध में विजयी स्वयम्भू नए सम्राट आनन्दित नहीं हो सके।

पांडवों के भाग्य की प्रतिकूलता का समाचार फैलने में विशेष समय नहीं लगा। दूसरी ओर पांडवों को–गुरुजनों व कुटुम्बियों से विदा लेने तथा हिताकांक्षियों को सान्त्वना बँधाकर प्रासाद से निकलने में ही काफी समय लग गया। ऊपर से धीमी गति से नगर-द्वार तक पहुँचते-पहुँचते वह बुरी खबर आँधी में उड़ी धूल की भाँति दूर-दूर तक फैल गई। परिणाम यह हुआ कि ब्राह्मण से लेकर शूद्र तक, क्रीतदास–और गृहस्थ से लेकर उनके सेवक तक पांडवों की खोज में निकल पड़े। सबके मुँह में एक ही बात थी, "जहाँ पांडव जाएँगे, वहीं हम भी जाएँगे। हम लोग उन्हें छोड़कर कौरवों के राज्य में एकदम नहीं रहेंगे।"

वे निडर होकर मुँह पर ही कौरवों एवं भीष्म, द्रोण, कृप, विदुर आदि को धिक्कारने लगे। कहने लगे कि पांडवों की तरह ही–उनका आचार-धर्म-कुल-गो-गृह-धनरत्न, कुछ भी पापिष्ठों के इस राज में निरापद नहीं है, इसलिए वे कौन सी इच्छा और आकर्षण के चलते वहाँ रहें ?

"इस दुर्योधन को हम जानते हैं। वह गुरु-द्रोही, आचार-भ्रष्ट, मित्र-त्यागी, अर्थ-लोभी, अहंकारी, नीच और निर्दयी-प्रकृति का है ! इसके राजा हो जाने से प्रजा की दुर्गति अवश्यम्भावी है ! अतएव यह स्थान छोड़कर जितेन्द्रिय, कीर्तिवान, दया-धर्म और आचार-परायण, सहानुभूति सम्पन्न पांडवों का अनुगमन करना ही उचित है। यदि वे वन में रहेंगे तो हमारे लिए वह वन भी सुख का स्वर्ग हो जाएगा।"

और चाहे जो हो, किन्तु पांडव–इस विशाल जन-समागम तथा उसकी आर्त्त-पुकार का सामना करने के लिए तैयार नहीं थे। वे भावावेग से भर गए। युधिष्ठिर बार-बार हाथ जोड़कर सभी से अपने-अपने घर लौट जाने का अनुरोध करने लगे, किन्तु उन्होंने उनकी बात पर कान नहीं दिया–उलटे असंख्य तर्क और विनती करने लगे–कि इस अन्याय-भरी द्यूत-क्रीड़ा की शर्त की उपेक्षा करके वे इन्द्रप्रस्थ जाकर राज-काज चलाएँ। यह निश्चित है कि बल और पराक्रम में कौरव उन्हें पराजित नहीं कर सकेंगे।

जन-साधारण की इस करुणा-भरी विनती पर द्रोपदी के नेत्र बार-बार भर आने लगे। वे उनके पैरों में गिरकर उच्च स्वर में उनकी जय-जयकार तथा कौरवों की निन्दा करने लगे। बार-बार दृढ़ स्वर में घोषणा करने लगे कि यदि पांडव अपने घर नहीं लौटेंगे–तो वे भी नहीं लौटेंगे, उन्हीं के साथ वन चले जाएँगे।

असहाय और व्याकुल युधिष्ठिर ने निरुपाय होकर प्रधान सारथी इन्द्रसेन को संकेत

किया। उसने पहले ही कुछ रथों में थोड़े परिजनों और अन्तःपुरवासियों को इनसे आगे भेज दिया था। अब उसने तीन रथ और प्रस्तुत कर दिए। अवसर देखकर पांडव भाइयों में से एक-एक रथ पर चढ़ गए। बलवान घोड़े उन्हें क्षण-भर में ही बहुत दूर ले गए। पांडवों ने बचकर सन्तोष की साँस ली।

किन्तु हाय ! वे अपनी प्रजा के प्रेम की प्रगाढ़ता को नहीं नाप सके, उसकी अन्तर्वेदना का समग्र परिचय प्राप्त नहीं कर सके।

पांडवों ने दोपहर बाद यात्रा प्रारम्भ की थी। कुछ दूर जाने पर ही सन्ध्या घिर आई। सामने विपुला नदी थी ! उस रात सबको लेकर पार जाना कठिन था। विवश होकर उन्होंने यात्रा वहीं स्थगित करके नदी में स्नान कर सारे दिन की भूख और मन के कष्ट की थकन को थोड़ा मिटाया। इसी बीच एक विशाल वट-वृक्ष मिल गया था, उसी के नीचे रात्रि व्यतीत करने का निश्चय किया। भोजन की कोई व्यवस्था नहीं थी, किसी की भोजन में रुचि भी नहीं थी, अंजलि-भर नदी-जल पीकर क्षुधा शान्त कर ली।

किन्तु नदी किनारे का वह स्थान जन-विरल तो था, जन-शून्य नहीं। जंगल तो बिल्कुल नहीं था। पांडवों के भाग्य की प्रतिकूलता और वहाँ विश्राम करने की चर्चा फैलने में देर नहीं लगी। देखते-देखते बहुत से साधु-तपस्वी एकत्र हो गए। वे उनके भोजन अथवा शयन की कोई व्यवस्था तो नहीं कर पाए, किन्तु उन्हें घेरकर वेद-गान, स्तोत्र-पाठ और यज्ञ आदि करते हुए वे भी सारी रात जगे रहे।

उसी बीच–साधारण गृहस्थों अथवा किसान-प्रजा से पीछा छुड़ा लेने पर भी बहुत से ब्राह्मण रात-भर यात्रा करके पांडवों के पास पहुँच गए।

अर्थात् युधिष्ठिर के दुख से दुश्चिन्ता भी आ मिली। यदि इतने लोग सचमुच उनका अनुगमन करेंगे–तो वे उन्हें खिलाएँगे क्या ?

पिछली रात आनेवाले तपस्वियों में प्रसिद्ध शौनक मुनि भी थे। युधिष्ठिर को अत्यधिक परेशान और व्याकुल देख उन्होंने आकर सान्त्वना दी। बोले, ''महाराज, मनुष्य की जीवन-यात्रा में सहस्रों शोक के और सैकड़ों-सैकड़ों भय के अवसर आते हैं। ये मूर्ख व्यक्ति को ही व्याकुल और दुखी करते हैं। ज्ञानी और विचारशील व्यक्ति को ये कभी भी नहीं दबा पाते। बुद्धि सभी दुखों का विनाश करनेवाली होती है, आपके पास वही अष्टांग बुद्धि और ज्ञान है। आपको, आपत्ति-काल में शारीरिक या मानसिक दुख में दुखी होना शोभा नहीं देता। ज्ञानी व्यक्ति असन्तोष और अभाव की अनुभूति को कभी भी आश्रय नहीं देते। आसक्ति या प्रिय वस्तु के प्रति अतिरिक्त इच्छा ही मानसिक दुख का कारण होती है। आप धर्म को छोड़कर अन्य वस्तुओं के प्रति इच्छा का त्याग कर दीजिए–इससे आपको शान्ति-लाभ होगा।''

युधिष्ठिर ने कहा, ''मुनिवर ! अपने निज के लिए मैं अर्थ या किसी वस्तु में आसक्ति अथवा अभाव-बोध प्रकट नहीं कर रहा हूँ। इन अतिरिक्त रूप से प्रीति-परायण

सहगामियों के कारण ही अर्थ या सम्पत्ति की बात सोच रहा हूँ। इनके भोजन की क्या व्यवस्था होगी ?''

शौनक बोले, ''महाराज, जिस भाग्य ने आपको अचानक सब प्रकार से रिक्त और असहाय बनाया है, उसी भाग्य ने इन सब अनुगामियों को भी भेजा है–आपकी परीक्षा के लिए। अदृष्ट प्रबल होता है, मनुष्य धन या शास्त्र से उसके विधान का खंडन नहीं कर पाता। उसकी शक्ति भर चेष्टा मात्र कर पाता है। आप लोग, अपने इन अप्रत्याशित अतिथियों की सेवा की यथाशक्ति चेष्टा कीजिए, वही पर्याप्त है। ये आपके द्वारा निमन्त्रित नहीं हैं, और न भोग-विलास से परिपूर्ण प्रासाद में निवास करने ही आए हैं। शारीरिक कष्ट सहने को तैयार होकर आए हैं। वे स्वयं भी खाद्य-सामग्री एकत्र करने में उदासीन नहीं रहेंगे। सुना है, मनस्विनी द्रोपदी सुगृहिणी, सांसारिक-व्यापार में सब प्रकार से तीक्ष्ण-दृष्टि रखनेवाली और परिश्रमी हैं। महाराज, सुगृहिणी के हाथों में संसार का दायित्व सौंपने का सुयोग मिलना भी महा-सौभाग्य की बात है। आप अति-दुर्लभ सौभाग्य के अधिकारी हैं। आप अकारण ही परेशान और दुखी होते हैं। अपने भाइयों को मांस आदि जुटाने पर भार सौंप दीजिए और अतिथियों की सहायता लेने में भी संकोच न कीजिए–द्रोपदी उनके भोजन का सुन्दर प्रबन्ध कर लेंगी। आपका वनवास निश्चित रूप से ही निर्विघ्न एवं अच्छी तरह व्यतीत हो जाएगा।''

युधिष्ठिर ने सन्तोष व्यक्त करते हुए कहा, ''मैं धन्य हूँ, आपने अपनी ओर से ही आकर मुझे निश्चिन्त कर दिया।''

शौनक फिर बोले, ''आप वनवास में प्रतिदिन सूर्य का स्तोत्र-पाठ करें। सूर्य ही सम्पूर्ण शक्ति के आदि-कारण हैं, वे आपको इस कठिन-समय पर पार पाने की शक्ति प्रदान करेंगे।''...

वह रात्रि व्यतीत हो जाने पर उन लोगों ने प्रातःकाल ही पुनः यात्रा प्रारम्भ कर दी। काम्यक वन वहाँ से तीन दिन की पैदल दूरी पर था। हिंस्र-पशुओं और बर्बर राक्षसों जैसे वनचारी मनुष्यों के होते हुए भी उन्होंने उस वन में निवास करना ही उचित समझा। वहाँ शिकार करने लायक असंख्य पशु थे, अर्थात् खाद्य का अभाव नहीं रहना था। इसी के साथ वहाँ से आवश्यकतानुसार आत्मीय बान्धवों और स्वजनों से सम्पर्क भी साधा जा सकता था। राजधानी के समाचार जानना भी कठिन नहीं था।

यही सोचकर वे काम्यक-वन में निवास-योग्य झोंपड़ी बनाने में जुट गए। आए हुए प्रिय-जन भी इस कार्य में पर्याप्त सहयोग करने लगे। भीम और अर्जुन हिंस्र पशुओं और उनसे भी अधिक हिंस्र मनुष्यों का वध करके अरण्य को–जितनी दूर तक सम्भव था, निरापद करने में लग गए।

वासुदेव से अब तक सम्पर्क सम्भव नहीं हुआ था, इनके पास उनका कोई समाचार भी नहीं था। एक माह से भी अधिक बीतने के बाद वे एक दिन अचानक आ पहुँचे। भोज, वृषि और अन्धकवंशियों ने इनकी इस दुर्दशा के समाचार से परेशान और व्याकुल होकर इनका हाल जानने को यह यात्रा की थी—वासुदेव इससे कुछ पहले ही शाल्व का वध करके लौटे थे फिर भी विश्राम तक के लिए सोचे बिना इनके साथ हो लिए थे। यादवों के साथ द्रोपदी के पीहर के सम्बन्धी, शिशुपाल का पुत्र चेदिराज धृष्टकेतु तथा केकय राज-पुत्र भी सम्मिलित हो गए थे।

वे सब यद्यपि पांडवों की दुर्दशा का समाचार सुनकर ही आए थे, तब भी शायद ऐसी असहाय-अवस्था, सर्वांगीण दैन्य और दुख-भोग का दृश्य देखने के लिए तैयार नहीं थे; इसलिए सभी क्रोध और क्षोभ से भर उठे।

किन्तु सबसे अधिक उत्तेजित दिखाई दिए वासुदेव, ऐसा प्रतीत होने लगा, मानो वे अपने प्रचंड रोष से उसी घड़ी तीनों लोकों को जलाकर खाक कर डालेंगे। वे बोले, ''रणभूमि में दुरात्मा दुर्योधन, दुःशासन, कर्ण और शकुनि को रक्त-रंजित करने से पहले मुझे शान्ति नहीं मिलेगी। अनावश्यक देरी की क्या आवश्यकता है ? चलो, हम लोग इसी दम उन्हें कुल और परिजनों सहित मार डालने के लिए युद्ध करने चलें। पांडवों को उनके राज-सिंहासन पर बिठाएँ।''

बलदेव आदि यादव तो पहले से ही तैयार थे, तब भी वे उनकी कालाग्नि सदृश क्रोधाग्नि को बढ़ते देखकर थोड़े भयभीत हो गए। और दूसरे लोग तो भयंकर भय अनुभव करने लगे।

अर्जुन ने उन्हें शान्त करने की चेष्टा करते हुए कहा, ''वासुदेव, हम लोग शर्त से बँधे हुए हैं—इसी क्षण युद्ध पर निकल पड़ने से प्रतिज्ञा-भंग का पाप लगेगा, प्रजा की दृष्टि में हम लोग लोभी और उसके परिणामस्वरूप हेय माने जाएँगे। विशेषकर आर्य युधिष्ठिर मिथ्याचारी गिने जाएँगे। इसे वे कभी भी सहन नहीं करेंगे। यदि ऐसा सम्भव हुआ होता तो हम लोग उसी क्षण इन पापिष्ठों का वध कर देते। तब आयु कम करनेवाले इस मनोक्षोभ को सहने का कोई कारण ही नहीं बचता। तुम शान्त होओ, तुम तो सर्व-शक्तिमान हो, तुम्हारे क्रुद्ध होने पर सारा जगत् नष्ट हो जाएगा।''

श्रीकृष्ण बोले, ''अर्जुन, तुम और मैं अभिन्न-आत्मा हैं। कोई तुम्हारा किसी प्रकार का अनिष्ट अथवा क्षति करता है तो वह मेरी ही क्षति होती है। उनके दंडित हुए बिना मैं शान्त नहीं हो सकूँगा।''

अर्जुन ने कहा, ''समय प्रायः मन की ही भाँति द्रुतगामी होता है, तेरह वर्ष व्यतीत करना इतना कठिन अथवा दुःसाध्य नहीं होगा। उसके पश्चात् तुम और मैं इस सारे दुख का बदला लेंगे। तुम तब तक धैर्य रखो, मैं विनती करता हूँ।''

युधिष्ठिर बहुत दुखी मन से बोले, ''वासुदेव, तुम्हारे साथ परिचय होने के बाद से ही हर सम्पद-विपद में तुम्हारा परामर्श प्राप्त होता आ रहा है। कभी भी तुम्हारे परामर्श की अनदेखी नहीं की। किन्तु भाग्य इतना विमुख है कि इस अत्यन्त बुरे समय में तुम्हारे

परामर्श और निर्देश से वंचित रहे। किसी भी प्रकार तुम्हारे साथ सम्पर्क स्थापित नहीं किया जा सका। मैंने वायु-वेग से चलनेवाला अश्व भेजा था, वह बहुत कोशिश करके भी तुम्हारे मिलने का स्थान नहीं खोज पाया। इसी कारण ऐसा प्रतीत हो रहा है कि हमारा यह दुःख-भोग नितान्त निश्चित भाग्य-लेखा है।''

तब श्रीकृष्ण ने अपने स्वभाव के अनुसार अपूर्व शब्द-जाल और वर्णन-कौशल द्वारा अपनी अनुपस्थिति (एक अर्थ में उसे अज्ञातवास ही कहें) के कारण का विस्तार से वर्णन किया। शाल्व कितना पापाचारी, क्रूर, निर्दयी और अकारण शत्रुता करनेवाला था; वासुदेव के इन्द्रप्रस्थ में रहते समय किस प्रकार द्वारका को उजाड़ा, नगर-निवासियों का दमन किया और अन्तःपुर की नारियों का अपमान किया; उसके बर्बर सैन्य-दल ने बालिकाओं-वयस्काओं विशेष रूप से सम्भ्रान्त यादव-नारियों का सतीत्व-नाश किया तथा ऊपर से अकथनीय यातनाएँ दीं–उसका आँखों के आगे घूम उठनेवाला वास्तविक विवरण देते हुए बोले, ''मैं यह प्रतिज्ञा करके द्वारावती से निकला था कि इस दानवी और पैशाचिक आचरण तथा दुराचार का फल दिए बिना घर नहीं लौटूँगा और न ही विश्राम करूँगा। कोई दूसरा योद्धा या वीर होता तो मुझे देर नहीं लगती–किन्तु शाल्व मायावी, छल-कपट में कुशल, शौर्य और युद्ध के नियमों में अविश्वास करनेवाला; और उद्देश्य की सिद्धि के लिए किसी भी अनाचार अथवा घृणित मार्ग का सहारा लेने में न हिचकनेवाला था। वह कुशल कारीगर भी था, उसने एक ऐसे आकाशगामी यान का निर्माण किया था–जिसकी भूमि पर और यहाँ तक कि जल में भी अबाध गति थी। उसकी सेना को नष्ट या पराजित करने में कठिनाई नहीं हुई, किन्तु उस दुरात्मा का वध करने में मेरा बहुत समय लग गया। अनेक-विध माया-जाल फैलाकर वह मुझे बहुत दूर समुद्र के किनारे निर्जन क्षेत्र में ले गया, वहाँ समुद्र के ऊपर शून्य में स्थित मायावी-विमान में अपने को छिपाकर अदृश्य स्थान से लगातार अस्त्र-वर्षा करने लगा। मेरे विख्यात शारंग धनुष से छोड़े गए अस्त्र भी इतनी ऊपर उसके विमान को नहीं छू पाए। तब मैंने तीव्र, भयानक और अति दूरगामी सभी अस्त्र छोड़ दिए। उसका विमान नगर की भाँति विशाल और दुर्ग की भाँति मजबूत था, किन्तु मेरे उन अस्त्रों के प्रहार से उसके अनेक हिस्से नष्ट हो गए तथा उधर के बहुत योद्धा आर्तनाद करते हुए महासागर में गिर पड़े।''

सभी लोग श्रीकृष्ण के वर्णन-कौशल पर मुग्ध होकर चित्र-लिखित से यह कहानी सुन रहे थे। श्रीकृष्ण ने एक क्षण को दूर बैठी पांडव-महिषी की ओर ताककर फिर से कहानी का सूत्र पकड़ा, ''अब उस दुरात्मा-दानव ने दूसरे छल का सहारा लिया। लगता है, वह पहले से ही इस परिस्थिति के लिए तैयार था। उसने उग्रसेन के एक सेवक को उत्कोच के बल पर अपने वश में करके उससे वह कुकृत्य कराया। उस व्यक्ति ने आकर मुझे समाचार दिया कि वसुदेव मारे गए हैं, यादव-प्रधान अधिकतर बन्दी बना लिये गए हैं और द्वारका पर दानव-सेना ने अधिकार कर लिया है। यह इसलिए था कि मैं अविलम्ब वहाँ लौट जाऊँ। वह व्यक्ति मेरा परिचित था, क्योंकि पुराना सेवक था;

इसलिए स्वाभाविक रूप से मैं व्याकुल हो उठा। किन्तु जब काल आ जाता है, तो नियति दुर्बुद्धि के रूप में प्रकट होती है। अति-चातुर्य और अधिक व्यग्रता ही शाल्व की नियति बनकर उसके विनाश हेतु आ गई, अचानक देखता हूँ कि मेरे पिता वसुदेव हाथ-पैर फैलाए विमान से समुद्र में गिर रहे हैं। मैं तभी समझ गया कि यह मिथ्या-माया है। अवश्य ही निर्दयी और क्रूर शाल्व ने अपने किसी अनुचर को वसुदेव के छद्म-वेश में मृत्यु के मुख में धकेल दिया है। वसुदेव के द्वारका में मारे जाने पर उनका यह शरीर इस विमान में कैसे आ सकता है ? तब मुझे लगा कि इस पापी को और अधिक बढ़ने देना ठीक नहीं है—और मैंने भीषण रूप से क्रोधित होकर—साक्षात् काल के समान अपने मन्त्र-पूत सुदर्शन चक्र को छोड़ दिया। उस अस्त्र ने—प्रलयकाल से भी सहस्र गुने अधिक तेज-युक्त सूर्य के समान आकाश में ऊँचा उठकर—जैसे आरा लकड़ी को चीर देता है, वैसे ही विशाल मायावी-विमान को टुकड़े-टुकड़े कर डाला तथा शाल्व का वध कर दिया। यह अविश्वसनीय भीषण दृश्य देखकर उसके पापी अनुचरों का मनोबल टूट गया। वे भयभीत हो गए—उन्हें लगा कि कराल-काल उनका पीछा कर रहा है; अतः हाहाकार करते हुए भाग गए।''

शाल्व के साथ हुए युद्ध का यह लोम-हर्षक वर्णन समाप्त करके वासुदेव बोले, ''इसी कारण दूत मेरे पास नहीं पहुँच सका। यदि मुझे ही समाचार मिला होता, तो मैं भी आपको इस दशा से मुक्त करता। यदि आवश्यकता पड़ती तो बल-प्रयोग से भी इस कपट-क्रीड़ा को रुकवाता।...सब विधाता का खेल है। जो होना था, हो चुका; आपके द्वारा स्वीकार की गई शर्त के तेरह वर्ष बीतने के बाद जो भयंकर घटना घटेगी—वह बहुत समय तक पापियों के मन में सन्त्रास का कारण बनी रहेगी।''

वासुदेव, पांडवों को सान्त्वना देकर और उनके मन में छिपे क्षोभ को शान्त करके सिर झुकाए पांचाल-कन्या के पास आए और उनके मृग-चर्म के आसन के एक कोने पर ही बैठ गए।

द्रोपदी अब तक निश्चल और चुप थी।

श्रीकृष्ण द्वारा सुनाए शाल्व-दमन के अत्यधिक आश्चर्यजनक विवरण[1] से वहाँ उपस्थित सभी श्रोताओं के अभिभूत हो जाने पर भी—लगता है, उनका वह अपूर्व वर्णन-कौशल द्रुपद-नन्दिनी को विशेष प्रभावित नहीं कर पाया, बल्कि उनके होंठों पर हास्य की जो अति-सूक्ष्म रेखा उभर आई थी, वह भी परिहास का ही आभास दे रही थी।

और—नयन-कोरों से देखनेवाले वे ईश्वरात्मा कथा-वाचक इस ओर से अनजान नहीं थे। उनकी आँखें उसी कारण झुकी थीं। जैसे बालक, छल का सहारा लेने की अकुशल चेष्टा के अभिभावक की दृष्टि में आ जाने पर लज्जित हो जाता है, सम्भवतः उसी प्रकार की लज्जा-भरी हँसी विश्व-विमोहन के मुख पर भी छा गई।

द्रोपदी इसी एकान्त क्षण की बाट जोह रही थीं।

---

1. यहाँ उसका सार मात्र दिया गया है।

वासुदेव द्वारा कोमल स्वर में 'प्रिय सखी' कहकर सम्बोधन करते ही वे क्षोभ के साथ रोते हुए बोलीं, ''लोग कहते हैं, तुम समस्त प्राणियों के ईश्वर हो, सर्वत्र विराजमान हो। तुमने मुझे सखी कहकर सम्बोधित किया है इसी अभिमान से अपने मन का दुख तुमसे निवेदन कर रही हूँ। मैं, संसार को भयभीत करनेवाले महाबली पांडवों की पत्नी, तुम्हारी प्रिय सखी और अनलात्मा धृष्टद्युम्न की बहन हूँ–इतने पर भी दुःशासन मुझे सरलतापूर्वक कुरु-सभा में खींचकर ले गया। किसी ने रजस्वला-अवस्था का खयाल भी नहीं किया। मुझे लज्जा, क्षोभ और रोष से काँपते हुए देखकर धृतराष्ट्र के दुर्बुद्धि पुत्रों ने उपहास किया एवं अनेक प्रकार के घृणित संकेत करने लगे। पांचाल और वृषि वंश के जीवित होते हुए भी इस दुर्गति को रोका नहीं गया ! धार्तराष्ट्रों ने बिना किसी डर के दासी बनाकर मेरा भोग करना चाहा। उस समय तुम्हारा सुदर्शन कहाँ था ? कहाँ थीं तुम्हारी ये बड़ी-बड़ी बातें और महा-पराक्रम ?...तुम्हारे उस दैव-अस्त्र को धिक्कार है, भीमसेन की गदा को धिक्कार है, अर्जुन के गांडीव धनुष को धिक्कार है ! नीच लोग उनकी धर्मपत्नी पर अत्याचार करते रहे और वे जड़वत बैठे देखते रहे। दीन से दीन प्रजा की कुल-नारी की मर्यादा की रक्षा करना भी राजा का कर्त्तव्य है–ठीक है न ? स्वामी यदि दुर्बल भी है, वह भी अपनी स्त्री की रक्षा के लिए प्राण दे देता है–गुरुजनों से सुना था कि यही सनातन धर्म है ! किन्तु धर्मराज नाम से प्रसिद्ध मेरे स्वामी ने मेरी रक्षा की कोई कोशिश ही नहीं की। सबके सामने ही दुःशासन ने मेरे केश पकड़कर खींचे, मुझे निर्वस्त्र करना चाहा ! मैं उसी दिन समझ गई कि मेरा कोई नहीं है।''[1]

श्रीकृष्ण ने यह सुनकर सिर ऊपर उठाया और विशेष गम्भीर दृष्टि से द्रोपदी की आँखों में देखा। बोले, ''मनस्विनी, तुम जिन पर क्रोध कर रही हो, वे अब तक यमलोक के द्वार पर पहुँच चुके हैं। साक्षात् यमराज भी चाहें तो उनकी रक्षा नहीं कर पाएँगे। तुम्हारा एक-एक आँसू कौरवों की स्त्रियों के हजारों आँसुओं का कारण बन गया है। मैं प्रतिज्ञा करता हूँ, तुम फिर से पूरे सम्मान और गौरव के साथ भारत-साम्राज्ञी बनकर सिंहासन पर बैठोगी। चाहे, आकाश टूटकर पृथ्वी पर गिर पड़े, हिमालय चूर-चूर होकर धूलि-कणों में परिणत हो जाए और चाहे समुद्र, रेगिस्तान में बदल जाए, किन्तु मेरी प्रतिज्ञा असत्य नहीं होगी।''

द्रोपदी भी स्थिर-निश्चल दृष्टि से उनकी आँखों में देखते हुए धीरे-धीरे बोलीं, ''वासुदेव, तुम चाहे और किसी के मन को विश्वास दिलाओ, चाहे कितना ही शब्दों की

---

1. मृदु-भाषिणी कृष्णा पद्म-कोष की भाँति हाथों से मुख ढककर रोते हुए बोलीं, ''मधुसूदन, पति मेरा नहीं, पुत्र मेरा नहीं, बन्धु, भाई, पिता मेरे नहीं–तुम भी मेरे नहीं। तुच्छ लोगों ने मेरा अपमान किया और तुम लोगों ने शोक-शून्य व्यक्ति की भाँति उस ओर ध्यान नहीं दिया। उस समय कर्ण ने मेरा जो उपहास किया था, वह दुख भी दूर नहीं हो रहा है। केशव, मेरा तुमसे सम्बन्ध है, तुम्हारा यश-गौरव है, तुम सखा और प्रभु हो (दमन और कृपा करने में, समर्थ हो)–इन्हीं चार कारणों से तुम्हारे लिए मेरी रक्षा करना उचित था।''

–महाभारत : राजशेखर बसु

झंकार से गुंजायमान वाग्जाल फैलाओ–किन्तु मुझे विचलित नहीं कर पाओगे, न ही कर सके हो। मुझे पता है, तुम्हारी इच्छा के विरुद्ध कुछ नहीं होता, तुम्हारे अनजाने में यह सब घटना भी नहीं हुई है। तुम जान-बूझकर दूर चले गए थे। मुझे विश्वास है, तुम मेरी इस दुर्गति से प्रसन्न हुए हो। जरा सच कहो तो।''

''हाँ, वह तो हुआ है,'' श्रीकृष्ण ने बिना किसी दुविधा के उत्तर दिया, ''तुमसे नहीं छिपाऊँगा। इसकी आवश्यकता थी।''

द्रोपदी का अनुमान ठीक निकला, किन्तु लगता है, वे इस उत्तर के लिए तैयार नहीं थीं। आश्चर्य से बोलीं, ''आवश्यकता थी ? आवश्यकता ! मेरे असहनीय कष्ट और अकथनीय अपमान की आवश्यकता थी ? ऐसी अवमानना की आवश्यकता थी, जिसका कोई कारण नहीं था और जो इससे पहले कभी नहीं घटी थी ? उसका रहस्य ? मेरा क्या अपराध था ?''

वासुदेव हँसे–वही, अत्यन्त परिचित, मधुर कठिन हँसी। कहने लगे, ''प्रिय सखी, तनिक सोचो, जब रथ टेढ़े-मेढ़े पथरीले मार्ग पर दौड़ता है, तो मार्ग के कठोर पत्थरों से घर्षण करते हुए उसके दोनों पहियों को कितना कष्ट होता है ! उसके पहियों की लोहे की हॉल पल-पल घिसती जाती है। उस तीव्र और द्रुत-घर्षण से जो अग्नि-स्फुल्लिंग दोनों ओर छिटकते हैं–उनसे कितने कीट-पतंग आदि जल जाते हैं। क्या उनका अपराध बता सकती हो ? रथी और सारथि के मन में यात्रा की उद्देश्य सम्बन्धी चिन्ता ही सबसे ऊपर रहती है, रथ या उसकी नेमि अथवा पहियों की बात कौन सोचता है ? अश्वों को दाना-पानी दिया जाता है–बीच-बीच में विश्राम कराया जाता है–वह सब यात्रा की सफलता के लिए किया जाता है; अश्व स्वस्थ नहीं होंगे तो रथ कौन खींचेगा ? पहिए जब पूरी तरह टूटनेवाले होते हैं, तब उनके स्थान पर दूसरे पहिए लगा दिए जाते हैं–उससे पहले किसके मन में आता है कि पहियों की क्या सत्ता है ?''

''तुमने मेरी तुलना रथ के साधारण पहिए से कर डाली ?'' द्रोपदी ने नाराज होते हुए दुखी स्वर में पूछा।

उस समय तक श्रीकृष्ण के नेत्र आधी खुली अवस्था में आ गए थे, उन्होंने गम्भीर भावाकुल स्वर में उत्तर दिया, ''साध्वी, तुम नहीं देख पा रही हो, महाकाल का विजय-रथ दौड़ रहा है–मैं देख रहा हूँ। तुम तो उसका पहिया भी नहीं हो। अत्यधिक लघु अंश मात्र हो। शुभ-बुद्धि और दृढ़-संकल्प ही उसके दो पहिए हैं। इतने पर भी, यह यात्रा जिस महान उद्देश्य के लिए हो रही है, उसमें उस रथ का लघुतम अंश होना भी गर्व की बात है। भामिनी, दुख-अपमान तो कुछ भी नहीं–यदि वह उद्देश्य तुम्हारे प्राण लेकर भी सिद्ध होता होगा–तो उन्हें लेने में भी क्षण-मात्र को नहीं हिचकूँगा।''

बोलते-बोलते उनका अनिन्द्य-सुन्दर मुख-मंडल अवर्णनीय आभा से भर उठा। उस ओर देखते नहीं रहा जा सकता–थोड़े से मुग्ध-आश्चर्य अथवा शंकित-भाव से देखते रहने की चेष्टा करते हुए द्रोपदी बोलीं, ''क्या हमारा यह जानने का अधिकार भी नहीं कि वह विराट् और महान उद्देश्य क्या है ? केवल पीसे जाएँगे, घिसते जाएँगे–या फिर

नष्ट हो जाएँगे ?''

"नहीं, यह मेरी साधना है–साधना की बात गुप्त रखनी होती है। उद्देश्य सिद्ध होने पर समस्त संसार जान जाएगा, अनुभव करेगा–तब तुम भी जान जाओगी। हो सकता है, और भी अधिक दुख के बदले उसे जानना पड़े। किन्तु इसके अतिरिक्त उपाय ही क्या है ?''

उसके बाद थोड़ा सहज-स्वाभाविक होने के लिए परिहास-मधुर दृष्टि से द्रोपदी के मुख की ओर देखते हुए बोले, "ये जो रथ पर चढ़कर जंगल के ऊबड़-खाबड़ मार्ग से आई थीं–तब क्या तुमने पहिए, घोड़ों अथवा रथ से अनुमति ली थी ? सुनो द्रोपदी, तुमसे एक बात कह सकता हूँ, मैं स्वयं भी इस निर्मम महा-यात्रा की आवश्यकता के वशीभूत ही आया हूँ, उसी के लिए मेरी यह तपस्या या साधना भी पूर्व-निश्चित है। मैं भी यन्त्र हूँ, यन्त्री नहीं। अन्यथा कंस के कारागार में जन्म लेकर जीवन के प्रथम प्रहर में ही जाति-भेद का संस्कार क्यों तोड़ता ? कारागार का द्वार खुला पाकर भी क्षत्रिय-पिता वसुदेव वहाँ से भाग जाने या फिर मुझे किसी क्षत्रिय घर में छोड़ आने का साहस क्यों नहीं जुटा पाए ? क्यों वैश्य के अन्न पर पलने के लिए गोप के घर रख आए ? किशोर आयु में अकेले, निरस्त्र होने पर भी–किस प्रकार कंस का वध करने का साहस किया ? आलसी, मदिरा में डूबे, स्वभाव-भीरु यादवों को संगठित करके केवल अपने भरोसे जरासन्ध की प्रचंड शक्ति को अठारह बार नष्ट करने की प्रेरणा मुझे किसने दी थी ? एकदम बाल्यावस्था में ही इन्द्र की स्वेच्छाचारिता का विरोध करने और प्रतिकार लेने की शक्ति मैंने कैसे पा ली थी ? किस अदृश्य शक्ति के संकेत पर केवल दो लोगों को साथ लेकर जरासन्ध के नगर में प्रवेश किया था ?...पाँच तरुण-अबोध-भिक्षुक राज-नन्दिनी को पाकर अल्प-काल में ही सम्पूर्ण भारत के सम्राट और एकछत्र अधिपति मान लिए गए–क्या इसमें उसी विश्व-चिन्ता, नियति अथवा महाकाल का अदृश्य हाथ नहीं देख पा रही हो ? आज यदि उसी नियति ने अकथनीय अपमान की लीला की है और फिर उन्हीं महाराज-चक्रवर्तियों को वनवासी भिक्षुक बना दिया है–तो इसमें विस्मित अथवा क्षुब्ध क्यों हो रही हो ? केवल हाथ जोड़कर और आँखें बन्द करके उस विराट् इच्छा के सामने सिर झुकाओ, भीषण नियति को प्रणाम करके उसके द्वारा दमित-दलित होकर उसके उद्देश्य की पूर्ति के लिए प्राण न्योछावर करने हेतु तैयार हो जाओ।''

द्वितीय पर्व

रामकृष्ण-मठ मिशन के वरिष्ठ संन्यासी
परम पूजनीय
स्वामी रघुवरानन्दजी के
कर-कमलों में

॥ १ ॥

वासुदेव श्रीकृष्ण ने अपनी बात बहुत शान्त और स्वाभाविक ढंग से ही कही थी, बात के महत्त्व को देखा जाए तो बहुत संक्षिप्त रूप में भी–किन्तु तब भी थोड़ी देर को उस सभा में सन्नाटा छा गया।

युधिष्ठिर लम्बे समय से जीवन की प्रत्येक विपत्ति में वासुदेव के उपदेश, निर्देश और परामर्श के आदी हो गए थे, अतः यह स्वाभाविक था कि इस विषय में भी वे निरुपाय एवं अबोध व्यक्ति की भाँति उन्हीं की ओर देखें। वे द्रुपद-पुरोहित के दूत और संजय के प्रतिदूत द्वारा प्रस्तुत उनकी इच्छा तथा आशा का विवरण देकर वासुदेव की ओर जिज्ञासु दृष्टि से देखने लगे। किन्तु उन्हें जो उत्तर मिला, ठीक उसी की न आशा थी न विश्वास।

श्रीकृष्ण बोले, "राजाधिराज, संजय के दूत द्वारा दिए गए विवरण से मैं पहले से ही अवगत हूँ। आपका अभिप्राय और वक्तव्य भी मैंने सुन लिया है। आपका मन और बुद्धि हमेशा से ही धर्म के अधीन है, आज भी आपने उससे अलग नहीं होना चाहा–आपका यह व्यवहार आपके बढ़ते मर्यादा-गौरव के सर्वथा अनुकूल है। किन्तु दूसरे पक्ष की बुद्धि केवल शत्रुता के पीछे दौड़ रही है। उन्होंने बिना किसी परिश्रम के अपरिमित ऐश्वर्य और पर्याप्त शक्ति प्राप्त कर ली है, अतः स्वाभाविक रूप से उनका लोभ बढ़ता जाएगा। वे बिना युद्ध के कुछ भी नहीं लौटाएँगे। विशेषकर, इस अवधि में उन्होंने जो शक्ति जुटा ली है–भीष्म, द्रोण, कृपाचार्य आदि वीर उनके वेतन-भोगी हैं ही, इसलिए इस बात में सन्देह का कोई कारण नहीं कि वे सामना करने और उसमें विजयी होने के प्रति निश्चित हो गए हैं। उसी भाँति आपके पक्ष के लिए भी दैन्य प्रकट करने का कोई कारण नहीं है। क्षत्रियों के संन्यास ग्रहण करने अथवा भिक्षा-जीवी होने को अधर्माचरण माना जाता है। दीनता का सहारा लेकर जीवन नष्ट करना आपके लिए कर्त्तव्य-विरुद्ध है। आप समुचित पराक्रम से शत्रु का विनाश और अपने राज्य पर पुनः अधिकार कीजिए। तैयारी इसी प्रकार चलती रहे–मैं आपकी इच्छा का सम्मान करते हुए कौरवों की सभा में फिर से सन्धि-प्रस्ताव लेकर जाता हूँ। लेकिन, ऐसी आशा मत रखिए कि उससे शत्रु के मनोभावों में कोई विशेष परिवर्तन आ जाएगा।"

विचार-विमर्श हेतु यह सभा पांडव-शिविर में बैठी थी। मत्स्यदेश के एक भाग में उपप्लव्य नामक नगर था–पांडव थोड़े दिनों के लिए वहीं थे। मत्स्यराज विराट ने ही

यह प्रबन्ध किया था, क्योंकि किसी अन्य राज्य की राजधानी अथवा राज-प्रासाद में रहना राज-चक्रवर्ती की मर्यादा के लिए हानिकर होता। यही विचार करके, विराट ने अभिमन्यु के विवाह से पहले ही उनके निवास की यहाँ व्यवस्था कर दी थी। यहीं विराट की पुत्री उत्तरा का विवाह सुभद्रा के पुत्र अभिमन्यु के साथ सम्पन्न हुआ था। विराट ने आनेवाली आवश्यकता को समझकर ही दहेज में काफी मात्रा में हाथी, घोड़े और रथ दिए थे। पांडवों द्वारा अपने को प्रकट करने का समाचार पाकर चारों ओर से उनके सम्बन्धी, कुटुम्बी, मित्र और हित-चिन्तक यहीं एकत्र हो गए थे। परिणामस्वरूप, कुछ दिन पूर्व का कँटीली झाड़ियों से भरा, पत्थरों से ऊबड़-खाबड़ वह स्थान भीड़-भाड़ भरा और पांडवों की शक्ति का केन्द्र-बिन्दु बन गया था।

कौरवों के साथ पांडवों की अथवा कहना चाहिए, युधिष्ठिर के साथ धूर्त सौबल की दूसरी बार की द्यूत-क्रीड़ा की शर्त थी—जो पराजित होगा, वह राज्य, राज-शक्ति सम्पत्ति आदि सब कुछ छोड़कर परिवार के साथ बारह वर्ष का वनवास भोगेगा तथा उसके बाद एक वर्ष का अज्ञातवास करेगा। दाँव इतना ही नहीं था—उसमें और भी शर्त थी। उस तेरहवें वर्ष में उसकी उपस्थिति का पता चल जाने पर उसे पुनः बारह वर्ष तक वनवास करना होगा।

पूर्व-निर्धारित भाग्य की भाँति यह तो प्रायः तय ही था कि युधिष्ठिर फिर पराजित हो जाएँगे। इसलिए, पांडवों को ही मृग-चर्म धारण कर वन जाना पड़ा था। उसके बाद— बारह वर्ष की अवधि व्यतीत होने पर—उन्होंने मत्स्यराज की सभा में एक समय के युधिष्ठिर के मित्र, भूतपूर्व रसोइए, अश्वपाल आदि के रूप में, अलग-अलग समय पर आकर काम देने की प्रार्थना की और वह उन्हें मिल गया। द्रोपदी सैरन्ध्री[1] के रूप में महारानी की सहचरी का कार्य पाने आईं। बोलीं, वे पांडव-महारानी कृष्णा की सेविका थीं, उनके शृंगार-कार्य में नियुक्त थीं तथा समय-समय पर काव्य-पाठ करके व हास्य-भरी कहानियाँ सुनाकर उनका मनोरंजन करती थीं। भीम, वल्लभ के नाम से पाक-शाला, नकुल, ग्रन्थिक के नाम से अश्व-शाला और सहदेव, तन्त्रिपाल के नाम से राजा की गो-शाला के अध्यक्ष नियुक्त हो गए। अर्जुन, आभूषण आदि से सजकर नपुंसक के रूप में राजा के अन्तःपुर के नृत्य-शिक्षक नियुक्त हुए, उन्होंने अपना नाम रखा वृहन्नला। इससे पहले उन्होंने अपने सारथी, रसोइए, सेविका आदि के साथ पुरोहित धौम्य को राजा द्रुपद के पास भेज दिया था। उन्हीं के साथ अग्निहोत्र और यज्ञाग्नि भी भेज दिए थे। ऐसा इसलिए कि वहाँ उनके प्रतिनिधि के रूप में धौम्य ही प्रतिदिन यज्ञ कर सकें। रथ और सारथियों को लेकर इन्द्रसेन द्वारका चले गए।

धौम्य, पांचाल जाने से पहले राज-कर्मचारियों द्वारा किए जाने योग्य आचरण के सम्बन्ध में इन्हें जो अमूल्य उपदेश दे गए थे, उन्हें ध्यानपूर्वक सुनने और उनका

---

1. उच्च स्तर की परिचारिकाएँ जो केवल भोजन पकाने और प्रसाधन में सहायता करती हैं, कोई निम्न कार्य नहीं करतीं। कुछ सखी या सहचरी की भाँति रहती हैं।

महत्त्व समझकर उसी प्रकार व्यवहार करने के कारण इन लोगों को कोई कठिनाई नहीं हुई।[1]

थोड़ी अशान्ति कृष्णा को लेकर हुई थी। राजा का साला कीचक अत्यधिक शक्तिशाली व्यक्ति था। वही यथार्थ में इस देश के शासक का शासक भी था। कृष्णा के रूप को देखकर वह हिताहित का ज्ञान भूलकर उनके साथ सम्भोग करना चाहता था। प्रतिरोध करने पर वह, राजा के सामने ही उनका अपमान करने, यहाँ तक कि लात मारने से भी बाज नहीं आया। असहाय राजा उसे नहीं रोक सके, अन्त में एक बार भीमसेन ने ही घूँघटवाली स्त्री के वेश में अन्तःपुर में आकर उसका कचूमर निकालकर वध कर दिया और वह आपदा दूर की।

अधिकतर, अशान्ति का कारण कौरव ही बने। विधाता ने मानो उन्हें उस मिट्टी से नहीं गढ़ा था—जो वे एक बार की नासमझी से ही सबक लेते या लज्जा अनुभव करते। यह सहज रूप से समझा जा सकता है कि पांडव वन में असंख्य कष्ट भोग रहे थे। इतने पर भी अपनी आँखों से उनकी दुर्दशा देखने से पहले कौरवों को मनचाहा चैन नहीं मिल रहा था। महाराज चक्रवर्ती मृग-चर्म पहनकर घास के बिस्तर पर सो रहे हैं—यह दृश्य देखने के लिए वे अधीर हो उठे। पांडव उस समय द्वैत-वन में रह रहे थे, पास ही कौरवों का घोषपल्ली गाँव था। वे गाय देखने के झूठे बहाने के सहारे धृतराष्ट्र की अनुमति लेकर उस वन में चले गए, किन्तु भाग्य उनके विरुद्ध था—उसी दिन वन-विहार के लिए वहाँ पर्वतवासी गन्धर्व भी आए थे। वे जितने शक्तिशाली थे, उतने ही मायावी-युद्ध में कुशल। पहले, गन्धर्वों ने इन्हें मना किया, घने वन में अलग चले जाने को कहा, किन्तु अपने बल के प्रति अति विश्वासी मदोद्धत कौरवों ने उस पर ध्यान

---

1. "चाहे कितने ही प्रिय हो जाओ, किन्तु उस अहंकार में राजा के यान, वाहन, आसन और शैया का प्रयोग मत करना। राजा की इच्छा के बिना कभी भी कोई उपदेश अथवा परामर्श मत देना। राजा के सामने श्रद्धा प्रदर्शित करने के बाद मौन रहना ही उचित है। राजा की प्रेयसी के साथ कभी भी अन्तरंगता स्थापित मत करना। कभी भी राजा का अहित करनेवालों अथवा शत्रुओं के साथ मित्रता या एकान्त-वार्तालाप न करना। साधारण से साधारण काम भी राजा की अनुमति लेकर करना। यदि राजा का पुत्र, भाई या मन्त्री भी राजा की मर्यादा का उल्लंघन करते हैं, तो राजा उन्हें भी क्षमा नहीं करते। झूठ न बोलना और राजा को एक ओर देवता व दूसरी ओर साक्षात् अग्नि के समान मानना। वे जो कार्य सौंपें, वह चाहे जितना तुच्छ या अपमानकारक हो—अभिमान और क्रोध छोड़कर सावधानीपूर्वक करना। यदि प्रभु किसी कार्य का फलाफल पूछें या कोई सूचना या सलाह चाहें तो जो प्रिय और हितकारी हो वही बोलना—और यदि दोनों बातें एक साथ सम्भव न हों तो जो हितकारी हो, वह कहना। वाणी पर संयम रखने का अभ्यास करना, राजा के दाहिने या बाएँ बैठना—पीछेवाला स्थान अंग-रक्षकों के लिए निश्चित होता है। बातचीत के समय अधिक हाथ-पैर न चलाना, तेज आवाज में बात न बोलना, अपानवायु निःशब्द त्यागना और निःशब्द ही थूकना। अत्यधिक हँसी भरी बातचीत में भी पागल की भाँति न हँसना। राजा झूठ भी बोले तो उसे लोगों के सामने प्रकट न करना। उत्कोच मत लेना। राजा जो यान-वाहन, आभूषण आदि देते हैं, उन्हें प्रतिदिन प्रयोग करने से प्रसन्न होते हैं। राजा के देखते हुए कभी भी किसी से अकेले में बातें न करना। अपनी विद्या अथवा शक्ति का अहंकार मत करना, राजा का आदेश पालन करते समय राजा के अधिकार के सम्बन्ध में प्रश्न मत करना।" इत्यादि—

नहीं दिया–परिणाम हुआ युद्ध। युद्ध में अत्यधिक अपमानित और घायल होकर कर्ण किसी अन्य के रथ पर चढ़कर भागने को विवश हो गए तथा दुर्योधन आदि सभी गन्धर्वों के हाथों पराजित होकर बन्दी हो गए।

उसके बाद बचे हुए भयभीत सैनिकों, अन्यान्य सेवकों, वरांगनाओं और मन्त्रियों ने आकर पांडवों की शरण ली। इस समाचार से भीमसेन पहले उल्लास से भर गए, 'हमारा कार्य गन्धर्वों ने ही सम्पन्न कर दिया' कहकर आनन्द प्रकट करने लगे, किन्तु युधिष्ठिर द्वारा डाँटे जाने पर उनको होश आया। युधिष्ठिर ने कहा, "कुटुम्बियों के बीच कलह या विरोध होना एक अलग बात है, अपने लोगों के बीच ही उस विवाद का हल करना उचित है। किन्तु यहाँ कुल-मर्यादा का प्रश्न है। बाहरी शत्रुओं के हाथों उनके अपमान का अर्थ है–हमारा ही अपमान। यह बात मत भूलो कि दुर्योधन चाहे जो करें, किन्तु हम सब एक ही वंश की सन्तान हैं। विशेष बात यह, कि गन्धर्वराज ने कुरु-भाइयों के साथ अन्तःपुर की स्त्रियों को भी बन्दी बना लिया है। इस अपमान को उदासीन व्यक्ति की भाँति बैठे-बैठे सहन करना हमारे लिए किसी भी प्रकार उचित नहीं है। इसके अतिरिक्त–कुरु पक्ष के लोग दीन-भाव से हमारी शरण में आए हैं–क्या यह पर्याप्त प्रतिशोध नहीं है–? जाओ, तुम चारों भाई युद्ध करके दुर्योधन आदि को छुड़ा लाओ।"

विवश होकर, वे अस्त्र-शस्त्र धारण कर रथ पर चढ़े और जहाँ गन्धर्व वन-विहार कर रहे थे, उसी ओर गए। कौरव-सेना उन्हें देखते ही जयघोष करने लगी। दूसरी ओर गन्धर्वराज चित्रसेन के आश्चर्य की सीमा नहीं रही। पांडव उनके मित्र थे और वे अर्जुन को पुत्रवत् स्नेह करते थे। वे बोले, "मैं तो यह सोचकर निश्चिन्त था कि तुम लोगों का ही हित-साधन कर रहा हूँ। तुम, उन लोगों की ओर से युद्ध करने क्यों आए हो ?"

अर्जुन ने उत्तर दिया, "आपको बड़ा धोखा हुआ है। जो योद्धा वीर होते हैं–उन्हें, अपने अपमान और हानि का बदला स्वयं लिये बिना चैन कैसे मिल सकता है ? अपने शत्रु का विनाश हम स्वयं करेंगे–अन्यथा युद्ध-विद्या प्राप्त करना व्यर्थ है। इसी के साथ वे हमारे कुटुम्बी हैं, उनकी रक्षा हमारा कुल-धर्म है। महाराज चक्रवर्ती युधिष्ठिर का अनुरोध है कि आप उन्हें मुक्त कर दें।"

चित्रसेन ने युधिष्ठिर का मान रखने में देरी नहीं की। उसी समय कुरु-भाइयों को उनके सामने लाकर मुक्त कर दिया, उनके साथ यथोचित बातचीत की व अर्जुन को गले लगाकर विदा किया। युधिष्ठिर, सिर झुकाए दुर्योधन की पीठ पर हाथ रखते हुए स्नेहपूर्वक बोले, "तुम निश्चिन्त मन से घर लौट जाओ। इस घटना के लिए मन में कोई ग्लानि न रखो। तब भी, फिर ऐसा दुस्साहस भरा कार्य न करना।"

दुर्योधन मृत्यु से भी अधिक असहनीय अपमानजन्य लज्जा के इस दुख से विदीर्ण मन से उन्हें प्रणाम करके लगभग विवशता में ही रथ पर चढ़े। कुछ दूर जाकर एक नदी के किनारे रथ से उतर गए, आगे जाने की इच्छा नहीं हुई, बल्कि निराहार रहकर प्राण त्यागने का संकल्प जताया–अन्त में शकुनि, दुःशासन और कर्ण की बड़ी प्रार्थना तथा

असंख्य तर्कों से थोड़ी सान्त्वना मिलने पर घर लौटे।

इसके बाद कुटुम्बियों का दुख देखकर आनन्दित होने की साध छोड़ देने के बावजूद इन तेरह वर्षों की अवधि व्यतीत होने के अन्त में कौरव एक बार और पांडवों के हाथों अपमानित और पराजित हुए थे–किन्तु उसका कारण पूरी तरह भिन्न था।

कौरवों ने इस बार पांडवों को खोजने की कोशिश में निश्चित ही कोई भूल नहीं की थी। धूर्तता-भरे समाचार पाने में निपुण, जानकार गुप्तचरों को काफी धन और अन्य प्रकार की सहायता देकर भेजा था–आशा से अधिक पुरस्कार का लालच देकर बहुत से नए-नए कार्यकर्ता भी नियुक्त किए गए थे। पांडवों द्वारा अपने को कहाँ-कहाँ छिपाकर रखना सम्भव है–इस विषय में भी जल्पना-कल्पना का अन्त नहीं था। एक-एक आदमी एक-एक तरह का उपदेश-निर्देश देता था, उसी के अनुसार गुप्तचर भेजे जाते थे। जैसे कृपाचार्य की राय थी, ''जिस राज्य में पांडव होंगे, वहाँ निश्चय ही उनके पुण्य के प्रभाव से सुख-समृद्धि और ऐश्वर्य बढ़ जाएँगे। कौन सा राज्य अचानक शक्ति और सौभाग्य से भर उठा है, तुम लोग उसी की खोज करो।''

एक वर्ष का समय तेजी से बीतने को आया, बचे हुए स्थानों पर खोजने की चेष्टाएँ भी अत्यधिक तेज हुईं, किन्तु इतना होने पर भी सफलता नहीं मिली। उलटे ये लोग नए अभियान और अपमान का वरण करने में जुट गए। पाप, पाप से ही सहायता माँगता है; त्रिगर्त देश के राजा सुशर्मा की बुद्धि और प्रवृत्ति कौरवों की प्रवृत्ति का ही अनुसरण करती थी। उन्होंने आकर कौरवों को समाचार दिया कि कीचक और उसके भाई एक अज्ञात गन्धर्व के हाथों मारे गए थे।[1] कीचक अत्यन्त भीषण अत्याचारी था, अधार्मिक और क्रूर भी–किन्तु वह उतना ही विषम-साहसी योद्धा और पराक्रमी भी था। उसका एक दल महाबली और पाप-कर्म करनेवाला था। ये लोग दूसरे देशों से मनचाही सम्पत्ति लूट लाते थे, किन्तु दूसरों का मत्स्य देश को नष्ट-भ्रष्ट करने का साहस नहीं होता था। अब विराट असहाय हैं। किन्तु उनका गो-धन बचा है–उन्हीं के नाम के समान वह लम्बी-चौड़ी गोशाला भी छोटे-मोटे राज्य जैसी है। दुर्योधन और त्रिगर्त की सेनाएँ मिलकर उसका सब कुछ लूट सकती हैं।

दुर्योधन की सम्पत्ति की प्यास कभी न बुझनेवाली, बल्कि दिन-प्रतिदिन बढ़नेवाली थी। पांडवों का अपरिमित ऐश्वर्य हाथ आने पर भी उनकी इच्छा पूरी नहीं हुई थी। वे उस प्रस्ताव पर उल्लास से भर उठे–वे ऐसे व्यक्ति नहीं थे, जो बड़ों की सोची-समझी सलाह या मना को सुनते–इसलिए उसी समय कर्ण, सौबल और दुःशासन आदि अन्तरंग लोगों को लेकर सुशर्मा के साथ अकारण दूसरों की सम्पत्ति लूटने की योजना को अन्तिम

1. सैरन्ध्री ने बताया था कि उनके गन्धर्व स्वामी एक विशेष कारण से अज्ञातवास में हैं, किन्तु वे हमेशा उनका सामाचर पाते रहते हैं–कोई विपत्ति आने पर उसे आकर दूर करेंगे अथवा अपमान करने पर दुश्चरित्र व्यक्ति को दंड देंगे।

रूप दे डाला। तय हुआ कि सुशर्मा आनेवाली कृष्णा-सप्तमी को मत्स्यराज की गोशाला के दक्षिण भाग पर धावा बोलेंगे। इसका समाचार पाकर विराट अवश्य ही दल-बल सहित आक्रमण रोकने जाएँगे, उस अवसर के लिए दुर्योधन की सेना पहले दिन सुबह ही गोशाला के उत्तर की ओर पहुँच जाएगी।

योजना में कोई त्रुटि नहीं थी, उन्होंने हर तरह से सोच-विचार कर लिया था; केवल विराट राज के–विभिन्न कार्यों के लिए–नव-नियुक्त पाँच कर्मचारियों का ध्यान नहीं रखा था। ध्यान नहीं रखा था–इसका कारण यह कि उनके होने का इन्हें पता ही नहीं था। युद्ध पर जाते समय विराट अपने सखा, द्यूत-क्रीड़ा के साथी कंक अर्थात् युधिष्ठिर को साथ ले जाएँगे और उनकी सलाह मानकर ग्रन्थिक, वल्लभ और तन्त्रिपाल को भी–यह किसे पता था ! सुशर्मा तो कीचक को ही जानते थे, उन्हें उसी के उपद्रव को एकाधिक बार सहना पड़ा था–इन चार अपरिचित योद्धाओं का नाम और परिचय आदि इन्हें कुछ भी ज्ञात नहीं था। जिस प्रकार इनके शौर्य भरे रण-कौशल और सैन्य-संचालन को देखकर उनके आश्चर्य की सीमा नहीं रही, उसी प्रकार शोचनीय रूप से पराजित होकर भागने के लिए भी बाध्य होना पड़ा। वे अपने पीछे अगणित मृत सैनिक और सेनानायक छोड़ गए।

यह सारा समाचार दुर्योधन को नहीं मिला। मिलने की सम्भावना भी नहीं थी। वे पूर्वनिर्धारित समय पर उत्तर गोशाला की यात्रा पर निकल गए। डरते-काँपते गो-सेवक जब दुर्भाग्य की सूचना लेकर विराट-पुरी में पहुँचे तो वहाँ किशोर राजकुमार उत्तर को छोड़कर कोई भी नहीं था। कौरवों के पराक्रम से उसके अवगत होने का प्रश्न ही नहीं था–उसके लिए तो भीष्म, द्रोण, कर्ण और अश्वत्थामा की वीरता भी लोक-कथा जैसी थी–इसलिए वह अन्तःपुर में निर्भय होकर हेकड़ी दिखाते हुए घूमने लगा कि यदि कोई एक कुशल सारथी होता तो वह अकेले ही युद्ध करके कौरवों को भगा देता।

यह खेद-भरी बात सैरन्ध्री ने आसानी से सुन ली। अपने आश्रयदाता पर आई इस विपत्ति की बात सुनने के बाद से ही वे वृहन्नला के विषय में सोच रही थीं। अवसर पाकर वे, कुमार की अज्ञानता पर स्वतः उभर आई परिहासपूर्ण मधुर हँसी को अधरों के कोनों में ही समेटते हुए उसके पास जाकर बोलीं कि नृत्य शिक्षक वृहन्नला, इससे पहले आवश्यकता पड़ने पर दो-चार बार महारथी अर्जुन का सारथ्य कर चुके हैं, राजकुमार उन्हें सारथी बना सकते हैं।

उत्तर, विस्मित और विस्फारित नेत्रों से बोला, ''किन्तु वह तो नपुंसक है, नारी वेशधारी। वह रथ क्या चला पाएगा ?''

''कह तो रही हूँ–इससे पहले उन्होंने एकाधिक बार यह कार्य किया है, अब भी कर पाएँगे। आप कहकर देखिए न !''

लगता है, वृहन्नला वेशधारी अर्जुन भी इसी सुयोग की खोज कर रहे थे, बहुत दिनों–वर्षों से धनुष-बाण धारण करने के आनन्द अथवा विलास-भोग से वंचित उस वीर की भुजाएँ युद्ध में जाने को अधीर और व्यग्र हो उठीं। वे शुरू-शुरू में एक-दो बार

भय और अज्ञानता दिखाकर अन्तःपुर की स्त्रियों के बीच जोरदार हँसी की तरंगें दौड़ाते हुए, अन्ततः सहमत हो गए। उत्तर जो युद्ध करता, वह तो वे जानते ही थे, युद्ध तो उन्हें ही करना था। वे चाहते भी वही थे। इसी सुयोग के लिए उन्होंने विगत बारह वर्षों में एकाग्र-चित्त होकर, तपस्या करने की भाँति जो रण-कौशल प्राप्त किया था, अधिकांश नए-नए अस्त्रों के प्रक्षेपण का जो ज्ञान अर्जित किया था—उसे कौरवों के सामने प्रदर्शित किए बिना उन्हें शान्ति नहीं मिल रही थी।

अर्जुन का अनुमान एकदम सही निकला। दृष्टि-सीमा से भी परे तक समुद्र की भाँति फैली उस विशाल कौरव-सेना को दूर से ही देखकर उत्तर का गला सूख गया, उसका दिमाग घूमने लगा और हाथ-पैर काँपने लगे। उसने उसी समय वृहन्नला को रथ के घोड़े घर की ओर मोड़ने का आदेश दिया। किन्तु वृहन्नला तो लौटने के लिए आए नहीं थे। वे विविध प्रकार से सान्त्वना देकर राजकुमार को उत्साहित करने का अभिनय करते-करते रथ को लगातार उस एकत्र विपत्ति—साक्षात् यमराज के द्वार की ओर ही बढ़ाते रहे। उत्तर कोई उपाय न देख रथ से कूदकर नीचे आ गया और भागने की ताक लगाने लगा।

अब वृहन्नला ने अपना असली रूप धारण किया। दौड़कर वज्र जैसी कठोर मुट्ठी से उत्तर के केश पकड़कर अपना परिचय दिया और पर्याप्त अभय व सान्त्वना देकर उत्तर से ही सारथी का कार्य करने को कहा तथा स्वयं धनुष-बाण धारण किया। जिस शमी-वृक्ष में उन्होंने अपने अस्त्र आदि छिपा रखे थे—वह भी सौभाग्य से उत्तर-गोशाला के निकट ही था, उन्हें वहाँ से भुवन-प्रसिद्ध गांडीव धनुष और अक्षय तूणीर लेने में कठिनाई नहीं हुई।

इस बार कौरवों की चकित और सन्त्रस्त होने की बारी थी। वह प्रत्यंचा चढ़ाना, धनुष की वह गम्भीर टंकार, तीर छोड़कर भीष्म, द्रोण को प्रणाम करना व कुशल-क्षेम पूछना—उस सबको पहचानने में देर नहीं लगी। मात्र एक ही व्यक्ति है, जिससे यह सम्भव है। नारी-वेश में यह नपुंसक कौन है—इसे दुर्योधन और कर्ण भी समझ गए। ये तीन-चार लोग एकाएक बहुत उत्साहित हो उठे। इन्होंने सोचा कि अज्ञातवास की निर्धारित अवधि में ही अर्जुन दिखाई दे गए हैं, अतः पांडवों को फिर बारह वर्ष के लिए वन जाना पड़ेगा ! किन्तु भीष्म ने तिथि-नक्षत्र की विलक्षण गतिविधि की गणना करके बताया कि तेरहवाँ वर्ष व्यतीत हो जाने के बाद बारह दिन और बीत गए हैं। यह बात पांडव भी जानते थे, नकुल ने पहले ही यह गणना कर ली थी।[1]

सदा के अनुसार ही दुर्योधन को शिक्षा मिल गई। एक ओर विख्यात वीर, उनके

---

1. भीष्म ने कहा था कि काल-चक्र में कला, क्षण, मुहूर्त, दिन-रात, पक्ष, मास, ऋतु, वर्ष, ग्रह और नक्षत्र—सभी समायोजित होते हैं। इस प्रकार काल-विभाग द्वारा वह चक्र चलता है। ग्रहों से सम्बन्धित गति के कालातिरेक और नक्षत्र-पुंज की विपरीत गति अर्थात् सूर्य-चन्द्र द्वारा एक-दूसरे के लंघन से प्रत्येक पाँच वर्ष में दो माह बढ़ जाते हैं।

—महाभारत, विराट पर्व।

साथ अक्षौहिणी का दशमांश सैन्य-दल और दूसरी ओर अकेले अर्जुन। किन्तु एक पहर में ही वे क्षत-विक्षत होकर शक्तिहीन हो गए। प्राण भी बचे तो वे भी अर्जुन की बड़ी कृपा से ही। अन्त में दुर्योधन को असफल, अपमानित, कलंकित होकर पीछे लौटने का आदेश देना पड़ा। विजयी उत्तर सकुशल राजधानी लौट आया।

इसके बाद परिचय देने में कोई रुकावट नहीं बची। पांडव उनके आश्रय में थे–यह जानकर विराट को जितना गर्व हुआ उतना ही आनन्द भी। अर्जुन का परिचय पाकर और उत्तर गोशाला के युद्ध में उनकी भूमिका सुनकर विराट ने उनके साथ अपनी कन्या उत्तरा के विवाह का प्रस्ताव किया। किन्तु अर्जुन तैयार नहीं हुए। वे बोले, ''मैंने नारी-वेश में एक वर्ष तक आपके अन्तःपुर में निवास किया है, मेरे साथ अन्तःपुर की कुल-नारियों ने सहज भाव से मेल-मिलाप रखा है। विशेष बात यह कि मैंने आपकी कन्या को नृत्य-गीत की शिक्षा दी है। अब यदि उससे विवाह करूँगा तो लोग तरह-तरह के सन्देह करेंगे, इससे मेरी बदनामी और आपकी मर्यादा-हानि होगी। शिष्या और छात्रा, कन्या के ही समान होती हैं। मैं उसे अपनी पत्नी के रूप में नहीं–पुत्रवधू के रूप में ग्रहण करूँगा। मेरा पुत्र अभिमन्यु वृषि-वंशी वासुदेव का भानजा, सुभद्रा के गर्भ से उत्पन्न हुआ है। इस समय उसकी आयु सोलह वर्ष है। विगत तेरह वर्ष से वह श्रीकृष्ण के घर पर रह रहा है। उन्होंने उसकी शिक्षा में कोई कमी नहीं रखी है। इसी आयु में उसकी गणना दुर्धर्ष वीर के रूप में होती है। वह अत्यधिक तेजस्वी भी है। वह सब प्रकार उत्तरा के योग्य है। आप अपनी कन्या का विवाह उसके साथ करेंगे तो एक ही विवाह से पांडव और यादव-गण आपके सम्बन्धी बन जाएँगे।''

विराट को इस प्रस्ताव से सहमत होना पड़ा। उन्हें, जामाता के रूप में अर्जुन को पाने के गौरव का लोभ ही अधिक था, किन्तु वे यह स्वीकार करने को भी विवश थे कि विवाह न करने का अर्जुन का तर्क शक्तिशाली है।

इस विवाह-सम्बन्ध और पांडवों के अज्ञातवास के पूर्ण होने का समाचार द्वारका पहुँचने, वहाँ से सम्मति आने, विवाह की तैयारी–दोनों पक्षों द्वारा ही–पूरी होने और यादवों के उपप्लव्य पहुँचने में दीर्घ काल व्यतीत हो गया। जहाँ अश्व और रथ ही सबसे तेज सवारी हों, वहाँ उसी का ध्यान रखते हुए समय का हिसाब लगाया जाता है; विवाह का दिन उसी हिसाब से निश्चित हुआ। अन्धक और वृषि प्रधानों के पर्याप्त दहेज, सम्बन्धी, बन्धु, अनुचर, दास-दासी, मामा की ओर से दिए जानेवाले वस्त्र, आभूषण, धातु के बर्तन, अश्व, रथ, हाथी आदि लेकर पहुँचने के भी दो पखवाड़े बाद विवाहोत्सव सम्पन्न हुआ। विराट को इतने सारे लोगों का स्वागत-सत्कार और आतिथ्य करना एक भारी काम महसूस होना स्वाभाविक था। यदि कुशल पांडव उनकी सहायता को आगे न आते तो हो सकता है वे इस कर्त्तव्य का भली-भाँति पालन भी न कर पाते, कोई-न-कोई कुटुम्बी-स्वजन नाराज हो जाते।

किसी भी पक्ष ने इस लम्बी अवधि को व्यर्थ नहीं गँवाया। सभी को पता था कि युद्ध अनिवार्य है। दोनों दलों ने ही देश-देश में कुशल दूत भेजे, ताकि वे सब देशों के

राजाओं से सहायता की प्रार्थना करें। इसी अवधि में पांचाल, मत्स्य, चेदी, मणिपुर और नागराज्य की सेना तथा यादवों के सब प्रकार के समर्थन का वचन पांडवों के पक्ष में पहुँच गया था। किन्तु देखने में आया कि शौर्य, वीर्य और शिष्टाचार में पांडव चाहे जितने कुशल हों, किन्तु कूटनीति-कौशल में वे धार्तराष्ट्रों के सामने बच्चे ही हैं। मद्र-राज शल्य–पांडवों के मामा नकुल, सहदेव के अपने मामा–को एक अक्षौहिणी सेना के साथ उपप्लव्य की ओर जाते हुए सुनते ही दुर्योधन ने उनके आगमन-पथ में स्थान-स्थान पर स्वागत द्वारों, विश्राम-गृहों, श्रेष्ठ-भोजन, उत्कृष्ट-सुरा और केवड़े आदि से निर्मित उत्कृष्ट पेय, सेवक-सेविका तथा पुष्प-मालाओं आदि की इतनी सुन्दर व्यवस्था की, कि शल्य अभिभूत होकर अन्ततः पूछने को विवश हो गए, "यह सब आयोजन, ऐसा विचार किसका है ?" दुर्योधन पास ही आड़ में थे, तुरन्त सामने आकर हाथ जोड़कर बोले, "यह हमारा ही सेवा का साधारण सा प्रयास है। आप पांडवों के मामा हैं, उस दृष्टि से आप हमारे भी तो बड़े हैं।"

"ना, ना, साधारण क्यों, यह बहुत अधिक है। मैं बहुत प्रसन्न हूँ। वत्स, यदि तुम्हारी कोई प्रार्थना हो तो निस्संकोच कहो।"

दुर्योधन बोले, "यदि प्रार्थना ही पूरी करना चाहते हैं तो आप दया करके सेना सहित हमारा साथ दीजिए–यही एक मात्र प्रार्थना है।"

इस प्रकार मद्र-राज अपनी कृपा के जाल में स्वयं ही फँस गए। पांडव-शिविर में युधिष्ठिर के पास अपनी निरुपायता तथा निर्बुद्धिता की कहानी बताकर केवल इतना आश्वासन देने आए कि उस पक्ष का सहयोग करते हुए भी, जहाँ तक सम्भव होगा वे भानजों के कल्याण के लिए ही कार्य करेंगे।

इन्हें कर्ण को लेकर ही अधिक आशंका थी। युधिष्ठिर तुरन्त बोले, "वही करना है–तो यदि युद्ध में किसी दिन कर्ण और अर्जुन के रथ आमने-सामने हो जाएँ–तो आप कृपा करके कर्ण के पास रहकर उसके मनोबल को कम करने की चेष्टा करें, उससे ही पर्याप्त सहायता हो जाएगी।"

शल्य ने इसे प्रसन्न मन से अंगीकर कर लिया।

॥ २ ॥

दुर्योधन ने अपनी चतुराई के बल पर चाहे जितनी सैनिक-संख्या बढ़ा ली हो–एक बात में वे दुखद रूप से असफल रहे और मूढ़ता ऐसी कि उस पराजय को समझ भी नहीं पाए, उलटे हानि को लाभ मानकर उल्लास से फूल गए।

मित्र-भाव रखनेवाले दूसरे सभी राजाओं के पास तो दूत भेज दिए गए थे, किन्तु वासुदेव के पास स्वयं अर्जुन को भेजना ही ठीक समझा गया। सगे-सम्बन्धी, आयु में बड़े, सदा हित चाहनेवाले–सभी प्रकार माननीय थे–उनके पास साधारण दूत का भेजना

उचित नहीं था। लेकिन अर्जुन ने अपनी यात्रा चाहे जितनी गुप्त रूप से की–उसकी सूचना गुप्तचरों के माध्यम से कौरवों के सूचना-प्रकोष्ठ में पहुँचने में देर नहीं लगी। दुर्योधन तुरन्त सबसे अधिक तेज दौड़नेवाले घोड़ों का प्रबन्ध करके द्वारका की ओर चल पड़े। फलस्वरूप दोनों लोग लगभग एक ही समय श्रीकृष्ण के प्रासाद पर पहुँचे।

श्रीकृष्ण इस बात से अवगत ही थे। वे स्वयं सबसे कुशल व्यक्ति थे, अतः उन्हें किसी दूसरे को समाचार लाने का काम सौंपने की आवश्यकता नहीं थी। इनके प्रासाद में प्रवेश से ठीक पहले वे निद्रा-मग्न–जिसे कहा जाता है गम्भीर निद्रा-मग्न, होकर लेट गए। दुर्योधन और अर्जुन–दोनों ही प्रार्थी थे अतः कोई भी उनके विश्राम में बाधा पहुँचाकर उनकी नाराजी मोल नहीं लेना चाहता था। उन लोगों ने प्रतीक्षा में भलाई समझी। वासुदेव द्वारा पहले ही दिए गए निर्देश के अनुसार अन्तःपुर के प्रहरियों ने उन्हें शयन-कक्ष में पहुँचा दिया। दोनों ही वासुदेव के सम्बन्धी थे, अतः किसी अन्य कक्ष में बैठकर प्रतीक्षा करने के लिए कहना अभद्रता होती। चरण-अर्घ्य और पेय-जल आदि से युक्त आतिथ्य ग्रहण करके दोनों ने चुपचाप उस कक्ष में प्रवेश किया। घमंडी दुर्योधन कृष्ण के सिरहाने बैठे–जबकि अर्जुन विनम्र भाव से उनके चरणों के पास बैठ गए।

कुछ देर बाद श्रीकृष्ण ने जोरदार जम्हाई लेते हुए आँखें खोलीं। सबसे पहले प्रिय मित्र अर्जुन दिखाई दिए, उसके बाद अर्जुन के संकेत पर ही दुर्योधन पर दृष्टि पड़ी।

इसके पश्चात् आनन्दपूर्ण आश्चर्य प्रकट करते हुए भरपूर आदर-सत्कार किया। रीति के अनुसार सौजन्य और पारस्परिक कुशल-क्षेम के बाद वासुदेव ने दोनों से ही उनके अचानक आने का कारण पूछा। दोनों के आगमन का कारण और प्रार्थना एक ही थी–पर दुर्योधन ने उसमें इतना जोड़ दिया कि वे क्योंकि पहले पहुँचे हैं, अतः प्रार्थना का उनका पहला अधिकार है।

श्रीकृष्ण ने थोड़ा हँसते हुए कहा, "जितना सत्य यह है कि आप पहले आए हैं, उतना ही यह भी कि मैंने पहले अर्जुन को देखा है। फिर भी मैं किसी को भी पूरी तरह निराश नहीं होने दूँगा। देखिए, मैंने निश्चय किया है कि एक ओर मैं अकेला रहूँगा, किन्तु निरस्त्र, अनाहब–अर्थात् युद्ध नहीं करूँगा। दूसरी ओर मेरी एक अक्षौहिणी सेना है, जिसका प्रत्येक सैनिक मेरे या सात्यकि के जैसा योद्धा है और उसी कारण वह नारायणी-सेना के नाम से विख्यात है–तो दूसरी ओर वह एक अक्षौहिणी सेना रहेगी। अर्जुन आयु में छोटे हैं, मैं पहले इन्हें ही चुनाव का अवसर देता हूँ। निर्णय करो पार्थ, तुम किसे या किन्हें लोगे !"

अर्जुन ने दोनों हाथों की अंजलि बनाते हुए उत्तर दिया, "आपको। सशस्त्र हों, निरस्त्र हों–युद्ध करें अथवा न करें, आप मेरे निकट रहें–यही मेरी प्रार्थना है।"

अब वासुदेव, दुर्योधन की ओर घूमकर बोले, "तो आप ? यह एक अक्षौहिणी सेना लेकर सन्तोष करने के अलावा तो कोई उपाय नहीं देखता। लेंगे तो ?"

"निश्चय ही। यदि युद्ध ही नहीं करेंगे तो आपको लेकर मुझे क्या लाभ ? आपसे निष्पक्ष-सलाह की कोई आशा नहीं है; आप तो पांडवों के प्रेम में जकड़े हैं, जो सलाह

देंगे, वह सदा उन्हीं के हित में होगी। उसकी मुझे आवश्यकता नहीं है।''

खान-पान और विश्राम आदि के बाद दुर्योधन ने प्रसन्न मन से विदा ली–सफलता के आनन्द से गद्‌गद होकर। द्वारावती छोड़ने से पहले वे बलदेव के पास भी गए, किन्तु बलदेव ने साफ-साफ कह दिया, ''देखो भाई, तुमसे मुझे लगाव है, तुम मेरे छात्र और शिष्य भी हो–परन्तु पांडव घनिष्ठ सम्बन्धी हैं। इसके अलावा, जिधर जनार्दन रहेंगे, उनके विरुद्ध नहीं जा पाऊँगा। मैंने पक्का कर लिया है कि मैं किसी ओर भी नहीं रहूँगा, उस समय तीर्थ-यात्रा पर निकल जाऊँगा।''

वे, इनके पास कोई आशा या भरोसा लेकर आए ही नहीं थे, इसलिए कोई दुख नहीं हुआ। औपचारिकता का निर्वाह करके दुर्योधन घर लौट गए।

अर्जुन ने पहले से ही तय कर लिया था कि एक-दो दिन मित्र के–अब रिश्तेदार के भी–घर ठहरेंगे। विशेषकर, यह स्वाभाविक ही था कि वासुदेव और सुभद्रा की माँ भी अपने जामाता की आवभगत की इच्छुक होतीं। इस एक-दो दिन की मेहमानदारी में ही वासुदेव ने अवसर पाकर कुछ रहस्यपूर्ण हँसी के साथ पूछा, ''तुमने मुझे निहत्था और युद्ध से विमुख जानते हुए भी क्यों चुना ?''

अर्जुन ने उनकी आँखों में देखते हुए गम्भीर स्वर में उत्तर दिया, ''आप युद्ध करें या न करें–किन्तु आप जिस ओर रहेंगे, समर-भूमि में भारत के समस्त योद्धाओं अथवा सेनाओं के उसके विरुद्ध उतर आने पर भी उस पक्ष की पराजय नहीं होगी–इतने दिन में मुझे इसका पक्का विश्वास हो गया है। पिछले तेरह वर्षों में जो विचित्र अनुभव हुए हैं, जो ज्ञान या जानकारी मिली है, उससे यह भी समझ गया हूँ कि यह युद्ध आपकी ही लीला है, हम लोग अथवा धार्तराष्ट्र तो आपके हाथों में नाचनेवाली पुतलियाँ मात्र हैं। हमारी विजय आपकी ही विजय है। इस क्षत्रमेध-यज्ञ और सभी यज्ञों के यज्ञेश्वर आप ही हैं–क्या नहीं ?''

वासुदेव अपने स्वभाव के अनुसार रहस्यमय हँसी हँसकर चुप हो गए। यह भी पता नहीं चल पाया कि वे अर्जुन की बात का समर्थन कर रहे हैं या नहीं। अर्जुन ने भी निरर्थक समझकर उत्तर के लिए जोर-जबर्दस्ती नहीं की।

इन्हें ठीक से याद नहीं कि द्रुपद-पुरोहित को दूत बनाकर भेजने का प्रस्ताव पहले किसने किया था ! तब भी विराट आदि अनेक लोगों ने समर्थन किया था; वासुदेव का समर्थन भी था। सम्भवतः उनके नाम पर प्रस्ताव उनके ज्ञानी, भद्र व बहुत हद तक निरपेक्ष और राजनीति की जटिलताओं से ऊपर होने के कारण ही किया गया था। किन्तु व्यवहार में देखा गया कि जो लम्बे समय तक राजनीति में न रहे हों, उन्हें ऐसे गम्भीर कार्य के लिए दूत बनाकर भेजना उचित नहीं है। पंडितजी शुरू-शुरू में धैर्य रखने के बावजूद कौरवों की खुली और घृणित परधन-लालसा तथा उसी रूप में धृतराष्ट्र के कपट-भरे हृदय से उत्तेजित हो गए। इनके विषय में उनके जो मनोभाव थे, उन्हें उसी

रूप में, सीधी-सपाट भाषा में तो कह ही डाला, साथ ही और कुछ कड़वी बातें भी कह दीं। परिणामस्वरूप दौत्य का उद्देश्य पूरी तरह निष्फल हो गया। भीष्म तक कहने को विवश हो गए, "विप्रवर, आपका कहा सारा सच होने पर भी, आपका कहने का ढंग अत्यधिक रूखा और कड़वा है। लगता है, ब्राह्मण होने के कारण ही–आपने, भाषा में राज-सभा के लिए उपयोगी मिठास घोलना नहीं सीखा।...आपका यह काम हाथ में लेना अनुचित हुआ। अब जो भी हो, मैं यह जानकर सुखी और निश्चिन्त हुआ कि पांडव सकुशल हैं। आप चिन्ता न करें, जिस ओर शस्त्रधारी अर्जुन हैं, उस ओर विजय अनिवार्य है। युद्ध यदि हुआ तो विजय-लक्ष्मी पांडवों का वरण करेगी।"

अर्जुन के इस स्तुतिवाद से कर्ण चिढ़ गए, उन्होंने और अधिक रूखी और कर्कश बातों से दूत का अपमान किया, कौरवों की शक्ति की थोड़ी डींग मारी, अपने पराक्रम का घमंड दिखाया–और अन्त में दूत को जना दिया कि पांडव व्यर्थ ही समय गवाँ रहे हैं, यह सब दूत आदि भेजने का कोई फल नहीं निकलेगा।

भीष्म ने उनकी डींग का सही प्रत्युत्तर देने में देर नहीं लगाई। वे कड़वे व्यंग्य-भरी हँसी हँसते हुए बोले, "राधेय, कुछ ही दिन पहले जब अर्जुन ने अकेले ही छः महारथियों को पराजित, निरस्त्र और बेहोश कर दिया था, तुम्हें दया करके प्राणों की भीख दी थी, उस समय यह सारी अकड़ और सारी शूरता कहाँ थी ? सेना भी तो समुद्र के समान लेकर गए थे–यदि अर्जुन उसी समय तुम लोगों का वध करके निश्चिन्त हो गए होते तो ?"

धृतराष्ट्र भारी झगड़े की आशंका देखकर इस वाक्याग्नि को बुझाने के लिए हरकत में आए। उन्होंने मीठी बातों से दूत और भीष्म दोनों को ही शान्त करने की चेष्टा की, बोले, "विप्रवर, आपने कुछ भी असत्य नहीं कहा, मेरे पुत्र ही अधार्मिक और लोभी हैं। भीष्म ने भी जो कहा, वह सब भी सच है। अब आप बिना किसी परेशानी के लौट जाइए, मैं थोड़ा सोच-विचार करके अपने व्यक्तिगत सचिव संजय को भेजूँगा, वे ही हमारे निर्णय की सूचना मेरे परमप्रिय पुत्र युधिष्ठिर को दे देंगे।"

कुल मिलाकर पुरोहित-प्रवर का दूत-कर्म निरर्थक रहा।

धृतराष्ट्र अवश्य ही अस्थिर और बेचैन हो गए।

बाहरी आँखें बन्द होने के कारण ही अन्धों की भीतरी आँखें साधारण मनुष्यों की अपेक्षा अधिक तीव्र होती हैं। वे समझ रहे थे कि कुटुम्ब के इस झगड़े और भयंकर युद्ध का परिणाम अच्छा नहीं होगा। विशेषकर उन्हें इसमें रंच मात्र सन्देह नहीं था कि युधिष्ठिर को अन्यायपूर्ण ढंग से वंचित किया गया है। पांडवों की शक्ति का भी उन्होंने, अपने तथाकथित समाके पुत्रों की अपेक्षा अधिक सही और यथार्थ आकलन कर लिया था, घोष-यात्रा और उत्तर-गोशाला अभियान का परिणाम जान लेने के बाद तो और भी अधिक। वस्तुतः उनके पुत्र कुछ अधिक अन्धे थे या नियति के हाथों में पड़ने के कारण प्रत्यक्ष-सत्य को नहीं देख पा रहे थे। धृतराष्ट्र बेबस थे–एक तरह से पुत्रों के बन्दी।

इतना होने पर भी, पुत्र-रक्षा में ही अपनी रक्षा भी थी; इसलिए घबराकर जल्दी

ही संजय को उपप्लव्य नगर भेज दिया। उनकी बातें वही, जो धृतराष्ट्र की थीं; अकारण शब्दजाल में उलझी हुई और उपमा-बहुल, किसी साफ वायदे से रहित केवल सदुपदेश। कुटुम्बियों से किसी भी अवस्था में युद्ध की इच्छा नहीं है, व्यक्तिगत हानि सहकर भी भाइयों के साथ हर स्थिति में प्रेम बनाए रखना उचित है–संजय इन्हीं बातों को बार-बार अनेक प्रकार से कहने लगे। किन्तु जब अर्जुन को उपदेश देने लगे, "आप जैसे व्यक्तियों को भोग-तृष्णा का त्याग करना ही उचित है और क्षमा ही परम धर्म है–" तो युधिष्ठिर का, विशेषकर श्रीकृष्ण का धैर्य छूट गया। तब भी युधिष्ठिर ने शिष्ट-भाषा का त्याग नहीं किया, वे कटु-सत्य उघाड़कर संजय का ध्यान नहीं खींचना चाहते थे–वह कार्य श्रीकृष्ण ने कर दिया। द्यूत-सभा में कौरवों द्वारा किए गए समस्त घृणित आचरण की याद दिलाते हुए पूछा कि इस सब उदार और महान आचरण तथा आदर्श की बातें उस दिन क्यों याद नहीं आई थीं ?

इस सबके बावजूद युधिष्ठिर विदा के समय बोले, "ठीक है, हम लोगों को हमारा प्राप्य राज्य या धन नहीं मिला, दुर्योधन हम पाँचों भाइयों को पाँच बड़े गाँव ही दे दें–कुशस्थल[1], वृकस्थल, माकन्दी, वारणावत और उनकी अपनी इच्छा के अनुसार कोई एक और–हम लोग उससे ही सन्तुष्ट हो जाएँगे। युद्ध की हमारी कोई इच्छा नहीं है, परन्तु क्षत्रिय-सन्तान, राज-पुत्र और राजा–हमेशा भिक्षा-वृत्ति से जीवनयापन करें तो अधर्म में पतित हो जाते हैं, उसके लिए हम तैयार नहीं।"

कोई भी इससे अधिक भद्रता और उदारता की आशा नहीं कर सकता, इसे कम-से-कम प्रार्थना से भी कम ही कहा जाएगा। धृतराष्ट्र भी यह बात स्वीकार करने को बाध्य हो गए, वे दुर्योधन को समझाने के लिए भी गए–किन्तु दुर्योधन इस बुद्धिमत्ता और शान्ति-प्रियता को दुर्बलता का लक्षण समझकर बोले, "पाँच गाँव, वे भी इतने बड़े गाँव क्यों–एक सुई की नोक से जितनी मिट्टी उठती है–मैं पांडवों को उतना भी बिना युद्ध किए देने को तैयार नहीं हूँ।"

भ्रष्ट विचार को सहारा देने के लिए कर्ण ने एक युक्ति भी ला खड़ी की। उनके अनुसार भीष्म का हिसाब ठीक नहीं था, क्योंकि अज्ञातवास का वर्ष पूरा होने में कई दिन शेष थे। तेरह वर्ष का हिसाब एक साथ करने से कैसे चलेगा, अज्ञातवास के पूरे एक वर्ष का हिसाब समझाना होगा। 'डूबते को तिनके का सहारा' की भाँति दुर्योधन ने भी उस युक्ति का सहारा पकड़ लिया।

सुई की नोक के बराबर भूमि का समाचार पहुँचने के बाद आज की यह विचार-सभा और अचानक वासुदेव का दूत बनकर जाने का प्रस्ताव।

सभा में छाई चुप्पी टूटते ही अर्जुन घबराहट अनुभव करते हुए व्याकुल स्वर में बोले,

1. पाठान्तर भेद से 'अविस्थल'।

“ना, ना। आप नहीं—आप क्यों जाएँगे ? आपको नहीं जाना है। वे जानते हैं, इतने दिनों में अच्छी तरह समझ गए हैं कि आप हमारे सबसे बड़े सहायक हैं—बल, बुद्धि, विश्वास—हमारी सम्पूर्ण शक्ति हैं। आपको थोड़ा सा भी नुकसान पहुँचा दिया तो हमारी सामरिक शक्ति का मेरुदंड टूट जाएगा। उनके लिए कुछ भी असम्भव नहीं है—।”

अपनी आशंका भी पूरी तरह व्यक्त नहीं कर सके, भावावेश में उनका गला रुँध गया।

वासुदेव हँस पड़े। कहा, “तुम मुझे अपने रथ पर रखना चाहते हो—इसी कारण मुझसे सारथी बनने का अनुरोध किया है। यदि उनका उतना छोटा सा उद्‌देश्य है तो वे युद्ध के पहले ही मेरा वध कर सकते हैं।”

“सारथी पर अस्त्र चलाना निषिद्ध है—”

“दूत भी अवध्य होता है। जो न्याय, नीति और विवेक का शासन मानकर चलता है उसके प्रति किसी भी विषय में अशंका नहीं होती। जो उसे नहीं मानता—उसके ऊपर कौन भरोसा रखता है ? उसकी ओर से तो किसी भी पल मुसीबत आ सकती है।...और अर्जुन, मैं भी निरा बालक नहीं हूँ। आजन्म शत्रुओं से, विद्वेष पूर्ण मनोभाववालों से संघर्ष करके अपने को बचाना पड़ा है। उन लोगों को भी मैं बहुत अच्छी तरह जानता हूँ।”

लगता है, इस बीच युधिष्ठिर की वाणी भी लौट आई थी। वे भी उद्विग्न होकर अनुनय करते हुए बोले, “नहीं, नहीं जनार्दन, विपत्ति में सब लोग मित्र का ही सहारा खोजते हैं। हमारा तुमसे बड़ा कोई मित्र नहीं है। विपद-सम्पद सभी में तुम्हीं हमारे एक मात्र सहायक और सहारे हो। इसीलिए कौरवों के इस घोर अन्यायपूर्ण समाचार से मूढ़ व्यक्ति की भाँति तुम्हारे मुख की ओर देख रहा था। किन्तु तुम स्वयं उस पाप-सभा में जाओगे—इस प्रस्ताव से अत्यधिक व्याकुल हो रहा हूँ। सत्कुल में उत्पन्न होकर और ज्ञान सम्पन्न शिक्षा प्राप्त करके भी कोई व्यक्ति यदि पराए धन का लोभ करता है, तो उसका वह लोभ उसकी बुद्धि का विनाश कर डालता है। बुद्धि नष्ट होते ही लज्जा चली जाती है और उसके जाते ही धर्म-ज्ञान व विवेक आदि नष्ट हो जाते हैं। उसके बाद उसके लिए कुछ भी अकरणीय नहीं रहता। मैं सचमुच नहीं चाहता कि तुम कौरवों की सभा में जाओ। तुम चाहे कितनी अच्छी बातें करो किन्तु दुर्योधन के कानों पर जूँ नहीं रेंगेगी; उसे कभी भी सद्‌बुद्धि नहीं आएगी। इस बीच उसके पीछे चलनेवाले शक्तिशाली क्षत्रिय राजा वहाँ पहुँच ही गए हैं। माधव, यदि तुम्हारा कुछ भी अनिष्ट हो गया तो राज्य-धन तो दूर की बात है, कुबेर का सम्पूर्ण ऐश्वर्य और स्वर्ग का समस्त सुख भी नहीं चाहिए—चाहे कुछ भी क्यों न मिले, सब व्यर्थ हो जाएगा।”

प्रत्युत्तर में श्रीकृष्ण कुछ गम्भीर हो गए, लगा कि उनकी भौंहों पर किसी भयंकर संकल्प के वज्रगर्भी मेघ घिर आए। वे बोले, “महाराज चक्रवर्ती, दुर्योधन के विचार और प्रवृत्ति से मैं अनजान नहीं हूँ। तब भी एक बार वहाँ जाना आवश्यक है—कम-से-कम संसार और भविष्य की आँखों में अपने को उस जिम्मेदारी और निन्दा से बरी करने के लिए। और बोलिए, मेरे बदले किसे भेजेंगे ? राजन्, मैं जब किसी काम का दृढ़

निश्चय करता हूँ तो आगा-पीछा, शुभ-अशुभ–सब कुछ सोचकर ही कदम उठाता हूँ। आप व्यर्थ ही शंका मत कीजिए–वे लोग भी मुझे अच्छी तरह जानते हैं। यदि कहीं मैं क्रुद्ध होकर हथियार उठा लूँ तो कुरु-पुत्र पल-भर में नष्ट हो जाएँगे।'' वासुदेव जब यह सब कह रहे थे, उनकी आँखों में तेज बरसने लगा था, सहसा लगा कि उनमें साक्षात् कालाग्नि की छाया है।

युधिष्ठिर थोड़े आश्वस्त और (जैसे कि ऐसी दशा में इससे पहले भी हो गए थे) थोड़े शंकाकुल होकर कहने लगे, ''देख लो, जो भी तुम्हें अच्छा लगे। हमारा, तुमसे बढ़कर कोई हितू नहीं है, किसी और की बुद्धि भी तुम्हारे समान बहुदूरदर्शी नहीं है। यदि तुम नहीं समझा पाए तो फिर उन्हें कोई भी नहीं समझा पाएगा। मेरी सबसे पहली इच्छा है कि अकारण ही संसार का विनाश, प्राण-हानि और रक्तपात न हो, उसके लिए मैं बड़ी से बड़ी हानि और दुख भी उठाने को तैयार हूँ।''

भीम इतनी देर से सिर झुकाए बैठे पता नहीं क्या सोच रहे थे। वे अचानक सहज हुए। पता नहीं कैसी एक निस्पृहता भरी शिथिल आवाज में बोले, ''केशव, तुम दूत बनकर जा रहे हो–यह हमारा सौभाग्य है। मेरी दृष्टि में तुम इस कार्य के लिए योग्यतम व्यक्ति हो। तुम्हारे कन्धों पर भरत-वंश की रक्षा का भार आ पड़ा है। देखो, हम लोग एक ही वंश की दो शाखाएँ हैं–ऐसी चेष्टा करो जिससे हमारे बीच शान्ति स्थापित हो जाए। स्वभाव से ही क्रोधी, भलाई के विरोधी, महा-अभिमानी दुर्योधन पर गुस्सा दिखाने या उसे डराने से काम नहीं बनेगा, बल्कि उसे समझा-बुझाकर झुकाने की कोशिश करो। वासुदेव, जो व्यक्ति पापी स्वभाववाला, दस्यु प्रवृत्ति में रमनेवाला, अहंकारी, दम्भी, अदूरदर्शी, सज्जनों की अवज्ञा करनेवाला, निष्ठुर, क्रूर, पांडवों का चिर-बैरी, मूढ़ और सोच-विचार न करनेवाला है, वह यों ही आसानी से भलाई या हित की बातें नहीं समझेगा। वह धर्म-सम्मत बातों अथवा मित्रों के कहे का मान नहीं रखेगा। तुम ही कोशिश करो तो शायद उसे वश में कर पाओ। देखो, एक पापी के क्रूर मन की आग में सम्पूर्ण भारत-खंड भस्मीभूत होने चला है। यह कोई नई या आश्चर्यजनक घटना नहीं है–एक-एक कुल-विनाशी, पापात्मा और दुष्ट-प्रकृतिवाले राजा के कारण अनेक जानें अकाल ही काल के गाल में समाई हैं, अनेक वंशों का नामोनिशान मिट गया है–यह सब तुम अच्छी तरह जानते हो। ठीक उसी भाँति दुर्योधन भी काल-प्रेरित कुल-कलंक है। क्रोधपूर्ण बातें या डराना-धमकाना छोड़कर उसे मीठी बातों से प्रेमपूर्वक हित की बातें समझाओ। यदि हमें थोड़ा झुककर, दुर्योधन का अनुगामी होकर रहना पड़े तो वह भी उचित है–सारे कुरु-वंश तथा क्षत्रिय-कुल का ध्वंस हो जाए–यह किसी भी प्रकार अभिप्रेत नहीं है।''

थोड़ी देर के लिए पुनः उस विचार-सभा पर अखंड-नीरवता उतर आई। मनुष्य जैसे पानी में आग लगी देखकर अथवा भूरे जलधारी बादलों से अग्नि-वर्षा होती देख आश्चर्य से हत्वाक हो जाए–या फिर जलती हुई चिता से हिम जैसी शीतलता पाए–सबकी वही स्थिति हो गई, निर्वाक्-जड़ अवस्था।

वासुदेव ने उस चुप्पी को तोड़ने में देर नहीं की। वे व्यंग्यमिश्रित आश्चर्य के साथ बोले, "महाबाहु भीमसेन, क्या आप ही ने ये सब शान्त, हितकारी और विनय की बातें कही हैं ? या आपके छद्म-वेश में कोई दूसरा व्यक्ति यहाँ है ? शत्रुता का प्रतिशोध लेने को प्यासा होकर आपने ही पिछले तेरह वर्ष छाती के बल भूमि पर सोकर बिताए हैं न ? धुआँ उठती आग की भाँति क्रोधाग्नि में जलते हुए लगातार लम्बी-लम्बी साँसें छोड़ी हैं ? रुक-रुककर दिन-रात भयंकर आवाज के साथ भूमि पर पदाघात करके अथवा अकारण गरजते हुए, अग्नि-होत्र की भाँति अपनी शत्रु-मर्दन की प्रतिज्ञा को जगाए रखा है ? आपकी प्रतिशोध की प्यास की भयावहता को देख अनेक लोग आपको पागल समझकर आपसे बचते रहे हैं। वही आप क्या युद्ध को सामने देखकर पीछे हटना चाहते हैं ? यह क्या वास्तव में कुल-रक्षा की चिन्ता है—या आपका अपना भय ?"

भय शब्द के उच्चारण भर से भीम की जैसे नींद टूट गई—वे अपने प्रकृत रूप में लौट आए। हजारों वज्रपात की गरज के समान प्रचंड गर्जना करते हुए बोले, "भय ? मेरा ? मैं इसी पल दुर्योधन की ग्यारह अक्षौहिणी सेना का मुकाबला करने को तैयार हूँ। सच यह है कि मुझे उससे अधिक प्यारा और मन माफिक और कुछ नहीं हो सकता। उस दुराचारी दुःशासन की छाती का खून पीने के लिए मेरा सारा अन्तर् सूखा पड़ा है, उसके बड़े भाई का उरु-भंग करने की प्रतिज्ञा से मैं बँधा हुआ हूँ—मुझे, वह प्रतिज्ञा पूरी किए बिना न चैन है, न शान्ति। इसी के साथ जब, केवल वाग्जाल फैलाकर अन्याय को शरण देनेवाले इन भीरु और कपट-दृष्टिवाले बूढ़ों को धराशायी होते देख लूँगा, तभी मुझे पूरा सन्तोष होगा। वे कहते हैं कि वे अन्न के ऋण से बँधे हैं, धार्तराष्ट्रों के वेतनभोगी हैं। न्याय और धर्म के आधार पर पांडु का राज्य, उनके पुत्रों का ही प्राप्य है, यदि कोई उस राज्य पर अन्यायपूर्वक अधिकार जमा ले—तो उसके राजस्व पर उसका हक नहीं हो जाता, उस राज्य के कोषागार से दिया जानेवाला वेतन भी पांडु-पुत्रों के धन या सम्पत्ति से ही प्राप्त माना जाएगा। मैं न्याय-नीति के जटिल तत्त्व को नहीं समझता, यह केवल मेरी सहज बुद्धि की बात है। ये सभी बूढ़े घोरतर पापी हैं। वे सब अप्रत्यक्ष रूप से दुर्योधन का ही समर्थन करते हैं। उनकी मौत देखे बिना मुझे शान्ति नहीं मिलेगी। हे केशव, जिस दिन इस लोकान्तरकारी महासमर की आग जल उठेगी, तुम उसी दिन मेरे असली रूप को समझ पाओगे। मेरी मज्जा नष्ट नहीं हुई है, न ही मेरा हृदय भय से काँप रहा है या भ्रमित है। मुद्गर जैसी मेरी भुजाएँ छूकर देखो, वे सूखकर पतली या बलहीन नहीं हो गई हैं—मेरी इन भुजाओं में भिंचकर स्वयं देवेन्द्र भी नहीं बच सकते।...नहीं, मैंने कुल-रक्षा के भय से ही सारी बातें कही थीं, पूर्वजों के दाय को ध्यान में रखकर—चिन्तित और व्याकुल हो गया था कि कहीं भरत-वंश निर्मूल न हो जाए, अन्यथा बैर के प्रतिशोध की मेरी इच्छा या शक्ति किसी भी प्रकार कम नहीं हुई है।"

कहते-कहते भीमसेन इतने अधिक उत्तेजित हो गए कि उस भयंकर क्रोधाग्नि के आतंक से सभा के सभी लोगों के चेहरे मुरझा गए। श्रीकृष्ण ने उन्हें ढाढ़स बँधाने और

भीमसेन को सामान्य स्थिति में लाने के लिए कहा, ''नहीं-नहीं, भीमसेन, आपके पराक्रम से मैं अनजान नहीं हूँ। जरासन्ध-वध के समय आपका शारीरिक-बल अपनी आँखों देख चुका हूँ। आपकी भर्त्सना करना या आपको धिक्कारना भी मेरा लक्ष्य नहीं था। जिस उच्च वंश में आपने जन्म लिया है, उसी के अनुरूप बुद्धिमत्ता और संयम का प्रदर्शन भी किया है—अपनी प्रतिहिंसा और क्रोध का दमन करके आपने सबसे पहले वंश की जो बात सोची, मैं उसके लिए आपको साधुवाद देता हूँ।—अर्जुन तुम्हें कुछ कहना है ?''

अर्थात् भीमसेन को और अधिक क्रोध करने का अवसर नहीं दिया।

अर्जुन और नकुल ने भी थोड़ा कर्त्तव्य समझते हुए और अपने बड़े भाइयों की बातों के प्रति श्रद्धा व समर्थन प्रकट करते हुए अपना अभिमत व्यक्त किया। मानो, वासुदेव ने भी पहले मीठी बातों से ही कार्य सिद्ध करने की चेष्टा की—उससे काम न चलने पर आखिरी उपाय तो था ही !

केवल सहदेव क्रुद्ध स्वर में बोले, ''उन्होंने द्यूत-सभा में पांचाली को इतना अपमानित और दुखी किया—छल के सहारे हमें इतने लम्बे समय तक भिखारी की भाँति परान्न-भोजी होकर जीवन व्यतीत करने को विवश कर दिया—मुझे समझ में नहीं आता कि उसके बाद भी सन्धि-प्रस्ताव, दूत के आदान-प्रदान की सौजन्यता और अनुनय-विनय का प्रश्न क्यों उठ रहा है ! अब जनार्दन आपका यही एक मात्र उचित कर्त्तव्य है—आप ऐसी चेष्टा कीजिए, जिससे शीघ्र युद्ध या उन लोगों को दंड देने का अवसर आए।''

महाबली सात्यकि ने सहदेव के इस रुख का समर्थन करते हुए दो-टूक बात कहने के लिए उनकी बहुत प्रशंसा की। वहाँ एकत्रित राजन्य-समाज और सेना-नायकों के दल ने भी उच्च स्वर में साधुवाद दिया।

वासुदेव मुस्कान और प्रसन्नता से खिला मुख लिए कुछ देर चुप रहे, फिर कोलाहल के थोड़ा शान्त होते ही महादेवी कृष्णा के सम्मुख आ पहुँचे।

''सखी द्रोपदी, तुम क्या कहती हो ?''

अब तक द्रोपदी चुपचाप रो रही थीं, किन्तु अब नीलकमल और पलाश जैसे नेत्रोंवाली वे सुन्दरी श्रेष्ठ अपनी नीलाभ कृष्ण, सुगन्ध भरी, खुली हुई विशाल केश-राशि को मुट्ठी में बाँधकर दोनों हाथों से वासुदेव के सामने करते हुए, आँसुओं के कारण भर्राए कंठ से बोलीं, ''सहदेव का धन्यवाद, मुझे इस बात का पता चल गया है कि मेरे पतियों में कम-से-कम एक ऐसे हैं, जो मेरे अपमान को भूले नहीं हैं। मैं भला क्या कहूँ, महावीर अर्जुन, जिनके प्रतिशोध की प्यास पर मुझे सबसे अधिक भरोसा था, उन्हें ही आज—भीमसेन द्वारा धर्म, कुल-रक्षा आदि सवालों को सबसे पहले विचारणीय मानने के कारण—शान्ति-रक्षा हेतु व्याकुल और विनय पूर्ण व्यवहार की सलाह देते हुए देखकर मैं परेशान और हक्की-बक्की हो गई हूँ, अब और जीना अच्छा नहीं लग रहा है। देखो, जैसे अवध्य का वध करना अन्याय होता है, वैसे ही वध्य को छोड़ देना भी। वासुदेव तुम सच-सच कहो—इस भारत भूमि में मेरी जैसी भाग्यहीना सधवा और कौन है ? मैं द्रुपदराज के प्रतिहिंसा-यज्ञ की अग्नि से उत्पन्न कन्या, धृष्टद्युम्न की बहन, तुम्हारी प्रिय

सखी, महाराज पांडु की पुत्रवधू और साक्षात् इन्द्र जैसे पाँच पतियों की रानी हूँ। और, इन सबके जीवित, स्वस्थ व युद्ध-विद्या में पारंगत होने के बावजूद मुझे इन पतियों की आँखों के सामने असहनीय अपमान सहना पड़ा। किसी क्रीत-दासी अथवा वेश्या तक को ऐसी दुर्दशा भोगते कभी नहीं सुना। तुम मेरे सखा, मेरे रक्षक, मेरे सम्बल होने पर भी उन लोगों से सन्धि करने जा रहे हो ! क्या मैंने इसी के लिए रजस्वला की भाँति खुले केश लेकर तेरह वर्ष काटे हैं ? आज भीमसेन के मुख से विनय पूर्ण व्यवहार करने का उपदेश सुनकर जैसे नए सिरे से उस दिन की ज्वाला में जल रही हूँ।...वासुदेव, यदि मुझे रंच मात्र भी अपनी कृपा-पात्र मानते हो, तो सन्धि नहीं–ऐसा कुछ करो, जिससे जल्दी ही युद्ध हो। यदि पांडव भयभीत होंगे और युद्ध से भागेंगे तो मैं अभिमन्यु को सेनापति बनाकर अपने पाँचों पुत्रों को रण-भूमि में भेजूँगी, मेरे बूढ़े पिता और धृष्टद्युम्न भी निश्चय ही मौत से भी भयानक मेरे उस अपमान का बदला लेने से पीछे नहीं हटेंगे।''

संयोगवश, पटरानी को असहाय भाव से दुख-भरे स्वर में रोते हुए देखकर उस विचार-सभा में काफी उत्तेजना भरी आवाजें गूँजने लगीं–उसी के बीच फुसफुसाते हुए वासुदेव बोले, ''यशस्विनी, तुम निश्चिन्त रहो–मैं वहाँ सन्धि करने नहीं, बल्कि सन्धि की चेष्टा को बेकार करने जा रहा हूँ। आज जिस प्रकार तुम केश खोले व्याकुल होकर क्रन्दन कर रही हो, बहुत जल्दी भरत-कुल की स्त्रियों को उसी प्रकार रुदन और हाहाकार करते देखोगी। पहले भी कह चुका हूँ, आज फिर कह रहा हूँ–तुम जिन पर कुपित हो, उन्हें मृत समझ सकती हो। पृथ्वी की कोई शक्ति ऐसी नहीं–मानवी या दैवी–जो उन्हें बचा सके।''

इसके बाद यात्रा के दिन का निश्चय ही विचारणीय विषयों में शेष बचा था। वासुदेव ने वह कार्य पुरोहित धौम्य को सौंप दिया। कहा, ''यह कार्तिक माह है, यात्रा के लिए श्रेष्ठ समय। देखिए कब उषा-काल में रेवती नक्षत्र दिखाई देगा, मैं उसी दिन प्रातःकाल यात्रा पर निकलूँगा।''

तत्पश्चात् सात्यकि को एकान्त में बुलाकर कहा, ''दूत अवध्य होता है, किसी विपत्ति की आशंका करना ठीक नहीं, फिर भी तैयारी के साथ जाना ही बुद्धिमत्ता है। तुम्हें तो जाना ही है, तुम्हारे साथ विशेष रूप से चुने हुए नौ अन्य महारथी भी जाएँगे। उनके निर्वाचन का भार तुम पर है। पैदल और घुड़सवार मिलाकर एक हजार अंग-रक्षक भी जाएँगे, उनमें से कुछ साधारण अनुचर अथवा नौकर के वेश में जाएँगे–अर्थात् हमारे किसी आचरण से ऐसा प्रतीत न हो, जिससे हम उनकी दृष्टि में सन्दिग्ध हो जाएँ। अच्छी तरह परखकर चुने हुए, तेज और बेकार न जानेवाले अस्त्र आदि की कमी न पड़े, उन्हें भोजन-सामग्री व ईंधन के साथ अलग एक बड़े वाहन में ले जाया जाएगा। हम उनके सामने पहले ही युद्ध की तैयारी नहीं दिखाना चाहते, किन्तु इसका ध्यान रखो

कि आवश्यकता पड़ने पर योद्धा या उपयुक्त हथियार कम न पड़ें। और मैं जब कुरु-सभा में जाऊँ तो तुम मेरे साथ रहना, किन्तु सभा के भीतर घुसने की कोशिश मत करना–निर्लिप्त अथवा उत्सुक व्यक्ति की भाँति बाहर जाने के रास्ते में प्रतीक्षा करना। उस मार्ग की इस प्रकार रक्षा करना कि कोई अचानक उसे अवरुद्ध न कर सके तथा आवश्यकता आ पड़ने पर संकेत मात्र से हमारे रथी-महारथी और अंगरक्षक सभा में प्रवेश करने में सफल हो जाएँ।''

सात्यकि के चेहरे पर कोई भाव-परिवर्तन दिखाई नहीं दिया, सिवा इसके कि उनके दोनों ताम्र-वर्णी नेत्र आवेश और कौतूहल से चमकने लगे। वे चुपचाप सहमति में गर्दन हिलाकर उसी समय विचार-सभा से निकल आए–सम्भवतः यात्रा का प्रबन्ध पूर्ण करने के लिए।

॥ ३ ॥

मध्यस्थता के लिए स्वयं वासुदेव पांडवों के दूत बनकर आ रहे हैं–यह तो एक विशेष ही समाचार था और इसमें भी आश्चर्य की कोई बात नहीं कि वह समाचार तीव्रगामी यान-वाहन के सहारे तुरन्त ही कुरु-सभा में पहुँच गया।

ये लोग अचम्भित हो गए और वासुदेव के मुख्य उद्देश्य के सम्बन्ध में इनके विचार-विमर्श एवं अनुमान की सीमा नहीं रही; किन्तु भयंकर रूप से बेचैन हुए धृतराष्ट्र। भीतर-ही-भीतर उद्विग्न। अपने पुत्रों को बुलाकर कहा, ''देखो, वसुदेव-पुत्र श्रीकृष्ण सभी प्रकार यादवों–भोज, वृषि, अन्धक आदि–के असली मुखिया हैं, उनकी शक्ति सुविदित है, किन्तु उससे भी अधिक उनकी राजनीतिक सूझबूझ और रहस्यगर्भी बुद्धि की प्रसिद्धि है। सम्पूर्ण जम्बू-द्वीप के राजा, यहाँ तक कि चीन और म्लेच्छ देश आदि के राजा भी उनकी बात रखते हैं। वर्तमान में वे सभी के माननीय तथा सभी के श्रद्धेय हैं। तुमने अपने सामने देखा है कि उनसे मुकाबला करने पर जरासन्ध के स्वयम्भू सेनापति शिशुपाल की क्या दुर्दशा हुई थी। उनमें धैर्य, बल, प्रताप और बुद्धि का संगम है। इसे हमारा विशेष सौभाग्य ही मानना होगा कि वे बिना किसी बुलावे के अपने मन से इस राज्य में पधार रहे हैं। उनकी आवभगत में कोई भूल न हो। उन्हें ठाट-बाट की आदत है, उनके ठहरने और भोजन आदि का प्रबन्ध भी उसी के अनुसार होना आवश्यक है। दुर्योधन का आवास वैसी सुख-सुविधावाला नहीं है, दुःशासन का आवास नया-नया बना और काफी विशाल भी है, नई शैया आदि से सुसज्जित है। उसे सपरिवार हमारे महल में चले आने को कहो और उसके आवास को सुसंस्कृत, स्वच्छ तथा नए सामान से सजा कर तैयार कर दो। वासुदेव वहीं ठहरेंगे। यह तो पता नहीं कि उनके साथ कितने सहयोगी, सेवक या नौकर-चाकर होंगे–कई सौ तो होंगे ही, जहाँ तक सम्भव हो, उनके लिए आवास-गृहों का प्रबन्ध करो–यदि फिर भी कमी पड़े तो तम्बुओं की व्यवस्था कर

लो। घोड़ों और खच्चरों के लिए—अभी से ही चना और घास जमा करने का आदेश दे दो। वासुदेव किसी भी कारण असन्तुष्ट या नाराज न हों।''

इसके बाद वृद्ध राजा ने मन्त्री विदुर को पुकारकर कहा, ''यह समाचार तो निश्चय ही मिल गया होगा कि वासुदेव श्रीकृष्ण यहाँ आ रहे हैं। मैंने पुत्र दुर्योधन को बार-बार चेता दिया है—उनके स्वागत-सत्कार में कोई भूल न हो जाए। सुना है, वे वृकस्थल में रात व्यतीत करके भोर में हस्तिना नगर में प्रवेश करेंगे। वृकस्थल के नागरिकों ने उनके स्वागत की भारी तैयारी की है। हमारे लिए केवल इतना सोचना अशोभनीय और हमारी उदासीनता प्रकट करता है। हमारी सत्कार-व्यवस्था अधिक बड़ी और व्यापक होनी आवश्यक है। किसी प्रकार की कोई कमी न रहे।''

थोड़ी देर मौन रहने के बाद फिर बोले, ''और देखो, मैं उन्हें राज-अतिथि के नाते कुछ सम्मानोपहार भेंट करना चाहता हूँ। तुम मेरे रत्न-भांडार में से उच्चकोटि के रत्न छाँट लो। इसके अतिरिक्त मैं उन्हें बाह्लीक देश के सर्वगुण सम्पन्न, तेजवान, तीव्रगामी चार घोड़ों द्वारा खींचे जानेवाले सोलह रथ; रण-कुशल एवं महावत युक्त आठ हाथी; कांचनवर्णा युवती, एक सौ कुमारी दासियाँ व उतनी ही संख्या में अल्पवयस्क दास, हिमाचलवासियों के बनाए सुकोमल कम्बल और चीन से आए एक हजार रोएँवाले चमड़े के वस्त्र आदि देना चाहता हूँ। मेरे अपने, वायुगति से दौड़नेवाले खच्चरों से खींचे जानेवाले—चार पहर में चौदह योजन जाने में समर्थ जो रथ हैं, उन्हें भी भेंट करना चाहता हूँ। दुर्योधन तो नहीं जाएगा—किन्तु मेरे अन्य सभी पुत्र-पौत्र नगरी के प्रवेश-मार्ग पर जाएँगे। सजी-धजी मुख्य वारांगनाएँ वहाँ पहले ही एकत्र हो जाएँ। वृकस्थल से यहाँ तक का समस्त मार्ग जल छिड़ककर धूलरहित कर देना होगा।''

विदुर ने गम्भीर स्वर में कहा, ''इसमें सन्देह नहीं कि आपने उनके लिए उपहार-द्रव्य, आदर-सत्कार की जो समस्त व्यवस्था करने को कहा है, वह उन्हीं के अनुकूल है। किन्तु महाराज, क्या उनकी गुणावली और उनके अलोकसाधारण चरित्र का ध्यान रखकर ही आप उनकी इस प्रकार की अभ्यर्थना की व्यवस्था के लिए कह रहे हैं ? आर्य, आप सत्य और सरलता को अपनाइए। इस अवसर पर भी चतुराई और कपट के सहारे—और शायद आत्म-प्रताड़णा के सहारे भी, पुत्र-पौत्रों के सर्वनाश का कारण मत बनिए। इसमें रंच मात्र संशय नहीं कि श्रीकृष्ण ऐसे ही सम्मान-सत्कार के योग्य हैं, सागर सहित पृथ्वी भेंट करके भी शायद उनके प्रति उचित सम्मान प्रदर्शित नहीं किया जा सकता—किन्तु महाराज, मैं जानता हूँ आपकी यह इच्छा केवल इसी कारण अर्थात् धर्माचरण अथवा पात्रता के कारण दिखाई नहीं दे रही है। यह केवल छलना, असत्याचरण और कपटता भर है। आप पांडवों को पाँच गाँव तक देने के लिए तैयार नहीं हैं—श्रीकृष्ण को इतना धन दुष्प्राप्य द्रव्यादि क्यों भेंट करना चाहते हैं ? आप समझते हैं कि इससे उन्हें अपने वश में और पांडवों से अलग कर देंगे ? वे ऐसे व्यक्ति नहीं हैं, वासुदेव शल्य नहीं हैं। न धन, न पूजा, न यत्न—कोई किसी के द्वारा भी उन्हें वशीभूत, मोहग्रस्त या धर्म-च्युत नहीं कर सकता। आप अच्छी तरह जानते हैं कि धर्म पांडवों की ओर है;

अर्जुन उनके अभिन्न-हृदय मित्र हैं—श्रीकृष्ण उन्हें कभी नहीं छोड़ेंगे—यह बात आप गाँठ बाँध लीजिए। वे जल से भरे घड़े, पैर धोने के लिए जल के अतिरिक्त आपके हाथ से और कोई वस्तु ग्रहण नहीं करेंगे। यदि आप सचमुच उनका समुचित सत्कार करना चाहते हैं तो वे जो प्रार्थना लेकर आ रहे हैं—अर्थात् कौरवों-पांडवों के बीच सन्धि और शान्ति स्थापना, वही पूर्ण कर दीजिए, वे वास्तव में सन्तुष्ट हो जाएँगे।''

धृतराष्ट्र के विषादपूर्ण चेहरे पर प्यासी-कातरता फैल गई। विदुर ने बहुत देर तक प्रत्युत्तर की निष्फल आशा के कारण दीर्घ निश्वास के साथ चुपचाप ही विदा ली। यह तो वे पहले से ही जानते थे, उन्होंने केवल अपना कर्त्तव्य पूरा करने के लिए सच्ची बातें कही थीं।

इस एक विषय पर दुर्योधन भी विदुर के साथ एकमत थे। इस सब उत्कोच से वासुदेव को प्रसन्न करके कार्य सिद्ध नहीं होगा। उनके सम्बन्ध में जितना ज्ञात है, जो जनश्रुति है—उससे क्रमशः यही धारणा दृढ़ हो गई है। इतना होने पर भी धृतराष्ट्र के आदेश के पालन में न कोई विलम्ब हुआ और न कोई कमी। राज्य-सीमा के प्रवेश-मार्ग से राजधानी तक स्थान-स्थान पर स्वागत-द्वार और आवभगत के लिए मंडपों का निर्माण किया गया—उन्हें सुखड़ी की सहायता से की जानेवाली कारीगरी से सुन्दर रूप में चित्रांकित किया गया, फूल-पत्तों से सजाया गया और आवश्यकतानुसार दीप-माला से सुन्दर, उज्ज्वल तथा नयनाभिराम रूप प्रदान किया गया। उसी के साथ घोड़ों के दाना-पानी के लिए विशाल तालाब और घास-भंडार तथा वासुदेव और उनके अनुचर-सेवकों आदि के लिए खान-पान का प्रबन्ध किया गया। महारथियों और राजवंश के लोगों के लिए अधिकतर पक्का खाना ही रखा गया था। दास-दासी, वारांगनाएँ, मनोज्ञ मनोविनोद करनेवाली कामिनियाँ आदि भी भेजी गई थीं। दुःशासन के आवास ने भी नवीन साज-सज्जा और सुधार-संस्कार के कारण नए बने प्रासाद का रूप ले लिया था। स्वागत-सत्कार की इस विशाल तैयारी ने साधारण प्रजा के मन में भी हलचल मचा डाली, वे अपनी उत्सुकता और जिज्ञासा की शान्ति के लिए महान-अतिथि के शुभागमन की बाट जोहने लगे।

इस सम्पूर्ण राजकीय तैयारी के दौरान कुचक्रियों का मस्तिष्क भी शान्त नहीं रहा। सौबल या शकुनि उस कोटि के मनुष्य थे, जो किसी की उन्नति या आदर-सम्मान नहीं सह पाते। काम-काज की व्यस्तता में ही एक दिन वे भानजे को अकेला पाकर बोले, ''देखो, वृद्ध राजा चाहे जो कहें, किन्तु वासुदेव को मधुर-व्यवहार या मूल्यवान उपहारों से प्रसन्न नहीं किया जा सकता। तुम भी पांडवों को राज्य में हिस्सा देने को तैयार नहीं हो। इसलिए युद्ध होना अनिवार्य है। इस परिस्थिति में हमारे लिए केवल एक बात करणीय है—वह है पांडवों की शक्ति का क्षय। और, उनकी असली शक्ति है यही यादव, वसुदेव का पुत्र। यद्यपि वह अपनी पंचायत का मुखिया नहीं है—नाम के लिए अभी भी उग्रसेन ही राजा है—किन्तु वास्तव में वही आदमी सारे यादव-समाज पर शासन करता

है। तुम्हारे भाग्य से वह द्यूत-क्रीड़ा के समय उपस्थित नहीं था अन्यथा यह विपुल सम्पदा और विशाल राज्य तुम्हारे भोगने को नहीं बचते। श्रीकृष्ण अकेले ही तुम्हारी सभा में आ रहे हैं, उन्हें प्रेम और मित्रता के छल से अचानक बन्दी बना लो—इससे पांडवों की समस्त शक्ति का स्रोत नष्ट हो जाएगा और जो लोग इस समय उनके पक्ष में हैं, वे भविष्य को सोचकर भयभीत हो उन्हें छोड़ देंगे।''

इस परामर्श से दुर्योधन बहुत उत्साहित हो उठे। बोले, ''मैं अंग-राज और दुःशासन से विचार-विमर्श करके अभी ही इस योजना को अन्तिम रूप दिए देता हूँ।''

शकुनि रोकते हुए बोले, ''दुःशासन को बता दो, लेकिन इसमें कर्ण को मत डालो। पहले ही जान लेने पर वह सहमत तो होगा ही नहीं—ऊपर से रोड़ा और अटकाएगा। मैंने ध्यान से देखा है कि पांडवों के प्रति उसे चाहे जितना विद्वेष हो, किन्तु श्रीकृष्ण के प्रति उसमें थोड़ी दुर्बलता है। दुःशासन से बता दो, मैं तो हूँ ही। ये सब बातें कभी भी अधिक लोगों से नहीं बताते, मन्त्रणा को गुप्त रखना ही असली हथियार होता है।''

तब भी दुर्योधन ने अपना कर्त्तव्य निभाने के विचार से पहले दिन शाम को अन्ध-राजा से वह बात बता दी। उन्होंने अपने स्वभाव के अनुसार अपनी सन्तान की मन्द-मति, असत्-बुद्धि इत्यादि का थोड़ा रोना रोया, यह भी चेताया कि उस प्रकार के कार्यों से उनका विनाश अवश्यम्भावी है—किन्तु दृढ़ स्वर में मना नहीं कर पाए। लगा, जैसे बस अपने मन ही को बार-बार सुना रहे हों कि निषेध करने पर भी कोई काम नहीं रुक जाता और कि सन्तान में से कोई उनकी सुननेवाली नहीं है।

श्रीकृष्ण ने नगर-प्रवेश की पहली रात्रि को वृकस्थल पहुँचने पर सभी को अपनी मधुर वाणी से प्रसन्न करके तथा सबका धन्यवाद करके भी—नागरिक-वृन्द और दुर्योधन, किसी का भी आतिथ्य ग्रहण नहीं किया। अपने ही तम्बुओं में रात्रि व्यतीत की—और अपना ही अन्न-भोजन ग्रहण किया। दोनों पक्षों को—दूसरे का अप्रीतिभाजन होने की आशंका का तर्क देकर—समझा दिया।

प्रत्यूष-वेला में प्रातःकालीन पूजा-अर्चना के बाद वृकस्थल से चलकर एक पहर में हस्तिनापुर के मुख्य प्रवेश मार्ग पर पहुँचे तो देखा कि एक ओर तो राजकीय सम्मान-सत्कार की विशाल तैयारी है और दूसरी ओर साधारण नागरिकों का विशाल जमावड़ा, जैसे कि जन-समुद्र हो। वासुदेव ने इसमें कोई आश्चर्य प्रकट नहीं किया, शायद उन्हें ऐसी ही आशा थी। मुख पर मुस्कान बिखेरे, हाथ जोड़कर सबके प्रति सम्मान प्रदर्शित करते हुए—केवल घड़ी-भर कौरवों के बनाए मंडप में नए आसन पर बैठ, ब्राह्मणों का आशीर्वाद तथा उपहार के रूप में बछड़ेवाली एक गाय ग्रहण करने के बाद कुरु-पुत्रों का आलिंगन एवं बड़ों को प्रणाम निवेदन पूरा होते ही इन लोगों से विदा लेकर तुरन्त विदुर-गृह की ओर चले गए—बुआ कुन्ती को प्रणाम करने एवं कुशल समाचारों के आदान-प्रदान के लिए।

इतने दिनों के बाद उन्हें देखकर कुन्ती रोना-धोना मचातीं, यह स्वाभाविक ही था। इतने लम्बे समय की बातें पूछने-बताने में–पृथा के सम्बन्ध में ही जिज्ञासा और प्रश्न अधिक थे–काफी समय चला गया। प्रत्येक पुत्र और पुत्र-वधू को लेकर उनकी आशंका और अनिष्ट-कल्पना का ओर-छोर नहीं था, विशेष रूप से सहदेव के विषय में, उन्हें वे अभी तक बालक समझ रही थीं, अतः उनके लिए कुछ अधिक ही बेचैन थीं।

कुन्ती के प्रश्नों का उत्तर और उन्हें यथासम्भव सान्त्वना देकर वासुदेव अचानक विदुर के घर से निकलकर तेजी से दुर्योधन के आवास पर पहुँचे और पहले कहलवा भेजने आदि बातें न करके दालान पार करके ऊपर चढ़ते चले गए। द्वारपाल आश्चर्य में डूबे उनके प्रशान्त व सुन्दर मुख तथा धर्म की उज्ज्वल कान्ति की ओर ताकने लगे, किसी को होश ही नहीं रहा कि उन्हें टोके या फिर पहले ही तेजी से जाकर गृह-स्वामी को सूचित करे। श्रीकृष्ण भी इस प्रकार जाने लगे, जैसे इस प्रासाद को वे खूब पहचानते हों, उनके नख-दर्पण में इसकी प्रत्येक खिड़की और प्रत्येक कोना दिख रहा हो। इसी कारण और भी द्वारपालों को उन्हें रोकने का साहस नहीं हुआ। वासुदेव अनायास तीसरी मंजिल पर पहुँचकर वहाँ उपस्थित हो गए, जहाँ गृह-स्वामी एकान्त मन्त्रणा-कक्ष में अन्तरंग मित्रों, राजाओं, अंगराज आदि अधीन, करद और आश्रित राजाओं, शकुनि, दुःशासन आदि के साथ उन्हीं के आगमन और गतिविधियों के सम्बन्ध में चर्चा में संलग्न थे।

दुर्योधन उन्हें इस प्रकार अचानक अकेले ही आया देख थोड़ी देर को विस्मय-विमूढ़ हो केवल देखते ही रह गए। उसके बाद हड़बड़ाहट में आगे बढ़कर स्वागत किया और हाथ पकड़कर खींचते हुए अपने स्वर्ण मंडित पलंग पर बैठाने लगे। श्रीकृष्ण प्रसन्न-मुख, मुस्कुराते हुए अपना हाथ छुड़ाकर, एक-एक कर वहाँ उपस्थित सभी राजाओं और कुरु-वंशियों के साथ सम्बन्ध तथा आयु के अनुसार आलिंगन, नमस्कार, प्रीति-प्रदर्शन, कुशल-क्षेम आदि के बाद स्वयं जाकर उस पलंग पर बैठ गए।

इसके पश्चात्, जिस रीति से मधुपर्क, पेय-जल, दूध आदि से सम्माननीय अतिथियों की आवभगत की जाती है; जिस प्रकार उनसे गाय, गृह यहाँ तक कि राज्य का भाग और यथासम्भव सम्पत्ति ग्रहण करने की प्रार्थना की जाती है–वह सब आयोजन भी शीघ्रता से सम्पन्न हो गया। श्रीकृष्ण ने यहाँ भी निवेदित मधुपर्क को शिरोधार्य करके केवल साधारण पेय-जल ही ग्रहण किया और उठते हुए उस समय के लिए विदा की प्रार्थना की। दुर्योधन विस्मित और एकदम से व्याकुल होते हुए बोले, "ना, ना, यह कैसे हो सकता है ! जब अशेष दयापूर्वक मेरे घर पधारे हैं, तो भोजन भी यहीं करना होगा।"

वासुदेव ने दोनों हाथ जोड़कर भिक्षा-प्रार्थना की मुद्रा में कहा, "इसके लिए क्षमा करना पड़ेगा।"

क्यों, हमने क्या अपराध किया है ? यह ठीक है कि आपके लिए अलग नव-परिष्कृत भवन सुसज्जित किया गया है–वहाँ भी भोजन आदि की पूर्ण व्यवस्था है, फिर भी जब इस अधम के घर आए हैं, तो यहीं भोजन करने में क्या आपत्ति है ?"

श्रीकृष्ण की भौंहें थोड़ी सिकुड़ गईं, मुख की प्रसन्नता विलुप्त होकर, वहाँ कुछ

कठोर-गाम्भीर्य की छाया व्याप्त हो गई, वे मधुर किन्तु मेघ-मन्द्र स्वर में बोले, "मैं दूत बनकर आया हूँ। दूत जहाँ जाते हैं, कार्य सिद्ध होने पर ही वहाँ का आतिथ्य और उन लोगों का भोजन ग्रहण करते हैं। कल सभा में मैं जो प्रार्थना करूँगा, यदि आप उसे पूर्ण कर देंगे—तो मैं आनन्द और कृतज्ञतापूर्वक आपका भोजन ग्रहण करूँगा।"

दुर्योधन ने अभिमानाहत स्वर में कहा, "देखिए, आपको यह व्यवहार शोभा नहीं देता ! आप केवल दूसरों के भेजे दूत ही तो नहीं हैं, यदुवंश के साथ हमारे बहुविध सम्पर्कों के चलते आप हमारे सम्बन्धी भी हैं। आपके साथ हमारी कोई शत्रुता नहीं है, कोई झगड़ा या युद्ध भी नहीं हुआ। फिर आप ऐसा बर्ताव क्यों कर रहे हैं ?"

श्रीकृष्ण अब हँसे। बोले, "यदि आप सम्बन्ध की बात करते हैं तो जो आपके बैरी हैं—वे मेरे घनिष्ठतम सम्बन्धी हैं। इसे भी छोड़िए—काम, अर्थ, लोभ, क्रोध, द्वेष—किसी भी कारण धर्म का त्याग करना उचित नहीं। मनुष्य प्रेम का सम्बन्ध होने पर किसी का अन्न ग्रहण करता है अथवा दुख या निर्धनता के कारण बेबस होकर। आपने ऐसा कोई कार्य नहीं किया, जिससे मेरे प्रति आपकी प्रीति प्रकट हो और विपन्न भी मैं नहीं हुआ। आप अकारण अपने चचेरे भाइयों से द्वेष रखते हैं, उनकी हानि के लिए कमर कसे हुए हैं। उन्होंने कभी भी धर्म का परित्याग नहीं किया, जो उन लोगों से द्वेष रखते हैं, विरोध-भाव पालते हैं—वे मेरे मित्र या प्रिय नहीं हो सकते। जो लोभ अथवा द्वेष के वशीभूत होकर धार्मिक, गुणशील व्यक्ति का अनिष्ट करता है, उसे ज्ञानी लोग नराधम कहते हैं। इस कारण मैं अपना दूत-कर्म सफल होने से पहले आपका भोजन अस्वीकार करता हूँ। आपके प्रासाद में भी ठहरना सम्भव नहीं है। आज मैं विदुर के घर भोजन करूँगा और वहीं रात्रि व्यतीत करूँगा।"

अवज्ञा, ईर्ष्या, विद्वेष और विद्रूपता मिली एक विचित्र प्रकार की भाव-भंगिमा से दुर्योधन के होंठ विकृत हो गए। वे बोले, "चाचा विदुर के घर ! हमारे अन्न से अनार्य दासी-पुत्र का अन्न अधिक ग्राह्य हो गया !"

"निश्चय ही," चुभते हुए कठोर स्वर में उत्तर दिया वासुदेव ने, "जन्म या जाति से किसी की पहचान नहीं होती, वह होती है मनुष्यता से। बचपन में मेरा लालन-पालन वैश्य गोप-गृह में हुआ था, मुझे नहीं लगता कि उससे मेरी कोई हानि हुई। जिन्होंने कभी भी किसी कारण सत्य या धर्म का परित्याग नहीं किया—वे किसी ब्राह्मण की अपेक्षा अग्र-गण्य हैं, श्रेष्ठ मनुष्य हैं। वे महात्मा हैं। आपके दुरभिसन्धि के सहारे कमाए गए अशुभ अन्न की अपेक्षा धर्मात्मा विदुर का अन्न सब प्रकार श्रेष्ठ है।"

इसके पश्चात् श्रीकृष्ण वाद-विवाद का और अवकाश न देकर दुर्योधन के भवन से निकल आए। इस बार भी किसी को उन्हें रोकने या कोई क्षति पहुँचाने या उनकी अवमानना करने का साहस नहीं हुआ।

श्रीकृष्ण ने कौरवों का आतिथ्य ठुकरा दिया है—यह समाचार पाते ही भीष्म, द्रोण और कृपाचार्य अपने-अपने रथ पर चढ़कर विदुर के घर आ पहुँचे। प्रत्येक की यही प्रार्थना थी कि वे उसके घर ठहरें और भोजनादि करें। श्रीकृष्ण उनसे विनयपूर्वक

क्षमा-प्रार्थना करते हुए बोले, ''आप लोग जो इस प्रकार दौड़े चले आए–मैं अपने को उससे ही कृतार्थ अनुभव कर रहा हूँ। इसमें ही मेरा आतिथ्य ग्रहण करना हो गया, मुझे पर्याप्त सन्तोष हुआ। किन्तु भोजन मैं विदुर के घर ग्रहण करूँगा–यह मेरी बहुत दिनों की इच्छा है। दया करके मेरी यह साध पूरी होने दीजिए। और देखिए, यदि आप लोगों की अपेक्षा दरिद्र, शूद्राणी के गर्भ से उत्पन्न, वर्ण-संकर और पतित मानकर महात्मा विदुर के अन्न का तिरस्कार करके आप लोगों के घर जाऊँगा, तो मुझे ही धर्म से पतित होना पड़ेगा। प्रीति और कल्याणमयी बुद्धि का दान, यह भोजन प्रत्येक दशा में प्रिय और शिरोधार्य है।''

वासुदेव उन लोगों को सम्मान सहित अपने-अपने रथ पर चढ़ाकर लौटे तो विदुर संकोच करते हुए बोले, ''क्या आपने यह अच्छा किया ? वे सभी मेरे पूजनीय गुरुजन हैं। उनका निमन्त्रण ठुकराकर मुझे इतनी प्रधानता देने से वे लोग शायद नाराज हो गए हों। इसके अतिरिक्त मेरी स्थिति व संगति भी साधारण है। वैसी ही तैयारी भी है, लगता है आपको कष्ट ही होगा–''

वासुदेव ने उन्हें प्रगाढ़ आलिंगन में बाँधकर कहा, ''कार्य अच्छा हुआ या नहीं, इसकी चिन्ता बाद में की जाएगी। इस समय मुझे बड़ी भूख लगी है। पहले भोजन कर लूँ। और कष्ट हुआ या नहीं, यह भोजन समाप्त करने से पहले कैसे समझूँगा ? देखिए, मेरा सारा जीवन इस बात का साक्षी है कि मैं राज-सुख का भोग नहीं सह पाता। आज फिर उस सम्बन्ध में नए सिरे से नहीं सोचना चाहता।''

॥ ४ ॥

उस रात वासुदेव या विदुर, किसी को नींद नहीं आई। अनेक प्रकार की चर्चाओं और सत्संग में ही तीन पहर रात्रि व्यतीत हो गई। दुर्योधन की सामरिक-शक्ति, किस-किस पर उनका अधिक विश्वास है, वृद्ध राजा की मति और व्यवहार आदि तथ्यों की नवीनतम जानकारी विदुर से उपलब्ध हुई। पांडवों के सम्बन्ध में विदुर की भी काफी जिज्ञासाएँ थीं। श्रीकृष्ण की बातों और आश्वासन से उनकी उत्कंठा व उत्सुकता शान्त हुई। इसी के साथ दोनों ने परस्पर अच्छी-अच्छी बातें करके आनन्द मनाया।

नींद न होने पर भी दोनों में से किसी को थकन या आलस्य अनुभव नहीं हुआ। वासुदेव ने आदत के अनुसार भोर में ही उठकर स्नान, जप, होम और सूर्य-वन्दना करके प्रतिदिन की भाँति कुछ दान-कर्म भी सम्पन्न कर लिया। इसी बीच प्रभात का पहला पहर व्यतीत होने से पहले ही शकुनि और दुर्योधन आ उपस्थित हुए। उनका कहना था–कि वासुदेव के दर्शन की इच्छा से, सभा में धृतराष्ट्र, भीष्म, कुरु-वंश के प्रमुख वृद्ध-जन, अन्य राजा और सम्बन्धी उनके आने की बाट जोह रहे हैं। महामना धृतराष्ट्र ने उन्हें लाने के लिए अपना रथ भी भेजा है।

श्रीकृष्ण ने मधुर हँसी हँसते हुए विनयपूर्वक कहा, ''आप लोग अकारण परेशान न हों, मैं यहाँ अपने रथ पर आया हूँ, उसी का प्रयोग करूँगा। वह रथ तैयार है। आप आगे बढ़िए, मैं अभी आ रहा हूँ।''

द्वारकाधिपति वासुदेव सन्धि के लिए यहाँ आ रहे हैं—यह समाचार हस्तिनापुर में ही नहीं—राज्य के सीमावर्ती प्रदेश तक फैल गया था। कई हजार लोग, इस अद्भुत कर्मण्यशील पुरुष के दर्शन के लिए उस दिन सुबह ही विदुर के घर के चारों ओर जमा हो गए थे। इसके अलावा राज-कर्मचारी, सैन्य-वाहिनी एवं दुर्योधन आदि का अंगरक्षक दल तो था ही। उस जन-समुद्र के बीच रथ हाँककर आगे बढ़ना कठिन था, वासुदेव के प्रवीण और जानकार सारथी दारुक के लिए भी कठिन—इस कारण न चाहते हुए भी गति धीमी करनी पड़ी।

श्रीकृष्ण ने विदुर को रथ पर बैठा लिया था। पिछली रात की उनकी चेतावनी भी उन्हें स्मरण थी। राज-सभा के उपयुक्त महा-मूल्यवान वेशभूषा के नीचे लोहे के बारीक तारों से बना जो कवच था, उसके एकदम से दिखाई न देने पर भी किसी तीक्ष्ण-दृष्टिवाले दर्शक को उसकी उपस्थिति का पता न चल जाए; इस आशंका को दूर करने के लिए ही मानो संसार में दुर्लभ कौस्तुभ मणि का कंठ-हार धारण कर लिया था—जिससे उसकी तेज चमक से अवरुद्ध होकर दृष्टि अन्धे के समान लौट जाए और वेशभूषा के विषय में अधिक बातें दृष्टिगोचर न हों।

वासुदेव ने रथ पर चढ़कर बैठने से पहले एक बार चारों ओर अपनी शान्त दृष्टि डाली। उनकी आँखों से कुछ छिपा न रह सका, सारी स्थिति पूरी तरह जान ली। उस असीमित जन-समुद्र में भी उन्हें अपने अंग-रक्षकों और अनुचरों को पहचानते देर नहीं लगी। देखा कि सात्यकि के कुशल-निर्देशन और भ्रान्तिहीन संचालन में वे जनता में रिले-मिले हुए भी यथासम्भव उनके रथ के आसपास ही थे, एक प्रकार से उसे घेरे हुए। सात्यकि और कृतवर्मा के रथ प्रकटतः साथ-साथ उनके रथ के पीछे थे। फिर भी, इन्होंने किसी के लिए यह समझने का अवकाश नहीं छोड़ा था कि यह व्यवस्था जानबूझकर की गई है या पूर्व-योजना के अनुसार !...

सभा-गृह की देहरी पर उनका रथ आ लगा है—यह समाचार पाते ही भीष्म, द्रोण, कृप आदि ही नहीं—दुःशासन, अश्वत्थामा यहाँ तक कि संजय के सहारे स्वयं अन्धराजा धृतराष्ट्र भी प्रवेश-द्वार के बाहर आकर वासुदेव की अगवानी करके भीतर लिवा ले गए। उनके साथ आए महारथियों के सभा-गृह में जाने में कोई बाधा नहीं थी, सभी परिचित व विशिष्ट थे। किन्तु उन्होंने वैसी कोई चेष्टा नहीं की, वहाँ विद्यमान नागरिकों और कौरवों की रक्षा-वाहिनी में मिलकर भवन के प्रांगण में और सामने राज-पथ पर प्रतीक्षा करने लगे। केवल सात्यकि श्रीकृष्ण के साथ सभा में प्रवेश करके वासुदेव के ठीक पीछेवाले आसन पर बैठ गए—कृतवर्मा प्रवेश करके भी बैठे नहीं, ऐसा प्रदर्शित किया कि सभा-गृह में इतने सारे व्यक्तियों के निश्वासों के कारण उत्पन्न घुटन से परेशानी अनुभव कर रहे हैं और वे द्वार के निकट ही प्रतीक्षा करने लगे। अत्यधिक स्वार्थ-लोलुप

और दुर्बुद्धि धार्तराष्ट्रों में से कोई भी इस व्यवस्था में किसी प्रकार की सतर्कता की गन्ध नहीं सूँघ सका।

धृतराष्ट्र ने पहले से ही स्वर्ण-निर्मित, मणि-मुक्ता शोभित 'सर्वतोभद्र' नामक एक आसन तैयार कर रखा था–श्रीकृष्ण को हाथ पकड़कर उसी पर बैठा दिया। सामने स्वयं धृतराष्ट्र और बड़े-बूढ़े बैठे। कर्ण और दुर्योधन ने एक आसन पर स्थान ग्रहण किया और विदुर कुछ दूर एक स्वर्ण-मंडित पीठासन पर श्वेत चर्म का आसन बिछाकर बैठ गए। लगता है परिस्थिति समझते हुए दुःशासन ने सात्यकि को श्रीकृष्ण के एकदम पीछे एक मणिमय आसन पर बैठा दिया। दुःशासन, सात्यकि की प्रसन्नता-भरी हँसी को सौजन्य और धन्यवाद का सूचक समझकर, सन्तुष्ट हो अपने आसन पर जाकर बैठ गए, उनके मन में सात्यकि की रहस्यभरी प्रसन्नता के अर्थ के सम्बन्ध में कोई प्रश्न घुमड़ता नहीं दिखा।...

वासुदेव, प्राथमिक सौजन्यता के आदान-प्रदान और नमस्कार आदि के बाद शान्त, गम्भीर, किन्तु उच्च स्वर–अर्थात् सभा में विद्यमान सभी के द्वारा सुने जा सकनेवाले स्वर में–धृतराष्ट्र को सम्बोधित करते हुए बोले, "हे भारत-सम्राट, यह कहना अधूरापन होगा कि मैं यहाँ केवल पांडवों का संवाद लेकर आया हूँ। भारतवर्ष का–विशेषकर जिससे कुरु-कुल का कल्याण हो, शास्त्र-ज्ञान और सदाचार युक्त, शौर्य, वीर्य और उदारता में सम्पूर्ण भारत खंड में प्रख्यात तथा नृपति-कुलों में श्रेष्ठ गिना जानेवाला यह कुल जिससे विनाश को प्राप्त न हो, उसी को ध्यान में रखते हुए मैं स्वेच्छा से मध्यस्थ बनकर तीसरे पक्ष के रूप में आया हूँ। सभी, आपके इस प्राचीन वंश को श्रद्धा और मुग्ध दृष्टि से देखते आए हैं। दया, अनुकम्पा, क्षमा, परोपकार, सत्य और धर्म-निष्ठा–इन समस्त गुणों में कौरवों का पृथ्वी भर के राजन्य-समाज में सर्वोपरि स्थान है। ऐसे महान कुल को कलंकित करनेवाला किसी का भी कोई प्रयास उचित नहीं है। किन्तु आज आपके अशिष्ट, लोभ में अन्धे, अधर्मरत पुत्र आत्म-विनाश के साथ-साथ उसी वंश को हमेशा के लिए अवज्ञा और धिक्कार का पात्र बनाने में जुटे हैं। यह एकपक्षीय विवाद आपके अपने वंश की बीमारी या संकट प्रतीत हो रहा था, किन्तु आपकी असावधानी के चलते अंकुर रूप में ही विनष्ट न होने के कारण यह भारत-खंड के विनाश का कारण बन जाएगा। कलह का यह पतंगा विश्वग्रासी दावानल में परिणत हो जाएगा और इससे जिस महा-हवि का जन्म होगा, उससे कोई नहीं बच पाएगा।"

इतना कहकर वासुदेव क्षण-भर चुप रहे, फिर बोले, "देखिए, यदि अब भी चेष्टा की जाए तो इस भयानक अन्त से छुटकारा मिल सकता है। आप अपने पुत्रों को शान्त कीजिए, पांडु-पुत्र निश्चित रूप से शान्त हो जाएँगे। पांडव-पुत्रों ने आज तक न आपकी अवज्ञा की है, न आपकी बात टाली है और न आपके साथ कोई अशोभनीय व्यवहार किया है। उन्होंने ऐसा भी कोई कार्य नहीं किया, जिससे आपके पुत्रों का अनिष्ट हो। विराट-आत्मा युधिष्ठिर आपकी पिता के समान भक्ति करते हैं। जितना विशाल और अपरिमेय उनका पराक्रम है–उतने ही वे अपनी करुणा और उदारता के लिए जाने

जाते हैं। धर्म और सद्विचार ही उनका कवच है। इनके समान सन्तान के–दुर्योधन के कुटुम्बी भाइयों के रूप में सहायक होने पर आप सम्पूर्ण पृथ्वी के अधीश्वर के रूप में पूजे जाकर सुख-शान्ति से जीवन-यापन और भगवत्-भजन कर सकेंगे, आपके पुत्रों को भी किसी ओर से कोई आशंका नहीं रहेगी। लोग शक्ति, अभिमान, भोग-विलास के साधनों की अधिकता और प्रतिष्ठा के लिए राज्य की कामना करते हैं। जितना विपुल धन आपको प्राप्त हो गया है, यदि उसका आधा भी बच जाएगा तो आपके पुत्रों को कोई बड़ा अभाव नहीं रहेगा। उसके लिए यह आत्म-विनाशिनी कलह क्या एकदम अकारण नहीं है ?...राजन्, पांडु-पुत्र हमेशा ही न्याय और धर्म के अनुगामी हैं। आपकी प्रजा की सहानुभूति और शुभकामना भी उन्हीं के साथ हैं। इस लम्बी अवधि में वे अवर्णनीय दुःख उठा चुके हैं–इतने पर भी न तो उन्होंने आपकी अवमानना की और न भुज-बल से उस अन्याय के प्रतिशोध का प्रयास किया। वे भी आपकी सन्तान हैं, पुत्रों की भाँति ही पिता के मुख की ओर देख रहे हैं। आप भी पिता की भाँति ही न्याय और स्नेह का प्रदर्शन कीजिए–वे आमरण आपके वशीभूत होकर आपकी और आपके पुत्रों की रक्षा करेंगे।''

श्रीकृष्ण का वक्तव्य पूर्ण होते ही उस सभा में साधुवाद की तुमुल ध्वनि गूँजने लगी। वहाँ पधारे ऋषियों और माननीय ब्राह्मण-गण ने भी उनका समर्थन किया। पुराकाल के अनेक दृष्टान्त देकर धार्तराष्ट्रों को इस आत्मघाती कलह से बचाने की चेष्टा की।

धृतराष्ट्र अत्यधिक करुणा-भरे स्वर में बोले, ''वासुदेव, इसमें कोई सन्देह नहीं कि तुम्हारी सारी बातें पूरी तरह सच हैं, किन्तु क्या करूँ, मैं अन्धा और वृद्ध हूँ, असहाय हूँ, मेरे पुत्रों में से कोई भी मेरी इच्छा का पालन नहीं करता, एक प्रकार से मैं उनके हाथों बन्दी हूँ। मेरे मन में पांडवों के प्रति न कोई द्वेष है और न मुझे उनसे कोई शिकायत है। वे सदा से भद्र, शिष्ट और उचित-अनुचित का विचार करनेवाले हैं–मेरे प्रति उनकी बड़ी श्रद्धा है। मैं भी उनकी कल्याण-कामना करता हूँ। फिर भी इस कलह का निवारण मेरी शक्ति के बाहर है। अमित तेजस्विनी, सर्वजन-पूज्या देवी गान्धारी ने स्वयं उन्हें बहुत प्रकार समझाया, उससे भी कोई काम नहीं बना। उन्होंने तो उनका त्याग करने या वध कर डालने तक को कहा–किन्तु वह तो मेरी सामर्थ्य नहीं है।''

यह सुनकर श्रीकृष्ण ने दुर्योधन को सम्बोधित करके अनेक हितकारी और सच्ची बातें कहीं, ''आपने पांडवों से आजन्म विद्वेष रखा या फिर उनके अनिष्ट का प्रयास किया, किन्तु उन्होंने आज तक कभी उसका प्रतिशोध लेने का विचार भी नहीं किया। यहाँ तक कि कभी क्रोधित होकर कोई अशिष्ट बात तक नहीं कही। उनसे मैत्री करने पर आपकी उन्नति होगी, संसार में निष्कंटक होकर राजसुख भोग सकेंगे। भीष्म, द्रोण, कृप, विदुर, सोमदत्त, वाह्लीक, अश्वत्थामा–यहाँ तक कि इससे आपके विकर्ण आदि सहोदर भी प्रसन्न होंगे और आपकी भलाई में तत्पर रहेंगे। विपत्ति में पड़ा मनुष्य अपने पिता का स्मरण करता है, उनसे मार्ग दिखाने की प्रार्थना करता है। आपके पिता भी

पांडवों के साथ प्रेम-सम्पर्क बनाए रखने के इच्छुक हैं। बुद्धिमान व्यक्ति हितकारी बात का स्वीकार और अपनी रट का त्याग करते हैं। सद्बुद्धि व्यक्ति चाहे जो कार्य करें, वह धर्म, अर्थ, काम–तीनों पुरुषार्थों से युक्त होता है। जो मूर्ख होते हैं, वे ही केवल अर्थ और जो नीच होते हैं, वे काम तक सीमित रहते हैं। जो विचारक और परिणाम पर दृष्टि रखनेवाले होते हैं, वे धर्म के मार्ग पर चलते हुए इन दोनों का पालन करते हैं। आप जिनके परामर्श से चल रहे हैं, उनमें से कोई भी बल या बुद्धि में पांडवों के समान नहीं है। अकेले धनंजय ने विराट की गोशाला में जो अद्भुत पराक्रम दिखाया था, आपको उसी से सीख लेना उचित था। आपने पांडवों के छोड़े राज्य व सम्पत्ति का सुख-भोग करने के बावजूद साधारण लोगों का अधिक सहारा लिया और उन्हें शत्रु बना लिया–इससे अधिक बुद्धिहीनता और क्या हो सकती है ? जो व्यक्ति सत्कर्म में रत सच्चरित्र व्यक्तियों के साथ कपटाचरण और शत्रुता करता है, वह अपने कुल्हाड़े से अपने आश्रयदाता वृक्ष की जड़ काटता है। आत्म-कल्याण की कामनावाला कोई व्यक्ति तीनों लोकों में किसी साधारण-गँवार व्यक्ति का भी तिरस्कार या अपमान नहीं करता और न उसे उसके प्राप्य से वंचित करने का प्रयास करता है। हे राजन्, अभी भी समय है, आप दुर्जनों का साथ और उनकी असत्-मन्त्रणा छोड़कर पांडवों के साथ मेल-मिलाप कीजिए–इससे इस संसार में समूचा सुख, प्रभूत यश और परलोक में अक्षय स्वर्ग-लाभ होगा। प्रीति स्थापित होने पर पांडव आपको ही युवराज के रूप में अभिषिक्त करेंगे तथा धृतराष्ट्र दोनों राज्यों के अधिपति माने जाएँगे। महती लक्ष्मी आपके द्वार पधारने को प्रस्तुत हैं–उनकी अवहेलना करके उनका निरादर मत कीजिए।''

इस लम्बे सम्भाषण के प्रारम्भ से ही दुर्योधन के मुख पर आवेश और उपेक्षा के बादल घिरे हुए थे। श्रीकृष्ण के चुप होते ही वे वज्राग्नि की भाँति जलने लगे। उन्होंने क्रोध में भरकर उत्तर दिया, ''यह बड़े दुख का विषय है कि आपके जैसा ज्ञानी व्यक्ति भी सही-सही विचार करके बात नहीं कहता। पांडवों की स्तुति से पिघलकर आप अकारण केवल मेरी निन्दा कर रहे हैं। भाग्य ही मेरे प्रतिकूल है; पिता, पितामह, चाचा, आचार्य–सभी केवल मुझे दोष देते हैं। दूसरों का एक भी दोष नहीं देख पाते। मैं तो अपना किया कोई अन्याय नहीं देखता, बल्कि आप सब ही मुझे विद्वेषपूर्ण दृष्टि से देख रहे हैं। बहुत सोच-विचार करने पर भी मुझे भाग्य को छोड़कर इस प्रकार के व्यवहार का और कोई कारण नहीं दिखता। मुझे तो अपना अणुमात्र दोष दिखाई नहीं देता। आप मुझे भय दिखा रहे हैं ? हम लोग क्षत्रिय हैं–युद्ध में शर-शैया पर चिर-निद्रा में लीन हो जाएँ–यही हमारा धर्म है। हम टूट सकते हैं, किन्तु हमने कभी झुकना नहीं सीखा। शत्रु के सामने झुककर अपनी रक्षा करना हमारे लिए अधर्म है। केशव, इस विषय में मेरी अन्तिम बात सुन लो, जब हम लोग बालक थे–तब पिता ने सम्भवतः भय दिखाने पर या पर्याप्त विचार न करने के कारण हमारा प्राप्य राज्य उन लोगों को दे दिया था। भाग्य ने उस अन्याय का परिष्कार कर दिया है। अब, दुर्योधन के जीवित रहते वे उस राज्य को वापस नहीं पा सकेंगे।''

उनके इस धृष्टतापूर्ण उत्तर से वासुदेव भी क्रुद्ध हो गए। व्यंग्यमिश्रित धिक्कार से भरी कठोर हँसी के साथ दुर्योधन का भारी तिरस्कार किया। दुर्योधन द्वारा कथित 'अणुमात्र' नहीं, बल्कि उनके असंख्य घृणित दोषों का स्मरण करा दिया। वे भयंकर नियति से प्रताड़ित होकर, अन्धे की भाँति जो भयावह परिणाम की ओर दौड़े जा रहे थे–उस विषय में भी एक बार फिर सतर्क कर दिया।

यह सम्भव ही नहीं था कि ऐसी स्पष्ट और नग्न-सत्य भरी बातें दुर्योधन को भातीं, उन्होंने रुष्ट होकर सौजन्य और शिष्टाचार की सारी परम्परा भंग कर डाली। किसी से बोले बिना और श्रीकृष्ण की अनुमति लिये बिना ही उन्होंने अचानक सभा-भवन छोड़ दिया।

इसमें क्या वैचित्र्य था कि साथ ही साथ उनके पाप-कर्मों के साथी भी उन्हीं का अनुगमन करते ! उनके कक्ष से बाहर आते ही दुःशासन आवेश भरे, पर धीमे–दूसरे किसी को सुनाई न दे, ऐसे स्वर में अपने बड़े भाई से बोले, "पिता और पितामह आदि तो हमेशा से ही हमसे विमुख हैं। वे जिस प्रकार भयभीत हैं–जीवनदात्री माता गान्धारी तो हमारा वध करके आपद् मुक्त होने का परामर्श ही दे चुकी हैं–कुछ असम्भव नहीं कि चार लोगों को बन्दी बनाकर श्रीकृष्ण को सौंप दें। मुझे लगता है इस बीच विदुर को यह बुद्धि आ गई होगी, कारण, मैंने उनके चेहरे पर अकारण एक सन्तोष का भाव देखा है। यदि बचना चाहें तो वासुदेव को अचानक बन्दी करके अपने अधिकर में रखिए। इससे इतना ही नहीं कि हमारा आसन्न-संकट दूर होगा, बल्कि पांडवों की अवस्था भी विष-दन्त टूटे बलहीन भुजंग जैसी हो जाएगी। उनकी शक्ति, सामर्थ्य, सहायक–सब कुछ वासुदेव ही हैं। यह सुयोग नष्ट मत कीजिए, तुरन्त व्यवस्था कीजिए।"

दुर्योधन की तो यह योजना थी ही, अब दुःशासन का समर्थन मिलने पर अधिक उत्तेजित और सक्रिय हो गए। उन्होंने कई विश्वस्त लोगों और दुःशासन को शीघ्रता से विभिन्न आदेश-निर्देश दिए। वे व्यूहबद्ध होकर अचानक सभा-द्वार को अवरुद्ध कर देंगे एवं विशेष रूप से चुने हुए कुछ योद्धा सभा-भवन में प्रविष्ट होकर वासुदेव को घेर लेंगे। शीघ्रता से सूक्ष्म निर्देश देने के बाद उन्होंने प्रसन्नचित्त होकर पुनः सभा-भवन में प्रवेश किया। एक सुनिश्चित विजय की आशा में उनकी दृष्टि चमकने लगी और मुख-मंडल आभादीप्त हो उठा।

किन्तु, इस थोड़े से समय में ही, अर्थात् लगभग एक दंड समय में ही यहाँ का सारा वातावरण बदल गया। सब कुछ दुर्योधन के प्रतिकूल हो गया। वे जब एक अकल्पनीय नाटक के मंचन की तैयारी कर रहे थे, उसी समय और भी शीघ्रता से एक और अधिक अकल्पनीय नाटक का अभिनय प्रारम्भ हो गया। उस विशाल सभा-गृह का प्रेक्षक-गण उस नाटक के यवनिकापात या समाप्ति की प्रतीक्षा में स्तब्ध और व्याकुल हो गया। इस नाट्य परिवर्तन के लिए दुर्योधन बिल्कुल तैयार नहीं थे। उनकी सुपरिकल्पित योजना में ऐसा व्यवधान पड़ जाएगा–यह उनकी कल्पना से परे था। उन्हें तो इसका आभास

तक नहीं हुआ, किसी दूत या मित्र ने तैयारी का समाचार तक नहीं दिया !

सात्यकि को यह अनुमान करने में पल-भर भी नहीं लगा कि दुर्योधन के इस प्रकार अचानक बाहर निकल आने के पीछे निश्चय ही कोई बड़ी दुर्बुद्धिता या अशुभ योजना है। ईर्ष्या के विष से भरे इस मनुष्य की कुटिल-बुद्धि किस मार्ग पर जाएगी—इसका निश्चित और ठीक-ठीक अनुमान न करते हुए भी वे समझ गए कि कोई भारी षड्यन्त्र या हानिकारक-योजना अवश्य है। उन्होंने तुरन्त कृतवर्मा को इंगित कर दिया, कृतवर्मा ने भी विशेष प्रकार से पलकें झपकाकर बाहर प्रतीक्षा कर रहे अन्धक और वृषि आदि वीरों को संकेत दे दिया।

वे तो तैयार ही थे—संकेत पाते ही सभा-गृह में प्रवेश करके कुछ ने वासुदेव को तीन ओर से घेरकर एक व्यूह बना लिया—शेष, सभा-भवन के दोनों प्रवेश एवं निकास द्वारों को अवरुद्ध करके खड़े हो गए। उन्होंने दुर्योधन को मार्ग दे दिया, किन्तु सेना के साथ आनेवाले दुःशासन को रोक लिया। उनमें जो नायक थे, वे प्रायः सभी दुःशासन के परिचित थे, उनमें से प्रत्येक प्रख्यात वीर था। प्रचंड युद्ध में इन्हें पराजित किए बिना सभा-भवन में प्रवेश करना सम्भव नहीं था। उसमें भी युद्ध का फलाफल अनिश्चित ही था। इतनी विशाल और पूर्व-विचारित तैयारी भी नहीं थी। परिणाम यह हुआ कि दुःशासन और शकुनि विस्मित, व्याकुल और यथार्थतः पराजित की भाँति धीरे-धीरे पीछे लौटने को बाध्य हो गए।

वासुदेव ने विभ्रान्त दुर्योधन की ओर देखकर एक प्रबल अट्टहास किया। कहा, ''अरे दुर्बुद्धि दुर्योधन, क्या तुम सोच रहे थे कि तुम्हारे जैसे दुर्बुद्धि के सहारे चलनेवाले कुटिल मति व्यक्ति के इस पाप-सभा-कक्ष में मैं अकेला और अरक्षित आऊँगा ? तुम क्या समझते हो—मैं इतना भोलाभाला हूँ ?...अच्छा, मेरा वध करने की तुम्हारी तीव्र-इच्छा है, तो वही चेष्टा करो। मैं सभा का प्रवेश-मार्ग मुक्त कर देता हूँ—अपने योद्धा और सेना ले आओ। मैं अकेला ही धृतराष्ट्र के वंश का विनाश करके पांडवों का कार्य सुगम किए जाता हूँ। देख लो—शक्ति-परीक्षा करने की इच्छा है ?''

इतना कहकर उन्होंने फिर उसी प्रकार अट्टहास किया। विशाल सभा-कक्ष की दीवारों को हिलाकर उस अट्टहास के गम्भीर और भयंकर स्वर ने एक अज्ञात, अनाम व विपुल आशंका को जन्म दिया। वहाँ एकत्र मूर्च्छित होने की अवस्था में पहुँचे निस्तब्ध दर्शकों को वह मानो कालान्तक यम का अट्टहास ही अनुभव हुआ। उस घड़ी रोष के कारण जनार्दन की दृष्टि कठोर, मुख लाल और दोनों बाहुएँ फैलकर गोलाकार हो गईं। लगता था, उनके प्रत्येक रोम-कूप से आग बरस रही है और विश्व को जला डालनेवाले उनके प्रचंड क्रोध की ज्वाला सचमुच अग्नि की भाँति सबको भस्मीभूत कर डालने को उद्यत है। उनकी उस रौद्र-मूर्ति को अधिकांश लोग सहन नहीं कर पाए, प्रतीत होता था कि उन्होंने आतंक और असह्य तेज से घायल होकर ही अपनी आँखें बन्द कर ली हैं। भीष्म, द्रोण आदि प्रमुख व्यक्तियों और समागत ऋषि-तपस्वियों—जिन्होंने भी वह दृश्य देखा, उन्हीं को लगा कि प्रलय-काल आ पहुँचा है—केवल यह सभा या यह नगरी

ही नहीं, बल्कि समस्त विश्व इसी मुहूर्त में ध्वंस को प्राप्त हो जाएगा।

दुर्योधन भी भयभीत और किंकर्त्तव्यविमूढ़ हो गए। उन्होंने वासुदेव का यह रूप इससे पहले भी देखा था–राजसूय यज्ञ की सभा में शिशुपाल के वध के समय। यदि यह रोषाग्नि बड़वानल की भाँति इसी समय उन्हें ग्रास बना डाले या भस्मसात कर दे, तो आश्चर्य का कारण नहीं। मृत्यु आसन्न और अनिवार्य जानकर ही जैसे–उन्होंने भी नेत्र बन्द कर लिये।

इन लोगों को पर्याप्त शिक्षा मिल गई जानकर उस तेजपुंज विराट पुरुष ने धीरे-धीरे अपने क्रोध पर नियन्त्रण कर लिया। केवल उनके होंठों पर अपरिसीम उपेक्षा, घृणा और व्यंग्य भरी हास्य-रेखा अंकित रह गई। इसके बाद वे इनकी पूरी तरह उपेक्षा करते हुए धीर-गम्भीर मुद्रा में गुरुजनों, वहाँ एकत्र ब्राह्मणों और तपस्वियों को नमस्कार करके कृतवर्मा और सात्यकि का हाथ पकड़े सभा गृह से निकल आए।

सभी कुरु-प्रधान और अन्य राजा लोग भी मानो समोहित की भाँति चुपचाप उनका अनुसरण करने लगे, किन्तु साक्षात अग्नि के समान उस दिव्य-पुरुष ने किसी की ओर भी नहीं देखा। सारथी दारुक ने आवश्यकता जानकर उनके स्वर्ण-शृंखला-सज्जित, श्वेत व्याघ्र-चर्म बिछे श्वेतवर्णी रथ को प्रधान प्रवेश-द्वार के ठीक सामने खड़ा कर रखा था। निरुद्विग्न, शान्त वासुदेव ने मन्थर गति से आगे बढ़कर अपने रथ से पीठ टिकाई और करबद्ध होकर सभी से विदा ली।

अन्ध-राजा को दृष्टि-हीन होते हुए भी वासुदेव की रौद्र-मूर्ति और क्रोध का आभास हो गया था, उन्हें सोचने में कोई भ्रान्ति नहीं हुई थी। उन्होंने यह अनुमान भी कर लिया कि श्रीकृष्ण अब रथ पर बैठने के लिए तैयार हो गए हैं और तुरन्त ही प्रस्थान करनेवाले हैं। उन्हें यह समझने में भी कठिनाई नहीं हुई कि वे क्या धारणा और मनोभाव लेकर जा रहे हैं। वे काफी करुण स्वर में विलाप करते हुए बोले, "वासुदेव, यह तो प्रत्यक्ष ही देखे जा रहे हो कि पुत्रों पर मेरा कैसा प्रभाव है ! तुमसे यह भी छिपा नहीं रहा कि मैं कितना असहाय हूँ ! पाप-बुद्धि दुष्ट पुत्र मेरे वश में नहीं हैं, वे अपना भला-बुरा भी नहीं समझते। मैं पांडवों को स्नेह करता हूँ, उनका रंच-मात्र अशुभ नहीं चाहता। तुमने तो सुना ही है कि मैंने दुर्योधन को कितना समझाया, किन्तु वह हितकारी बातों पर कान नहीं देता। तुम सारी स्थिति समझकर मुझे क्षमा करना और पुत्र युधिष्ठिर को मेरा आशीर्वाद देना।"

वासुदेव ने 'जो आज्ञा' कहकर उनके अनुरोध को स्वीकारा और बुजुर्गों की ओर घूमकर बोले, "इस सभा में जो-जो घटा और जिस प्रकार विचार-विमर्श हुआ, वह आप सबने देखा-सुना है। दुर्योधन ने किसी तर्क, अनुनय या अनुरोध पर कान नहीं दिया, उलटे उसने मन्दमति, नियति द्वारा सताए हुए और दुर्भाग्य द्वारा दिशा भ्रान्त घोर अशिष्ट व्यक्ति की भाँति जो आचरण किया, जिस नितान्त निन्दनीय कर्म के लिए वह तैयार हो गया–उसके भी आप प्रत्यक्ष साक्षी हैं। मुझे इस विषय में कुछ और नहीं करना, मैं बस उपप्लव्य लौटकर सारा वृत्तान्त कह सुनाऊँगा। आप मुझे प्रसन्न-मन से विदा कीजिए।"

उन्होंने सम्भाषण और अभिवादन आदि के बाद एक सोपान पर खड़े होकर एक प्रकार

के उत्सुक भाव से सभी वर्गों के दर्शक-समूह पर चारों ओर तीव्र खोजपूर्ण दृष्टि डाली। देखा कि सब वीरों और बुजुर्गों से थोड़ा अलग हटकर—मुख पर दुख और गम्भीरता धारण किए महावीर कर्ण उन पर एक विचित्र करुणा-भरी दृष्टि टिकाए एकदम अकेले खड़े हैं।

लगा कि श्रीकृष्ण उन्हें ही खोज रहे थे। मुख पर प्रसन्नता-भरी मुस्कान बिखेरे रथ से उतरे, अंग-राज की ओर कई कदम बढ़कर उन्हें प्रगाढ़ आलिंगन में बाँध लिया और उसी दशा में उन्हें बाहु-पाश में बन्दी कर रथ पर चढ़ा लिया।

दारुक से नहीं छिपा कि वासुदेव की इच्छा की गति किस ओर है, इन दोनों के रथ पर चढ़ते ही उसने चारों बलवान घोड़ों की वल्गाएँ शिथिल कर दीं। प्रारम्भ में कुछ भीड़ के कारण रथ धीरे-धीरे आगे बढ़ा, किन्तु खुले मार्ग पर आते ही विद्युत-गति से दौड़ने लगा। भीष्म, आचार्य द्रोण, कृप, विदुर, अश्वत्थामा आदि ने कुछ दूर तक उनके पीछे जाने की चेष्टा की, किन्तु झंझा-वेग एवं कुशल सारथी द्वारा संचालित वह रथ कुछ देर में ही चक्रों तथा अश्व-खुरों से उठी धूल के बादलों के आवरण में अदृश्य हो गया।

इन्हें अनुभव हुआ कि जो कुछ शुभ या इस वंश और नगरी के लिए कल्याणकारी था, वह सब इस रथ के साथ इसी पथ से राज्य के बाहर चला गया। उनके सम्मुख महा-अमंगल और सर्वनाश के अतिरिक्त कुछ नहीं बचा।

॥ ५ ॥

सूर्य के समान तेजस्वी महावीर कर्ण मन्त्रमुग्ध, यन्त्रचालित की भाँति श्रीकृष्ण के साथ उनके रथ पर चढ़ गए—किन्तु यह नहीं कि ऐसा उनकी पूरी अनिच्छा के चलते हुआ हो। वे इस सभा के प्रारम्भ से ही वासुदेव के प्रति एक अज्ञेय और दुर्दमनीय आकर्षण अनुभव कर रहे थे। वासुदेव उनके शत्रु नहीं थे, वे मित्र दुर्योधन से प्रसन्न या उनके अनुकूल भी नहीं थे, ऐसे में थोड़ी—विद्वेष न होने पर भी—उदासीनता ही स्वाभाविक थी। तब भी, श्रीकृष्ण उनके साथ द्रोपदी की स्वयंवर-सभा से लेकर राजसूय-यज्ञ तक मित्रवत् व्यवहार करते चले आ रहे हैं—यह भी सच है। क्या उसी कारण यह आकर्षण था ? किसी भी प्रकार यह अस्वीकार नहीं किया जा सकता कि वह आकर्षण साधारण प्रेम से कुछ अधिक था। चाहे जो हो, वे इस सह-यात्रा के लिए मन-ही-मन तैयार थे। लगता था यह उनकी नियति थी—ज्ञात, अश्वयम्भावी।

बहुत कुछ उसी कारण, बन्धु-बान्धवों के दृष्टि से ओझल होते ही और उद्वेलित जनता की उत्ताल जय-ध्वनि के मन्द पड़ते ही कर्ण ने मात्र एक शब्द का उच्चारण किया—प्रश्न मुद्रा में—'उसके बाद ?'

अब तक वे नगर-प्राकार के आसपास पहुँच गए थे। जो लोग कुछ दूर तक उनके पीछे आ भी रहे थे, उन्होंने भी चारों महा तेजस्वी घोड़ों के वेग से पराजित होने और थक जाने के कारण अपने को रोक लिया था। मार्ग निर्जन था। संगी वासुदेव या

अंग-रक्षकों के अतिरिक्त और कोई दिखाई नहीं दे रहा था। श्रीकृष्ण ने इसे उत्तम अवसर जानकर दारुक को थोड़ी देर के लिए विशाल शिंशपा वृक्ष के नीचे रथ थामने और कुछ दूर जाकर विश्राम करने का निर्देश दिया। संकेत समझे दारुक के ओझल होते ही वासुदेव ने शान्त, मधुर स्वर में कर्ण को सम्बोधित किया, ''एक गूढ़ रहस्य का उद्घाटन करने के लिए ही तुम्हें इतनी दूर खींच लाया हूँ। तुम्हारे जन्म का रहस्य।''

लगा, कि तुरन्त ही सम्बोधन के सम्बन्ध में सतर्क होते हुए बोले, ''मत समझो की उपेक्षा के कारण 'तुम' बोल रहा हूँ, बल्कि तुम मेरे निकट सम्बन्धी हो, रिश्ते में भाई, सम्भवतः छोटे–इसीलिए अन्तरंग सर्वनाम का व्यवहार कर रहा हूँ।''

कर्ण शायद, अनेक तरह की बातों और प्रस्तावों के लिए तैयार थे, किन्तु वासुदेव की वार्ता उन दिशाओं में नहीं गई, वह उनकी सम्पूर्ण कल्पना को पछाड़ गई। उन्होंने विमूढ़ की भाँति पूछा, ''सम्बन्धी ? भाई ?...आप क्या पहेली बुझा रहे हैं ! कटु परिहास से मुझे घायल तो नहीं करना चाहते ?''

'' 'आप' नहीं वसुषेन, 'तुम'। मैंने परिहास नहीं किया, कोई उपेक्षा योग्य बात भी नहीं की, झूठ तो एकदम नहीं बोला–तुम मेरी अपनी बुआ के पुत्र हो, मेरे भाई।''

''इसका अभिप्राय ?'' कर्ण के मुख-मंडल ने क्षण-भर में जैसे अंगार-वर्ण धारण कर लिया। विस्मय और अविश्वास ने उनका कंठ अवरुद्ध कर दिया–उन्हें एक शब्द के उच्चारण में भी कष्ट होने लगा।

''कर्ण, तुम केवल शौर्य, वीरता और औदार्य में ही नहीं, ज्ञान में भी महान हो। शास्त्रज्ञ, धर्म-परायण, वेदवादवेत्ता। तुमने वेदज्ञ-ब्राह्मणों की सेवा करके उनके साहचर्य और उपदेश से धर्मशास्त्रों के सूक्ष्म तत्त्व का ज्ञान प्राप्त किया है। तुम्हारी सहिष्णुता और मनोबल उसी ज्ञान-लाभ के फल हैं।...मुझे आशा है, तुम शान्त-मस्तिष्क से इस समाचार को ग्रहण कर पाओगे और तुम्हारे हृदय में उसका सम्पूर्ण तात्पर्य भी प्रतिभासित हो जाएगा। अंगाधिपति तुम राधेय भी नहीं हो और अधिरथ के पुत्र भी नहीं। तुम कौन्तेय हो, तुम पांडव हो। पृथा मेरी बुआ हैं, पुत्रहीन कुन्तीभोज ने उन्हें पुत्री मानकर, अपनी कन्या के रूप में स्नेहपूर्वक पालन किया है, इसीलिए वे कुन्ती नाम से जानी गईं, किन्तु इससे रक्त-सम्बन्ध प्रभावित नहीं हुआ। उसी कारण तुम मेरे भाई हो।''

कर्ण और भी व्याकुल हो गए। उन्हें यह सब अविश्वसनीय और पागल के प्रलाप के समान अर्थहीन प्रतीत हुआ। बोले, ''तुम्हारी सारी बातें और भी दुर्ज्ञेय, और भी रहस्यमयी हो उठी हैं, लगता है कोई जटिल उलझाव है। दया करके अपनी बात का अर्थ थोड़ी सरल भाषा में समझा दो।''

''कर्ण, क्या तुम अब भी मेरी बात के वास्तविक अर्थ और उसमें छिपे संकेत को नहीं समझ पाए ? क्या तुम्हें अभी भी अपने जन्म के सम्बन्ध में सन्देह अनुभव नहीं होता ? तुममें विद्यमान समस्त मनोभाव क्षत्रिय कुल में ही सम्भव है। क्या समझते हो कि किसी सूत-पुत्र में ऐसी वीरता, शास्त्र-ज्ञान, ऐसा साहस और उदारता सम्भव है ?...तुम ही आर्या कुन्ती की प्रथम सन्तान हो–उनकी कुमारी अवस्था में तुम्हारा जन्म

हुआ था। ऐसी घटना कोई नई या अस्वाभाविक बात नहीं है, इसीलिए शास्त्रकारों ने स्पष्ट निर्देश दिया है कि कुमारी अवस्था में उत्पन्न या कुमारी अवस्था में गर्भ में आकर विवाह हो जाने पर उत्पन्न सन्तान वैध स्वीकार की जाएगी। ऐसी सन्तान उस कन्या के परिणीता होने के बाद उत्पन्न सन्तान के रूप में मानी जाएगी। उसी विधि के अनुसार तुम पांडु-पुत्र हो, पांडवों में ज्येष्ठ, युधिष्ठिर आदि के अग्रज।...तब कुन्ती निरी बालिका थीं, उन्हें ये बातें ज्ञात नहीं थीं, स्वाभाविक लज्जा और जन-समाज व नगर में अपमानित, लांछित और नीच समझी जाने की आशंका के वशीभूत किसी से पूछ भी नहीं पाईं, अतः शास्त्र की क्या व्यवस्था है–उन्हें यह जानने का सुयोग नहीं मिला। दुर्बलचित्त बालिका ने किंकर्त्तव्यविमूढ़ होकर तुम्हें मिट्टी के पात्र में रखकर नदी में बहा दिया। ईश्वर की कृपा से सूत श्रेष्ठ अधिरथ ने स्नान करते समय–सद्यजात शिशु की क्रन्दन-ध्वनि सुनकर और उस समय तक जीवित व स्वस्थ देखकर–तुम्हें बचाया तथा घर ले आए। इसमें कोई सन्देह नहीं कि उन्होंने वास्तव में पुत्र का स्नेह देकर तुम्हारा पालन किया। उन्हें विश्वास था कि उन्हें ईश्वर की कृपा प्राप्त हुई है, इसीलिए वे निर्भ्रान्त और निश्चिन्त मन से अपने पुत्र के रूप में तुम्हारा परिचय देते थे। वे हमेशा वैसा ही व्यवहार भी करते थे।''

इतना कहकर उन्होंने कर्ण को इस विस्मयकारी समाचार का आघात सहन करने का थोड़ा अवकाश दिया, फिर बोले, ''इस घटना से माता कुन्ती को असीम दुख और पश्चात्ताप हुआ। वे तुम्हें विनष्ट या मृत जानकर ही थोड़ा निश्चिन्त थीं, किन्तु अचानक कौरव-किशोरों की शस्त्र-परीक्षा के आयोजन में–बाल-सूर्य की भाँति तेजपुंज युक्त तरुण को–देख, जन्म की बात स्मरण होने के कारण तुम्हारे सहजात कवच-कुंडलों से तुम्हें अपने उसी परित्यक्त पुत्र के रूप में पहचान गईं–और उसी कारण अपने गर्भ से उत्पन्न दो सन्तानों में संघर्ष होनेवाला जानकर मूर्च्छित हो गईं। उस समय, कृपाचार्य के तात्कालिक बुद्धि-बल से उस दारुण-अवस्था से मुक्ति पा गईं, किन्तु उनका जीवन–उनके रात-दिन विषाक्त हो गए। तबसे उनकी मानसिक पीड़ा और आत्म-धिक्कार की सीमा-परिसीमा नहीं है, उन्हें एक दिन के लिए भी उस चिन्ता की यन्त्रणा से मुक्ति नहीं मिल सकी।''

इसके पश्चात् पुनः उन्हें बाहुओं से घेरकर, कृष्ण ने गम्भीर स्वर में कहा, ''भ्राता कर्ण, तुम अब अपना उचित स्थान, प्राप्य मर्यादा और अपना राज्य स्वीकार करो। कुरु-वंश के सिंहासन के वास्तविक अधिकारी तुम्हीं हो। तुम्हारे भाई यह परिचय जानकर अवश्य ही तुम्हारी अधीनता स्वीकार करेंगे और प्रणत हो जाएँगे। केवल पाँच सहोदर पांडव ही क्यों, द्रोपदी के पाँचों पुत्र, मेरा भानजा अभिमन्यु, यहाँ एकत्रित अन्धक, वृषि, दशार्ह आदि जितने भी राजा और राज-पुत्र हैं, सभी तुम्हारी चरण-वन्दना करेंगे। उनके साथ पांचाल व चेदिवंशीय कुटुम्बीय-जन, विराट के पुत्र और मैं आगे बढ़कर तुम्हारे अभिषेक की व्यवस्था करेंगे; स्वर्ण-कुम्भों में भरे तीर्थों के जल, सब ओषधियों, सब बीजों तथा सब रत्नों द्वारा शास्त्रीय-विधि से अभिषेक-कार्य सम्पन्न होगा। द्विजोत्तम धौम्य यज्ञ सम्पन्न करेंगे, वैदिक कर्म के ज्ञाता अन्य पुरोहित और चतुर्वेद के ज्ञाता ब्राह्मण अभिषेक-क्रिया

में नियुक्त किए जाएँगे। धर्मात्मा युधिष्ठिर श्वेत चन्दन से तुम्हें शोभित करेंगे व महाबली भीमसेन तुम्हारे सिर पर श्वेत-छत्र लगाएँगे। स्वयं अर्जुन तुम्हारा रथ हाँकेंगे। अन्य भाई और सम्बन्धी-कुटुम्बी जय-जयकार करते हुए तुम्हारे पीछे-पीछे चलेंगे। उसके बाद तुम निश्चिन्त होकर सुख और गौरव के साथ राज्य-सुख भोगना। पृथ्वी पर जो भी श्रेष्ठ भोग्य वस्तु है, वह तुम्हारे अधिकार में होगी; यहाँ तक कि तुम्हारी छिपी चिन्ता का धन, मानस-कल्पना में अर्ध-निर्मित, इस संसार का श्रेष्ठ नारी रत्न–तुम्हारी चिर-इप्सिता द्रोपदी भी तुम्हारी अंक-शायिनी होंगी, तुम उन्हें अपने अधिकार से ही पा जाओगे। प्रति छठे वर्ष वे एक वर्ष तक तुम्हारी सेवा करेंगी।''

अन्तिम बात को धीरे-धीरे एक-एक शब्द पर जोर देते हुए, ताकि श्रोता को समझने में किसी प्रकार की असुविधा या विलम्ब न हो–कहकर तीक्ष्ण, स्थिर दृष्टि से कर्ण के मुख की ओर ताकने लगे।

यह वृत्तान्त सुनते-सुनते विस्मय और उत्तेजना के कारण कर्ण का मुख-मंडल आरक्त होकर पसीने से भर गया।

बहुत लोभ। प्रबल और दुर्दमनीय।

लगा कि वासुदेव ने उनके मन की गोपन प्यास को जानकर ही अन्तिम बात कही थी। उनके मानस-चक्षुओं के सम्मुख कल्पित-सौभाग्य के जिस अकल्पित दृश्य को उपस्थित किया गया था, वह देवताओं के लिए भी ईर्ष्योत्पादक प्रतीत हुआ।

किन्तु कर्त्तव्य भी स्पष्ट था। कर्ण के समान धर्मशास्त्र में पारंगत व्यक्ति के समक्ष तो सुनिर्दिष्ट भी। वे सामान्य दैहिक या सांसारिक सुख-भोग की लालसा के कारण धर्म-भ्रष्ट हो गए–यह बात सुनने से पहले मृत्यु ही श्रेष्ठ थी।

अंगाधिपति ने एक भारी, दीर्घ निःश्वास छोड़ते हुए अपने क्षोभ को नियन्त्रित किया, उसी के साथ क्षण-भर को आई दुर्बलता और चित्त की चंचलता को भी। उसके बाद अंगवस्त्र के कोने से ललाट पोंछकर श्रीकृष्ण की भाँति गम्भीर होने पर भी शान्त स्वर में धीरे-धीरे उत्तर दिया, ''वासुदेव, इस अभावनीय और पहले से अकल्पित समाचार में यह जो सूचना है कि तुम मेरे सम्बन्धी हो, मेरे भाई हो–तुम्हें भाई कहकर सम्बोधित करने में कोई बाधा नहीं रही और न इसमें कोई धृष्टता होगी–केवल इसी ने मुझे सर्वाधिक प्रसन्न कर दिया है। तुम हमेशा ही मेरे साथ भद्र-आचरण करते हो, मुझसे सहानुभूति रखते हो, इसके लिए मैं बराबर कृतज्ञता अनुभव करता रहा हूँ, किन्तु आज जान पाया कि केवल वही उस मुग्ध-आकर्षण का कारण नहीं था।...तुमने आज भी जो प्रस्ताव रखा है, वह मुख्यतः पांडवों की हित-कामना से उत्पन्न होते हुए भी मेरे लिए भी शुभ और कल्याणकारी है–यह तथ्य अस्वीकार्य नहीं है। किन्तु–''

इतना कहकर कर्ण अकस्मात क्षण-भर को चुप हो गए।

इसके पश्चात् जैसे चित्त की उद्वेलित तरंगमयता को शान्त होने का थोड़ा सा अवसर देकर बात का सूत्र फिर से थाम लिया ! बोले, ''मानता हूँ कि तुम्हारी सारी बातें युक्तिसंगत हैं। शास्त्र के अनुसार पांडु ही मेरे पिता हैं, इस कारण सिंहासन पर

मेरा पहला अधिकार है, किन्तु इसमें भी तो कोई सन्देह नहीं कि जन्मदात्री कुन्ती ने जन्म देने के बाद सद्यजात सन्तान को उसके अमंगल के उद्‌देश्य से, मृत्यु की धारणा से नदी में बहा दिया था। दूसरी ओर सारथी अधिरथ मुझे देखते ही निश्शंक-हृदय, परम-स्नेह और परम-यत्न से घर ले आए, जननी राधा ने भी मुझे सन्तान समझकर गोद में धारण किया, केवल इतना ही नहीं—उनके स्तनों में तुरन्त दुग्ध-संचार भी होने लगा। उन्होंने क्लेशहीन भाव और घृणाहीन चित्त से मेरा मल-मूत्र साफ किया। इस अवस्था में, धर्म-शास्त्र की शरण में रहनेवाला कौन व्यक्ति उनका पिंड-दान नहीं करेगा ? इससे बड़ा अधर्म और क्या हो सकता है ?

"अधिरथ ने क्रमशः यथासमय सूत-कुल की रीति के अनुसार जातकर्मादि सम्पन्न करके मेरा नाम वसुषेन रखा और उसी रूप में अन्य संस्कार किए। सूत-कुल में ही मेरा विवाह हुआ। उन सभी स्त्रियों के गर्भ से मेरे सब पुत्रों तथा बाद में उनके विवाह होने पर पौत्रों ने जन्म लिया। उनमें से किसी भी पत्नी ने मेरे साथ कोई अन्यायपूर्ण आचरण नहीं किया, बल्कि मैं उनके साथ प्रेम-सूत्र में बँधा हूँ। आज मैं उस सम्बन्ध को किस प्रकार ठुकरा दूँ ? अखंड भूमंडल या सुमेरु पर्वत के बराबर स्तूपाकार स्वर्ण के बदले भी मैं यह अधर्माचरण नहीं कर सकूँगा। आशा है, तुम भी मुझे करने को नहीं कहोगे। कारण स्पष्ट है, वह कार्य करके मैं विश्व-समाज में धिक्कृत और हेय बन जाऊँगा।

"इससे अलग भी देखो, दुर्योधन ने मुझे—सामान्य अज्ञात कुलशील व्यक्ति को—राजपद पर अधिष्ठित और अभिषिक्त किया है। मैं उनके आश्रय में निष्कंटक राज-सुख भोग रहा हूँ। सब ओर मेरी उत्तरोत्तर श्री-वृद्धि और प्रतिष्ठा हो रही है। इसके ऊपर—सूतगणों के साथ जातिगत पूजा, यज्ञादि अनुष्ठान करता हूँ—विवाहादि कार्य सम्पन्न हुए हैं। दुर्योधन ने मुझे उस कारण अवहेलनीय नहीं माना, कभी कोई अन्यायपूर्ण व्यवहार नहीं किया, बल्कि हमेशा बन्धुवत् आचरण ही किया है। उन्होंने मुझ पर निर्भर करके ही पांडवों से युद्ध ठान लिया है। द्वैत-युद्ध में एकमात्र मैं ही सव्यसाची के जोड़ का योद्धा हूँ—सब यही राय प्रकट करते आ रहे हैं; इसी विश्वास के भरोसे दुर्योधन भी निश्चिन्त हैं। आज यदि भय या लोभवश मैं उन्हें छोड़ दूँ तो धर्म से तो पतित हो ही जाऊँगा, मानव-समाज में भी हमेशा के लिए मिथ्याचारी, का-पुरुष के रूप में पहचाना और अश्रद्धेय माना जाऊँगा। सब कहेंगे कि साम्राज्य के लोभ में मित्र का, चरम-विपत्ति और सर्वनाश के मुख में, परित्याग कर दिया। धिक्।"

इसके बाद थोड़ी देर चुप रहकर कहना प्रारम्भ किया, "मैं तुमसे एक अनुनय करता हूँ—यद्यपि तुमसे कहना शायद अकारण है, क्योंकि अपनी मानवेतर प्रज्ञा से तुम पहले ही इस सत्य को निश्चित रूप से समझ गए होगे, फिर भी—मेरे जन्म का यह वृत्तान्त मेरे पतन या युद्ध समाप्त होने के पूर्व महात्मा युधिष्ठिर से मत बताना। मेरे, कुन्ती का प्रथम पुत्र होने का इतिहास जानकर धर्मस्वरूप युधिष्ठिर मेरे साथ कभी भी युद्ध करने को तैयार नहीं होंगे। वे इस विस्तृत साम्राज्य को मुझे प्रदान कर देंगे और मैं उसे प्राप्त होने पर अवश्य ही दुर्योधन को पुनर्प्रदान कर दूँगा। इसकी कोई आवश्यकता नहीं है,

वैसी कोई इच्छा भी मेरी नहीं है। मेरे मन में पांडवों के प्रति किसी प्रकार का कोई विद्वेष नहीं है। धर्म के अनुसार युधिष्ठिर ही इस राज्य के अधिपति हैं, उन्हें ही राज्येश्वर रहने दो। मैं दिव्य-दृष्टि से देख पा रहा हूँ कि विजय उन्हीं की होगी। जिस पक्ष के नेता और बुद्धिदाता वासुदेव हैं; जिस पक्ष के योद्धा धनुर्धर धनंजय, महाबली भीमसेन, नकुल, सहदेव, द्रौपदेयगण, धृष्टद्युम्न, सात्यकि, कुन्तीभोज, सपुत्र विराट पंच-केकय, चेदिराज आदि क्षत्रिय वीर हैं–उस पक्ष की जय अनिवार्य है।"

इतना कहकर कर्ण परिहास का बहाना करते हुए, किन्तु विषादपूर्ण स्वर में बोले, " वासुदेव, तुम कौन सी बात नहीं जानते ? आज, राजनीति में तुमसे अधिक पारदर्शी मैं किसी को नहीं पाता। मित्रवर दुर्योधन एक विराट शस्त्र-यज्ञ कर रहे हैं। तुम्हीं उसके उपदेष्टा या अध्वर्यु हो; कपिध्वज उसका होमकर्ता है, गांडीव, स्रुक और पुरुषकार उसकी हवि हैं, सव्यसाची द्वारा प्रयुक्त इन्द्र, पाशुपत, ब्रह्म आदि समस्त अस्त्र उस यज्ञ के मन्त्र होंगे; अभिमन्यु स्तोत्र-पाठ करेंगे; भीमसेन सामवेद के गायनकर्ता और स्तोता बनेंगे; युधिष्ठिर ब्रह्मा होंगे; शंख, मृदंग, ढप की ध्वनि और सिंहनाद इसकी मंगल-ध्वनि के प्रतीक माने जाएँगे; कल्याणीय नकुल, सहदेव पशुओं को बाँधेंगे तथा ध्वज-दंड और रथ बलिवेदी का कार्य करेंगे।[1]

---

1. "हे जनार्दन कृष्ण ! तुम इस यज्ञ के वेत्ता या अध्वर्यु बनोगे अर्थात् तुम्हें ही इसकी अध्यक्षता और यजुर्वेदी ऋत्विक का कार्य सम्पन्न करना होगा। रण सज्जित कपिध्वजी अर्जुन ऋग्वेदी होता का कार्य करेंगे। सम्मान-किरीटी गांडीवी और प्रतिपक्षी पुरुषों की वीरता आज्य (लोक-व्यवहार में जिसे घी कहा जाता है, देवताओं के सन्दर्भ में–यज्ञाग्नि में समर्पित करने के कारण, उसे आज्य नाम से जाना जाता है और उसे ही पितरों के सन्दर्भ में आयुत कहा जाता है।) बनेगी। हे माधव ! सव्यसाची अस्त्र चलाते समय जिन ऐन्द्र, पाशुपत, ब्राह्म, स्थूनाकर्ण आदि अस्त्रों का प्रयोग करेंगे, उन्हीं का समूह यज्ञ में मन्त्र-निचय होगा। पराक्रम में पिता के समान अथवा उससे भी अधिक बलशाली सुभद्रानन्दन अभिमन्यु गीत-स्तोत्र अर्थात् उद्गाता बनेंगे। रण-भूमि में घन-घन गर्जन करनेवाले, गज-सेना के लिए साक्षात् यमराजस्वरूप, महाबली पराक्रमी, नरव्याघ्र भीमसेन सामवेदी उद्गाता और स्तोता का कार्य करेंगे। जप-होम करनेवाले, सदा से धर्मपरायण युधिष्ठिर स्वयं ब्रह्मा होंगे अर्थात् यज्ञ की देखरेख करेंगे। शंख, मृदंग, ढप आदि की ध्वनि और भारी सिंहनाद–सभी उत्कृष्ट ब्रह्म-तेज अर्थात् भोज्य ग्रहण हेतु काल का आह्वान करनेवाले मन्त्र-रूप होंगे। यशस्वी, महावीर माद्रीनन्दन नकुल-सहदेव इस यज्ञ में पशु-बलि अर्थात् क्षत्रिय-रूप पशु-वध करेंगे।...इस यज्ञ में विचित्र रंग के दंडों से शोभित सुविमल रथ बलिवेदी के समान व्यवस्थित किए जाएँगे। कर्नि, नालीक, नाचार आदि अस्त्रों के रूप में वत्स-दंड और वर्द्धन करनेवाले अर्थात् सोमाकृति-पात्रोंवाले उस यज्ञ में दुर्योधन दीक्षित होंगे, विशाल सेना उनकी पत्नी-रूप होगी, पवित्र सम्पदा के समान सोम (यज्ञ के पूर्व स्नान हेतु) ढालेगी, खड्ग सिरों के लिए होंगे, कटे हुए मस्तक पशु-मांस पकानेवाले पात्र होंगे, यज्ञ वेदी में अग्नि प्रज्वलित करने के लिए समिधा के रूप में गदाएँ होंगी अर्थात् आहुति डालने के लिए दोनों ओर रखा काष्ठ बन जाएँगी और रुधिर हवि का कार्य करेगा। द्रोण और शरद्वतपुत्र कृप के शिष्य यज्ञ करनेवाले का कार्य करेंगे। गांडीवीधन्वा धनंजय और द्रोण-द्रोणि आदि अन्यान्य महावीर जो अस्त्र छोड़ेंगे, वे सब प्रत्येक प्रकार से यज्ञ के सोम-पात्र की भाँति होंगे। सात्यकि समापन सम्बन्धी अर्थात् अध्वर्यु के साथ समुचित रूप से मन्त्र-पाठ का कार्य सम्पन्न करेंगे। दुर्योधन उस यज्ञ में दीक्षित होंगे और विशाल सेना उनकी पत्नी-रूप होगी।"

–महाभारत, वर्धमान संस्करण–141 अध्याय, उद्योग पर्व।

"वासुदेव, मैंने पांडवों को अनेक कटु बातें कही थीं। ऐसा नहीं, कि वह सब दुर्योधन के प्रति प्रेम बढ़ाने के उद्देश्य से कहा था, बल्कि नारी के अश्रुतपूर्व अपमान के प्रति उनकी निर्लज्ज-उदासीनता के देखकर मुझे असीम क्रोध आ गया था, और मैंने उन्हें इसी आशा में धिक्कारा था कि शायद इससे उनका पौरुष जागेगा। उस निन्दित-कर्म के कारण आज पश्चात्ताप हो रहा है।...ऐसी दशा में तुरन्त अपनी मृत्यु की कामना करता हूँ। तुम शीघ्र ही युद्ध का प्रबन्ध करो। गांडीवी को मेरे सामने ले आओ–ताकि इस हत्भागे जीवन का अवसान हो। श्रेष्ठ क्षत्रिय-कुल में जन्म लेकर भी मैं उस रूप में अपना परिचय नहीं दे पाया, जन्म लेते ही मातृ-स्नेह और मातृ-स्तन से वंचित हो गया। मेरे अन्तर् में, सहोदरों के प्रति सहज-स्नेह भी विषैले-रस में मिलकर विद्वेष और ईर्ष्या में बदल गया और इतने दिन तक जो मेरे जीवन का लक्ष्य था तथा जिस आशा के कारण मैं जीवित था–पांडवों की पराजय–वह लक्ष्य भी और शेष नहीं रहा। जन्म सम्बन्धी सामान्य और अज्ञात कहानी ने क्षण-भर में उसे नष्ट करके इस जीवन को लक्ष्यहीन, आशाहीन और ग्लानि युक्त कर दिया। इस जीवन को शत-शत धिक्कार है !"

वासुदेव ने कहा, "किन्तु जितनी सहजता से तुम युद्ध के फलाफल का निर्णय करके निश्चिन्त हो रहे हो–उतनी सहजता से मैं तो उस फल की आशा नहीं देखता। जमदग्नि के दो शिष्य–अपराजेय, इच्छामृत्यु भीष्म और महापराक्रमी, महेन्द्रत्रास कर्ण जिस पक्ष में युद्ध करेंगे–द्रोणाचार्य भी तो हैं ही–उस पक्ष के पराजित या विनष्ट होने की सम्भावना कहाँ है ? यदि तुम इसी पक्ष में रहते हो, तो सत्य की रक्षा और वीर-धर्म, क्षात्र-धर्म के पालन के लिए युद्ध तो करना ही पड़ेगा।"

कर्ण भौंहें सिकोड़े, एकटक थोड़ी देर तक वासुदेव की भावहीन आँखों में देखते रहे, शायद उच्चरित शब्दों के पीछे छिपे अनुच्चरित-अप्रकाशित अर्थ को समझने का प्रयास कर रहे थे। उनके अधरोष्ठ पर धीरे-धीरे एक विचित्र रहस्यपूर्ण हास्य-रेखा खिंच गई–ठीक वैसी ही, जैसी बार-बार, अकारण, बिना किसी अपराध के भाग्य द्वारा प्रताड़ित होने पर किसी व्यक्ति के मुख पर खिंची विवशता, दुख व उपहासमिश्रित हास्य-रेखा। उन्होंने उत्तर दिया, "तुम निश्चिन्त रहो, भीष्म का पतन होने से पहले मैं कौरव-पक्ष में युद्ध नहीं करूँगा।"

"किन्तु–" लगा कि वासुदेव भी आश्चर्यचकित हुए बिना नहीं रह सके, "दुर्योधन को इस विचित्र-व्यवहार का क्या कारण बताओगे ? वे दुखी और अप्रसन्न नहीं होंगे ?"

"पितामह भीष्म–आज उन्हें अकुंठ-मन से पितामह कह रहा हूँ, मुझे वीर ही स्वीकार नहीं करते, सदैव व्यंग्य और कटूक्तियाँ करते हैं–उनके सेनापतित्व में योद्धा बनकर संग्राम नहीं करूँगा, यही कारण पर्याप्त है," यह कहकर और भी क्लान्त तथा क्षीण हँसी हँसे।

श्रीकृष्ण, कर्ण के दोनों हाथ पकड़ते हुए बोले, "भ्राता कर्ण, मैं तुम्हें पृथ्वी का साम्राज्य देना चाहता था, तुमने उसे अनायास साधारण पाषाण-खंड की भाँति ठुकरा दिया !"

इतनी देर में पहली बार कर्ण का स्वर अचानक विषाक्त हो उठा। कहा, "मुझे तुम जो राज्य देना चाहते हो, विशेषकर जिसका लोभ दिखा रहे हो, वह राज्य न्याय और धर्म के अनुसार मेरा ही है–तुम्हीं ने मुझे बताया था। उस राज्य को आज मुझे तुमसे क्यों लेना पड़ेगा ? और उस प्राप्य से मुझे वंचित किसने किया ?–शिशु के इस संसार में आने के बाद, जो नवजात शिशु की सबसे अधिक सहायिका और निकट होती है–उसी एकान्त कल्याणकामिनी माँ ने, उसी जन्मदात्री ने न ! पृथ्वी के श्रेष्ठ नृपति-कुल में जन्म लेकर भी सारथी-पुत्र के रूप में जाना गया; जैसे गृह-स्वामी घर की रखवाली करनेवाले पहरेदार को मांस का एक टुकड़ा दे देता है, उसी प्रकार दुर्योधन ने मुझे राज्य का एक भाग देकर हमेशा के लिए राज्य-रक्षक सेवक के रूप में अपने अधीन कर लिया। आज जिस रमणी-रत्न का प्रलोभन दे रहे हो–बहुत पहले ही एक प्रतिज्ञा के बदले उस नारी को मेरी अंकशायिनी बन जाना था। मेरी भोग्या, यज्ञाग्नि से उत्पन्न उस राज-कन्या, क्षत्रिय कुमारी ने भी प्रतिज्ञा भंग कर डाली। शस्त्र-गुरु परशुराम के दुख का निवारण करने के लिए असहनीय कष्ट सहा–उन्होंने बदले में शाप[1] दिया, कष्ट और बहुत दिनों की साधना से प्राप्त सब अस्त्रों को सर्वाधिक संकट के समय भूल जाने का शाप। क्या इस प्रकार का कोई और चिर-वंचित, भाग्य का मारा देखा है ? इसके बाद भी मुझे राज्य ग्रहण करने को कहते हो ? ना भाई, मेरा साहस नहीं पड़ता। भाग्य की एक और वंचना का कठोर प्रहार इस मस्तक पर नहीं सह सकूँगा।"

वासुदेव ने बहुत देर से रोकी दीर्घ निःश्वास को धीरे-धीरे छोड़ते हुए कहा, "परशुराम का यह शाप महा-संकट या अन्तिम समय के लिए ही है, किन्तु सहजात कवच-कुंडलधारी महावीर के लिए इतनी जल्दी वैसा संकट-काल आने का कोई कारण नहीं है। विजय प्राप्त करने की बात तो अलग है, पर शरीर पर इन दोनों वस्तुओं के विद्यमान रहते तुम्हारी मृत्यु का कोई प्रश्न ही नहीं उठता। और जब तक तुम जीवित हो, तब तक तुम्हें पराजित करने की सम्भावना कहाँ है ?"

इस बार कर्ण सहसा–लगा कि वासुदेव को भी चकित करते हुए–हो, हो करके जोर-जोर से हँस पड़े। इसके बाद उसी परिहासपूर्ण हँसी से फैली आँखें वासुदेव के विशाल, रहस्य-भरे नेत्रों में गड़ाते हुए उत्तर दिया, "मेरे जीवन-इतिहास से जिसका थोड़ा भी परिचय है, वही जानता है कि गंगा या किसी अन्य नदी या तीर्थ में स्नान करके जब मैं इष्ट-वन्दना

---

1. सूत-पुत्र होने पर भी कर्ण जामदग्न्यगोत्रीय के रूप में परिचय देकर शस्त्र-शिक्षा हेतु गए थे। परशुराम, ब्राह्मण या क्षत्रिय के अतिरिक्त किसी को भी शिक्षा नहीं देते थे। गुरु-गोत्र को अपना गोत्र बताने की रीति पुरानी है, कर्ण ने उसी रीति के अनुसार अपना वह परिचय दिया था। एक बार गुरु भार्गव कर्ण की जंघा पर सिर रखे सो रहे थे। उसी समय एक वज्र-कीट ने कर्ण को काटना प्रारम्भ कर दिया। असहनीय कष्ट के बावजूद कर्ण ने उसे मारने की चेष्टा नहीं की, क्योंकि उससे गुरु की निद्रा में व्यवधान पड़ सकता था। अन्त में जब उनके शरीर से निकली रक्त-धारा ने भार्गव का स्पर्श किया, तो नींद से जगे परशुराम ने एक वज्र-कीट को कर्ण के शरीर में घाव करके वहाँ का मांस खाते देखकर पूछा, "किसी ब्राह्मण के लिए ऐसा कष्ट सहन करना सम्भव नहीं है, सच-सच बताओ तुम किस जाति के हो ? कर्ण के सच्ची बात बताने पर परशुराम ने यह शाप दिया था।

करता हूँ, तब कोई भी याचक मुझसे जो कुछ वस्तु माँगता है, मैं अपने इष्ट-अनिष्ट और भविष्य की चिन्ता किए बिना, उसे उसी क्षण वह वस्तु दान कर देता हूँ। मैं बहुत समय से अपने बनाए इस नियम में बँधा हुआ हूँ। इसलिए मुझे सहजात कवच-कुंडलहीन करना किसी भी प्रकार कठिन नहीं है। और, यदि मुझे अस्त्र स्मरण न आए तो धनंजय जैसे महावीर के हाथों पराजित या निहत होना क्षण-भर की घटना होगी।''

श्रीकृष्ण ने जैसे लज्जा के कारण ही नेत्र झुका लिए। अंगाधिपति के दोनों हाथ और भी जोर से पकड़कर बोले, ''कर्ण, तुम धन्य हो। तुम महान हो। लोकोत्तर पुरुष के सम्बन्ध में यह बात बहु-विदित और बहु-प्रचारित है। आज उसकी सत्यता को प्रत्यक्ष करके अपने को सचमुच कृतार्थ अनुभव कर रहा हूँ। विधाता ने तुम्हें राज-चक्रवर्ती होने योग्य समस्त गुण और हृदय प्रदान करके भेजा है, किन्तु वैसा भाग्य नहीं दिया। तुम्हारे देशवासियों का ही दुर्भाग्य है कि तुम्हारी यह विपुल शक्ति उनकी भलाई में नहीं लगी। इससे अधिक दुर्भाग्य अर्जुन का है कि तुम्हारे जैसे ज्येष्ठ भाई के साथ युद्ध करके–शायद उसे मार डालना पड़े।''

''वह बात छोड़ो वासुदेव। जब विधाता ने मुझे चिर-वंचित करके ही भेजा है, तो ये सारे महान गुण भारी यन्त्रणादायक नहीं हैं क्या ? अदृष्ट का क्रूर परिहास। सन्तोष यही है कि यह रहस्य सम्भवतः हमेशा ढका रहेगा; मुझे अपने जीवन-काल में लोगों की करुणा का पात्र नहीं बनना पड़ेगा। तुम्हारा वास्तविक परिचय पाकर आज मैं भी कृतार्थ हुआ। कुछ लोग कहते हैं, तुम ईश्वर के अवतार हो, मनुष्य मात्र के मुक्तिदाता हो; कोई कहता है, तुमने उत्पीड़ितों और वंचितों के उद्धारकर्ता के रूप में जन्म धारण किया है। मैं अनुभव कर रहा हूँ कि तुम मेरे मुक्तिदाता हो, इस जन्म, इस जीवन के मुक्तिदाता–जीवित रहने की दुस्सह यन्त्रणा से, बन्धन से मुक्ति दिलाने आए हो–मुक्ति-मार्ग दिखाकर जा रहे हो। धन्य, धन्य !''

इसके बाद दोनों काफी देर तक–आधी घड़ी से भी अधिक समय तक–चुपचाप, निश्चल बैठे रहे। दोनों ही समाधिस्थ के समान आत्मचिन्तामग्न। अन्त में जब चेतना लौटी तो कर्ण बोले, ''ठीक है, अब मुझे विदा करो।''

कटु-कर्त्तव्य का पालन करने पर क्या विषाद का साधारण स्वर ध्वनित होता है ? वासुदेव ने दीर्घ निःश्वास छोड़ते हुए कहा, ''विदा ! हाँ भाई, बाहर से विदा देता हूँ, तुमने हमेशा के लिए अन्तर् में जो पैठ बना ली है, वहाँ से चले जाने या विदा का प्रश्न नहीं।...जाओ वीर, अपने कीर्ति-पथ पर जाओ।''...इसके पश्चात् क्षण-भर में यथार्थतः अपने में लौटे, दूर ताकते हुए बोले, ''तुम्हारे रथ को यहाँ भेजने का निर्देश दे आया था, इस बीच वह पहुँच गया है।''

कृष्ण विदा देकर फिर अपने रथ से उतर आए और बोले, ''अंगाधिपति, तुम कौरवों की सभा में जाकर पितामह भीष्म, द्रोण आदि से कहना कि युद्ध के लिए यही माह सर्वोत्तम है। अब, घास आसानी से प्राप्त है और ईंधन भी दुष्प्राप्य नहीं है। ओषधि और वन्य-वृक्ष हरे-भरे हैं, सब वृक्ष फलयुक्त हैं, मक्खियाँ नष्ट हो गई हैं, नदी-तालाब

का जल निर्मल व सुस्वादु है। इस समय न अधिक शीत है, न ऊष्णता–घायलों के लिए ग्रीष्म-काल की ऊष्णता प्रायः कष्ट का कारण होती है। आज से सात दिन बाद अमावस्या है, स्वयं इन्द्र इस तिथि के स्वामी हैं, अतः उसी दिन संग्राम-सामग्री इत्यादि एकत्रित और व्यवस्थित करें। जो राजा दुर्योधन के पक्ष में हैं, उन्हें बताना कि इस युद्ध में निस्सन्देह पांडवों की विजय होगी; विश्वकर्मा द्वारा निर्मित मायामय रथ पर धनंजय की वानरकेतु नामक विशाल विजय-ध्वजा लहरा रही है। जब वे, कृष्ण को उस रथ का सारथी बनाकर यमराज-प्रेरित मृत्यु-दूत के समान दिव्य-अस्त्र छोड़ेंगे; जब महाबली भीमसेन हाथियों को मार डालनेवाले मत्त हाथी की भाँति दुःशासन का रुधिर-पान करके समरांगण में नृत्य करेंगे; जब आचार्य द्रोण, पितामह भीष्म, कृप, दुर्योधन आदि एक-एक कर अजेय सव्यसाची, सूर्य के समान तेजस्वी, धर्म-परायण युधिष्ठिर, भीम, नकुल, सहदेव आदि के हाथों पराजित और मृत्यु को प्राप्त होंगे–तब क्या सत्य, क्या त्रेता, क्या द्वापर, कोई युग नहीं बचेगा–उस महा युगान्तर के क्षण केशव तुम्हारी अभिलाषा पूर्ण करेंगे, तुम पांडवों के शस्त्रों से निहत होकर अक्षय स्वर्ग-लाभ पाओगे।''

कर्ण ने कहा, ''मैं इससे आगे भी कह सकता हूँ। पृथ्वी पर जो प्रलय उपस्थित हो गई है–उसके लिए केवल दुर्योधन, दुःशासन या शकुनि ही नहीं, मैं भी उत्तरदायी हूँ। कौरव-पांडवों के इस भयावह संग्राम में भारतभूमि रक्त की कीचड़ में सन जाएगी, दुर्योधन के पक्ष के राजा, राज-पुत्र-गण और ग्यारह अक्षौहिणी योद्धा–सभी मारे जाएँगे। चारों ओर दुःस्वप्न, घोर दुर्निमित्त, लोमहर्षक उत्पात की वाणी सुन रहा हूँ। सभी दुर्योधन की पराजय और उसके पक्षवालों के सम्पूर्ण विनाश की घोषणा कर रहे हैं। शनि और रोहिणी नक्षत्र आ गए हैं, मंगल और ज्येष्ठ वक्र दशा को प्राप्त करके अनुराधा की कामना कर रहे हैं, राहु ग्रह चित्रा को विशेष रूप से पीड़ित कर रहा है, चतुर्दिक उल्कापात हो रहा है, हाथी भयभीत होकर चिंघाड़ रहे हैं और अश्व गण खाद्य त्याग कर अश्रुपात कर रहे हैं। मयूर, हंस, सारस, चातक, चकोर आदि श्रेष्ठ पक्षी पांडवों और गृद्ध, बक, बाज, वृक और मक्खियाँ कौरवों के शिविर में शरण ले चुके हैं। ये सभी लक्षण असंख्य प्राणियों के विनाश और महाभय का पूर्वाभास हैं। मैंने स्वप्न में देखा है कि पृथ्वी रुधिर की कीचड़ में सनी है, पतली गर्दन और लाल पैरोंवाले शकुन-पक्षियों ने बादलों की भाँति आकाश को ढक लिया है; उन्हीं के मध्य अस्थि-पर्वत पर चढ़े युधिष्ठिर प्रसन्न मन उत्तम पात्र में घृत-पायस का भोजन कर रहे हैं। वासुदेव तुम्हारी इच्छा ही पूर्ण होगी–यह बात मैं उनसे कह दूँगा।''

॥ ६ ॥

उपप्लव्य-यात्रा के समय वासुदेव, अंगाधिपति महावीर कर्ण को अपने रथ पर चढ़ाकर हस्तिनापुर की नगर-सीमा तक ले गए थे और दोनों के बीच किसी तीसरे व्यक्ति की

अनुपस्थिति में अन्तरंग वार्ता हुई थी–धर्मात्मा विदुर से यह समाचार पाकर कुन्ती कई दिन तक आशा-निराशा के बीच झूलती रहीं।

कुन्ती ने कृष्ण के आचार-व्यवहार और बातों के संकेत से पहले ही अनुमान कर लिया था कि वे बुआ के कुमारी-अवस्था के पुत्र सम्बन्धी रहस्य से अवगत हैं। वस्तुतः उन्हें अपने इस भतीजे से बातें करके लग गया था कि संसार की कोई घटना उन्हें अज्ञात नहीं है। वे सर्वज्ञ हैं; मनुष्यों के–विशेषकर परिचित व्यक्तियों के मन के गूढ़ से गूढ़ और जटिल से जटिल मार्ग पर उनका ज्ञान और उनकी बुद्धि सहज भाव से दौड़ती है। इसलिए उन्हें, यह अनुमान करने में भी देर नहीं लगी कि इस अन्तरंग वार्तालाप का उद्देश्य कर्ण को–उनके जन्माधिकार की बात बताकर–कौरव-पक्ष का त्याग करवाकर पांडव-पक्ष में लाना था। उनकी आशा इसी कारण थी–और आशंका इसलिए कि यदि कर्ण सहमत न हुए हों तो !

किन्तु तीन दिन व्यतीत हो गए। विदुर ने उस सम्बन्ध में कोई चमत्कारी समाचार नहीं दिया, बल्कि युद्ध की तैयारियाँ ही तेज होने लगीं–प्रायः सम्पूर्णता की ओर बढ़ने लगीं–कुन्ती को रात-दिन वही समाचार मिलने लगे। विदुर से तो मिले ही, दास-दासी, परिवारी-जन और पड़ोसियों से भी वैसे ही समाचार सुने।

फलस्वरूप आशा ओझल हो गई, आशंका प्रबल।

व्याकुलता की सीमा नहीं रही। अब थोड़ा सा समय गँवाना भी उचित नहीं। यह उन्हीं के सर्वनाश का प्रश्न है। इस विश्व-विनाशक युद्ध में कभी-न-कभी कर्ण और अर्जुन एक-दूसरे के मुकाबले खड़े होंगे। इन चिर-प्रतिद्वन्द्वी विश्व-विजयी वीरों का युद्ध-क्षेत्र में आमना-सामना होने पर एक की मृत्यु निश्चित है। चाहे जो मरे; कुन्ती का एक पुत्र नष्ट हो जाएगा।

जितना ही इस सम्भावना पर विचार करती थीं, हृदय में एक अव्यक्त, अनभिज्ञ यन्त्रणा होती थी। चिर-दुखिनी कुन्ती 'मर्मभेदी' शब्द का सम्पूर्ण अर्थ इतने दिन बाद समझ पाईं। फिर भी यह नहीं सोच पा रही थीं कि इसका उपाय क्या है। श्रीकृष्ण के पास दूत भेजकर समाचार पाने में व्यर्थ ही दो दिन और व्यतीत हो जाएँगे। इसका अवकाश नहीं है। जो भी करना है–अभी, अधिक विलम्ब किए बिना।...अन्ततः किसी भी प्रकार चैन न मिलने पर संकल्प किया कि वे स्वयं एक बार अन्तिम चेष्टा करके देखेंगी।

किस प्रकार करेंगी, यह भी निश्चित कर लिया।

विख्यात है कि कर्ण, दिन के दूसरे पहर स्नान करके जब अपने इष्ट, सूर्य की वन्दना करते हैं, उस समय जो कोई भी परिचित-अपरिचित प्रार्थी जो कुछ इच्छा प्रकट करता है–कर्ण उसे उसी समय पूरा करते हैं, कभी खाली हाथ नहीं लौटाते। किंवदन्ती है इसी तरह एक बार अपने पुत्र को भी निश्चित-मृत्यु-मुख में समर्पित करने गए थे।

वे इसी सुयोग का लाभ उठाएँगी–इसी पुण्य अवसर का।

कुन्ती ने उषा-काल में ही यमुना की ओर यात्रा प्रारम्भ की। इसकी सूचना किसी को

भी नहीं दी, यहाँ तक कि विदुर को भी नहीं। हो सकता है, विदुर निश्चित रूप से इस गुप्त-यात्रा के कारण का अनुमान कर लें–किन्तु उससे कोई हानि नहीं होगी।

कुन्ती ने पर्दा करके अकेले ही पैदल यात्रा की। किसी को इस निस्सहाय, लज्जाजनक दैन्य की बात पता न चले–किसी बुरे और कलंकित करनेवाले समाचार के प्रचार के लिए एक व्यक्ति के कान में पड़ना पर्याप्त होता है–इसी कारण रथ या शिविका पर नहीं चढ़ीं, साथ में कोई दासी, सेविका या छत्रधारिणी भी नहीं ली। दुख और कष्ट का आरपार नहीं रहा, किन्तु कुन्ती के सम्मुख कोई दूसरा उपाय भी तो नहीं था। पैरों को चलने का अभ्यास नहीं था, मार्ग लम्बा था–पूछ-पूछकर गन्तव्य का पता लगाना था–यह सब तो कम आयुवालों को भी कष्टकर अनुभव होता। कर्ण निर्जन स्थान पर ही स्नान करने जाते थे, जिससे अवांछनीय व्यक्तियों की उपस्थिति या कोलाहल से जप या उपासना में कोई बाधा न पड़े। इस कारण उनके स्नान-स्थान के विषय में बहुत कम लोग ठीक-ठीक जानते थे। फलस्वरूप, जब निराहार और थकी कुन्ती उस स्थान पर पहुँचीं, तो दोपहर का सूर्य सीधी रेखा में सिर पर चढ़ आया था।

कर्ण सूर्य-वन्दना में मग्न थे। ऊर्ध्वमुखी होकर एकनिष्ठ मन से ईष्ट-पूजा के मन्त्रों का जाप कर रहे थे, बीच-बीच में कुछ देर के लिए ध्यान-मग्न भी हो रहे थे। शान्त-निश्चल सीधे खड़े कर्ण के होंठ चल रहे हैं या नहीं–निर्णय करना कठिन था। नदी-तट की भूमि चारों ओर दूर-दूर तक बालू से भरी थी, कहीं कोई मानव-प्राणी नहीं था। केवल मन्द वायु से कर्ण का उत्तरीय हिल रहा था–और वास्तव में उतना भर ही मानो जीवन का लक्षण प्रतीत होता था।

बहुत दिन से दैहिक कष्ट की अनभ्यस्त कुन्ती पैदल ही इतना लम्बा मार्ग तय करने के कारण थकान से चूर हो गईं; इसके अतिरिक्त सिर पर शरद की प्रखर धूप। आसपास कोई वृक्षादि भी नहीं। मेघाच्छन्न दिनों को छोड़कर कर्ण हमेशा तेज-धूप में ही पूजा करते थे–इसीलिए तपस्या के समय वृक्ष अथवा किसी अन्य छायादार स्थान का सहारा नहीं लेते थे। किन्तु कुन्ती को तो उस समय थोड़ी छाया की नितान्त आवश्यकता थी। कोई उपाय न देख वे और निकट, एकदम पीछे पहुँच गईं और कर्ण के उत्तरीय की छाया का ही सहारा लिया।

कर्ण की इष्ट-आराधना में उस दिन बहुत समय लगा। प्रभात में ही एक अनाशंकित विघ्न पड़ गया था, तभी से मन दुखी था। विरक्त-अशान्त मन को संयत करके इष्ट के ध्यान में लगाने में बहुत समय लगा।

नदी-किनारे पहुँचकर स्नान करने जाना ही चाहते थे कि भद्दी शक्लवाला, सारे शरीर पर मल लपेटे, मदिरा के नशे में चूर एक निषाद मार्ग रोककर खड़ा हो गया। उसका स्वरूप ऐसा था कि देखते ही मन घृणा से भर गया। लगता था, कब से स्नान

नहीं किया है, इतना कि मुख तक नहीं धोया। धूल-धूसरित केशों की जटाएँ बन गई थीं, शरीर पर बहुत दिनों से जमे पसीने ने ऐसा आकार ले लिया था कि उसे लौह-अस्त्र के अलावा साफ करना सम्भव नहीं था।

देखते ही मन विषाद से भर गया। थोड़े रूखे स्वर में पूछा, ''क्या चाहते हो ?''

निषाद ने मदिरा के कारण लाल आँखें, उनके चेहरे पर गड़ाकर विचित्र मुख-मुद्रा बनाते हुए उत्तर दिया, ''नहीं, मैं कुछ माँगने नहीं आया, बल्कि निषेध करने आया हूँ–माँगने भर से दान करने का अभ्यास छोड़ देने के लिए समझाने। सुना है, तुम बहुत बड़े दाता हो, जो, जो कुछ चाहता है,–अपनी किसी सुविधा-असुविधा का ध्यान न करके, वही दे डालते हो। यह बात सुनते ही तुम्हारे ऊपर दया हो आई, इसी कारण अपनी ओर से सावधान करने आया हूँ।...बड़ा षड्यन्त्र चल रहा है, एक ब्राह्मण तुम्हारे पास आकर भिक्षा में माँगेगा–वह, जो, क्या तुम्हारे शरीर पर है, त्वचा के साथ लगा हुआ–जिसके रहते कोई तुम्हें मार नहीं पाएगा–वही वस्तु। यों ही, आगे बढ़कर किसी को वचन मत देना, हाँ–कि 'जो माँगोगे, दे दूँगा'।''

''तुम्हें कैसे पता कि षड्यन्त्र हो रहा है ?''

विषाद कुछ कम हो आया था, उसके स्थान पर प्रबल कौतूहल उत्पन्न हो गया था।

जो, ब्राह्मण-भिक्षा के बहाने तुम्हारी उन दोनों वस्तुओं का अपहरण करेगा, उसे मैंने ही पक्का किया है। एक व्यक्ति उसे बहुत धन देगा–बहुत स्वर्ण देगा।

इस बार कर्ण के मुख पर क्षीण-हास्य की रेखा खिंच गई, हत्‌भागे की हँसी, कड़वी-करुण। लगा कि एक क्षण के लिए गर्व का अनुभव भी हुआ। दूसरे शिविर में जो थोड़ी बहुत चिन्ता है, वह उन्हीं को लेकर है ! जिन प्राणों से उन्हें रंचमात्र मोह नहीं–उन्हीं प्राणों को लेने के लिए क्या गम्भीर षड्यन्त्र चल रहा है !

यह मनोभाव क्षण-भर के लिए हृदय में उठा और विलीन हो गया। गम्भीर वाणी में निषाद से बोले, ''नहीं जानता कि तुम कौन हो, फिर भी कह रहा हूँ, जान लो, सहजात कवच-कुंडल ही क्यों, इस संसार में मेरी जो भी प्रिय वस्तु या व्यक्ति है–स्त्री, पुरुष, कन्या, पौत्र, दौहित्र, राज्य, ऐश्वर्य–ये प्राण–किसी के लिए कर्ण अपनी प्रतिज्ञा भंग करने को तैयार नहीं है। इष्ट-वन्दना के समय किसी भी याचक को नहीं लौटा पाऊँगा। तुम मेरी कल्याण-कामना से आए हो, तुम्हें धन्यवाद देता हूँ, अब तुम जा सकते हो।''

यह सुनकर निषाद अनेक व्यंग्यात्मक कटूक्तियाँ करते-करते चला गया था–वे अज्ञानी हैं, वृथागर्वी हैं आदि, आदि; कर्ण उस ओर ध्यान न देकर तेजी से नदी में उतर गए थे, किन्तु काफी देर तक डुबकी लगाकर स्नान करने के बाद भी मानसिक क्लेश और कड़वाहट नहीं मिटी। मन-मस्तिष्क में शान्त-परिवेश अर्थात् तद्‌गतचित्तता की सृष्टि हुए बिना वहाँ इष्ट-देवता का आह्वान करना सम्भव नहीं होता।

सूर्यदेव के, मध्य-आकाश से पश्चिमाभिमुखी होने के काफी देर बाद अतृप्ति-भरी

दीर्घ निःश्वास छोड़ते हुए कर्ण ने आँखें खोलीं। दृष्टि धुँधली थी और ललाट पर असीम-वेदना की छाया। लगा, इतनी देर तक इष्ट के सामने अपनी अन्तर्वेदना और विक्षोभ ही प्रकट कर रहे थे—उसी के साथ क्षमा-प्रार्थना भी, अस्थिरचित्तता हेतु; इसीलिए बाह्य-ज्ञान नहीं रह गया था।

किन्तु परिवेश के प्रति सचेत होते ही उन्हें लगा—इस क्षण वे अकेले नहीं हैं, कोई दूसरा उनके अति निकट आ गया है या प्रतीक्षा कर रहा है।

आश्चर्य में भरकर पीछे घूमते ही अवगुंठनवती कुन्ती को देखा।

असीम विस्मय हुआ। चेहरा दिखाई न देने के बावजूद, यह समझने में तिल भर सन्देह नहीं हुआ कि ये कोई सम्भ्रान्तवंशीय महिला हैं। नदी-किनारे—जहाँ से आधे कोस के घेरे में कोई नगर-ग्राम नहीं है—वहाँ ये किसलिए अकेली आई हैं ? किस प्रकार आई हैं ? कहीं किसी शिविका या रथ का चिह्न भी नहीं है।

पहले तो वे विस्मय से हत्वाक हो गए, फिर राजोचित मनोबल से—मानसिक आवेग को नियन्त्रित करने के दीर्घकालीन अभ्यास के कारण—अपने पर तुरन्त काबू पा लिया। भूमि तक झुककर महिला को नमस्कार किया और हाथ जोड़कर बोले, ''देवी, आप कौन हैं, किस कार्य से आई हैं—क्या पूछ सकता हूँ ? इस निर्जन स्थान पर किसलिए प्रतीक्षा कर रही हैं ? यहाँ और कोई दूसरा व्यक्ति नहीं है। क्या मुझसे ही कुछ कहना है ? निस्संकोच आदेश कीजिए, मैं आपका कौन सा इच्छित कार्य पूरा कर सकता हूँ ! मैं जननी राधा और सूतश्रेष्ठ अधिरथ का पुत्र, कर्ण हूँ।''

कुन्ती ने अवगुंठन हटा दिया।

पहले से ही बहुत आश्चर्य हो रहा था, किन्तु अब लगा कि वह तो बहुत कम था। कर्ण, वज्रपात हुए व्यक्ति की भाँति चौंककर अपने आप ही दो पग पीछे हट गए, अस्फुट स्वर में उनके मुख से निकला—'पांडव-जननी !'

कुन्ती मार्ग की थकान से बेहाल थीं; उनके स्वेद-बिन्दु शोभित मस्तक और कपोलों पर उद्वेग छाया था, शारीरिक-कष्ट और पुत्र को देखने के कारण उत्पन्न आवेग से उनके मुख-मंडल का रंग बार-बार बदल रहा था—इस सबके बावजूद वहाँ परिश्रम का अभ्यास न होने के कारण उत्पन्न क्लान्ति ही अधिक थी। उनके कंठ से स्वर फूटने में कई क्षण लगे। उनके होंठ बार-बार हिलते तो थे, किन्तु कोई शब्द कह नहीं पाते थे। अन्त में जब अत्यधिक कष्टपूर्वक उत्तर दिया, तो समस्त संकोच और दुविधा को परे हटा दिया, बोलीं, ''पुत्र ! मैं तुम्हारी जननी हूँ। तुम राधेय नहीं, कौन्तेय हो। तुम्हीं मेरी ज्येष्ठ सन्तान हो। अल्पायु की अज्ञानता, अनभिज्ञता, अपरिणामदर्शिता और जिज्ञासा से उत्पन्न चापल्य के कारण तुम्हें गर्भ में धारण कर लिया था। अल्पायु के कारण ही सोचने-समझने लायक बुद्धि और मानसिक दृढ़ता नहीं थी, उसी कारण तुम्हारे जन्म के पश्चात् लोक-लज्जा और समाज में नीच-पतित हो जाने के भय से तुम्हें मिट्टी के एक पात्र में नदी में बहा दिया था। महाप्राण अधिरथ तुम्हें वहाँ से बचाकर अपने घर ले गए और तुम्हारा लालन-पालन किया। वे धन्य हैं, किन्तु अब भी वे तुम्हारे पितृत्व का

दावा नहीं कर सकते। पुत्र, तुम अब अपने जन्मगत अधिकार–पांडवों का अधिनायकत्व ग्रहण करके ससागरा पृथ्वी का शासन सँभालो–यही मेरी प्रार्थना है। सुना है, तुम धर्म-परायण और धर्म-तत्त्व के ज्ञाता हो; मैं तुम्हें गर्भ में धारण करनेवाली हूँ, मेरी बात रखना ही तुम्हारा धर्म है। तुम सिंहासन पर विराजो, महात्मा युधिष्ठिर और मेरे अन्य चार पुत्र आनन्द तथा श्रद्धा युक्त मन से तुम्हारी सेवा करके धन्य हों।"

कुन्ती की बातें सुनते समय ही कर्ण की मुख-मुद्रा कठोर हो गई थी। उन्होंने रुक्ष और उपेक्षा-भरे स्वर में उत्तर दिया, "क्षत्रिए, अच्छा रहता कि आप धर्म का प्रसंग न उठातीं। आप गर्भधारिणी हो सकती हैं, किन्तु जननी को प्राप्य मर्यादा का दावा किसी भी प्रकार नहीं कर सकतीं। आप क्षत्रिय-कन्या हैं, राजवंश में उत्पन्न हुई हैं–पर आपने मेरा जो अनिष्ट किया है, वह नीच कुल में उत्पन्न कोई अनार्य नारी भी कभी नहीं करती। आपने अपनी परेशानी दूर करने के लिए अपनी सद्यजात, असहाय, अबोध पहली सन्तान, मुझे मृत्यु की आशा से नदी के गर्भ में छोड़ दिया था–उस दृष्टि से आपका वह पुत्र मर चुका है। जिन्होंने उस अवश्यम्भावी मृत्यु से मेरी रक्षा की थी, धर्म के अनुसार वही प्राणदाता अधिरथ मेरे पिता हैं। यह मेरा नया जन्म है, इस पर आपका कोई अधिकार नहीं।"

क्रोध, क्षोभ, दीर्घ-काल की वेदना, अपमान और लांछना के कारण–इस नारी को सामने देखकर कर्ण का कंठ भावावेग से अवरुद्ध हो गया। उन्होंने कुछ क्षण चुप रहकर अपने को नियन्त्रित किया और पुनः बोले, " आप मुझे आज सबसे बड़ा होने के कारण पांडवों के सिंहासन पर बैठने को कह रही हैं, किन्तु क्या वह मार्ग आपने ही बन्द नहीं कर दिया ? क्षत्रिय-कुल में जन्म लेकर भी क्षत्रियों का कोई संस्कार, शिक्षा-दीक्षा नहीं पाई, उस जाति की कोई रीति-नीति नहीं जानता–ऐसे में भारत के अग्र-गण्य राजवंश के सिंहासन पर बैठ जाऊँ, तो क्या जन-समाज में, प्रजा के सामने उपहास का पात्र नहीं बन जाऊँगा ? दूसरी ओर, जिन दुर्योधन ने मुझे महत्त्वहीन सूत-समाज से उठाकर राज-मर्यादा प्रदान की, जिन्होंने इतने दिन तक स्नेह-सौजन्य के साथ नाना प्रकार की सुख-सुविधाएँ देकर लालन किया, जिन्होंने कभी विश्वसनीय-मित्र को प्राप्य सम्मान देने में संकोच नहीं किया, जो मुख्य रूप से मेरे ऊपर निर्भर करके ही इस भयंकर युद्ध में कूद पड़े–क्या बता सकती हैं कि इस संकट-काल में उनका साथ छोड़ देने पर कौन सा धर्म मेरे पक्ष में खड़ा होगा ?

" इसके अलावा, इस अन्तिम समय कुरु-पक्ष छोड़कर पांडव-पक्ष का साथ देने पर क्या क्षत्रिय-समाज में धिक्कार का पात्र नहीं बनूँगा ? सब लोगों में आज अर्जुन की वीरता प्रसिद्ध है, अनेक लोगों का विश्वास है कि वे अपराजेय हैं–इसलिए सभी सोचेंगे कि उनके हाथों पराजित, अपमानित और मृत्यु होने की आशंका से ही मैंने पांडव-पक्ष का साथ दिया या शायद उनकी अनुनय करके ऐसा किया। इससे वीरों के धर्म से पतित होना पड़ेगा। आमने-सामने के युद्ध में अर्जुन के साथ शक्ति-परीक्षा करना मेरा किशोरावस्था का स्वप्न है, सिर नीचा करके उनके आश्रय की निरापद छाया में समय

व्यतीत करना–आमने-सामने के युद्ध की सम्भावना से वंचित होना–इससे तो किसी नगण्य सैनिक के हाथों निहत होकर मृत्यु का वरण करना सब तरह से श्रेष्ठ है, कम-से-कम उससे स्वर्ग-प्राप्ति का मार्ग तो प्रशस्त होगा। ना, वह सम्भव नहीं, मेरी दृष्टि से ऐश्वर्य, राज्य या प्राणों के लिए अपने धर्म, विवेक, विचार, कीर्ति व सम्मान को छोड़ देना केवल वीर या क्षत्रिय के लिए ही नहीं, बल्कि मनुष्य मात्र के लिए ही अनुचित है।"

"लेकिन पुत्र, मैं तुमसे भिक्षा माँग रही थी। तुम तो कभी भी याचक को खाली हाथ नहीं लौटाते," कुन्ती ने हताशा और लज्जा-भरे करुण स्वर में कहा।

"गर्भधारिणी और जनक, पुत्र से कभी भी भीख नहीं माँगते, वे आज्ञा देते हैं। देखिए, आप इतने दिनों बाद–ऐसा असहनीय कष्ट उठाकर–केवल मेरे कारण व्याकुल होकर, मेरे कल्याण के लिए, मुझे मेरा प्राप्य-भाग देने या मेरे प्राणों के भय से यहाँ नहीं आई हैं। अपने स्वीकृत और सर्वजन-ज्ञात पाँच पुत्रों के जीवन की आशंका के कारण आई हैं–ठीक है न ? अपने को छलिए मत–मातृ-स्नेह से वंचित सन्तान को भी नहीं।...इतना होने पर भी–मेरी प्रतिज्ञा चराचर जगत में प्रसिद्ध है–मैं किसी याचक को नहीं लौटाता, माँ-सदृश नारी को तो और भी नहीं। मैं आपको वचन देता हूँ–और मेरा वचन कभी झूठा नहीं होगा–इस युद्ध में चाहे कुछ भी क्यों न हो, किन्तु आप पाँच पुत्रों की माता ही रहेंगी। अर्जुन को छोड़कर रण-भूमि में किसी अन्य पांडव का वध नहीं करूँगा। अर्जुन और मेरे बीच आमने-सामने का युद्ध होने पर–सम्भवतः अर्जुन ही विजयी होंगे–न होने पर भी आप पाँच पुत्रों की ही माता रहेंगी, तब आपको जननी के रूप में स्वीकार करने में कोई संकोच नहीं रहेगा। तब भी मैं सिंहासन ग्रहण नहीं करूँगा। सब प्रकार से युधिष्ठिर ही मेरी अपेक्षा उस सिंहासन के योग्य हैं, वही राज्य-शासन करेंगे। इसलिए आप निश्चिन्त भाव से चली जाइए।"

अन्त में क्या उनके कंठ से करुण-व्यंग्य का स्वर फूटा था ?

फूटा होगा, पर कुन्ती ने लक्ष्य नहीं किया। सिर झुकाए-झुकाए साड़ी के पल्लू से आँसू पोंछते हुए धीरे-धीरे बोलीं, "तुम्हारी बातें दहकते काँटों की भाँति मेरे कानों को जलाते हुए हृदय में चुभ गई हैं। ये बातें जितनी सच हैं, उतनी ही स्वीकार्य भी–किन्तु अभियोग शायद मिथ्या होने पर सरलता से सहन किया जा सकता है, सत्य होने पर वह बहुत मर्मघाती हो जाता है। मैं अपराधिनी हूँ, अधिक आशा रखने योग्य भी नहीं हूँ, वैसा दुस्साहस भी मुझमें नहीं है। तुमने जो आश्वासन या वचन दिया है, मेरे प्राप्य से वही अधिक है, आशा से भी अधिक।...कौन जानता है, इस जीवन में और कभी मिलना होगा या नहीं–यदि न हो सका तो इस हत्भागिनी की एक विनती है, यदि कभी अपने बाल्य-जीवन की अज्ञानता से उत्पन्न दुर्बलता के वशीभूत कुछ अकरणीय कर्म किया हो–तो अवसर मिलने पर उसे याद करके इस पिशाची की उस दिन की स्थिति से तुलना करके देखना–तब शायद क्षमा कर सकोगे !"

अन्तर् में छिपे आँसुओं की वाष्प से अवरुद्ध कंठ से इतनी बातें कहकर कुन्ती सिर

झुकाए ही विदा हुईं। बहुत आशा से जननीत्व का दावा जताने के लिए सन्तान के पास आई थीं, आते समय मार्ग का कष्ट दुस्सह होते हुए भी असहनीय नहीं लगा था–किन्तु अब कर्ण भी देख रहे हैं–कि थके हुए पैर हर पग पर उनके चलने में बाधा डाल रहे हैं। लगा कि थोड़ी भी शक्ति शेष नहीं रही। ऊपर से लगातार बहते आँसुओं के कारण दृष्टि भी धुँधली पड़ गई थी। प्रायः हर कदम पर ही इधर-उधर बिखरे कंकड़-पत्थरों से टकरा रही थीं !

आर्या कुन्ती उनकी दृष्टि-सीमा पर पहुँचने के बाद एक श्वेत-बिन्दु की भाँति दिखते-दिखते कुछ देर पश्चात् जैसे दिगन्त में ही विलीन हो गईं। किन्तु कर्ण तत्काल ही घर की ओर नहीं लौट सके। जन्मदात्री की उस अन्तिम विनती ने मानो सम्पूर्ण शक्ति और इच्छा नष्ट करके उन्हें निश्चल-जड़ बना दिया था।

अंगाधिपति कर्ण बहुत देर तक उसी प्रकार निश्चल बने रहे। सूर्य पश्चिम दिशा की ओर ढल रहा था, सन्ध्या होने में अधिक विलम्ब नहीं था। धूप की दाहक-ऊष्णता शान्त पड़ गई थी। सूर्य-किरणों की प्रखरता शान्त हो जाने के कारण प्रसन्नता का वातावरण बन रहा था। उन्हें कभी इतनी देर नहीं हुई थी, रानियाँ और सेवक निश्चय ही व्याकुल हो रहे होंगे, शायद खोजने निकल पड़ने का विचार भी कर रहे हों।

किन्तु कर्ण तब भी, न परिवेश, न परिजन–किसी के प्रति भी सचेत नहीं थे। गर्भधारिणी की अन्तिम बात ने–दूसरे शब्दों में करुण-रोदन ने–उनकी मनोभूमि में बहुत दिन पहले की एक वैसी ही घटना की स्मृति अंकुरित कर दी थी। उन्होंने अपराधी की मानसिक वेदना अनुभव की।

बहुत दिन की बात है। अब तक पूरी तरह विस्मृत थी। आज अचानक, जैसे बहुत समय से बन्द द्वार की साँकल खुल जाने पर अपना घृणित चेहरा लिये, सिर झुकाए, कारावास का दंड पाए अपराधी की भाँति निकल आई थी।

वह घटना भी इसी तरह एक निर्जन नदी-तट पर घटी थी, इसी तरह स्नान और इष्ट-आराधना की समाप्ति के बाद। उस दिन भी अभ्यास के अनुसार शान्त अवसर पाकर लम्बे समय तक इष्ट का ध्यान किया था। और उस दिन भी इसी प्रकार भौतिक-परिवेश के प्रति सचेत होते ही चौंक उठे थे।

देखा था–एक नव-यौवना तरुणी, शबर-कन्या उस चैत्र के अन्तिम दिनों की प्रखर धूप में, पास खड़े कँटीले वृक्षों की छाया में आश्रय न लेकर, उन्हीं के निकट हाथ जोड़े खड़ी थी। लगातार बहते पसीने के कारण उसके ललाट और कपोलों का श्याम रंग, धूसर हो गया था; वह मानसिक उत्तेजना, सहज-संकोच, किसी प्रबल आशंका अथवा शारीरिक-थकान के कारण थर-थर काँप रही थी।

उस कन्या ने भी उस दिन भिक्षा की याचना ही की थी। आदिम अनार्य जाति की सरला कन्या ने कोई अनावश्यक भूमिका बाँधने या वाग्जाल फैलाने की चेष्टा नहीं की; वे लोग सुललित काव्यमय भाषा नहीं जानते, उन्हें, उस भाषा के सहारे मनोगत-वासना या मुख्य बात को छिपाने का अभ्यास भी नहीं होता। उसने सीधे-सीधे भिक्षा चाही–

एक सन्तान। उसकी मुकुलित किशोरावस्था का स्वप्न था—वह सौभाग्य पाना। उसकी सबसे बड़ी कामना थी कि महावीर, महातेजस्वी, विशाल-हृदय कर्ण की सन्तान को अपने गर्भ में धारण करे। इच्छित भिक्षा पाते ही वह अपने छोटे से ग्राम को अपने लोगों के समाज में लौट जाएगी—उनके दारिद्र्य और जंगली-जीवन के बीच। इस सन्तान के प्रति कर्ण का कोई दायित्व नहीं होगा, वह कठिनतम शपथ लेकर प्रतिज्ञा करती है !

कर्ण पहले विस्मित हुए, फिर उन्होंने अपने को असहाय अनुभव किया। उसे टालने की भी थोड़ी कोशिश की। उस भिक्षा के बदले धन-सम्पत्ति, भूमि, गाय यहाँ तक कि कोई दूसरा योग्य क्षत्रिय पुरुष भी देना चाहा, किन्तु वह कन्या सहमत नहीं हुई। उसकी बस वही एक प्रार्थना थी, और—इस विश्व चराचर जगत् में कौन नहीं जानता कि इस समय कर्ण कभी भी प्रार्थी को हताश नहीं करते !

अन्त में कर्ण ने उसकी इच्छा पूर्ण की। उस कन्या ने भी अपने वचन की रक्षा की थी। तत्क्षण उन्हें प्रणाम और उनकी प्रदक्षिणा करके चली गई थी, वह फिर कभी उनके पास नहीं आई, कोई और प्रार्थना नहीं की, समाचार तक नहीं दिया।

वही केवल घड़ी-भर का परिचय था—उसके बाद इतने लम्बे समय के लिए वह उनके जीवन और स्मृति से विलुप्त हो गई थी। वह घटना पूरी तरह विस्मृत हो गई थी। कुन्ती के आज के वेदना-भरे अनुरोध से पहले तक मन में नहीं थी।

आज, उस दिन की वह घटना विद्युत-वेग से स्मृति में उभर आई। क्षण-भर में सम्पूर्ण चित्र मानस-पटल पर उभर आया।

न्याय के अनुसार उनका कोई दायित्व नहीं था। किन्तु धर्म के अनुसार भी क्या वैसा ही था ?

क्या उनके लिए उचित नहीं था कि वे क्षण-भर की सम्भोग-संगिनी, मन की आँखों में गन्धर्व-रीति से विवाहित स्त्री का समाचार लेते, ठीक तरह से जीवन-यापन की व्यवस्था करते—सन्तान, पुत्र होने पर उसकी शिक्षा का उचित प्रबन्ध करते ? लोग कहते हैं कि भीम ने भी एकाधिक बार ऐसा कार्य किया है—किन्तु सभी को पता है कि वे पेट को ही सब कुछ माननेवाले, विचारक-बुद्धि से रहित हैं। उनके आचरण और कर्ण के आचरण में अन्तर होना उचित था। इसके अलावा—उन्होंने सुना है—पांडव ऐसे विवाहों से उत्पन्न सन्तानों से सम्पर्क रखते हैं, आवश्यकता पड़ने पर वे उनके पास आती भी हैं।

नहीं, इसमें सन्देह नहीं कि उनका आचरण गर्हित है। नीच-कुल में उत्पन्न अच्छे संस्कारों से रहित व्यक्ति की भाँति।

और, उस दिन क्या केवल निरुपाय होकर उस बालिका की इच्छा पूर्ण की थी ? क्या निर्मल-चित्त से धर्म के सामने यह बात कह सकते हैं ? क्या उनकी अपनी एकदम ही कोई इच्छा नहीं थी ? क्या उस किशोरी, उद्धत-यौवना तरुणी के सौन्दर्य ने उन्हें आकृष्ट नहीं किया था ? क्या उसने, उनके अन्तर् में छिपी लालसा को बिन्दु भर भी उद्दीप्त नहीं किया था ? क्या उनकी धमनियों में बहता रक्त तनिक आवेशित नहीं हुआ था ?

उस संसार-ज्ञान से हीन, जीवन से अनभिज्ञ बालिका के ऊपर उस घटना का सारा दायित्व कैसे डाला जा सकता है ?...

कर्ण ने दीर्घ निश्वास छोड़ते हुए एक बार पश्चिम दिशा की ओर ताका, सृष्टि के आदि-देवता, दिवस के अधिशासी देवता को प्रणाम किया। दर्शन न होने पर भी अनुभव किया कि अस्तगामी भगवान की प्रखर किरणों की रक्ताभा, उनके मुख की लज्जा और अपराध-बोध की लालिमा में मिल गई है।

वे अस्फुट मर्म-यन्त्रणा से बिंधे कंठ से बोले, "जननी, मुझे क्षमा करो।"

॥ ७ ॥

पांडव-शिविर की उस दिन की गुप्त मन्त्रणा-सभा में कुरुपितामह भीष्म ही विचार का मुख्य विषय थे।

युद्ध की तैयारियाँ लगभग हो चुकी थीं। पांडवों ने साधारण अस्त्र-शस्त्र, गोले व अन्य दूर तक मार करनेवाले अस्त्र व आग्नेयास्त्र प्रक्षेपक, आवश्यकतानुसार तेजस्वी योद्धा, उनके रथों के लिए खाद्य-भंडार, यान रुक जाने या टूट जाने की दशा में उसे सुधारने या खोलकर बाँधने के यन्त्र, औषधियाँ, योद्धाओं की चिकित्सा के लिए चिकित्सक, सेवक, मनोरंजन के लिए नट, गायक, वारांगना आदि का प्रबन्ध करके युद्ध-स्थल पर अपने लिए सुविधाजनक स्थान घेरकर शिविर बना लिया था।

हिरण्वती नदी की धारा पतली होने पर भी उसका जल निर्मल था, अब शरत्काल में सुपेय जल का अभाव नहीं होगा। एक ओर नदी थी, अन्य तीन दिशाओं में गहरी परिखा खोदकर उसके भीतर की ओर पत्थर और वृक्षों के बड़े-बड़े टुकड़ों से दुर्ग-प्राचीर की भाँति दुर्भेद्य आश्रय-स्थल बना लिया। युद्ध में अक्षम या अवकाशप्राप्त वृद्ध सैनिकों को भी युधिष्ठिर ले आए थे, शिविर के केन्द्र में औषधि, आयुध, खाद्य आदि का भंडार करके उसकी रक्षा और प्रबन्ध का भार स्वयं सँभाल लिया था—उन्हें वहीं विभिन्न उपयुक्त कार्यों पर लगा दिया।

चारों ओर, तैयार हो जाओ, तैयार हो जाओ का शोर होने लगा, सभी आनेवाले महा-संग्राम के लिए तैयार हो रहे थे। सात अक्षौहिणी सेना, सेवक, भोजन पकानेवाले और वाहन—हाथियों की चिंघाड़, इन सबसे निरन्तर अमावस्या और पूर्णिमा के अवसर पर होनेवाले समुद्र-गर्जन के समान कोलाहल हो रहा था। धनुष, प्रत्यंचा, शर, गोले; धूनी आदि पर्वत के बराबर एकत्र किए गए थे।[1] बहुत लोगों की आवश्यकता थी। लम्बी परिखा की रक्षा हेतु ही असंख्य बलवान, सावधान और सदा-जाग्रत प्रहरी नियुक्त किए

1. अनुकर्ष (टूटफूट की दशा में मरम्मत के लिए रथ के नीचे बँधी लकड़ी), तूणीर (रथ में रखा विशाल बाण-भंडार), ररथ (व्याघ्रचर्म आदि का रथ-छावन), तोमर (बर्छी), उपासङ् (हाथी-घोड़ों पर लदा बाण-भंडार), ऋष्टि (लकड़ी का भारी डंडा), ध्वज, पताका, शरासन तोमर (धनुष द्वारा प्रक्षिप्य भारी बाण-अस्त्र), रज्जू,

गए थे–जिससे किसी असावधानी के क्षण शत्रु न घुस आए। बारी-बारी से दो दल सतर्क होकर तीक्ष्ण-दृष्टि से पहरा दे रहे थे। उन्हें समय पर भोजन-पानी उपलब्ध कराने के लिए युद्ध में भाग न लेनेवाले पूर्व-संकेतित सैनिकों में से विशेष जानकार लोगों को नियुक्त किया गया था। विराट और द्रुपद आदि प्रमुख योद्धाओं ने इस प्रबन्ध को देखकर सन्तोष प्रकट किया और सारी व्यवस्था को त्रुटिहीन बताया।

महाराज चक्रवर्ती युधिष्ठिर ने पहले ही सात अक्षौहिणी सेना के सात कुशल सेनापति चुन लिए थे, ये थे–द्रुपद, विराट, धृष्टद्युम्न, शिखंडी, सात्यकि, चेकितान और भीमसेन; किन्तु यह निश्चय करने के लिए उन्होंने सभी की राय ली कि इनमें से कौन प्रधान सेना-नायक होगा। सहदेव बोले, ''जिनके आश्रय में हमारे जीवन और परमायु के तेरह वर्ष व्यतीत हुए उन्हीं रण-दुर्मर मत्स्यराज विराट को प्रधान सेनापति बनाना उचित होगा।'' नकुल ने कहा, ''जो हमारे लिए गुरु द्रोणाचार्य के समान हैं, भारद्वाज के अस्त्र-शिष्य हैं और सांसारिक सम्बन्ध के हिसाब से श्वसुर होते हुए भी जिन्होंने सदा पिता के समान हमारा प्रतिपालन किया है, मेरे मतानुसार उन कुशल योद्धा द्रुपद को ही प्रधान सेना-नायक बनाना हमारा कर्त्तव्य है।''

अर्जुन कुछ क्षण चुप रहकर बोले, ''मुझे लगता है कि धृष्टद्युम्न के अतिरिक्त कोई भी भीष्म के वज्राग्नि सदृश अस्त्रों के सम्मुख नहीं ठहर सकेगा। वे मत्त हाथी की भाँति बलवान, सत्यवादी और जितेन्द्रिय पुरुष हैं–देवानुकम्पा से उन्होंने द्रोण के विनाश हेतु ही जन्म लिया है–सब प्रकार वे ही यह दायित्व निभाने के उपयुक्त हैं।''

भीम ने प्रतिवाद किया, ''जिन्हें बहुत पहले ही सिद्धों और ऋषियों ने भीष्म के वध के लिए उत्पन्न बता दिया था, उन शिखंडी को छोड़कर और किसे भीष्म के विरुद्ध सेनापति बनाएँगे ?''

जब ये लोग बहुत तर्क-वितर्क और विचार-विमर्श के बाद भी एकमत नहीं हो सके, तो युधिष्ठिर ने आपद्ग्रस्त दृष्टि से वासुदेव की ओर देखा। बोले, ''रात गहराने लगी है, इस विचार-विमर्श को और अधिक नहीं बढ़ाना चाहिए। हमारी जय-पराजय, शुभाशुभ, सुख-दुख आदि को हमेशा तुम्हीं सँभालते हो, तुम्हीं बताओ, यह दायित्व किसे दूँ ? तुम जिनका नाम बताओगे, उन्हें अस्त्र-ज्ञान न होने पर भी, प्रधान सेनापति चुन लूँगा।''

पाश (निकट आ गए प्रतिपक्षी को काबू में करने के लिए उसकी गर्दन की ओर फेंकी जानेवाली रस्सी का फंदा), आस्तर परिच्छद, कचग्रह विक्षेप (केश पकड़ कर शत्रु पर वार करनेवाला भाला), तेल, गुड़, बालू, ससर्प कुम्भ, धुनचूर्ण, घंट फलक (घंटीयुक्त चौड़ी धार वाला अस्त्र), अयोगुड़ (लोहे की गोली), जलोपल (जल चूने वाला पत्थर), सशूल भिन्दिपाल (नोकदार क्षेपणीय अस्त्र विशेष), मधुच्छिष्ट (मोम), मुद्गर, कण्टकमय दण्ड लाङ्गोल, विषदग्ध तोमर, शूर्य, पिटक (बेंत से बनी पुष्प-डलिया), फरसा, अंकुशाकार तोमर, दंतयुक्त करपत्र, बासी, वृक्षादन (लौह-कण्टक), व्याघ्र और द्विपिचर्म से ढका रथ, क्षेपणीय चक्रास्त्र, काष्ठ फलक, शृंग, भल्ल, कुठार, कुदाल, तैलक्षोभ (तैलाक्त वस्त्र–घाव पर भस्म-चिकित्सा हेतु), पुराना घी आदि।

मुख्य अस्त्र-शस्त्रों के साथ आनुषंगिक सामग्री के रूप में यह सब भी गया था।

(महाभारत, वर्धमान संस्करण, उद्योग पर्व)

श्रीकृष्ण इतनी देर तक मुस्कुराते हुए केवल श्रोता के रूप में बैठे थे। अब युधिष्ठिर द्वारा इस प्रकार अनुरोध किए जाने पर अर्जुन की ओर देखते हुए मन्द हास्य के साथ बोले, "महावीर धनंजय–मेरा विश्वास है कि वे युद्ध में वास्तव में अपराजेय हैं–इस सन्दर्भ में उनका अभिमत ही प्रत्येक प्रकार से निर्भर योग्य है। मैं भी उनके साथ एकमत होकर कह रहा हूँ–धृष्टद्युम्न ही इस गौरव-प्राप्ति और पांडव-पक्ष की गौरव-रक्षा के सर्वथा योग्य व्यक्ति हैं।"

इसके बाद किसी ने भी उस सम्बन्ध में भिन्न मत प्रकट करने या प्रतिवाद करने का साहस नहीं किया। युधिष्ठिर का दृढ़ निश्चय जान लेने के बाद अन्य कोई प्रस्ताव रखना अनर्थक होता। इसलिए, एक प्रकार से सर्व-सम्मत रूप में ही धृष्टद्युम्न को निमन्त्रित करके युद्ध-संचालन का सम्पूर्ण भार सौंप दिया गया।

किन्तु, आज की इस मन्त्रणा-बैठक का उद्देश्य दूसरा था। प्रधान सेनानायक और सहयोगी सेनानायकों को भी बुलाया गया था। युद्ध प्रारम्भ होने का दिन जितना निकट आता जाता था, उतना ही युद्ध का महत्त्व और उसके वास्तविक स्वरूप का समग्र-चित्र भी स्पष्ट होता जाता था। इसी के साथ–कृष्ण-पक्ष की अन्धकार-भरी रात्रि में गहरे समुद्र में किसी जलयान के सामने अचानक विशाल काले पर्वत के आ जाने के समान–अदृश्य भविष्य की चिन्ता भी बढ़ती जाती थी।

ये लोग–कुरु-पितामह भीष्म को छोड़कर–उस पक्ष के और किसी के लिए भी अधिक चिन्तित नहीं थे, और किसी को लेकर इनके मन में भय शब्द की आवश्यकता भी नहीं थी। भीम की बात दूसरी थी, अन्य सभी से अलग। परशुराम के प्रिय शिष्य, प्रवीण और कुशल योद्धा भीष्म केवल अपराजेय वीर ही नहीं थे या केवल विचक्षण रण-कुशल और युद्धशास्त्र विशारद ही नहीं थे–वे महायोगी और महात्यागी भी थे। उनमें देव-दुर्लभ चरित्र और मनोबल था, वे ऋषियों के लिए भी ईर्ष्या के पात्र थे।

उन्होंने, वृद्ध पिता की भोग-लालसा को पूर्ण करने के लिए शान्त-भाव और प्रसन्न-मन से अपना जीवन और भविष्य नष्ट कर लिया था। वृद्ध पिता शान्तनु ने एक धींवर कन्या के रूप पर मोहित होकर उससे विवाह का प्रस्ताव रखा, तो धींवर बोला, "किस लालच में इतनी रूपवती किशोरी कन्या का विवाह वृद्ध के साथ कर दूँ ? यदि तुम वचन दो कि इसके गर्भ से उत्पन्न पुत्र ही कुरु-वंश के सिंहासन पर बैठेगा, तभी तुम्हें कन्या-दान करूँगा। शान्तनु चाहे जितने मुग्ध या मोहग्रस्त रहे हों, इन्द्रियों के वश में भी चाहे जितने हों, किन्तु तब भी उनमें थोड़ा ज्ञान शेष था। वे वैसा वचन नहीं दे पाए। पुत्र देवव्रत, रूप-गुण, विद्या, सौजन्य, वीरता, पराक्रम, बुद्धि, विवेक आदि में अनन्य था। साधारण मानवों में तो नहीं ही–देवताओं में भी उसकी तुलना कठिन थी। और शक्ति ! उन दिनों स्वयं परशुराम भी एक समय के अपने शस्त्र-शिष्य के मुकाबले मैदान में उतरने का साहस नहीं करते थे।..."ऐसे गर्व करने योग्य पुत्र को अधिकार-वंचित करके कुरु-वंश के प्राचीन सिंहासन पर इस मत्स्यजीवी के दौहित्र को किस मुँह से बैठाएँगे ! नहीं, यह नहीं हो सकता। न्याय, नीति, विवेक–कहीं कोई इसका समर्थन नहीं करेगा।"

तीव्र-बुद्धि और तीक्ष्ण-दृष्टिवाले देवव्रत ने पिता की मानसिक पीड़ा को पहचान लिया। उन्हें उसका कारण जानने में भी विलम्ब नहीं हुआ। वे स्वयं ही धींवरराज के पास पहुँच गए। बोले, "मैं तुम्हें वचन देता हूँ कि सिंहासन ग्रहण नहीं करूँगा। पिता की मृत्यु के बाद तुम्हारा दौहित्र ही इस राज्य का एकछत्र स्वामी होगा। यह भी वचन देता हूँ कि मैं जितने दिन जीवित और सक्षम रहूँगा, मन-वचन-कर्म से उसके सिंहासन की रक्षा करूँगा, कभी उसके प्रतिकूल आचरण नहीं करूँगा। तुम निश्चिन्त मन से राजाधिराज को अपनी कन्या दे सकते हो।"

"किन्तु उसके बाद ?"—धींवरराज मानो तब भी निश्चिन्त नहीं हो सका, "यदि तुम्हारे पुत्र इस अन्याय को सहन न करें ?"

देवव्रत का मुख म्लान नहीं हुआ—बोले, "मैं प्रतिज्ञा करता हूँ—मैं कभी विवाह या नारी-संग नहीं करूँगा। सन्तान होने की सम्भावना ही नहीं रहेगी।"

उस भीषण प्रतिज्ञा के कारण ही वे जन-समाज में 'भीष्म' नाम से जाने गए। उन्होंने उस प्रतिज्ञा का अक्षरशः पालन किया। ऐसे उच्चादर्शयुक्त महा-मानव कठोर तपस्या और इन्द्रिय-संयम के बल पर एक प्रकार से मृत्युंजयी बन गए थे। स्वयं अपनी मृत्यु या पराजय की इच्छा किए बिना उन्हें कोई निहत अथवा पराजित नहीं कर सकता था।

इस सभा में कोई भी, भीष्म के प्राचीन आदर्श-भरे विस्मयकारी इतिहास और बल से अनजान नहीं था। इतने पर भी युधिष्ठिर ने उनके लोकोत्तर चरित्र और मानवेतर शक्ति-शौर्य को फिर से स्मरण कराते हुए अपनी व्याकुलता को सपाट भाषा में प्रकट किया।

बोले, "यहाँ तक कि पृथ्वी के श्रेष्ठ धनुर्धर के रूप में जिनकी ख्याति है, स्वयं वे अर्जुन भी यह असाध्य कार्य कर पाएँगे—मुझे इसमें सन्देह है। अब आप लोग दया करके बताइए कि हम लोग किस उपाय से विपत्ति का यह सागर पार कर सकते हैं !"

सभी अवसरानुकूल सान्त्वना देने की चेष्टा करने लगे। अनेक लोग इस बात को लेकर भी कटाक्ष करने लगे कि जब युद्ध में कूद पड़ने में केवल दो दिन बचे हैं, तो इस प्रकार के प्रश्नों पर विचार करने की क्या सार्थकता है ! किसी-किसी ने थोड़ा व्यंग्य भी किया। अर्जुन और भीम अपने भुजबल पर निश्चिन्त थे। अर्जुन ने बड़ मारते हुए कहा, "मैं चाहूँ, तो सारी कुरु-सेना एक दिन में ही विनष्ट कर सकता हूँ—मेरे अधिकार में ऐसा भयंकर मारणास्त्र भी है।"

युधिष्ठिर बोले, "किन्तु समस्त कुरु-सेना और भीष्म बराबर नहीं हैं, वे सबसे अलग हैं, विराट-अमानवीय शक्ति से युक्त।"

सबकी राय पता चलने पर युधिष्ठिर हमेशा की तरह विपद्ग्रस्त और कातर दृष्टि से वासुदेव के मुख की ओर देखने लगे। उस दृष्टि का भाव था, "अब तुम्हीं बताओ, क्या करना उचित है, क्या करूँ !"

वासुदेव इतनी देर तक सभा के अन्तिम छोर पर बैठे हुए चुपचाप इन लोगों की बातचीत सुन रहे थे—अब बोले, "किन्तु आपने स्वयं अभी तक कोई मार्ग या उपाय

नहीं सुझाया। आपकी क्या राय है ? आप क्या करना चाहते हैं ?''

लगा कि युधिष्ठिर और भी विपद्‌ग्रस्त और लज्जित हो गए। दुविधा-भरे मन से बोले, ''उनके पास जाने के अतिरिक्त और तो कोई उपाय दिखाई नहीं देता। वे ही बता सकते हैं कि उन्हें किस प्रकार पराजित किया जाए !''

यह सुनकर श्रीकृष्ण की चिर प्रशान्ति में भी थोड़ी हलचल दिखाई दी। उन्होंने भृकुटि चढ़ाकर सामान्य से कुछ तेज स्वर में उत्तर दिया, ''छिः ! आप क्षत्रिय हैं, राजा हैं। अपनी वीरता के बल पर महाराज चक्रवर्ती पृथिवीश्वर माने जाते हैं–आप विजय की भिक्षा माँगेंगे ? धिक् !''

युधिष्ठिर का सिर तुरन्त लज्जा से झुक गया। यह धिक्कार सचमुच मर्मान्तक था। इसके बाद उन्होंने धीरे-धीरे पूछा, ''तो फिर तुम्हारी क्या सलाह है ? तुम होते तो क्या करते, किस तरह आगे बढ़ते ?''

''कुछ भी नहीं करता। शत्रु की बल-हानि के लिए कोई गुप्त प्रयास नहीं करता। केवल युद्ध करता।...युद्ध के लिए ही तो इतनी तैयारी है, भारत के प्रत्येक प्रदेश से योद्धा, सैनिक और द्रव्य-भंडार आया है। जो आए हैं, वे प्रसन्न-मन से कर्त्तव्य-बोध के कारण ही आए हैं, उन्होंने मृत्यु-भय की बात नहीं सोची। युद्ध अभी एक दिन भी नहीं हुआ, अभी किसी ने धनुष भी नहीं सँभाला–अभी से इतने हताश, इतने व्याकुल क्यों हो रहे हैं ? उस पक्ष के सेनापति की पराजय या मृत्यु के लिए इतने अधीर क्यों हो रहे हैं ?''

''उस पक्ष के सेनापति अजेय जो हैं !'' युधिष्ठिर ने, अभिभावकों द्वारा सकारण ताड़ना पाए बालक की भाँति शंकित और लज्जित होते हुए कहने का प्रयास किया।

''इस धरती पर कोई अजेय या अमर नहीं है। जनश्रुति है कि भीष्म के पास इच्छा-मृत्यु की शक्ति है, अर्थात् यदि उनकी इच्छा न हो, तो उनकी मृत्यु नहीं होगी। चाहे यह सच हो या नहीं, किन्तु वैसी इच्छा तो कितने ही कारणों से उत्पन्न हो सकती है। देहधारी नर-नारी होने भर से ही कभी-न-कभी जीवन के प्रति वितृष्णा हो सकती है, जीवन से थकान का अनुभव हो सकता है, अनिच्छा हो सकती है। कौन कह सकता है कि बहुत लोगों के विनाश, बल और युद्ध-कौशल में अपने से बहुत कम, निकृष्ट, अबोध तथा निरपराध अगणित सैनिकों के वध से उनमें जीवन के प्रति अनिच्छा या विरक्ति उत्पन्न नहीं हो जाएगी ? हो सकता है, तब वे स्वयं ही मृत्यु की इच्छा करें।''

युधिष्ठिर ने जैसे धिक्कार के गाढ़े काले अन्धकार में आत्म-रक्षा की क्षीण प्रकाश-रेखा देखी। तीव्र उत्साह में भरकर बोले, ''मेरा कहना भी तो यही था। दोनों ओर की अठारह अक्षौहिणी सेनाएँ, जिनका इस युद्ध में कोई स्वार्थ नहीं, जिन्होंने हमारा कोई अनिष्ट भी नहीं किया–इतने पर भी इस युद्ध में इनका विनाश हो जाएगा। प्रति दिन हजार-हजार या हो सकता है लाख से भी अधिक सैनिक मार दिए जाएँ। सुना है, पितामह भीष्म ने प्रतिज्ञा की है कि वे हमारे पक्ष के कम-से-कम दस हजार पैदल और एक हजार रथी-योद्धाओं का प्रतिदिन वध करेंगे। आचार्य द्रोण ने भी दुर्योधन को ऐसा ही विश्वास दिलाया है। अकारण–व्यर्थ ही इस लोक-क्षय की बात सोचकर और भी–''

वासुदेव का कठोर स्वर तेज चाबुक की भाँति कानों में पड़ा, "कुछ भी अकारण नहीं महाराजाधिराज। इस संसार में विधाता की इच्छानुसार घटनाओं की शृंखला सजी हुई है, सब उसी रूप में घटती हैं। हम लोग सब समय, सब उद्देश्य नहीं समझ पाते, इसी से अकारण विलाप करते हैं।...लोक-क्षय की बात कह रहे हैं ? समय-समय पर लोक-क्षय की आवश्यकता भी है। कितनी बार महामारी से कितने निरपराध, भयभीत और अज्ञानी लोगों की मृत्यु हो जाती है—कौन उनकी जानकारी रखता है ! यह सब जो भयावह सर्व-विनाशक युद्ध है, यह भी विधि-निर्दिष्ट है।

"और किसी लिए हो न हो—जनसंख्या वृद्धि रोकने के लिए इसकी आवश्यकता है। क्या आप अनुभव नहीं करते कि दुष्ट-प्रकृति लोगों की संख्या कितनी बढ़ गई है ? क्षात्र-शक्ति आज अकारण ही अहंकारी और निष्ठुर हो रही है। न केवल स्वार्थ में अन्धी, बल्कि स्वार्थ में उन्मत्त भी। इनका ध्वंस अनिवार्य है—यही महाकाल का विधान है। पर्वत-शिखर का कोई एक भाग भी जब ढहता है, तो बहुत से प्राणी, बहुत से नर-नारी, बहुत से ग्राम उसके नीचे दबकर चूर-चूर और नष्ट हो जाते हैं। कौन उनका हिसाब रखता है ! आपके रथ के पहियों या घोड़ों के खुरों से कितने प्राणियों की रोज मृत्यु हो जाती है—कभी उनकी चिन्ता की है ? उनका क्या अपराध है ? आपके कारण उनकी जान चली जाती है; मूढ़-अबोध प्राणी एक क्षण पहले तक नहीं जान पाते कि उनकी मृत्यु निकट है। ये सैनिक क्षत्रिय राजाओं का सहारा हैं, ये ही उनके धृष्ट-व्यवहार की मूल-शक्ति बनते हैं। इसी कारण इनको मरना होगा।"

ग्रीष्मकालीन दोपहरी के सूर्य की भाँति उग्र स्वरूपवाले क्रोध-भरे वासुदेव इतना कहकर अचानक चुप हो गए। उनके मौन धारण करने के बहुत देर बाद तक उस सभा में चुप्पी छाई रही, ऐसा प्रतीत हुआ, जैसे वहाँ कोई दूसरा प्राणी है ही नहीं। वहाँ एकत्रित राजाओं, परामर्शदाताओं, राय प्रकट करनेवालों—किसी के मुख से भी कोई बोल नहीं फूटा।

और, सचमुच बोलते भी क्या, वे युद्ध करने आए थे, किन्तु उससे पहले ही इतनी आशंका, इतना सोच-विचार, भविष्य की चिन्ता—यह उन्हें मनोनुकूल नहीं लगा, वे इससे सहमत भी नहीं हो पाए। वे क्षत्रिय थे, युद्ध ही उनका धर्म था। इस धर्म के पालन में यदि उनकी मृत्यु भी हो जाती तो इससे अच्छी बात और क्या हो सकती थी ?

विवश होकर युधिष्ठिर ने दीर्घ निःश्वास छोड़ते हुए मौन धारण कर लिया। इसे वासुदेव की इच्छा, निर्देश—अनुज्ञा कहना ही उचित है—स्पष्ट है कि उसका विरोध करना या उसे अस्वीकार करना उनकी शक्ति के बाहर था। उनमें इतना साहस या दुस्साहस नहीं था।

कुरुक्षेत्र की युद्ध-भूमि में आवश्यकतानुसार शिविर और तम्बू लगे होने पर भी इन लोगों ने—उपप्लव्य नगरी पास ही होने के कारण, वहाँ स्थायी रूप से रहना प्रारम्भ नहीं किया। आवश्यकता होने पर कुछ समय वहाँ बिताकर उपप्लव्य लौट जाते थे। उपप्लव्य के प्रासाद

को उपनगरी कहना ही उचित होगा, इसका निर्माण इस उद्देश्य से किया गया था कि यदि कभी राज-पुरुष या राजा को ठहरने की आवश्यकता पड़े तो वे इसमें रह सकें, बहुत लोगों के एकत्र होने को ध्यान में रखकर इस प्रासाद की परिकल्पना की गई थी। अभिमन्यु के विवाह के समय यहाँ लकड़ी और मिट्टी से अस्थायी भवन और शिविर बनाए गए थे। इन्हें नष्ट करने का किसी को विचार नहीं आया था, क्योंकि युद्ध-काल में पांडवों के अन्तःपुर की स्त्रियों को इसी प्रासाद में ठहराने का निश्चय हुआ था और इस पक्ष के सेनापति व प्रमुख व्यक्तियों की स्त्री, कन्या, वधू आदि को इन सब अस्थायी आवासों में ठहराने की बात सोची गई थी, ताकि युद्ध-भूमि से निरन्तर सम्पर्क बना रहे।

वासुदेव मुख्य प्रासाद में ही ठहर सकते थे, किन्तु वे इस आशंका के कारण सहमत नहीं हुए कि अन्य आमन्त्रित सम्बन्धी और मित्रगण, विशेषकर वे, जो उनके लिए–सम्भवतः प्राण देने ही–आए हैं, इस प्रबन्ध में अशोभनीयता और पक्षपात अनुभव करेंगे। उन्होंने अपने शिविर में ही निवास किया। मन्त्रणा-बैठक की समाप्ति पर वे वहीं विश्राम के लिए जा रहे थे कि एक बाल-सेवक प्रासाद से दौड़ते हुए उनके सम्मुख आ गया और हाथ जोड़कर कुछ निवेदन करने की मुद्रा में खड़ा हो गया। सेवकों को, बिना पूछे कोई बात कहने की मनाही है–इसी मुद्रा में लगभग मार्ग रोककर खड़ा रहा।

वासुदेव उसकी मुद्रा से ही समझ गए कि वह कोई विशेष सूचना या सन्देश लाया है। उनके, रुककर अभय मुद्रा में हाथ उठाते ही उसने दंडवत प्रणाम करके निवेदन किया, "सबकी पूज्या पटरानी आपके दर्शन की प्रार्थिनी हैं, यदि आपको अन्यत्र कोई महत्त्वपूर्ण कार्य न हो या आप अत्यधिक थके हुए न हों–तो अपने कक्ष में आपके कृपापूर्वक पधारने से, वे स्वयं को अनुगृहीता अनुभव करेंगी।"

क्षण-भर के लिए वासुदेव की भौंहें सिकुड़ गईं, मानो, अचानक बुलाने का कारण न समझ पा रहे हों–किन्तु पल भर में ही उनके होंठों पर बहुत महीन, लगभग अदृश्य रहस्यमयी हास्य-रेखा खिंच गई। रीति के अनुसार आशीर्वाद के रूप में एक स्वर्ण-मुद्रा प्रदान कर वे तत्काल दास के पीछे-पीछे अन्तःपुर के मार्ग पर चल पड़े।

उन्हें द्रोपदी के कक्ष तक नहीं जाना पड़ा। वे अभूतपूर्व व्याकुलता भरा मुख लिये कक्ष के सामने चबूतरेवाले मार्ग पर उनकी प्रतीक्षा कर रही थीं। लगा कि किसी दुश्चिन्ता के कारण ही, शिल्पी की कल्पना से भी अधिक सुन्दर उनका ललाट, शरद ऋतु के अपराह्न-काल में मोतियों के समान स्वेद-बिन्दुओं से चमक रहा है और कपोलों का रंग बार-बार परिवर्तित हो रहा है।

यह नारी इतने समय बाद भी उसी प्रकार हजार वर्ष की साधना से भी दुष्प्राप्य रूप-यौवन और लावण्य की स्वामिनी है। आज भी, उसी प्रकार एकान्त-कामना की पात्र, उसी प्रकार हृदय में तरंगें उद्वेलित करनेवाली। यह आज भी पुरुषों की धमनियों में बहते रक्त को चंचल कर सकती है–कर भी रही है।

हृदय में उठे आवेग को अनुभव करते ही वासुदेव ने अपनी दृष्टि दूसरी ओर घुमा ली–जैसे कि वे देख रहे हों कि कक्ष की बाहरी दीवार पर बने तरुणी और मयूर के चित्र

में क्या-क्या कमियाँ हैं। वह भी उसी क्षण। कठोर अभ्यास के कारण उन्हें किसी आवेग का दमन करने में अधिक समय नहीं लगता। ओठों पर स्वभावगत स्नेह और रहस्यपूर्ण हँसी लाते हुए बोले, ''आदेश करो साम्राज्ञी–तुम्हारा यह अकिंचन अधम सेवक तुम्हारा कौन सा प्रिय कार्य सम्पन्न कर सकता है !''

उस समय द्रोपदी की मनोदशा उस प्रकार के परिहास या सौजन्य का आनन्द उठाने योग्य नहीं थी। वे बिना किसी भूमिका, यहाँ तक कि कुशल-क्षेम पूछे बिना ही असली बात पर आ गईं।

''केशव, तुमने महाराज को क्यों रोका ? अकारण अपमानित करके उन्हें अधीन राजाओं की दृष्टि में गिरा दिया ! तुम्हारी विश्व-भर की चिन्ता, महाकाल का पदक्षेप–कल्पना और चिन्ता-विलास भर है; किन्तु मेरे लिए तो यह प्रश्न एकदम वास्तविक है कि मैं पुत्रों की जननी हूँ। अपने पुत्र से भी अधिक बालक अभिमन्यु, अपने पाँच पुत्रों, इतने सम्बन्धियों, जामाता, कुटुम्बियों–इन सबकी आसन्न-मृत्यु की आशंका से कुछ भी निश्चय नहीं कर पा रही हूँ, मेरा हृदय काँप रहा है !...भीष्म का दुर्जेय-शौर्य कौन नहीं जानता ! वे कभी अपनी प्रतिज्ञा भी नहीं तोड़ते। उन्होंने दुर्योधन को विश्वास दिलाया है कि वे उसकी ओर से युद्ध करेंगे। प्रतिदिन दस सहस्र सैनिकों और एक सहस्र योद्धाओं का विनाश करेंगे। यदि उन्होंने सचमुच ऐसा संहारक रूप धारण कर लिया तो–मानती हूँ कि शायद वे मेरे स्वामियों का वध करने की चेष्टा नहीं करेंगे, किन्तु–मेरे पिता, भाई, पुत्र–क्या कोई बचेगा ! महाराज चक्रवर्ती उनकी मृत्यु का उपाय जानने उनकी शरण में जा रहे थे–तुमने क्यों रोका! स्नेह के कारण भीष्म अवश्य ही उपाय बता देते। इसके बाद भी युद्ध एकदम नहीं होता या युद्ध की कोई आवश्यकता ही नहीं रहती–यह तुमसे किसने कहा ! किन्तु उस दशा में इतना अधिक विनाश तो नहीं होता। अपनी धर्म-राज्य की कल्पना तुम अपने पास रखो। मेरे लिए विश्व के चराचर प्राणियों की कल्याण-चिन्ता से अधिक मेरे पुत्रों के प्राणों का मूल्य है !''

बोलते-बोलते द्रोपदी का धीमा स्वर बहुत ऊँचा न होते हुए भी कटु और तेज हो आया।

इतनी देर में श्रीकृष्ण इस नारी के प्रति अपनी थोड़ी सी दुर्बलता पर भी काबू पा चुके थे। उनकी दृष्टि और भृकुटि फिर कठोर हो उठी–थोड़ी देर पहले की मन्त्रणा-बैठक की भाँति ही–उतनी ही निर्ममता से होंठ भिंच गए। वे और भी कटु स्वर में बोले, ''भाविनी, इस पवित्र कुरुक्षेत्र में जितने भी सैनिक एकत्र हुए हैं–ये भी किसी-न-किसी जननी के पुत्र हैं, इनमें से अधिकांश की माताएँ आज भी जीवित होंगी; तब भी ये तरुण-योद्धा शौर्य-प्रदर्शन का अवसर पाकर आनन्दित हैं, महा-विपत्ति को सामने पाकर भी सम्भाव्य मृत्यु से दो-दो हाथ करने को व्यग्र और अधीर हैं; जीवन का मोल चुका कर गौरव पाने की आशा में इनकी आँखें चमक रही हैं। और मुख आभा-दीप्त हो रहा है–इनके घर में भी माता है, पत्नी है, बहन है–वे भी उद्वेग-व्याकुल आँखों से इनके लौटने की राह देख रही हैं, यद्यपि वे जानती हैं कि उनकी आशा पूरी होने की कोई

सम्भावना ही नहीं है। जानती हो, ये सब क्यों आए हैं ? तुम्हारे स्वामी अपना सिंहासन वापस पाना चाहते हैं, कौरव देना नहीं चाहते। धार्तराष्ट्र तुम्हारे रूप पर मोहित हैं, तुम्हें न पाने पर उन्होंने तुम्हारा नीचता भरा अपमान किया था—उनके उस आचरण को जघन्य शब्द से ही प्रकट किया जा सकता है—पांडु-पुत्रों के इस युद्ध का उद्देश्य उसी अपमान का बदला लेना है। किन्तु यह सब तुम लोगों का व्यक्तिगत है, कुरुवंश की अपनी स्वार्थ-सिद्धि के लोभ और लालसा के कारण—भारत के अगणित राजाओं की दृष्टि में वह साधारण सी बात है, बड़ी तुच्छ—चाहे जिस पक्ष की विजय क्यों न हो, इनका तनिक भी स्वार्थ पूरा नहीं होगा। इतने पर भी ये आए हैं, आमन्त्रित करने भर से आ गए हैं—कारण, युद्ध करना, युद्ध-भूमि में प्राण ले लेना या दे देना ही क्षत्रिय का धर्म है, वीर का धर्म है, उस धर्म का पालन करने ही आए हैं तुम्हारी जैसी बुद्धिमती और राजनीति-विशारद के सामने इन बातों को कहना व्यर्थ है—फिर भी आश्चर्य और दुख का विषय है कि कहनी पड़ रही हैं। निःस्वार्थ भाव से प्राणों का बलिदान करने को तैयार इस अठारह अक्षौहिणी सेना के, सामने खड़े होने पर भी तुम्हें अपने छः पुत्रों के प्राणों की चिन्ता पहले सता रही है ! धिक्कार है तुम्हें !

"जब कौरवों की द्यूत-सभा में कुपित होकर कठोर प्रतिज्ञा की थी कि कौरवों का विनाश देखोगी—तब यह चिन्ता कहाँ थी ? दावाग्नि जल उठने पर वन के मध्य स्थित ऋषियों के तपोवन भी भस्मीभूत हुए बिना नहीं रहते। पितामह भीष्म ने क्या तुम लोगों का ऐसा अपराध किया है, जो तुम अपने पुत्रों को बचाने के लिए उनसे, उनकी मृत्यु का उपाय बताने का अनुरोध करोगी ?"

लज्जा के कारण पहले ही सिर झुक गया था। लहराती हुई मेघवर्णी केश-राशि के बीच पतली सीमान्त-रेखा दिख रही थी—अन्तःपुर से जुड़े संकीर्ण, किन्तु सुन्दर वीथि-मार्ग की भाँति। नील-सरोवर सदृश नेत्रों के कोरों से पद्म-पलाश में विद्यमान ओस-बिन्दुओं की तरह कई आँसू ढुलक आए। आँसुओं के कारण भर आए गले से कृष्णा ने कहा, "क्या केवल अपने पुत्रों की ही चिन्ता कर रही हूँ ! पिता, भाई और—सबसे अधिक देवताओं से भी महान मेरे स्वामी—"

अश्रु-बिन्दु कपोलों के स्वेद-मुक्ताओं में मिल गए, उसमें मस्तक के पसीने की एक-एक बूँद आकर मिलने लगी। द्रोपदी का गला पश्चात्ताप और विनती से भरा था।

आँसू की कुछ बूँदें बरसते ही श्रीकृष्ण की स्वराग्नि शान्त हो गई थी—वे बहुत कोमल स्वर में बोले, "आयुष्मती, तुमने पहले ही अनुमान करने में भूल कर डाली, भीष्म के हाथों तुम्हारे स्वामी और पुत्रों के विनाश की आशंका नहीं है। सम्बन्ध के हिसाब से वे कौरव-पांडव, दोनों के ही पितामह हैं, अतः दोनों ही पक्ष उनके समान स्नेह के अधिकारी हैं—किन्तु तुम्हारे स्वामी अपने चारित्रिक महत्त्व और निर्दोष-सौजन्य, भद्रता, न्याय-मार्ग के अनुसरण, हजार दुखों और वंचनाओं के बावजूद धर्म-बुद्धि न त्यागने के कारण उनके कुछ अधिक प्रिय हैं। उनका ही क्या, उनके पुत्रों तक का वध करके वे कभी भी पांडु का पिंड-लोप नहीं करेंगे—कर ही नहीं पाएँगे। इसके अलावा इसमें कुरुवंश

के पिंड-दान का भी प्रश्न है—कारण कि पांडु-पुत्रों के हाथों से धृतराष्ट्र का एक भी पुत्र नहीं बच पाएगा। नहीं, भीष्म नहीं, जिसके द्वारा प्रबल-अनिष्ट की आशंका थी, उसे बलहीन कर आया हूँ। तुम निश्चिन्त रहो, इस युद्ध में तुम्हारे स्वामियों और पुत्रों की मृत्यु नहीं होगी।"

"भीष्म से भी अधिक भीषण, भयंकर योद्धा !—कुरु-पक्ष में ऐसा कौन है ? द्रोणाचार्य—?"

द्रोपदी के स्वर में अविश्वास के साथ ही जिज्ञासा भी थी।

द्रोणाचार्य के विषय में भी वही बात है—ये लोग उनके अधिक प्रिय हैं, जबकि कुरु-पुत्र कभी भी उनके स्नेह-भाजन नहीं बन पाए।"

"फिर ?"

"तुम महारथी कर्ण की बात क्यों भूल रही हो ?"

"कर्ण इन लोगों से अधिक वीर हैं ! तुम्हें क्या सचमुच ऐसा विश्वास है ?" विस्मय में अभिमान भी छिपा था।

"है। कारण, उनके मन में तुम्हारे प्रति तीव्र विद्वेष था। विद्वेष और ईर्ष्या। तुम लोगों के प्रति उनके स्नेह-ममता का कोई कारण है क्या ?...इसके साथ ही उनका शौर्य भी अर्जुन को छोड़कर इस पक्ष के सभी लोगों से बढ़कर है। यदि दुर्योधन के सामान्य दस्युओं जैसे आचरण पर उन्हें पहले ही आपत्ति न होती—वे उससे विरक्ति अनुभव न करते—तो इसमें सन्देह है कि वे उत्तर-गोशाला के युद्ध में अर्जुन के हाथों इतनी सरलता से पराजित होते या नहीं ! वे वहाँ घोर अनिच्छा के साथ ही आए थे। करद-राजा हैं, दुर्योधन के आश्रित हैं—लगता है उस दिन उन्होंने अपनी इस अवस्था के प्रति तीव्र ग्लानि अनुभव की।"

"तब अभी ही उनमें बदलाव क्यों आएगा, उनके शौर्य के ह्रास का कोई कारण तो घटा नहीं।...अभी भी वे वैसे ही महावीर हैं !"

"नहीं, वे वैसे नहीं हैं। केशरी के नख-दन्त की धार कम हो गई है, वासुकि के विष की तीव्रता घट गई है—मैं ही उसका प्रबन्ध करके आ रहा हूँ।"

"कैसे !" विस्मय-भरी द्रोपदी ने प्रश्न किया।

"मनस्विनी, अभी वह बताने का समय नहीं आया, एक दिन अपने आप पता चल जाएगा, जान जाओगी, मेरे बताने की आवश्यकता ही नहीं रहेगी।"

द्रोपदी ने आँखें ऊपर उठा ली थीं, रेशमी पल्लू से आँसुओं के चिह्न भी यथासम्भव पोंछ डाले थे। उनकी आँखों में भरोसे का आभास तो उभर आया था, किन्तु सन्देह और व्याकुलता के चिह्न तब भी लुप्त नहीं हुए थे।

"किन्तु जो महावीर होते हैं, वे दुर्बलों के सहायक होते हैं, उत्पीड़ितों के उद्धारकर्ता होते हैं, श्रेष्ठ योद्धा होने की यह पहली शर्त है—नहीं है क्या ? किन्तु क्या द्यूत-सभा में उनका आचरण एकदम कापुरुष के समान नहीं था ? नीच वंश के नीच कर्मरत व्यक्ति के व्यवहार के समान !"

"क्या तुम उसका रहस्य आज तक नहीं समझ पाईं ?" अब मानो वासुदेव के आश्चर्यचकित होने की बारी थी, "आश्चर्य ! यही स्त्री-जाति की सहज-दीनता है। अति बुद्धिमती नारी भी भीतर नहीं देखती, मात्र बाह्य-आचरण देखकर पुरुष के सम्बन्ध में निर्णय करती है।"

इतना कहकर, और किसी बात या उत्तर-प्रत्युत्तर का अवसर दिए बिना ही, वासुदेव प्रासाद से लौट आए। वे थके थे, शायद भूखे भी थे–अविलम्ब अपने शिविर में पहुँचना आवश्यक था–उनका मुख देखकर सभी ने ऐसा अनुभव किया।

द्रोपदी ने और नहीं रोका। किन्तु वे स्वयं उनके जाने के बाद भी बहुत देर तक उसी जगह पाषाण-प्रतिमा की भाँति निश्चल खड़ी रहीं।

वासुदेव की ये फिर किस प्रकार की बातें थीं ! कर्ण के उस दिन के आचरण की याद उन्हें आज तक है, तेरह वर्ष के लम्बे समय-बाद भी वे उसे भूली नहीं–समस्त अपमान, समस्त वाक्य-बाणों के घाव आज भी वैसी ही जलन का कारण बने हुए हैं। सब बातें सूक्ष्म से सूक्ष्म रूप में स्मरण हैं।

हाँ, समझने में कठिनाई अवश्य अनुभव हुई थी। उनकी उदारता, उनकी दानशीलता, उनके शौर्य के सम्बन्ध में जो जनश्रुति थी–उसके साथ उनके उस आचरण की संगति नहीं बैठा पा रही थीं। तब भी–उसका समर्थन करना, उसके पक्ष में तर्कों की कल्पना करना या उस पर आरोप करना क्या सम्भव था !

बहुत देर तक सोचने और अपनी स्मृति का विश्लेषण करने पर भी कृष्णा, वासुदेव की उन धुन्ध के समान बातों का अर्थ नहीं खोज पाईं, उस आचरण के समर्थन या कर्ण के प्रति सहानुभूति का कोई सूत्र भी उन्हें नहीं मिल सका। तब भी कौन जाने क्यों–अपने इस मनोभाव पर उन्हें इससे पहले भी अभूतपूर्व आश्चर्य हुआ था, सहज त्वरित विचार-बुद्धि के अनुसार कैसी एक प्रकार की लज्जा भी–आज एक बार फिर मानो उस अकारण कठोर, अभद्र, सुरामत्त-किरात के समान आचरण करनेवाले व्यक्ति के लिए एक गोपन-व्यथा अनुभव हुई। उन्होंने वनवास के समय अज्ञातवास के एकान्त और खाली क्षणों में मानस-पटल पर उनकी स्मृति उभर आने पर, तीव्र घृणा के बीच-बीच एकाधिक बार इसी प्रकार की अज्ञात-वेदना भी अनुभव की थी। दूसरे ही क्षण अपने इस अस्वाभाविक मनोभाव पर आश्चर्य की सीमा नहीं रहती थी। लज्जा के कारण यह बात किसी को बता भी नहीं पाईं। अन्ततः अपने को ही समझातीं–शायद बहुत दिन पूर्व स्वयंवर सभा में अपने अभद्र और अन्यायपूर्ण आचरण के कारण उत्पन्न पश्चात्ताप से ही इस वेदना का जन्म होता है।

कौन जाने, उस दिन के आघात को वह व्यक्ति शायद भूल न पाया हो–शायद आज भी इतनी समृद्धि के बीच भी उस किशोरी का अभाव अनुभव करता हो–उसी के साथ एक व्यर्थता और शून्यता का अनुभव भी।

कौन जाने–शायद उस ज्वाला ने ही उस दिन की कटुता के मूल में कार्य किया हो !

॥ ८ ॥

वासुदेव ने युधिष्ठिर या द्रौपदी की चाहे जिस कारण भर्त्सना क्यों न की हो, किन्तु अन्ततः आत्म-प्रेरणा से वे उसी दिन बहुत लम्बा मार्ग पैदल तय करके आधी रात को कुरु-सेनापति महात्मा भीष्म के शिविर में जा उपस्थित हुए।

इस शिविर में वासुदेव जाने-पहचाने हैं, विशेषकर कौरवों की सभा में दौत्य-कर्म हेतु जाने के अवसर पर काफी सैनिकों और प्रहरियों ने भी उन्हें देखा था–तब भी यह स्वाभाविक है कि अपने कर्त्तव्य से बँधे हुए शिविर-रक्षक उनका मार्ग रोकें। विशेष रूप से प्रधान सेनापति के शिविर के सम्बन्ध में कुछ अधिक सतर्कता बरतना ही उचित है। लगता है, स्वयं कुरु-राज के आने पर भी प्रहरी उनसे प्रवेशाधिकार-संकेत जानना चाहते !

वासुदेव को भी यह ज्ञात है, समस्त रण-क्षेत्रों में ही यह व्यवहार प्रचलित है, अनादि-काल से ही। प्रतिदिन सन्ध्या-समय मुख्य सेनापति या राज्याधिपति, प्रहरियों को एक नया शब्द या कम शब्दोंवाला एक वाक्य बता देते हैं–संकेत के रूप में। जिन्हें राज-कार्य से शिविर के भीतर प्रवेश करना हो या शिविर से बाहर जाना हो अथवा जो स्व-पक्ष के नेतृत्व से जुड़े व्यक्ति हैं–उसे या उन्हें वह संकेत बताना होता है। रात्रि को निश्चित किया गया संकेत प्रातःकाल तक चलता है, दिन प्रारम्भ होने पर नई व्यवस्था की जाती है। कभी-कभी या आवश्यकता होने पर मध्य-रात्रि में भी–ऐसा कोई समाचार मिलने पर कि शत्रु पक्ष ने किसी चतुराई से इस संकेत का पता लगा लिया है–इस शब्द या सभी शब्दों को बदल दिया जाता है। मुख्य सेनापति की अँगूठी लिये कोई विश्वस्त दूत प्रत्येक द्वार के प्रहरियों को बता जाता है।

वासुदेव इन सब नियमों को अच्छी तरह जानते हैं, बल्कि उनके राज्य में इससे कहीं अधिक सतर्कता बरती जाती है। वे इस बाधा के लिए तैयार होकर आए थे। उनका निषाद-सेवक कीलक कौरव-शिविरों में ही नहीं, हस्तिनापुर के राज-प्रासाद में भी–लम्बे समय से मांस की आपूर्ति कर रहा है। वह प्रायः आधी रात से लेकर भोर तक अगले दिन खाने के लिए, अनगिनत ऊँट या बैलगाड़ियाँ भरकर मृग, सूअर, खरगोश, शल्लकी आदि का मांस पहुँचाता है। अधिक सुरापान आदि के कारण उसके स्वयं असमर्थ हो जाने पर भी यह आपूर्ति बन्द नहीं होती, उसके लिए उसके कुछ विश्वस्त सहकर्मी हैं। इस कारण उसे और उसके सहयोगियों को संकेत बताना आवश्यक है। कीलक, वासुदेव के निर्देशानुसार उस संकेत का पता चलते ही उन्हें बताने जाता है। व्यक्तिगत रूप से केवल उन्हें ही बताता है, किसी मध्यस्थ पर उसका विश्वास नहीं। इसके अलावा वह यह भी सोचता है कि वासुदेव को गुप्त संकेत की जानकारी देना विश्वासघात की श्रेणी में नहीं आता।

वासुदेव ने प्रसन्न-वदन और अभय-मुद्रा से प्रहरियों को आश्वस्त करते हुए धीमे स्वर में केवल एक शब्द कहा–'दावानल', सम्भ्रमित प्रहरियों ने उन्हें नमस्कार करके मार्ग छोड़ दिया।

उस दिन कुरु-सेनापति भीष्म आधी रात बीत जाने पर भी नहीं लेटे थे। उनकी

नींद का अब बहुत कम समय रह गया था। रात के दूसरे पहर के अन्त में वे सुख-विहीन कठोर–चौकी पर केवल एक मृग-छाला बिछी–शैया पर सोने जाते हैं और तीसरा पहर व्यतीत होते ही शैया छोड़कर स्नान-पूजा-वन्दना आदि में लग जाते हैं। आज उन्होंने वह भी नहीं किया–अपने तम्बू की सीमित सी खाली जगह पर कुछ शान्त भाव से इधर से उधर आ-जा रहे हैं, मानो किसी की प्रतीक्षा कर रहे हों।

वासुदेव ने कपड़े से बने कक्ष के प्रवेश-द्वार पर लगे काषाय रंग के परदे को हटाकर लगभग निश्शब्द ही प्रवेश किया था और भीष्म का चेहरा भी दूसरी दिशा में था, किन्तु तब भी उन्हें जैसे किसी माया-मन्त्र के बल से पता चल गया। वे स्नेहसिक्त मधुर वाणी में बोले, ''वसुदेव-तनय सुस्वागत ! मैं तुम्हारी ही प्रतीक्षा कर रहा हूँ। मैं जानता था, तुम आओगे।''

श्रीकृष्ण ने उनके चरण स्पर्श करके प्रणाम करते हुए उतनी ही मधुर वाणी में कहा, ''कुरु-पितामह ! इस सम्पूर्ण संसार में कोई भी घटना आपकी प्रज्ञा या दूर-दृष्टि से छिपी नहीं है–यह मैं अच्छी तरह जानता हूँ। और, यह भी जानता हूँ कि मैं आज जो भिक्षा माँगने आया हूँ, उसके लिए भी आपकी सेवा में निवेदन करने की कोई आवश्यकता नहीं है।''

''विलक्षण, जब यह अनुमान कर लिया कि तुम आओगे, तब इसमें और कौन सा आश्चर्य है कि यह अनुमान भी कर सकता हूँ कि क्यों आओगे ! इतने पर भी यहाँ 'भिक्षा' शब्द की आवश्यकता नहीं है–तुम ऐसे भिक्षुक हो–तुम्हारी प्रार्थना का अर्थ ही है आदेश।...मुझे प्राण-दंड देने आए हो–यही बात है न ?''

''स्वर्ग से लेकर मर्त्य-लोक तक किसी में भी आपको दंड देने का दुस्साहस या सामर्थ्य नहीं है। आप निष्पाप हैं, शुद्ध रूप से योगेश्वर हैं–आजीवन ब्रह्मचर्य व्रतधारी हैं। और उस ब्रह्मचर्य का आपने अखंड पालन किया है, आपने परोपकार हेतु जीवन धारण किया है, आपका जीवन उसी के लिए समर्पित है। मैं केवल आपको यह स्मरण कराने आया हूँ कि इस पृथ्वी पर आए आपको बहुत समय हुआ, जन्म लेने या सोचने-समझने लायक होने पर आपने जो समाज और उसके संस्कार देखे थे, जिस उच्च मानदंडोंवाले पवित्र जीवन को आप स्वाभाविक मानते हैं–मुझे लगता है कि आज उसका कहीं कोई चिह्न भी शेष नहीं रह गया है। पहले मनुष्य विवेक को छोड़कर किसी और से शासित नहीं होता था, आज वह विवेक, आत्म-सम्मान का बोध, सौजन्य-बोध, श्रेष्ठ जीवन की अलिखित रीति-नीति, सभी कुछ विलुप्तप्राय हो गया हो–वह सारा का सारा स्मृति में कहीं बहुत दूर विलीन हो गया है। पहले, साधारण प्रजा न्याय पाने के लिए न्यायालय में जाती थी, शासकों के द्वार पर जाती थी–आज वह न्यायालय तक कलुषित हो गया है, न्यायाधीश अर्थ-लोलुप हो गए हैं और न्याय बेचने को उत्सुक रहने लगे हैं। राजा परैश्वर्यलोभी, ईर्ष्यालु, भोगोन्मत्त; अकारण धृष्ट और अकारण ही अत्याचारी हो गए हैं। वे दूसरों की दुर्दशा से मन में प्रसन्न होते हैं, निर्धन और बलहीनों की असहाय अवस्था के समक्ष अपनी शक्ति को अनेक गुना अधिक सोचकर एक प्रकार

का विकृत आत्मतोष अनुभव करते हैं। क्या आपके मन में, मानव-जाति के इस करुण अधःपतन को देखकर भी मृत्यु-कामना अनुभव नहीं होती ? आप और किस आशा में, किस इच्छा को फलीभूत करने के लिए जीवित रहना चाहते हैं ? मैं जानता हूँ, आप पिता व गुरु के आशीर्वाद तथा अपनी साधना के कारण इच्छा-मृत्यु की शक्ति से युक्त हैं—यदि आप स्वयं धनुष न छोड़ें या युद्ध करना बन्द न करें तो किसी में इतनी सामर्थ्य नहीं कि आपको मार सके। इसी कारण आपको स्मरण कराने आया हूँ—पाप में डूबी इस पृथ्वी और जरा-जीर्ण देह से आपके विदा लेने का मुहूर्त आ पहुँचा है।''

इस बीच भीष्म, आदरपूर्वक वासुदेव के दोनों हाथ पकड़कर, उन्हें अपने कक्ष के अद्वितीय काष्ठासन पर बैठाकर स्वयं सामनेवाली शैया पर बैठ चुके थे। वासुदेव की क्षोभ-भरी बातें सुनते-सुनते उनके मुख पर रहस्य-भरी कोमल हँसी फैल गई थी, अब वे थोड़ी आवाज के साथ हँसने लगे। बोले, ''यह कहना निरर्थक होगा कि मेरे विदा लेने का मुहूर्त उपस्थित हो गया है—वह मुहूर्त बहुत पहले बीत चुका है। मैं इस तथ्य से अनभिज्ञ नहीं हूँ। किन्तु अभी भी एक इच्छा सचमुच अपूर्ण है। ऋषियों ने कहा है कि ब्रह्म के तीन रूप हैं—ब्रह्मा के रूप में वे सृजन करते हैं, नारायण या विष्णु के रूप में पालन करते हैं और प्रलय-काल उपस्थित होने पर शिव के रूप में संहार करते हैं। चाहे जितना अस्वीकार करो—मैं जानता हूँ कि तुम ही साक्षात् नारायण हो, एक अकल्पनीय-अद्भुत लीला के प्रदर्शन और स्वयं भी उसके आस्वादन के लिए तुमने नर-देह धारण की है। अपने स्वयं-निर्धारित कर्म की शृंखला में वही लीला—अर्थात् तुमने अब संहार-मूर्ति धारण कर ली है। वासुदेव, मैं उसी रूप को अपनी आँखों से प्रत्यक्ष देखने के लिए अब तक जीवित हूँ—नहीं तो मानव-जाति क्यों, अपने वंशधरों का जो कुत्सित-आचरण इन आँखों से देखना पड़ा है, वही जीवन के प्रति अनिच्छा जगाने को पर्याप्त है।''

श्रीकृष्ण ने शान्त स्वर में उत्तर दिया, ''किन्तु मैं तो इस महा-समर में अस्त्र धारण न करने के लिए प्रतिज्ञाबद्ध हूँ।''

भीष्म के नेत्रों में विह्वलता के साथ रहस्य का आश्चर्यपूर्ण मिलन हुआ। वे बोले, ''यदि मैंने तनिक सा भी सत्कार्य किया है—अर्थात् यदि तुम्हारा कहना सही है—मेरे पास कोई योग-बल है, तो मैं तुम्हारी प्रतिज्ञा भंग कराकर ही रहूँगा। श्रीकृष्ण, कुरुक्षेत्र के इस युद्ध में यदि तुम मेरा वध करो—तो मैं उसी क्षण मृत्यु की इच्छा करूँगा, तुम्हारी इस विस्मयकारी लीला को प्रत्यक्ष देखने के बाद जीवित रहने का कोई कारण नहीं रहेगा, तुम्हारे चक्रास्त्र से मरने को छोड़ मेरी कोई और इच्छित-मृत्यु भी नहीं है !''

इस बात का कोई स्पष्ट उत्तर न देकर श्रीकृष्ण ने केवल इतना कहा, ''किन्तु आप क्या यह नहीं सोचते कि क्षात्र-शक्ति के इस पतनशील रूप के विघटन का समय आ गया है—प्रजा पर शासन करने के नाम पर किए जानेवाले अनाचार और स्वेच्छाचार को बन्द करने के लिए ?''

''करना ही होगा। जानता हूँ—धर्म की ग्लानि और अधर्म के प्रसार के कारण ही तुम्हारी यह दीर्घकाल-व्यापी विशाल लीला हो रही है—मनुष्यत्व को संस्कृत और कलुष-मुक्त

करने की इच्छा के चलते। यद्यपि यह भी जानता हूँ कि देह-धारियों की शक्ति की भी सीमा है, तुम अपनी सृष्टि के कठिन नियमों में बँधे हुए हो—काल के इस प्रवाह, मनुष्यत्व की इस अधोगति को रोक पाना तुम्हारे वश में भी नहीं है।...तब भी इन आँखों से तुम्हारी लीला तो देखूँगा ही—मुझे बस इतना सा लोभ है। मेरा वध करने के लिए सम्पूर्ण शक्ति और बुद्धि-कौशल से अर्जुन को तैयार किया है—उस शक्ति का भी स्वाद चखकर जाना चाहता हूँ—इसी के साथ तुम्हें भी दिखाना चाहता हूँ कि—गुरु से मैंने भी वृथा ही शस्त्र-विद्या नहीं सीखी है।''

''तो क्या मैं निराश ही लौट जाऊँ ?''

मानो श्रीकृष्ण ने असहाय होकर अनुनय-भरी मुद्रा में कहा।

''वासुदेव, मैं क्षत्रिय-सन्तान हूँ, प्राचीन राजवंश में उत्पन्न। तुम्हीं ने अभी कहा था कि मेरा मनुष्यत्व और कर्त्तव्य-बुद्धि प्राचीन नियमों में बँधे हैं, मैं उन्हीं का अभ्यस्त हूँ। मैंने दुर्योधन का अन्न खाया है, उसका वेतनभोगी सेवक हूँ, इसके अलावा वह असहाय होकर मेरी शरण में आया है, मुझे उसने सेनापति बनाया है। मैं धर्मानुसार उसकी ओर से युद्ध करने को बाध्य हूँ।''

वासुदेव बोले, ''आपने उसका अन्न ग्रहण नहीं किया, कुरु-राज्य का अन्न ग्रहण किया है। यह सिंहासन पांडु का है, न्याय और धर्म से वह युधिष्ठिर का ही प्राप्य है। इस वंश में वे ही ज्येष्ठ भी हैं। दुर्योधन ने इस राज्य को अनुचित उपायों के सहारे बलपूर्वक हथिया लिया है—क्या ऐसा नहीं ?''

भीष्म के ललाट से भौंहों में बल पड़ने का आभास मिला। बोले, ''यह सत्य है कि मेरी, तुम्हारे जैसी प्रज्ञा और सूक्ष्म न्याय-बुद्धि नहीं है। तब भी मैं जितना समझा हूँ—वारणावत-यात्रा के बाद पांडव बहुत दिनों तक हम लोगों की जानकारी में नहीं थे, उन्हें मृत जानकर ही—धर्मात्मा विदुर भी अन्ततः उनकी जीवन रक्षा की सम्भावना पर जोर देने का साहस नहीं कर पाए—धृतराष्ट्र ने आयु में बड़ा और अभिभावक होने के कारण जब वह सिंहासन रिक्त देखा तो अपने अधिकार-बल से उसे दुर्योधन को दे दिया, दुर्योधन भी राज-पुरुषों, आश्रित और करद राजाओं तथा छोटे-बड़े साधारण लोगों द्वारा धृतराष्ट्र के प्रतिनिधि शासक के रूप में स्वीकार किए गए।[1] बाद में जब राज्य दो भागों में बँटा, तो पांडवों ने मुझे, द्रोणाचार्य को या कृपाचार्य को अपने राज्य में कोई कार्य सँभालने का न्योता नहीं दिया और न ही हिस्सेदारी के हिसाब से हममें से किसी पर अपना अधिकार जताया। इसलिए मैं सब प्रकार सोच-समझकर अपने को कौरवों का वेतनभोगी कर्मचारी मानता हूँ।''

''किन्तु ये दोनों पक्ष ही आपके वंशधर हैं, आपके लिए सन्तानवत हैं। उस दृष्टि

---

1. PRINCE-REGENT—यद्यपि धृतराष्ट्र अन्धे होने के कारण ही अग्रज के अधिकार से वंचित हुए थे, उन्हें सिंहासन नहीं मिला था, तब भी देखने में आता है कि महाभारत में परवर्ती-काल में—उन्हें ही बार-बार महाराज नरपति आदि के रूप में उल्लिखित या सम्बोधित किया गया है। क्या यह केवल सौजन्यवश था या वे ही राजा थे और दुर्योधन उनके प्रतिनिधि थे !

से पांडव भी आपके द्वारा रक्षणीय हैं।''

''वासुदेव, सबसे अधिक रक्षणीय है—धर्म। इस परिस्थिति में साधारण सेवक के धर्म के अतिरिक्त वीरों के धर्म-पालन का प्रश्न भी है। यादवश्रेष्ठ सुनो, इस पापिष्ठ-पक्ष की पराजय अनिवार्य है; तुम, युधिष्ठिर और अर्जुन जिस पक्ष में हो, उसकी विजय भी सुनिश्चित है। तुम वृथा चिन्ता न करो, कुछ दिन युद्ध करके मुझे अन्न-ऋण और धर्म-ऋण चुकाने दो। मैंने दुर्योधन को आश्वासन दिया है कि मेरे सेनापतित्व में पांडव पक्ष के कम-से-कम दस हजार सैनिक और कुछ रथवाही योद्धा प्रतिदिन मारे जाएँगे, उस आश्वासन को मैं निश्चय ही पूरा करूँगा; स्वयं गुरु भार्गव के पांडवों के पक्ष में आकर युद्ध करने पर भी वह खाली नहीं जाएगा। नौ दिन तक युद्ध चलने के बाद—यदि तब भी दोनों पक्षों को युद्ध बन्द करने की सुबुद्धि न आए—युधिष्ठिर को साथ लेकर एक बार और आना, उसी दिन अपनी मृत्यु अथवा अपने को मार पाने का उपाय बता दूँगा। पापिष्ठ लोगों के इस पक्ष की ओर से दस दिन से अधिक युद्ध करने की मेरी इच्छा नहीं है। और—'' कुछ परिहासमिश्रित स्वर में कहा, ''यदि इस बीच तुम्हारे मन में पांडवों की ओर से युद्ध में कूदकर मेरा वध करने की इच्छा जाग जाए तो मैं उसी क्षण प्राण दे दूँगा—किंचितमात्र बाधा खड़ी नहीं करूँगा।''

श्रीकृष्ण, उन्हें हल्के हास्य-रंजित मुख से पुनः प्रणाम करके बोले, ''पितामह, आप धन्य हैं—जीवन-मत्यु, दोनों में आप असाधारण हैं, आपका स्वभाव मानवेतर है, आपका चरित्र, आपका कर्म सभी कुछ महान है; आपका महात्मा विशेषण सार्थक है।''

रात्रि का द्वितीय प्रहर व्यतीत हो चुका था, लगा कि तृतीय प्रहर भी बस जाने ही वाला था। दोनों शिविरों में प्रहरियों के अतिरिक्त शायद कोई नहीं जाग रहा था। तब भी वासुदेव ने तत्काल अपने अस्थायी आवास की ओर लौटने की चेष्टा नहीं की। उस समय भी उन्हें एक और स्थान पर जाना था।

धीरे-धीरे कुरु-शिविर की सीमा पार करके वे एक पीपल के नीचे आ गए। पिछले दिन ही निश्चित निर्देश दे दिया गया था, उनका अपना रथ वहाँ प्रतीक्षा कर रहा है। रात काली है, उसके ऊपर वृक्ष की छाया के अन्धकार से मिलकर उसका अन्धकार और घना हो गया है, और गाढ़ा—ऐसा स्थिर, ऐसा निश्शब्द कि सारथी, रथ और दोनों अश्वों तक के, उस अन्धकार का ही एक भाग होने का भ्रम हो रहा है।

श्रीकृष्ण बिना कुछ बोले रथ पर चढ़ गए। वे जब निर्देश देते हैं, तो उसमें किसी भ्रान्ति के लिए अवकाश नहीं रहता। पुनर्प्रश्न उन्हें सह्य नहीं—गन्तव्य-स्थल से भी सारथी अनवगत नहीं—इसलिए उसने बिना कोई प्रश्न किए वल्गाएँ ढीली छोड़ दीं, प्रशिक्षित अश्व भी संकेत मात्र से स्वामी का अभिप्राय समझकर आवश्यकतानुसार निर्मित नया मार्ग छोड़ खुले मैदान की दिशा में चलने लगे।

कर्ण, भीष्म के सेनापतित्व में उनके अधीन रहकर कौरव-पक्ष की ओर से युद्ध नहीं

करेंगे–उन्होंने यह बात एकदम स्पष्ट रूप से दुर्योधन को बता दी थी। उनका कहना था कि भीष्म उन्हें अवहेलना का पात्र समझते हैं; योद्धाओं का निर्णय करते समय उन्होंने उन्हें अर्धरथी बताया था; किसी विचार-सभा में यदि दोनों उपस्थित होते हैं तो भीष्म उन्हें व्यंग्यपूर्ण कटु वाक्यों और अपमानसूचक विशेषण से घायल करते हैं। कर्ण ने जब दर्प के साथ कहा था कि वे अकेले ही पांडवों के साथ युद्ध करके उन्हें पराजित कर सकते हैं–तो भीष्म ने, उत्तर की गोशाला में अर्जुन के हाथों कर्ण के अपमान की बात याद दिलाकर सभा के बीच ही उन पर मर्मान्तक आघात किया था। इस अवस्था में एक ही युद्ध-भूमि में दोनों के उपस्थित होने पर आपस में ही युद्ध होने लगे तो आश्चर्य नहीं होगा !

दुर्योधन का तर्क-वितर्क, अनुनय-विनय–कुछ भी कर्ण को विचलित नहीं कर पाया; वे अपने निश्चय पर पुनर्विचार के लिए तैयार नहीं हुए। चाहे जो कहिए, किन्तु इस अवस्था में कर्ण के भरोसे भीष्म को सेनापति पद से हटाने का साहस दुर्योधन को नहीं हुआ। कर्ण कुरुक्षेत्र से दो योजन उत्तर-पश्चिम में शिविर बनाकर सेना और परिवार के साथ निवास कर रहे हैं।[1]

श्रीकृष्ण के मेघवर्णी अश्व, गाढ़े नीले रंग के रथ को खींचते हुए अन्धकार में प्रायः अदृश्य होकर चले और लम्बी बाधाएँ पार करके बहुत कम समय में कर्ण-शिविर की सीमा में पहुँच गए। वासुदेव ने रथ को एकदम से शिविर के प्रवेश-द्वार के सामने नहीं जाने दिया, कुछ दूर ही उतर गए और उस दिशा में अकेले ही पैदल चले।

वासुदेव को यहाँ का प्रवेश-संकेत भी अज्ञात नहीं था–पर उसे बताने की आवश्यकता नहीं पड़ी। कुछ दूर जाने पर ही देखा कि शिविर के बाहर एक विशाल जलाशय के किनारे श्वेत-वस्त्रों में लिपटा विशाल शरीरवाला एक व्यक्ति पाषाण-प्रतिमा की भाँति खड़ा है। दैहिक गठन के कारण उस अन्धकार में भी समझ में आ गया कि वे स्वयं कर्ण हैं। कारण, कि वे थोड़े व्यग्र-उत्सुक भाव से ऊपर उठा हुआ मुख पूर्व दिशा के आकाश की ओर किए एकदम निश्चल खड़े हैं। यह समझने में भी विलम्ब नहीं होता कि अपने इष्ट-देव के अवतरण के लिए उनमें वह व्यग्रता है।

कृष्ण कुछ अधिक आवाज करके ही उनके निकट गए, किन्तु कर्ण का ध्यान भंग नहीं हुआ। तब कृष्ण ने उनके एकदम पीछे जाकर कोमल स्वर में पुकारा, 'अंगाधिपति !'

सुनते ही कर्ण आश्चर्यचकित हुए, पर तब भी अपने मन-मस्तिष्क को इष्ट की ध्यान-तन्मयता से वास्तविक जगत में नहीं ला पाए। विह्वल भाव से कुछ देर चारों ओर देखकर स्थान, काल, परिवेश के प्रति सचेत होने की चेष्टा की। तब जल्दी से–दूसरे ही क्षण, मानो यह स्मरण आते ही कि युद्ध-पूर्व काल में, इस निर्जन खुले स्थान पर शत्रु-पक्ष के गुप्तचरों का गमनागमन सुगमतापूर्वक हो सकता है–चौंककर और थोड़ा सावधान होते हुए पीछे घूमकर खड़े हुए, तो श्रीकृष्ण की स्थिर-मूर्ति दृष्टिगोचर हुई। वे भी लगभग अन्धकर में ही पहचान गए। विस्मय में भरकर प्रश्न किया, "वासुदेव आप ! इस शेष-रात्रि में अकेले ! कहीं कुछ अघटनीय तो नहीं घटा ?"

1. वर्तमान करनाल।

"और अधिक आप नहीं कर्ण, अब तुम ! अभी तो इतना लम्बा समय व्यतीत नहीं हुआ, जो यह भुलाया जा सके कि मैं तुम्हारा निकट-सम्बन्धी हूँ। और इस निर्जन स्थान पर उस कारण सावधानी बरतने की आवश्यकता नहीं है। कर्ण, तुम मुझे पांडवों की ही भाँति प्रिय हो, तुम्हारे शौर्य-वीर्य ने ही केवल नहीं–तुम्हारी चारित्रिक महानता, उदारता और असीम निर्भयता ने मुझे हमेशा तुम्हारे प्रति आकृष्ट किया है।"

कर्ण ने अपनी प्रशंसा के प्रसंग को अधिक लम्बा नहीं खिंचने दिया, बोले, "किन्तु, तुम्हारे इस आकस्मिक-आगमन का कारण जाने बिना शान्ति नहीं मिल रही है।"

"मैं एक प्रस्ताव लाया हूँ। मुझे किसी ने भेजा नहीं अर्थात् किसी का दूत बनकर नहीं आया हूँ। यह नितान्त रूप से मेरे व्यक्तिगत विचार-मन्थन का परिणाम है।"

"ठीक है, बोलो ना ! तुम्हारा संकोच देखकर थोड़ी आशंका हो रही है।"

"तुम तो भीष्म के सेनापतित्व में कौरव-पक्ष में युद्ध करोगे नहीं–उसी कारण यहाँ रहकर उनके पतन का निपातन की प्रतीक्षा कर रहे हो। तो, इस अवधि में तुम पांडवों की ओर से क्यों युद्ध नहीं करते !"

प्रस्ताव इतना आकस्मिक और अप्रत्याशित था कि कर्ण को बात के शब्दार्थ से मर्मार्थ तक पहुँचने और उसकी गम्भीरता समझने में कई क्षण लगे। इसके बाद उनका चेहरा एक विचित्र हास्य से भर गया। कृष्ण पक्ष के अन्त के क्षीण-चन्द्रालोक में भी वासुदेव को उसे लक्ष्य करने में कठिनाई नहीं हुई। वह हँसी आश्चर्य की नहीं थी– प्रसन्नता की तो थी ही नहीं–वह जैसे कितने आत्म-धिक्कार की हँसी थी। बाल्यावस्था से सूत-पुत्र के रूप में पहचाने जाने के कारण ही सामने खड़े प्रस्तावकारी ऐसी धृष्टता दिखाने का साहस कर रहे हैं–धिक्कार का भाव सम्भवतः उसी कारण था।

थोड़ी देर चुप रहने के बाद क्षोभ के साथ हल्के तिरस्कार-भरे स्वर में कहा, "जनार्दन, तुमने अभी जो अद्‌भुत प्रस्ताव किया है, वह किसी वीर या क्षत्रिय-सन्तान के योग्य तो है ही नहीं–किसी सामान्य भद्र-सन्तान के योग्य भी नहीं है। यहाँ तक कि नीचवर्गीय, देह बेचनेवाली वारांगनाएँ भी इससे अपमानित अनुभव करेंगी। वे निर्धारित वेतन देनेवाले उप-पति की अल्पकालिक अनुपस्थिति में शायद कभी-कभी पर-पुरुष का संग कर लेती हैं–किन्तु अन्नदाता उप-पति के शत्रु को घर बुलाकर उसके साथ एक शैया पर सोने से तो उन्हें भी उनका विवेक रोकता है। छिः वासुदेव, यह नितान्त बालकों जैसा काम है। इस समय क्योंकि इस पक्ष की ओर से युद्ध नहीं कर रहा हूँ, अतः तुम लोगों के पक्ष में युद्ध करूँ–फिर भीष्म का पतन होते ही इस पक्ष में आकर तुम लोगों का वध करने को खड़ा हो जाऊँ–यह तो पागल का काम होगा। यह बात तुम्हारे मन में आई ही कैसे !...तुम्हें तो पहले ही बता दिया था कि मैं इस संकट में किसी भी कारण अपने आश्रयदाता, अपमान से बचानेवाले, वीरों के योग्य समस्त सुविधाएँ प्रदान करनेवाले मित्र के विरुद्ध–या तिलार्ध भी उसका अनिष्ट करनेवाला–आचरण नहीं कर पाऊँगा। राज-सुख का भोग तो तुच्छ वस्तु है–सर्वस्व दान करके भी उसका ऋण चुका पाऊँगा या नहीं, इसमें सन्देह है !"

प्रताड़ित बालक की भाँति सिर झुकाए श्रीकृष्ण ने देखा कि कर्ण अपेक्षाकृत कोमल हो आए हैं। प्रगाढ़ कोमल स्वर में बोले, ''तुम्हें कोई भय नहीं वासुदेव, पूर्व के आकाश में नक्षत्र-समूह को देखते-देखते आँखों को अभी एक विचित्र दृश्य दिखाई दिया। जानते हो क्या देखा ! मेरे रथ के आधे धँसे पहिए के पास मेरी मृत-देह पृथ्वी पर पड़ी है–उसके चारों ओर मेरे पुत्र, पौत्रों, जामाताओं के शव पड़े हैं, महिषी, कन्या, पुत्रवधुएँ खुले केश लिये हाहाकार करके रो रही हैं। यह भविष्य की घटना का पूर्वाभास है, इष्ट-देव ने दया करके दिखा दिया है। तुम निश्चिन्त होकर लौट जाओ, पांडवों की विजय निश्चित है। और उससे मुझे भी सुख के स्थान पर दुख नहीं होगा।''

इस बीच पूर्व दिशा में उषा का आगमन दिखाई देने लगा था, उसी की अस्पष्ट दीप्ति ने कर्ण के महिमोज्ज्वल ललाट पर बिखरकर मानो इष्ट-प्रदत्त गौरव की भाँति उनके सौम्य मुख को एक अनन्य और अभूतपूर्व भव्यता प्रदान कर दी थी। वासुदेव को अनुभव हुआ कि आज उनका यह गुप्त रात्रि-अभियान सार्थक हो गया–इस समय यदि वे इस रूप में अकेले न आते, तो वह आश्चर्यभरा दृश्य उनका अनदेखा ही रह जाता।

वे चुपचाप कर्ण को एक बार प्रगाढ़ आलिंगन में बाँधकर अपने रथ पर चढ़ गए।

॥ ६ ॥

भीष्म की अभिलाषा इतनी शीघ्र पूर्ण हो जाएगी, युद्ध के मात्र तीसरे ही दिन कृष्ण को अपनी प्रतिज्ञा भंग करके अस्त्र धारण कर लेना पड़ेगा–सम्भवतः भीष्म भी यह कल्पना नहीं कर पाए थे।

वस्तुतः नाटकीयता और अभावनीयता से ही यह महायुद्ध प्रारम्भ हुआ था।

भोर में ही दोनों पक्षों की सेनाएँ जमा हो गईं, व्यूह-रचना पूर्ण हो गई, रथी-महारथियों ने इष्ट का स्मरण करके अपने-अपने पक्ष में स्थान ग्रहण कर लिया, पैदल सैनिक अपने नायकों के निर्देश और व्यूह-रचना के अनुसार तैनात हो गए; वीरों के बाहु सक्रिय होने के लिए अधीर–युद्ध में अपना-अपना पराक्रम और कौशल दिखाने के लिए उत्सुक, व्यग्र हो उठे; यहाँ तक कि हाथी-घोड़े भी मानो धैर्य न रख पाने के कारण व्याकुल होकर पैरों से निरन्तर खूँदकर पृथ्वी को क्षत-विक्षत किए डाल रहे थे–ठीक उसी समय अर्जुन अचानक विषाद से भर गए, गांडीव मुष्टि-बन्धन शिथिल पड़ गया, अवश से हो गए, उस विशाल योद्धा-समुद्र की ओर देखते हुए करुण-कातर स्वर में मित्र वासुदेव से बोले, ''देखो, यहाँ सम्पूर्ण भारत-खंड से श्रेष्ठ वीर एकत्र हुए हैं, दोनों पक्षों में ही जिस परिमाण में महारथियों, महावीरों का जमघट देख रहा हूँ–यह युद्ध समाप्त होने पर इस अठारह अक्षौहिणी सेना में एक व्यक्ति भी नहीं बचेगा। तब भारत क्या रहेगा, कौन रहेगा, थोड़े से वृद्ध, शिशु और विधवा नारियाँ–? धर्मराज युधिष्ठिर इन्हें लेकर राज्य करेंगे ? उस

राजत्व का क्या मूल्य है ? धिक् ! यदि श्रेष्ठ देशवासी ही मर जाएँगे, तो देश फिर किसके लिए ? इस भारत-भूमि की कानन के रूप में कल्पना करने पर, ये मनुष्य उस कानन के श्रेष्ठ पुष्प हैं, यदि ये ही विनष्ट हो गए—तो यह महादेश कँटीली झाड़ियों से भरकर अरण्य-भूमि में परिणत हो जाएगा। वासुदेव, इनकी अकाल वैधव्य प्राप्त नारियों में से अनेक, पतियों के साथ भोगे अत्यल्प सुख-स्वाद की स्मृति के सहारे लम्बा वैधव्य नहीं बिता पाएँगी, उच्च वर्ण के उच्च शिक्षा-दीक्षा प्राप्त पुरुषों के अभाव में नीच जाति के, नीच कर्मों में लगे पुरुषों को आमन्त्रण देकर अपनी सम्भोग-तृष्णा और सन्तान की आकांक्षा पूर्ण करेंगी। फलस्वरूप निकृष्ट श्रेणी के वर्ण-संकर लोगों से देश भर जाएगा—भारत-भूमि का शोचनीय अधःपतन होगा।''

इतना कहकर, माथे का पसीना और आवेश तथा क्षोभ के कारण बह आए आँसू पोंछते हुए फिर बोलने लगे, ''और भी देखो, इन योद्धाओं में से अधिकांश ही हमारे वंश के कुटुम्बी, सम्बन्धी और मित्र हैं। इनमें से कितने ही तरुण, कितने किशोर, यहाँ तक कि कितने ही बालक भी हैं—कौन से मन से इन सुकुमार जीवन-कलिकाओं को नष्ट करूँ ? इनके मर जाने पर समस्त प्राचीन वंशों का पिंड-लोप हो जाएगा, प्रेत या पिशाच जैसे व्यक्ति इनका सिंहासन हथिया लेंगे, प्राचीन कीर्ति विलुप्त हो जाएगी और क्रूर-शासन की प्रतिष्ठा होगी।...उन पितामह भीष्म ने पिता की भाँति हमारा लालन-पालन किया, हम लोग उन्हें ही पिता के रूप में जानते आए हैं, कितने दिन उसी रूप में सम्बोधन भी किया है; उन्होंने स्नेहपूर्वक गोद में बैठाकर हमारा मस्तक चूमकर प्रेम के साथ हमारी त्रुटियाँ सुधारी हैं। हम लोग धूल से सने ही उनकी गोद में चढ़ जाते थे—उनके श्वेत-वस्त्र धूल से मैले हो जाते थे—किन्तु उस कारण कभी उन्होंने नाक-भौं नहीं चढ़ाई। उन आचार्य द्रोण ने हमें पुत्र मानकर अस्त्र-विद्या सिखाई, मुझे अजेय बनाने के लिए पुत्र से भी अधिक प्रयास किया। आज उन्हें कौन से मन से क्षत-विक्षत या निहत करूँ ? नहीं मित्र, इस तुच्छ सिंहासन की चाहना नहीं है, यह राज्य-खंड नहीं चाहिए। भ्राता दुर्योधन को ही उसका भोग करने दो—हम लोगों के लिए हमेशा वन में निवास करना भी श्रेष्ठ है।''

श्रीकृष्ण इतनी देर तक चुपचाप ये भावावेग भरी बातें सुनते रहे, अब अर्जुन की बातें पूरी होते ही गम्भीर तथा कठोर वाणी में बोले, ''गांडीवी, यह दर्प तुममें कैसे जन्मा कि यह युद्ध तुम कर रहे हो ? तुम क्या हो ? विश्व-सृष्टि के अनन्त विस्तार के विषय में सोचकर देखता हूँ—तो उसकी तुलना में क्षुद्रातिक्षुद्र कीट मात्र, कीटानुकीट—क्या नहीं ? सुनो, ये जो अगणित सैनिक देख रहे हो—ये साधारण मनुष्य हैं, ये अपने सगे सम्बन्धियों, पुत्र-कन्या को छोड़कर आए हैं, क्या ये सबके सब केवल वेतन की आशा अथवा लूट करने के लालच में आए हैं ? नहीं, ऐसा नहीं है। ये जानते हैं कि राजाओं के घृणित लोभ, आधारहीन काल्पनिक उच्चाकांक्षाओं, मात्सर्य, अहंकार आदि के कारण साधारण नर-नारी कैसी अवर्णनीय दुर्दशा भोग रहे हैं। वे आए हैं इस आशा में कि वह अवस्था समाप्त हो जाएगी। वर्तमान शासन-व्यवस्था में हर तरह से उच्च पदाधिकारियों के लिए

ही सब प्राकर की सुख-सुविधाएँ हैं। शासन व्यवस्था के शक्ति-दर्प रूपी रथ के पहियों के नीचे लोग लगातार पिस रहे हैं; उस यन्त्रणा को ये राजा—तुम जिन्हें भारत रूपी कानन का पुष्प समझ रहे हो, दूर कल्पना में भी अनुभव नहीं कर पाएँगे। जब एक राजा दूसरे राजा के विरुद्ध युद्ध-यात्रा पर निकलता है—तब दो देशों के या जिस क्षेत्र से गुजरकर जाना होता है, उसके निवासियों पर कितना अत्याचार होता है, कभी उसके बारे में सोचकर देखा है ? इस युद्ध का आयोजन न तुम्हारा है, न कौरवों का—यह आयोजन किसी ऐसी विराट् शक्ति का है, जिसे ईश्वरीय शक्ति कहा जाताश है। अब उसका धैर्य चुक गया है। एक समय, साधारण, भाग्य द्वारा प्रताड़ित, शक्तिशाली द्वारा छला गया, सब तरह निहत्था, सहाय-सम्बलहीन व्यक्ति भी महादाम्भिक; शक्ति-मद में डूबी राज्य-सत्ता को नष्ट करके धर्म-राज्य की स्थापना कर सकता है—इस सम्भावना के प्रति सबको सचेत करने, सबकी आँखें खोलने के लिए ही इतना आयोजन किया गया है।

"मूढ़-अज्ञानी पार्थ ! तुम लोगों को ही विशेष प्रयोजन से चुना गया है—पाँच व्यक्ति अर्थात् जन-साधारण के प्रतीक के रूप में। तुम लोग किशोरावस्था में ही राज्य-च्युत होकर भिक्षुक के रूप जंगल-जंगल घूमे हो, किसी की भी सहायता के बिना अपने को प्रतिष्ठित और शक्ति-सम्पन्न करने में सफल हुए हो—तुम्हीं इस प्रतिनिधित्व के योग्य हो ! यहाँ तक कि बाद में सर्वस्व समाप्त हो जाने पर मृग-चर्मधारी भिक्षुक के रूप में वन में भेजकर विधाता ने प्रमाणित कर दिया कि पूरी तरह असहाय, सर्वस्व खो देनेवाला व्यक्ति भी धर्म-मार्ग के अनुसरण, एकाग्रता, लक्ष्य के प्रति निष्ठा और आत्म-विश्वास के बल पर इस पृथ्वी की प्रबलतम शक्ति के विरुद्ध भी सिर उठाकर खड़ा हो सकता है। तुम अथवा युधिष्ठिर इस ईश्वरीय लीला चक्र के, दैव-इच्छा के यन्त्रांश मात्र हो, यन्त्री नहीं। जिन्हें साधारण रूप से निहत होनेवाला मानकर तुम शोक-विह्वल हुए हो, वे निहत ही हैं, विनाश के लिए पहले से चिह्नित। तुम उसके निमित्त मात्र हो। इस युद्ध में इनमें से कोई नहीं बचेगा, तुम लोग भी लाभ में नहीं रहोगे। मैं भी जानता हूँ—सब प्रकार जन-हीन हो जाने पर महा-श्मशान में राज्य करने से सन्तोष या सार्थकता क्या, विजय का आनन्द भी प्राप्त नहीं होगा। ये सब मर चुके हैं, तुम देख नहीं पा रहे हो, मैं देख रहा हूँ। किन्तु इससे क्या होता है ? मैं इनके लिए कोई दुख या व्याकुलता अनुभव नहीं कर रहा हूँ। जन-गण के वृहत्तर स्वार्थ, देश और उत्पीड़ित, सर्वस्व वंचित देशवासियों के कल्याण के सामने तुम लोगों के तुच्छ प्राणों या सुख का क्या मूल्य है ? उठो, अस्त्र धारण करो, भविष्य-काल के युग-युगान्तर के मनुष्यों के सामने आदर्श स्थापित करो।

"और, तुम्हें इतना कर्त्तृत्य-अभिमान क्यों है ? तुम्हारी शक्ति-सामर्थ्य कितनी है ? मनुष्य अपने कर्म-फल के अनुसार सुख-दुख का भोग करता है, मर जाता है या मार दिया जाता है। तुम यदि इतने ही शक्तिशाली हो, तो तुम लोगों को बारम्बार दुर्दशा, अभाव और वंचना क्यों सहनी पड़ी ? तुमने युद्ध-विद्या की शिक्षा प्राप्त की है, तुम्हारा कर्त्तव्य युद्ध करना है, तुम उस कर्त्तव्य का पालन करके शिक्षा-ऋण से उऋण होओ।

कर्म ही पुरुषों का वास्तविक धर्म है, उसी धर्म का पालन करो। भविष्य में क्या होगा, कोई भी नहीं जानता, उसके विषय में चिन्ता करना व्यर्थ है। तुम मेरी भक्ति करते हो न ! ठीक है, समस्त कर्म और उसका फल मुझे ही समर्पित करके निश्चिन्त हो जाओ।...युग-युग में यही होता है, जब अधर्म चरम सीमा पर पहुँच जाता है और धर्म कुत्सित ग्लानि को प्राप्त होता है—साधारण, विवेक-बुद्धि सम्पन्न व्यक्ति अत्याचारी अधार्मिकों के हाथों अपमानित होने लगते हैं, तब ईश्वर का कोप जागता है, प्रतिकार के लिए मनुष्यों के बीच से ही प्रतिवाद और विरोध उठता दिखाई देता है। अँधेरे में छिपे भविष्य की कल्पना करके कर्म से विमुख होना मनुष्य का लक्षण नहीं है, वह नपुंसकों को शोभा देता है, तुम्हें नहीं।"

वासुदेव ने और भी बहुत लताड़ा। जगत्-सृष्टि और मनुष्य जीवन—उसके कर्म और कर्म-फल—के सम्बन्ध में विशुद्ध-ज्ञान भी दिया। मनुष्य की बुद्धि, दृष्टि और शक्ति कितनी सीमित है—उस विषय में भी अर्जुन के मन में व्याप्त अन्धकार को दूर किया। नित्य ही इस विश्व में जो कुछ घट रहा है, उसके घटने को नियन्त्रित करने की मनुष्य की सामर्थ्य कितनी है, वह कुछ भी कर पाने में कितना अशक्त है, इस विषय में भी सचेत किया। इस अनन्त विश्व में—जिसे ब्रह्मांड कहा जाता है—उसके नियन्ता ब्रह्म, जो सगुण-निर्गुण दोनों हैं—वे ही सब कुछ कर रहे हैं फिर भी वे निस्पृह, निरासक्त और निष्क्रिय हैं, इस दिव्य-ज्ञान से अर्जुन को प्रबोध देने का प्रयास किया। उनकी वह कुरुविन्द[1] से भी कठोर पूर्णतः निर्वैयक्तिक, असम्पृक्त, किन्तु रोमांच और विस्मयकारी वाणी सुनते-सुनते अर्जुन को विश्वास हो गया—उन्हें कई बार पहले भी यह सन्देह हुआ था—इस बार निश्चित विश्वास हो गया कि वासुदेव बार-बार जिस मानवेतर या ईश्वरीय शक्ति का उल्लेख कर रहे हैं, वे ही उसके प्रतिनिधि अथवा स्वयं उस शक्ति के नियन्ता हैं। अर्जुन ने उन्हें बड़े भाग्य से, केवल अपने सामान्य काष्ठनिर्मित युद्ध-रथ के ही नहीं—जीवन-रथ के भी संचालक के रूप में प्राप्त कर लिया है। यह सौभाग्य दुर्लभ नहीं—अलभ्य है।

जिनकी इच्छा और संकेत मात्र से यह विपुल विश्व उत्पन्न हुआ, चल रहा है, फिर जिनकी इच्छा होने पर एक क्षण में ध्वंस को प्राप्त हो जाएगा, जो इस विश्व में पूरी तरह व्याप्त हैं, फिर भी कोई भी कर्म या कालुष्य, जिन्हें विचलित नहीं कर पाता या छू नहीं पाता—इस सम्पूर्ण जीवन में वाणी, मन या चिन्तन से जिनका वर्णन नहीं किया जा सकता, जिन्हें प्रकट या उपलब्ध नहीं किया जा सकता, जो अव्यक्त, अक्षर, निरुपाधि और परम-ब्रह्म हैं, क्या वे परमेश्वर ही आज उनके सम्मुख उपस्थित हैं !

अर्जुन ने सम्मोहित की भाँति, भीत-विह्वल चित्त से पुनः शरासन धारण कर लिया।

इसके बाद जब अगणित शंख-नाद और वीरों के दर्प-भरे सिंहनाद से धरती कँपा कर दोनों पक्ष युद्ध प्रारम्भ करनेवाले थे—उसी समय एक और विस्मयकारी घटना हो गई।

1. कुरुविन्द—अति कठोर पाषाण-रत्न विशेष, पहले जिसकी सहायता से हीरा-माणिक आदि मणि-रत्न काटे जाते थे।

फिर एक अभावनीय नाटकीयता। फलस्वरूप इस पक्ष में दुश्चिन्ता, उत्कंठा और लज्जा तथा उस पक्ष में क्षणिक विजयोल्लास दिखाई दिया। इस पक्ष में भूमि और आकाश प्रश्नों की उत्ताल तरंगों से आहत होने लगे—उस पक्ष में धिक्कार और व्यंग्य।

इस दशा का कारण भी स्पष्ट था। देखा कि अचानक—जब प्रथम अस्त्र छोड़ा जानेवाला था ठीक उसी समय युधिष्ठिर अपना रण-वेश और आयुध आदि त्यागकर अपने युद्ध-रथ से उतरे और दोनों हाथ जोड़े पैदल कौरव-व्यूह की ओर जाने लगे। यह नितान्त स्वाभाविक था कि कौरव-पक्ष इस व्यवहार को अन्तिम क्षण के आतंक का परिणाम मानता। कौरवों के महारथियों के इस जमावड़े और विपुलता, सैनिक संख्या की—जो दृष्टि-सीमा का अतिक्रमण कर गई थी—अब तक शायद ठीक-ठीक कल्पना नहीं कर पाए थे, आज वास्तविक रूप में देखकर भय से व्याकुल होने के कारण निश्चय ही दया की भिक्षा माँगने और सन्धि-प्रार्थना करने जा रहे हैं। धिक्कार और व्यंग्य उसी कारण था।

पांडवों ने भी इसे भयजन्य दुर्बलता ही माना। चक्रवर्ती महाराज युधिष्ठिर को इस चरम क्षण में घोर युद्ध की भयावहता, विपुलता और व्यापकता देखकर तथा उसके परिणाम की कल्पना करके निश्चय ही मति-भ्रम हो गया है। उनके पक्ष के युद्ध-नायक ऊँचे स्वर में प्रश्न करने लगे, "हे महाराज, युद्ध-काल सामने है, शत्रु अस्त्र चलाने को तैयार हैं, इस समय आप हमारे व्यूह को छोड़कर कहाँ चले जा रहे हैं ? लौट आइए, लौट आइए !"

किन्तु वह प्रश्न दोनों पक्षों के भेरी, तुरही, नगाड़े, शंख और सिंहनाद तथा कौरवों के सम्मिलित उद्विग्न-उत्तेजित स्वर में डूब गया, उसका युधिष्ठिर के कानों तक पहुँचना सम्भव भी नहीं था। तब भीम, नकुल, अर्जुन, सात्यकि आदि रथ से कूदकर उन्हें रोकने के लिए उनके पीछे दौड़े। रथ से कृष्ण भी उतर पड़े—किन्तु केवल अर्जुन को रोकने के लिए, हाथ से पकड़कर उन्हें रोकते हुए अभय रहने का संकेत किया—अर्थात्, "तुम लोग जो सोच रहे हो, वह नहीं है।" उनके स्मित-प्रसन्न मुख को देखकर पता चल रहा था कि वे उस अद्‌भुत-व्यवहार का रहस्य समझ गए हैं और इसमें इतना व्याकुल होने की कोई आवश्यकता नहीं है।

निश्चित रूप से अन्य सब लोग भी साथ-ही-साथ वह रहस्य समझ गए। देखा, विशेष रूप से भीष्म के रथ के निकट ही युधिष्ठिर का गन्तव्य-लक्ष्य है। संयतभाषी धर्मात्मा युधिष्ठिर, पितामह के रथ के निकट पहुँचकर, भूमि से ही चरण-स्पर्श करते हुए उन्हें प्रणाम करके बोले, "हम लोग इसी काल आपके साथ युद्ध करेंगे, आप दयापूर्वक अनुमति दीजिए और आशीर्वाद दीजिए।"

भीष्म ने दाएँ हाथ से अभय मुद्रा बनाते हुए कहा, "वत्स, यदि तुम मुझे प्रणाम किए बिना युद्ध आरम्भ कर देते, तो मैं अवश्य ही क्षुब्ध और असन्तुष्ट हो जाता। अब प्रसन्न मन से आशीर्वाद दे रहा हूँ, तुम धर्म और न्याय के अनुसार युद्ध करो, तुम्हें अवश्य विजय मिलेगी। देखो, पुरुष केवल अर्थ का ही दास है—और किसी का या और कुछ का दास नहीं। कौरवों ने मुझे अर्थ के द्वारा बाँध लिया है, उसी कारण मैं इस अन्याय-युद्ध में शामिल हुआ हूँ। आशा करता हूँ, तुम मेरी दशा समझकर मेरे सम्बन्ध

में अपने मन में कोई क्षोभ या असन्तोष नहीं पालोगे।''

पुनः प्रणाम करके युधिष्ठिर यहाँ से द्रोणाचार्य के पास गए, उसके बाद कृपाचार्य और मामा शल्य के पास भी। वे सभी युधिष्ठिर के इस विनयपूर्ण व्यवहार तथा विद्वेषहीनता से प्रसन्न हुए, मुक्त-हृदय से उन्हें आशीर्वाद दिया तथा उनकी विजय-कामना की।

इस प्रकार कर्त्तव्य सम्पन्न करके अपने रथ की ओर लौटने के मार्ग पर कदम रखते ही पता नहीं क्या मन में आया कि वे कौरवों की ओर घूमकर खड़े हो गए और उच्च स्वर में बोले, ''अभी भी समय है, आपमें से कोई यदि इस पक्ष में आकर युद्ध करना चाहे, तो निर्द्वन्द्व भाव से चले आएँ, मैं उन्हें सादर-ससम्मान निमन्त्रण दे रहा हूँ।''

यह सुनकर दुर्योधन का ही एक भाई, युयुत्सु—कौरवों के व्यूह के मध्य अपने लिए निर्धारित स्थान से निकलकर युद्ध-भूमि के बीच अचिह्नित खाली स्थान पर आकर अपेक्षाकृत ऊँचे स्वर में बोला, ''मेरी आपके पक्ष में युद्ध करने की इच्छा है, कारण—आप लोगों को अन्यायपूर्वक अधिकार-वंचित कर दिया गया था। क्या आप मुझे स्वीकार करेंगे ?''

युधिष्ठिर ने आलिंगन की मुद्रा में दोनों हाथ फैलाते हुए कहा, ''भाई, मैं तुम्हें सादर आमन्त्रित करता हूँ। मैं तुम्हारे इस सत्य और न्याय-संगत कार्य से कितना आह्लाद और स्वयं को भाग्यवान अनुभव कर रहा हूँ—शब्दों में प्रकट नहीं कर सकता। कौन जाने, शायद तुम्हारे द्वारा ही महामना धृतराष्ट्र की पिंड-रक्षा हो जाए।''

भीष्म ने युधिष्ठिर को चाहे जितना आश्वस्त किया हो या आशीर्वाद दिया हो—किन्तु युद्ध में पहले दिन ही उन्होंने संहार मूर्ति का जो रूप धारण कर लिया, वह कल्पना से परे था। यहाँ तक कि कौरवों ने भी इतनी आशा करने का साहस नहीं किया था। अपनी इस ढली उम्र में—जब सभी मनुष्य निष्क्रिय हो जाते हैं—अब तक भी वे सक्रिय और थकान अनुभव न करनेवाले बने हुए हैं, यह कौन जानता था। बहुत कम समय में ही विराट-पुत्र—अर्जुन का स्नेह-भाजन, उत्तर वीरगति को प्राप्त हो गया। उसके बाद उत्तर के बड़े भाई, श्वेत ने क्रुद्ध होकर भीष्म के साथ भयंकर द्वैरथ-संग्राम आरम्भ किया, किन्तु दुर्योधन आदि योद्धाओं ने भीष्म के पीछे पहुँचकर मोर्चा सँभाला, अन्त में वे भी उत्तर की दशा को प्राप्त हुए।

अर्जुन-पुत्र अभिमन्यु—मात्र सोलह वर्षीय तरुण—ने पहले ही अभिमानपूर्वक घोषणा की थी कि पिता और पितृव्य सुखपूर्वक आराम करें, वे अकेले ही युद्ध-संचालन करके विपक्ष को पराजित कर सकते हैं; अब भीष्म की रौद्र-मूर्ति देखकर सबसे पहले वे ही क्रुद्ध होकर भीष्म की ओर दौड़े। उनका, धूसरमिश्रित लाल रंग के बलवान चार घोड़ों द्वारा खींचा जानेवाला, कर्णिका-केतु से शोभायमान स्वर्ण-वर्ण का रथ बहुत दूर से ही दिखाई दे रहा था, उस रथ को अपनी ओर आता देख, अभिमन्यु के प्रपितामह जिज्ञासा और स्नेह-भरी हँसी हँसे, इस किशोर की अस्त्र धारण करने की स्वाभाविक मुद्रा देखकर काफी प्यार भी आया—पहले कुछ देर—अन्य रथियों और साथवाले योद्धाओं पर अस्त्र

छोड़कर–बालक को बचाने की चेष्टा की–किन्तु कुछ क्षण बाद ही समझ गए कि यह योद्धा आयु में बालक होने पर भी रण-कौशल में निपुण है–कारण, अत्यल्प समय में ही वह संग्राम भूमि में सृष्टि के प्रलयकालीन शिव-तांडव की भाँति मृत्यु और ध्वंस-लीला का प्रलयंकारी रूप धारण करके मानो सचमुच ही नृत्य करता घूमने लगा। ऐसी दशा में भीष्म ने प्रति-योद्धा को किशोरवयी मानकर उसकी अवहेलना करने, अस्वीकरणीय मानने या प्रोत्साहन देने का साहस नहीं किया, इसके बाद वृद्ध और बालक–प्रपितामह और प्रपौत्र के बीच विस्मयकारी युद्ध प्रारम्भ हुआ। अभिमन्यु का हस्त-कौशल और बाहु-बल देखकर केवल भीष्म ही नहीं–कृपाचार्य, कृतवर्मा, शल्य आदि कुशल और वरिष्ठ योद्धा भी स्वीकार करने को बाध्य हुए कि वह बालक अर्जुन का पुत्र तो है ही–उसने सब प्रकार उनकी शक्ति भी प्राप्त की है। शायद समय आने पर अर्जुन से भी बड़ा दुर्जेय योद्धा बनेगा।

किन्तु फिर भी वह बालक ही था–जब उसने भीष्म के रथ की ध्वजा गिरा दी और उन्हें शर-जाल से ढककर व्याकुल कर डाला तो भीष्म ने भी उत्तेजित होकर इस प्रकार अस्त्र-निक्षेप प्रारम्भ किया कि पांडव-पक्ष के महारथी अभिमन्यु की रक्षा के लिए दौड़े–उधर इस पक्ष के कुशल और प्रधान योद्धा भी दौड़ आए–फलस्वरूप युद्ध मानो, वहीं सिमट आया, अभिमन्यु के लिए अकेले शक्ति-प्रदर्शन का अवकाश नहीं रहा। परन्तु विराट ने अपने पुत्र, उत्तर और श्वेत के बहनोई को असहाय दशा में देखकर, उन्हें बचाने व निरापद करने के लिए संहार-मूर्ति धारण करके शल्य को परेशान और स्वयं भीष्म को रथ तथा सारथी हीन बना डाला। भीष्म अब सचमुच क्रोधित हो उठे। परिणाम यह हुआ कि केवल ये दो विस्मयकारी योद्धा ही नहीं मारे गए, बल्कि सूर्यास्त तक ऐसी अवस्था हो गई कि तूफान के सामने पकी फसल की बालियों की भाँति पांडव-पक्ष के रथी और पैदल योद्धा भूमि पर गिरने लगे–कितनी क्षय-क्षति हुई, इसकी कोई सीमा नहीं रही। पांडव-सैनिक भयभीत और भग्न-मनोरथ होकर पागलों की भाँति आर्त्तनाद करते हुए इधर-उधर भागने लगे। और, भीष्म भी उस उत्तम अवसर पर इच्छानुसार उनका वध करने लगे। उनके, वायु-वेग को पराजित करनेवाली तीव्र गति से चलाए गए अस्त्रों के जाल से आकाश में मानो कृत्रिम मेघ छा गए। यदि कुछ देर इसी प्रकार विषम-युद्ध चलता रहा तो अकारण अधिक संख्या में जन-हानि होगी–यह अनुमान करके धृष्टद्युम्न ने युद्ध बन्द करने की संकेत-ध्वनि कर दी, साधारण योद्धा तक, जिसके लिए जहाँ सम्भव हुआ, लेट गए। निर्धारित विश्राम-स्थल तक जाने या क्षुधा-पिपासा शान्त करने तक की बात नहीं सोच पाए।

पहले दिन ही युद्ध की यह स्थिति देखकर युधिष्ठिर पूरी तरह टूट गए। वे अभी तक किसी विशाल-युद्ध में नहीं कूदे थे, राजसूय यज्ञ के पूर्व उनके भाई लोग ही दिग्विजय पर निकले थे–इसलिए, इससे पहले उन्होंने कभी इतना व्यापक नर-वध नहीं देखा था। घायलों के आर्तनाद, मरणासन्न लोगों के मृत्यु-यन्त्रणा भरे करुण-वचनों और जीवित सम्बन्धी-मित्रों के करुण-क्रन्दन से मानो आकाश-वायु ढक गई। ताजे बहे रुधिर

की गन्ध से उल्टी आने लगी। वे शिविर में वापस आकर व्याकुल होकर विलाप करने लगे और बार-बार घोषणा करने लगे कि उनके लिए वल्कल-वस्त्र धारण करके हमेशा के लिए वन में चले जाना इसकी अपेक्षा कहीं उचित है। "जैसे ग्रीष्म-काल की अग्नि क्षण-भर में बहुत दूर तक फैलकर सूखे तिनकों को जला डालती है, भीष्म उसी प्रकार हमारे सैनिकों का वध कर रहे हैं। उनके सम्मुख युद्ध में उतरना ही हम लोगों की मूर्खता हो गई। अब भी समय है–इस युद्ध से पीछा छुड़ाकर बहुत से व्यक्तियों, मित्रों, सम्बन्धियों का विनाश रुक सकता है। वासुदेव, मृत्यु की इस बाढ़ को अर्जुन रोक सकते थे, किन्तु ममता के वशीभूत होकर उन्होंने यथेष्ट ध्यान नहीं दिया। इस सन्दर्भ में मुझे क्या करना है, बोलो।"

श्रीकृष्ण हल्के से आरोप में सान्त्वना मिश्रित करते हुए बोले, "महाराज, जहाँ दोनों पक्ष प्रबल हों, वहाँ एक दिन में ही युद्ध का कोई परिणाम नहीं निकल आता, अन्तिम फलाफल का अनुमान भी नहीं किया जा सकता। आप अकारण दुखी हो रहे हैं। आपकी ओर भी कम योद्धा नहीं हैं, वे प्राण-पण से युद्ध करेंगे। आप तो पहले ही सुन चुके हैं–विशेष भविष्यवक्ता के मुख से–कि शिखंडी, भीष्म के और धृष्टद्युम्न, द्रोण के वध का कारण होंगे। ये दोनों ही आप लोगों के पक्ष में हैं, फिर भी आप इतने अशान्त, इतने उद्वग्नि क्यों हो रहे हैं ? इन रथी-महारथी राजाओं में बहुत से पापिष्ठ भी यहाँ एकत्र हो गए हैं–साधारण प्रजा की शान्ति और भारतभूमि के कल्याण के लिए इनकी मृत्यु आवश्यक है। युद्ध लम्बा न चलने पर उस सुफल की आशा नहीं की जा सकती। और अर्जुन ? हो सकता है, उन्होंने आज कुल-कुटुम्बियों की ममता के वशीभूत थोड़ी दुर्बलता दिखाई हो, शायद अभी तक भी वह ममता कम नहीं हुई है–वे अभी भी नहीं भूल पाए कि दूसरे पक्ष में भी सम्बन्धी ही हैं–किन्तु उनकी यह भ्रान्ति बचेगी नहीं–आप शान्त और निश्चिन्त होइए।"

मुख्य रूप से युधिष्ठिर के आरोप के कारण ही–अर्जुन दूसरे दिन प्रातःकाल–मानो पहले दिन की शिथिलता की क्षतिपूर्ति के लिए ही–रण-क्षेत्र में काल-मूर्ति बन गए। फलस्वरूप, कुरुक्षेत्र में अपरिमित जन-हानि होने लगी। यहाँ तक कि दुर्योधन के ज्येष्ठ पुत्र लक्ष्मण, भीम का शिकार होते-होते बाल-बाल बच गए। दोपहर में दुर्योधन हताशा के कारण काला चेहरा लिये भीष्म से जाकर बोले, "ये क्या घट रहा है–कुछ भी नहीं समझ पा रहा हूँ–आप और योद्धा-श्रेष्ठ द्रोण के विद्यमान रहते भी अर्जुन हमारी इतनी सेना का वध कर रहा है। मेरे वास्तविक हिताकांक्षी मित्र कर्ण, आपके ही कारण अस्त्र त्याग कर दूर बैठे हैं, ऊपर से आपके द्वारा भी किसी अभीष्ट की सिद्धि नहीं हो रही है। आप इस प्रकार युद्ध करें कि जिससे अर्जुन मारा जाए या युद्ध करने में असमर्थ हो जाए।"

क्रोध और अपमान-बोध से भीष्म का चेहरा लाल हो गया, वे उसी समय फिर से अर्जुन के सामने जा पहुँचे। लगा कि वह प्रचंड युद्ध आकाशचारी अशरीरी प्राणियों को

भी स्तब्ध और विस्मित कर रहा है। किन्तु दोनों योद्धा ही एक जैसे हैं। कोई पक्ष ही दूसरे को दमित या विपर्यस्त नहीं कर पाया। फलस्वरूप उस दिन भी सेना में हाहाकार मच गया, किन्तु वह कौरव-पक्ष में ही अधिक मचा।

धृष्टद्युम्न ने यह दायित्व सँभाला था कि महा-धनुर्धर, द्रोणाचार्य, भीष्म की सहायता के लिए उनके निकट न पहुँच पाएँ, उन्होंने विपुल पराक्रम दिखाते हुए प्राण-पण से प्रयास करके द्रोण को परेशान करके घेरे रखा। द्रोण बहुत चेष्टा करके भी उनसे बचकर अर्जुन के सामने नहीं जा पाए। इस पक्ष में उस दिन भीम भी मानो सहस्र योद्धाओं की शक्ति दिखाने का संकल्प किए हुए थे। उन्होंने अकेले ही कलिंग की लगभग सारी सेना को नष्ट कर डाला, अन्त में कलिंगराज स्वयं भी अपने पुत्र के साथ भीम के हाथों मारे गए। अधिक विनाश रोकने के लिए भीष्म ने दूर से ही अस्त्र-निक्षेप करके भीम के रथ के घोड़ों को मार डाला, भीम ने उसका उत्तर दिया, पितामह के सारथी का वध करके। भीष्म के रथ के चारों घोड़े अपने को परिचालकहीन समझकर भयभीत हो गए और रथ लेकर तीव्र-संग्राम के उस केन्द्र-बिन्दु से निकलकर अपेक्षाकृत निरापद स्थान पर चले गए।

उससे यह कल्पना करके कि भीष्म पीछे हट गए हैं या उनकी मृत्यु हो गई है—प्रायः अँधेरा छा गई उस वेला में दूर से विशेष कुछ दिखाई नहीं दे रहा था—कुरु-सेना में महा-हाहाकार मच गया। परिस्थिति भाँप कर—यह समझकर कि यदि अभी बन्द न किया तो युद्ध की गति उनके लिए अवनति की दिशा में ही जाएगी—दुर्योधन अनिच्छा होते हुए भी उस दिन के लिए युद्ध स्थगित करने की घोषणा करने को विवश हो गए।

कुरु-पक्ष के दोनों प्रधान योद्धाओं भीष्म और द्रोण ने—साधारण सैनिकों और निम्न स्तरीय योद्धाओं या सेनानायकों की हताशा दूर करने और उनका मनोबल बढ़ाने के लिए ही मानो संकल्प-बद्ध होकर, दूसरे दिन युद्ध प्रारम्भ किया। उस दिन के युद्ध की वह उग्रता और व्यापकता देखकर सबके आश्चर्यचकित और भयभीत हो जाने पर भी दोपहर तक किसी भी पक्ष में कोई दुर्बलता दिखाई नहीं दी। देखते-देखते मनुष्यों और हाथी-घोड़ों के शवों के स्तूप बन गए, रुधिर से भूमि पर फिसलन हो गई और वह कीचड़ से भर गई।[1] इसी बीच एक बार भीम के सटीक शराघात से दुर्योधन के चेतनाहीन होकर

---

1. "स्वर्ण-कवच, किरीट और ध्वजाएँ—इन सबके गिरने की ध्वनि, पर्वत से शिलाओं के लुढ़कने की ध्वनि के समान प्रतीत होने लगी। शत-शत, सहस्र-सहस्र मस्तक और आभूषणों से शोभित बाहुएँ, पृथ्वी पर गिरकर तड़पने लगीं। कोई-कोई सैनिक हाथ में अस्त्र लिये या अस्त्र उठाए ही छिन्न-मस्तक होकर गिरने पर उसी अवस्था में रहा। संग्राम भूमि में, मनुष्यों, घोड़ों और हाथियों के शरीर से उत्पन्न, गृद्ध और शृगालों को हर्षित करनेवाली रुधिर की विशाल धारा से भयंकर नदी बन गई। हाथियों के कटे हुए अंग मानो, इस नदी के पत्थर थे। शोणित की वह नदी और वे शिला-अंग परलोक रूपी सागर की ओर बहने लगे। बिखरे हुए कवच और शिरस्त्राणों के ढेर से युद्ध-स्थल, शरत्कालीन नभ-स्थल की भाँति शोभा पाने लगा।"

—महाभारत भीष्म-पर्व। वर्धमान राज संस्करण

रथ में ही गिर जाने से आतंकित हुआ सारथी उन्हें लेकर तेजी से उस स्थान से भाग गया। परिणामस्वरूप, यहाँ चाहे जो हुआ हो, किन्तु उनके सैनिक पराजय या मृत्यु की कल्पना करके तितर-बितर होकर प्राणों के भय से इधर-उधर भागने लगे।

थोड़ी देर में होश में आने पर दुर्योधन ने रण-क्षेत्र में लौटकर कुछ कठोरता के साथ भीष्म की भर्त्सना की, ''पितामह ! आप, द्रोण और कृपाचार्य के हमारे पक्ष में सशस्त्र रूप में उपस्थित रहने पर भी कुरु-सेना पलायन करे—इससे अधिक आश्चर्य और दुख का विषय और क्या हो सकता है ? उस पक्ष में कोई आपकी बराबरी का नहीं है, फिर भी वे हमारी सेना का अबाध विनाश कर रहे हैं, इसे देखकर लगता है कि आप उन लोगों के हित की चिन्ता में ही अधिक डूबे हुए हैं। ऐसा था, तो आपको पहले ही बताना उचित था कि 'मैं पांडव, शिनि[1] और पांचालों के साथ युद्ध नहीं करूँगा।' आप और आचार्यदेव के द्वारा अपना मनोभाव स्पष्ट रूप से प्रकट कर देने पर, मैं कर्ण से परामर्श करके निश्चित करता कि क्या करना है, इस तरह नष्ट तो नहीं होता।''

दुर्योधन के इस अपरिपक्व व्यक्ति की भाँति दिखाए दुस्साहस और कटूक्ति के कारण उत्पन्न क्रोध से भीष्म के दोनों नेत्र लाल हो गए—वे, अतिरिक्त क्रोध के प्रभाव से उत्पन्न एक प्रकार की विषादयुक्त हँसी के साथ बोले, ''राजन्, मैंने तुम्हें इससे पहले भी बहुत बार कहा कि श्रीकृष्ण जिनके सहायक, मित्र और परामर्शदाता हैं—वे पांडव युद्ध में सुरासुर, सभी के द्वारा अपराजेय हैं। उनसे शत्रुता न करके, राज्य का थोड़ा सा अंश प्रदान करके उन्हें मित्र बनाकर तुम लोग भी भारतभूमि पर सबके नायक और अपराजेय रह पाते। उस बात पर ध्यान नहीं दिया, अब महाविनाश काल में मुझ पर दोषारोपण करने से क्या होगा ? रहने दो, मैं तुम्हें इतने पर भी वचन देता हूँ—आज के युद्ध में पांडव-सेना पराजित और तितर-बितर हो जाएगी, योद्धा लोग इस युद्ध को हमेशा स्मरण रखेंगे।''

इसके बाद उन्होंने विशाल सैन्य-दल के साथ अर्जुन पर विशेष रूप से प्रचंड आक्रमण किया। सचमुच इन महा-धनुर्धर राजाओं ने अपने जीवन में कभी ऐसा युद्ध नहीं देखा था, किसी को यह भी स्मरण नहीं कि उसने बाप-दादों के मुख से ऐसे युद्ध की कहानी सुनी थी। क्रुद्ध भीष्म की हुँकार, गर्जना, धनुष की टंकार और शंखनाद से लगने लगा कि प्रलय-काल उपस्थित हो गया है। उन्होंने एक-एक क्षण में सैकड़ों-सैकड़ों बाणों की वर्षा से अर्जुन को क्षत-विक्षत करके लहूलुहान और आकाश-मंडल में अन्धकार कर दिया। उनकी, तरकश से बाण निकालने और उसे छोड़ने की गति इतनी तीव्र थी कि उनके पक्ष का बहुत निकटवाला व्यक्ति भी उनके बाण छोड़ने को नहीं देख पा रहा था। आँखों में एक बार के बाण छोड़ने का चित्र मिटने से पहले ही सात और बाण छूट जाते थे। श्रीकृष्ण उनके अमोघ शराघात से रथ और रथी की रक्षा करने के लिए

---

1. श्रीकृष्ण के वंश की एक शाखा, जिसके अधिनायक सात्यकि थे।

इन्द्रजाल-प्रदर्शन के समान अश्व-संचालन-कौशल का प्रयोग कर रहे थे—दाएँ, बाएँ, आगे या पीछे, कब किधर मुड़ रहे हैं या मुड़ेंगे, कब सारे घोड़ों को एक साथ घुटनों के बल बैठा देंगे—इसका अनुमान कोई भी नहीं लगा पा रहा था। इतने पर भी अर्जुन, भीष्म के अस्त्र-निक्षेप-कौशल से नहीं बच पा रहे थे।...

पांडव-पक्ष के अन्य योद्धा भी हाथ पर हाथ धरे नहीं बैठे थे,—किन्तु भीष्म ने जो भयंकर-दुर्निवार रूप धारण कर रखा था—उस कारण उनके पास पहुँचने या उन्हें रोकने में कोई भी समर्थ नहीं हुआ। वे प्रायः संहार मूर्ति धारण करके रथ पर ता-थैया, ता-थैया नाचने लगे। उस समय उन्हें देखकर लग रहा था कि जैसे साक्षात् महाकाल रौद्र-रूप धारण करके ध्वंस-महोत्सव में मत्त हो रहे हैं। सचमुच प्रलय आनेवाली समझकर—योद्धा और सैनिक भयंकर रूप से आतंकित होकर आर्त्तनाद करते हुए युद्ध-स्थल से पलायन करने लगे, पांडवों का व्यूह पूरी तरह टूटकर बिखर गया।

प्राण-पण से आत्म-रक्षा का प्रयास करते समय श्रीकृष्ण ने लक्ष्य किया कि अर्जुन जितनी तीव्रता और कौशल पितामह द्वारा छोड़े गए अस्त्रों को रोकने में दिखा रहे हैं—उतनी उन पर प्रहार करने में नहीं। अर्जुन अपना सम्पूर्ण शरीर शराघात से बिंध जाने पर भी, श्रद्धा और प्रेम के वशीभूत—एवं भीष्म के गौरव का ध्यान रखते हुए उन्हें बींधने में अभी भी संकोच कर रहे हैं, यथाशक्ति ऐसा करने से बच रहे हैं।

पांडव-पक्ष की अव्यवस्था और भगदड़ को देखकर सात्यकि उच्च स्वर में कहने लगे, "यह क्या ! तुम लोग क्या कर रहे हो ! हे सैनिको, तुम लोग क्षत्रिय और वीरों की पहचान को कलंकित करके भाग रहे हो ! भीष्म के हाथों न मरने पर क्या तुम अमर रहोगे ? मृत्यु तो निश्चित है, जीव-मात्र के लिए ही वह ध्रुव-सत्य है। और जब युद्ध-भूमि में आए हो—तो मृत्यु के लिए तैयार होकर ही आए हो। वीर-धर्म और पुरुष-धर्म का पालन न करके इस प्रकार कापुरुषता क्यों दिखा रहे हो ?" किन्तु आर्त्तनाद, अस्त्रों की झंकार और हाहाकार के बीच सात्यकि का स्वर किसी के कानों में भी नहीं पड़ा।

धीरे-धीरे समग्र कौरव-शक्ति मानो अर्जुन के चारों ओर घिर आई और वहीं केन्द्रीभूत हो गई। द्रोण, विकर्ण, जयद्रथ, भूरिश्रवा, कृतवर्मा, कृपाचार्य, पूर्व देशीय राजा-गण, सौवीर-गण, मालव-गण—सभी उस एक मात्र रथ को लक्ष्य बनाकर चारों ओर से अस्त्र-वर्षा करने लगे। उस महान आश्चर्य-भरी शस्त्र-लीला के कारण वायु ऊष्ण हो गई और धुएँ से भर गई तथा उसमें भयंकर ध्वनि गूँजने लगी। यह स्वाभाविक ही था कि साधारण रथियों या पैदल सैनिकों को वह तेज असहनीय प्रतीत होता। विशेष रूप से असंख्य तीरों को आकाश में ही रोके रखने से (एक तीर से गिरने से पहले ही कम-से-कम सात तीर ऊपर छोड़े जा रहे हैं, नीचे आने या लक्ष्य तक पहुँचने का अवसर और अवकाश ही नहीं पा रहे हैं) गगन-मंडल ढक जाने के कारण मानो दिन में ही रात्रि का अन्धकार उतर आया। भागने का मार्ग भी नहीं मिल रहा था—इसलिए अपने रथ-चक्रों और घोड़ों के खुरों तले कुचले जाने लगे थे। केवल अर्जुन ही नहीं—अब

श्रीकृष्ण का सम्पूर्ण शरीर भी तीरों से बिंध जाने के कारण वह अनिन्द्य अवर्णनीय, सुन्दर, नीली आभावाली श्यामल देह और शरीर पर पड़ा पीताम्बर, रक्त में भर जाने के कारण रक्त-पुष्पशोभित प्रतीत होने लगे।

उन्होंने और संकोच नहीं किया। हुँकार भरते हुए उठकर शिनिकुलपति, सात्यकि से बोले, ''जाने दो, जो रण-भूमि छोड़ना चाहें, उन्हें छोड़ने दो, जो अभी तक रुके हैं, उन्हें भी चले जाने दो–किसी कोटर या गुफा में छिपकर क्षुद्र-प्राणों की रक्षा करने दो। पांडवों की ओर से और किसी को भी युद्ध नहीं करना होगा, मैं अकेला ही भीष्म और द्रोण के साथ युद्ध करके उन्हें गिरा दूँगा।''

इतना कहकर, वे अपना सुदर्शन नामक विख्यात चक्रास्त्र लेकर एक छलांग में ही रथ से भूमि पर आ गए और साक्षात् यमराज की भाँति भीष्म के रथ की ओर दौड़ पड़े। वे अकेले थे–फिर भी उस समय, प्रज्वलित प्रलयाग्नि के समान उनकी वह क्रुद्ध मूर्ति देखकर कुछ क्षण के लिए विजयी कौरव-पक्ष की विशाल सेना भी त्रस्त और हक्की-बक्की हो गई। इसी के साथ युद्ध की क्रमशः बढ़ती तीव्र गति भी मानो क्षण में स्तब्ध रह गई तथा एक अप्रत्याशित और अभूतपूर्व भयंकर घटना की प्रतीक्षा करने लगी।

महात्मा भीष्म पर इस घटना की प्रतिक्रिया दूसरे रूप में हुई।

वे जड़ या निष्क्रिय नहीं रहे, बल्कि लगा कि वे इसी घटना की प्रतीक्षा कर रहे थे। निमिष मात्र में तीर-धनुष दूर फेंक, हाथ जोड़ हँसते हुए वासुदेव का आह्वान करने लगे, ''हे देवेश, हे चक्र-पाणि माधव आओ। तुम समस्त प्राणियों के शरणदाता हो, सबके पालक और रक्षक हो, तुम मेरे कारण अपना कर्म छोड़कर मेरा वध करो, तो मैं गौरव का अनुभव करूँगा। मैं इसी क्षण की प्रतीक्षा कर रहा था। तुम मेरा वध करना चाहो, तो मैं और रंच-मात्र जीने की इच्छा प्रकट नहीं करूँगा। आओ, मेरा वध करो–मैं धन्य और कृतार्थ हो जाऊँगा।''

उसी समय अर्जुन ने अत्यधिक लज्जित होकर रथ से छलाँग लगाई तथा दौड़कर श्रीकृष्ण की बाँह पकड़ ली। किन्तु तब तक श्रीकृष्ण इतने क्रुद्ध हो गए थे और इतने वेग से आगे बढ़ रहे थे कि अर्जुन समेत उसी तेजी से बहुत दूर तक जाने के बाद उनकी गति कुछ मन्द हुई।

अर्जुन बोले, ''वासुदेव, तुमसे हाथ जोड़कर विनती करता हूँ,'' वे वहीं रक्त सनी, तीरों से भरी धरती पर बैठ गए और कृष्ण के पैर पकड़ लिये, ''तुम्हारे पैर छूता हूँ, तुम मान जाओ। मेरे मनोयोगपूर्वक युद्ध न करने के कारण यदि तुम्हें प्रतिज्ञा भंग करनी पड़ी, तो मेरी लज्जा और कलंक का पारावार नहीं रहेगा। मैं गांडीव की शपथ खाता हूँ, मेरी रंच-मात्र शिथिलता नहीं देखोगे। युद्ध में किसी को नहीं छोड़ूँगा–चाहे वे पितामह हों, या आचार्यदेव। तुम अस्त्र मत चलाओ, नहीं तो मेरे सामने आत्म-हत्या के अतिरिक्त कोई मार्ग नहीं बचेगा।''

लगा कि कृष्ण सन्तुष्ट हो गए। उठा हुआ अस्त्र रोका, कुछ धीमी गति से वापस

लौटे और रथ पर चढ़कर अश्व-बल्गाएँ थाम लीं।

उस क्षण, कोई तीक्ष्ण-दृष्टि व्यक्ति लक्ष्य करता तो देख पाता—कि केवल सन्तुष्टि या सफलता जन्य तृप्ति ही नहीं—उनके अधरों पर कैसी एक रहस्य-रेखा भी प्रस्फुटित हुई।

॥ १० ॥

प्रत्याशित संवाद—बहुत पहले से ही प्रत्याशित—किन्तु भीष्म अब भी, इस आयु में भी दस दिन तक ऐसा प्रचंड युद्ध करेंगे, कर सकेंगे—और उसमें तीन-चार रात घोर युद्ध भी—यह आशा नहीं की थी; फिर भी कर्ण को उनके पतन के समाचार से आश्चर्य ही हुआ। बहुत देर तक विश्वास नहीं कर पाए—संवादवाहक, दूत को फिर से बताना पड़ा।

अविश्वसनीय, अविश्वसनीय—मन में बार-बार यही आने लगा, उनकी कल्पना और विचार-शक्ति पर बार-बार ये ही शब्द चोट करने लगे।

हिमालय पर्वत पिघलकर सागर बन गया है अथवा सातों समुद्र सूखकर मरु-भूमि में बदल गए हैं—विश्वसनीय व्यक्ति से कोई ऐसा ही समाचार सुनकर मन में जैसी व्याकुलता उत्पन्न हो जाती है, वैसी ही इन्द्रियों को जड़ कर देनेवाली व्याकुलता ने उनके मन में करवट ली।

क्यों इतना अविश्वसनीय है—यह न वे जानते हैं और न अभिव्यक्त कर सकते हैं।

संवादवाहकों से न केवल प्रतिदिन, बल्कि प्रति पहर—वास्तव में तो हर घड़ी, युद्ध के समाचार मिल रहे थे। कभी-कभी, थोड़े-थोड़े समय बाद रोमांचक घटनाओं का पता चल रहा था। कुरु-पक्ष के स्वामी दुर्योधन ने भी उनके लिए बड़ी संख्या में संवादवाहकों की नियुक्ति की थी, और कर्ण के अपने भी कुछ समाचारवाहक थे। वे क्रमागत रूप से, लगभग चक्राकार आ-जा रहे थे, अर्थात् जब एक व्यक्ति उस क्षण तक के समाचार लिये युद्ध-क्षेत्र से निकल रहा होता था—दूसरा व्यक्ति उसी समय वहाँ पहुँच रहा होता था तथा तीसरा और चौथा शिविर में समाचार पहुँचाकर आ रहा होता था।

फलस्वरूप कर्ण किसी बात से भी अनभिज्ञ नहीं थे। भीष्म ने पिछले कई दिन आश्चर्यजनक और अघटपूर्व युद्ध किया, भारतवर्ष के इतिहास में आज तक कहीं भी ऐसा युद्ध नहीं हुआ, किन्तु तब भी कौरव-पक्ष लगातार निर्बल होता जा रहा है। दुर्योधन के कई भाई मारे गए हैं, शकुनि के छः भाई चले गए हैं—और बहुत से योद्धा निहत हो गए हैं या बुरी तरह घायल हो गए हैं। पांडव-पक्ष के भी अगणित पैदल सैनिक, साधारण-योद्धा तथा कुछ विशिष्ट योद्धा मारे गए हैं—उनमें विराट के तीन पुत्र प्रमुख हैं—इतना होने पर भी समग्र रूप से पांडव-पक्ष ही अपेक्षाकृत अधिक शक्तिशाली और कम क्षतिग्रस्त लग रहा है। यह एक सामान्य विचार है, किसी गणित का फल नहीं।

प्रवीण और पराक्रमी महारथियों की दृष्टि से कौरव-पक्ष का अभी भी कोई नुकसान नहीं हुआ; कर्ण के अभी तक युद्ध में न उतरने पर भी भीष्म, द्रोण, कृप, अश्वत्थामा, भूरिश्रवा, अलम्बूष, शल्य, दुर्योधन, दुःशासन भी योद्धाओं की दृष्टि से नितान्त अवहेलनीय नहीं हैं–सभी शस्त्र-विद्या के जानकार, रण-कुशल, महावीर योद्धा हैं; भीष्म, द्रोण को तो अपराजेय माना जाता है, तब भी–साधारण सैनिकों, वितरण व्यवस्था सँभालनेवालों, प्रहरियों, सेवकों आदि अन्यान्य कर्मचारियों की हताशा-भरी बातों व भयाकुल शोकाभिव्यक्ति से प्रकट हो रहा है कि कुरु-पक्ष का मनोबल धीरे-धीरे टूट रहा है।

अंगाधिपति को इनमें से प्रत्येक समाचार संवादवाहकों द्वारा मिल रहा है। रात्रि में युद्ध के स्थगन की घोषणा हो जाने पर वे स्वयं भी अँधेरे में अकेले कौरव-शिविर में घूमते हैं, थके हुए क्षत-विक्षत सैनिक या दूसरे कर्मचारी उन पर उतना ध्यान नहीं देते, वे लोगों की भीड़ में मिल जाते हैं–किन्तु, स्थिति को पूरी तरह समझने अथवा इन लोगों के मनोभाव जानने में उन्हें कोई कठिनाई नहीं होती। संख्या की दृष्टि से पांडव-पक्ष के इनसे कम होने पर भी वे अजेय हैं; उनकी आक्रमण करने या प्रहार सहने की शक्ति बहुत अधिक है–सभी की जिह्वा पर यही बात है। कुछ लोग यह भी कह रहे हैं कि वे अमर हैं। कौन जानता है कि इसके पीछे पांडवों का प्रचार-कौशल कार्य कर रहा है या नहीं, शायद यह वासुदेव का ही षड्यन्त्र हो ! कुल मिलाकर एक बात सूर्य के प्रकाश की भाँति स्पष्ट है–जिस पक्ष के परामर्शदाता और सहायक वासुदेव हैं, उस पक्ष की विजय अवश्यम्भावी है, उन्हें पराभूत नहीं किया जा सकता, कौरव-पक्ष के साधारण योद्धाओं के मन में यह बात पूरी तरह बैठ गई है। उसी कारण ऐसी हताशा और आतंक दिखाई दे रहा है। अब जो थोड़ी-बहुत आशा उन्हें जीवित रखे हुए है, वह है–शायद चरम सर्वनाश से पहले–दुर्योधन भी इस सच्चाई को समझेंगे और पांडवों के साथ सन्धि कर लेंगे।

किन्तु कर्ण बहुत अच्छी तरह जानते हैं कि यह दुराशा मात्र है। जो दुर्योधन के अन्तरंग हैं, वे सभी जानते हैं–दुर्योधन, ऊँचे वृक्ष-शिखर की भाँति टूट जाएँगे, किन्तु वायु-वेग के समक्ष बेंत-वृक्ष की भाँति सिर नहीं झुकाएँगे। इससे पहले अनेक लोगों ने उन्हें युद्ध के फलाफल के सम्बन्ध में सावधान करने का प्रयास किया था, आज भी कर रहे हैं। इसमें सन्देह नहीं कि पिछले कई दिन का भयावह रक्तपात-भरा युद्ध देखकर वे विचलित हो रहे हैं, उसी कारण लगभग प्रतिदिन ही कटु-भाषा में शिकायत करने के बहाने भीष्म का तिरस्कार कर रहे हैं, परोक्ष रूप से उन्हें ही उत्तरदायी ठहरा रहे हैं–विशेष रूप से कर्ण के प्रति विद्वेष रखने और उन्हें युद्ध से विमुख कर देने के लिए–उनका विचार है कि कर्ण यदि इस युद्ध में भाग लेते तो इतना विनाश नहीं होता–किन्तु उनके व्यवहार या वाणी से सन्धि-प्रस्ताव का आभास तक नहीं मिलता। भीष्म की सावधान करनेवाली बातों या साफ-साफ कथनों से भी उनका विचार उस दिशा में नहीं मुड़ता। भीष्म प्रतिदिन यथाशक्ति, अपनी आयु के अनुपात में, कल्पनातीत रूप में भयंकर युद्ध कर रहे हैं, अमानुषिक शक्ति का परिचय दे रहे हैं–इतने पर भी जो मृत्यु

की भाँति अमोघ और दुर्निवार है, उसे कैसे मार सकते हैं ? यह बात उन्होंने पहले भी कही थी, अब भी प्रतिदिन दुर्योधन के ध्यान में लाने की चेष्टा कर रहे हैं—जिस ओर कृष्ण और अर्जुन हैं, जिस ओर सत्य, धर्म और न्याय है, वह पक्ष पराजित नहीं हो सकता, दुर्योधन का सर्वनाश अवश्यम्भावी है और निकट भी।

बुरे ग्रहों से घिरा हुआ व्यक्ति कभी भी सदुपदेशों पर कान नहीं देता। जिस प्रकार अन्धा दिन के साफ प्रकाश को नहीं देख पाता, जैसे आँख दुख आनेवाला व्यक्ति सूर्य का प्रकाश सहन नहीं कर पाता—उसी प्रकार दुर्भाग्य के हाथों में खेलनेवाला व्यक्ति भी सुस्पष्ट सत्य को अपने विवेक के सम्मुख दुर्बुद्धि से ढके रहता है। भीष्म प्राण-पण से युद्ध कर रहे हैं, अन्य योद्धाओं के प्रयत्न की भी सीमा नहीं है—पर यह भी स्वीकार्य है कि कौरव-पक्ष धीरे-धीरे बल-हीन होता जा रहा है। भीम एक-एक कर लगातार धृतराष्ट्र के पुत्रों को श्मशान-भूमि में भेज रहे हैं। यहाँ तक कि एक दिन स्वयं द्रोणाचार्य द्वारा, अविराम-वर्षा की भाँति शर-वर्षा से उन्हें घायल करके धार्तराष्ट्रों की रक्षा का प्रयास करने के बावजूद कोई फल नहीं निकला, उस सम्पूर्ण तीव्र बाण-वर्षा को पुष्प-वर्षा की भाँति उपेक्षित करके भीमसेन ने अपना कार्य पूर्ण किया।

पांडव-पक्ष की भी निश्चित रूप से क्षति हुई है—विराट के तीन पुत्रों के अतिरिक्त भी, एक प्रमुख क्षति—उलूपी के गर्भ से उत्पन्न अर्जुन-पुत्र इरावान की मृत्यु के रूप में हुई है। इरावान, वीरता और पराक्रम में अर्जुन का सच्चा पुत्र था। ऊपर से वह पर्वत-प्रदेश का निवासी था। उन लोगों की युद्ध-पद्धति दूसरे प्रकार की होती है, कौशल और चातुर्य से पूर्ण। वह पद्धति मैदानी लोगों के लिए केवल अपरिचित या अज्ञात ही नहीं होती—बहुत विस्मयकारी भी होती है। इन्हें वह बहुत कुछ इन्द्रजाल की भाँति प्रतीत होती है, ये उसे माया-युद्ध समझते हैं। इरावान ने उसी के कारण कौरवों के दल के दल नष्ट कर डाले। संकट सामने खड़ा देखकर दुर्योधन अनार्य राजा अलम्बूष की शरण में पहुँचे—इस सम्पूर्ण इन्द्रजाल जैसे रहस्य को उनके अलावा कोई नहीं समझता था। दोनों लोग बराबर के योद्धा थे—अलम्बूष वयस्क और धूर्तता में मँजे हुए थे; अन्ततः उन्होंने इरावान का वध किया।

कौरवों के लिए इसका फल अच्छा नहीं निकला। भीमसेन की पहली पत्नी, अनार्या हिडिम्बा के गर्भ से उत्पन्न पुत्र घटोत्कच महा-बलवान और महावीर-योद्धा बन गया था, उसकी स्वजातीय सेना भी दुर्धर्ष थी, सैनिक कच्चा मांस खाकर युद्ध करते थे—आग पर पके खाद्य की प्रतीक्षा नहीं करते थे—और रण-क्षेत्र में हाथी-घोड़ों की अगणित मृत-देह विद्यमान थीं—दोनों ही समान रूप से सुस्वादु। घटोत्कच, इरावान की मृत्यु के समाचार से क्रुद्ध होकर जैसे प्रलयंकर तांडव में पागल हो गया, कुरु-सेना का भारी संहार करते हुए घूमने लगा। द्रोण आदि महायोद्धा प्राण-पण से प्रयास करने पर भी न तो उसका दमन कर पाए और न उसे प्रतिहिंसा जन्य मृत्यु-महोत्सव से रोक पाए।

क्रुद्ध हुए अर्जुन भी—क्रुद्ध और शोकाकुल। वे भी मानो विश्व-ध्वंसी मूर्ति धारण करके शत्रुओं को मारने लगे। इसी बीच घटोत्कच के अनुचरों ने बड़े कौशल से अफवाह

फैला दी कि द्रोण, शल्य और अश्वत्थामा मर गए हैं तथा दुर्योधन की दो टुकड़ों में बँटी देह लेकर उनका सारथी भाग गया है। फलस्वरूप सैनिक भयभीत होकर और जान बचने की आशा छोड़कर भागने लगे। भीष्म आदि प्रमुख व्यक्तियों ने उन्हें ऊँचे स्वर में समझाने की चेष्टा की कि यह समाचार एकदम असत्य है—किन्तु सान्त्वना और आश्वासन-भरे वे सारे वाक्य सैनिकों के हाहाकार के शोर में अनसुने ही रह गए—किसी के कानों में नहीं पड़े। अन्त में प्राग्ज्योतिषपुर के राजा भगदत्त ने पर्वत के समान विशाल एक हाथी पर चढ़कर घटोत्कच को मारने का प्रयास किया, किन्तु कुरु-पक्ष ने उससे भी कोई विशेष उत्साह अनुभव नहीं किया। कोई उपाय न देख, बाध्य होकर, सम्मान बचाने हेतु उस दिन के लिए युद्ध-विराम की घोषणा करनी पड़ी।

इस पराजय के संकट पर विचार करके दुर्योधन और शकुनि ने उसी शाम कर्ण से भेंट की। दुर्योधन क्षोभ-भरी लम्बी-लम्बी साँसें छोड़ते हुए बोले, ''मित्र अंगाधिपति, निश्चय ही आज की शोचनीय और लज्जाजनक स्थिति की सूचना आपके कानों में पड़ चुकी होगी। अब तो मृत्यु का आलिंगन करने के अतिरिक्त अपनी मान रक्षा का कोई उपाय नहीं सूझता। मेरे एकमात्र मित्र तुम्हीं हो, तुम ही बताओ, मुझे अब क्या करना चाहिए !''

कर्ण ने उत्तर दिया, ''कुरुराज शोक मत करो। किसी उपाय की खोज न करके मात्र विलाप करते रहना केवल स्त्रियों को शोभा देता है।...भीष्म के युद्ध से हटते ही मैं ससैन्य तुम्हारी सेना के साथ मिलकर युद्ध करूँगा और पांडवों को पराजित, बन्दी या निहत करूँगा। भीष्म महा-धनुर्धर हैं, किन्तु वे पांडवों के प्रति अपरिमित ममता से भरे हैं। अब तुम्हारा एक मात्र करणीय है कि तुम उनके प्रति यथेष्ट सम्मान प्रदर्शित करते हुए विनयपूर्ण वचनों से उन्हें युद्ध से हटाओ या हथियार डालने के लिए कहो। क्या ऐसा कर पाओगे ? सब कुछ होने पर भी वे तुम्हारे बड़े-बूढ़े हैं।''

दुर्योधन को यही परामर्श हितकर लगा। वे राजसी-वेश में सजधजकर, अंग-रक्षकों से घिरे, घोड़े पर चढ़कर प्रधान सेनापति के शिविर की ओर चल पड़े। उत्सुक सैनिकों और कर्मचारियों के दल ने इस यात्रा के कारण का अनुमान करके उन्हें घेर लिया। रक्षक सिपाही बेंत की सहायता से, एकत्रित जन-समूह को इधर-उधर हटाकर उन्हें निरापद भीष्म के तम्बू तक ले गए।

दुर्योधन, भीष्म के सामने जाकर अश्रुरुद्ध कंठ से बोले, ''आपके और आचार्य द्रोण के रहते हुए भी पांडव एक-एक कर मेरे भाइयों का वध कर रहे हैं। सुना था, रण-भूमि में आपके अस्त्र धारण कर लेने पर स्वयं पुरन्दर भी युद्ध में विजयी नहीं हो सकते। आप मेरी रक्षा कीजिए। जिस प्रकार प्राचीन काल में देवेन्द्र ने दानव सेना का दलन करके उसे विनष्ट कर डाला था, उसी प्रकार आप भी पांडवों का विमर्दन कीजिए। मुझे, आपने पहले बहुत बार आश्वासन दिया था कि—पांडव, पांचाल, केकय, सभी का वध करेंगे, अब उस आश्वासन की रक्षा कीजिए। और यदि मेरे प्रति विद्वेष अथवा पांडवों के प्रति अत्यधिक स्नेह के चलते उन्हें बचाने के इच्छुक हों तो आप घर लौटकर विश्राम

कीजिए मैं कर्ण को आमन्त्रित करता हूँ।''

भीष्म ने सम्भवतः दुर्योधन की इन कठोर बातों से अत्यधिक क्रुद्ध, क्षुब्ध और दुखी होने के कारण ही तुरन्त कोई उत्तर नहीं दिया। आठ दिन से लगातार सूर्योदय से सूर्यास्त तक–कभी-कभी तो पूरे दिन और रात भी, युद्ध कर रहे हैं। एक क्षण को भी उनके हाथ या बाहु को विश्राम नहीं मिला, लगता है कि देह का कोई रोम-कूप तक घायल होने से नहीं बचा; साधारण योद्धा का तीर तो कवच से टकराकर टूट जाता है, किन्तु अर्जुन या सात्यकि का अस्त्र तो कवच को भेदते हुए शरीर में प्रवेश कर जाता है। वे असीम थकान से भर गए हैं। सच बात है कि उनकी इच्छा नहीं है, तब भी वे अपनी धर्म-रक्षा के लिए प्राण-पण से युद्ध कर रहे हैं; उन्होंने रंच-मात्र शैथिल्य नहीं दिखाया, जान-बूझकर पांडव-पक्ष का बचाव नहीं किया–यहाँ तक कि उन्हें शायद साँस लेने का भी अवसर नहीं दिया–वृद्धावस्था में इतनी सेवा का यही पुरस्कार ! वे हाड़-मांस निर्मित मानवदेहधारी हैं–उन्हें भी थकान होती है, दुख होता है, उनकी भी मांसपेशियों को विश्राम की आवश्यकता है–विशेषकर इस आयु में–यह बात इन स्वार्थान्ध लोगों के मन में एक बार भी नहीं आई, आश्चर्य है !

कुछ अधिक देर तक निरुत्तर रहने के कारण उनका असहनीय क्रोध थोड़ा शान्त हुआ और उनके अधरों पर करुणामिश्रित हास्य-रेखा दिखाई दी। वे शान्त स्वर में धीरे-धीरे बोले, ''दुर्योधन, तुम जानते नहीं, किसे और किस प्रकार अपने वाक्य-बाणों से छलनी कर रहे हो ! मैं अपनी सामर्थ्यानुसार युद्ध कर रहा हूँ–बल्कि कहना चाहिए, सामर्थ्य से भी अधिक। वस्तुतः यही मेरा अन्तिम युद्ध है, मैं इस युद्ध में तुम्हारे लिए अपने प्राणों की आहुति देने आया हूँ–किन्तु जो असम्भव है, उसे कैसे सम्भव बनाऊँ ? मैंने पहले भी कहा था कि पांडव अपराजेय हैं।–अब भी वही कह रहा हूँ। मैंने कभी यह आश्वासन नहीं दिया कि मैं पांडवों का वध कर पाऊँगा। क्या तुम नहीं जानते कि पांडव दुर्जेय वीर हैं–क्या उनके पराक्रम का स्वाद इतनी जल्दी भुला दिया ? जब तुम गन्धर्वों के हाथों अपमानित और बन्दी हुए थे, तब तुम्हारे वीर भाई और वीरश्रेष्ठ कर्ण कहाँ थे, यदि अर्जुन दया करके वहाँ पहुँचकर गन्धर्वराज को परास्त न करते, तो क्या तुम आज तक गन्धर्व-कारागार में अन्तिम साँसें नहीं ले रहे होते ? विराट नगर में उत्तर की गोशाला में जब अर्जुन ने अकेले ही हम सब पर विजय प्राप्त करके बालक उत्तर के द्वारा हमारे वस्त्र और मुकुट छिनवा लिये थे, तब तुम्हारे उस कर्ण का दर्प और दम्भ कहाँ चला गया था ? अपनी शक्ति-सामर्थ्य जाने बिना यह महा-युद्ध ठान लिया है, अब मेरे सामने रोने से क्या होगा ? पहले हम लोगों के परामर्श पर कान दिया था ? विनाशकाले विपरीत बुद्धि–तुम्हारा भी अन्तिम काल निकट है, इसीलिए ऐसी दुर्बुद्धि उत्पन्न हो गई है। जाओ, घर लौट जाओ, जो थोड़े-बहुत दिन जीवित हो, सुख-निद्रा भोगो। मुझे और जलाने मत आना।''

इसके बाद थोड़ी देर तक चुप रहकर पुनः बोले, ''मैं युद्ध में कूद पड़ने पर विजय पाए बिना अस्त्र-त्याग करने या रण-भूमि से मुँह मोड़ लेने का अभ्यस्त नहीं हूँ। हम

लोगों के लिए वैसा करना महापाप भी है। मैं युद्ध ही करूँगा। या तो उस पक्ष के सभी लोगों का वध करूँगा–पंच पांडवों को छोड़कर–या फिर स्वयं ही निहत हो जाऊँगा। यही मेरी प्रतिज्ञा है। और हाँ, तुम यह अच्छी तरह जानते हो कि मैं पांचालों के शिखंडी के साथ युद्ध नहीं करूँगा। कारण, वह पहले स्त्री था, अब ईश्वर की विचित्र-लीला के कारण उसने पुरुषत्व पा लिया है। मैं कभी भी स्त्री, वृद्ध, अशक्त, शरणागत और निरस्त्र व्यक्ति पर प्रहार नहीं करता। अब जाओ, सुनते जाओ–कल मैं ऐसा युद्ध करूँगा कि लोग युगों बाद भी सम्भ्रमित और भयभीत होकर उसकी चर्चा करेंगे।''

भीष्म ने अपने वचन की रक्षा की थी। ऐसा पता नहीं चलता कि किसी ने कहीं भी इससे पहले इतना लोमहर्षक युद्ध किया हो। उस दिन दोनों पक्षों ने ही प्राण-पण से युद्ध किया; किशोर अभिमन्यु का युद्ध देखकर तो शायद स्वयं देवेन्द्र भी विस्मित हो जाते। तब भी दोपहर तक जो स्थिति सामने आई–उसके अनुसार पांडव-पक्ष की जनहानि ही अधिक हुई। कौरवों ने, उसे ही अपनी विजय मानकर सन्ध्या-काल में उस दिन के लिए युद्ध-विराम घोषित करके तुमुल हर्ष-ध्वनि और भीष्म की जय-ध्वनि से उनके प्रति आभार प्रकट करते हुए आकाश-मंडल गुँजा दिया।

ये लोग जितने हर्षित थे, पांडव-शिविर में उतना ही विचार-मन्थन चल रहा था।

युधिष्ठिर अपने स्वभाव के अनुसार पहले थोड़ी देर तक शोक प्रकट करके अपने भाग्य को धिक्कारते हुए बोले, ''मैं अपनी मति फिर जाने के कारण भीष्म के साथ युद्ध करके पूरी तरह नष्ट होने को बैठा हूँ। सोचता हूँ, अभी भी समय है, वासुदेव तुम मुझे अनुमति दो, मैं वन को जाऊँ। इससे शायद पांडव-पक्ष के कुछ लोग बच जाएँ। मुझे बस यही आशंका है कि इस प्रकार पीछे हटकर क्षत्रिय-धर्म से गिर जाऊँगा, अन्यथा निश्चय ही हट जाता।''

श्रीकृष्ण बोले, ''आप अकारण विचलित मत होइए। भीष्म अमर नहीं हैं, कौरवों के पापों ने भी एकत्र होकर धर्म का आसन हिला दिया है। उनका ध्वंस और मृत्यु एकदम निकट है, अनिवार्य है। तब भी यदि आप आदेश दें, यदि अर्जुन अपनी असमर्थता स्वीकार करें, तो मैं अपनी प्रतिज्ञा भंग करके अस्त्र धारण करूँ। मैं अकेला ही उन सबका वध कर डालूँगा। यह मेरा वृथा-दर्प या खोखला अहंकार नहीं है–सहज और सत्य-वचन है। इसके अलावा अर्जुन मेरे सम्बन्धी, सखा और शिष्य हैं, मेरे प्राण-तुल्य हैं–उनकी इष्ट-सिद्धि के लिए मैं सब कुछ कर सकता हूँ।''

अर्जुन लज्जित होकर व्याकुलतापूर्वक बारम्बार वासुदेव से क्षमा प्रार्थना करने लगे, यदि कोई ढिलाई दिखाई दी हो तो उसके परिष्कार और प्रायश्चित की प्रतिज्ञा की; युधिष्ठिर ने भी कहा, ''नहीं, वह नहीं होगा। हम लोगों के थोड़े से स्वार्थ के लिए तुम्हें किसी भी प्रकार धर्म-च्युत नहीं करूँगा। कोई अन्य परामर्श दो।''

वासुदेव क्षण-भर की चुप्पी के बाद बोले, ''आपको स्मरण होगा कि भीष्म ने हमें कुछ दिन बाद एक बार और आने के लिए कहा था–अपने वध का उपाय बताने के

लिए और इसलिए भी कि उनकी मृत्यु की इच्छा हुई है या नहीं, यह भी बताएँगे। चलिए, हम लोग उन्हीं की शरण चलें।"

सबको यही परामर्श उचित लगा। समय कम था, वे लोग तत्क्षण वहाँ जाने को तैयार हो गए।

नहीं, राजसी आडम्बर के साथ नहीं, बल्कि अति दीन-भाव से–अस्त्र, कवच, रक्षक, सभी छोड़कर–उन लोगों ने पैदल, पादुकाएँ तक बाहर रखकर, विनीत भाव से दोनों हाथ जोड़कर भीष्म के तम्बू में प्रवेश किया। वासुदेव प्रवेशाधिकार का संकेत-वाक्य पता करके रखते ही हैं–प्रति प्रातःकाल और सन्ध्या को–यदि वैसा न होता, तो भी प्रहरियों के मन में युधिष्ठिर को रोकने की बात न आती।

इन लोगों के आगमन से, भीष्म के मस्तक की सिलवटों और भौंहों पर से थोड़ी देर पहले का क्षोभ और कटुता विलीन होकर वहाँ प्रसन्नता दिखाई देने लगी। उन्होंने प्रणत पांडवों और वासुदेव-पुत्र को प्रगाढ़-आलिंगन में बाँधकर बहुत खिलखिलाकर उनकी अगवानी की। बोले, "पुत्रो, सुस्वागतम्। तुम लोगों को देखकर बहुत दिन बाद मन को निर्मल आनन्द मिला। अपने इस आकस्मिक-शुभागमन का कारण विस्तार से बताओ। बोलो, तुम्हारी क्या इच्छा पूर्ण करूँ ? अकुंठित मन से बोलो। यदि कार्य दुष्कर हुआ–वह भी तुम लोगों के प्रेम के वशीभूत करूँगा।"

भीष्म द्वारा सच्चे-अपनत्व से पूर्ण, स्नेह-कोमल मधुर स्वर में यह आश्वासन देने पर युधिष्ठिर ने साहस बटोरकर हाथ जोड़ते हुए कहा, "पितामह, आज नितान्त निरुपाय होकर आपके पास आए हैं। आपके, कुछ और दिन इसी प्रकार युद्ध करने पर सम्पूर्ण सृष्टि लुप्त हो जाएगी। फिर हम लोग किस प्रकार युद्ध में विजयी होंगे, प्रजा की किस प्रकार रक्षा होगी ! धर्म की मर्यादा किस प्रकार प्रतिष्ठित होगी ? हम लोग किसी भी प्रकार आपके पराक्रम के सामने नहीं ठहर पा रहे हैं। आपकी अविराम बाण-वर्षा के मध्य हम लोग तिलार्ध-छिद्र भी नहीं देख पाते। आपका धनुष लगातार मंडलाकार घूमता है। कब बाण लेते हैं, कब प्रत्यंचा खींचकर उसे छोड़ देते हैं, पुनः कब तरकश से बाण निकाल लेते हैं– हमारी आँखों को वह सब देख पाना असाध्य है। इसीलिए कोई उपाय न रहने पर आज आपके पास आए हैं, आप ही बताइए–हम लोग किस प्रकार विजयी होंगे।"

भीष्म धैर्यपूर्वक, युधिष्ठिर की बात सुनकर थोड़ा हँसे। स्निग्ध-प्रेम भरी हँसी–अनुकूल मनोभाव की परिचायक। बोले, "तुम जो मुझसे ही मेरे वध का उपाय जानने आए हो–इससे ही समझ गया हूँ कि तुम्हारी विजय और कल्याण निश्चित है। यह सच है, धनुष उठाकर युद्ध प्रारम्भ कर देने पर मुझे पराजित करना श्रीकृष्ण और अर्जुन के अतिरिक्त किसी के लिए सम्भव नहीं है। उनके लिए भी वह अनायास सम्भव नहीं होगा। इसलिए बहुत तीव्र गति से भूमि पर गिरा देने का प्रयत्न करो। अर्जुन से कहो जितनी इच्छा हो मुझ पर प्रहार करे, उसका सहज उपाय सुनो–पहले भी कहा था कि द्रुपद-पुत्र शिखंडी ने प्रारम्भ में स्त्री के रूप में जन्म लिया था, बाद में वे पुरुष के रूप में बदल गए, उनके रथ की ध्वजा भी अमांगलिक चिह्नवाली है, इसलिए मैं उन पर किसी

भी प्रकार तीर नहीं चलाऊँगा। उनका रथ सामने करके तुम सब मिलकर मुझे लगातार तीरों से बींधो, उससे मैं किसी-न-किसी क्षण निरस्त्र और असमर्थ हो जाऊँगा।''[1]

क्षण-भर शान्त रहकर महात्मा भीष्म पुनः बोले, ''पुत्रो, तुम्हारा कल्याण हो, तुम विजय प्राप्त करो, इस विश्व में धर्म का शासन प्रतिष्ठित हो, दरिद्र-दुर्बल प्रजा, अधार्मिक शासकों के अकारण-उत्पीड़न से मुक्ति प्राप्त करके स्वच्छन्द होकर अपनी इच्छानुसार जीवन निर्वाह करे। मेरी भी और अधिक जीने की इच्छा नहीं है। प्राण धारण करने का मूल्य चुकाने के लिए इच्छा के विरुद्ध पापियों का दासत्व ढोना पड़ा–किन्तु अब और नहीं। केशव, तुमने मेरी इच्छा भी पूर्ण कर दी है, तुम धन्य हो। तुम्हारी विजय हो।''

पांडव उन्हें भक्ति-भाव से, सम्भवतः जैसे अन्तिम बार कह रहे हों, वैसे ही प्रणाम करके, अपराध-बोध के भार से व्याकुल मन लिये तम्बू से बाहर आए। सभी की आँखें अश्रु-वाष्प से भरी थीं, फलस्वरूप ऊबड़-खाबड़ मार्ग पर चलते हुए पग-पग पर ठोकर लगने लगी। युधिष्ठिर क्षोभ प्रकट करते हुए बोले, ''क्षात्र-धर्म को धिक्कार है ! वंश के सबसे वृद्ध व्यक्ति, स्नेहशील-पितामह–उनसे उपाय पूछकर उन्हीं का वध करना पड़ रहा है, इससे अधिक नृशंसता और क्या हो सकती है ! जो व्यक्ति स्नेह के साथ आशीर्वाद देकर स्वेच्छा, प्रसन्नता और उदारतापूर्वक अपनी मृत्यु का उपाय बता दे–उसकी हत्या घोर नराधम के अतिरिक्त और कोई नहीं करता। हम लोगों को वही कार्य करना पड़ेगा। संन्यासधारी तपस्वी-जन ही सुखी हैं–उन्हें कभी ऐसा गर्हित-कार्य करने की आवश्यकता नहीं पड़ती।''

अर्जुन, कपोलों पर बह आए अश्रु-चिह्न पोंछने की चेष्टा करते हुए बोले, ''बन्धु, पितृ-कुल में जिनसे सबसे अधिक स्नेह मिला है, उन्हें किस प्रकार निर्मम-प्रहार करके नष्ट कर पाऊँगा ! विजय जाने दो, हमें इस राज्य की आवश्यकता नहीं है–हम वन ही में सुखी थे, वहीं लौट चलें।''

श्रीकृष्ण ने कठोर स्वर में उत्तर दिया, ''इस अवधि में तुम लोगों की राज्य-प्राप्ति की इच्छा पर बहुत से लोगों की मृत्यु का दायित्व आ पड़ा है–अब और स्त्रियों की भाँति रोना शोभा नहीं देता। फाल्गुनि, तुम क्षत्रिय हो, इस युद्ध में विजय पाने की प्रतिज्ञा करके यहाँ आए हो। भीष्म को गिराए बिना विजय की कोई सम्भावना नहीं है। तुम उनका वध करने के लिए भी वचनबद्ध हो। तुम क्षण-भर को मोहान्ध हो गए हो अन्यथा सोच पाते कि जन्म-मृत्यु, सभी भाग्य द्वारा निश्चित होते हैं, जन्म-लग्न में ही पूरी आयु का निर्धारण हो जाता है। जिनकी, जिस रूप में, जिस समय मृत्यु निर्दिष्ट है, उसी समय, उसी रूप में होगी, उसे कोई नहीं उलट सकता। सर्वाधिक बुद्धिमान बृहस्पति कह गए हैं, 'नाना सद्‌गुणों से युक्त व्यक्ति भी यदि आततायी हो जाए, उसके कारण तुम्हारे

---

*भीष्म की प्रतिज्ञा थी कि वे अस्त्रहीन, भूपतित, आहत, कवच और ध्वज-विहीन, पलायन करनेवाले, मरणासन्न, स्त्री, स्त्री नामधारी, विकलांग, एक पुत्र के पिता, नीच आचरण करनेवाले और ध्वजा पर अमांगलिक चिह्न रखनेवाले व्यक्ति के साथ युद्ध नहीं करेंगे।

अनिष्ट या प्राणों का भय उपस्थित हो जाए तो उसका वध करने में संकोच मत करो।'...फिर क्षत्रिय का तो धर्म ही है—असूया रहित भाव से शत्रु का वध करे और प्राण-पण से प्रजा की रक्षा करे। उसी धर्म का पालन करो।''

भीष्म द्वारा बताए गए उपाय के अनुसार पांडवों ने दूसरे दिन प्रातः शिखंडी को आगे रखकर भीष्म को घेर लिया तथा उन पर प्रचंड आक्रमण किया। शिखंडी को देखकर भीष्म हल्की हँसी के साथ बोले, ''तुम मुझ पर चाहे जितने अस्त्र चलाओ—मैं तुम पर प्रत्याक्रमण नहीं करूँगा। कारण, तुमने स्त्री के रूप में जन्म लिया था, मेरी दृष्टि में तुम आज भी वही हो।''

शिखंडी किसी अल्प-वयस्क की भाँति अहंकार दिखाते हुए बोला, ''तुम, देव, यक्ष, रक्ष आदि सभी के लिए अजेय हो सकते हो, किन्तु आज मेरे हाथों तुम्हारा परित्राण नहीं है।''

भीष्म मानो, उसकी अवहेलना करने के लिए स्नेह-मधुर हास्य के साथ दाहिने हाथ से अभय-मुद्रा बनाते हुए दूसरे योद्धाओं के संहार में लग गए। कुछ देर बाद, युद्ध करते हुए ही संकेत से युधिष्ठिर को बुलाया—जब वे निकट आ गए तो बोले, ''तुम लोग मुझे धराशायी करो, मैं सक्षम और रथारूढ़ अवस्था में अपने कर्त्तव्य की अवहेलना नहीं कर सकता।''

श्रीकृष्ण ने अर्जुन को प्रेरित और सजग करने की चेष्टा की, ''धनंजय, तुम पितामह पर शीघ्रतापूर्वक शक्ति भर आक्रमण करो—अन्यथा युद्ध अकारण लम्बा खिंचेगा, वे भी छुटकारा नहीं पा सकेंगे। इतना ही तो नहीं है कि वे केवल दूसरों पर आक्रमण कर रहे हैं—बल्कि इस क्लान्ति और अविराम हत्याकांड ने उन्हें भी श्रान्त, दुखी और जीवन के प्रति बीत-स्पृह बना छोड़ा है। उस कष्टकर अवस्था से उनका उद्धार करो।''

युद्ध को उसी एक स्थान पर केन्द्रीभूत हुआ देख, पांडवों का उद्‌देश्य समझकर कौरव-पक्ष के महारथी भी भीष्म की रक्षा करने के लिए वहीं एकत्र हो गए। भीष्म ने पांडवों को चाहे जितना आश्वासन दिया हो, किन्तु अभी भी उनका तीर-धनुष थका या रुका नहीं। लगता है, अर्जुन ने भी विगत रात्रि की उस आवेगजनित दुर्बलता को अपने मन से पोंछ डाला था। उन्होंने साक्षात् कालान्तक यमराज की भाँति संहार-मूर्ति धारण कर ली। उसी तीव्र, अविराम और अनथक अस्त्र-वर्षा के बीच ही शिखंडी को पुकारकर बोले, ''तुम चुपचाप मत रहो, पूरे बल के साथ उन पर बाण चलाओ। यदि हम लोग आज भीष्म को निहत या निरस्त्र नहीं कर पाए—तो लज्जा का अन्त नहीं रहेगा।''

अर्जुन स्वयं भी शत्रु पक्ष के अन्य योद्धाओं का वध करते हुए बीच-बीच में भीष्म को लक्ष्य करके अति तीक्ष्ण अस्त्र छोड़ने लगे। उस आक्रमण से भीष्म पूरी तरह घायल होने लगे, फलस्वरूप कवच के भीतर से रुधिर बहने लगा। भीष्म की प्रसन्नता तब भी

अबाध थी, वे दुःशासन को सम्बोधित करके मृदु-हास्य के साथ बोले, ''पुत्र, अर्जुन की अस्त्र-शिक्षा सार्थक है, कोई और मुझे इस प्रकार क्षत-विक्षत नहीं कर सकता था। इनमें से कोई भी तीर शिखंडी या धृष्टद्युम्न या सात्यकि का नहीं है, उनके अस्त्र कवच से टकराकर टूट जाते हैं, अर्जुन के तीर कवच और देह, दोनों को ही भेद डालते हैं। ऐसे बाहु-बल और अस्त्र-संचालन कौशल का प्रदर्शन केवल अर्जुन ही कर सकते हैं।''...

दुर्योधन ने हताश और दुखी होकर भीष्म को सम्बोधित करते हुए कहा, ''जिस प्रकार दावानल बिना विचारे घास के साथ सम्पूर्ण वनस्पति को जला डालता है, उसी प्रकार अर्जुन मेरे पक्ष के समस्त रथियों और पैदल सैनिकों का समान रूप से वध कर रहे हैं। भीम आदि दूसरे योद्धा भी कम उत्पीड़न नहीं कर रहे हैं। आप रक्षा कीजिए।''

भीष्म ने कटु स्वर में उत्तर दिया, ''मैंने तुम्हें वचन दिया था कि मेरे सेनापतित्व में दूसरे पक्ष के कम-से-कम दस-सहस्र व्यक्ति प्रतिदिन मारे जाएँगे, उस प्रतिज्ञा को आज तक निभा रहा हूँ। आज मेरे युद्ध करने का अन्तिम दिन है, मैं शायद आज इस कुरुक्षेत्र में शैया ग्रहण करूँगा या फिर पांडव पराजित होकर मारे जाएँगे। तब सम्भवतः मेरे ऊपर तुम्हारा जो ऋण है—तुम्हारा अन्न खाया है—वह ऋण आज मेरी मृत्यु से चुक जाएगा।''

इसके पश्चात् भीष्म मानो, और भी उग्र हो उठे। चारों ओर घायलों का आर्तनाद और मृत्यु के द्वार पर पहुँचे लोगों की अन्तिम कराह सुनाई पड़ने लगी। आकाश में फैले शर-जाल ने श्याम मेघों के कारण छा जानेवाली सन्ध्या की भाँति दिन के प्रकाश को ढक लिया। लगने लगा कि भीष्म नहीं—बल्कि साक्षात् शिव ही तांडव में मत्त हो गए हैं।

भीष्म की इस रुद्र-मूर्ति को देखकर भीम आदि चार पांडव, अर्जुन, अभिमन्यु, घटोत्कच, सात्यकि, विराट, द्रुपद एवं प्रधान सेनापति धृष्टद्युम्न, एक साथ भीष्म को लक्ष्य करके अस्त्र छोड़ने लगे। दूसरा पक्ष भी निष्क्रिय अथवा उदासीन नहीं बना रहा—फिर भी जहाँ गांडीवी अर्जुन मनोयोगपूर्वक युद्ध कर रहे थे, वहाँ वे लोग क्या अथवा कितनी रुकावट खड़ी कर पाते ?

यहाँ तक कि अपने प्रियतम शिष्य का युद्ध देखकर आचार्य द्रोण भी सकते में आ गए। वे अत्यधिक मोह के कारण अपने एकमात्र पुत्र अश्वत्थामा को पिछले कई दिन से युद्ध के संकटग्रस्त भाग से दूर रखे हुए थे, किन्तु आज उसे निकट बुलाकर बोले, ''आज भीष्म और अर्जुन जिस प्रकार परस्पर युद्ध कर रहे हैं, उससे मुझे भय लग रहा है, मेरा हृदय विषादग्रस्त हो रहा है, मैं चारों ओर अनेक अपशकुन देख रहा हूँ। पांडव, शिखंडी को आगे करके युद्ध कर रहे हैं, भीष्म उस पर कभी भी अस्त्र नहीं चलाएँगे; अर्जुन योद्धाओं में श्रेष्ठ हैं—लगता है, देवताओं के लिए भी अजेय। आज इस युद्ध में प्रलयंकर घटना घटेगी। पुत्र, पराश्रित और दूसरों द्वारा पालित व्यक्तियों के लिए यह समय निरापद स्थान पर रहकर प्राण बचाने का नहीं है—इस समय आश्रयदाता का ऋण चुकाने की चेष्टा ही परम करणीय है। धर्मराज युधिष्ठिर क्रुद्ध हो गए हैं, कौरवों का सर्वनाश अनिवार्य है। इतने पर भी हम लोग अपना कर्त्तव्य निभाएँगे। तुम, अर्जुन की

दृष्टि और उनके मार्ग से यथासम्भव बचते हुए अन्य योद्धाओं को रोको। विशेषकर, यदि धृष्टद्युम्न और भीमसेन को इस स्थान से कुछ दूर ले जा सको, तो दुर्योधन का महान उपकार होगा। मैं स्वयं युधिष्ठिर को रोकूँगा।''

किन्तु जिनकी रक्षा का प्रयास किया जा रहा है—वे पितामह भीष्म दस दिन तक चलनेवाले इस विराट नरमेध-यज्ञ से विरक्ति अनुभव करने लगे थे। जीवन के प्रति और तनिक भी रुचि नहीं रह गई थी, इस युद्ध में विजय पाने की इच्छा भी नहीं थी। जीवित रहने, सुख-दुख—इस युद्ध के फलाफल—सभी कुछ के विषय में उदासीन हो गए थे। वे पुनः युधिष्ठिर को सम्बोधित करते हुए ऊँचे स्वर में बोले, ''पुत्र, इस युद्ध से मुझे अत्यधिक विरक्ति हो रही है। तुम अर्जुन से कहो, जितना शीघ्र सम्भव हो, मेरा वध करे। यह कार्य उसके अतिरिक्त और किसी के भी वश का नहीं है।''

युधिष्ठिर के मुख से यह बात सुनकर अर्जुन ने दोगुने प्रचंड वेग से आक्रमण प्रारम्भ कर दिया। वे बार-बार भीष्म का धनुष तोड़ डालते, भीष्म अन्य अस्त्र छोड़ने की चेष्टा करते, अर्जुन पलक झपकते ही उसे भी तोड़ डालते। जब अनेक प्रकार के विचित्र और शक्तिशाली मारणास्त्र अर्जुन के आक्रमण की तीव्र-गति और अति प्रचंड अस्त्रों के छोड़े जाने से विनष्ट होने लगे तो भीष्म समझ गए कि अब उनके हट जाने का समय आ पहुँचा है, अन्तिम समय निकट है। उनके योद्धा-जीवन की परिसमाप्ति होनेवाली है। उन्होंने शान्त-गम्भीर भाव से मुस्कुराते हुए इष्ट-देवी गंगा का ध्यान करके धनुष-बाण त्याग दिया। किन्तु तत्क्षण ही रथ से उतरने या संग्राम-भूमि छोड़ने की चेष्टा नहीं की, स्थिर भाव से रथ पर बैठे रहे।

इस पक्ष की शर-वर्षा में निश्चय ही प्रत्याक्रमण का अवसर नहीं था। अब उपयुक्त अवसर या सुयोग समझकर शिखंडी आदि बहुत से योद्धा उत्साहित हो गए तथा और अधिक वेग से अस्त्र छोड़ने लगे। उस पर भी भीष्म विशेष विचलित नहीं दिखे, क्योंकि उनके सारे तीर कवच पर ही रुक गए, किन्तु अर्जुन के तीर भयंकर हैं, उनकी चलाने की शक्ति भी अनन्य और असाधारण है; इससे अनायास ही कवच में छिद्र होकर शरीर बिंधने लगा। भीष्म ने पुनः थोड़ा हँसते हुए दुःशासन को देखा, ''ये जो समस्त, वज्र के समान मर्मभेदी बाण कवच भेदकर शरीर को छलनी करते हुए रुधिर बहने का कारण बन रहे हैं—ये सब अर्जुन के हैं। अब तक वे श्रद्धा और प्रेम-वश मुझ पर इस प्रकार आक्रमण करने से बच रहे थे; लगता है अब मेरा अन्तिम समय निकट आ गया है।''

यह सब प्रसन्न और उन्मुक्त मन से कहा। इसमें प्रेम का अभाव नहीं था, जीवन के प्रति आसक्ति या ममता तो एकदम ही नहीं—फिर भी, निरन्तर प्रहार के कारण उत्पन्न पीड़ा से जर्जरित हुए भीष्म अचानक ढाल और तलवार लेकर आमने-सामने की लड़ाई के उद्देश्य से रथ से नीचे उतरने की चेष्टा करने लगे—किन्तु अर्जुन ने उससे पहले ही उनकी ढाल और तलवार के टुकड़े-टुकड़े कर डाले। अब, युधिष्ठिर के निर्देश पर उनकी ओर के वीरों ने उन्हें चारों ओर से घेरकर अस्त्र-वर्षा प्रारम्भ कर दी। उनके प्रचंड-आक्रमण को रोक पाने में असमर्थ कौरव, भीष्म की रक्षा की आशा छोड़कर अपने

प्राण बचाने के लिए दूर निरापद-स्थान पर भाग गए।...ऐसे में इनके लिए इच्छानुसार शराघात का अबाध अवसर था। अन्ततः ऐसी अवस्था हो गई–कि भीष्म के शरीर पर अंगुल पर स्थान भी घाव लगे बिना नहीं बचा।

समस्त मानव-शरीरधारियों में ही दैहिक-पीड़ा सहने की शक्ति सीमित होती है–भीष्म भी और अधिक नहीं सह पाए। लगातार रक्त बहने के कारण दुर्बल और निढाल होकर रथ से भूमि पर आ गिरे।

सभी को, इस परिणति की चाहे जितनी आशंका या आशा क्यों न रही हो–घटना का सम्पूर्ण अर्थ समझने और विश्वास करने में पर्याप्त समय लगा–लगभग आधा दंड-काल। एक आवाज के साथ दीर्घ निःश्वास लेते ही वहाँ अद्‌भुत, अवर्णनीय नीरवता उतर आई–उसके बाद वह प्रश्वास धीरे-धीरे बाहर आया–मानो उतना शब्द करने का भी किसी का साहस नहीं हो रहा है–लगता है, वह इस मानवेतर-मानव के महा महिमामय पतन के महत्त्व को कम करना होगा।

यह क्या हो गया ! क्या यह भी सम्भव है ! क्या वे यह सच देख रहे हैं !

हिमालय के चूर-चूर होकर उनकी आँखों के सामने बालू के ढेर में बदल जाने या उस स्थान पर विशाल समुद्र के समान जल-राशि दिखाई देने पर भी सम्भवतः इतना आश्चर्य नहीं होता–अथवा विपुल उत्ताल तरंगों के कारण समुद्र का जल पर्वत के बराबर होकर यदि खड़ा रह जाता–तो भी नहीं।

भीष्म ! भीष्म की मृत्यु हो गई ! अब भी यदि अन्तिम साँस नहीं निकली–तो शीघ्र ही निकल जाएगी। और, वीर योद्धा का युद्ध करने में असमर्थ हो जाना तो मृत्यु से भी बढ़कर होता है। वही भीष्म, जिन्हें लोग इच्छा-मृत्यु सम्पन्न मानते हैं, जो यक्ष, रक्ष, गन्धर्व, देव, मानव सभी के लिए अजेय हैं–उन्होंने स्वयं ही पौत्रों के शराघात के सामने असमर्थ होकर भूमि-शैया पकड़ ली। क्या यह भी सत्य हो सकता है !

इस अस्वाभाविक-नीरवता के बाद ही कई योजन तक फैली रणभूमि में विद्यमान अगणित योद्धाओं का हाहाकार भरा विलाप सुनाई पड़ा। कौरव-पक्ष में तो था ही, पांडव-पक्ष में भी अनेक लोग सबके सामने रुदन करने लगे। एकमात्र भीम को छोड़कर किसी ने भी कोई हर्षोल्लास नहीं दिखाया–सभी के अन्तर् में एक भारी व्यथा उठने लगी। भीष्म केवल त्यागी श्रेष्ठ, योगी श्रेष्ठ, योद्धा श्रेष्ठ ही नहीं–ज्ञानी श्रेष्ठ और मानव श्रेष्ठ भी हैं। यह व्यक्ति सबका उपकारी, सबके प्रति स्नेहशील–स्वार्थलेश हीन व औदार्य की मूर्ति है। वे सभी के प्रिय, सभी के श्रद्धेय हैं। उन्हें, जिन्होंने भूपातित किया है–इस विजय पर उनमें से भी तो कोई सुखी नहीं है, अकारण अपने किए के अनुताप में जले जा रहे हैं।

अन्धे धृतराष्ट्र हाहाकार करके क्रन्दन करते हुए कक्ष के फर्श पर माथा ठोंकने लगे। द्रोण रथ पर ही संज्ञाहीन होकर गिर पड़े। किसी को युद्ध रोकने की घोषणा नहीं

करनी पड़ी। स्वयं ही–मानो अन्तर के अव्यक्त आदेश से, अनुच्चरित-अलिखित सम्मति से रुक गया।

इस महा-पतन के पश्चात् सभी को राज्य-विजय की इच्छा, क्षुद्र-स्वार्थों का यह जमघट नितान्त तुच्छ और अर्थहीन प्रतीत हुआ।

विजय के समाचार की आशा में दूर बैठी पांडव-राज परिवार की पुर-ललनाओं के मन और मुख पर इस महा-पतन के समाचार से विषाद की काली छाया घिर आई। कौरव-पक्ष में उससे भी अधिक। वे एक अज्ञात आतंक से स्तब्ध व प्रस्तरीभूत हो गए, जीवित होने के लक्षण के रूप में रहा, केवल कपोलों पर बहनेवाली अश्रुधारा का अविरल निश्शब्द प्रवाह। शायद, अज्ञात कहना भी अनुचित है; जिस अमंगल की आशंका को कहने का साहस नहीं हुआ, अथवा–जिसकी परिणति या परिणाम पूरी तरह सामने नहीं आया, क्या वे लोग उसके धुँधले रूप को भी नहीं देख पा रहे थे ?

इस समाचार ने कर्ण को भी सुखी या उल्लसित नहीं किया–बल्कि उन्हें एक प्रकार की अविश्वसनीय जड़ता प्रदान की–निश्चल बना दिया।

यह दृश्य प्रत्यक्ष देखकर भी विश्वास नहीं आता था–दूसरे के मुख से सुने समाचार पर विश्वास करने का तो प्रश्न ही नहीं। विह्वलता और विमूढ़ता उसी कारण थी।

॥ ११ ॥

अन्ततः एक समय विश्वास करना ही पड़ता है क्या ?

एक के बाद एक सन्देशवाहक वही एक समाचार ला रहे हैं। सभी के मुख पर विषाद की कालिमा व्याप्त है, किसी के नेत्र आँसुओं से गीले हैं, गला रुँधा हुआ है। लगता है, वे स्वयं को ही अपराधी अनुभव कर रहे हैं। समाचार–उस महान व्यक्ति के महापतन का संवाद–देते समय बार-बार अपने सिर पर कराघात कर रहे हैं।

नहीं, विश्वास न कर पाने का कहीं कोई आधार या आशंका नहीं।

इसी बीच दुर्योधन का सन्त्रास में डूबा आमन्त्रण आ पहुँचा। तत्काल कौरव-शिविर पहुँचना होगा। आज रात ही नए सेनापति की नियुक्ति होगी। आज की इस दुर्घटना ने सभी के मन चाहे जितने भारी कर दिए हों–कौरवों के मन में उनकी विजय की आशा चाहे जितने भयावह प्रश्न चिह्नों के मध्य घिर गई हो–किन्तु अब युद्ध बन्द नहीं होगा, बन्द किया नहीं जा सकेगा; प्रातःकाल फिर वही क्लान्ति-भरी मृत्यु-लीला प्रारम्भ करनी होगी।

कर्ण को और भी अनेक समाचार मिले।

वे सारे समाचार लेकर बहुत कम समय में ही बहुत सारे संवादवाहक आ पहुँचे थे।

भीष्म इच्छा-मृत्यु की अवस्था को प्राप्त हो गए हैं, किन्तु उनकी मृत्यु नहीं हुई है। वे अभी शरीर नहीं त्यागेंगे। सूर्य के उत्तरायण-गमन तक प्रतीक्षा करेंगे।

वे ऐसा करने में समर्थ हैं।

इस योगीवर ने मृत्यु और शारीरिक-अनुभूति को अपनी इच्छा के अधीन कर लिया है। कामार्त्त पिता की वासना को परितृप्त करने के लिए जब अपने जीवन, भविष्य, वासना, कामना, सिंहासन–भौतिक जीवन में जितने भोग मनुष्य के काम्य होते हैं, सबकी आहुति दे दी थी–किंवदन्ती है कि उसी समय लज्जित, अनुतप्त, किन्तु कामना के समक्ष असहाय पिता ने आशीर्वाद दिया था–मृत्यु, भृत्य के समान उनके अधिकार में रहेगी। ऋषियों ने भी कहा था कि उनके समान शुक्र-संयमकारी, शुद्ध चित्त योगी के लिए मृत्यु को इच्छा का दास बनाना अधिक कठिन या विस्मयकर नहीं है।

अंगाधिपति ने और भी सुना।

सम्पूर्ण शरीर अगणित तीरों से बिंधा होने पर भी भीष्म की देह ने भूमि-स्पर्श नहीं किया। वस्तुतः उन समस्त तीक्ष्ण तीरों पर ही वे सोए हैं। दुर्योधन और युधिष्ठिर, दोनों ने ही कुशल शल्य-चिकित्सकों को बुलाया था, पर क्लान्त किन्तु हल्की मुस्कान-भरी हँसी के साथ भीष्म ने चिकित्सा अस्वीकार कर दी। बोले, ''इन्हें प्राप्य सम्मान-दक्षिणा प्रदान करके तुरन्त अपने-अपने घर भेज दो। मांसपेशियों की चुभन या स्नायु-अनुभूति मुझे और अधिक शारीरिक-कष्ट नहीं पहुँचा पाएगी। बल्कि यह मेरी गौरव-शैया है, सब प्रकार से प्रकृत-योद्धा के उपयुक्त। मुझे इस वीर-श्लाघ्य अन्तिम-शैया से वंचित मत करो। इसके अलावा, चिकित्सा से स्वस्थ हो जाने पर फिर से युद्ध का प्रश्न उपस्थित होगा–मेरी उसमें कोई अभिरुचि नहीं है। इस समय तुम लोग इस वृद्ध, मृत्यु-पथ के पथिक की स्वाभाविक, स्वेच्छाधारित चिन्ता को लेकर अकारण व्याकुल मत होओ–वस्तुतः यह मेरी सुख-शैया ही है। श्रद्धा या ममता के कारण केवल मस्तक किसी ने तीरों से नहीं बींधा है, अतः एक उपाधान की व्यवस्था कर दो।''

कोई उनकी बात का मर्म नहीं समझ पाया। सभी ने हड़बड़ाकर रथ और अश्वारोहियों को चारों ओर दौड़ाया तथा कोमल, सुखद, रेशम का बना उपाधान उपस्थित कर दिया। भीष्म इनकी निर्बुद्धिता से परेशान होकर भौंहें चढ़ाकर बोले, ''आह ! अर्जुन, अर्जुन कहाँ चले गए ? जिसने शैया बनाई है, वही उपाधान भी दे।''

वासुदेव के इंगित पर अर्जुन शीश झुकाए निकट गए और पितामह के मस्तक को तीन बाणों के ऊपर टिका दिया। भीष्म ने परितृप्ति-भरी निश्वास छोड़ते हुए स्वगत कहा, ''इन लोगों के साथ युद्ध करके दुर्योधन विजयी होना चाहता है ! धिक्कार है !''

इसके पश्चात् बोले, ''बड़ी प्यास लगी है। अर्जुन, इस समय मैं जीवन और मृत्यु के बीच हूँ–जीवितों में भी गण्य नहीं, परलोक भी पहुँचा नहीं। इस अवस्था में तुम मुझे उपयुक्त पानीय प्रदान करो।''

वह भी तो अर्जुन ने दिया।

इस दुखी, परिणाम की चिन्ता से व्याकुल अवस्था में भी कर्ण एक साथ ईर्ष्या की

एक गुप्त दंश-ज्वाला एवं कृती-पुरुषों के उपयुक्त औदार्य, दूसरों की सच्ची कीर्ति पर मुग्ध होने के कारण उत्पन्न प्रशंसा के भाव को अनुभव किए बिना नहीं रह सके।

अर्जुन ने पितामह की आज्ञा का उन्हीं के योग्य रूप में पालन किया। कई तीक्ष्ण एवं शक्तिशाली दिव्य आयुधों से पृथ्वी का वक्ष विदीर्ण करके पातालवाहिनी भोगवती की एक स्रोत-धारा को ऊँची धारावाली निर्झरिणी के रूप में ऊपर ले आए, वही भू-गर्भ से निकला अमृतोपम जल भीष्म के मुख में जा गिरा–किसी पात्र की भी आवश्यकता नहीं रही। भीष्म की पिपासा शान्त और तृप्त होने पर अर्जुन ने फिर उस उत्स-मुख को बन्द कर दिया।

बलिहारी ! बलिहारी ! कर्ण ने बार-बार अपने मन में कहा।

भाग्य के परिहास और निष्ठुर षड्यन्त्र से यदि प्रतिरथी और प्रतिद्वन्द्वी न होते, तो आज इस अनुज की कीर्ति से गौरवानन्द अनुभव करने का अवसर था।

भीष्म ने अन्तिम बार दुर्योधन को फिर सावधान करना चाहा। बोले, "पुत्र अर्जुन में वीरता के साथ बुद्धि का भी समावेश है–इसी कारण वह अपराजेय है। तुम लोग उसे पराजित नहीं कर पाओगे। विशेष रूप से पांडवों का शौर्य और शिक्षा धर्म की भित्ति पर प्रतिष्ठित हैं; लोकोत्तर बुद्धि और मानव-दुर्लभ प्रज्ञा से सम्पन्न श्रीकृष्ण उनके सहायक हैं। वे अकेले ही इस भारतभूमि को क्षत्रियों से हीन कर सकते हैं–किन्तु जन-शिक्षा के निमित्त उन्होंने एक बार असहाय पांडवों द्वारा दिग्विजय कराई है, अब इस युद्ध में उन्हें विजयी बनाकर मदोद्धत, ईर्ष्यालु, दूसरों की समृद्धि से द्वेष रखनेवाले, अत्याचारी, लोभी और कलह-परायण क्षत्रिय राजाओं का विनाश करेंगे। तुम लोग स्वयं उस ध्वंस-यज्ञ में सहायक हुए हो। मैं अब भी अनुरोध करता हूँ–सत्परामर्श ग्रहण करो–मेरी मृत्यु से ही इस विवाद का अन्त हो जाए। पांडवों के साथ सन्धि करके, उनका प्राप्य आधा राज्य उन्हें सौंप दो, वे सुख पूर्व इन्द्रप्रस्थ में वास करें। उन्हें शत्रु के स्थान पर मित्र और सम्बन्धी के रूप में प्राप्त करके तुम लोग भी सुखी और निर्विघ्न राज-सुख भोग सकते हो। उनके सहायक होने पर कभी भी राज्य-सीमा का विस्तार कठिन नहीं होगा।"

दुर्योधन ने इस परामर्श का कोई उत्तर नहीं दिया, पर उस चुप्पी से भीष्म ने निश्चय ही उत्तर प्राप्त कर लिया। वे समझ गए कि जब किसी रोगी के सिरहाने यमदूत आ खड़े होते हैं, तो औषधियों और सुपथ्य में उसकी अरुचि हो जाती है। दुर्योधन का समय पूर्ण हो गया है, अतः वह इन हितकारी बातों का मूल्य नहीं समझ पाएगा। उन्होंने एक दीर्घ निःश्वास छोड़कर मौन धारण कर लिया।

धीरे-धीरे सन्ध्या का आगमन हुआ। मानो सूर्यदेव, महा-मानव, महा-धनुर्धर के इस पतन-दृश्य को सहन न कर पाने के कारण अन्धकार की यवनिका के पीछे जा छिपे। रात्रि आ गई, वह रात्रि भी गहन से गहनतर हो गई। इस महान आश्चर्य-भरे अविश्वसनीय

समाचार के फैलते ही दूर-दूर से तीर्थ-यात्रियों की भाँति रथी, महारथी, पदातिक–समस्त योद्धा, गृहस्थ, कुल-नारियाँ, महा-बलवान पुण्यात्मा को अपनी अन्तिम श्रद्धा समर्पित करने हेतु व्याकुल होकर दौड़ आने लगे। उनकी देह पर कुमारी कन्याएँ मंगल-माल्य, गन्ध-पुष्प और लावांजलि अर्पित करने लगीं। सभी जातियों और वर्णों के साधारण प्रजा-जन आए–युद्ध-क्षेत्र की विभीषिका और अवर्णनीय आतंक की परवाह न करके। नट, वादक, गायक, कथाकार, भृत्य, मिट्टी खोदनेवाले, सूपकार, क्रीतदास-दासी और अन्यान्य कर्मचारी–सभी ने रोते-रोते आकर उनकी चरण-धूलि ली। कौरव और पांडव, दोनों पक्षों के वीर अस्त्र और कवच छोड़कर इस शोक-तीर्थ में अनायास एकत्र हो गए। उन्होंने आन्तरिक-इच्छा से एकत्र होकर कुरु-पितामह को प्रणाम किया, उनकी प्रदक्षिणा की।

भीष्म उत्तरायण तक जीवित रहेंगे, निश्चय ही यह युद्ध उससे बहुत पहले समाप्त हो जाएगा–और जितने दिन युद्ध चले, भ्रान्ति उत्पन्न करनेवाली प्रचंड-प्रमत्तता से, सांघातिक रूप से घायल वृद्ध की रक्षा करना आवश्यक है। एक-एक युद्ध की गति विभिन्न अवस्थाओं में विभिन्न स्थानों पर केन्द्रित हो जाती है, यदि योद्धाओं का कोई बड़ा भाग इस ओर आ गया, तो किसी भी पक्ष के लिए उनका ध्यान रखकर सतर्क होना सम्भव नहीं होगा। इसीलिए युधिष्ठिर और दुर्योधन ने–मानो पारस्परिक अकथित–सहमति से, अपने-अपने खनिकों को बुलाकर एक साथ, भीष्म के चारों ओर विशाल भूखंड खाली छोड़कर उसके बाहर एक परिखा खोदने के काम पर लगा दिया। उस स्थान ने एक अति-विस्तीर्ण द्वीप का आकार ग्रहण कर लिया। इतनी ही रोक की आवश्यकता थी–अचरज नहीं कि अकस्मात् कोई आग्नेयास्त्र आदि आ पड़े।

अन्त में, दर्शनार्थियों की बाढ़ कम हो आई। तारे भी मानो, इस महापुरुष को प्रणाम करके दिगन्त के पथ पर प्रस्थान करने की तैयारी करने लगे। पूर्व के आकाश के लाल होने से पहले ही, दूर वृक्ष के शिखर पर एक-दो पक्षियों की सद्य-जागरण-काकली से आलोक-दूत के आने की सूचना मिल गई। कुछ दिन के युद्ध के अस्वाभाविक कोलाहल और शस्त्रों की झंकार के कारण अधिकांश वन्य पशु-पक्षी पलायन कर गए हैं, केवल एक-दो दुस्साहसी कौए अपने घोंसले की माया नहीं छोड़ पाए, लगता है, प्रतिदिन दिवस-देवता के शुभागमन की मांगलिक घोषणा के लिए ही किसी प्रकार जीवित हैं। कुछ पहले, रात्रि का तीसरा पहर भी समाप्त हो गया। और एक दंड-काल में सम्पूर्ण कोलाहल मन्द होकर, धीरे-धीरे शान्त हो गया। अब, भीष्म ने भी थकन और शान्ति के कारण दोनों नेत्र बन्द कर लिये।

किन्तु शायद उनके भाग्य में अधिक समय का विश्राम नहीं बदा था, इसी से फिर व्यवधान पड़ गया।

किसी की दुख-भरी धीमी पद-ध्वनि से विस्मित होकर भीष्म ने कष्टपूर्वक फिर अपनी आँखें खोलीं। दुर्बलता और रक्त बहने के कारण दृष्टि धुँधली हो गई है, देखने पर भी ठीक-ठीक नहीं पहचान पाए कि यह आगन्तुक कौन है !

"कौन ?" उन्होंने प्रश्न किया।

स्वर क्षीण था–पर उस सम्पूर्ण निस्तब्धता में उसे सुनने में कठिनाई नहीं हुई। आगन्तुक और निकट आए, रुँधे गले से बोले, ''पितामह, जो व्यक्ति हमेशा आपकी दृष्टि में पतित होने भर से आपके हृदय में विद्वेष और असन्तोष जगाता रहा–मैं वही अधिरथ–सूतपुत्र–राधेय कर्ण हूँ।''

चारों ओर सतर्क प्रहरी-दल नियुक्त था, वन्य-जन्तुओं के आक्रमण से भीष्म की रक्षा करने के लिए सभी प्रहरी कर्ण से परिचित हैं। भीष्म से उनके सर्प-नेवले जैसे चिर-शत्रुतापूर्ण सम्बन्ध को भी अच्छी तरह जानते हैं–इस कारण उनका कौतूहल स्वाभाविक था, उन्होंने जान-बूझकर आगे बढ़कर कान खड़े कर लिए–भीष्म ने ध्यानपूर्वक न देखने पर भी देख लिया। संकेत करके उन्हें श्रुति-सीमा के बाहर, अभी-अभी खुदी परिखा के एकदम किनारे चले जाने का आदेश किया। उसके बाद कर्ण को स्नेहपूर्वक अपने पास बुलाया, ''भाई, वहाँ उतनी दूर नहीं; मेरे निकट आओ, मेरे वक्ष के पास।''

भावाकुल कर्ण के पास आने पर दायाँ हाथ फैलाकर, आलिंगन में समेटने की भाँति एकदम निकट खींचकर कोमल स्वर में बोले, ''कर्ण, तुमसे मैंने कभी द्वेष नहीं रखा, हाँ, मुझे तुमसे असन्तोष अवश्य था। तुम महावीर, महान और बड़े हो–हम दोनों एक ही गुरु के शस्त्र-शिष्य हैं। तुम्हारे बल-पराक्रम की सीमा भी मुझसे छिपी नहीं है। तुम अकेले ही बड़ी आसानी से अपने बाहु-बल द्वारा राज्य जीतकर स्वाधीन, सार्वभौम राजाओं की भाँति सबका सम्मान अर्जित कर सकते थे। तुम्हारे जैसे योद्धा को, एक पापिष्ठ के अधीन भिक्षा में प्राप्त राज्य-खंड के कारण करद-राजा के रूप में उसके चाटुकारों की श्रेणी में सम्मिलित देखकर–जो राज्य न्याय और धर्म की दृष्टि से उसका नहीं है–मुझे क्रोध आ जाता था। उसी कारण हमेशा धिक्कार कर तुम्हें उद्‌बोधित और आत्म-सजग करना चाहता था–जिससे तुम एक दिन अपनी शक्ति को पहचानकर अपनी प्राप्य मर्यादा का आसन ग्रहण कर सको। कपट-भरी द्यूत-सभा में तुम्हारा आचरण बड़ा गर्हित और अशोभनीय था–किन्तु वह भी मेरे समान ही दूसरों को भी सजग और उत्तेजित करने के लिए था, यह बात चाहे और कोई न समझा हो, पर मैंने तो समझ ली थी, इसीलिए क्षमा भी कर दिया था। मैं अविवाहित हूँ, चिर-कुमार–और बिना किसी संशय के कह सकता हूँ कि मैंने इस दीर्घ जीवन में अपना कौमार्य, ब्रह्मचर्य एक बार भी खंडित नहीं किया–फिर भी, मानव-चरित्र के दीर्घकालिक ज्ञान के आधार पर तुम्हारे, तुम लोगों के हृदय की दशा और पीड़ा का अनुमान कर सकता हूँ।...कर्ण, एक बात और है–तुम राधेय नहीं हो, तुम भी कौन्तेय हो। तुम्हीं माता कुन्ती की ज्येष्ठ सन्तान हो, उसी आधार पर ज्येष्ठ पांडव भी हो। क्या तुम्हें यह ज्ञात है ?''

कर्ण ने बहुत प्रयास करके अपने स्वर को सुनने योग्य बनाकर उत्तर दिया, ''ज्ञात है। पहले वासुदेव ने और फिर स्वयं पांडव-जननी ने यह बात मुझे बताई थी।''

''तब तुम अपने प्राप्य-स्थान पर अधिकार क्यों नहीं करते हो ? इस युद्ध के अवश्यम्भावी परिणाम के विषय में क्यों नहीं सोचते हो ? अभी भी समय है, पांडवों का साथ देकर तुम अपना प्राप्य राज्य जीत लो। तुमने अभी तक इस युद्ध में भाग नहीं

लिया है, अभी भी आसानी से ज्येष्ठ-पांडव के रूप में उस पक्ष में जा सकते हो।''

''पितामह, आप ऐसा क्यों नहीं कर पाए ? आप पर दुर्योधन का कौन सा ऋण चढ़ा था ? आपने जो साधारण वेतन ग्रहण किया, वह भी कुरुवंश के राजस्व से दिया जाता था। वह सिंहासन, वह राजस्व धर्मानुसार युधिष्ठिर का ही प्राप्य है।–ठीक है ना ? आपने तर्क के आधार पर असन्दिग्ध इस ऋण के लिए अधर्म के पक्ष में युद्ध करके अपने प्राणों की आहुति दे दी–फिर मैं, कौन से न्याय से, सर्वनाश के मुख में गिरा जानकर भी, उस हतभागे आश्रयदाता को छोड़ दूँ ?...जन्म लेते ही जननी ने मेरी मृत्यु चाहकर मुझे नदी के गर्भ में छोड़ दिया था, उस दिन जिन अधिरथ और राधा ने पूरी तरह अज्ञात कामज-सन्तान को वहाँ से निकालकर जीवन-दान दिया, सगे पुत्र की भाँति ही लालन-पालन किया–आज उनका वह ऋण और सम्बन्ध ठुकरा देना क्या चरम-कृतघ्नता दिखाना नहीं होगा ? और उस दिन जिसने खुले रूप में नीच कुलोत्पन्न, अख्यात, अवहेलित तरुण की घोर अवमानना से रक्षा करके, उसे मित्र के रूप में अपने निकट स्थान दिया था–वह दुर्योधन चाहे लोभी, ईर्ष्यालु, अहंकारी और पापिष्ठ हो–किन्तु मेरे लिए अत्याज्य है। धर्म-शास्त्र का मैंने विशेष अध्ययन नहीं किया, किन्तु मेरे हृदय का शास्त्र अन्ततः यही कहता है। पितामह, एक ही रक्त के सहज–आकर्षण ने मुझे दिन-रात अर्जुन की ओर खींचा–किन्तु उसे उस रूप में भी पा नहीं सका, फलस्वरूप वह आकर्षण शत्रु के रूप में मुझे उसके विषय में सोचने को बाध्य करने लगा। वस्तुतः मेरी माँ ने ही उसे मेरा प्रतिद्वन्द्वी बनाकर ईर्ष्या का पात्र बना डाला। सहजात प्रगाढ़ प्रीति प्रकट होने का मार्ग न खोज पाकर विद्वेष की सुरा में बदल गई और उन्मत्त करने लगी। अब वहाँ मेरा स्थान कहाँ है ? क्या हममें से कोई इतने दिन के मनोभावों को भुला सकता है ? नहीं, वह और नहीं हो सकता। आप आशीर्वाद दीजिए–यह हतभागा, मन्द-भाग्यवालों में रहकर ही अपने चिर-प्रवंचित जीवन का अन्त कर पाए–उसमें, उपकारी मित्र का त्याग करने जैसी दुर्मति उत्पन्न न हो।''

भीष्म गम्भीर स्वर में बोल उठे, ''धन्य, धन्य ! मुझे और कुछ नहीं कहना है ! कर्ण, मैं तुम्हें मुक्त हृदय से आशीर्वाद देता हूँ–निष्काम-चित्त से, पुण्य की कामना करते हुए धर्म-युद्ध में भाग लेकर स्वर्ग जाओ। दुर्योधन ने चाहे जो कुछ किया हो, उसका पाप तुम्हें स्पर्श नहीं करेगा–तुम जीवन में जितने महान हो, मृत्यु के बाद भी उतने ही महान रहोगे।''

कर्ण ने मौन भाव से उनके चरणों में शीश नवाकर अश्रुपूर्ण नेत्रों से विदा ली।

॥ १२ ॥

कर्ण समझे थे कि पिछले लगभग एक माह में वे वासुदेव के मन की सीमा और गहराई जान गए हैं–किन्तु कुरुक्षेत्र की इन कुछ दिनों की घटनाओं ने उनके मन में भयंकर व्याकुलता उत्पन्न कर डाली। क्या वे सचमुच उनके मन की गति को ठीक-ठीक नापने

में सक्षम हो गए हैं ?

भीष्म के पास जाना, अकस्मात् उन पर आक्रमण का अभिनय, फिर उन्हीं के मुख से उनकी मृत्यु का उपाय कहलवाना—ये सब तो छोटी बातें हैं। इसके अलावा उनका जो दूसरा विस्मयकारी, दुर्बोध्य आचरण है—कर्ण जैसे, उसका कोई अर्थ ही नहीं समझ पाए। यदि साधारण ऊपरी अर्थ लिया जाए, तो यादवकुल के इस श्रेष्ठ व्यक्ति को अत्यधिक नीच उद्देश्यवाला कहने को जी चाहता है—पर, उससे भी तो सारे प्रश्नों का उत्तर नहीं मिलता। और श्रीकृष्ण को उन्होंने जितना देखा था, उनके विषय में सुना था उससे बहुत अधिक—उससे तो वे न केवल असाधारण, बल्कि लोकोत्तर चरित्रवाले महामानव प्रतीत होते थे। क्षुद्र स्वार्थ के लिए किसी नीच प्रवृत्ति या बुद्धि को अपनानेवाले व्यक्ति तो वे नहीं थे।

तब ?

भीष्म के पतनवाली रात को कर्ण के चले आने के तुरन्त बाद श्रीकृष्ण पुनः अकेले भीष्म के पास गए थे। कौतूहली प्रहरियों को प्रसाद के रूप में उस वार्तालाप के थोड़े अंश को सुनने में कठिनाई नहीं हुई। श्रीकृष्ण ने बचे हुए आगामी युद्ध के फलाफल की सम्भावना आदि के विषय में ही विचार-विमर्श किया था। कुरु-पक्ष में किसकी कितनी शक्ति है, कौन-कौन, किस-किस प्रकार के महा-दिव्यास्त्र सँभाले इस युद्ध में अपने-अपने निर्धारित शत्रु का विनाश करने की प्रत्याशा में है—उन्हें, ये सारे तथ्य ही जानने या एकत्र करने थे।

इन गूढ़-गोपनीय तथ्यों को उन्हें बताने से पहले महा-मानव भीष्म अवश्य ही थोड़े द्विधा-ग्रस्त भी हुए थे। किन्तु, श्रीकृष्ण ने उस संकोच को—वीर-धर्म के स्वाभाविक संस्कार को—अपनी प्रबल युक्ति से पूर्णतः समाप्त कर दिया। बोले, "हे महात्मा, जागतिक अर्थ में अब आप मृत ही हैं। आपने, असाधारण योग-बल और चारित्रिक-शुद्धता से प्राणों को अपनी इच्छा के अधीन कर लेने के कारण ही क्षत-विक्षत व लगभग रक्त-शून्य हो चुकी देह को नहीं त्यागा है, सूर्य के उत्तरायण होने की राह देख रहे हैं। और भी, आपके शरीर ने भूमि का स्पर्श नहीं कर रखा है, इस जगत का खाद्य या पानीय—कुछ भी ग्रहण नहीं कर रहे हैं। दोनों ही पक्षों ने सर्व-सम्मति से इस विशाल स्थान को बाड़ और अतल परिखा द्वारा रणभूमि से दूर कर रखा है। इस समय आप किसी भी पक्ष के नहीं हैं, भौतिक-जगत् के बन्धनों को तोड़ देने के साथ ही साथ आप सांसारिक वचन-विवेचन आदि के बन्धन से भी मुक्त हो गए हैं। दुर्योधन के जितने ऋण का आपको विश्वास था, वह भी आपने अनेक गुना ब्याज के साथ चुका दिया है। अब इन रहस्यों को प्रकट करने में आपके समक्ष क्या बाधा है ? विशेषकर, जब मैं युद्ध का इच्छुक नहीं हूँ, प्रत्यक्ष युद्ध न करने के लिए प्रतिज्ञाबद्ध हूँ !"

इतने पर भी भीष्म ने उनसे प्रतिज्ञा करा ली थी कि वे लिखित या मौखिक रूप में अन्य किसी के भी समक्ष इन रहस्यों को प्रकट नहीं करेंगे। इसके बाद भीष्म ने संकोच-मुक्त तथा निश्चिन्त होकर श्रीकृष्ण को कुछ गोपनीय तथ्य बताए थे। और,

इतने धीमे स्वर में बताए थे कि वे दूर खड़े प्रहरियों के कानों में नहीं पड़े।

कर्ण, भीष्म के इस आचरण पर कोई दोष आरोपित नहीं कर सके। वे सचमुच पार्थिव-जगत् से छूट गए हैं, इस संसार का कोई नीति-नियम उन पर लागू नहीं होता। उनके प्रति कर्ण की जो आन्तरिक श्रद्धा है, वह तो कुरु-शिविर में सम्मिलित होते समय—पहली बार सेना सहित प्रवेश के अवसर पर ही—सभी कुरु-पक्षवालों के हर्ष और जय-ध्वनि के समय प्रमाणित हो चुकी है। उन्होंने अभी ही अपने स्वागत के उत्तर में अश्रुपूर्ण नेत्रों से यही कहा था, ‘‘धैर्य, बुद्धि, पराक्रम, शास्त्र-ज्ञान, सत्य, स्मृति, वीरों के समस्त लक्षणों, विस्मयकारी शस्त्र-ज्ञान, विनयशीलता, प्रियभाषिता, कृतज्ञता-बोध और विद्वेष-हीनता को जो अपने शरीर की त्वचा की भाँति हमेशा धारण किए रहे, वे शत्रु-निपातक, विपक्षी-वीरों का हनन करनेवाले महावीर भीष्म ही जब आज अक्षम होकर शर-शैया पर पड़ गए हैं, तब किसी और के जीवन तथा शौर्य के सम्बन्ध में कोई निश्चितता नहीं है। मित्रो, कौन जाने आज सूर्यास्त-काल में तुममें से कितनों को अर्थ, पुत्र, पृथ्वी, इस महान कुरु-वंश के लिए शोक करना पड़ेगा, कितनों के पास वह शोक प्रकट करने की शक्ति और सार्थकता भी नहीं बचेगी—अर्थात् वे भी मारे जाएँगे !’’

थोड़ी इस गहन-श्रद्धा और प्रीति के कारण और थोड़ी इस आशा में कि शायद किसी प्रकार भीष्म-कृष्ण वार्तालाप का कोई गुप्त तत्त्व पता चल जाए—कर्ण उस दिन प्रातःकाल युद्ध पर जाने से पहले और एक बार भीष्म के पास गए। उन्हें प्रदक्षिणापूर्वक प्रणाम करते हुए बोले, ‘‘पितामह, मैं कर्ण हूँ, मैं आपको प्रणाम करने तथा आशीर्वाद की प्रार्थना करने आया हूँ। आपसे अधिक धर्म-दृढ़, निर्मल बुद्धि-युक्त, युद्ध-विद्या में पारंगत व्यक्ति और दूसरा कोई नहीं है—विधाता के विचित्र विधान के चलते इस संसार में मनुष्य वास्तविक-पुण्य का फल नहीं भोग पाता, इसी कारण आज आप भूपतित होकर शर-शैया पर पड़े हैं, फिर भी इसमें कोई सन्देह नहीं कि आप वर्तमान काल के नर-श्रेष्ठ हैं। आप आशीर्वाद दीजिए—मैं रणोन्मत्त पांडवों से युद्ध करने जा रहा हूँ।’’

भीष्म ने बड़े कष्ट से अपने ढीले नेत्र-चर्म को खोलकर कर्ण की ओर प्रसन्नतापूर्वक दृष्टिपात किया। बोले, ‘‘शत्रुओं के लिए दुस्सहनीय बलवाले कर्ण, तुम निष्काम-चित्त से धर्म के पालन हेतु युद्ध पर जा रहे हो—स्वयं ईश्वर ही तुम्हें आशीर्वाद देंगे। मैं तुम्हें स्नेह और शुभ-कामना देता हूँ। देखो, इस पृथ्वी पर यौन-सम्बन्ध की अपेक्षा साधु-सम्बन्ध अधिक शक्तिशाली होता है—उस सम्बन्ध के कारण ही तुम कौरवों के निकट-सम्बन्धी तथा रक्षक हो, यह सोचकर ही कुरु-सन्तानों की रक्षा करो, उन्हें शत्रु-हीन बनाने की चेष्टा करो—तुम्हारा कल्याण हो।’’ कर्ण कुरु-पितामह के इस स्नेह-भरे व्यवहार और आशीर्वाद से शान्त तथा प्रसन्नचित्त होकर लौट आए, किन्तु उन्हें इसका आभास तक नहीं हो सका कि श्रीकृष्ण को कौन-कौन से मूल्यवान रहस्य पता चल गए थे। उन्हें प्रत्यक्ष रूप से वैसा प्रश्न करने का भी साहस नहीं हुआ। जिस विश्व-विध्वंसक भयंकर अस्त्र को उन्होंने इतने दिन सँभालकर रखा था—अर्जुन के वध की इच्छा से—पितामह निश्चय ही उस अस्त्र के विषय में जानते हैं, उस सम्बन्ध में उनसे कोई भी बात छिपी

नहीं है–क्या श्रीकृष्ण को उस मारणास्त्र का पता चल गया है ? यही उनकी प्रबल दुश्चिन्ता है।

निश्चय ही–इस पृथ्वी पर ऐसा कुछ भी नहीं है, जो श्रीकृष्ण को अज्ञात हो !

कर्ण कभी-कभी यह बात सोचकर व्याकुल होने लगे, उन्हें एक अज्ञात आतंक अनुभव होने लगा। उसी प्रकार, जैसे साधारण मनुष्य किसी अप्राकृतिक, विशाल, असीम रहस्यमय वस्तु को देखकर भ्रमित और भयभीत हो जाता है।

क्या केवल उनकी बुद्धि और ज्ञान ही लोकोत्तर है। क्या उनका सम्पूर्ण आचरण कम विस्मयकारी, कम दुर्बोध्य है !

प्राग्ज्योतिषपुर के शासक भगदत्त के वध के अवसर पर उन्होंने जो कार्य किया, वह एकदम से कभी भी समर्थन योग्य नहीं है, कारण, वह उनकी बार-बार की घोषणा और प्रतिज्ञा के पूरी तरह विरुद्ध है।

उस दिन दुर्योधन ने युद्ध प्रारम्भ होने से पहले द्रोणाचार्य से कहा, "जैसे भी हो, आप युधिष्ठिर को जीवित ही बन्दी बना लीजिए !"

द्रोण ने पहले सोचा, दुर्योधन सुबुद्धि, श्रद्धा अथवा प्रेम के कारण युधिष्ठिर का वध नहीं चाहता। द्रोणाचार्य इसी से सन्तुष्ट हो गए थे कि अभी दुर्योधन में इतना विवेक और विचारशीलता शेष है, वे जिसकी सेवा को बाध्य हुए हैं, उस व्यक्ति में थोड़ी सी सुबुद्धि और भद्र-आचरण की विशेषता भी है। इसीलिए वे साधुवाद देने को भी तैयार हो गए थे–किन्तु उस भूल के टूटने में भी विलम्ब नहीं हुआ। कारण, दुर्योधन ने अगले ही पल मन में छिपे गुप्त पापपूर्ण षड्यन्त्र को स्वयं ही प्रकट कर दिया, "युधिष्ठिर के वध से कोई लाभ नहीं, उसके भाई और अधिक हिंस्र हो उठेंगे एवं दोगुने पराक्रम से युद्ध करेंगे। उसे बन्दी बनाकर मुक्ति की शर्त के रूप में फिर द्यूत-क्रीड़ा का आमन्त्रण दूँगा और फिर सर्वस्व जीतकर दीर्घकाल के लिए वनवास भेज दूँगा। ऐसा होने पर युद्ध की और आवश्यकता नहीं रहेगी।"

इस मनोवृत्ति में छिपी कुटिलता घृणा-बोध का ही विषय है–विशेषकर तब, जब मन में आता है कि इस वृद्धावस्था में ऐसे स्वामी की ही सेवा करनी पड़ रही है–किन्तु लगता है, दुर्योधन के प्रसंग में मन में और घृणा भी नहीं जागती।

द्रोण एक दीर्घ निश्वास छोड़ते हुए बोले, "पुत्र, मेरे लिए ही क्यों, लगता है अर्जुन स्वयं रुद्र के लिए भी अजेय है। उसने जितने अस्त्र उपलब्ध करके संग्रह कर रखे हैं, उतने तुम्हारे पक्ष के किसी धनुर्धर के पास नहीं हैं। अर्जुन के निकट रहते युधिष्ठिर को बन्दी बनाना मेरी सामर्थ्य के भी बाहर है। उसे दूर ले जाकर व्यस्त रखने की चेष्टा करो–तब शायद युधिष्ठिर को बन्दी करना सम्भव हो !"

इस परामर्श के आधार पर एक विशाल सेना के सैनिकों ने अग्नि में आहुति देकर प्रतिज्ञा की, कि या तो वे अर्जुन का वध करेंगे अथवा उसके हाथों मारे जाएँगे। अर्जुन का विनाश न होने तक वे, न तो युद्ध बन्द करेंगे, न शिविर की ओर लौटेंगे और न अन्न-जल का स्पर्श करेंगे। त्रिगर्तराज सुशर्मा की सेना और श्रीकृष्ण की नारायणी-सेना

के एक बड़े भाग ने एक साथ यह प्रतिज्ञा करके अर्जुन को युद्ध के लिए ललकारा।

अर्जुन ने अपने को विपद्-ग्रस्त तो अनुभव किया ही, वे पूरी तरह यह भी समझ गए कि यह उन्हें युधिष्ठिर की रक्षा में असमर्थ बनाने का षड्यन्त्र है। किन्तु वीर-धर्म की उपेक्षा भी सम्भव नहीं है। विशेषकर, वे बहुत समय से प्रतिज्ञाबद्ध हैं कि युद्ध के लिए ललकारे जाने पर कभी भी पीछे नहीं हटेंगे। सत्यजित नामक एक पांचालवीर पर युधिष्ठिर के अगल-बगल की रक्षा का भार डालकर—और धर्मराज को यह आश्वासन देकर कि जितना शीघ्र सम्भव होगा, वे इनका विनाश करके लौट आएँगे—संशप्तकों[1] की ओर दौड़ गए। वे युद्ध-क्षेत्र की दक्षिणी दिशा के एकान्त में एकत्र हुए थे—जिससे कि उन्हें युधिष्ठिर आदि से बहुत दूर ले जा सकें।

'जितना शीघ्र सम्भव होगा' यह शब्द-समूह एक अस्पष्ट सान्त्वना भर होता है, उससे कोई निर्धारित समय-सीमा स्पष्ट नहीं होती। फिर भी, शायद उस काल के सम्बन्ध में सान्त्वनादाता का एक अनुमान होता है। किन्तु अर्जुन इस सेना के साथ युद्ध प्रारम्भ करते ही समझ गए कि उनके द्वारा अनुमानित काल में इन सैनिकों का विनाश उनकी शक्ति के परे है। वे चाहे जितने बड़े वीर हों, उनके पास चाहे जितने भयंकर अस्त्र हों—किन्तु इस दृष्टि-सीमातीत योद्धा-समुद्र का संहार करना कुछ दंड अथवा एक प्रहर का काम नहीं है।

अर्जुन युधिष्ठिर की असहाय अवस्था का ध्यान करके प्राण-पण से युद्ध करते हुए साक्षात् यमराज की भाँति संहार-मूर्ति बनकर विचरण करने लगे, जो सांघातिक अस्त्र थे—जिनकी शक्ति भयावह और बहुत व्यापक-विशाल थी—चुन-चुनकर ऐसे अस्त्रों का प्रयोग करने लगे, तब भी उस रण-दुर्मर सैन्य-समुद्र का आयतन कम नहीं हुआ, उसके हत होने अथवा पीछे हटने के कोई लक्षण दिखाई नहीं दिए।...

इस बीच द्रोण भी निष्क्रिय नहीं रहे। युधिष्ठिर की ओर उनका लक्ष्य जानकर भीम प्रचंड-शक्ति से उन्हें रोकने की चेष्टा करने लगे। किन्तु उस दिन द्रोण भी दृढ़-प्रतिज्ञ थे, वे अकेले ही दस महा-योद्धाओं के समान युद्ध करने लगे। सत्यजित तो गए ही, अन्त में ऐसी अवस्था हो गई कि द्रोण के उस प्रचंड-आक्रमण से लगभग सभी पांचाल-वीर गिर गए, भीम के अतिरिक्त कोई भी उन्हें बाधा देनेवाला नहीं रहा।

दुर्योधन ने आह्लादित होकर कर्ण से कहा, "आज आचार्यदेव ने वास्तव में संहार-मूर्ति धारण कर ली है। देख रहा हूँ, हमारा उद्देश्य सिद्ध होने में एकमात्र बाधा भीम रह गया है, वही द्रोण के इस पराक्रम का सामना और कितनी देर करेगा !"

कर्ण उसकी मूर्खता पर थोड़ी करुणा-भरी हँसी हँसते हुए बोले, "तुम बचपन से देखते हुए भी भीम को रंच-मात्र नहीं पहचान पाए। वह पराजित होकर रण-भूमि छोड़नेवाला व्यक्ति नहीं है। इसके अतिरिक्त, पांडव-पक्ष के दूसरे वीर निश्चय ही फिर आ जाएँगे। रण-हस्ती चाहे जितना भी दुर्धर्ष हो, किन्तु भेड़ियों के झुंड के सामने वह

1. उस काल में यह रीति प्रचलित थी कि जो ऐसी भीषण प्रतिज्ञा करके युद्ध करने जाते थे, उन्हें संशप्तक कहा जाता था।

असहाय ही होता है। अब हमारा आचार्य की पीठ और अगल-बगल की रक्षा के लिए तुरन्त जाना उचित है।''

भगदत्त ने भी द्रोण की इस असहाय दशा का अनुमान कर लिया था। वे सिंहनाद करके अपनी विशाल हस्थि-वाहिनी लेकर द्रोण की पार्श्व-रक्षा के लिए तेजी से आगे बढ़े। उनका अपना वाहन महा-हस्थी भी बहुत प्रसिद्ध था, उसने गौरव के साथ असंख्य युद्धों में भगदत्त को अपनी पीठ पर बैठाया था। कहा जाता है कि वह स्वयं इन्द्र-वाहन ऐरावत का वंशधर था, वह केवल वाहन नहीं था, उससे भी बढ़कर वह योद्धा था।

भगदत्त, द्रोण से न मिल पाएँ, इसके लिए युधिष्ठिर ने पांचाल-वीरों के साथ उन्हें बीच में ही रोकने की चेष्टा की। किन्तु, भगदत्त और उनकी अपराजेय हस्थि-वाहिनी मानो उस दिन महा-प्रलय मचाने के लिए संकल्पबद्ध थी। प्राग्ज्योतिषपुर की पर्वती सेना-वाहिनी और पर्वत के समान हाथियों के झुंड ने उस दिन ऐसा प्रचंड युद्ध किया कि घड़ी-भर में ही पांडव-पक्ष के बहुत सारे विशिष्ट धनुर्धर निहत हो गए, पांचाल सैनिक 'हाथी की पीठ पर कालान्तक यमराज ही अवतरित हो गए हैं,' यही सोचकर चारों ओर बिखरकर भागने लगे।

बहुत दूर से, अगणित अस्त्रों की झंकार के बीच भी अर्जुन को हाथी की चिंघाड़ सुनाई पड़ गई।

अर्जुन लगातार युद्ध करते हुए ही चिन्तित होकर कृष्ण से बोले, ''यह भारी चिंघाड़ भगदत्त के हाथी को छोड़कर और किसी की नहीं हो सकती। यह न लोहे की जंजीरों से परेशान होता है, न अग्नि से। आज धर्मराज निश्चित रूप से संकट में हैं, तुम रथ को तुरन्त उत्तर दिशा के युद्ध-स्थल की ओर हाँको।''

उस क्षण भी चौबीस सहस्र संशप्तक उनका मार्ग रोके खड़े थे। वे भी प्रतिज्ञाबद्ध थे, अर्जुन उनका वध किए बिना एक पग भी आगे नहीं जा सकते थे। ऊपर से सुशर्मा आदि ने तीक्ष्ण-शर-वर्षा से अर्जुन के रथ के अश्वों तथा सारथी को इस प्रकार असहाय कर दिया कि अश्व तो परेशान हो ही गए, स्वयं वासुदेव भी क्षत-विक्षत होकर पसीने से नहा उठे। कुछ देर को तो उनकी आँखों के सामने अँधेरा छा गया।

संकट में पड़े हुए अर्जुन शायद युधिष्ठिर की सुरक्षा के प्रति संशयग्रस्त होने के कारण ही थोड़े अन्यमनस्क हो गए थे। विपक्षियों ने उसी सुयोग का लाभ उठाया। तब उन्होंने क्रुद्ध होकर एक अकल्पनीय और अश्रुतपूर्व कार्य किया। शत्रु-पक्ष की उस विशाल सेना को लक्ष्य करके सूर्य के समान तेजस्वी और लगभग सम्पूर्ण विश्व का विध्वंस कर सकनेवाला भयंकर ब्रह्मास्त्र छोड़ दिया। बहुत दूरी पर फेंकने के कारण शत्रुओं की अधिक क्षति तो नहीं हुई, किन्तु उस अस्त्र की प्रलयंकर अग्नि-बाढ़ में कई सहस्र संशप्तक सैनिक मारे गए, बचे हुओं में से अधिकांश या तो मृत्यु के निकट पहुँच गए या अचेत हो गए। उस अग्नि और उसके कारण उत्पन्न भारी झंझा से उनके हाथी, घोड़े, रथ यहाँ तक कि चारों ओर के वृक्ष-लताओं के समूह छिन्न-भिन्न हो गए, जल गए या मारे गए।

इसी समय श्रीकृष्ण घोड़ों को तेजी से हाँककर मार्ग के अगणित पैदल सैनिकों को कुचलते हुए, रथ-चक्रों से पीसते हुए, रथ को भगदत्त के सामने ले गए।

यदि अर्जुन को और आधी घड़ी विलम्ब हो गया होता तो महान-विपत्ति आ जाती–शायद महा-सर्वनाश ही हो जाता। भीम अकेले ही यमराज की भाँति भगदत्त से युद्ध कर रहे थे। यहाँ विपक्ष में केवल भगदत्त ही नहीं थे, उनका मेघ-पर्वत के समान हाथी भी शत्रु का विनाश करने में लगा था। अमित बलशाली भीमसेन के लिए भी उसे निस्तेज या निष्क्रिय करना कठिन हो रहा था। अन्त में एक समय ऐसा भी आया, जब वे घबराकर उसके विशाल-पेट के नीचे अपने को छिपाने के लिए बाध्य हो गए। उस स्थिति में, उन्हें न देख पाने के कारण, 'हाय, भीमसेन मारे गए' पांडवों की सेना में यही हाहाकार मच गया। उस संकट-काल में यदि किशोर अभिमन्यु महा-पराक्रम के साथ भगदत्त के सामने न आ डटते, तो उस हाहाकार का कारण सच ही हो जाता।

भगदत्त ने दूर से फाल्गुनि को प्रलय-देवता महा-रुद्र की भाँति शत्रु-सैनिकों को कुचलते हुए तेजी से अपनी ओर बढ़ते देख भीमसेन को छोड़कर अर्जुन की ओर ही हाथी बढ़ा दिया। श्रीकृष्ण उन्हें इस भयंकर रूप में आते देख–आक्रमण के प्रचंड-वेग को बचाने के लिए कौशल के साथ, विद्युत-गति से रथ के घोड़ों को मोड़कर भगदत्त के दाहिनी ओर आ गए। ऐसे में, अर्जुन के लिए पीछे से हाथी और उस पर सवार व्यक्ति का वध कर डालना एक क्षण का कार्य था–किन्तु ऐसे अवसर का लाभ उठाना अथवा पीछे से अस्त्र चलाना किसी योद्धा की अयोग्यता मानकर, उन्होंने वह नहीं किया।

भगदत्त उस दिन अनेक प्रकार के अस्त्रों से लैस होकर ही रणभूमि में उतरे थे। धनुष, गदा, तोमर, भाला आदि सामान्य अस्त्र तो थे ही, कुछ सजीव अस्त्र भी साथ लाए थे–प्राग्ज्योतिषपुर का यमदूत के समान प्रसिद्ध अजगर-सर्प आदि। ये विशाल आकारवाले जीव-जन्तुओं और पूरे मनुष्य को जीवित ही आसानी से निगल जाते थे अथवा उन्हें चारों ओर से लपेटकर उनकी हड्डियों को चूर-चूर करके कीचड़ के लौंदे की भाँति बना देते थे।

भगदत्त ने उसी भीषण आकृतिवाले महा-नाग का प्रयोग किया। ये नाग सामान्य अस्त्राघात से परेशान या विचलित नहीं होते, बल्कि क्रुद्ध होकर अस्त्र चलानेवाले के लिए प्राणघातक हो जाते हैं। उन्होंने इनमें से सबसे बड़ा और सबसे सांघातिक नाग धनंजय को लक्ष्य करके छोड़ा। उसकी विशाल, किन्तु विद्युत-गतिवाली देह, भयंकर फूत्कार और मूर्च्छित कर देनेवाली निश्वास से अन्य वीर तो व्याकुल होकर जड़ हो गए, भयंकर मृत्यु निकट जानकर भी उनमें बचकर निकलने की शक्ति नहीं रही; किन्तु अर्जुन ने हँसते हुए विद्युत-गति से दस तीक्ष्ण तीरों से बींधकर सरलतापूर्वक उसका वध कर डाला।

इसके पश्चात् भगदत्त और अर्जुन के बीच जो युद्ध हुआ, वह वर्णन से परे है।

भगदत्त ने जैसे जान-बूझकर रथी को छोड़कर सारथी और अश्वों को परेशान और अस्थिर कर डाला। अर्जुन के रथ के आठों घोड़े विख्यात हैं, उनकी शक्ति, सहिष्णुता और शिक्षा अतुलनीय है, वे अर्जुन के विशेष प्रिय हैं–इनका और वासुदेव का वध कर

देने पर अर्जुन निर्बल और निरुपाय हो जाएँगे, तब उन्हें बन्दी बनाना भी सरल हो जाएगा–शायद, उनका यही विचार था। किन्तु इस अन्यायपूर्ण तथा युद्ध-रीति के प्रतिकूल आक्रमण का उल्टा परिणाम निकला। श्रीकृष्ण की रक्त-सनी देह और प्रिय अश्वों को बाणों से बिंधा देखकर अर्जुन अत्यधिक क्रुद्ध हो उठे तथा बिना देरी किए भगदत्त के वध का संकल्प कर लिया।

उनके अविश्वसनीय रूप से प्रचंड आक्रमण से आत्म-रक्षा के लिए भगदत्त ने, अन्तिम समय के लिए बचाकर रखे सभी बहु-प्राण-हननकारी मारणास्त्र एक-एक कर छोड़े, किन्तु अर्जुन ने उनसे कई गुना शक्तिशाली अस्त्रों का प्रयोग करके सभी अस्त्रों को काट डाला तथा भगदत्त और उनके वाहन, महा-हस्थी को बेचैन और अस्त्र-जर्जरित कर डाला। हाथी ने उनके रथ पर पैर रखकर उसे चूर्ण कर डालने व रथी को सूँड़ में लपेटकर बन्दी बनाने की चेष्टा की, किन्तु उसके पैर का पूरा दबाव पड़ने से पहले ही एक यन्त्रणादायक अस्त्र चलाकर उसे भयभीत तथा पागल की भाँति अस्थिर बना दिया।

अब भगदत्त ने संकट का अनुमान लगाया। अब तक साक्षात्-युद्ध न करने के कारण उन्हें अर्जुन की शिक्षा और शक्ति का अनुमान नहीं था। व्याकुल होकर अपनी रक्षा के विषय में सोचते हुए उन्हें याद आया कि उनके पूर्वजों द्वारा संगृहीत, असुरराज द्वारा प्रदान किया गया एक अमोघ दिव्यास्त्र है। उसका चरम-संकट के काल में प्रयोग किया जाना निर्धारित है। कहा जाता है कि साधारण योद्धा पर चला देने पर वह अस्त्र बहुत लोगों, यहाँ तक कि स्वयं चलानेवालों का भी विनाश कर डालेगा। इसी कारण, उनके पूर्वजों ने कभी भी उसका प्रयोग नहीं किया। किन्तु इस क्षण वही चरम-संकट का काल उपस्थित है एवं संसार का श्रेष्ठ योद्धा उनके प्राण-हरण के लिए तैयार है–भगदत्त ने यही सोचकर वह महास्त्र उठा लिया।

उसके सूर्य के समान ताप और चमक से, पलक झपकते ही चारों ओर के सैनिक तथा योद्धा चेतनाहीन हो गए, उनमें से अनेक अन्धे हो गए। उल्का की भाँति गतिमान और सैकड़ों सूर्यों की भाँति प्रदीप्त-प्रज्वलित उस अस्त्र को चारों ओर असहनीय तेज फैलाते हुए अर्जुन की ओर आते देखकर श्रीकृष्ण ने अचानक एक आश्चर्य-भरा व क्षण-भर पहले तक भी न सोचा गया कार्य कर डाला। क्षण-भर में ही उन्होंने अश्व-वल्गा छोड़, एक छलांग में रथ पर चढ़कर अर्जुन को अपनी ओट में ले लिया और अनेक रमणियों द्वारा काम्य अपने विशाल वक्ष पर उस अस्त्र का आघात झेल लिया। वह प्रज्वलन्त भीषण अस्त्र भी उनके वक्ष की कोई क्षति नहीं कर पाया, बल्कि उस परम-स्पर्श से निस्तेज और नष्ट हो गया।

इसके पश्चात् भगदत्त के वध में कोई बाधा ही नहीं रहनी थी, रही भी नहीं।

किन्तु, अनायास ही घोर शत्रु का पतन होने पर भी अर्जुन मन से प्रसन्न नहीं हुए। उन्होंने क्षोभपूर्वक शिकायत करते हुए कहा, "वासुदेव, इस युद्ध में प्रत्यक्ष रूप से भाग न लेने के संकल्प की बार-बार घोषणा करके भी तुमने उस प्रतिज्ञा का उल्लंघन क्यों किया ? क्या मैं युद्ध करने में असमर्थ हो गया था ? विशेष रूप से जब भगदत्त मेरे

साथ युद्ध कर रहा था—तब उसके अस्त्राघात से मुझे बचाने पर मैं वीर-समाज में हमेशा के लिए हास्यास्पद हो गया।''

श्रीकृष्ण भौंहें चढ़ाकर बोले, ''मित्र, अहंकार के समान वीरों के बहुत कम शत्रु हैं। अहंकार नष्ट न हो तो शौर्य ही क्यों—कोई भी शिक्षा पूर्ण नहीं होती। इसमें सन्देह नहीं कि तुम श्रेष्ठ योद्धा हो, किन्तु यदि इसी के चलते तुम यह सोचने लगे हो कि तुम हर जगह एकदम अपराजेय हो—तो मानना होगा कि तुम्हारा शौर्य चाहे जितना हो, बुद्धि जरा सी भी नहीं है।...और तुम अच्छी तरह जानते हो, मैं ठोस कारण के अभाव में पहली दृष्टि में ही गर्हित लगनेवाला कोई कार्य नहीं करता। जब इतनी बड़ी प्रतिज्ञा भंग की है, तो तुम्हें यह समझना उचित था—कि उसका कारण भी उतना ही बड़ा होगा। तुमने क्या विश्व के समस्त महास्त्रों के प्रयोग, विनाश या प्रतिरोध का रहस्य जान लिया है ? मूर्ख, यह अस्त्र विश्व-त्रास नरकासुर ने बनाया था, देवताओं पर विजय पाने के उद्देश्य से। भगदत्त के पिता ने उसे, उसी के पास से प्राप्त किया था। चरम संकट आ पड़ने पर प्रयोग करने के लिए ही भगदत्त ने उसे इतने दिन सँभालकर रखा था। कहा जाता है कि वह महावैष्णवी-मन्त्र से परिशोधित है—इसी कारण साधारण योद्धा उसका मुकाबला नहीं कर सकते। मैंने यही समझकर कि किसी दिन आवश्यकता पड़ सकती है—बहुत प्रयास करके इस अस्त्र के प्रभाव को नष्ट करने का कौशल सीख लिया था। मैं इसी कारण तुम्हें अपनी ओट में करके उसका भयंकर आघात सहन कर सका—अन्यथा तुम्हारी ही क्यों, कर्ण, द्रोण यहाँ तक कि भीष्म का भी सामर्थ्य नहीं कि इस अस्त्र के वेग और तेज को सहन करके जीवित रह सकें।...अर्जुन, स्मरण रखो तुम्हारे शौर्याभिमान की अपेक्षा तुम्हारे प्राण—तथा मेरी उद्देश्य-सिद्धि मेरे लिए अधिक मूल्यवान है।''

॥ १३ ॥

इतना ही पर्याप्त है, किन्तु—वासुदेव के दुर्बोध्य-आचरण का यही एकमात्र उदाहरण नहीं है।

कर्ण सर्वाधिक विस्मित हुए अभिमन्यु-वध की सम्पूर्ण घटना से।

अभिमन्यु श्रीकृष्ण का भानजा था, प्रियतम मित्र का पुत्र। श्रीकृष्ण को उसकी शूरता-वीरता, तेज और व्यवहार, सभी कुछ विशेष प्रिय था। उसके सम्बन्ध में हमेशा सचेत व सतर्क रहना आवश्यक था—लेकिन श्रीकृष्ण ने ऐसा आचरण किया कि जैसे उन्हें, उसकी मृत्यु की कोई आशंका ही नहीं थी और जैसे कि वे परिणाम का पूर्वानुमान ही नहीं कर पाए।

उस दिन द्रोण, सेना के चक्रव्यूह की रचना करेंगे, यह श्रीकृष्ण—और अर्जुन भी निश्चित रूप से जानते थे। शत्रु-शिविर में कोई भी मन्त्रणा होते ही दूसरे पक्ष को उसकी सूचना मिल जाती थी। पांडव-पक्ष में अकेले अर्जुन ही चक्रव्यूह में प्रवेश करने और उससे

निकलने के रहस्य से अवगत हैं—श्रीकृष्ण इस तथ्य से भी अनभिज्ञ नहीं थे। अर्जुन एक दिन अभिमन्यु को युद्ध-कौशल की शिक्षा देते समय, वासुदेव के सामने ही चक्रव्यूह भेदने की पद्धति सिखा रहे थे। किन्तु उसमें से निकलने का कौशल सिखाने तक पहुँचने से पहले ही बालक अभिमन्यु—वरांडे में, जहाँ नक्शा बनाकर उन्हें सिखाया जा रहा था, उसी के ऊपर सो गया। उसके बाद अर्जुन को वह रहस्य सिखाने का अवसर या सुयोग नहीं मिला। उन्होंने उतनी आवश्यकता भी नहीं समझी।

उस दिन प्रातःकाल युद्ध प्रारम्भ होने से पहले, जब संशप्तक नारायणी सैनिक अर्जुन को युद्ध के लिए ललकारकर रण-भूमि के केन्द्र से बहुत दूर ले जा रहे थे, तब निश्चय ही वासुदेव उनके मुख्य-उद्देश्य का अनुमान करने में समर्थ हो गए थे। उस समय यदि वे, अर्जुन को एक बार चेता देते, तो अर्जुन अधिक नहीं तो एक घड़ी ठहर कर अभिमन्यु को उस चक्रव्यूह से निकलने अथवा भीमसेन को उसमें प्रविष्ट होने का कौशल अच्छी तरह सिखा जाते।

किन्तु वासुदेव ने कुछ भी नहीं किया, प्रशान्त, उत्फुल्ल भाव से दूर दक्षिण दिशा की ओर अर्जुन का रथ हाँक दिया।

अभिमन्यु-वध में कर्ण ने जो भूमिका निभाई, उसके लिए उनकी लज्जा और आत्म-ग्लानि की सीमा नहीं थी, पर उन्हें नितान्त निरुपाय अवस्था में ही शकुनि और दुःशासन की अति-गर्हित और प्रत्येक प्रकार से रणनीति-विरुद्ध मन्त्रणा का अनुमोदन करना पड़ा था। अन्यथा उस दिन, सम्भवतः सूर्यास्त से पहले ही कौरव-पक्ष को अभिमन्यु के सामने भयानक पराजय का वरण करना पड़ता। शायद मृत्यु का भी। उस दिन द्रोणाचार्य ने दुर्योधन के कर्कश-धिक्कार के कारण पांडव-पक्ष के मान-मर्दन का दृढ़-संकल्प किया था। चक्रव्यूह की रचना उसी संकल्प का परिणाम थी। इस व्यूह में प्रवेश करने और उससे बाहर निकलने का रहस्य पांडव-पक्ष में अर्जुन के अतिरिक्त और कोई नहीं जानता—द्रोण यह सोचकर निश्चिन्त थे। संशप्तक, उनके निर्देश पर अर्जुन को बहुत दूर ले गए थे, अब और किसमें इस व्यूह को भेदने की शक्ति है !

द्रोणाचार्य ज्ञानी और दूरदर्शी थे—पर उन्होंने अभिमन्यु का हिसाब नहीं लगाया।

किन्तु, केवल इसीलिए उन्होंने व्यूह के गुप्त द्वार को अरक्षित भी नहीं छोड़ा, धृतराष्ट्र के जामाता सिन्धु देश के अधिपति महाबली जयद्रथ, अश्वत्थामा, दुर्योधन के बहुत सारे भाई, शकुनि, शल्य, शत्रुत्रास-भूरिश्रवा और स्वयं द्रोण—इतने सारे महावीर उस व्यूह-द्वार की रक्षा कर रहे थे। युधिष्ठिर यह सब नहीं जानते थे, वे इस शोचनीय परिस्थिति का अनुमान भी नहीं कर पाए थे। उन्होंने इस विश्वास के आधार पर अभिमन्यु को व्यूह-द्वार भेदने का आदेश दे दिया था कि द्वार का पता चल जाने पर भीमसेन आदि महा-पराक्रमी वीरों को अभिमन्यु का अनुसरण करने में कोई बाधा नहीं आएगी। अभिमन्यु ने भी कुछ सोच-विचार नहीं किया, ज्येष्ठ पिता का आदेश पाते ही उस दिशा में घोड़े हाँक दिए और थोड़े प्रयास से ही पथ-रक्षक वीरों को पराजित करके व्यूह के

भीतर प्रविष्ट हो गया।

प्रवेश किया, किन्तु अकेले अभिमन्यु ने।

भीम, युधिष्ठिर, सात्यकि, धृष्टद्युम्न ने उन्हें विश्वास दिलाया था, "तुम, हमें केवल प्रवेश-द्वार तक पहुँचा दो, उसके बाद जो करणीय होगा, हम कर लेंगे। अर्जुन के लौटने तक निष्क्रिय-भाव से प्रतीक्षा करते हुए कौरवों की अस्त्र-वर्षा का लक्ष्य बने रहने अथवा उनके हाथों बन्दी होने या मारे जाने पर केवल हमारी ही नहीं, अर्जुन की भी लज्जा व अवमानना की सीमा नहीं रहेगी। जीवित या मुक्त रहने पर भी हम लोग यह मुँह लेकर अर्जुन के सामने खड़े नहीं हो पाएँगे।"

लेकिन, जब समय आया, तो वे लोग कुछ भी नहीं कर पाए, अभिमन्यु के सरलता से भीतर प्रविष्ट हो जाने पर भी कोई दूसरा पांडव वैसा नहीं कर सका। व्यूह-द्वार-रक्षकों—विशेषकर जयद्रथ ने—मानो साक्षात् रुद्र-प्रेरित होकर इतने भयंकर पराक्रम के साथ युद्ध किया कि इनके लिए उस संकीर्ण व्यूह-द्वार को भेदकर भीतर प्रवेश करना सम्भव नहीं हुआ।

पहले, अभिमन्यु ने इतना ध्यान नहीं दिया। बाद में देखा कि सम्पूर्ण कुरु-वाहिनी के सामने वह अकेला है, उसके ज्येष्ठ पिता, चाचा अथवा मामा के वंश का कोई भी उसके पीछे आने में समर्थ नहीं हुआ।

उस दशा में, कौशलपूर्वक व्यूह से बाहर आना ही बुद्धिमानी का कार्य होता—किन्तु उसका उपाय वह जानता ही नहीं था। तब भी वह अर्जुन का पुत्र था, पलायन या पराजय शब्द से उसका परिचय नहीं था। थोड़ा सा भी हतोत्साहित न होकर प्राण-पण से युद्ध करने लगा। अन्त में ऐसी आशंका होने लगी कि आज शायद इस किशोर बालक के हाथों कौरव-सेना का ध्वंस हो जाएगा।

एकदम निरुपाय होकर शकुनि के परामर्श से कौरवों के सात महारथियों ने चारों ओर से घेरकर, कमल की कलिका के समान अर्ध-प्रस्फुटित यौवनवाले इस बालक का वध नहीं—बल्कि उसकी हत्या कर डाली।

इसमें सन्देह नहीं कि यह महा पाप था, अमार्जनीय अपराध, किन्तु उन्हें, उस दिन यह कार्य बाध्य होकर, आत्म-रक्षा के लिए करना पड़ा था। उन्हें नहीं पता कि मृत्यु के बाद धर्म क्या न्याय करेगा—किन्तु शास्त्र के अनुसार आत्म-रक्षा में कुछ भी अकरणीय नहीं है—उनके लिए एकमात्र यही सान्त्वना की बात थी।

चाहे वह जो कुछ हो, फिर भी लगता है, कर्ण का मूल प्रश्न अनुत्तरित ही रहेगा—सब कुछ जानते हुए भी श्रीकृष्ण ने इस बालक की हत्या क्यों कराई ?

वे इस सम्भावना से अवगत थे या अनुमान करने में समर्थ हो गए थे, इसका प्रमाण भी है;—जब अर्जुन संशप्तकों को विध्वस्त करके सन्ध्या के समय शिविर लौट रहे थे, तब उन्होंने चारों ओर अनेक दुर्लक्षण देख व्याकुल होकर श्रीकृष्ण से प्रश्न किया था, "वासुदेव, चारों ओर ऐसे अमंगल-सूचक लक्षण क्यों दिखाई दे रहे हैं ? भयानक-उत्पात के सब चिह्न, पश्चिमी आकाश गृद्धों से आच्छादित है, शून्य-आकाश से जैसे रक्त की

वर्षा हो रही है, मेरा वामांग जोर-जोर से फड़क रहा है, शरीर सुन्न होता लग रहा है–वायु में भी मुझे जैसे एक हाहाकार सुनाई पड़ रहा है। धर्मराज तो जीवित हैं ? पापियों ने उन्हें बन्दी तो नहीं बना लिया ?''

श्रीकृष्ण ने इस व्याकुलता-भरे प्रश्न के उत्तर में नितान्त निरुद्विग्न भाव से कहा था, ''ना, ना। ऐसी आशंका का कोई कारण नहीं है। तुम्हारे भाई जीवित और स्वस्थ हैं। उन्हें किसी ने भी बन्दी नहीं बनाया। शायद, अन्य कोई सामान्य क्षति हुई है या संकट आया है।''

बाद में, पांडव-शिविर में उनका यही कथन बार-बार दोहराया गया था और इसकी आलोचना हुई थी। उनकी असाधारण भविष्य-दृष्टि–मानवोत्तर बुद्धि–अप्रत्यक्ष व अश्रुत घटना के सम्बन्ध में अलौकिक ज्ञान–साधारण सैनिकों के आतंक और पांडवों के क्षोभ का कारण बने थे। भीमसेन ने भर्त्सना भी की थी। जब वासुदेव सब कुछ जानते हैं, उनके लिए जब कुछ भी अज्ञात नहीं है, कोई भी भविष्यत्-घटना, उन्हें त्रिकालज्ञ कहना ही उचित है–तो उन्होंने यह सर्वनाश क्यों होने दिया !

वासुदेव ने उस दिन इस 'क्यों' का उत्तर नहीं दिया।

कर्ण भी इस 'क्यों' का उत्तर नहीं खोज पाए।

कभी-कभी मन में एक विस्मयकारी अस्वाभाविक विचार आता है–किन्तु वह भी तो अविश्वसनीय है। मन में आता है कि क्या यह भी सम्भव है, यहाँ तक कि श्रीकृष्ण के लिए भी ?

मन में आता है–वासुदेव भारत की सम्पूर्ण क्षात्र-शक्ति तथा राज-शक्ति के ध्वंस का दृढ़-संकल्प किए हुए हैं। इसी कारण उन्होंने इस महायुद्ध–इस विशाल नर-मेध यज्ञ का आयोजन किया है। हाँ, अब कर्ण को कोई संशय नहीं रहा कि यह उनका ही सुनिश्चित आयोजन है। हत्भागों का वह समूह–अंगाधिपति उन्हें हत्भाग्य ही कहेंगे, कारण जिनके विनाश के लिए श्रीकृष्ण संकल्पबद्ध हैं, स्वयं पुरन्दर भी उनकी रक्षा नहीं कर पाएँगे; उनकी अमानुषी-शक्ति, बुद्धि और ज्ञान देखकर मन में यही आता है–उन क्षत्रिय राजवंशों में उनके अपने वंश और कुलवाले–यादव, वृषि, अन्धक भी हैं। कर्ण यह स्वीकार करने को बाध्य हैं कि यदि सचमुच इस अनाचारी, अत्याचारी, पाप में डूबी शक्ति का ध्वंस करके उसे निर्मूल करना है, तो किसी भी प्रकार इन्हें भी छोड़ना उचित नहीं है। श्रीकृष्ण के विराट्-व्यक्तित्व की छत्रछाया में निष्कंटक, निश्चिन्त जीवन जीते-जीते ये लोग अधःपतन की चरम-सीमा पर पहुँच गए हैं। ये, कामवासना पूर्ति और कुत्सित भोगोन्मत्तता के अतिरिक्त और कोई आनन्द नहीं जानते। नारी, सुरा, जुआ, यही इनके व्यसन हैं, स्वेच्छाचार इनका धर्म है। घृणित जीवन का भोग ही उनके जीवन की परिपूर्णता है, जीवन का लक्ष्य है। विख्यात वीरों की सन्तान आज असीमित सुरापान, यौन-सम्भोग (लगता है, उसके अनेक घृणित उपायों की खोज में ही उनकी समस्त बुद्धि समाप्त हो गई है) और कर्महीन जीवन जीने के कारण बलहीन साहसहीन, आदर्शहीन हो गई है।

लगता है, वासुदेव ने मन-ही-मन इन्हें भी वध्य के रूप में चिह्नित कर रखा है,

निश्शब्द-दंड का आदेश किया है। किन्तु अभिमन्यु जैसे दुर्जेय वीर के जीवित रहते उसके मामा के वंश का संहार सम्भव न जानकर ही उनकी यह उदासीनता...

प्रतीत होता है, वासुदेव के अन्तरंग मित्र और प्रिय पांडव भी उनके कार्यकलापों का अर्थ तथा विचार-कल्पना का तल नहीं पकड़ पाए।

जब पुत्र-शोक से विह्वल अर्जुन ने साधारण मनुष्यों की भाँति क्रन्दन, हाहाकार, निन्दा-तिरस्कार-धिक्कार और विलाप करने के बाद भयंकर प्रतिज्ञा की, कि वे कल सूर्यास्त के पहले ही जयद्रथ का वध करेंगे अन्यथा अग्नि में प्रवेश करके प्राण त्याग देंगे—तब यह स्वाभाविक ही था कि कौरव-शिविर में आपात्कालीन विशेष मन्त्रणा-बैठक सम्पन्न होती। इस प्रतिज्ञा को पूरा न कर पाने पर अर्जुन ने केवल आत्महत्या की बात ही नहीं कही थी—बल्कि यह कठोर-शपथ भी ली थी कि परलोक में भी उनकी आत्मा को शान्ति न मिले, संसार के समस्त घृणित कार्यों का पाप उन्हें लगे और वे अनन्त काल तक नरक भोगें।

अर्जुन पहले से ही अपराजेय थे—देवताओं के द्वारा भी वध न किए जा सकनेवाले, उनके लिए भी त्रास-स्वरूप। उनके शस्त्र उठाते ही सम्पूर्ण पृथ्वी भयाकुल हो जाती थी। इस अवस्था में, जयद्रथ उनकी कठोर-प्रतिज्ञा सुनकर मरणासन्न जैसा हो गया। काँपते स्वर में बोला, "हे कुरुराज, हे अन्य राजाओ, आपका कल्याण हो, अभी, इसी घड़ी रण-भूमि छोड़ देना ही मेरे प्राणों की रक्षा का एकमात्र उपाय है। मुझे, दूर किसी निर्जन-वन में जाकर छिप जाने के अतिरिक्त अपने बचने का कोई अन्य मार्ग दिखाई नहीं दे रहा है !"

उसे, द्रोणाचार्य आदि समस्त वीरों ने एक स्वर में विश्वास दिलाया—कौरवों के जितने भी सैनिक और अगणित महारथी जीवित हैं—वे सब दूसरे दिन सूर्यास्त होने तक—पांडवों को पराजित करने, मारने अथवा अस्थिर करने की चेष्टा न करके केवल जयद्रथ की रक्षा की चेष्टा करेंगे, सभी निश्छिद्र मानव-प्राचीर बनाकर उसे घेरे रखेंगे।...इससे ही, अर्थात् यदि जयद्रथ की रक्षा कर पाए, उनका शत्रु-विजय का उद्‌देश्य भी सिद्ध होगा, कारण, अर्जुन के अग्नि में प्रवेश करके प्राण त्याग देने पर पांडव-पक्ष हीनबल और मनोबलहीन हो जाएगा।

उस पक्ष की यह प्रतिक्रिया और प्रतिरोध का संकल्प विश्वस्त गुप्तचरों के माध्यम से इन लोगों तक पहुँचने में विलम्ब नहीं हुआ। दिग्दाहक क्रोध और असीमित शोक में भी अर्जुन थोड़े चिन्तित हुए। उनके मन में द्रोणाचार्य की शक्ति के विषय में कोई भ्रान्ति या अयथार्थ-कल्पना नहीं थी तथा अपनी क्षमता के सम्बन्ध में भी निराधार अति-विश्वास नहीं था। ये वय प्राप्त योद्धा अब भी अनेक तरुण-वीरों की सम्मिलित शक्ति से अधिक शौर्यवान और बलवान हैं। वे सचमुच मनोयोगपूर्वक या प्राण-पण से चेष्टा करें, तो अकेले सव्यसाची अर्जुन ही क्यों, सम्पूर्ण पांडव-पक्ष की सम्मिलित शक्ति भी उन्हें नहीं मार सकती।

शोक के आवेश और प्रतिहिंसा में उन्मत्त होकर प्रतिज्ञा करना एक बात है—उसे व्यावहारिक रूप देना दूसरी बात। और यहाँ तो यह एकदम आसानी से सम्भव नहीं होगा...

अर्जुन को पता नहीं कि दुश्चिन्ता के बीच कब उनके थके हुए नेत्र नींद के कारण बन्द हुए, इसलिए उन्हें स्वप्न भी वास्तविक घटना जैसा प्रतीत हुआ। देखा, वे और श्रीकृष्ण आकाश-मार्ग से लगभग मन की गति से कहीं चले जा रहे हैं; क्षण-भर में अनन्त-महाकाश पार करके कैलास पर्वत पर देवाधिदेव शिव के शिविर के निकट उपस्थित हुए, पूजा-अर्चना से महादेव के प्रसन्न हो जाने पर उनसे पाशुपत अस्त्र—शिव जिसका प्रयोग केवल प्रलय-काल में ही करते हैं, इस ब्रह्मांड में ऐसा कोई नहीं, जो इसकी संहार-शक्ति का वेग सहन कर सके—प्राप्त हुआ।...

अर्जुन निद्रा में ही निश्चिन्त और प्रसन्न हुए। ब्राह्म-मुहूर्त में उनकी नींद खुली। प्रफुल्ल चित्त से यह स्वप्न-वृत्तान्त वासुदेव को सुनाने के लिए जाने को उद्यत हुए, तो आश्चर्य में भरकर देखा कि उनके कपिध्वज रथ के पास ही वायु-वेगवाले चार घोड़ों से युक्त श्रीकृष्ण का शिखीध्वज रथ तैयार खड़ा है। केवल इतना ही नहीं, वासुदेव का विख्यात भयंकर अस्त्र-समूह—कौमुदकी गदा, चक्रास्त्र, धनुष-बाण, भाला, शक्ति, पाश आदि भी स्तूपाकार रखा है। यहाँ तक कि आसन के ऊपर विष्णु के स्वस्तिक को भी हीन बनानेवाला राज-छत्र भी शोभित है।

अर्जुन ने अभूतपूर्व आश्चर्य के साथ दारुक से पूछा, "दारुक, यह क्या है ? वासुदेव का अपना रथ क्यों तैयार है ?"

दारुक ने रहस्य-भरी मुस्कान के साथ उत्तर दिया, "स्वामी की इच्छा। यादवश्रेष्ठ वासुदेव कल रात तनिक भी नहीं सोए। तीसरे पहर की पहली घड़ी में तम्बू से निकलकर मुझे इसका निर्देश किया। बोले, "मुझे लगता है कि पार्थ ने जो विषम-साहसिक व भयंकर प्रतिज्ञा कर डाली है, उसे पूरा करना उनके लिए कठिन होगा। उसे पूरा न कर पाने की दशा में उनके सामने मृत्यु के वरण के अतिरिक्त कोई मार्ग नहीं रहेगा। वे मेरे प्राणप्रिय मित्र हैं, मैं उनकी यह अकाल और शोचनीय मृत्यु नहीं सह पाऊँगा। इसलिए, मैं स्वयं निर्धारित समय से पहले ही सम्पूर्ण कौरव कुल को विनष्ट करके उन्हें जयद्रथ-वध का अवसर दूँगा।"

रात्रि के अन्तिम प्रहर की स्वप्न-मधुर-प्रसन्नता और निश्चिन्तता क्षण-भर में ही अपमान-बोध की कटुता में विलीन हो गई। यह तैयारी जितनी उनके प्रति स्नेह और व्याकुलता की परिचायक है—उतनी ही उनकी शक्ति के प्रति अनास्था की भी।

वे चेहरे पर थोड़ा असन्तोष लाते हुए कृष्ण से बोले, "तुम इस प्रकार बार-बार अपनी प्रतिज्ञा भंग करके, मुझे उसके कारण का भागी क्यों बनाते हो ? प्रतिज्ञा की रक्षा में असफल हो जाने पर अधिक से अधिक मेरी मृत्यु ही हो जाएगी। उसे मैं उतनी बड़ी क्षति नहीं मानता, किन्तु यदि संसार में तुम्हें मिथ्यावादी या कपटाचारी कहा जाएगा—तो उसकी वेदना मेरे लिए मृत्यु से भी अधिक दुस्सहनीय हो जाएगी।"

श्रीकृष्ण कुछ देर स्थिर दृष्टि से उनके मुख की ओर ताकने के बाद बोले, "रथ तैयार रखना और रथी द्वारा युद्ध करना एक ही बात नहीं है। मैं अनावश्यक ही, तुम्हें वीर समाज में हेय बनाने के लिए युद्ध करूँगा–तुम ऐसा सोचते क्यों हो ? बल्कि...मैं तैयार हूँ–इस बात से ही शत्रु-शिविर में जो मानसिक प्रतिक्रिया होगी, उसी से तुम्हारा उद्देश्य बहुत कुछ सिद्ध हो जाएगा।...मित्र, वीरता के अभिमान से अकारण मानसिक-कष्ट पाना कार्य-सिद्धि में अनेक बार प्रबल बाधा बन जाता है। बुद्धिमान व्यक्ति ऐसा संकट आ पड़ने पर केवल बल अथवा शस्त्र-ज्ञान के सहारे निश्चिन्त नहीं रहते, छल और चतुराई का भी आश्रय लेते हैं–और यह रीति वीर-समाज में निन्दनीय नहीं मानी जाती।–और अन्त में यदि सचमुच वैसा दुर्लग्न उपस्थित हो जाए, तुम्हारी प्रतिज्ञा की रक्षा असम्भव हो जाए–तो मैं अपनी प्रतिज्ञा भंग करने में संकोच नहीं करूँगा।"

कौन जाने, श्रीकृष्ण ने गुप्तचरों के माध्यम से शत्रु-शिविर में पहुँचाने के लिए ही यह बात कही थी, सब नाटकीय अभिनय ही था–अथवा यह उनके हृदय की सच्ची बात थी।

कौन जाने, दिवस के अन्त में सूर्यास्त के पहले ही अचानक एक काले बादल के टुकड़े ने–जो नितान्त असामयिक था–राहुग्रस्त दशा की भाँति सूर्य को ढककर और दिन के प्रकाश को धूमिल करके जो मिथ्या-सन्ध्या उत्पन्न कर दी थी–जिसके कारण कई क्षण तक जयद्रथ और उसके रक्षकों द्वारा प्रसन्नता में पूरी सावधानी न रख पाने पर अर्जुन के लिए जयद्रथ का वध सम्भव हुआ था–उसमें वासुदेव का कोई कौशल अथवा जादू था या नहीं !

तब भी, प्रतिज्ञा भंग करके एक पक्ष की ओर से युद्ध या युद्ध की तैयारी करना उतना नीच या गर्हित कर्म नहीं, जितना श्रीकृष्ण ने भूरिश्रवा के वध के समय किया था।

जयद्रथ के वध से पहले, जब सूर्य अस्ताचल के निकट जानेवाला था–अर्जुन एकाग्रचित्त हो केवल जयद्रथ के समीप पहुँचने का विचार करते हुए प्राण-पण से उसी दिशा में बढ़ने को प्रयत्नशील थे–तथा दुर्योधन, दुःशासन, कर्ण आदि हर प्रयत्न से उन्हें रोकने की कोशिश कर रहे थे, दुर्योधन की प्रार्थना पर द्रोण प्रयास कर रहे थे कि युधिष्ठिर के चारों ओर के रक्षकों को किसी प्रकार हटाकर, पराजित करके या मारकर उन्हें बन्दी बनाएँ। उस समय सात्यकि भी प्रबल पराक्रम के साथ युद्ध कर रहे थे। यादव, अन्धक और वृषि-कुल के वीरों में श्रीकृष्ण के बाद शिनि-पुत्र सात्यकि का ही स्थान था। सात्यकि का प्रचंड आक्रमण दुस्सह हो गया था। तभी भीमसेन, कर्ण के हाथों पराजित, अपमानित और घायल हो गए। यदि कर्ण चाहते तो भीम का सरलता से वध कर डालते, पर कुन्ती की कातरता याद करके उन्होंने साधारण-उपहास करके ही उन्हें छोड़ दिया।

भीम का रथ चूर-चूर हो गया था, अश्व और सारथी मारे गए थे तथा रथ के साथ ही समस्त अस्त्र भी नष्ट हो गए थे। उन्होंने निरुपाय होकर सात्यकि के रथ पर शरण ली।

इन दोनों दुर्धर्ष वीरों को एक साथ होते देख यह स्वाभाविक था कि सामान्य-योद्धा संकट का अनुमान करके पीछे हटने के विषय में सोचने लगते। भूरिश्रवा परिस्थिति समझकर, शत्रु-बल बढ़ जाने से उत्पन्न आतंक का शोर समाप्त करने के लिए तीव्र गति से उस ओर आया। वह कुरुवंशीय धार्तराष्ट्रों के निकट वंश का और स्वयं महा-पराक्रमी वीर तो था ही—कौरव-पक्ष के यवन, किरात व काम्बोज सैनिकों का विशेष प्रिय भी था, वे उसे वीर का आदर्श मानते थे।

सात्यकि के प्रति भूरिश्रवा के विशेष विद्वेष और क्रोध का कारण था। जब सात्वतवंशीय शिनि, वसुदेव के लिए देवक की कन्या देवकी का बलपूर्वक हरण करके लिए जा रहे थे, तब भूरिश्रवा के पिता सोमदत्त ने उन्हें रोका। दोनों में बाहु-युद्ध हुआ, जिसमें अन्त में सोमदत्त पराजित होकर भूमि पर गिर गए। शिनि ने उन पर पदाघात किया। सोमदत्त मृत्यु से भी अधिक भयानक इस अपमान को भूल नहीं पाए, भूरिश्रवा को भी वह याद था।

उस समय सात्यकि लगातार युद्ध करने के कारण थक गए थे। भूरिश्रवा ने अवसर का लाभ उठाते हुए अपनी पूरी शक्ति लगाकर उन पर आक्रमण किया। तुरन्त ही, दोनों के तीरों से दोनों के रथ के घोड़े मारे गए—तब भूरिश्रवा बाहु-युद्ध का विचार करके सात्यकि के टूटे रथ पर चढ़कर उन्हें भूमि पर खींच लाया और शीघ्र ही सात्यकि को पराजित करके उन पर बलपूर्वक पदाघात किया। सात्यकि उस आघात से कुछ देर के लिए जड़ और मूर्च्छित जैसे हो गए। किन्तु अपमान का बदला चुक जाने पर भी शत्रु का अन्त तो नहीं हुआ—यह सोचकर भूरिश्रवा ने सात्यकि का मस्तक काटने के लिए बाएँ हाथ से उनके केश पकड़े-पकड़े ही दाएँ हाथ में खड्ग उठा लिया।

उस समय क्षण-मात्र समय गँवाने का भी अवकाश नहीं था। शायद पलक झपकते ही महा-सर्वनाश भी हो जाता। भूरिश्रवा, सात्यकि की थोड़ी चेतना लौटने की प्रतीक्षा में—भूमि पर गिरे हुए, निरस्त्र और अचेत शत्रु का वध करने की रीति नहीं है—कुछ क्षण का विलम्ब कर रहा था। श्रीकृष्ण ने अर्जुन को डाँटा, "पार्थ, क्या कर रहे हो, किसकी प्रतीक्षा कर रहे हो ? उसका दाहिना हाथ तुरन्त काट डालो, और समय नहीं है।"

किन्तु अर्जुन की दुविधा नहीं जा रही थी। बोले, "लेकिन, वह तो दूसरे के साथ युद्ध कर रहा है, मैं कैसे आघात करूँ !"

श्रीकृष्ण ने तीव्र भर्त्सना के स्वर में कहा, "कल जब इसी व्यक्ति ने दूसरे कपटी, नीति त्यागनेवाले योद्धाओं के साथ मिलकर निरस्त्र, रथहीन, कवच-विहीन बालक अभिमन्यु का वध किया था—तब कौन सी रणनीति की रक्षा हुई थी ? युद्ध में विजय पाना ही नीति, न्याय और धर्म है !"

अभिमन्यु की असहाय मृत्यु—चारों ओर से कुत्तों द्वारा दौड़ाए गए, घिरे सूअर के शिकारी के हाथों में आने के समान—स्मरण आते ही और संकोच नहीं किया, बली अर्जुन ने एक निमिष काल पूरा होने से पहले ही खुरपी की धार के समान तीक्ष्ण तीर से

भूरिश्रवा का दाहिना हाथ काट डाला।

भूरिश्रवा को सम्भवतः अर्जुन की ओर से ऐसे आक्रमण की आशंका नहीं थी। विह्वल दृष्टि से कुछ क्षण तक उन्हें देखने के बाद धिक्कार के स्वर में बोला, "तुम ने इतना बड़ा वीर होकर यह अन्यायपूर्ण और नृशंस कार्य किया। मैं तो तुम्हारे साथ युद्ध नहीं कर रहा था। तुम्हें यह क्षात्र-धर्म, यह वीर-धर्म किसने सिखाया—द्रोण ने, कृप ने—या स्वयं इन्द्र ने ! तुम्हें धिक्कार है !"

चारों ओर, अन्य अगणित कंठों में भी यही 'धिक्, धिक्' शब्द गूँज उठा, यहाँ तक कि पांडवों के हितैषियों ने भी दुखी मन से आपस में कहा, "दूसरे के साथ युद्ध करते एक वीर को इस तरह असमर्थ बना देना उचित नहीं होता। कम-से-कम पहले सचेत कर देना कर्त्तव्य था !"

अर्जुन ने जैसे उन्हीं सब आलोचकों को सुनाने के लिए भूरिश्रवा से उच्च स्वर में कहा, "कल जिस युद्ध में तुम छः-सात महारथियों ने मिलकर अकेले, निरस्त्र, कवच व रथहीन, थके हुए बालक अभिमन्यु का वध कर डाला था—वह युद्ध तुम लोगों को किसने सिखाया था, किस गुरु ने, किस महारथी ने ? इस समय भी भूमि पर गिरे हुए, निरस्त्र शत्रु का वध करने को तैयार थे—वह या यह आचरण कौन से क्षात्र-धर्म के अनुसार था ? भूरिश्रवा, उस समय तुम लोगों का अनिन्द्य न्याय-नीति-धर्मबोध कहाँ था !"

भूरिश्रवा ने सिर झुका लिया, उसके बाद चुपचाप अपना कटा हुआ दाहिना हाथ क्षमा-प्रार्थना की मुद्रा में अर्जुन के पैरों की ओर फेंक दिया, बाएँ हाथ से अपने तरकश के तीरों को आसन की भाँति बिछाकर उस पर बैठ गया और अविराम रक्त-क्षय के कारण अवश्यम्भावी मृत्यु की प्रतीक्षा में ईश्वर का ध्यान करने लगा।

इस बीच क्रुद्ध सात्यकि की चेतना लौट आई थी, उन्होंने उठकर भूरिश्रवा द्वारा छोड़े गए खड्ग को ले लिया और उसी से ध्यानस्थ भूरिश्रवा का मस्तक काट डाला।

निश्चित रूप से, सात्यकि ने भी नीति की दृष्टि से घृणित इस कार्य के लिए अभिमन्यु के वध का ही सहारा लिया, तब भी उनके इस व्यवहार से अधिकांश वीर क्षुब्ध हुए—यहाँ तक कि उनके अपने पक्षवाले और वंश के लोग भी—इसमें कोई सन्देह नहीं रहा।

अर्जुन ने लज्जित और विमूढ़ भाव से श्रीकृष्ण के मुख की ओर ताका—देखा कि उस प्रशान्त और दिव्य-प्रकाश से उज्ज्वल मुख पर पश्चात्ताप या लज्जा का लेशमात्र चिह्न भी नहीं था, बल्कि वे सन्तुष्ट और प्रसन्न ही दिख रहे थे।

यह सब आचरण घृणित और नीति-विरुद्ध हो सकता है—उनके सम्बन्ध में सोचना दुर्बोध्य तो लगता ही है—तब भी उन्होंने घटोत्कच के वध के समय जो किया, जो निर्ममता, जो पैशाचिक-उल्लास प्रकट किया—उसकी कोई तुलना नहीं।

कभी न कभी, अर्जुन के साथ आमने-सामने के युद्ध में उतरना होगा—और वही तो जीवन का एकमात्र लक्ष्य है—इसलिए कर्ण ने इतने दिन तक एक अव्यर्थ सांघातिक

अस्त्र सँभालकर रखा था। उन्हें यह अस्त्र उनके आत्म-चिन्ताहीन दान या दान-यज्ञ से प्रसन्न और विस्मित होकर एक महा-पुरुष ने प्रदान किया था। दाता ने कहा था, "यह अस्त्र अव्यर्थ और अमोघ है, किसी जागतिक प्राणी में इतनी सामर्थ्य नहीं, कि इस अस्त्र के आघात को रोक सके या सहन करके जीवित बच सके। फिर भी, यह अस्त्र जिसके विरुद्ध छोड़ा जाएगा, वह चाहे जितना बड़ा वीर, शक्तिशाली या शस्त्र-विद्या में कुशल हो—उसका वध करके इसकी शक्ति समाप्त हो जाएगी, इस अस्त्र को किसी भी प्रकार दोबारा प्रयोग नहीं किया जा सकेगा।"

कर्ण ने अब तक बहुत बार संकट के क्षण आ जाने पर भी इस अस्त्र के प्रयोग का लोभ-संवरण ही किया था, जीवन के प्रभात-काल से ही चिर-प्रतिद्वन्द्वी अर्जुन का वध करने के उद्देश्य से ही किसी और पर इस अस्त्र का प्रयोग नहीं किया था।

जयद्रथ के वध के पश्चात्, सन्ध्या हो जाने पर भी अपमानित, क्रुद्ध और क्षुब्ध कौरवों ने युद्ध बन्द नहीं किया। स्नान, भोजन या विश्राम न करके शत्रु के विनाश में लगे रहे। हाथी और घोड़ों की पीठ पर दीपक जला दिए गए, पैदल सैनिकों ने असंख्य मशालों से युद्ध-भूमि को प्रकाशित कर दिया। पहले, अर्जुन के पराक्रम से कुरु-पक्ष में भगदड़ मच गई थी—यह देखकर दुर्योधन, द्रोण और कर्ण को उत्तेजित करने के लिए बोला, "आप लोगों ने ही इस रात्रि-युद्ध का आयोजन किया है, फिर भी असहाय, क्लान्त, भूख से व्याकुल सैनिकों की रक्षा का कोई उपाय नहीं कर रहे हैं। उन लोगों की दशा, दावाग्नि के सम्मुख सूखे तिनकों के ढेर जैसी हो गई है। यदि आप लोगों की शक्ति का यही परिचय है—तो कहिए, मैं युद्ध बन्द करके वनवास में चला जाऊँ अथवा अन्न-जल छोड़कर प्राण-त्याग दूँ।"

इसके बाद धिक्कृत कर्ण और द्रोण मानो जीवन की बाजी लगाकर युद्धरत हुए, उनके नेतृत्व में संचारित साहस से अन्य योद्धा भी अपनी सारी शक्ति एकत्र करके पुनः नए साहस के साथ युद्ध करने लगे। इस बार पांडव-सेना के भयभीत और तितर-बितर होने की बारी थी। अर्जुन उनकी करुण, भयाकुल दृष्टि और पलायन-काल की अव्यक्त-हताशा प्रकट करनेवाला स्वर सुनकर उद्विग्न होकर श्रीकृष्ण से बोले, "वासुदेव, कर्ण हमारी सेना को पूर्णतः नष्ट कर रहे हैं, तुम शीघ्र उनके सामने रथ ले चलो।"

श्रीकृष्ण ने अपने अनिन्द्य ललाट से पसीना पोंछते हुए कहा, "ना ! कर्ण यही अवसर खोज रहे हैं, मैं अभी तुम्हें उनके सम्मुख ले जाने को तैयार नहीं हूँ। उनके पास एक सर्व-संहारक अस्त्र है, मुझे ज्ञात है, वह अस्त्र जिसके ऊपर छोड़ा जाएगा, उसकी मृत्यु अनिवार्य है, कोई भी मनुष्य या प्राणी उसका आघात नहीं सह सकता। अपने जीवन को तुच्छ बनाकर एक आश्चर्य-भरे पुण्य-कर्म के प्रभाव से कर्ण ने यह दिव्यास्त्र प्राप्त किया है। मैं चाहता हूँ, पहले यह अस्त्र किसी और के ऊपर चला दिया जाए उसके बाद तुम उनके साथ आमने-सामने के युद्ध में उतरो।"

लगता है, अर्जुन इसका प्रतिवाद करना चाहते थे, शायद कहना चाहते थे कि रात्रि के युद्ध में पांडव-पक्ष इस प्रकार संकट में पड़ा है, कर्ण साक्षात् कालान्तक-यम की भाँति

मृत्यु-वर्षा करते घूम रहे हैं–ऐसी अवस्था में उनके लिए निष्क्रिय रहने से अधिक लज्जाजनक और क्या हो सकता है !

किन्तु कृष्ण पहले ही रोकते हुए बोले, "आज कर्ण जिस प्रकार अपनी सारी शक्तियाँ एकत्रित करके युद्ध कर रहे हैं–उसमें तुम्हारे और घटोत्कच के अतिरिक्त उन्हें कोई नहीं रोक पाएगा। मैं घटोत्कच का ही आह्वान करता हूँ।"

विस्मित, सम्भवतः कुछ क्षुब्ध धनंजय के कंठ से मात्र एक शब्द बाहर आया, "घटोत्कच !"

"हाँ, घटोत्कच !" वासुदेव ने अपने स्वर पर अतिरिक्त जोर दिया, "ऐसे केवल दो व्यक्ति देख रखा हूँ, जो आज कर्ण के मुकाबले युद्ध में उतर सकें। तुम और घटोत्कच। उसे अशिक्षित, अनार्य, राक्षस-जातीय मानकर उसकी उपेक्षा मत करो। यह सच है कि उसके पास तुम्हारे जैसे विविध प्रकार के मारणास्त्र नहीं हैं, किन्तु वह महावीर है। किशोर भीम के वीर्य से राक्षस-कन्या हिडिम्बा के गर्भ से उसका जन्म हुआ है–वह जन्म से ही महा-पराक्रमी है। ऊपर से वह इन्द्रजालिक है, नाना प्रकार के माया-युद्ध जानता है और जल, आकाश व अन्तरिक्ष में उसकी अबाध-गति है। महा बलशाली यह भीमसेन का पुत्र तुम लोगों के प्रति श्रद्धा रखता है, तुम लोगों का भक्त है। तुम लोगों की तनिक सी भी सेवा कर पाने पर वह अपने आपको कृत-कृत्य समझेगा। मैं उसे ही पुकारता हूँ।"

वासुदेव और वाद-विवाद की प्रतीक्षा न करके रथ को तीव्र-गति से घटोत्कच के समीप ले जाकर बोले, "पुत्र घटोत्कच, आज अंगाधिपति काल की मूर्ति बन गए हैं, द्रोण, कृप, अश्वत्थामा, शल्य आदि विख्यात कुरु-पक्षीय वीर बिना थके प्रबल-पराक्रम के साथ युद्ध कर रहे हैं–फलस्वरूप पांडव-सैनिक भीत, त्रस्त और पलायन के लिए तैयार हो गए हैं। वे शिशिरकालीन गो-वत्स और उत्तर दिशा के पवन से आन्दोलित घास की भाँति आतंक से काँप रहे हैं। अर्जुन आज सारा दिन सुरासुरों तक को विस्मित कर देनेवाला युद्ध करके अत्यधिक थक गए हैं, अब यदि तुम पांडव-पक्ष की रक्षा नहीं करोगे, तो हम लोगों का बड़ा विनाश हो जाएगा।"

घटोत्कच अपने बल और शस्त्र-शिक्षा का यह उत्तम एवं श्लाघनीय सुअवसर पाकर प्रफुल्लित हो उठा। पितृव्य और वासुदेव को प्रणाम करके अपने राक्षस-सैन्य-दल के साथ कर्ण पर आक्रमण करने के लिए तीव्र गति से आगे बढ़ गया। कह गया, "आप लोग निश्चिन्त रहिए, आज मैं, कर्ण को इस भू-तल से हटाकर आप लोगों की विजय का मार्ग निश्चित और सुगम कर दूँगा।"

इसके बाद उन दोनों के बीच जो युद्ध हुआ–वैसा भयंकर युद्ध किसी ने भी कभी भी नहीं देखा था। पांडव भी अब तक नहीं जान सके थे कि घटोत्कच इतना बड़ा वीर, योद्धा और रण-कुशल है। उसकी सेना भी सम्पूर्ण कौरव-शक्ति के लिए अप्रतिरोध्य हो गई। स्वयं घटोत्कच केवल कर्ण के लिए ही नहीं, कौरव-पक्ष के दूसरे महारथियों के लिए भी महा-भय का कारण बन गया।

अन्त में दुर्योधन कौरव-पक्ष को तीव्रता से क्षय होते और एकदम सन्त्रासग्रस्त होते देख और अधिक शान्त न रह पाने के कारण कर्ण के पास जाकर बोले, ''मित्र, लगता है, आज ही कौरवों का अन्तिम दिन आ गया है, यदि और कुछ घड़ी घटोत्कच का आक्रमण अबाध रूप से चलता रहा, तो हमारे पक्ष का एक भी व्यक्ति जीवित नहीं बचेगा। तुम अपने गोपनीय इन्द्रायुध का प्रयोग करके तुरन्त इस राक्षस का वध कर डालो, अन्यथा तुम्हारा, मेरा किसी का भी निस्तार नहीं !''

कर्ण को इस अनुरोध को समझने में थोड़ा समय लगा। वे आश्चर्य और व्याकुलता के भाव से दुर्योधन के मुख की ओर देखकर बोले, ''वह अस्त्र इस राक्षस पर चलाऊँ ! जिसे मैंने अब तक सहस्र संकट आने पर भी किसी योद्धा पर नहीं चलाया ! मैंने उसे अर्जुन के वध के लिए प्रयत्नपूर्वक सँभाल कर रखा है। वह अस्त्र हाथ से चला जाने पर किसी भी प्रकार अर्जुन का वध नहीं किया जा सकेगा।''

''आज के इस सर्वनाश-युद्ध से बच पाने पर अर्जुन की बात सोची जाएगी। कभी, अभिमन्यु की भाँति पार्थ को भी सब महारथी अकेले घेरकर मार डालेंगे। इस समय तुम इस प्रत्यक्ष-ध्वंस से हम लोगों की रक्षा करो।''

दुर्योधन ने दीनता-भरे अनुनय की मुद्रा में सारी बातें कहीं, उनके स्वर से मृत्यु का आतंक प्रकट हो रहा था।

कर्ण ने असहाय भाव से एक बार चारों ओर देखा। सच ही घटोत्कच जैसे साक्षात् यमराज की भाँति रण-भूमि में मृत्यु की अविराम वर्षा करते हुए स्वेच्छापूर्वक घूम रहा था; उसे रोकने की बात तो दूर–उसके सामने पड़ने की भी किसी में सामर्थ्य नहीं थी। सम्पूर्ण कौरव-सेना यहाँ तक कि सेना-नायक भी उसके इस अमानुषिक पराक्रम से आतंकित हो गए थे, सबका एक ही कहना था–स्वयं मृत्यु यह माया-देह धारण करके रण-क्षेत्र में अवतीर्ण हो गई है।

कर्ण का अपना भी रथ टूट गया, सारथी मारा गया, अश्व मरणासन्न हो गए–इसके बाद शायद उन्हीं की बारी है। उन्होंने एक दीर्घ निश्वास छोड़ते हुए वही दिव्यास्त्र हाथ में ले लिया। समस्त प्राणियों के लिए असहनीय, काल की जिह्वा की भाँति लाल, उल्का की भाँति चमकदार और प्रज्वलित उस अस्त्र के तेज और ताप से चारों ओर के बहुत सारे योद्धा विमूढ़ और मूर्च्छित हो गए, अनेक दुर्बल व्यक्ति अपने प्राण गँवा बैठे।

उसी भयंकर अस्त्र को अपनी ओर तैयार देखकर घटोत्कच ने माया-बल से विशाल देह धारण करके उसे रोकना चाहा, किन्तु वह माया असाधारण रूप से जलती हुई तीव्र अग्नि में सूखे पत्ते की भाँति भस्मीभूत हो गई,–अस्त्र ने उसका संहार कर डाला।

ऐसे भयंकर शत्रु के वध पर कौरव-पक्ष में विपुल उल्लास ध्वनि होती–यह स्वाभाविक ही था; ठीक उसी कारण पांडव-पक्ष में हाहाकार मचने की बात थी–वही मचा भी; यहाँ तक कि स्थिर-बुद्धि युधिष्ठिर व मृत्यु से लेशमात्र भयभीत न होनेवाले भीमसेन भी,

अपने प्रति एकनिष्ठ प्रेम और श्रद्धा रखनेवाले इस तरुण वीर की मृत्यु पर शोकाभिभूत हो गए। साधारण मानवों की भाँति विलाप करने और आँसू बहाने लगे; बहुत मौतों के कारण और द्रष्टा, अभी भी पुत्र-वियोग-विमूढ़ अर्जुन भी पुत्रोपम स्नेह के अधिकारी इस वीर की रक्षा न कर पाने की ग्लानि के कारण सिर पर कराघात करने लगे–किन्तु किमाश्चर्यमतःपरम्–उन्होंने उस दुस्सहनीय दुख में ही परम-आश्चर्य के साथ देखा, वासुदेव अश्व-वल्गा छोड़, रथ पर चढ़कर उन्मुक्त नृत्य तथा बाहुओं पर चपेटा मारते हुए बीच-बीच में विजयोल्लास-सूचक ध्वनि कर रहे हैं।

अर्जुन, उनके इस हीन-रुचि प्रदर्शित करनेवाले उल्लास से क्षुब्ध होते हुए बोले, "वासुदेव, हमारी इतनी बड़ी क्षति, ऐसी पराजय और सम्बन्धी का वियोग तुम्हारे आनन्द का कारण बन गया ! मित्र, तुम किस ओर हो–इस समय मैं ठीक-ठीक समझ नहीं पा रहा हूँ !"

जैसे अभिभावक, बालकों की निर्बुद्धिता की जान-बूझकर अवहेलना करते हैं, उसी प्रकार श्रीकृष्ण ने हँसते हुए उत्तर दिया, " अज्ञानी, मैं तुम लोगों का हितैषी होने के कारण ही प्रसन्न हो रहा हूँ। कर्ण ने यह अव्यर्थ अस्त्र तुम्हारे लिए रखा था, पृथ्वी पर ऐसी कोई शक्ति नहीं, जो इस अस्त्र का प्रयोग होने पर तुम्हारी रक्षा कर पाती। पर यह अस्त्र एकाघ्नी है, केवल एक व्यक्ति का वध करके स्वयं भी विनष्ट और भस्मीभूत हो जाता है। इसलिए, इस अस्त्र के प्रयुक्त हो जाने पर तुम्हारा विजय-पथ मुक्त हो गया है, इसके बाद कर्ण के वध में कोई बाधा नहीं रही।

" शक्तिगर्वी धनंजय, स्मरण रखो–पृथ्वी पर तुम्हारे समान और भी वीर थे एवं अब भी हैं। तुम्हें, मैंने ही अपराजेय बनाना चाहा है–इतने दिन की पाप-जर्जरित, मदोद्धत क्षात्र-शक्ति को विनष्ट करके जन-साधारण की शक्ति को प्रतिष्ठित करने के लिए। इसी कारण, तुम्हारे समस्त सम्भाव्य प्रतिद्वन्द्वियों को हटाया। जरासन्ध का वध करवाया, शिशुपाल और एकलव्य का स्वयं वध किया। ये जीवित रहते, तो निश्चित ही हमारे शत्रु-पक्ष अर्थात् कौरवों का साथ देते, उस दशा में कौरवों को पराजित करना तुम्हारे लिए भी कठिन हो जाता। इसी घटोत्कच के मरने से तुम्हारे विजय-रथ का मार्ग खुल गया है, केवल इतना ही नहीं है–सम्भाव्य महा-शत्रु भी दूर हो गया है। घटोत्कच महाशक्तिशाली था, किन्तु तामसिक बुद्धि का था, तामसिक परिवेश में रहता था। कौन कह सकता है कि भविष्य में तुम्हारा प्रतिद्वन्द्वी और प्रबल शत्रु नहीं बन जाता !

" और, सुनो अर्जुन ! इस अवसर पर तुम्हें एक और गूढ़ रहस्य से अवगत कराता हूँ। अभिमन्यु की असहाय-मृत्यु भी मेरे लिए अननुमित नहीं थी; बल्कि अविदित नहीं थी कहना ही ठीक होगा–कारण, आज तक मेरा अनुमान झूठा सिद्ध नहीं हुआ। तब भी मैंने तुम्हें सावधान नहीं किया अथवा अभिमन्यु की रक्षा की चेष्टा नहीं की, उसका कारण–तुम्हारे बल और पराक्रम के समस्त लक्षण अभिमन्यु में दिखाई दे रहे थे, शिक्षा और नियमित अभ्यास से वह, समय आने पर तुमसे अधिक दुर्धर्ष वीर बन जाता। उसके मातुल-वंश के प्रति उसकी ममता भी स्वाभाविक थी, अतः उसके जीवित रहते यादव-कुल

का ध्वंस सम्भव नहीं होता। और भी, इस भारतखंड में जो समस्त वंश और कुल अनर्जित सम्पदा का भोग करने के कारण आलसी, लक्ष्यहीन, उन्नति की चिन्ता से हीन जीवन जीने के अभ्यस्त हो गए हैं और उसके अवश्यम्भावी परिणाम के रूप में जीवन सम्बन्धी धारणा में, आचरण में, कामना-वासना में—जो क्लेद, ग्लानि, कलुष, कुत्सित और बुरी आदतें, घृणित सम्भोगमत्तता के कारण जो विपुल अनाचार, सीमाहीन पाप और अकारण दम्भ, अन्धी ईर्ष्या इत्यादि एकत्र हो गए हैं—मेरा पितृ-कुल—वृषि, अन्धक, यादव, मेरे कुटुम्बी और वंशवाले भी उसमें समान रूप से भागीदार हैं। सच्चे धर्म-राज्य की स्थापना के लिए उनका सम्पूर्ण विनाश आवश्यक है—एवं उस विनाश-कार्य के लिए मैं कृत-संकल्प हूँ।''

॥ १४ ॥

कौरव-सेना का संचालन-भार ग्रहण करने के बाद शस्त्र-गुरु द्रोणाचार्य ने अनथक परिश्रम और अभूतपूर्व पराक्रम का जो प्रदर्शन किया था—उसके दृष्टान्त कुरुक्षेत्र-युद्ध के महान इतिहास में कम हैं। यहाँ तक कि दुर्योधन को भी लगने लगा कि ऐसा अविराम भयंकर युद्ध, इतना अपरिमित शत्रु-नाश तो महात्मा भीष्म के सेनापति रहते भी सम्भव नहीं हुआ। दोनों पक्षों में से किसी को भी इसमें सन्देह नहीं था कि द्रोण पूरी तरह कौरवों का कल्याण और पांडवों की हानि करते चले जा रहे हैं। युद्ध-विराम की घोषणा तो जैसे बन्द ही हो गई थी—योद्धा सैनिकों के लिए दिन-रात एक समान हो गए थे। और पचासी वर्षीय वृद्ध द्रोणाचार्य ने ही सर्वाधिक शक्ति और शौर्य का प्रदर्शन भी किया था—पांडव-पक्ष के साधारण योद्धाओं के लिए वे कालान्तक-यमराज के प्रतीक बन गए थे।

युद्ध बढ़ता गया, प्रायः पाँचवें दिन शत्रु-विनाश भयावह-अवस्था की चरम-सीमा पर पहुँच गया। सबके मन में यह संशय दिखाई देने लगा कि शायद इस बार पांडव नहीं बच पाएँगे, स्वयं धर्म भी शस्त्र-गुरु के पंजे से उनकी रक्षा नहीं कर पाएगा।

किन्तु जब विजय-लक्ष्मी कौरवों का वरण करने ही वाली थी, जब दुर्योधन सिद्धि की अपने हाथ आ जाने की कल्पना करने लगे थे, ठीक उसी घड़ी पता नहीं क्या हुआ—द्रोणाचार्य अचानक धनुष-बाण त्याग कर, व्याकुलता-भरी शून्य दृष्टि से दूर दिगन्त की ओर ताकते हुए जड़ होकर बैठ गए; लगा कि उनका बाह्य या सांसारिक ज्ञान पूर्णतः लुप्त हो गया है; चतुर्दिक नारकीय परिवेश—यम-दूतों का निश्शब्द खलूखलू अट्टहास, यमी की लार टपकाती फैली जिह्वा, अस्त्र-झंकार का मृत्यु-संकेत—गलित शवों से उठती दुर्गन्ध, घायलों-मरणासन्न लोगों का आर्तनाद—इसमें से किसी का भी अनुभव नहीं हो रहा है, वे, इस सम्पूर्ण परिवेश, कुरुक्षेत्र की रण-भूमि, परिवार-कलह, वंश-विनाश—के समस्त इतिहास से ही पूरी तरह अनजान, उदासीन हैं या फिर शायद अचेत हैं।

इसका कारण क्या चिर सत्यवादी, सत्य के तपस्वी युधिष्ठिर द्वारा कहे गए कुछ

मिथ्या शब्द थे ?–क्या स्वयं श्रीकृष्ण ने पांडवों का सर्वनाश एकदम सामने और अनिवार्य देखकर युधिष्ठिर से वह झूठ बोलने का अनुरोध करके उन्हें प्रेरित किया था ? मानो, अश्वत्थामा नामक हाथी की मृत्यु को दैव का स्पष्ट निर्देश मानकर वासुदेव ने, सम्पूर्ण मत्यु-पथगामी पांडव-सेना की ओर से युधिष्ठिर के पास जाकर व्याकुल स्वर में अनुरोध किया था–द्रोणाचार्य के सामने मात्र दो शब्दों का उच्चारण करने के लिए–'अश्वत्थामा हतो !' युधिष्ठिर का मिथ्या बोलना अकल्पनीय है, हो सकता है इसीलिए द्रोणाचार्य इस अविश्वसनीय वाक्य को भी विश्वसनीय मानकर पुत्र-शोक में व्याकुल हो जाएँ ! यहाँ तक कि शायद सब कुछ व्यर्थ समझकर अस्त्र भी फेंक दें। कौरव-सेनापति के आक्रमण की प्रचंडता से थोड़ी मुक्ति पाकर अपनी शक्ति एकत्रित करने और आत्म-विश्वास लौटाने का वही एकमात्र अवसर होगा।

युधिष्ठिर भी चरम सर्वनाश के सम्मुख इस अनुरोध को ठुकरा नहीं सके। अपनी आत्मा को समझा दिया–अश्वत्थामा नामक एक हाथी तो मारा ही गया है–इसलिए पूरा झूठ नहीं कहना होगा। फिर भी क्षुब्ध आत्मा के दंश से छुटकारा पाने के लिए धीमे स्वर में इस बात में दो शब्द और जोड़ दिए–'इति गजः' ! किन्तु वे अच्छी तरह जानते थे कि ये साधारण शब्द द्रोण के कानों में नहीं पड़ेंगे, कहे ही इस प्रकार थे कि न पड़ें। और फिर झूठ तो झूठ ही है–आत्मप्रतारणा से बचने के लिए उसे सत्य–यहाँ तक कि अर्ध-सत्य भी–तो नहीं बनाया जा सकता। युधिष्ठिर अपनी ही दृष्टि में गिर गए–उनके सामने इतने दिन बाद यह सत्य पूरी तरह प्रकट हुआ कि मानव शरीर धारण करने पर मिथ्याचार और मिथ्या-भाषण अनिवार्य है, इस दुर्दशा से किसी का छुटकारा नहीं।

पर, चाहे वे जिस प्रकार बोले हों, क्या द्रोण ने उस पर सचमुच विश्वास किया था ?

संसार कहता है–उस समय भी सबको विश्वास हो गया था–कि विश्वास करके ही एकमात्र पुत्र के शोक में विह्वल वृद्ध द्रोण को युद्ध और जीवन, दोनों से विरक्ति हो गई थी। जय-पराजय, शौर्य-वीर्य, गौरव-लज्जा, सब कुछ अर्थहीन हो गए थे–वे अस्त्र त्याग कर मृत्यु के लिए प्रस्तुत हो गए थे।

किन्तु वह कैसे सम्भव है ? द्रोणाचार्य जानते थे कि उनके जीवित रहते अश्वत्थामा की मृत्यु सम्भव नहीं है। स्वयं गणना की थी, अनेक ज्योतिषियों ने यही कहा था। वे यह जानते ही थे कि उनकी यह क्रोधी, विलासी और विवेकहीन सन्तान लम्बे समय तक जीवित रहकर अपने कर्मों का फल भुगतेगी।

फिर ?

उनके इस आश्चर्यजनक आचरण का क्या कारण था ?

किसी की बुद्धि या कल्पना में किसी भी प्रकार यह कारण नहीं आया, न तो उस दिन, न बाद में बहुत दिन। लगता है, महाभारतकार ने तो युधिष्ठिर के चिर-कलंक के रूप में ही, गज-मृत्यु का समाचार देनेवाले इन दो द्वयर्थक शब्दों को कारण बना डाला, उन्होंने भी एक बार भी नहीं सोचा कि जिस प्रकार अश्वत्थामा की मृत्यु सम्भव नहीं

है,—वैसे ही द्रोण के लिए इन शब्दों पर विश्वास करना भी असम्भव है।

वस्तुतः इस घड़ी उनका मन बहुत दूर चला गया है, आज से बहुत पीछे अतीत में। आज इस घड़ी जैसे वह अतीत, पुरानी, विस्मृतप्राय अपकीर्ति—पाप कहना ही उचित होगा—की मूर्ति बनकर, वर्तमान काल और परिवेश के बीच मार्ग बनाकर अचानक उनके सम्मुख आ खड़ा हुआ।

सज्जन-शिक्षित लोगों द्वारा जान-बूझकर किए गए अपराध की स्मृति और अन्याय की अनुभूति, उनके मन में कभी ठीक न होनेवाले भयंकर घाव की भाँति जमी रहती है। मनुष्य इस प्रकार के गुप्त घाव को कपड़े से ढके शव की भाँति बहुत सावधानीपूर्वक छिपाए रहता है—किन्तु उसकी यन्त्रणा से मुक्ति नहीं पाता। ऊपर से, किसी को बता कर या दिखाकर थोड़ी सान्त्वना अथवा सहानुभूति न पा सकने के कारण—वह और भी पीड़ादायक हो जाता है।

वृद्ध महागुरु द्रोणाचार्य की भी वही दशा हो गई। उन्हें, एक भारी गुप्त अपराधबोध कैंसर रोग के फोड़े की भाँति इतने लम्बे समय तक निरन्तर पीड़ा दे रहा है। न तो कोई प्रायश्चित करके उससे छुटकारा पा सक रहे हैं और न किसी को उस लज्जाजनक अपराध—और उसके साथ अपनी निरुपायता—की बात बताकर थोड़ी सान्त्वना या सलाह प्राप्त कर पा रहे हैं।

किसी को नहीं बता पा रहे हैं—बताने योग्य कारण ही नहीं हैं।

ठीक है, कोई-कोई जानता भी है, किन्तु समय बीतते-बीतते स्मृति पर असंख्य घटनाओं की जो गर्द जम गई है—आज उसे हटाकर याद ताजा कर देने पर शायद चारों ओर से ही धिक्कार और निन्दा की तरंगें उठेंगी। उस समय नहीं उठी थीं—कारण यह नहीं है कि बहुत पहले मनुष्यों का हृदय किसी दूसरे ढंग से प्रभावित होता था—बल्कि इसलिए कि आज के अनेक लोग उस समय बालक थे, वे उस घटना का पूरा अर्थ ही नहीं समझ सके थे या फिर उस आचरण को इतना दोषपूर्ण अथवा निन्दनीय नहीं मान सके थे। किन्तु आज परिपक्व विचार-बुद्धि की अवस्था में वह घटना स्मृति में जीवित हो जाने पर सभी मुखर भाव से उनकी निन्दा करने लग जाएँगे, उनकी ओर घृणा-भरी दृष्टि से देखेंगे। यहाँ तक कि उन्होंने जिसके लिए वह कार्य किया था—शायद वह भी।

निश्चय ही, क्या उन्होंने सचमुच उसी के लिए किया था ?

उन्होंने जितनी बार अपने मन को यह बात समझाने का प्रयास किया—उनके मन ने उतनी बार उनका उपहास किया, उसकी जिह्वा व्यंग्य से तीखी बन गई।

किसी से निष्कपट भाव से कह पाते, तो लोगों की निन्दा को सिर झुकाकर सहने पर थोड़ी शान्ति पा लेते, यह भी समझ लेते कि प्रायश्चित हो गया। किन्तु श्रद्धा का मोह त्यागने का साहस नहीं हुआ, इसी कारण अपना न्याय नहीं कर पाए। कर नहीं पाए और उस मोह ने ही उनकी मुक्ति का मार्ग अवरुद्ध कर दिया। दीर्घ-काल में धीरे-धीरे अगणित मनुष्यों के सम्मान और श्रद्धा का जो आसन तैयार हुआ था—न केवल कौरव या पांडु-पुत्र, बल्कि देश-विदेश के राजा और क्षत्रिय-वीर उन्हें सम्मान तथा

आश्चर्यमिश्रित दृष्टि से देखते थे—उनका उस आसन, उस श्रद्धा को छोड़ने का साहस नहीं हुआ, इसीलिए अपना न्याय नहीं कर पाए, प्रयत्नपूर्वक निर्मित मिथ्या ख्याति के सिंहासन से उतरकर अपराधी के कटघरे में खड़े नहीं हो पाए।

अपराध बहुत बड़ा है।

विचार-शून्यता कहना भी अनुचित है, उन्होंने अन्याय ही किया था।

किसी समान स्तरवाले—किसी उच्च-कुल में जन्मे सम्भ्रान्त व्यक्ति के साथ ऐसा आचरण शायद उतना दोषपूर्ण नहीं होता। अशिक्षित, दलित, नीचकुलोद्‌भव व्यक्ति के साथ ऐसा छल करना बहुत बड़ा अन्याय हो गया—विशेषकर जो उन्हें देवता मानकर उनकी पूजा करता था, उसी शिष्योपम तरुण-किशोर को इस प्रकार प्रताड़ित करके उसके सर्वनाश की तैयारी करना; जो उसके जीवन का सर्वाधिक काम्य था, सर्वाधिक आकांक्षित था, साधना की सबसे बड़ी सिद्धि था, उसे उसी से हमेशा के लिए वंचित करना, जीवन-साफल्य की समस्त सम्भावनाओं के मार्ग को अवरुद्ध कर देना।

ऊपर से, उस बेचारे ने तो कोई अपराध भी नहीं किया था। न उनके विरुद्ध, न किसी और के। उसका एकमात्र अपराध यही था कि नीच कुल में जन्म लेने पर भी उसने योद्धा होने की उच्चाकांक्षा की थी।

पर, वह भी राज-पुत्र था। नीच-वंश में जन्म लेने के बावजूद एकलव्य के पिता हिरण्यधनु राजा ही थे—निषादों या व्याधों के राजा।

किन्तु, क्या उस दिन केवल नीच-कुलोद्‌भव होने के कारण उसे ऐसा निष्ठुर-दंड दिया था, उसकी उच्चाभिलाषा को इस प्रकार निर्मूल कर दिया था, सिद्धि की अणु-मात्र सम्भावना समाप्त कर दी थी ?

इतना होने पर भी वे स्वयं को, अपनी आत्मा को एक सान्त्वना दे सकते थे। वे उच्च वर्ण के व्यक्ति हैं, ब्राह्मण हैं—उन्होंने अपनी मर्यादा, अपने संस्कार के अनुकूल कार्य किया है—अपने कुकर्म का इतना समर्थन कर सकते थे।

नहीं, उस दिन उन्होंने वह कार्य किया था—जान-बूझकर अपनी स्वार्थ-सिद्धि के लिए, दुर्दान्त अभिमान—गुप्त प्रतिहिंसा की इच्छा को फलीभूत करने के लिए।

जिस दिन एकलव्य ने स्नान करके वल्कल धारण करके पुष्प, दूर्वा, मधु, दुग्ध, मृग-मांस आदि अर्घ्य के साथ हाथ जोड़कर उनसे शिष्यत्व की प्रार्थना की थी, उस दिन उन्होंने नीच-कुलोद्‌भव, नीच-वृत्ति या नीच कार्यों से जीविका चलानेवाला मनुष्य आदि बताकर—इन्हीं युक्तियों के सहारे उसकी प्रार्थना अस्वीकार कर दी थी—यद्यपि न्याय की दृष्टि से उन्हें इसका अधिकार नहीं था। वे तो वर्ण-गुरु हैं, शिक्षक हैं—उनके लिए सभी समान हैं, विशेष रूप से किशोर एकलव्य ब्रह्मचारी था निष्पाप था—वे उसे देखते ही समझ गए थे।

माना जा सकता है कि इसमें भी इतना दोष नहीं है। लोकाचार का एक बहाना तो था ही। किन्तु बाद में जो किया, वह अक्षम्य-अपराध है। हमेशा के लिए, जब तक सूर्य, चन्द्रमा और पृथ्वी हैं—यह अपयश कहा जाएगा, इस व्यक्ति, इस चांडाल की

सुकीर्ति और उनकी कुकीर्ति के रूप में। मानव-समाज के चिह्न के रूप में जब तक एक भी व्यक्ति शेष रहेगा, तब तक इस अपकीर्ति, इस जघन्य स्वार्थ-बुद्धि की कहानी चलती रहेगी। और भी, उस दिन उनका एकलव्य के समान तो और कोई भक्त नहीं था। उसी दिन क्यों—आज ही कौन है ? इतने लम्बे समय में क्या किसी भी शिष्य ने उन्हें देवता मानकर उनकी इस प्रकार पूजा की थी ? किसी ने भी नहीं। और—उन्होंने जिन पांडवों के लिए, जिस अर्जुन के लिए, केवल उसे प्रसन्न करने के लिए वह घृणिततम अन्यायाचरण किया था—वही पांडव, वही अर्जुन तो आज उनका वध करने के लिए कमर कसे हुए हैं।

उस दिन की बात आज भी पूरी तरह याद है। सदैव रहेगी। वह चित्र मानस-पटल पर अग्नि के अक्षरों में अंकित है।

शिकार के लिए कुमारों को घने जंगल में ले गए थे—शिकार-कौशल राजकुमारों की शिक्षा का अनिवार्य अंग होता है—स्वाभाविक रूप से शिकारी कुत्ता भी साथ था। कीचड़-भरे, फटे वस्त्र पहने, तपस्या के कारण कृश-गात, जटाधारी, कृष्ण-वर्ण एकलव्य को देखकर कुत्ता अपने स्वभाव के अनुसार उत्तेजित होकर जोर-जोर से भौंकते हुए उसकी ओर दौड़ा; तपस्या में बाधा पड़ने के कारण क्रोधित एकलव्य ने विस्मयकारी कौशल के साथ उसके भौंकते हुए मुख को एक-एक कर सात तीरों से बींधकर उसे चुप कर दिया।

भयभीत कुत्ता उसी रूप में अस्फुट आर्तनाद करते हुए जब राजकुमारों के पास वापस आया तो सभी ने इस आश्चर्य-भरे शर-निक्षेप-कौशल को देखा। किसी के भी आश्चर्य की सीमा न रही—विस्मय और उसके साथ एक मुग्ध करनेवाला सम्मान-बोध भी। इसी बीच किशोर अर्जुन क्रोध के कारण काँपते हुए होंठों से बोले, "आचार्यदेव, आपने मुझे विश्वास दिलाया था—केवल विश्वास क्यों, मुझसे वादा किया था कि सम्पूर्ण पृथ्वी पर मुझसे बड़ा धनुर्धर नहीं होगा, मैं ही श्रेष्ठ धनुर्विद बनूँगा, मैं सहज विश्वास के कारण आपके भरोसे आत्म-सन्तुष्ट था। किन्तु आज सभी के सामने, विशेषकर इन विदेशी राजकुमारों के सामने—वह सन्तुष्टि समाप्त हो गई, वह गर्व चूर हो गया—असीमित रूप से लज्जित हुआ।"

आश्चर्यचकित द्रोण भी कम नहीं हुए। लगता है, यह कौशल उनकी कल्पना के भी परे था। इसीलिए उन्होंने, इनके कहने की प्रतीक्षा नहीं की। उसी क्षण, घायल कुत्ते के पीछे-पीछे घने जंगल में चले गए। वहाँ पहुँचकर उन्होंने अपनी आँखों से जो दृश्य देखा वह आनन्द और गर्व से छाती फूल उठने का कारण था।

ठुकराया हुआ निषाद राज-पुत्र एकलव्य उस जनहीन वन में गुरु के रूप में उनकी मिट्टी की मूर्ति की प्रतिष्ठापना करके एकाग्र मन से, तपस्या करने की भाँति शस्त्राभ्यास कर रहा था।

किन्तु साधारण मनुष्य को साधारण नियम के अनुसार जिस सन्तुष्टि और आनन्द

का अनुभव होना चाहिए था—वे उसे अनुभव नहीं कर सके, लगता है कि करने का कारण भी नहीं था, क्योंकि उनके मन में उनके प्रतिशोध का संकल्प ही सर्वप्रमुख था। उन्होंने उसी क्षण हिसाब लगा लिया था कि एकलव्य चाहे जितना बड़ा और कुशल योद्धा हो, अकेले उसके द्वारा उनका कार्य सिद्ध नहीं होगा। दूसरी ओर, अर्जुन और कौरवों के सहायक होने पर वह सरलता से हो जाएगा। इतने राजकुमार और कौरवों की विपुल सैन्य-वाहिनी—इनके सामने द्रुपद खड़ा भी नहीं हो पाएगा, युद्ध करना तो दूर की बात है। आखिर, उन्होंने द्रुपद को झुकाने, अपमानित करने के लिए ही इतनी साधना, क्षत्रियों का दासत्व स्वीकार किया था।

द्रुपद उनके बाल्य-बन्धु थे, इसी अधिकार के भरोसे वे एक बार कौड़ी-कौड़ी से मुहताज, अभावग्रस्त और भूख से परेशान होकर उनकी सभा में गए थे, थोड़ी सहायता-वृत्ति की आशा लेकर—ताकि बचा हुआ जीवन भोजन की खोज में न गवाँकर ब्राह्मणोचित कार्य में व्यतीत कर सकें।

लेकिन राजा द्रुपद, सिंहासनारूढ़ धनी द्रुपद अपने मित्र को पहचान भी नहीं पाए, उन्होंने द्रोण के साथ सामान्य भिखारियों जैसा ही व्यवहार किया।

उस ज्वाला को भूल न पाने के कारण ही द्रोण की शस्त्र-तपस्या प्रारम्भ हुई। और उसी की पूर्ण सिद्धि के लिए वे कुरु-वंश के शस्त्र-शिक्षक बन गए।

उन्होंने कुमारों को शिक्षा-समाप्ति की दक्षिणा पहले ही बता रखी थी, द्रुपद की पराजय और उनका अपमान। क्या आज वह सारी योजना और परिकल्पना व्यर्थ हो जाएगी ? ना उसकी कल्पना भी उनकी शक्ति के बाहर है, इसी कारण उन्होंने नितान्त नीच, स्वार्थी की भाँति, चांडाल से भी बड़े चांडाल की भाँति इस वीर, उदार, महान चांडाल-पुत्र के सामने गुरु-दक्षिणा की माँग रख दी—उसका दाहिने हाथ का अँगूठा—और उसने भी वह प्रसन्नमुख अर्पित कर दिया।

स्वार्थान्ध होकर हिसाब लगाने के कारण ही उस दिन अनेक कठोर और रुक्ष सत्यों की ओर उनका ध्यान नहीं गया। एकलव्य से गुरु-दक्षिणा ग्रहण करने का अर्थ था, उसे शिष्य स्वीकार कर लेना। इस दशा में—इससे पहले जन्म, वंश और वृत्ति की दुहाई देकर उसे जो अस्वीकार कर दिया था, वह सब आज मिथ्या-आचरण सिद्ध हो गया। उस दिन और भी एक बात पर ध्यान जाना उचित था—एकलव्य ने चाहे जो कहा हो और चाहे जो किया हो, किन्तु जब वे जानते थे कि उन्होंने उसे किसी भी दिन, किसी भी समय एक पल के लिए भी अणु मात्र शिक्षा भी प्रदान नहीं की, तब उससे गुरु-दक्षिणा माँगने का अर्थ हुआ अन्याय का दान ग्रहण करना, पाप का भागी बनना। यह भी एक प्रकार से सताना, दूसरे के धन को लूटना हुआ।

किन्तु उस दिन अपने स्वार्थ और प्रतिशोध की भावना में अन्धे और बहरे हो गए थे। बुद्धि का अनुशासन मानने, जाज्वल्यमान सत्य को सामने रखने लायक अवस्था ही नहीं थी।

पर, सदा से अवनत, सदा से पद दलित निषाद इस अन्याय और अत्याचार को

आँख मूँदकर स्वीकार नहीं कर पाए। एकलव्य उनकी आशा था, विश्वास था, एकलव्य उनकी जाति का जीता-जागता मुक्ति-दूत था। उसे केन्द्र में रखकर उन्होंने अनेक कल्पनाएँ की थीं, अनेक बड़े-बड़े स्वप्न सँजोए थे। उस आशा-आकांक्षा से इस प्रकार वंचित और प्रताड़ित होकर वे भयंकर रूप से उत्तेजित हो उठे, निषाद-समाज में भारी उथल-पुथल मच गई।

कोई बोला, "हम उन लोगों के साथ और कोई सम्पर्क नहीं रखेंगे। आज से हम लोग ब्राह्मण और क्षत्रियों के साथ पूरा असहयोग करेंगे।" किसी ने कहा, "आज से वे लोग पादुकाओं के लिए चमड़ा और भोजन के लिए मांस अपने आप उपलब्ध करें–उसी के साथ असि-युद्ध के लिए ढाल का चमड़ा भी। हमें उनके साथ व्यापार करने की आवश्यकता नहीं है। हम लोग वन्य-फल और वन्य-पशुओं का मांस खाकर सुखी रहेंगे। देखेंगे, कि वे हमारी सहायता के बिना किस प्रकार बचेंगे।"

उस दिन एकलव्य ने ही उन लोगों को शान्त और निरुत्तर किया था। हर व्यक्ति से विनती करते हुए कहा था, "यही मेरा सौभाग्य है कि उन्होंने मुझे अपना शिष्य स्वीकार कर लिया है। मैं कृतार्थ हो गया हूँ। हम लोगों की–चांडालों की इससे बड़ी विजय और क्या हो सकती है ? कुरु-वंश के शस्त्र-शिक्षक, ब्राह्मण, गुरु भार्गव की शस्त्र-विद्या के उत्तराधिकारी ने मुझसे गुरु-दक्षिणा ग्रहण की–इससे बड़ी और कोई सार्थकता तो सोच भी नहीं सकता। मैंने सन्तुष्ट और प्रसन्न मन से ही दक्षिणा दी है, उसके लिए मुझे किसी प्रकार का क्षोभ या असन्तोष नहीं है। उसे लेकर यदि कोई विरोध होता है, तो मुझे दुख होगा।...और भी सोचो–वे लोग प्रबल हैं, सब प्रकार हम लोगों से शक्तिशाली, यदि वे लोग हमारे व्यवहार को दुस्साहस मानकर उसका प्रतिकार करने आ गए–तो एक क्षण में हमारा विनाश हो जाएगा। क्षति तो होगी ही–अपमान की भी सीमा नहीं रहेगी। तुम लोग यह दुर्बुद्धि छोड़ो, यदि गुरु की कृपा रही–तो मैं बाएँ हाथ से शर-सन्धान का अभ्यास करके ही योद्धा बन जाऊँगा।"

द्रोण गुप्तचरों द्वारा उत्तेजना शान्त होने का समाचार पाकर निश्चिन्त हो गए थे, इस बात को लेकर और अधिक सोचने की आवश्यकता अनुभव नहीं की।

सहसा मानो, एक कठोर आघात से उनकी सुख-निद्रा भंग हो गई।

वे कपटपूर्ण द्यूत-सभा में पहली बार सचेत हुए।

दूरदर्शी, जीवन में अनेक आघात सहनेवाले द्रोणाचार्य ने एक पक्ष के क्रोध और दूसरे पक्ष के व्यंग्यान्दोलित शोर के बीच मृत्यु के भयंकर पदचाप को सुन लिया–धृतराष्ट्र के पुत्रों की हठधर्मिता और निर्बुद्धिता का परिणाम स्पष्ट रूप से देख लिया।

वे लोग निश्चित रूप से विनष्ट होंगे। उसी के साथ उनकी भी वही दशा अवश्यम्भावी है।

उन्होंने, पांडवों के प्रथम जीवन के अज्ञातवास-काल में ही धृतराष्ट्र से वेतन ग्रहण किया था–अपने को उनका अनुगामी घोषित किया था। उसके बाद पांडव, द्रोपदी को ब्याह कर लाए, तो राज्य बँटा, पांडु-पुत्रों के लिए नई राजधानी बनाई गई, किन्तु भीष्म,

द्रोण आदि धृतराष्ट्र के वेतनभोगी के रूप में उसी पुराने हस्तिनापुर में रह गए। इसलिए युद्ध होने पर उन्हें इसी पाप-पक्ष की ओर से, अर्थात् पांडवों के विरुद्ध युद्ध करना होगा। और उस दशा में–

उस दशा में क्या होगा, द्रोण जानते ही हैं। मृत्यु अनिवार्य है। इस मूर्ख, दम्भी दुर्योधन के वश में नहीं कि श्रीकृष्ण द्वारा रक्षित पांडवों को पराजित कर सके।

द्रोण व्याकुल हो उठे। केवल पश्चात्ताप और आत्मग्लानि ही नहीं, आतंक से भी अस्थिर हो उठे। आतंक अपने लिए उतना नहीं था–जितना अश्वत्थामा के लिए। अन्त में, जब और चैन से नहीं बैठ पाए तो एक दिन खोजते-खोजते निषाद-राज एकलव्य के घर जा पहुँचे।

विस्मित एकलव्य ने हड़बड़ाहट में जल्दी-जल्दी उनकी अगवानी की। आदर-सत्कार में कोई धृष्टता नहीं दिखाई–गुरु की, इष्ट-देवता की भाँति पूजा करके उनका स्वागत किया। मृग-चर्म के नवीन आसन पर बैठाकर, नदी के जल से चरण धोकर, पुष्प, चन्दन, दूर्वा, सुगन्धित तेल, मधु आदि अर्घ्य समर्पित किया, धूप, दीप, आरती करके भोजन के लिए फल, दूध, मधु प्रस्तुत किया। एकलव्य जानता है कि ब्राह्मण और आर्य यहाँ इससे अधिक कुछ नहीं ग्रहण कर पाएँगे। इसके बाद घुटनों के बल बैठकर, दोनों हाथ जोड़कर बोला, "आदेश कीजिए, आपकी क्या सेवा कर सकता हूँ !"

द्रोणाचार्य ने आज व्यर्थ का कोई वागाडम्बर नहीं किया। उनका जो अनुमान और आशंका थी–सब खोलकर बता दी। धृतराष्ट्र के पुत्रों का परिणाम वे अपने दिव्य-चक्षुओं से देख रहे हैं, उसी के साथ अपना भी।

एकलव्य सब सुनने के बाद, थोड़ी देर मौन रहकर किंचित् म्लान हँसी के साथ बोला, "प्रभु, यदि सच बोलने से आपके मन को आघात लगे, तो वह आघात मुझे भी उसी प्रकार आहत करेगा–यह सोचकर क्षमा कर दीजिए। यदि आपने दया करके मेरे दाएँ हाथ का अँगूठा न ले लिया होता या फिर मुझे यदि अपना शिष्यत्व ग्रहण करने से न रोका होता–तो आज मेरे लिए आपके पक्ष में युद्ध करना सम्भव होता और आपकी कृपा से, स्वयं देवेन्द्र की भी सामर्थ्य नहीं होती कि आपका बाल बाँका कर सके। किन्तु आज मुझे एक भी व्यक्ति ऐसा दिखाई नहीं दे रहा है, जो पांडवों से आपकी रक्षा कर सके।"

द्रोण सिर झुकाकर बोले, "तब भी, सुना है तुम अँगुली-कवच की सहायता से अजेय धनुर्धर हो गए हो–।"

"लगता है, आपने कुछ गलत सुना है। दूसरे के लिए अजेय होने पर भी गांडीवी अर्जुन के लिए नहीं। अँगुली-कवच और अँगुली में थोड़ा अन्तर तो होता ही है। आप शस्त्र-शास्त्र में पारंगत हैं–इस विषय में आपके अनुमान में कोई भूल नहीं हुई। अर्जुन ही आज सर्वश्रेष्ठ धनुर्धर है।"

द्रोणाचार्य का सिर और भी झुक गया। वे काफी देर चुप बैठे रहे। उसके बाद थोड़े लज्जा-भरे स्वर में बोले, "एकलव्य, क्या तुम मुझे क्षमा कर पाओगे ?"

एकलव्य ने कानों पर हाथ रख लिये। कहा, ''आप सामान्य से मिथ्याचरण को इतने बड़े रूप में क्यों देख रहे हैं ? हे देवता, सच यह है कि मेरे प्रति आपका कोई अपराध हो ही नहीं सकता। इसलिए जब अपराध ही नहीं हुआ–तो क्षमा का प्रश्न ही क्यों उठेगा ?''

यह सुनकर द्रोण उत्तेजित हो गए, भौंहें चढ़ाकर पूछा, ''मिथ्याचरण ? मैंने मिथ्याचरण किया है ! वह क्या ! वही तो झूठ बात है।''

एकलव्य थोड़ा हँसा। फिर विनयपूर्वक उत्तर दिया, ''देव, क्षमा कीजिए, यदि आप थोड़ा सोचकर देखेंगे, तो इतना आश्चर्य नहीं करेंगे। जिस दिन आप, अर्जुन और प्रमुख राजकुमारों को लेकर मेरी खोज में आए थे, उस दिन आपने यह तो पहले ही निश्चय कर लिया था कि मुझसे क्या माँगेंगे; जानते थे कि उससे मेरा सर्वनाश हो जाएगा, मेरा जो चरम-काम्य है, उससे मुझे सदा के लिए वंचित कर रहे हैं, मेरा सम्पूर्ण जीवन व्यर्थ कर रहे हैं–किन्तु आपने उस बात का आभास तक न देकर केवल गुरु-दक्षिणा माँगी थी। बड़े सहज-भाव से–जिससे मैं कोई सन्देह न करूँ, वचनबद्ध होने में संकोच न करूँ। यही क्या मिथ्याचरण नहीं हुआ ?''

द्रोण का गला सूख गया। लगा कि वे किसी भी प्रकार आँख उठाकर एकलव्य की ओर नहीं देख पा रहे थे। फिर भी, जड़ हो आए कंठ और ऐंठी हुई जीभ को किसी तरह सक्रिय करके प्रश्न किया, ''तुम–तुम जानते थे, मैं क्या मागूँगा ?''

''क्षुब्ध और म्लानमुखी अर्जुन को साथ देखते ही अनुमान कर लिया था।''

''तब भी–तब भी संकेत नहीं किया, सावधान नहीं हुए–पहले जानना भी नहीं चाहा कि मैं क्या माँगूँगा ?''

''जिस दिन से आपका गुरु के रूप में वरण कर लिया था, उसी दिन से आपके आदेश के सम्बन्ध में संकोच या संशय का कोई अधिकार नहीं रखा था। वह मार्ग कहीं खुला ही नहीं था। आप गुरु-दक्षिणा के रूप में मेरा जीवन, कीर्ति, भविष्य माँगेंगे–यह समझने के बाद भी उस दिन मेरे सामने वचनबद्धता के अतिरिक्त और क्या उपाय था– कहिए !''

कुरुवंश के शस्त्र-गुरु द्रोणाचार्य और अधिक नहीं सह पाए। स्थिर होकर बैठ भी नहीं सके। एकलव्य की निरुत्तेजित, शान्त, श्रद्धा-विनम्र बातों के प्रत्येक शब्द ने अग्नि-शलाका की भाँति उनके कानों में प्रवेश किया, केवल मन ने ही नहीं, सम्पूर्ण शरीर ने बिच्छू के डंक मारने की जलन अनुभव की। लाठी से मारे गए जन्तु की भाँति व्याकुल होकर वह स्थान छोड़ दिया। जाने से पहले उन्हें विदा लेने या आशीर्वाद देने का भी ध्यान नहीं रहा।

बहुत दिन की बात है। साढ़े तेरह वर्ष पूर्व की घटना।

पर आज भी, कुरुक्षेत्र के इस महा-श्मशान में, चारों ओर से अगणित शत्रु-सैनिकों

से घिरे बैठे भी, दोनों पक्षों के हाहाकार, शोकोच्छ्वास और हर्ष-ध्वनिमिश्रित कोलाहल के बावजूद–वह सारी बात मानो साफ-साफ सुन पा रहे हैं। आज भी उस तीव्र विष-दाह का अनुभव कर रहे हैं।

आज भी सुन रहे हैं। जो आज तक कभी नहीं सुना था, ऐसा एक स्वर कानों में पड़ रहा है। मानो, उनका विस्मृत-विवेक मन के बन्द द्वार को ठेलकर एकदम निकट आकर बोल रहा है, "मिथ्याचरण ! वह क्या केवल इसी एक बार ? जब अस्त्र-शिक्षा की परीक्षा के दिन महावीर कर्ण ने अर्जुन के मुकाबले में उतरना चाहा था, क्या तुमने उस दिन–यह जानते हुए भी कि कर्ण को भयंकर आघात लगेगा, वे लज्जित होंगे–अपने सम्बन्धी कृपाचार्य के माध्यम से जन्म का प्रश्न नहीं उठाया था ? उसके बाद कुन्ती की अस्वस्थता की वजह से परीक्षा रोक पाकर क्या तुम्हें सन्तोष नहीं मिला था ? अच्छी तरह सोचकर देखो। क्या तुम कर्ण का तेज और सहजात दिव्य कवच-कुंडल देखकर समझ नहीं गए थे–कि यह किशोर कोई क्षत्रिय तो है ही, इसने निश्चय ही किसी देव-पुरुष के अंश से जन्म भी लिया है ? तब तुमने उसे अर्जुन के मुकाबले में क्यों नहीं उतरने दिया था ?"

द्रोण मन के गुप्त अन्तःपुर में विवेक की इन कठोर सत्य बातों को ध्यानपूर्वक सुन रहे हैं और मन में ही इनकी यथार्थता की परीक्षा भी कर रहे हैं।

हाँ, मिथ्याचरण तो था ही। आज इसे और अस्वीकार नहीं करेंगे। उन्होंने पहले ही उपयुक्त आधार समझकर अर्जुन से गुप्त समझौता कर लिया था कि यदि वे उसे अपराजेय योद्धा बना देंगे–तो चाहे जैसे हो, वह उनके प्रतिशोध की इच्छा पूरी करेगा। एक आँख से हिरन देखने की भाँति, वे केवल इसी दिशा में देख रहे थे–उन्होंने इतना सोचा भी नहीं कि उनका आदेश मात्र पाकर कुशल शिष्य एकलव्य या कर्ण भी सरलता से उनकी वह इच्छा पूर्ण कर सकते हैं।

पाप मन से छिपा नहीं। आज विवेक, विस्मृति के तल से अनेक बातें लाकर उनके सचेतन मन के सामने खोलकर रख रहा है–।

द्रुपद की अवहेलना या अपने दारिद्र्य की–ब्राह्मण, ऋषि-पुत्र होने के कारण–वे सरलता से उपेक्षा कर सकते थे, मानव-स्वभाव समझकर द्रुपद को क्षमा कर सकते थे, ऐसा करना ही उचित था। करते, तो वह उनकी शिक्षा-दीक्षा और संस्कार के उपयुक्त कार्य होता–किन्तु उन्होंने साधारण कामानुदास व्यक्ति की भाँति कामिनी के मनोरंजन के लिए, स्त्री का वृथा-क्षोभ दूर करने के लिए जीवन की उच्च अभिलाषा के तरु-मूल को अब्राह्मण व्यक्ति के उपयुक्त उपायों के जल से सींचा, न्याय-अन्याय का बोध त्याग दिया, अपनी सम्पूर्ण एकत्रित शक्ति का खाद उसमें डाल दिया। द्रुपद की अवहेलना, पुत्र व मित्रों के उपहास ने द्रोण को उतना परेशान नहीं किया, जितना उनकी पत्नी कृपी को। उसकी ताड़ना पाकर ही द्रोण साधारण धन-सम्पदा के लिए कंगाल होकर भगवान के अंश रूप महा-मानव महर्षि परशुराम के पास दौड़े गए थे–यह समाचार पाकर कि वे सभी को प्रचुर धन-रत्न बाँटकर धन-शून्य हो जाएँगे। इसके बाद वे भौतिक ऐश्वर्य

के धनी बनकर द्रुपद के सामने दर्प प्रदर्शित करेंगे–इसी नीच शत्रु, नीच मनोवृत्ति को सफल करने की आशा में।

सम्पदा को अपनी शक्ति के बल पर अर्जित करने का मनोबल था नहीं–इसी कारण भिक्षुक-वृत्ति अपनाकर भार्गव के पास दौड़े गए थे। किन्तु, जब वहाँ पहुँचकर सुना कि जो कुछ धन-रत्न था, वह अब तक बँट चुका है, केवल शस्त्रों का ढेर पड़ा है, तो याचना करके उसे ही ले आए–प्रयोग करने की विधि के ज्ञान के साथ।

किन्तु द्रुपद ने उस वित्त का मूल्य नहीं समझा। वे बाल्यकाल के दरिद्र, खेल के साथी के साथ फिर से मित्रता जोड़ने को राजी नहीं हुए–रूखा व्यवहार करके लौटा दिया। तब क्रुद्ध द्रोण ने नीच-कुलोद्‌भव व्यक्ति की भाँति ही प्रतिज्ञा की, कि इन अस्त्रों के सहारे, अपनी शस्त्र-विद्या के बल पर द्रुपद को अशक्त बना देंगे और अपने सामने झुका देंगे। वह प्रतिज्ञा पूर्ण करने के लिए ही, जिसे पहले सुपात्र और योग्य समझा, उसी के साथ समझौता कर लिया–अर्थात् अर्जुन के साथ। उसी समझौते को माननेवाले अर्जुन को अपराजेय बनाने के लिए पूरे होशो-हवास में, जानते-बूझते हुए एक के बाद एक अन्याय करते चले गए।

नहीं, अब और विलम्ब नहीं। महा-पाप के महा प्रायश्चित का समय निकट आ पहुँचा है। इसीलिए उन्हें कोई क्षोभ नहीं है। भाग्य से कोई शिकायत नहीं है।

इस बार एकलव्य को देखने के बाद से, उसके लोकोत्तर महान चरित्र का परिचय पाकर–उसकी क्रोधहीनता, अहिंसा, सब प्रकार से प्रतिशोध-भावनाहीन आचरण और भक्तिपूर्ण विनम्र बातचीत में अपने कलुषित मन की छवि मानो घृणित चेहरे के साथ साफ-साफ दिखाई देने लगी है, इससे अपने पाप का बोझ और भी दुस्सह और भारी अनुभव हो रहा है।

यह तो स्पष्ट है कि विधाता का शाप थोड़ा फल रहा है। अश्वत्थामा, जिसके दुख दूर करने के लिए ही पांडवों की इतनी खुशामद की, ऐसा मिथ्या और असद्-आचरण किया–वह सच ही अमानुष बन गया है। क्रूर, क्रोधी, स्वार्थी, चंचल-बुद्धि। उसने ब्राह्मणों की शिक्षा, संस्कार, विवेक, स्थिर-बुद्धि–कुछ भी प्राप्त नहीं किया। मारा भले ही न जाए–किन्तु इसमें रंच मात्र सन्हेह नहीं, कि पांडवों के हाथों मृत्यु से भी अधिक अपमान भोगेगा।

क्या वह अभिशाप उनके अपने लिए भी नहीं फलेगा !

कुछ शेष नहीं रहेगा–अपने दुष्कृत्य का मूल्य चुकाने में कौड़ी-गंडा, सब चला जाएगा।

फिर भी, इस युद्ध में पराजय और पतन अवश्यम्भावी जानकर भी अथवा जानकर ही द्रोणाचार्य ने मानो, साक्षात् कालान्तक यम की भाँति, क्षत्रिय-ध्वंसकारी भार्गव परशुराम की भाँति प्रचंड युद्ध किया। उस मृत्यु की उन्मत्तता को देखकर लगने लगा था–कि नियति को एकदम सामने देखकर, यमराज को तैयार होकर सामने खड़ा जानकर ही–वे मृत्यु-भय की पूरी तरह उपेक्षा कर रहे थे, अपने को मृत जानकर ही इस मृत्यु-महोत्सव में उन्मत्त हो रहे थे।

उन्हें लगने लगा कि ब्रह्म-लोकवासी महर्षि और देवर्षियों के दल उनके क़ानों के पास आ खड़े हुए हैं, उन्हें धिक्कार रहे हैं, इस प्रकार–नितान्त साधारण मनुष्य के ऊपर हजारों-लाखों मनुष्यों का विध्वंस करनेवाले भयंकर अस्त्रों के प्रयोग के लिए–निन्दा करते हुए कह रहे हैं, अब अस्त्र त्याग कर ईश्वर के ध्यान में मन लगाने के लिए, महा-प्रयाण हेतु तैयार हो जाने के लिए। लगा, कि उनका सहजात विवेक अश्रुपूर्ण नेत्रों से विदा लेकर उनके अन्तर् से चला गया है। किन्तु उन्होंने कोई ध्यान नहीं दिया। उनके नेतृत्व में युद्ध के पाँचवें दिन की सन्ध्या के बाद भी युद्ध-विराम की घोषणा नहीं की गई, आधी रात की कुछ घड़ी छोड़कर शेष सारी रात युद्ध चलता रहा। पिछले चौदह दिन में पांडव-पक्ष जितना हीन-बल नहीं हुआ था, उसने जितना मनोबल नहीं खोया था–इस एक दिन-रात के युद्ध में उससे कई गुना खो दिया, कितने रथी-महारथी, पैदल सैनिक मारे गए, इसकी कोई सीमा नहीं है। सभी कहने लगे, यदि द्रोण और एक पहर भी इस प्रकार युद्ध करते रहे, तो पांडवों की पराजय में कोई कसर नहीं रह जाएगी।

तब विवश होकर श्रीकृष्ण के परामर्श से पांडवों को असत्य का सहारा लेना पड़ा। पुत्र के सम्बन्ध में उनकी असाधारण दुर्बलता जानी हुई थी, भीम ने उसी स्थान पर मर्मान्तक आघात किया, निकट जाकर ऊँचे स्वर में बोले, "अश्वत्थामा तो मारा गया है, और क्यों युद्ध कर रहे हैं, किसके लिए ?"

आज के इस हत्या-तांडव, नर-रक्त की इस भँवर में द्रोण अपने अब तक के अपराध-बोध, आत्म-ग्लानि, यहाँ तक कि कुकर्म की स्मृति भी जैसे भुलाए बैठे थे, उसी के साथ एकलव्य तथा अपमानित द्रुपद के यज्ञ और धृष्टद्युम्न के जन्म का वृत्तान्त भी। अथवा उसके इस वास्तविक चेहरे की कल्पना नहीं कर पाए थे। उसी कारण अश्वत्थामा की मृत्यु सम्भव न जानकर भी क्षण-भर के लिए हत्-ज्ञान हो गए। पूरा विश्वास तो नहीं हुआ, तब भी मन एक आशंका से अवश हो गया–उसी के साथ शरीर भी। एक बार यह भी लगा–कि जिन असन्तुष्ट ब्रह्मर्षियों ने उन्हें इतनी देर तक अस्त्र त्याग देने का परामर्श दिया था–शायद, बात न मानने पर उन्होंने ही रुष्ट होकर यह दुर्घटना की है।

यदि अचानक निषाद राज-पुत्र की जीवन मूर्ति उनके मानस-पटल पर आविर्भूत न हो जाती, तो युधिष्ठिर द्वारा उस समाचार के समर्थन के बावजूद शायद वे इस प्रकार युद्ध से विमुख न होते।

और उसके फलस्वरूप उनके लगभग अवश हो चुके हाथ से धनुष खिसककर गिर पड़ा। जब अस्त्र त्याग कर स्थिर होकर, संसार के समस्त इष्ट-अनिष्ट, कार्य-कारण से अपने को अलग करके मन को ब्रह्म-चिन्तन में नियोजित करने की चेष्टा कर रहे थे–अचानक उसी समय उनके मानस-चक्षुओं के सामने एक दृश्य उभर आया।

देखा, एकलव्य–महर्षि एकलव्य को शंख, घंटा, दुन्दुभि बजाते हुए सभी ब्रह्मर्षि और देवलोक वासी आगे-आगे स्वर्ग लिये जा रहे हैं–और एक घोर कृष्ण-वर्ण का व्यक्ति, जिसके अवयव और आकृति द्रोणाचार्य के समान है, भैरव द्वारा प्रताड़ित होता हुआ कातर भाव से उनके पीछे-पीछे जा रहा है। और भी देखा, एकलव्य हाथ जोड़कर

बार-बार उसी व्यक्ति को प्रणाम कर रहे हैं एवं करुण-स्वर में कह रहे हैं–उन्हें आने दीजिए, मैं उन्हें छोड़कर स्वर्ग नहीं जाऊँगा।

शायद, एक क्षण। उससे भी कम समय में मन में अनेक घटनाओं के चित्र उभर आए।

किन्तु उसमें–बिजली चमकने के समान ही बातें मन में उभरीं। फिर भी गिरा दिए गए अस्त्र को उठाकर नियति के साथ युद्ध करने की इच्छा नहीं हुई।

अवश्य ही, अवसर भी नहीं मिला।

उसी बीच धृष्टद्युम्न ने उनके रथ पर चढ़कर खड्ग उठा लिया।

द्रोण उसी मुद्रा में आँखें बन्द किए ही अस्फुट स्वर में बोले, "एकलव्य, एकलव्य–तुम्हारा ऋण क्या चुक गया ? क्या मेरा प्रायश्चित पूरा हुआ ? क्या इतने दिन के आत्म-दहन-यज्ञ में जीवन की पूर्णाहुति पड़ गई ?"

किन्तु जिसका जन्म प्रतिशोध की होमाग्नि से ही हुआ था–पितृ-वध की प्रतिहिंसा के कारण हिताहित ज्ञान-शून्य वह धृष्टद्युम्न उस बात को नहीं सुन पाया। सुन भी पाता, तो उसका अर्थ नहीं समझ पाता।

॥ १५ ॥

कर्ण अचानक विह्वल और किंकर्त्तव्यविमूढ़ हो गए। दुर्बलता ? क्लान्ति ? अवसाद ? अविराम रक्तक्षयी-प्राणक्षयी संग्राम के प्रति अनिच्छा ? जीवन के प्रति ही वितृष्णा ?

ठीक-ठीक क्या है, कर्ण भी नहीं समझ पा रहे हैं। इसका अवसर भी नहीं है। युद्ध लगभग चरम-सीमा पर पहुँच गया है। शायद कुछ घड़ियों में ही अन्तिम रूप से निर्णय हो जाएगा–कुन्ती के ज्येष्ठ और कनिष्ठ पुत्रों में कौन जीवित रहेगा, कौन गतायु होगा–कौन जयी होगा और किसे पराजय का कलंक ढोना पड़ेगा !

कर्ण को इसी चरम-क्षण की प्रतीक्षा थी–आजीवन कहना तो संगत नहीं होगा–किशोरावस्था से। पृथा नन्दन इस पृथ्वी पर सर्वोत्तम धनुर्धर हैं, सर्वश्रेष्ठ वीर हैं–यह बात सुनते-सुनते वे थक गए हैं, ईर्ष्या के विष से खोखले हो गए हैं। कभी-कभी तो–जब अर्जुन का निराधार और अप्रमाणित निस्सीम गुणगान सुनते थे, तो इस दुर्भाग्य-रचित, प्रतिकारहीन असहाय दशा में आत्महत्या का मन हो आता था। कभी-कभी छिपकर उनके पास जाकर उन्हें आमने-सामने के युद्ध में शक्ति-परीक्षा के लिए ललकारने की दुर्निवार इच्छा होती थी। अब तो–उन लोगों के वन-गमन के बाद से, निरन्तर सुन रहे हैं कि अर्जुन सुर, नर, राक्षस, यक्ष, गन्धर्व सभी के लिए अपराजेय हैं। यदि ऐसा ही है, तो कर्ण के जीवित रहने की और कोई आवश्यकता या सार्थकता नहीं है, अविलम्ब मृत्यु ही श्रेष्ठ है।

उन्होंने, किशोरावस्था से ही अपनी शिक्षा अपने शौर्य को प्रमाणित करने की बार-बार

चेष्टा की है; निर्विवाद रूप से यह सिद्ध करने की, कि वास्तव में कौन श्रेष्ठ धनुर्धर है। दुर्भाग्य है, दुर्भाग्य ही है, भाग्य तो जन्म के क्षण से ही उनका शत्रु है—अपनी योग्यता सिद्ध करने का अवसर नहीं मिला। जीवन के प्रारम्भ में, कौरवों के अस्त्र-शिक्षा परीक्षा-गृह में—जहाँ द्रोणाचार्य के शिष्यों के रूप में कुरुवंशीय राजपुत्रों के अतिरिक्त अन्य बहुत से राजपुत्र परीक्षा दे रहे थे—केवल वे ही उस सुअवसर से वंचित हुए, अपमानित भी कम नहीं हुए। इन दो ब्राह्मणों—द्रोण और कृप ने उन्हें छला, यहाँ तक कहा जा सकता है कि प्रताड़ित भी किया। एक बार और—किशोरावस्था के बाद तरुणावस्था में, बाल-सूर्य के तेजवाले, शाल-वृक्ष की भाँति बलिष्ठ व विशाल भुजाओंवाले अंगाधिपति, नारी के मन को जीतने के लोभ में नहीं—स्वयंवर की शर्त सुनकर अपनी अस्त्र-विद्या की श्रेष्ठता प्रमाणित करने के लिए गए थे, किन्तु वहाँ भी उस सुयोग से वंचित हुए—भाग्यरूपिणी एक नारी के द्वारा।

द्रोपदी, कृष्णा। एक साथ उनकी आत्मा का आनन्द और चित्त का प्रदाह। न केवल कौरवों के लिए—बल्कि लगता है, यज्ञाग्नि से उत्पन्न यह नारी उनके लिए भी मृत्युरूपिणी है।

कृष्णा के कारण ही—कृष्णा द्वारा दिए गए, इतिहास के सर्वाधिक घृणापूर्ण तिरस्कार और अपमान के कारण, उन्होंने हिताहित का कोई ध्यान न करके—श्रेष्ठ कुलोत्पन्न, उच्च पदवीधारी, यहाँ तक कि शायद अशिक्षित, बर्बर व्यक्ति के लिए भी निन्दनीय तथा गर्हित आचरण किया था, सुरामत्त निषाद या राक्षस के समान बुरी बातें कही थीं और उसके परिणामस्वरूप पांडवों के मन को विष-तिक्त करके उन्हें अपना परम-शत्रु बना लिया था।

उतने पर भी अन्त नहीं हुआ। इस चरम क्षण, भाग्य-परीक्षा की अन्तिम घड़ी में भी, हमेशा उनकी भावनाओं से चिपकी यह नारी एक बार फिर बाधा बनी खड़ी है।

प्रस्तुत, हाँ, प्रस्तुत ही थे। जीवन के प्रति उनकी कोई आसक्ति या मोह नहीं, अर्जुन को पराजित किए बिना जीने का कोई अर्थ भी नहीं। उन्होंने, गत-रात्रि आसन्न सर्वनाश से डरे हुए दुर्योधन को व्यर्थ ही कोई आश्वासन भी नहीं दिया, आज के युद्ध के लिए सब प्रकार भ्रान्तिहीन तैयारी की है। यहाँ तक कि जब उसी शाम उनके गुप्तचर ने समाचार दिया कि वह कीलक नाम के एक मांस-आपूर्तिकर्ता के मुँह से सुनकर आ रहा है कि श्रीकृष्ण ने पांडवों से कहा है कि कौरव-शिविर में उनके समकक्ष एक ही सारथी हैं—लगता है, किसी-किसी दृष्टि में दक्षतर भी—वे हैं महारथी शल्य; सम्पूर्ण भारत-खंड में शल्य की अपेक्षा अश्व-संचालन-कुशल व्यक्ति बिरले ही हैं, यदि वे कर्ण के सारथी बनेंगे, तो कुछ संकट आ सकता है अन्यथा अगले दिन के युद्ध में कर्ण का पतन अनिवार्य है—तब दुर्योधन के माध्यम से वह असाध्य कार्य भी किया—विपुल कीर्ति-गान से सन्तुष्ट और प्रसन्न करके शल्य को आज के युद्ध में सारथ्य ग्रहण करने को सहमत किया। निश्चयपूर्वक कौन जानता है कि इसमें चतुरों के सिरमौर वासुदेव का कोई षड्यन्त्र है या नहीं; कारण, शल्य ने एक भयंकर शर्त रख दी है कि वे कर्ण को चाहे

जो कड़वी बात कहें, पांडव-पक्ष की चाहे जितनी प्रशंसा करें–किन्तु कर्ण कोई प्रतिवाद नहीं कर पाएँगे। ऐसा करने पर शल्य उसी क्षण वल्गा छोड़ देंगे।

अंगाधिपति अब समझ रहे हैं, यह शर्त मानना उचित नहीं हुआ। यह भी उनकी एक भयंकर भूल है। शायद शल्य अपने भानजों के कल्याण के लिए–लगातार छोड़े व्यंग्य-बाणों से जर्जरित और क्रुद्ध कर डालेंगे। युद्ध तो शान्त और स्थिर मस्तिष्क का कार्य है, क्षुब्ध चित्त–अभ्यास में आए हुए, बहुत दिनों से अपने पास उपलब्ध अस्त्र का भी ध्यान नहीं आने देता।

किन्तु क्या केवल उसी कारण इतनी व्याकुलता और उद्भ्रान्ति है ? अथवा शक्तिशाली पांडवों की–उनमें, पांडवों के बल और पराक्रम के सम्बन्ध में कोई अवास्तविक धारणा या अविवेकपूर्ण अवहेलना का भाव नहीं है–आज की प्रतिज्ञा सुनकर ही वे भयाकुल हो गए हैं ! क्या केवल उसी कारण कृष्णा उनके लिए मृत्युरूपिणी हैं ?

आह ! यदि वही होता !

आज रात्रि के शेष क्षण से ही विघ्न दिखाई दिया।

आज पहली बार इस नारी का ध्यान, उनके इष्ट के ध्यान में बाधा बना, जो उनके समझदार होने के बाद से आज तक, इस लम्बे जीवन में कभी नहीं हुआ था। यह पूजा, ध्यान, स्मरण, मनन ही तो उनकी शक्ति और मानसिक शान्ति का स्रोत है।

भोर में, प्रातःकर्म स्नानादि से निवृत्त होकर, सारी चिन्ताओं से मुक्त होकर एकाग्र मन से दिवसाधिपति का ध्यान और पूजा करना उनका बचपन का अभ्यास है, अवश्य करणीय कर्म है। क्यों है, यह वे नहीं जानते। प्रतीत होता है, वे सूर्य के साथ जन्म-सूत्र के किसी बन्धन में बँधे हुए हैं अन्यथा अच्छी तरह समझदार होने के पूर्व ही यह आकर्षण क्यों अनुभव करते ?

हमेशा ही पूजा और ध्यान करते हैं। उस समय उन्हें कोई बाहरी ज्ञान नहीं रहता। मन-वचन-शरीर के समर्पण के साथ वे अपने अन्तर् की सम्पूर्ण व्यथा-वेदना, हृदय पर लगे सम्पूर्ण आघात को आराध्य के चरणों में निवेदित करके स्वस्थ और निश्चिन्त हो जाते हैं। सामान्य दिनों में वे सूर्य के सिर तक चढ़ आने से पहले तक इसी प्रकार इष्ट के ध्यान में डूबे रहते हैं, यह क्रम कभी नहीं टूटता।

किन्तु युद्ध-काल में यह सम्भव नहीं होता। इस कारण ढाई पहर रात बीतते ही शैया छोड़कर–पिछली रात तो दूसरे पहर के अन्त में ही विश्राम के लिए गए थे, कुछ घड़ी ही लेटे थे, नींद तो आई ही नहीं, उनकी पलकों पर तन्द्रा का भी चिह्न दिखाई नहीं दिया–वस्तुतः असीमित थकान से भरे होने पर भी वे इन थोड़े से क्षणों में उसी मृत्युरूपिणी की चिन्ता में खोए थे–प्रातःकृत्य स्नानादि करके अँधियारे आकाश के नीचे पूर्व दिशा की ओर मुँह किए अभ्यास के अनुसार इष्ट का ध्यान करने की चेष्टा कर रहे थे, किन्तु आज वे इष्ट के ध्यान के लिए अपने को अन्य चिन्ताओं से मुक्त नहीं कर पाए, उनके पूजा-ध्यान का प्रयास व्यर्थ चला गया। अशान्त, व्याकुल और अस्थिर मन इष्ट के चरणों में नहीं लगा पाए।

नहीं, कोई नीच चिन्ता नहीं है, उस पर कलुष-कामना की छाया भी नहीं है। सुन्दर रमणियों के सम्बन्ध में समर्थ-पुरुषों का जो ध्यान स्वाभाविक है, वह भी नहीं है। यह एकदम अलग भावना है। जो यह है, लगता है उसे कोई संज्ञा प्रदान नहीं की जा सकती।

शासक, नृपति, प्रधान-आमात्य या प्रधान सेनापति का–विश्वस्त गुप्तचर नियुक्त करके उनसे प्रति-क्षण के समाचार प्राप्त करना–एक आवश्यक कर्त्तव्य है। सामान्य अवस्था में भी आवश्यक है और युद्ध आदि आपत्तिकाल में तो अपरिहार्य है। विरोधी-पक्ष की योजना का ज्ञान न रहने पर अपनी कार्य-प्रणाली निर्धारित करना कठिन होता है, कई बार विशेष प्रयत्न और संकल्प भी व्यर्थ हो जाते हैं। अत्यधिक लज्जा और अपमान सहना पड़ता है।

अंगाधिपति का सर्वाधिक विश्वस्त, कार्य-कुशल और चतुर गुप्तचर था, विचित्रबुद्धि।

उसे पांडव शिविर के किसी विचार-विमर्श, यहाँ तक कि साधारण बातचीत का पता लगाने में भी कठिनाई नहीं होती, बहुत बार तो कहनेवाले की बातें घड़ी-भर के भी दसवें भाग में ही उसके कानों में पहुँच जाती हैं। उसकी पादुकाएँ रोएँदार चमड़े की बनी हैं, उसके अश्व के पैरों में भी लोहे की नाल के बदले उसी प्रकार के चमड़े का आवरण जड़ा है; उसकी चाल विद्युत के समान है, वायु-वेग भी उसकी गति के सामने कुछ नहीं है, काले वस्त्र धारण करनेवाला वह गुप्तचर निश्शब्द चलता है, छाया-मूर्ति की भाँति लगभग अदृश्य।

आवश्यकतानुसार धन का अभाव न होने के कारण विचित्रबुद्धि ने शत्रु के शिविर में नाना श्रेणियों के नाना पदवीवाले गुप्तचर नियुक्त कर रखे हैं, वे पर्याप्त पारितोषिक पाने के लालच में सारे समाचार क्षण-भर में ही उस तक पहुँचा जाते हैं। अश्व-रक्षक, द्वारपाल, व्यक्तिगत सेवक–यहाँ तक कि पानी भरनेवालों, ईंधन और खाद्य-सामग्री की आपूर्ति करनेवालों में से भी अनेक उसके वेतन-भोगी थे। जो उसके कर्मचारियों में शामिल नहीं थे, वे भी अतिरिक्त पुरस्कार के लालच में उसके पास अपनी इच्छा से अनेक विस्मयकारी समाचार लाते थे। समाचार पहुँचाने का स्थान पूर्व-निर्धारित होता था, इस कारण रंच-मात्र भी विलम्ब नहीं होता।

विचित्रबुद्धि प्रतिदिन सोने से पहले कर्ण को समस्त समाचार दे जाता है। वह कल भी आया था, विशाल तम्बू के मध्य व्याघ्र-चर्म ढके काष्ठासन पर बैठे कर्ण ने अपने घाव पर ओषध का लेप करते-करते उसकी बातें सुनीं–तम्बू के बीचोबीच बैठने का कारण था कि, दूसरे पक्ष का कोई गुप्तचर उनकी बातचीत न सुन सके। विचित्रबुद्धि ने पांडव-शिविर की तैयारी की सम्पूर्ण योजना यहाँ तक कि साधारण बातचीत का सारांश तक कह सुनाया। निश्चय ही इनमें से बहुत सारी बातें कर्ण को पहले ही मालूम हो गई थीं–विपक्षी-दल किस प्रकार व्यूह-रचना करेगा, कौन-कौन व्यूह के किस-किस भाग की रक्षा करेगा, कौन-कौन केवल प्रधान सेनापति अर्थात् कर्ण को लक्ष्य बनाएगा–उन्हें किस कौशल से संकट में डालेगा–यह सब ज्ञात होने के बाद ही कर्ण ने अपनी व्यूह-रचना के आदेश-निर्देश में गुप्त परिवर्तन किया था।

इसी कारण इस समय नए समाचार अधिक नहीं थे। जो सामान्य समाचार थे, उनसे कर्ण सन्तुष्ट नहीं हुए। वे बहुत देर से एक विशेष प्रश्न के लिए व्याकुल हो रहे थे, अपने मन की लज्जा और कुंठा के कारण ही वह प्रश्न करने में संकोच कर रहे थे, उन्होंने इतनी देर तक विचित्रबुद्धि के सारे समाचार अन्यमनस्क भाव से सुने थे। अन्त में विचित्रबुद्धि को–ओषधि-लेपन और समाचार देने का कार्य समाप्त करके विदा लेने के लिए तैयार देख, कर्ण मानो बड़ी मुश्किल से संकोच छोड़कर वह अनावश्यक और अशोभनीय प्रश्न कर बैठे, "अच्छा, उनके अर्थात् आर्या महिषियों के–पांडवों के अन्तःपुर की ललनाओं के शिविर में क्या चर्चा हो रही है–मेरा सेनापति होना सुनकर उनकी क्या प्रतिक्रिया है–विचित्रबुद्धि, वे सब समाचार भी उपलब्ध किए हैं क्या ?"

प्रश्न के उत्तर में विचित्रबुद्धि थोड़ा मुस्कुराया। अकारण ही हाथ जोड़, झुककर नमस्कार करते हुए प्रकट किया–हाँ, वे समाचार भी उसके पास हैं। वस्तुतः इस कुरुक्षेत्र रण-भूमि के बाहर चारों ओर बीस योजन तक कहाँ क्या हो रहा है, कौन क्या विचार-विमर्श कर रहा है–इस विषय कुछ भी विचित्रबुद्धि के लिए अज्ञात नहीं है। और इस सेवा-कार्य में ही तो वह अपना जीवन व्यतीत करता आ रहा है ! यह उसकी वृत्ति भर नहीं है, एक विपुल व्यवसाय है। वह कुशल धींवर की भाँति ही सोने-चाँदी की आसक्ति से निर्मित जाल फेंकता है तथा यथासमय उसे खींचकर समाचार बाहर निकालता है और उनमें से महत्त्व के अनुसार चयनित तथ्यों को स्मृति-पेटिका में ताला बन्द करके रख लेता है। इसी कारण स्वामी का आदेश पाते ही उन्हें सुनाने में कोई कठिनाई नहीं होती।

क्या विचित्रबुद्धि कर्ण के अन्तर्मन की अति-गोपन, अति-कोमल, छाया जैसी चिन्ता का समाचार भी रखता है ? अन्यथा साधारण पांडव-नारियों की नीरस और निष्प्रयोजन बातचीत के सार को शीघ्र समाप्त करके पांडवों की प्रधान-महिषी की मानसिक-प्रतिक्रिया का प्रसंग उठाकर उसका विस्तारपूर्वक वर्णन क्यों करता ?

पटरानी द्रोपदी बहुत व्याकुल हुईं।

बहुत विचलित हुईं।

जितनी इस बार हुईं–मृत्युंजय पितामह भीष्म या सर्वशास्त्र-पारंगत द्रोणाचार्य के, इस पक्ष का प्रधान सेनापति बनने का समाचार सुनकर उतनी व्याकुल नहीं हुई थीं।

शाम को ही अर्जुन ने, अगले दिन कर्ण का वध करने की जो कठिन-प्रतिज्ञा की थी–उसे सुनकर भी विशेष आश्वस्त या प्रसन्न नहीं हो पाईं। कौन नहीं जानता कि तृतीय पांडव की इस प्रकार की प्रतिज्ञा आज तक कभी व्यर्थ नहीं गई ! किन्तु आज की दुश्चिन्ता और आशंका में–प्रधान महिषी का आज तक का समस्त दुख, वेदना, अपमान-बोध–बीते काल का अपरिसीम शोक झाँक रहा था।

उन्होंने अपनी एक सपत्नी से स्पष्ट कहा, "तुम लोग नहीं जानतीं, अंगाधिपति, गांडीवधारी तृतीय पांडव से कितनी अधिक ईर्ष्या और विद्वेष रखते हैं ! रण-विद्या की

दृष्टि से शायद दोनों समान कुशल हैं, समान क्यों, धनंजय निश्चय ही कर्ण से बड़े वीर हैं, अधिक शस्त्र-ज्ञाता हैं, रण-विद्या-विशारद हैं—पर, जब मनुष्य ईर्ष्या के कारण विवेकहीन होकर अन्धे क्रोध में पागल हो जाता है, तो उसके लिए कुछ भी असम्भव नहीं रहता। उन्मादी का बल साधारण बलशाली की अपेक्षा बहुत अधिक होता है। इसके अतिरिक्त विद्वेष और बैर न्याय-नीति की दृष्टि से गर्हित युद्ध की रीति को प्रोत्साहित करते हैं।''

उस सपत्नी ने आश्चर्य में भरकर पूछा, ''इतने विद्वेष का कारण क्या है महादेवी ? पृथ्वी पर इतने योद्धाओं, इतने महावीरों के रहते हुए फाल्गुनि पर ही इतना आक्रोश क्यों है ?''

द्रोपदी ने माथा ठोकते हुए उत्तर दिया—आँसू उमड़ आने से गला रुँध गया था—बड़ी कठिनाई से ही बोलीं, ''बहन, मैं अभागिनी ही इसका कारण जानती हूँ। जन्म से ही मैं अशान्ति का कारण बन रही हूँ। मेरा जन्म ही विद्वेष के कारण हुआ—यह महा-संग्राम भी तो मेरे उसी जन्म-लग्न का फल है। द्रोणाचार्य से पराजित और अपमानित होकर मेरा पिता द्रुपद ने प्रतिशोध-भाव से तप और यज्ञ किया था—उसी के परिणामस्वरूप हम लोगों का जन्म हुआ—मेरा और धृष्टद्युम्न का। प्रतिहिंसा से उत्पन्न दुर्बुद्धि के कारण कलह, विवाद और युद्ध होता है। महामना कर्ण मेरे स्वयंवर में जिस प्रकार अपमानित हुए थे—अकारण हुए उस अपमान के क्षोभ को वे यदि आज तक भी नहीं भुला पाए, तो उन्हें रंच मात्र दोष नहीं दिया जा सकता। सच ही तो है, उस दिन उनके साथ सरासर अन्याय ही हुआ था—हम लोगों के मिथ्याचार और प्रतिज्ञा-भंग के कारण ही वे उस दिन शौर्य, वीर्य और महत्त्व में बहुत अधिक हीन राजन्य-समाज में उपहास के पात्र बने थे।''

''इसका मतलब ?'' सुननेवाली का कौतूहल बहुत बढ़ गया।

''मेरे पिता मुख्य रूप से अर्जुन के लिए ही पराजित और अपमानित हुए थे, इसी कारण उनकी एक मात्र इच्छा थी कि अर्जुन ही उनके जामाता बनें। उसी उद्देश्य की पूर्ति के लिए स्वयंवर की साधारण मनुष्यों तथा राजाओं के लिए दुसाध्य—दुसाध्य क्यों असाध्य, शर्त रखी थी। लक्ष्य-भेद तो पर्याप्त कठिन था ही, किन्तु वज्र-तुल्य उस धनुष पर प्रत्यंचा चढ़ाना शायद उससे भी कठिन था। पिता के निर्देश और अनुरोध पर एक विश्वकर्मा-तुल्य-शिल्पी ने बहुत दिन में उस धनुष का निर्माण किया था। मैं यह तथ्य और पिता की गोपन-अभिलाषा जानती थी। पिता के मुख से अर्जुन के शौर्य, वीर्य और अस्त्र-संचालन-नैपुण्य की प्रशंसा सुनते-सुनते मैं भी उनके उस एकान्त-आकांक्षित पात्र—अदेखे, अपरिचित महावीर की कामना करने लगी थी। मेरे अन्तर् में भी इस दृढ़ विश्वास ने जन्म ले लिया था—कि अर्जुन के अतिरिक्त और कोई भी धनुष पर प्रत्यंचा नहीं चढ़ा पाएगा और लक्ष्य-भेद तो असम्भव ही है।''

''मन-ही-मन निश्चित और निश्चिन्त थी—इसीलिए जब सुविख्यात राजा और अपने आपको अपराजेय कहनेवाले महावीर एक-एक कर, पिता के निर्देश पर विशेष प्रकार से निर्मित उस धनुष पर प्रत्यंचा चढ़ाने में असफल होकर, अपमानित और दर्शकों की दृष्टि में हास्यास्पद हो जाने के कारण मुँह लटकाए अपने-अपने स्थान पर लौट

रहे थे, तब मैं आनन्दित हो रही थी। उसी बीच जब अचानक कर्ण अपने स्थान से उठकर लक्ष्य-भेद-मंच पर चढ़े, तो मैंने अपना हृदय बर्फ की तरह जमा हुआ अनुभव किया। सुगठित, व्यायाम-पुष्ट, बलिष्ठ देह, सुदर्शन मुख पर आत्म-विश्वास का तेज, अरुणाभा से दमकती कान्ति–मानो स्वयंवर सभा में साक्षात् तरुण-सूर्य-देव उदित हो गए हों।...उन्हें आता हुआ देखते ही मुझे संकट का आभास हो गया–बाद में जब मुस्कान के साथ उस वज्र-कठिन धनुष को झुकाकर उस पर सरलतापूर्वक प्रत्यंचा चढ़ा दी–तब मुझे और होश नहीं रहा। पूरा विश्वास हो गया कि जिन्होंने यह कार्य कर दिया, उनके लिए लक्ष्य-भेद–चाहे जितना दुःसाध्य हो–अधिक कठिन नहीं होगा। तब मैंने जैसे सारी शोभनता-अशोभनता, सच-झूठ, कर्त्तव्य-अकर्त्तव्य का बोध–सब कुछ खो दिया। स्वयंवर की, धृष्टद्युम्न द्वारा बार-बार घोषित शर्त का भी मुझे ध्यान नहीं रहा। किसी के साथ परामर्श करने या पिता की राय लेने का अवसर भी नहीं था–मैं व्याकुल, मतिभ्रष्ट होकर बोल पड़ी, "मैं प्राण रहते इस साधारण सारथी-पुत्र का वरण नहीं करूँगी, नीच जाति के व्यक्ति को वर-माला पहनाने से आत्म-हत्या कहीं अच्छी है। यदि कर्ण ने लक्ष्य-भेद किया, तो मैं अनशन करूँगी या जलती चिता पर चढ़कर मृत्यु को गले लगा लूँगी।"

"सुपर्णा, बात और कौड़ी एक बार हाथ से निकल जाने पर फिर किसी भी प्रकार नहीं लौटाए जा सकते। कुछ शब्द मुँह से निकलते ही समझ गई थी कि मैं यह क्या कठोर-मर्मान्तक बात कह रही हूँ, बाल-सूर्य के तेज-युक्त इस महावीर पर कैसा निष्ठुर आघात कर रही हूँ! विशेषकर जब चारों ओर–यद्यपि जन-साधारण वर्ग के दर्शक सौजन्य-सहानुभूति से युक्त और पर्याप्त संयत ही थे, किन्तु–कुछ देर पहले असफल हुए राजन्य-समाज में हँसी फूट पड़ी। उन निर्लज्ज कापुरुषों के व्यंग्य-उपहास और मेरे प्राणान्तक वाक्य-बाणों के आघात से अंगाधिपति का बालारुण-वर्ण अंगार-वर्ण में बदल गया, हाथों की मुट्ठियाँ भी बँध गईं, किन्तु वह सब क्षण-भर के लिए हुआ; उसके तुरन्त बाद उन्होंने अपने पर संयम कर लिया। उन्होंने मेरी प्रगल्भता, अकारण कही गई वेदना भरी बातों–और सबसे अधिक, प्रतिज्ञा तोड़ने के अपराध की भी उपेक्षा कर दी, उनके मुँह से प्रतिवाद का एक कठोर वाक्य तक नहीं निकला।" इसके विपरीत वे ऊपर आकाश के बीच से ढल चुके सूर्य की ओर देखकर, कोमल-उदार हँसी के साथ धनुष की प्रत्यंचा उतारकर उसे प्रयत्नपूर्वक वेदी पर रखकर धीरे-धीरे बोले, "छोड़ो वरांगने, तुम्हें मेरे कारण प्राण त्यागने की आवश्यकता नहीं है। तुम दीर्घजीवी होओ।"

"वह हँसी मैंने देखी थी सुपर्णा, मेरे हृदय में उस हँसी की स्मृति मेरे दुष्कृत्य के काँटे के रूप में चुभी हुई है। वह हँसी क्रन्दन से अधिक करुण, मृत्यु से अधिक शीतल–दुर्भाग्य से अधिक कठोर थी। उसके प्रभाव से आज तक मेरे पश्चात्ताप और आत्म-ग्लानि की सीमा नहीं है।...नहीं, सच है कि मैं, कर्ण का पति के रूप में वरण नहीं कर पाती–किन्तु बात नम्र-भाव से आघात सह पानेवाली भाषा में कही जा सकती थी, और शायद मैं किसी मधुर-झूठ का सहारा भी ले सकती थी।...निश्चय ही वह मेरे अज्ञान का फल

था। उस दिन, कर्ण के मुख की ओर देखकर पहली बार समझी–कि कुछ बातें, थोड़े से बार-बार व्यवहार में आनेवाले शब्दों से निर्मित वाक्य मनुष्य के हृदय पर ऐसा आघात कर सकते हैं–कि वाक्य, समस्त परिचित और ज्ञात अमोघ अस्त्रों से अधिक यन्त्रणादायक व मर्मान्तक हो सकते हैं। क्या कर्ण उस आघात को क्षमा कर पाएँगे ! उसी कारण–विशेषकर, यह समझकर कि मैंने अर्जुन के लिए ही वर-माला की रक्षा की थी–उनका इतना आक्रोश तथा अर्जुन के प्रति इतनी ईर्ष्या है !''

सपत्नी सुपर्णा ने थोड़ी सान्त्वना देने की चेष्टा की, ''महादेवी, आप बड़ी चिन्ता में पड़ी हैं, केवल अमंगल ही देख रही हैं। आप जितना सोच रही हैं, वास्तव में उनका शायद उतना विद्वेष नहीं है !''

पांचाली को हँसी आ गई, ठीक वैसी ही, जैसी शिशु द्वारा समझाने का प्रयास करते देखकर वयस्कों को आती है। बोलीं, ''सुपर्णा, निश्चित रूप से न समझती, तो मैं इतनी विचलित नहीं होती। भीम, अर्जुन जिसके स्वामी हैं, वासुदेव जिसके सखा हैं–वह सामान्य-शत्रुता के भय से विचलित होगी, ऐसा क्यों सोचती हो ? और कर्ण को भी सामान्य शत्रु मत समझो। वे कवच के साथ जन्मे हैं, स्वयं जामदग्न्य से उन्होंने अस्त्र-शिक्षा पाई है। भीष्म और अर्जुन के अतिरिक्त उनके समान कोई धनुर्धर नहीं है। और उनका विद्वेष ? नहीं, वह भी अनुमान भर नहीं है। मैं आकाश में अल्पना बनाकर उसे समतल भूमि पर नहीं समझ रही हूँ। तुमने, कपटपूर्ण द्यूत-सभा के हजारों नीच पुरुषों के सामने मेरा अवर्णनीय अपमान नहीं देखा है–इसलिए सारी बात ठीक से नहीं समझ पा रही हो। कर्ण आज भी जिस ज्वाला में जल रहे हैं–उसका पता वहीं चल गया था। अन्यथा, कर्ण की भाँति वीर, कर्ण की भाँति अद्वितीय दानी, उदार और कृतज्ञ–जो पूर्व-कृत उपकार को स्मरण करके, पापी दुर्योधन को उसके विपत्ति के दिनों में छोड़ने के लिए किसी भी तरह तैयार नहीं हुए–उस दिन नितान्त अशोभनीय, बर्बर और अधम व्यक्ति जैसा आचरण क्यों करते ? जो, चाहे सब प्रकार बड़े न हों, किन्तु फिर भी महान् हैं–वे इस प्रकार नीच व्यक्ति की भाँति क्यों व्यवहार करते ?''

इतना कहकर द्रोपदी ने उस दिन की सम्पूर्ण घटना और कर्ण के आचरण का सविस्तार वर्णन किया। उन्होंने मानो, उन सब कटु-वाक्यों और कुत्सित व्यंग्य-विद्रूप को नए सिरे से अनुभव किया। बोलते-बोलते उनका चित्र-लिखित की भाँति सुन्दर ललाट और कपोल तप्त अंगार वर्ण के हो गए–लगा कि इतने दिनों बाद भी उनके अन्तर् की ज्वाला थोड़ी सी भी शान्त नहीं हुई–वर्णन करते समय मर्मान्तक-दुख और वेदना से उनका स्वर भारी हो आया तथा आँसुओं के कारण दृष्टि धुँधली हो गई–फिर भी उन्होंने पूरी बात बताई। प्रत्येक तथ्य, कर्ण द्वारा कहा गया प्रत्येक कठोर-शब्द–जो भी उनके मन में था।

इसके बाद बोलीं, ''नहीं बहन, इस युद्ध में तनिक भी कल्याण नहीं देख पा रही हूँ; पांडव इस युद्ध में विजयी होने पर भी सुखी नहीं होंगे–केवल प्रतिशोध की इच्छा पूरी हो जाएगी। किन्तु वह भी क्या सचमुच पूरी होगी ? आज प्रातः से ही मेरा दाहिना अंग काँप रहा है, बाईं आँख लगातार फड़क रही है–जैसे चारों ओर केवल अमांगलिक

चिह्न ही देख रही हूँ। ये सब, सम्बन्धियों के वियोग का संकेत दे रहे हैं !"

विचित्रबुद्धि इतना कहकर, शायद साँस लेने के लिए थोड़ा रुका–किन्तु कर्ण ने उसे सुस्ताने का अवकाश नहीं दिया। अब तक की समस्त सावधानीजनित उदासीनता छोड़कर, आग्रहपूर्वक, उत्तेजित स्वर में बोले, "बोलो, बोलो–चुप मत होओ, बोलो पांडव-महिषी ने और क्या कहा था !"

कृष्णा ने क्या और कुछ भी कहा था !

सुकेशी, नीलोत्पलवर्णा, पद्मपलाशलोचना–भूतल पर सर्वश्रेष्ठ द्रोपदी–नहीं, कर्ण को उनका कृष्णा नाम ही अधिक प्रिय था–ने कहा था, "सुपर्णा, आज मेरे दुख की सीमा नहीं है, वास्तव में मैंने ही पांडवों को इस लोक-विनाशकारी, सम्बन्धियों और कुटुम्बियों का विनाश करनेवाले युद्ध के लिए उकसाया है; इन लोगों का मन नहीं था, इन्हें, मेरे ही कारण इस भयंकर युद्ध में कूदना पड़ा।...बहन, मैं केवल अपनी विपत्ति की बात नहीं सोच रही हूँ। इस रात्रि के बाद जो प्रभात आएगा, उसमें या तो हम लोग या फिर कर्ण की रानियाँ विधवा हो जाएँगी। अब तक अपने वैधव्य की पूरी आशंका नहीं की थी–जानती थी, पितामह भीष्म या द्रोणाचार्य पांडवों का वध नहीं करेंगे–अब उसका तनिक विश्वास नहीं रहा।...इसी कारण अपने मनोभावों में अंगराज-महिषियों की आशंका अनुभव कर पा रही हूँ।...हाय ! यदि अब भी यह युद्ध रोका जा सकता ! यदि अब भी क्रूर-हृदय दुर्योधन को बोध हो जाता ! धृतराष्ट्र अभी भी पूरी तरह वंश-हीन नहीं हुए हैं, उनके और हमारे पक्ष के थोड़े वीर तथा विशिष्ट राजा जीवित हैं। यदि इनकी भी रक्षा हो पाती !"

इसके बाद कृष्णा कुछ क्षण चुप रहकर बहुत धीमे, लगभग अस्फुट स्वर में बोलीं, "ऐसा सम्भव होने पर–यह युद्ध समाप्त हो जाने पर, मैं स्वयं कर्ण से क्षमा-याचना कर आती। जानती हूँ, वे क्षमा नहीं करते–करना सम्भव भी नहीं है। किन्तु मेरा तो थोड़ा प्रायश्चित हो जाता ! मुझे विश्वास है, मेरे पति धर्मराज भी इस कार्य में बाधा नहीं डालते।...किन्तु क्या ऐसा सम्भव होगा !"

पांडव-महिषी इतना कहकर चुपचाप आँसू बहाने लगीं।

कर्ण, उस दृश्य की कल्पना करने के लिए, आँखें बन्द करके मन-ही-मन चित्र बनाने की चेष्टा करने लगे।

उन दो सुन्दर, अति सुन्दर, नील कमल की भाँति विशाल नेत्रों से मोतियों की भाँति पश्चात्ताप के आँसू, वेदना के आँसू झर रहे हैं; आसन्न सर्वनाश की आशंका ने उस सुडौल, स्निग्ध ललाट पर उद्वेग की कुछ रेखाएँ खींच दी हैं–देव-गणों के लिए भी आकांक्षित वह मुख आज वेदना से विकृत हो गया है।

कर्ण अस्थिर हो गए।

वे, अपने हृदय में एक तीव्र यन्त्रणा क्यों अनुभव कर रहे हैं ?

॥ १६ ॥

विचित्रबुद्धि ने और भी अनेक बातें बताईं।

और भी बहुत सारे तथ्य बताए, बहुत सारे समाचार दिए।

अन्तःपुर की अन्यान्य स्त्रियों के भिन्न-भिन्न विचार, नाना प्रकार की खेदोक्तियाँ और दम्भोक्तियाँ।

अंगाधिपति ने उन बातों को और नहीं सुना। उन सब बातों के कानों में प्रवेश करने पर भी मस्तिष्क ने उन्हें ग्रहण नहीं किया।

वे सुधबुध भूलकर केवल एक ही बात सोचे जा रहे हैं।

कृष्णा व्यथित हुईं। कृष्णा आसन्न अमंगल की आशंका से उद्विग्न हुईं। आँसू बहाए। वे मात्र कर्ण की रानियों के वैधव्य के विषय में ही नहीं सोच रही हैं, अपने वैधव्य की आशंका को भी मन से पूरी तरह नहीं हटा पा रही हैं। इसका अर्थ है, वे अप्रत्यक्ष रूप से उनकी शक्ति को स्वीकार कर रही हैं। उन्होंने समझ लिया है कि कर्ण का शौर्य, कर्ण का रण-कौशल किसी से भी कम नहीं है। परन्तु वे अंगाधिपति की रानियों के लिए चिन्तित हैं, उनके सम्भाव्य वैधव्य की बात सोचकर उन्हें असीम वेदना हो रही है—क्या इस समाचार से यही पता नहीं चलता कि वे कर्ण के प्रति तीव्र बैर और प्रचंड द्वेष भूल गई हैं—और अब, इस पिशाच की इस बर्बर की मृत्यु नहीं मना रही हैं ?

यह भी छोटी सी बात है। इस समाचार में छिपे एक तथ्य ने—अंगराज ने अपने विगत दीर्घ जीवन का अत्युत्तम अंश जिस दुस्सह-ज्वाला से घिरकर व्यतीत किया—इतने दिन की उस दाहकता को शान्त कर दिया। इस बात के अमृत-सिंचन से उत्पन्न सहानुभूति रूपी दिव्य ओषधि के लेप से कठिनाई से ठीक होनेवाले विषैले घाव की असहनीय पीड़ा शान्त हो गई है। इस बात को सुनने के बाद से मन कृतज्ञता युक्त वेदना से भर आया है, एक ही साथ अपरिसीम आनन्द और दुस्सहनीय लज्जा अनुभव कर रहा है। इच्छा हो रही है, किसी बहुत ऊँचे पर्वत के शिखर से गौरव के साथ ऊँचे स्वर में इस समाचार की घोषणा करें; देश-देशान्तर में इस आश्चर्य का प्रचार करें—कि कृष्णा, उनकी निभृत अन्तर्वासिनी दिव्यांगना, उनके प्रति किए गए अन्याय के लिए, मिथ्याचरण के लिए दुखी हैं; कर्ण के अशालीन व्यवहार और नीच जनोचित बातों के लिए धिक्कार या शाप न देकर उस नीचतम कार्य के संगत कारण का विचार करके अपने को ही उत्तरदायी ठहरा रही हैं, अपने रूढ़ और अन्यायपूर्ण आचरण को ही उसका मूल कारण मान रही हैं—कर्ण के आचरण को केवल प्रतिशोध की चेष्टा सिद्ध करने का प्रयास कर रही हैं।...

प्रतीत होता है, बहुत—कर्ण का हृदय बहुत दिन से इस समाचार के लिए ही प्यासा था; आशा करने का साहस नहीं होता, फिर भी मनुष्य असम्भव, अविश्वसनीय सौभाग्य की भी कल्पना करता है—उसी के अनुसार कर्ण ने थोड़े से सुख का अनुभव करने की चेष्टा की थी। अग्नि-सम्भवा, अग्नि के समान तेजस्विनी कृष्णा, उनके आचरण का समर्थन करेंगी या उसकी यथार्थता को समझेंगी—कर्ण ऐसी दुराशा क्यों पालते—उन्होंने, कृष्णा

की करुणा की भी प्रार्थना नहीं की। मन के एकान्त गुप्त प्रकोष्ठ में बैठकर कल्पना के स्वप्न-तन्तुओं से यह सुदुर्लभ-सौभाग्य बुना था, उसी के साथ मन में शायद एक असम्भव, असंगत आशा भी दिखाई दी थी–मानव-हृदय जब कोई आशा करता है, तो यह समझकर नहीं करता कि आय-व्यय का हिसाब होने पर उसका इतना प्राप्य होगा या इतनी आशा करना उचित है या नहीं–उन्होंने भी उसी प्रकार एक आशा की थी, कामना की थी–कृष्णा, उनके अन्तर् के आवेग और व्याकुलता को अपनी अनुभूति से समझ लेंगी, उसे ही प्रायश्चित स्वीकार करके क्षमा कर देंगी।

वही हुआ–कर्ण को नहीं पता कि वे क्षमा कर पाईं या नहीं, पर उनकी व्यथा वे समझ गई हैं–इसी से कर्ण सन्तुष्ट और प्रसन्न हैं। कर्ण बहुत अधिक आनन्दित और पूर्णतः सन्तुष्ट हो जाते–यदि एक और बात, सत्य-इतिहास कृष्णा को–अपनी भ्रातृ-वधू को बता पाते। हाँ–उनकी भातृ-वधू ही हैं। यह बात चाहे किसी को ज्ञात न हो, जननी कुन्ती को ज्ञात है, चतुर शिरोमणि कृष्ण को भी ज्ञात है। एक दिन कृष्णा भी अवश्य ही जान जाएँगी। जान जाएँगी–यह विचार मन में आने के साथ ही कर्ण का मन थोड़े से कोमल परिहास-रस से भर गया–द्रोपदी जो दिन-रात पार्थ-पार्थ करती हैं–कर्ण भी पार्थ हैं। यदि कुग्रह जन्म-लग्न से ही उनके साथ छल न करते, अपनी ही जननी उनका परित्याग न करतीं–तो पांडवों का राज-छत्र उन्हीं के सिर के ऊपर शोभा पाता और कृष्णा भी उनके वक्ष से चिपटकर उन्हें 'आर्य पुत्र', 'स्वामी' कहकर सम्बोधित करतीं।

इन्हीं विचारों और कल्पनाओं–सत्य और अभिलाषा के मिश्रण से निर्मित चित्र की तन्मयता ने उन्हें शेष सम्पूर्ण रात्रि मोहग्रस्त किए रखा। रात्रि के अन्त में भी उस मोह का अन्त नहीं हुआ।

यह चित्र-जाल बुनने, इस प्रणय-कल्पना-जन्य भावावेग के कारण ही उनकी सबसे बड़ी क्षति हो गई; आज भोर में इष्ट-चिन्तन में मन नहीं लगा पाए।

उस कारण जितनी आत्म-ग्लानि अनुभव की, जितना व्याकुल होकर मन को वश में करके प्रतिदिन की भाँति इष्ट के ध्यान में दत्तचित्त होने का प्रयास किया, उतना ही मन का भटकाव और बढ़ा, और ध्यान भंग होने का कारण बनता गया। यहाँ तक कि कल्पना-माधुर्य के भोग और कर्त्तव्य-बोध के द्वन्द्व के बीच पूर्व के आकाश पर लालिमा छा गई और उसके काफी देर बाद उषा की लालिमा को हटाकर स्वयं सूर्यदेव दिखाई देने लगे, कर्ण ने अभ्यासवश उस ओर दृष्टि निबद्ध की, अभ्यासवश ही करबद्ध हो मन्त्र-पाठ करके स्वागत करना चाहा–किन्तु किसी भी प्रकार प्रतिदिन की भाँति सार्थक और चित्त-सन्तुष्टिप्रद नहीं हो पाया।

व्यर्थ–हाँ, आज वे इष्ट-पूजा में असफल हो रहे थे। जीवन में ऐसा पहली बार, सोचने-समझने लायक होने के बाद से पहली बार ऐसा हुआ; जबकि आज ही इष्ट-देवता के चरणों में अपने को पूरी तरह समर्पित करने और शायद सम्भावित मृत्यु से पहले उनका आशीर्वाद पाने की आवश्यकता थी।

किन्तु आज क्या केवल इष्ट के ध्यान में ही असफलता मिली थी ? शिक्षा-दीक्षा,

क्षात्र-धर्म, इतने दिन की आशा और अन्याय के प्रतिशोध की चेष्टा–क्या सभी कुछ व्यर्थ नहीं चला गया था ! यह उनके साथ क्या हुआ !

कर्ण एक दिन पहले तक अर्जुन-वध की प्रतिज्ञा पर पूरी तरह दृढ़ थे।

यह कोई हिंसा-वृत्ति भर नहीं थी, सोच-समझकर किया गया निश्चय था। कर्ण ने अन्तिम उपाय के रूप में इसे अपनाया था।

कपट-द्यूत-सभा में पांचाली का अवर्णनीय अपमान–मानव-जाति के इतिहास में, सम्भवतः भूत और भविष्य दोनों में इस प्रकार के अमानुषिक अपमान और प्रतारणा का यही एकमात्र उदाहरण है–क्रोध, क्षोभ, आत्म-धिक्कार और लज्जा में डूबे कर्ण ने अर्जुन के पौरुष को जगाने की बहुत चेष्टा की, जिससे वह उसी समय द्यूत-क्रीड़ा के यथार्थ को सबके सामने प्रकट कर दे, झूठ और क्रूरता के उस प्रासाद को चूर-चूर कर डाले और धार्तराष्ट्र भाइयों को कुचलकर सह-धर्मिणी के अपमान का प्रतिशोध ले। इसके लिए यदि प्रलयंकर युद्ध भी होता, तो मृत्यु के मुख में खड़े कर्ण अपने चिर-प्रतिद्वन्द्वी अर्जुन को साधुवाद देते।

किन्तु तृतीय पांडव हिमाच्छादित पर्वत-शिखर की भाँति शीतल और जड़ बने रहे–ज्येष्ठ भ्राता के प्रति दृढ़ अधीनता दिखाते हुए। यदि वह भी था, तो जब ज्येष्ठ भ्राता उन्हें दाँव पर लगाकर पराजित हो गए थे, तब अर्जुन के सामने उनकी अधीनता का कोई कारण नहीं बचा था। वे तब न्याय की दृष्टि से दुर्योधन के दास थे। उस समय उनका विद्रोह स्वामी के विरुद्ध क्रीत-दास का विद्रोह होता। और स्वामी को दास के विरुद्ध भी अमानुषिक, पैशाचिक व्यवहार का अधिकार नहीं होता। वह विद्रोह कोई पाप नहीं होता। सबसे बड़ी बात तो यह, कि अर्जुन क्षत्रिय हैं–क्षात्र-धर्म ही है, अत्याचारी के हाथों से शिशु, नारी, असहाय-दुर्बल व्यक्ति की रक्षा करना। उनके संहार-मूर्ति धारण करने पर उस धर्म की रक्षा होती। उस मृत्यु-महोत्सव में शायद कर्ण की भी मृत्यु हो जाती, किन्तु वे तब भी दुख अनुभव नहीं करते।

किन्तु वैसा नहीं हुआ। अर्जुन ने कुछ भी नहीं किया। कृष्णा का व्याकुलता-भरा असहाय क्रन्दन अन्त तक–जिस क्रन्दन का एक-एक आँसू, एक-एक शब्द कर्ण के हृदय में मृत्यु से भी अधिक पीड़ा उत्पन्न कर रहा था, पाखंडी, कपटाचारी धृतराष्ट्र तक जिससे विचलित हो गए थे–पृथ्वी पर सर्वश्रेष्ठ धनुर्धर के रूप में विख्यात अर्जुन के हृदय में एक तरंग तक जगाने में समर्थ नहीं हुआ।

नहीं, गांडीव-धन्वा ने, सम्पूर्ण भूमंडल के सर्वश्रेष्ठ वीर और योद्धा अर्जुन ने कुछ नहीं किया।

तब भी नहीं, वन-गमन के समय के दुर्योधन, दुःशासन और कर्ण के बर्बरता से भी अधिक घृणापूर्ण आचरण और व्यंग्योक्तियों से भी नहीं। यहाँ तक कि अंगाधिपति ने सुना–जब मत्स्यराज के यहाँ पांचाली शक्ति के घमंड में चूर राजा के साले कीचक के हाथों अपमानित हुईं, तो भीम ने छद्म-परिचय का रहस्य खुल जाने की आशंका छोड़कर उस अपमान के लिए उपयुक्त दंड दिया, किन्तु नपुंसक वेशधारी, नपुंसक-चित्त अर्जुन

उस समय भी निर्विकार रहकर मन में बिना कोई व्याकुलता अनुभव किए, वस्त्रों को भी शायद न सँभालनेवाली अन्तःपुर की स्त्रियों को नृत्य की शिक्षा देते रहे।

उसी दिन, उस लज्जाजनक समाचार को पाने के दिन ही कर्ण ने अर्जुन के वध का दृढ़ संकल्प कर लिया था। वे कभी आमने-सामने के मुकाबले में अपनी श्रेष्ठता प्रमाणित करने का सुयोग नहीं पा सके, इस अन्याय की–उसे भाग्य का छल समझकर उपेक्षा करने को तैयार थे–किन्तु कृष्णा के प्रति उस उदासीनता को, उसके प्रति ऐसे व्यवहार को क्षमा करने को तैयार नहीं थे।

आज उसी हिसाब को चुकाने का दिन आ पहुँचा।

उसी प्रतिज्ञा की रक्षा का दिन।

इतने दिन बाद नियति का पदक्षेप प्रत्यक्ष, इन्द्रिय-गोचर हुआ। कर्ण कल तक दृढ़-प्रतिज्ञ थे–जैसे भी हो अर्जुन का वध करेंगे, अन्ततः प्राण-पण से चेष्टा करेंगे। वे पांडव-जननी के समक्ष शेष चार छोटे भाइयों की प्राण-रक्षा के लिए वचनबद्ध हैं; धनंजय के सम्बन्ध में उन्होंने वैसा कोई आश्वासन नहीं दिया। उस ओर से वे अपनी आत्मा के सामने भी मुक्त हैं।

किन्तु कल रात जैसे एक ही जीवन में उनका दूसरा जीवन आ गया। संकल्प, कल्पना, सब कुछ उलटा हो गया। मानो एक विध्वंसकारी भूकम्प में बहुत दिन के प्रयत्न से निर्मित प्रासाद चूर-चूर हो गया। विचित्रबुद्धि के विचित्र समाचार ने उनके मनोजगत् में बड़ी विचित्र प्रतिक्रिया उत्पन्न कर डाली।

कृष्णा भयभीत हैं, सम्भाव्य वैधव्य की चिन्ता में व्याकुल हैं। उनके पद्म-पलाश नेत्रों में उभर आई आँसुओं की बाढ़ ने घनी बरौनियों का एकदम काला बाँध तोड़कर–सुन्दर कपोलों, राजहंसिनी से भी अधिक सुन्दर कंठ और उर्वशी के हृदय में भी ईर्ष्या जगानेवाले वक्ष को डुबो दिया है। कर्ण के मन ने कल्पना में उन आँसुओं की एक-एक बूँद को देखा, उन आँसुओं के स्रोत की व्यथा से पीड़ित और दुखित हुए।

कृष्णा अविश्वसनीय सम्भावना से ही इतनी व्यथित हो गई थीं, यदि सचमुच वैधव्य आ जाए तो–

कर्ण काँप उठे। उस दृश्य की कल्पना मात्र से कुछ देर के लिए जैसे साँस रुक गई। लगा, कि जैसे किसी ने वज्र-कठिन हाथ में तपती हुई लौह-शलाका लेकर उनके हृदय में उलट-पुलट मचानी चाही।

नहीं, वे वैसा नहीं कर सकेंगे। वे किसी भी प्रकार कृष्णा को विधवा नहीं बना पाएँगे। उनके लिए यह सम्भव नहीं है।

'कृष्णा, तुम निश्चिन्त रहो,' विशाल-हृदय महावीर कर्ण ने मन-ही-मन कहा, 'तुम्हारे ललाट का सिन्दूर हमेशा अक्षय रूप में चमकता रहे ! हाथों के आभूषण अनन्त काल तक महान गौरव प्रदान करें ! तुम्हारे मुख का सौन्दर्य म्लान न हो, वह हमेशा आभा-दीप्त

रहे, तुम्हारे नेत्र हमेशा प्रसन्नता से भरे रहें। हत्‌भागा कर्ण हमेशा से वंचितों के पक्ष में रहा है, वह चिर-काल तक वैसा ही रहे। उसकी व्यथा, उसके व्यवहार का तुरन्त समझ में न आनेवाला गुप्त और अव्यक्त कारण–उसकी समस्त व्यर्थता, सारी वंचनाओं का इतिहास उसी के साथ चिता की भस्म में मिल जाए। वह इतिहास कभी भी तुम्हारे आनन्द भरे व सुख से प्रसन्न नेत्रों में दुख के आँसुओं का कारण न बने। कर्ण का दुर्भाग्य कर्ण का ही रहे। अर्जुन चिर-विजयी, चिर-गौरव के अधिकारी रहें। आज उसमें कोई क्षोभ अनुभव नहीं हो रहा है। तुमने दुर्भाग्यशाली कर्ण को क्षमा कर दिया है–पराजय के बीच बस इतना ही उसे गौरव-मुकुट के रूप में भूषित करे, उसके अनन्त यात्रा-पथ का पाथेय बने।'

कर्ण ने इतना सोच डाला, मन अतीत के भूले-भटके संसार में चले जाने के कारण मानो वे स्वप्न की थोड़ी सी अवधि में दीर्घ जीवन का चलचित्र देख रहे थे, बाहरी संसार की कोई सुध नहीं थी, अचानक वह स्वप्न भंग हो गया–कठोर यथार्थ से भरे संसार में लौट आए–और उसी कठोर आघात से अचानक नींद टूटने की भाँति चौंक गए।

यह आघात उनके महामान्य सारथी की ओर से ही हुआ–शल्य का व्यंग्य-रूपी काँटा चुभने से ही कर्ण वास्तविक जगत् अर्थात् रण-भूमि के प्रति सचेत हुए।

"क्या है सूतपुत्र, मृत्यु-भय से व्याकुल हो रहे हो क्या ?...उसमें अब अधिक देर नहीं है। मृत्यु-यात्री अश्व और नायकहीन सेना–इनका शीघ्र ही पलायन स्वाभाविक है। इधर तुम विह्वल होकर पलायन का स्वप्न देख रहे हो, उधर कौरव-पक्ष महा-काल का दंश अनुभव कर रहा है। युद्ध समाप्त होने में अब कुछ ही देर है, लग रहा है, कुरुक्षेत्र की भूमि आज ही महा-श्मशान में बदल जाएगी, उस पर सभी की मृत्यु की नीरवता छा जाएगी।"

कर्ण को भी पता है कि विलम्ब नहीं है। वे भी मारे जाएँगे–कुछ पहले तक इस परिणाम की आशंका मात्र थी, तब उन्होंने सोचा था कि अर्जुन की मृत्यु के बाद वे अपने राज्य को लौट जाएँगे, इसके बाद दुर्योधन जाने कि उनकी विजय हो या न हो, कर्ण का कोई दायित्व नहीं रहेगा। वे हमेशा के लिए अस्त्र त्यागकर शेष जीवन भाई के वध का प्रायश्चित करेंगे। किन्तु इस समय तो वे पराजय के वरण के लिए ही कृत-संकल्प हैं।

इसी कारण उन्होंने मन्द-मन्द मुस्कुराते हुए प्रश्न किया, "इसका मतलब ?"

शल्य का जो अर्थ था, उसे जानने में भी विलम्ब नहीं हुआ।

उन्होंने दो मर्म-भेदी दुःसंवाद दिए।

कुरुवंश के अनिवार्य ध्वंस की चरम सीमा निकट है, यह उसी का प्रारम्भ है।

भीम ने क्षत-विक्षत रथ-अश्वहीन भूमि पर गिरे हुए दुःशासन के गले पर बलपूर्वक पैर रखकर तेज धारवाले खड्ग से उसका वक्ष चीर डाला और अंजलि से उसका रक्त-पान करके उन्मत्त की भाँति आनन्द में भरकर नृत्य करने लगे। इसके बाद उसका मस्तक काटकर गले का रक्त चाटते हुए बोले, "इतने दिन बाद, निरपराधिनी, एकवस्त्रा, रजस्वला

द्रोपदी के केश पकड़कर खींचने और भरी सभा में सबके सामने चीर-हरण करके अपमान करने का प्रतिशोध पूरा हुआ। आज मुझे स्तन्य, मधु, घृत, विशुद्ध माध्वी सुरा, दुग्ध, दही आदि समस्त दिव्य पेयों की अपेक्षा यह रक्त सु-स्वादु लग रहा है।"

अश्वत्थामा ने इस भयंकर और राक्षसी दृश्य को देखकर अश्रुपूर्ण नेत्रों से दुर्योधन के हाथ पकड़कर कहा, "मित्र, अभी समय है, यह सर्व-विनाशक युद्ध बन्द कर दो। तुम्हारे अनुरोध करते ही युधिष्ठिर मान जाएँगे, अभी भी जो थोड़े से सम्बन्धी, मित्र, पुत्र, भाई बचे हैं, उन्हें लेकर–शान्ति से भले ही नहीं–निरापद रहकर सुखपूर्वक राज्य कर पाओगे। मैं जानता हूँ, इस युद्ध में कर्ण की भी कोई रुचि नहीं है, वे बिना कोई प्रतिवाद किए अंग देश लौट जाएँगे। अभी भी कुरुवंश की पिंड-रक्षा का सुअवसर है।"

दुर्योधन भी व्याकुल होकर रो रहे थे, किन्तु उन्होंने रोते-रोते ही कहा, "मित्र, अब और अवसर नहीं है। तुमने भीम की बातें नहीं सुनीं ? वे उस दिन का वह अपमान नहीं भूले हैं, उसका प्रतिशोध लिये बिना शान्त नहीं होंगे। और मेरी भी जीवन में रंच मात्र रुचि नहीं है। और स्व-जनहीन जीवन के लिए शान्ति की भिक्षा नहीं माँग पाऊँगा।"

यही समाचार कर्ण की व्याकुलता दूर करने के लिए काफी था–किन्तु शल्य ने एक दूसरा विशेष समाचार तत्काल नहीं दिया। इसके बाद अन्तिम शराघात किया।

कर्ण का पुत्र वृषसेन अभी-अभी अर्जुन के हाथों मारा गया।

॥ १७ ॥

आघात सहकर सचेत और सक्रिय होने में निश्चय ही थोड़ा समय लगा, किन्तु उसके बाद कर्ण के मुख पर एक प्रकार की रहस्यपूर्ण हँसी छा गई। शल्य उस हँसी का मर्म नहीं समझ पाए, समझने का कोई कारण भी नहीं था, अतः उन्होंने उसे मर्मान्तिक दुःसंवाद के कारण उत्पन्न तात्कालिक मस्तिष्क-विकृति समझकर भौंहें सिकोड़ीं। शल्य कैसे जान पाते कि कर्ण ने कुछ ही पहले मृत्युवरण का दृढ़-संकल्प किया है और यह संवाद उस इच्छा का ही परिपोषक है। विधाता ने कर्ण के उस संकल्प का अनुमोदन कर दिया है, भाग्य ने इस पल उनके मृत्यु-दंड पर हस्ताक्षर कर दिए हैं–यह तो उसी का संकेत मात्र है। एक-एक कर सांसारिक बन्धन शिथिल हो रहे हैं, इस जीवन के प्रति ममता का बन्धन जीर्ण से जीर्णतर होता जा रहा है। जीने की इच्छा होने पर–भले ही क्षणिक आवेग के वशीभूत 'शत्रु का वध नहीं करूँगा' ऐसी प्रतिज्ञा कर ली जाए, किन्तु अवसर आ पड़ने पर शिक्षा और हाथ में पकड़ा अस्त्र अपना कार्य कर डालते हैं। वह इच्छा ही और नहीं रही।

सकल मानवों की श्रेष्ठ आश्रयदात्री और सहायिका जननी जन्म से ही उनकी महा-शत्रु हैं, शस्त्र-गुरु भार्गव उनके एकनिष्ठ गुरु-प्रेम के बदले सांघातिक शाप रूपी पुरस्कार दे चुके हैं, स्पष्ट कह चुके हैं कि कर्ण चरम-संकट के क्षण ज्ञान-विस्मृत हो जाएँगे; एक

मात्र जो नारी उनके जीवन को सार्थक कर सकती थी, उसने यौवन की देहरी पर ही अपने देव-इच्छा से प्राप्त जन्म-गौरव और राज-वंश तथा क्षत्रिय-वंश के सम्मान को भूल प्रतिज्ञा भंग करके सारा जीवन व्यर्थ, मरुभूमि बना डाला। जन्म-काल से ही जीवन के प्रति जुड़ाव, आसक्ति और इच्छा का क्षय हो रहा है। इसके बावजूद पुत्र-पौत्र, उत्तराधिकारी के प्रति जो ममता और आशा रह सकती थी, वह भी इस समय पूरी तरह निर्मूल हो गई है। विधाता और उनके इष्ट-देवता ने जीवन के प्रभात में ही सर्वनाश का मार्ग प्रशस्त कर दिया था—अब जीवन की सन्ध्या में भाग्य ने मृत्यु का मार्ग प्रशस्त कर दिया है।

कर्ण की कटु-परिहास भरी हँसी का यही कारण था। भाग्य, उन्हें परे सरकाने के लिए कितनी जल्दी में है ! बलिहारी !

अपनी इस घोर मानसिक-झंझा के बीच भी उनकी दृष्टि से शल्य की भृकुटि छिपी न रह सकी। वे बोले, "नहीं, मद्रराज, मैंने जीवन में अनेक दुःख, अनेक दुस्सह आघात सहे हैं। ऐसी आशंका मत रखिए कि आज इस साधारण से समाचार से मेरा ज्ञान भुला जाएगा। आप रथ को शीघ्रतापूर्वक अर्जुन के निकट ले चलिए। आपका अनुमान ठीक है, युद्ध की समाप्ति में अधिक विलम्ब नहीं है, आज सूर्यास्त के पूर्व या तो मैं या फिर अर्जुन इस संसार में नहीं रहेगा।" इसके बाद शल्य द्वारा रथ हाँकते ही पुनः कोमल, किन्तु कड़वी हँसी के साथ कहा, "यह सत्य है कि भावावेग के प्राबल्य और विभिन्न परस्पर विरोधी विचारों के कारण मैं मन-ही-मन क्लान्त और अस्थिर हो उठा था, किन्तु व्याकुल नहीं हुआ, मेरे मस्तिष्क की सहज रूप से सोचने-समझने की प्रक्रिया भी नष्ट नहीं हुई। आपने मुझे कुछ ही पहले अपने भानजे युधिष्ठिर की रक्षा का जो सदुपदेश किया था, उसे समझने में कोई असुविधा नहीं हुई, तब भी मैंने जो आपका परामर्श ही स्वीकार किया, वह केवल इसी कारण कि युधिष्ठिर के वध अथवा बन्दी करने का कोई उद्देश्य ही नहीं था।"

शल्य जैसे कटु-भाषी और कर्ण की शक्ति के विनाश हेतु संकल्पबद्ध व्यक्ति को भी क्षण-भर के लिए उनके सामने सिर झुका लेना पड़ा।

बात स्मरण है न !

युद्ध के प्रारम्भ में संशप्तकों द्वारा अपने रण-कौशल के सहारे अर्जुन को अन्यत्र उलझाए देखकर दुर्योधन ने अपने अनुगामी दुर्धर्ष योद्धाओं के साथ मिलकर प्राण-पण से युधिष्ठिर को बन्दी बनाने की चेष्टा की। पहले अश्वत्थामा ने प्रचंड-आक्रमण करके धर्मराज को घायल और अस्थिर कर दिया। उन्हें संकट में पड़ा देख धृष्टद्युम्न आदि पांडव पक्षीय वीर उनकी रक्षा हेतु आगे बढ़े, किन्तु अश्वत्थामा के पराक्रम के सामने वे अधिक कुछ नहीं कर पाए। अश्वत्थामा का पराक्रम न सह पाने के कारण युधिष्ठिर थोड़ी देर के लिए रण-भूमि से हट जाने को विवश हो गए।

किन्तु वैसा अधिक देर नहीं हुआ। क्रुद्ध धृष्टद्युम्न अकेले दुर्योधन के साथ युद्ध करने लगे। उनके आक्रमण से कुरुराज का रथ नष्ट हुआ देखकर कर्ण सिंह की गति से धृष्टद्युम्न के सामने आ पहुँचे। उनकी प्रचंड शक्ति के कारण पांचाल सैनिकों की

सिंह के सामने मृग-समूह की भाँति, दुर्दशा हो गई। उधर भीमसेन अकेले ही वाह्लीक, केकय, मद्र और सिन्धु देश की सम्मिलित विशाल सेना के साथ युद्ध कर रहे थे। धृष्टद्युम्न की रक्षा के लिए उनका आना सम्भव नहीं था। इस दुरवस्था का समाचार पाकर युधिष्ठिर ने द्राविड़ और अन्ध देश के राजाओं, अपने पाँच पुत्रों और नकुल, सहदेव, सात्यकि आदि के घेरे में मुख्य युद्ध-भूमि में आकर कर्ण को ललकारा। निस्सन्देह यह युधिष्ठिर की दुस्साहस-भरी चेष्टा थी, शायद थोड़ी बुद्धिहीनता की निशानी भी। बहुत दूर होने पर भी स्थिति समझने के कारण अर्जुन उस ओर बढ़ने लगे, किन्तु गुरु-पुत्र अश्वत्थामा ने उनके सामने भारी बाधा खड़ी कर दी। लगता है, अर्जुन ने पहले गुरु-पुत्र होने के कारण ही अश्वत्थामा के विरुद्ध पर्याप्त बल-प्रयोग नहीं किया, किन्तु अन्त में वे वासुदेव के तीक्ष्ण व्यंग्य के आघात से सावधान हो गए और भाले के एक के बाद एक कई आघात करके उसका रथ तथा अस्त्रवाही वाहन नष्ट कर डाला। अश्वत्थामा भी चेतना-शून्य हो गया। सारथी उसके प्राण-नाश की आशंका देख उस संज्ञाहीन देह को लेकर भाग गया।

अश्वत्थामा रूपी बाधा तो टल गई, किन्तु इस बीच पर्याप्त समय व्यतीत हो गया। तब युधिष्ठिर की रक्षा की कोई आवश्यकता नहीं रह गई थी, क्योंकि वे रण-भूमि से चले गए थे–पलायन करने के लिए विवश हो गए थे कहना अधिक उचित होगा, गया।

घटना यही है।

युधिष्ठिर को अपने पर आक्रमण के लिए तैयार होते देख कर्ण पहले हँसी नहीं रोक सके। किन्तु धर्मराज रण में चाहे जितने अकुशल हों, उनकी ओर के वीर उपेक्षा योग्य नहीं थे। इस बीच दुर्योधन आदि कौरवपक्षीय योद्धा कर्ण के साथ आ मिले। उनका लक्ष्य किसी प्रकार युधिष्ठिर को बन्दी बनाना था। संकट का अनुमान करके भीम उस ओर से इधर आ पहुँचे। नकुल, सहदेव और स्व-पक्षीय योद्धाओं ने मिलकर युधिष्ठिर को घेर लिया। किन्तु उनमें से कोई भी कर्ण के प्रचंड-तेज का सामना नहीं कर सका, वे मायावी की भाँति दृष्टि की शक्ति से भी अधिक तीव्र-गति से अस्त्र-वर्षण करने लगे। पांडव पक्ष के सैनिक हाहाकार और चीख पुकार करते हुए चारों ओर भाग गए। इसके बाद कर्ण ने भाले के आघात से युधिष्ठिर का वक्ष बींध डाला। उस आघात की दुस्सह पीड़ा से उनकी मुट्ठी ढीली पड़ने के कारण उनका धनुष गिर पड़ा, उन्होंने मूर्च्छित की भाँति रथ में बैठकर सारथी को पीछे लौटने का संकेत किया।

यह स्वाभाविक था कि दुर्योधन का दल इसे सुयोग जानकर उन्हें बन्दी बनाने के लिए उनका पीछा करता। बाधा डालनेवाले भी विशेष नहीं थे, केवल थोड़े से पांचाल-योद्धाओं को छोड़कर। भयंकर विपत्ति निकट जानकर नकुल और सहदेव किसी प्रकार दो ओर से उनकी रक्षा करते हुए शीघ्रतापूर्वक शिविर लौटने की चेष्टा करने लगे।

कर्ण ने भी घूमकर उनका मार्ग रोक लिया और युधिष्ठिर को पुनः बाणों से घायल करने लगे। नकुल, सहदेव अपनी क्षीण शक्ति को पूरी तरह लगाकर कर्ण को घायल करने लगे, किन्तु उससे कर्ण का अणु मात्र भी बल कम नहीं हुआ, बल्कि उन्होंने पुनः

भाले से वार करके युधिष्ठिर को घायल व उनके शिरस्त्राण को नष्ट कर डाला। नकुल और युधिष्ठिर दोनों के रथ के घोड़े मर गए—उन लोगों ने आकर सहदेव के रथ पर आश्रय ग्रहण किया।

शल्य, पांडव पक्ष का सर्वनाश निकट देखकर कर्ण से बोले, "सूतपुत्र, देख रहा हूँ, संकट-काल में तुम्हारी बुद्धि भ्रष्ट हो गई है। तुम अर्जुन को न खोजकर बेचारे निरीह युधिष्ठिर के पीछे अपनी शक्ति, अस्त्र और समय क्यों नष्ट कर रहे हो ? इसके बाद क्या थकान से चूर शरीर लेकर अर्जुन के सामने जाओगे ? देखो; दुर्योधन, अर्जुन के वध के लिए अधिक व्याकुल है, इसीलिए प्रयत्नपूर्वक तुम्हारा पोषण और तोषण कर रहा है। यदि अर्जुन जीवित रह जाएँगे तो युधिष्ठिर का वध करने भर से क्या उनका उद्देश्य पूर्ण हो जाएगा ? उधर देखो, भीमसेन दुर्योधन के प्राण लेने की तैयारी कर रहे हैं। चलो पहले, उसकी रक्षा करो।"

यह बात कहते-कहते उन्होंने कर्ण के रथ के घोड़े दूसरी दिशा में हाँक दिए, जिससे उस अवसर का लाभ उठाकर युधिष्ठिर अपने शिविर के निरापद आश्रय में पहुँच सकें।

उनका अभिप्राय समझते हुए भी कर्ण ने रोका नहीं। केवल एक पतली हास्य-रेखा ने उनके अधरों को वक्र बना दिया। गर्भधारिणी को दिए आश्वासन का वचन वे भूले नहीं थे।

पुत्र-शोकार्त्त कर्ण ने अपने पूरे बल से अर्जुन पर आक्रमण किया। श्रीकृष्ण ने अनुमान कर लिया था कि वे इस बार चूड़ान्त-युद्ध करेंगे, इसीलिए जब अर्जुन रण-भूमि में कहीं भी युधिष्ठिर की पताका न देख व्याकुल होकर शिविर जाकर लौटे, उन्हीं कुछ क्षणों में उन्होंने अपने सारथी दारुक को भेजकर व्याघ्र-चर्म से सज्जित, विद्युत के समान गतिवाले अपने निजी चार अश्वों से चालित नया रथ मँगवाया और उसमें अर्जुन की कपिध्वज-पताका तथा अस्त्र आदि स्थानान्तरित करवा दिए—अर्थात् अर्जुन सूर्योदय का आभास देनेवाले प्रातःकाल में युद्ध-सज्जा सज्जित वीर की भाँति नए रूप में तैयार होकर अपने बलवान चिरकालीन प्रतिद्वन्द्वी का सामना करने आगे बढ़े। कुरुक्षेत्र-युद्ध के इतिहास में एक अभूतपूर्व नया अध्याय जुड़ते देख सभी योद्धा व्यक्तिगत विपत्ति की बात भूलकर व्याकुल होकर वह युद्ध देखने लगे; ऐसा प्रतीत हुआ कि इन्द्र-वृत्रासुर युद्ध में जैसे दोनों पक्षों के समर्थक स्वर्ग-मर्त्य-पाताल के निवासी दो भागों में बँटकर वह युद्ध देख रहे थे—आज भी वे उसी प्रकार अन्तरिक्ष में आकर साँस रोके यह युद्ध देख रहे हैं।

इस मुकाबले के युद्ध में पहले कर्ण ने प्रबल शौर्य के साथ युद्ध प्रारम्भ किया। उस आक्रमण से पांडव-पक्ष के अनेक योद्धा और पैदल-सैनिक हताहत हो गए; यहाँ तक कि अर्जुन का शरीर भी अनेक स्थानों पर तीरों से बिंध गया। भीम, कर्ण के इस पराक्रम और तीव्र गति से क्रुद्ध होकर अर्जुन से बोले, "कर्ण ने तुम्हें घायल कर दिया, तुम अभी तक कुछ नहीं कर सके ? यदि तुम थक गए हो तो बोलो, मैं ही गदाघात से उसका

वध करूँ।''

श्रीकृष्ण ने कहा, ''अर्जुन, अंगाधिपति बड़ी आसानी से तुम्हारे सारे भयंकर अस्त्र काटे डाल रहे हैं, क्या तुम आज हत्ज्ञान हो गए हो ? अथवा दुर्बलता अनुभव कर रहे हो ? क्या कौरवों की निरन्तर उल्लास-ध्वनि भी तुम्हें सुनाई नहीं पड़ रही है ? यदि तुम न कर सको तो बोलो, मैं ही सुदर्शन-चक्र का प्रयोग करूँ !''

अर्जुन ने क्रुद्ध और क्षुब्ध होकर—यह देखकर भी कि इससे पहले उनका ब्रह्मास्त्र कर्ण ने परशुराम द्वारा प्रदान किए गए अस्त्र से नष्ट कर दिया था—एक और ब्रह्मास्त्र छोड़ा, किन्तु जब वह भी कर्ण के अस्त्र से नष्ट हो गया, तो उन्होंने फिर एक महा-शक्तिशाली, बहु-विनाशक ब्राह्म-अस्त्र छोड़ा, जलते उल्का-पिंड की भाँति उस अस्त्र से असंख्य अस्त्र निकले और अगणित शत्रु सैनिकों का वध कर डाला।

किन्तु उसी समय एक दुर्घटना हो गई। क्रोध के कारण सतर्कता-बुद्धि नष्ट हो जाने से अर्जुन बार-बार इस प्रकार बल लगाकर गांडीव-धनुष खींचने लगे कि अकस्मात् उसकी प्रत्यंचा टूट गई। और, कर्ण ने उसी सुयोग का लाभ उठाकर नई प्रत्यंचा चढ़ाते समय अर्जुन और श्रीकृष्ण को असंख्य तीरों से क्षत-विक्षत कर डाला। दूर खड़े कौरव-पक्ष के दर्शक कृष्ण और अर्जुन को निहत हुआ समझकर उल्लास में हाथ उठा-उठाकर नाचने लगे।

पर वह भ्रम दूर होने में अधिक देर नहीं लगी। अर्जुन गांडीव पर नई प्रत्यंचा चढ़ाकर पुनः इतनी तीव्र गति से बाण-वर्षा करने लगे कि उन बाणों से ढका आकाश मेघाच्छन्न प्रतीत होने लगा। सारथी शल्य घायल हो गए और कर्ण के चक्र-रक्षक, पाद-रक्षक, अग्र व पृष्ठ भाग के रक्षक—सारे वीर निहत होकर रण-भूमि में लोट गए।

उसी समय एक और नाटक हुआ।

नागराज तक्षक का पुत्र अश्वसेन—उसकी माता खांडव-दाह के समय अर्जुन द्वारा बाधा दिए जाने के कारण आग में जल गई थी। उसने मातृ-वध का प्रतिशोध लेने के लिए नाग-देश का सर्वाधिक सांघातिक अस्त्र कर्ण की दृष्टि बचाकर उनके तूणीर में रख दिया और जब वे अभ्यास के अनुसार पीछे लटके तूणीर से अस्त्र ले रहे थे, तब अवसर पाकर उनके देखे बिना ही वह अस्त्र उनके हाथ में थमा दिया।

दूसरा कोई चाहे न हो, किन्तु श्रीकृष्ण उस अस्त्र की शक्ति से परिचित थे। दूर से कर्ण को उसे छोड़ते देख उन्होंने और कोई उपाय न देखकर विस्मयकारी कौशल से रथ के अश्व घुटनों के बल बैठा दिए और अपनी अमानवी शक्ति का प्रयोग करके रथ के चक्र पैरों से दबाकर पृथ्वी में एक बालिश्त धँसा दिए। फलस्वरूप अस्त्र ने अर्जुन के विख्यात मणिमय स्वर्ण-किरीट को जला दिया, किन्तु वह उन्हें आहत या निहत नहीं कर पाया।

यह कौन सा अस्त्र है ? कर्ण के विस्मय के साथ देखते ही उन्हें मुख पर गर्व-भरी हँसी लिए अश्वसेन दिखाई दिया। वह मानो अपना महत्त्व दिखाते हुए आश्वस्त करते हुए बोला, ''हताशा का कोई कारण नहीं है, मैं और एक अस्त्र देता हूँ, इससे निश्चय

ही अर्जुन का वध कर पाओगे !"

कर्ण ने उत्तर दिया, "तुम्हारी सहायता के लिए असंख्य धन्यवाद, किन्तु यदि मैं अपने अस्त्र-बल से अर्जुन को पराभूत या उसका वध न कर पाया—तो उसके वध का कोई प्रयोजन ही नहीं रहेगा। दूसरे की सहायता से युद्ध करने की अपेक्षा उसके हाथों परास्त होना अच्छा है। वह मेरे समकक्ष योद्धा है। तुम कौन हो ? तुम तो उसके भय से दूसरे की सहायता लेने आए हो। तुम अपने स्थान पर लौट जाओ, तुम्हारा कल्याण हो !"

अश्वसेन कर्ण की इस निर्बुद्धिता से हताश होकर दोनों कन्धे उचकाकर विचित्र मुद्रा बनाते हुए युद्ध-भूमि छोड़ने को हुआ। वह जानता था—अधिक देर होने पर अर्जुन के हाथों मारे जाने का भय है। उनके सारथी सर्वज्ञ हैं, उन्हें पहचानते कितनी देर लगेगी ?...और वही हुआ—श्रीकृष्ण ने संक्षेप में उसकी धूर्तता व शत्रुता पर से पर्दा उठाकर अँगुली से संकेत करके अश्वसेन को दिखा दिया—अर्जुन ने भी पलक झपकते उसका वध कर डाला। उसी बीच श्रीकृष्ण ने अकेले ही सुरासुर को विस्मित करनेवाली शक्ति से रथ-चक्र पकड़कर रथ को पुनः ऊपर उठा लिया।

इस बार जैसे अर्जुन ने अपने बल से विजयलक्ष्मी को पांडवों के पक्ष में खींच लिया। तड़ित्-त्वरित गति से, कर्ण को स्थिति समझने तक का अवसर दिए बिना—अर्जुन ने असंख्य शराघात करके उनके किरीट, कवच आदि को खंड-खंड कर डाला और उन्हें भयंकर रूप से घायल कर दिया। कर्ण उस आघात के कारण क्षण-भर के लिए मर्मान्तक-पीड़ा से व्याकुल हो गए, उनके क्रियाहीन-अशक्त हाथ से धनुष फिसल गया। वे अपने वक्ष को दोनों हाथों से दबाकर मद्यप की भाँति लड़खड़ाने लगे। ज्वरग्रस्त रोगी की भाँति काँपते देखकर स्पष्ट लग रहा था कि उन्हें असह्य यन्त्रणा हो रही है।

उनकी यह दशा देखकर अर्जुन ने स्वभावतः कुछ देर के लिए पुनराक्रमण रोक दिया। किन्तु श्रीकृष्ण को पता था कि इस महाधनुर्धर योद्धा का बल पूरी तरह नष्ट नहीं हुआ है। उन्होंने अर्जुन को डाँटा, "फाल्गुनि, यह क्या कर रहे हो ? तुम क्या पागल हो गए हो ? यदि बलवान विपक्षी कुछ देर के लिए दुर्बल हो जाए, तो उसे पुनः शक्ति-संचय का अवसर नहीं दिया जाता—युद्ध-विद्या की यह पहली नीति भी तुम भूल गए हो ! तुम अपनी लापरवाही से यह सुयोग मत गँवाओ, अन्यथा कर्ण थोड़ा सा स्वस्थ होते ही फिर से पूरी शक्ति के साथ युद्ध प्रारम्भ कर देंगे !"

वासुदेव के तिरस्कार से मोह का त्याग करके अर्जुन उसी अवस्था में कर्ण पर फिर बाण-वर्षा करने लगे। कर्ण ने भी मर्मान्तिक आघात की तीव्र पीड़ा और व्याकुलता का ध्यान छोड़कर फिर से धनुष उठा लिया।

लेकिन ठीक उसी समय, मानो दैव के पांडवों पर प्रसन्न होने के कारण ही, और एक घटना घट गई। कर्ण के रथ का बायाँ चक्र अचानक भूमि में धँस गया। उन्हें याद आया, एक ब्राह्मण ने उन्हें शाप दिया था, 'काल पूर्ण हो जाने पर अन्तिम युद्ध में तुम्हारा रथ-चक्र भूमि में धँस जाएगा, तुम रथी-अवस्था में और युद्ध नहीं कर सकोगे।'

और, वह बात स्मरण आने के साथ-ही-साथ एक और अभिशाप स्मृति में उभरता दिखा, गुरु भार्गव का शाप–अन्यायपूर्ण अभिशाप, कर्ण का अभी भी वही विचार है– 'तुमने अपना वास्तविक-परिचय छिपाकर मुझसे जो अस्त्र प्राप्त किए हैं, चरम संकट के काल में तुम्हें उस अस्त्र-समूह में से एक भी अस्त्र स्मरण नहीं रहेगा।'

रथ-चक्र भूमि में धँस गया–तब क्या उनका काल पूर्ण हो गया है ? मृत्यु-काल आ पहुँचा है ? तो क्या अर्जुन के वध के लिए जो समस्त अस्त्र अब तक प्रयत्नपूर्वक बचा रखे थे–वे उन्हें और स्मरण नहीं आएँगे ?

इस सम्भावना की चिन्ता के कारण ही–मृत्यु की आंशका से नहीं–पराजित और अपमानित होने की आशंका से ही वे व्याकुल हो उठे, रथ से नीचे छलांग लगाकर हाथ में खड्ग लिये अर्जुन की ओर दौड़े–

और ठीक उसी क्षण, उनकी मानस-दृष्टि के सम्मुख एकदम स्पष्ट रूप से आ उपस्थित हुई, सुरनरवन्दिता, सर्वजन, इप्सिता एक अनन्य नारी-मूर्ति–समस्त युगों की, समस्त कालों की श्रेष्ठ सुन्दरी–उनके विस्मयकारी नेत्रों में अश्रु-बिन्दु टलमल कर रहे थे, उनकी उस–तपस्वीश्रेष्ठ महादेव को भी मोहित करनेवाली, दृष्टि में करुण विनती थी।

नहीं, नहीं, वे यह क्या कर रहे हैं !

वे तो मृत्यु का वरण करने को संकल्पबद्ध हैं।

कर्ण खड्ग छोड़कर भूमि में धँसे उस रथ-चक्र से पीठ टिकाकर बैठ गए और इष्ट का ध्यान करने की चेष्टा करने लगे।

अर्जुन शायद फिर दुविधा में पड़ जाते ! लगता है, कर्ण वही लक्ष्य करके अर्जुन को धिक्कारते हुए बोले, "तृतीय पांडव, मैं तो तुम्हें वीर के रूप में जानता था। जो वास्तव में वीर हैं, वे कभी भी दुर्दशाग्रस्त विपक्षी पर अस्त्र नहीं चलाते। देख रहे हो, मेरा एक रथ-चक्र भूमि में धँस गया है, फिर तुम मुझे उसे निकालने का अवसर न देकर अधर्म-युद्ध क्यों कर रहे हो ?"

अर्जुन को उस आरोप का उत्तर देने का अवसर न देकर श्रीकृष्ण का तीक्ष्ण-स्वर गूँज उठा, "कर्ण, तुम आज विपत्ति में पड़कर धर्म का स्मरण कर रहे हो, अब तक यह धर्म-बुद्धि कहाँ थी ? नीच व्यक्ति विपत्ति में पड़कर दैव को दोष देता है, विपक्षी का छिद्रान्वेषण करता है–कभी भी अपने किए को याद नहीं करता। जब तुम एकवस्त्रा रजस्वला द्रोपदी को सभा में ले आने का अनुमोदन कर रहे थे, जब शकुनि अधर्म द्वारा पांडवों का सर्वस्व लूट रहा था और तुम चुपचाप देख रहे थे, हर्षित हो रहे थे–तब तुम्हें अधर्म की बात क्यों याद नहीं आई ? दुर्योधन जब तुम्हारी जानकारी में असंख्य अन्यायपूर्ण आचरण कर रहा था, तब तुमने धर्म का निर्देश मानकर उसे क्यों नहीं छोड़ दिया ? जब तुम सात महारथियों ने मिलकर निरस्त्र और घायल बालक अभिमन्यु का वध किया था–तब तुम्हारी यह धर्म-बुद्धि कहाँ थी !"

इस आरोप–विशेषकर अभिमन्यु के प्रसंग-पर कर्ण का सिर लज्जा से झुक गया।

महा-शत्रु के पतन का यही उत्कृष्ट अवसर था, वासुदेव ने अर्जुन को यह संकेत किया तो धनंजय ने एक बार अस्वीकृति की मुद्रा बनाई। बोले, "निरस्त्र शत्रु का वध करने के लिए युद्ध-विद्या प्राप्त नहीं की है। विशेषकर कर्ण जैसे योद्धा का इस प्रकार वध करने से त्रिभुवन मेरा अपयश गाएगा, सोचेगा कि आमने-सामने के धर्म-युद्ध में उसे पराजित करने में असमर्थ होने के कारण ही मैंने अधर्म-युद्ध का सहारा लिया है।" आहत, अवसन्न, आशा-शून्य, मृत्यु-पथ-यात्री कर्ण को यह उत्तर सुनने में कठिनाई नहीं हुई। इस विषय में उन्हें कोई संशय नहीं था कि अर्जुन वास्तव में महावीर हैं। वे जानते थे कि अर्जुन कभी भी अस्त्रहीन विपक्षी का वध नहीं करेंगे—श्रीकृष्ण की सैकड़ों ताड़ना से भी नहीं—इसीलिए उन्होंने उस अवस्था में भी धनुष उठाया और अर्जुन को लक्ष्य करके एक भयंकर अस्त्र छोड़ दिया। वे वास्तव में अस्त्र-प्रयोग के शिल्पी थे, उनके लिए इच्छापूर्वक अस्त्र को व्यर्थ कर देना सम्भव नहीं था—इसलिए वह अस्त्र अर्जुन द्वारा कोई बाधा देने से पहले ही उनके ऊपर आ गिरा, किन्तु वासुदेव द्वारा बहुत तीव्रगति से रथ का मुँह घुमा दिए जाने के कारण उनके वक्ष पर आघात नहीं कर पाया—बाहु में धँस गया !

अब और दुविधा व संकोच का कारण नहीं बचा। अर्जुन ने वज्राग्नि सदृश एक तेजस्वी अस्त्र से कर्ण का मस्तक काट डाला।

ठीक उसी क्षण लगा कि कौरव-पक्ष के साथ ही अन्तरिक्ष में, जल-थल में, सर्वत्र हाहाकार की ध्वनि गूँजने लगी, वह हाहाकार दूर-दूर—सुदूर दिगन्त पार करके जैसे किसी अमर्त्य-लोक तक फैल गया, प्रतीत हुआ कि स्वयं सूर्य-देवता भी वेदना से निस्तेज हो गए—अर्जुन को लगा कि उनके रथ के नीचे पृथ्वी भी काँप उठी।

वे मानो एकदम स्पष्ट देख सके, एक निराकार, निर्वस्तु तेज-पिंड कर्ण की कटी देह से निकलकर महा-शून्य की ओर उठा तथा धीरे-धीरे सूर्य-मंडल के ज्योति-पुंज में विलीन हो गया।

और, सम्भवतः थोड़े व्याकुल हो जाने के कारण ही वे नहीं देख पाए, श्रीकृष्ण ने चुपचाप दाहिने हाथ की आशीर्वाद की मुद्रा बनाई।

॥ १८ ॥

महामानी, महा दाम्भिक, महा-ईर्ष्यी और महाबली ज्येष्ठ-धार्तराष्ट्र राजा दुर्योधन ने विदा लेने से पहले थोड़े ऊँचे मिट्टी के डूह पर चढ़कर कुरुक्षेत्र-रणभूमि की ओर देखा—जैसे अन्तिम बार देख रहे हों।

उन्होंने, युद्ध प्रारम्भ होने के पहले दिन भी इसी डूह से इसी प्रकार देखा था। उस दिन गर्व, आनन्द और आशा से छाती फूल गई थी। अपनी सेना की विशालता और योद्धाओं की विपुल वीरता-ख्याति के कारण विजय के प्रति कोई संशय नहीं था। उस

दिन सामने था, गोत्रीय-कंटक हीन राजत्व का सुख-स्वप्न, भारत व्यापी साम्राज्य-स्थापना की उच्चाशा।

और आज ?

वस्तुतः कुछ क्षण पूर्ण ही कुरुक्षेत्र के महा-युद्ध का अवसान हुआ है—स्वयं उनके जीवित रहते हुए भी। अवसान हो गया था कल ही—महावीरों में अग्र-गण्य कर्ण की मृत्यु से ही। इस वास्तविकता को कौरव-पक्ष के बचे हुए थोड़े से योद्धा और साधारण सैनिक भी अनुभव कर रहे थे। वे लोग—जिनके पास याचक के लिए कुछ भी अदेय नहीं था; जीवन, धन, मान कुछ नहीं—उन्हीं दान-वीर, आश्रित-वत्सल, विशाल-हृदय कर्ण के पतन का समाचार पाते ही पलायन के लिए तत्पर हो गए थे। दुर्योधन अनेक तरह से समझाकर, अनेक आश्वासन देकर, उनकी कापुरुषता को धिक्कार कर, मृत्यु प्राणि-मात्र की अपरिहार्य परिणति है, यह स्मरण दिलाकर—वे पांडवों के हाथों से किसी भी प्रकार नहीं बच पाएँगे, यह बतलाकर—उन्हें वापस लौटाने या पुनः संगठित करने में सफल नहीं हो सके। आतंक में डूबे लोगों में—उनकी बातें स्थिर-चित्त होकर कौन सुनता ?

क्षोभ, दुःख, अपमान-बोध और हताशा में पागल राजा दुर्योधन ने, कुरुक्षेत्र के महा-युद्ध के नायक ने ज्ञान-शून्य व्यक्ति की भाँति कुछ देर अकेले ही युद्ध किया था, शायद अपने प्राण-विसर्जन करने का संकल्प करके ही। अन्त में मद्रराज-शल्य, अश्वत्थामा आदि वीरों के परामर्श और दबाव से शान्त होकर भग्न-चित्त, क्षत-विक्षत और रुधिर सनी देह लिये शिविर लौटने को सहमत हुए। इन लोगों ने समझाते हुए कहा, ''अभी, इस निदारुण मृत्युभय की दशा में सैनिकों की समझ में कोई युक्ति नहीं आएगी। ऊपर से सन्ध्या भी हो गई है, इस समय शिविर में चलो। वे लोग भी विश्राम के बाद एक-दूसरे के सान्निध्य में अपने को निरापद समझकर लौट आएँगे, तुम भी तब स्थिति समझकर निश्चय करना कि किस प्रकार युद्ध करोगे अथवा युद्ध करोगे या नहीं।''

दुर्योधन निरुपाय होकर शिविर में लौट आए थे। उससे पहले 'हा मित्र, हा कर्ण, हा कौरवों के सहायक' कहकर विलाप करते-करते अपने को कर्ण के कबन्ध और छिन्न-मस्तक की ओर देखने से नहीं रोक पाए। तब तक भी कर्ण का शरीर या वह अनिन्द्य मुख थोड़ा सा भी विकृत नहीं हुआ था। मानो, मृत्यु की कालिमा या रक्त-शून्यता से उत्पन्न पीली-विवर्णता ने इस सच्चे योद्धा के शरीर को छूने का साहस नहीं किया। वह शरीर प्रबल आँधी में गिरी पर्वत-शिला के समान, झंझा में उखड़े विशाल वृक्ष की भाँति, यज्ञ के अन्त में बची निर्धूम अंगार-अग्नि के समान, अस्त होते भास्कर-बिम्ब के समान शोभित हो रहा था।

इस महान-करुण दृश्य की ओर एक बार देखने भर से ही दुर्योधन ने असह्य-यन्त्रणा अनुभव की। उनकी इच्छा हुई कि साधारण व्यक्ति की भाँति भूमि पर लोटकर हाहाकार करके क्रन्दन करें। उन्होंने ललाट पर कराघात करते-करते एक बार पश्चिम दिशा की ओर देखा। लगा कि भगवान सूर्य अपने इस अनन्य भक्त की रक्त-सनी देह को अपनी रक्तवर्णी किरणों से स्पर्श करके, फिर उसी रक्त को अपनी देह पर लपेटकर स्नान करने

के लिए ही सुदूर पश्चिम-सागर में डुबकी लगाने गए हैं। और मानो अपनी इस महान भक्त सन्तान की रक्षा न कर पाने की लज्जा ने ही पश्चिमी-आकाश में फैलकर उसे अभी तक रक्तवर्णी बना रखा है। यह लज्जा की रक्ताभा अभी बहुत देर तक इस आकाश में इसी प्रकार सूर्य की अक्षमता और अपयश की घोषणा करती रहेगी।

इसके बाद दुर्योधन के शुभ-चिन्तक उन्हें एक प्रकार से बलपूर्वक वहाँ से ले गए...

दूसरे दिन प्रातःकाल कुरुराज के प्रथम शस्त्र और शिक्षा-गुरु वृद्ध कृपाचार्य ने उन्हें सुबुद्धि देने की और एक बार चेष्टा की, ''वत्स, अभी भी समय है, अब भी मान जाओ। सोचकर देखो, हमारा, अभी भी तुम्हारे जो स्व-पक्षीय जीवित हैं, उन सभी का मनोबल नष्ट हो गया है। कौन युद्ध करेगा अथवा हमारा सेनापतित्व ही कौन सँभालेगा ? यदि अब भी पांडवों के साथ सन्धि कर लो तो तुम्हारे जो कुछ पुत्र या भाई अभी भी जीवित हैं, उनके साथ जीवन व्यतीत कर सकते हो—राज्य का जो टुकड़ा मिलेगा, तुम उसके शत्रुहीन अधीश्वर बनकर रह सकते हो। और तब, थोड़ी संख्या में बचे योद्धाओं की भी रक्षा हो जाएगी। उन्होंने एकमात्र धर्म-बोध के कारण ही तुम्हारा साथ नहीं छोड़ा, अतः कृतज्ञता हेतु उन्हें बचाना भी तुम्हारा कर्त्तव्य है।''

दुर्योधन ने उत्तर दिया, ''गुरुदेव, आप सच्चे हितैषी की भाँति समझा रहे हैं। परसों अश्वत्थामा ने भी यही किया था—किन्तु जैसे मुमूर्षु में ओषधि न लेने की इच्छा जाग जाती है, मेरी भी ठीक वही दशा हो गई है। कल्याणकारी जानते हुए भी यह उपदेश ग्रहण नहीं कर पा रहा हूँ। सोचकर देखिए—इतने लोगों की मृत्यु का कारण बनने के बाद यदि मैं आज अपनी प्राण-रक्षा के लिए सन्धि की प्रार्थना करूँ—तो क्या लोग मुझे क्लीव समझकर मेरा अपयश नहीं गाएँगे ? और, इतने दिन तक भारी प्रताप और दर्प के साथ राज्य करने के बाद दूसरे के अनुग्रह की छाया में किसी प्रकार दीन-भाव से जीवन व्यतीत करना क्या श्रेष्ठ है ? इसके अतिरिक्त भी सोचिए—क्या पांडव ही इतने दिन का बैर, इतना अनिष्टकारी व्यवहार, इतनी अवमानना भुला पाएँगे ? भीम की प्रतिज्ञा है कि वे मेरा वध करेंगे—द्रोपदी का तब का अपमान वे भूल नहीं पाए हैं; सुभद्रा मेरे विनाश का दृश्य देखने की आशा में ही छाती पक्की करके अनन्य पुत्र-शोक सहन कर रही हैं; वे क्या इतनी सरलता से क्षमा कर देंगी ? और जिन्होंने मेरे पक्ष में युद्ध करके प्राण त्याग दिए हैं—मैं उनके स्वजनों को कैसे मुख दिखा पाऊँगा ? नहीं, गुरुदेव, जीवन में मेरी और रुचि नहीं रही; बल्कि अब तक जिस दर्प का सहारा लिया है उस दर्प को अक्षुण्ण रखते हुए मुकाबले के युद्ध में वीरों के समान मृत्यु का वरण ही मेरे लिए श्रेष्ठ है।''

अतएव युद्ध का ही निश्चय हुआ।

किन्तु सेनापति के अभाव में युद्ध सम्भव नहीं।

इस बार किसे सेनापति का पद दिया जाएगा ?

दुर्योधन ने पहले अश्वत्थामा से अनुरोध किया।

अश्वत्थामा तैयार नहीं हुए। बोले, ''देखो, महाराज शल्य ने अपने भानजों की उपेक्षा

करके तुम्हारा साथ दिया है और वे धर्मानुसार युद्ध करते आ रहे हैं। वे महावीर और महाबलशाली हैं—मेरी दृष्टि में उन्हें ही सेनापति बनाना तुम्हारा कर्त्तव्य है।''

इसके बाद दुर्योधन शल्य के शिविर में पहुँचे। हाथ जोड़ते हुए अश्रुपूर्ण नेत्रों से बोले, ''मामा, मेरी रक्षा कीजिए। आप ही कुरु-सेना का संचालन-भार ग्रहण कीजिए।''

इस प्रस्ताव से प्रसन्न होकर शल्य ने दुर्योधन को विश्वास दिलाया कि अवश्य ही प्राण-पण से युद्ध करेंगे और पांडवों को पराजित करेंगे—मानो, दुर्योधन निश्चिन्त रहें। वे अपनी सम्पूर्ण शक्ति और मनोबल लगा दें, तो देवेन्द्र में भी उन्हें गिराने की शक्ति नहीं है। कर्ण हमेशा कृष्ण और अर्जुन को श्रेष्ठ व अपराजेय वीर समझते रहे। किन्तु कृष्णार्जुन चाहे जितना प्रयास करें—उनकी विजय में कोई बाधा उपस्थित नहीं कर पाएँगे। और भी, उस पक्ष में ऐसा कोई वीर नहीं, जो शक्ति और शिक्षा में उन्हें पराभूत कर सके।

विधिपूर्वक शल्य की अभिषेक-क्रिया सम्पन्न हुई। शीर्णकाय कौरव-शिविर में पुनः जय-ध्वनि गूँजी। मद्र देशीय वीर सिंहनाद करते हुए नगाड़ा बजाने लगे।

चरम दुख के समय अचानक होनेवाली इस आनन्द-ध्वनि का कारण पांडव-शिविर में अविलम्ब पहुँच गया। शल्य के आश्वासन और दर्प-भरी बातों से युधिष्ठिर कुछ चिन्तित हो गए, उन्होंने कुछ भयातुर दृष्टि से वासुदेव की ओर देखा।

श्रीकृष्ण मन्द हँसी के साथ बोले, ''हाँ, इसमें सन्देह नहीं कि शल्य दुर्धर्ष वीर हैं, दैहिक बल में वे भीम और अर्जुन के बराबर तो हैं ही—हो सकता है उनसे अधिक बली भी हों। इसके अतिरिक्त ये लोग आज के युद्ध में बहुत थक गए हैं। मुझे लगता है, आपको ही उनके आक्रमण को रोकने का दायित्व लेना उचित है। सत्य आपके कवच के समान है, धर्म आपका नित्य-रक्षक है—आप प्रयत्न करने पर सरलता से शल्य का वध कर पाएँगे। शल्य को पराजित करने का अर्थ है, कुरुक्षेत्र के नरमेध यज्ञ की पूर्णाहुति—आप ही इस गौरव के भागी बनिए।''

पहले पहल यह समाचार सभी को अविश्वसनीय लगा था, विशेषकर कौरवों को। उन्होंने सोचा—इस बार युधिष्ठिर का पतन अनिवार्य है, अर्थात् विजय रूपी तट एकदम निकट आ जाने पर भी पांडवों की भाग्य-नौका डूबने चली गई है। आपस में इस बात की चर्चा करके वे इतनी हताशा के बीच भी पर्याप्त प्रसन्न हुए।

इसके बाद कौरवों ने मन्त्रणा करके निश्चय किया कि वे एक-एक कर पांडवों के साथ युद्ध नहीं करेंगे, बल्कि इकट्ठे युधिष्ठिर पर आक्रमण करेंगे। उसी के अनुसार सेनापति शल्य ने व्यूह-रचना की। मद्र और अंग देशीय वीरों के साथ वे व्यूह के अगले भाग में, त्रिगर्त देशीय सैनिकों को लेकर कृतवर्मा बाईं ओर, शक और यवन सैनिक लेकर कृपाचार्य दक्षिण दिशा में और काम्बोज सैनिकों के साथ अश्वत्थामा पिछले भाग में जम गए, जिससे मध्य भाग में दुर्योधन और उनके जीवित बचे भाई निरापद रह सकें।

किन्तु उस दिन पांडवों ने युद्ध के प्रारम्भिक-क्षण से ही यमराज का रूप धारण कर लिया। प्रभात काल व्यतीत होने से पहले ही कर्ण के पुत्र और शल्य का एक पुत्र मारे

गए; भीम के महा बलवान गदाघात से पलक झपकते ही शल्य का रथ टूट गया और सारथी मारा गया। शल्य, कृपाचार्य के रथ पर चढ़ने को विवश हो गए।

युधिष्ठिर पूर्व-रात्रि की बात नहीं भूले थे। उन्होंने वासुदेव के परामर्श को आदेश के रूप में ग्रहण किया था। संकेत को भी। धर्मराज स्वयं कोई अज्ञानी नहीं हैं, वे राजा हैं, उन्हीं के राज्य के पुनरुद्धार हेतु इतना बड़ा युद्ध किया जा रहा है—यदि वे इसके इतिहास में किसी विशेष पराक्रम का चिह्न नहीं छोड़ पाए—कम-से-कम एक उल्लेखनीय वीर का वध करके—तो भविष्य में जन-समाज के मध्य उपहास का पात्र बन जाएँगे।

इसीलिए, वे इस बार संकेत याद करके विभिन्न अस्त्रों का भंडार लेकर शल्य के साथ आमने-सामने के युद्ध में कूदे।

और—शल्य द्वारा आत्मरक्षा तथा प्रति-योद्धा को मारने के लिए प्राण-पण से किए गए प्रयत्न के बावजूद बहुत कम समय में ही उनका वध कर डाला।

जो केवल दो घड़ी पहले असीमित दर्प का प्रदर्शन कर रहे थे, अपने को हमेशा भीम और अर्जुन से बहुत बड़ा योद्धा कहते थे, उनका इतने कम समय में पतन होते ही—यह स्वाभाविक था, कि कौरव-वीरों का मनोबल पूरी तरह नष्ट हो जाता, उनका उत्साह टूट जाता और वे विजय की आशा पूर्णतः छोड़ बैठते। आशा तो थी ही नहीं, कल्पनाप्रसूत विश्वास की क्षीण मूलवाली जितनी आशा से स्वयं को समझाया था, वह भी वायु-प्रताड़ित छोटे स्वर्णाभ मेघ-खंड की भाँति दूर शून्य में विलीन हो गई—और किसी भी प्रकार उसका सहारा नहीं लिया जा सकता था।

अब और नया सेनापति बनाने का समय नहीं था, आवश्यकता भी नहीं थी।

दुर्योधन की ओर के जो थोड़े से सैनिक और कुछ योद्धा तब भी जीवित थे, वे सब प्राण-रक्षा के लिए पलायन का उपाय खोजने में लगे थे। दुर्योधन के कंठ से भी आश्वासन या उत्साह का और स्वर नहीं निकल रहा था, वे स्वयं युद्ध करके अपने ही मन में पुनः साहस जगाने की व्यर्थ चेष्टा करने लगे। इस बीच भीम ने उन्हीं के सम्मुख बचे हुए धृतराष्ट्र पुत्रों का वध कर डाला। रण-दुर्मर शाल्व सजधज के साथ दुर्योधन के भैरवाकृति हाथी पर चढ़कर रण-भूमि में आते ही धृष्टद्युम्न के भाले के आघात से मारा गया—पर्वत के समान विशाल भयंकर हाथी भी घायल होकर चिंघाड़ते हुए भाग गया; शकुनि और उसका पुत्र उलूक सहदेव के हाथों मारे गए—अर्जुन ने त्रिगर्त देश के सभी योद्धा मार डाले।

इस प्रकार शल्य के पतन के बाद घड़ी-भर में ही कौरव-पक्ष का पूर्ण पराभव हो गया। धृतराष्ट्र की सन्तानों में एक दुर्योधन को छोड़कर और कोई नहीं बचा। वेश्यागर्भजात पुत्र युयुत्सु पांडव पक्ष में होने के कारण त्राण पा सका। वही अब सिर झुकाए, अश्रुपूर्ण नेत्रों के साथ कौरवों की अन्तःपुर-स्त्रियाँ लेकर हस्तिनापुर के राज-प्रासाद की ओर चला।

अर्थात् उस दिन का अपराह्न काल सायंकाल में विलीन होने के पूर्व ही कौरव पक्ष की राज-लक्ष्मी ने हमेशा के लिए विदा ले ली।

दुर्योधन ने परम दुख के समय के लिए सोच-समझकर एक अन्तिम व्यवस्था भी कर रखी थी।

यह स्वेच्छाचारी राजाओं और युद्धरत शक्तिशाली वर्ग की आवश्यक शिक्षा है। आज भी इसकी व्यवस्था प्रचलित है।

कुरुक्षेत्र से लगे हुए झील के समान विशाल जलाशय, द्वैपायन की जल-सीमा से सटे भू-भाग के नीचे एक गुप्त गुफा खुदवाई गई थी। अत्यधिक विश्वस्त व्यक्तियों द्वारा यह कार्य पूर्ण कराकर खनिक दूर देश में भेज दिए गए थे–जिससे कि यह समाचार किसी भी प्रकार पांडवों के गुप्तचरों के हाथ न लग जाए। गुफा में, सोने के लिए कुछ घास-फूस और थोड़ा सूखा खाद्य भी रख दिया गया था। इस समय जब कहीं भी कोई सहारा दिखाई नहीं दिया, तो दुर्योधन को सबसे पहले इस गुप्त आश्रय-स्थल का स्मरण आया। भग्न-देह और भग्न-मन, थके हुए, दुखी, हत्‌मान, गत-सर्वस्व कुरुराज उसी दिशा में बढ़े, छिपते हुए–सतर्क दृष्टि इधर-उधर डालते हुए। वैसे भी, जिस समय सभी लोग अपने प्राण बचाने के लिए व्याकुल और व्यस्त थे, तब उनकी दशा के प्रति भला कौन चिन्ता करता ?

उस समय इस आश्रय की अत्यधिक आवश्यकता थी। कारण, मुख से चाहे जितना कहा हो कि इस प्रकार जीवित रहने से मृत्यु अच्छी है–पराजित होकर बचने की अपेक्षा मृत्यु का वरण वांछनीय है–किन्तु उस क्षण पांडवों की खोजी दृष्टि के सामने पड़कर मृत्यु का वरण कहाँ किया ? अब भी मन में एक क्षीण आशातीत आशा जाग रही है–थोड़ा विश्राम करके कुछ स्वस्थ हो जाने पर–चाहे विजय न मिले–भीम का वध करके अपने भाइयों की मृत्यु का प्रतिशोध लेना शायद कठिन नहीं होगा।

उसी क्षीण, लगभग अदृश्य, मरीचिका के समान आशा को मन-ही-मन पालते हुए वे द्वैपायन की जल-घास से ढके उस गुप्त आश्रय-स्थल में प्रविष्ट हुए।

तब भी क्या महामानी, शक्ति-उन्मत्त राजा दुर्योधन कुरुक्षेत्र की पवित्र रण-भूमि से विदा लेने के पूर्व किसी ऊँचे डूह पर खड़े होकर अपने पूर्व-गौरव के श्मशान और दुर्बुद्धि, कुकीर्ति के अटल इतिहास की ओर एक बार–अन्तिम बार की भाँति–देखे बिना जा सकते थे ?

नहीं, वह सम्भव नहीं।

निश्चित रूप से देखा था।

किन्तु यह क्या देखते हैं ! हे ईश्वर, हे कुरुवंश के इष्ट-देवता, हे दुर्योधन के भाग्य-विधाता–क्या तुमने यही दृश्य दिखाने के लिए दुर्योधन की आशा और आकांक्षा को इतना तीव्र, इतना अन्धा बना रखा था !

श्मशान ? नहीं, श्मशान नहीं, कबन्ध-शव-कपाल भरी–शायद सृष्टिकर्ता के लिए भी अकल्पनीय–एक मरु-भूमि।

जिस ओर, जहाँ तक दृष्टि जाती है—केवल शव, और शव। पूरी मृत देह, कटे सिर, धड़। मनुष्य, हाथी, घोड़े—कोई अभी-अभी मरा है, कोई गल गया है अथवा कोई अभी ही गलना प्रारम्भ हुआ है। शवों के ढेरों के बीच-बीच में या शवों के भार से दबे मरणासन्नों के आर्तनाद से प्रेतनियों के हाहाकार के समान ध्वनि गूँज रही है—ठीक वैसे ही, जैसे मरुभूमि में झोंकों के साथ चलनेवाली वायु का शब्द होता है।

दृश्य क्या केवल बीभत्स है ? नहीं, वर्णनातीत भी।

स्वर्ण पट्टिकाओंवाले विशिष्ट भाले, परशु, स्वर्णमंडित गदाएँ, स्वर्ण झालरोंवाले धनुष, कनक शोभित खंग, मणि-माणिक्य खचित छत्र, चामर, अलंकार-शोभित शरीर, स्वर्ण-वलय युक्त कटे हाथ, विस्मयकारी रंगों से शोभित हाथी की पीठ के आस्तरण, ध्वजाएँ, पताकाएँ, मुकुट, मणि-मुक्ता से बने और बीच में मणि लटके हार, सिर के आभूषण, शिरस्त्राण, बाजूबन्द, विविध अलंकार; उनके साथ रुधिर—नर-अश्व-हस्ति देहों से बहा विपुल रक्त, थोड़ा सूखा, थोड़ा अभी-अभी गिरा हुआ, कहीं धारा के समान, कहीं सरोवर बनाता हुआ। उस क्षण दुर्योधन को वह बहुरंग समारोह विशिष्ट रण-भूमि मानो लाल वस्त्र, लाल माला, मणि-माणिक्य से भूषित सभी लोगों के लिए गमनीय वारांगना की भाँति प्रतीत हुई। उन्होंने सिहरकर अपने नेत्र दोनों हाथों से ढक लिए।

इसके पश्चात् अपने किए के शोक में जलते हुए आँखों में आँसू भरे नत-मस्तक कुरुराज ने लाठी से घायल सर्प की भाँति द्वैपायन के उस विवर में प्रवेश किया।

दृष्टि धुँधली हो आने के कारण ही नहीं देख सके—पिशाच जैसा दिखनेवाला, मांस ढोलेवाला एक निषाद उनसे काफी दूरी बनाए रखते हुए उन्हें देख रहा था और उनके पीछे-पीछे आ रहा था।

॥ १९ ॥

पांडव पूरी शक्ति से दुर्योधन की खोज कर रहे थे। अपने शिविर में काम करनेवालों के बीच पारितोषिक के निश्चय की घोषणा करवा दी गई थी, भगोड़े कुरु-सैनिकों में भी पुरस्कार और क्षमादान के आश्वासन का प्रचार कर दिया गया था। पांडवों ने स्वयं भी बहुत दूर तक घूमकर देख लिया था। हस्तिनापुर की ओर से समस्त सम्भाव्य मार्गों पर पहले ही गुप्तचर लगा लिए गए थे। अन्त में, एक पहर के बाद भी कहीं कोई खोज-खबर न पाने के कारण चिन्तित मन लिये—इतनी सारी मौतों के लिए सबसे अधिक दायी व्यक्ति को दंड न दे पाने से उत्पन्न क्षोभ और थकान भरी देह के साथ—वे युधिष्ठिर के तम्बू में एकत्र हुए एवं कोई समाचार आने पर, समाचार-वाहक को उसी कार्यालय में भेजने का निर्देश देकर कवच आदि उतारे बिना ही थोड़ा विश्राम करने लगे।

कीलक निषाद हमेशा की भाँति मांस की बैंगी लिये आया। प्रतिदिन ही पर्याप्त मांस की आवश्यकता पड़ती है। दो बड़े मृग और सूअर का मांस तो भीमसेन अकेले ही खाते हैं। इसलिए कीलक और उसके अनुचरों को पूर्वाह्न में ही प्रवेश-संकेत बता दिया जाता है। वे आते हैं तथा रसोइयों से पूछकर या फिर पूर्वाह्न में प्राप्त निर्देश के अनुसार मांस की आपूर्ति करके मूल्य लेकर चले जाते हैं। उन्हें स्वामियों के आवास की ओर जाने की कोई आवश्यकता नहीं पड़ती।

किन्तु आज कीलक का आचरण कुछ दूसरे प्रकार का—एवं थोड़ा कौतूहल जगानेवाला प्रतीत हुआ।

उसने अपनी बैंगी की दोनों मांस की टोकरियाँ नीचे उतारीं, अनुचरों को रसोइयों से बातचीत अथवा पूर्व प्राप्त निर्देश के अनुसार मांस तोल देने का आदेश दिया और वह पांडवों के एक मुखिया के शिविर की ओर आया।

कांस के फूलों, घास-फूस और कपड़े से निर्मित सामयिक आवास—बाहर और भीतर न कोई दिखावा, न विलास का प्रबन्ध; आवश्यकतानुसार स्वच्छन्द व्यवस्था। और है, प्रत्येक आवास के बाहर स्वामी विशेष की विशेष चिह्नांकित ध्वजा।

यही सब देखते-देखते कीलक ने अनेक आवास-गृह पार किए, अचानक वह एक चक्र-चिह्नित पताका के निकट जाकर रुक गया।

हाँ, निश्चित रूप से यही वासुदेव श्रीकृष्ण का—उसके स्वयं बनाए स्वामी का आवास है।

यहाँ तक निर्बाध रूप से आने पर भी जब आवास के भीतर प्रवेश करने लगा तो द्वार-रक्षकों ने रोक दिया। उसके पास जो चिह्न है, वह शिविर में प्रवेश करने के लिए है; द्वारकाधीश के आवास में प्रवेश करने के लिए अलग से अनुमति चाहिए। विशेष रूप से उसके जैसे क्रूर-मुख, सुरा के कारण आरक्त नेत्र, मैल-भरी देह, कच्चे मांस और रुधिर की गन्ध से युक्त पिशाचाकृति निषाद को तो वे प्रवेश करने ही नहीं दे सकते।

किन्तु उद्धत और क्रुद्ध कीलक के कोई उत्तर देने से पहले ही आवास के भीतर से उसके बहुत अधिक परिचित गम्भीर-मधुर कंठ से आदेश का स्वर आया, ''द्वाररक्षक, उसे भीतर आने दो, मैं उसी की प्रतीक्षा कर रहा हूँ। निषाद विशेष समाचार देने आया है।''

लगता है, कहते-कहते ही—वह अन्तर्यामी मनुष्य द्वार पर लगा बहुमूल्य पीला पर्दा हटाकर उसे अपने सामने दिखाई दिया, ''आओ कीलक, तुम्हारा कल्याण हो। इसका अर्थ है, समाचार मिल गया है ?''

कीलक को बार-बार लगता है, इस व्यक्ति के सम्बन्ध में उसके आश्चर्य की अन्तिम सीमा पार हो गई है—अब उनके किसी व्यवहार या बात से और अधिक आश्चर्य नहीं होगा—किन्तु बार-बार ही उस भ्रम के टूटने का कारण घट जाता है। वह भौंहें सिकोड़कर बोला, ''तुमने तो किसी समाचार का भार नहीं सौंपा था !''

''अनावश्यक समझकर ही नहीं दिया,'' दोनों अत्याश्चर्यकारी नेत्रों में एक मायावी

सौन्दर्य से भरा कौतुकपूर्ण हास्य प्रस्फुटित हो आया, अधरों पर सन्तोष और पुरस्कार का आभास छाया था; श्रीकृष्ण ने कहा, "मैं जानता था, तुम कुरुराज का पीछा करोगे, उन पर दृष्टि रखे हुए हो। और वे भी, दूसरों की दृष्टि से बचने की सावधानी बरतेंगे–तुम्हारे होने की बात दूर तक उनकी कल्पना में भी नहीं आएगी।...अब बताओ, क्या समाचार है ? कुरुराज कहाँ हैं, किस अवस्था में हैं ?"

कीलक अपने स्वभाव के अनुसार तुरन्त अलंकार मुक्त, कोमलताहीन भाषा के सहारे असली बात पर आ गया, "वह लोभी व्यक्ति अकेला ही द्वैपायन सरोवर के किनारे एक गुफा में घुस गया है। लगता है आत्म-रक्षा, आत्म-गोपन अथवा पलायन की स्थिति में आवश्यक मानकर पहले ही यह गुफा खुदवा ली गई थी।"

"उनकी स्थिति कैसी दिखाई दी !"

"बहुत दुर्बल, समझ में नहीं आ रहा था कि एक-एक पग उठाते समय क्या हो रहा है। फिर भी मरणापन्न नहीं था, वैसा होने पर इतनी भारी गदा लेकर नहीं आ पाता अथवा सरोवर के खड़े किनारे पर चलकर गुफा तक नहीं पहुँच पाता।"

श्रीकृष्ण ने आशीर्वाद की मुद्रा बनाई, बोले, "जानता था तुम्हारे पास पूरा समाचार होगा, मिला भी। तुमने समस्त आवश्यक बातें लक्ष्य की हैं। हम लोगों को वह गुफा दिखा तो पाओगे ?"

"दिखा पाऊँगा। वृक्षों के तनों पर चिह्न बना-बनाकर मार्ग की पहचान कर आया हूँ।"

उस समय तक पांडवों में से किसी ने भी युद्ध की पोशाक नहीं उतारी थी। श्रीकृष्ण द्वारा दुर्योधन के गुप्त-आवास की खोज का समाचार पाने पर वे लोग आधी घड़ी में ही अपने-अपने विश्राम-कक्ष से बाहर आकर रथों पर पढ़ गए। इस बीच थके हुए अश्व भी विश्राम, मालिश और दाना-पानी मिलने से तरोताजा हो गए थे अतः नए अश्वों के प्रबन्ध की आवश्यकता नहीं पड़ी।

युधिष्ठिर ने अधिक संख्या में योद्धा नहीं लिये–लेने जैसे कोई विशेष बचे भी नहीं थे। पंच-पांडव, शिखंडी, सात्यकि, पांडवों के पाँच पुत्र, उत्तमौजा, युधामन्यु एवं थोड़े से पांचाल सैनिक लेकर उसी क्षण द्वैपायन सरोवर की ओर चल पड़े। श्रीकृष्ण ने मार्ग में जाते-जाते अर्जुन को सावधान किया, "तुम आगे मत बढ़ना, मँझले पांडव ने दुर्योधन को मारने की प्रतिज्ञा कर रखी है। उन्हीं को अवसर देना ठीक है। इसके अतिरिक्त उसने अन्य सब अस्त्र छोड़ केवल गदा लेकर द्वैपायन की शरण-गुफा में प्रवेश किया है; अर्थात् उसके साथ युद्ध करना पड़ा तो गदा लेकर ही लड़ना होगा। गदा युद्ध में तुम उसके समकक्ष नहीं हो, यहाँ तक कि भीमसेन के लिए भी गदाधारी दुर्योधन को परास्त करना कठिन है।"

पांडवों के सरोवर के निकट पहुँचने के पूर्व कौरव पक्ष के बचे हुए तीन योद्धाओं–अश्वत्थामा, कृपाचार्य और कृतवर्मा–को भी दुर्योधन के इस अभयावास की सूचना मिल गई थी। समाचार दिया था–राजकीय संवाद-संग्राहक, संजय ने। युद्ध के पूर्व से ही वे

अन्धे और असहाय धृतराष्ट्र का एकमात्र सहारा हो गए थे। युद्ध की तैयारी, दोनों युद्धमान पक्षों के मनोभाव, विचार-विमर्श, गुप्त मन्त्रणाओं आदि के समाचार जिस सीमा तक जुटा पाना सम्भव होता था–धन के बदले अथवा अन्य उपायों से जुटा कर–नियमित रूप से धृतराष्ट्र की जानकारी में ला रहे थे। उस दिन शल्य, शकुनि आदि के मारे जाने के बाद दुर्योधन को छिपकर युद्ध-भूमि से भागते देखकर थोड़ी दूरी से उनका पीछा भी किया था। निरापद स्थान पर पहुँचा देख निश्चिन्त होकर फिर से मुख्य युद्ध-भूमि में लौट रहे थे कि अचानक धृष्टद्युम्न की दृष्टि में पड़ गए और धृष्टद्युम्न उनका वध करने को उद्यत हो गए; किन्तु यह ध्यान दिलाने पर कि किसी भी पक्ष के योद्धाओं के लिए–परम्परानुसार नियुक्त संवाद-संग्राहक अवध्य होते हैं–उन्होंने अपना विचार छोड़ दिया।

अश्वत्थामा सहित तीन प्रमुख योद्धा व्याकुल होकर दुर्योधन को खोजते घूम रहे थे।

संजय से भेंट होने पर उन्हें समाचार मिला और वे उस स्थान पर जाकर दुर्योधन को पुकारकर उन्हें आश्वस्त और उत्तेजित करने का प्रयास करते हुए बोले, "राजन्, हम लोग अभी जीवित हैं, आप गुफा से बाहर आइए, सिंह को उल्लू का आचरण शोभा नहीं देता। हम आपके साथ मिलकर युद्ध करके निश्चय ही शत्रु का विनाश कर डालेंगे और आपका सिंहासन निष्कंटक बनाएँगे। आप इसमें कोई सन्देह मत कीजिए !"

उन्होंने आगे कहा, "पांडवों के प्रायः सभी सैनिक मारे गए हैं, जो बचे हैं, उनमें से भी अधिकांश तो घायल हैं या अत्यधिक थके हुए हैं। यही सर्वाधिक उपयुक्त अवसर है, आप इस जड़ता को छोड़कर फिर से रण-वेश धारण करके नए रथ पर सवार हो जाइए, हम लोगों द्वारा घिरे होने पर किसी में आपको बन्दी बनाने या आपका वध करने की सामर्थ्य नहीं है। आइए, इस सुयोग का लाभ उठाकर हम लोग प्रचंड बल से पांडवों पर आक्रमण करें और उन्हें नष्ट कर डालें।"

अश्वत्थामा अत्यधिक गर्वोक्ति करते हुए बोला, "अपने समस्त पुण्यों की शपथ लेकर कहता हूँ, आज निश्चय ही आपके शत्रु और अपने पितृ-हन्ता पांडवों का वध कर डालूँगा, किसी में इतनी शक्ति नहीं, जो उनकी रक्षा करे। आप इसी समय तैयार हो जाइए।"

थके हुए दुखी दुर्योधन गुफा के मुख पर आकर बोले, "आप लोग मुक्त, जीवित और स्वस्थ हैं, यही मेरा परम भाग्य है। किन्तु तब भी, आप लोग निश्चय ही थके हुए हैं, मैं भी सांघातिक रूप से घायल और क्षत-विक्षत हूँ। वे लोग विजय में पागल हैं, इसीलिए उनका मनोबल बढ़ा हुआ है। ऐसी दशा में इसी क्षण युद्ध के लिए निकल पड़ने से कोई लाभ नहीं होगा। आज की रात विश्राम करने दीजिए–कल प्रातःकाल निश्चय ही आप लोगों के साथ शत्रुओं का विनाश करने चलूँगा।"

इसी समय, दूर आकाश में बादल की गड़गड़ाहट के समान पांडवों के आने का आभास मिला। उनके रथों के ध्वज दिखाई देने में भी अधिक देर नहीं लगी।

महा-घमंडी अश्वत्थामा व्याकुल होते हुए बोला, "महाराज पांडव-सेना फिर से तैयार होकर इसी मार्ग पर आ रही है। आपका कल्याण हो, हमें यह स्थान छोड़ने की अनुमति दीजिए।...आप भी तुरन्त गुफा के भीतर चले जाइए।"

दुर्योधन के मन में इसकी तनिक भी आशंका नहीं थी कि पांडव उनकी गुफावाले स्थान से पूरी तरह अवगत हैं। किन्तु अब तो देख लिया और देखकर चौंक गए—पांडव-सेना मानो निश्चित गणना के आधार पर स्थान का पता लगाकर अमोघ-नियति की भाँति वहाँ आकर रुक गई।

फिर भी, भागकर छिपे हुए, थके और घायल शत्रु को तत्काल युद्ध के लिए ललकारना उचित होगा या नहीं—इस सम्बन्ध में युधिष्ठिर के मन में संकोच था। बाधा भी बहुत बड़ी थी, दुर्ग की सीधी खड़ी प्राचीर के समान सरोवर के किनारे से नीचे उतरना—शस्त्र और कवचधारी सैनिकों के लिए ही सम्भव नहीं था, फिर रथ ले जाना तो कल्पना से भी परे था। यहाँ नौकाओं का भी प्रबन्ध नहीं—आवश्यकता न होने के कारण ही नहीं है—इस दशा में यदि दुर्योधन अपनी ओर से ही सरोवर के किनारे न आ जाएँ, तो उनका वध किस प्रकार किया जा सकेगा ?

युधिष्ठिर ने सदैव की भाँति असहाय-दृष्टि से वासुदेव की ओर ताका।

श्रीकृष्ण ने कहा, "महाराज, जो कपटी या मायावी हो, उसका कपट अथवा माया के सहारे ही वध करना पड़ता है। महात्मा वामन ने छल का प्रयोग करके ही बलि का वध किया था; हिरण्याक्ष को हिरण्यकश्यप का वध भी अस्वाभाविक उपाय के सहारे ही करना पड़ा था; वृत्रासुर भी छल से ही मारा गया था, रावण और कुम्भकर्ण के प्रसंग में भी इससे भिन्न कुछ नहीं हुआ था। प्राचीन काल में महाबली विप्रचित्त, महा-असुर, तारक, मायावी इल्वल वातापि, त्रिशिरा, सुन्द-उपसुन्द आदि भी छल से ही मारे गए थे। मानव-समाज में भी अनेक महाबली राजा इसी प्रकार मारे गए हैं। आप भी इसी उपाय के सहारे क्रूरकर्मी, पापिष्ठ दुर्योधन को सामने आकर युद्ध करने के लिए बाध्य कीजिए। वह बड़ा अहंकारी है, अहंकार पर चोट होते ही क्रुद्ध हो जाएगा और तब उसकी सद्‌बुद्धि निश्चय ही नष्ट हो जाएगी।"

इसके बाद दृढ़-संकल्पी युधिष्ठिर दुविधामुक्त मन से तीक्ष्ण व्यंग्योक्तियों द्वारा अपना लक्ष्य पाने को तैयार हो गए। उन्होंने ऊँचे स्वर में कहना प्रारम्भ किया, "हे दुर्योधन ! हम लोग यह क्या देख रहे हैं ! अपने वंश तथा समस्त क्षत्रिय-कुल का विनाश करके तुम अपने प्राण बचाने के लिए छछूँदर की भाँति गुफा में छिप गए हो ! तुम्हारा वह असीमित घमंड, दुर्जय अभिमान कहाँ चला गया ? और वह पर-धनलिप्सा ? समझ गया, तुममें कभी भी शौर्य, वीर्य और साहस नहीं था, इसीलिए भाइयों के मरते ही स्वयं शृगाल की भाँति गुफा में आ छिपे हो। किन्तु तुमने अकारण जो युद्ध छेड़ा था, उसकी समाप्ति हुए बिना तुम्हें आत्म-रक्षा या विश्राम का अधिकार नहीं है। चारों ओर मरे पड़े इन सब पिता, पुत्र, भाई, मामा, बड़ों और मित्रों की मृत्यु का कारण बनकर यदि कायरों की भाँति अपने प्राणों की रक्षा करोगे—तो भविष्य में मानव-समाज में अपना परिचय किस

रूप में दोगे ? जान गया, वीर के रूप में तुम्हारी ख्याति झूठी है; वीर व्यक्ति कभी भी पलायन नहीं करता। तुम सामने आओ और युद्ध करो क्षमता हो तो हमें परास्त करके सुखपूर्वक राज्य भोगो।''

दुर्योधन व्यंग्य-प्रहार की इस अग्नि को और अधिक सहन नहीं कर सके। जल में उगी घास के पीछे से ही उत्तर दिया, ''कुन्तीपुत्र, मैं प्राणों के भय से नहीं छिपा हूँ; रथहीन, तूणीरहीन हो जाने पर–पीछे रहकर रक्षा करनेवालों, अस्त्रों की रक्षा करनेवालों और सारथी के मारे जाने पर–यहाँ कुछ क्षण विश्राम करने आया हूँ, रात्रि व्यतीत होने पर प्रातःकाल, मैं स्वयं ही तुम लोगों को युद्ध के लिए ललकारूँगा, बस थोड़ा सा धैर्य रखो।''

लगता है, युधिष्ठिर उनकी इस का-पुरुषता से और अधिक क्रुद्ध हो गए। व्यंग्योक्ति स्वर में बोले, ''हम लोग, शत्रु का विनाश किए बिना विश्राम करना, अधर्म समझते हैं। तुम इस कोटर से बाहर निकलो–हमारी, यहीं और इसी समय युद्ध का अन्त करने की इच्छा है। तुम जितने चाहो, रथ, अश्व, तूणीर और अस्त्र एकत्र करो अथवा हम लोगों से ले लो।''

दुर्योधन का स्वर पुनः सुनाई दिया, ''देखो, युद्ध में मेरी और रुचि नहीं है। पुत्र, भाई, सब स्वजन, द्रोण के समान स्नेहशील आचार्य, कर्ण के समान मित्र खोकर श्मशान में राज्य करने का क्या लाभ ? इस विशाल पृथ्वी का आधिपत्य तुम्हारे लिए ही छोड़ दिया, तुम लोग इस क्षत्रियहीन, परिजनों और मित्रों से हीन मरु-भूमि पर राज्य करने का गौरव भोगो, तुम लोगों का कल्याण हो–मैं मृगचर्म अथवा चीर-वस्त्र धारण करके वन में चला जाता हूँ।''

क्रोध और घृणा के कारण युधिष्ठिर का स्वर और अधिक तीखा हो आया। बोले, ''आज इतने समय बाद, इतने सारे लोगों के रुधिर की धारा तैर कर पार करने के बाद, तुमसे दान में प्राप्त राज्य-खंड का भोग करने की हमारी इच्छा नहीं है, वैसा राज्य शूकर-विष्ठा से भी अधिक घृण्य है। और हे नास्तिक, आज तुम ही किस मुँह से ससागरा पृथ्वी दान करना चाहते हो ?...हमें पृथ्वी की कोई आवश्यकता नहीं है, हम लोग इस छोटे से कुरु राज्य से ही सन्तुष्ट हैं, किन्तु उसे भी दान में क्यों लेंगे ? हम लोग अपना प्राप्य अपने बाहुबल से, तुम्हें समुचित सीख देकर ग्रहण करेंगे। तुम्हें युद्ध में परास्त न करके भागने दिया, तो क्षात्र-धर्म से विमुख होनेवालों के रूप में हमारा अपयश फैल जाएगा। तुम प्राणों के भय से पक्षियों की चहचहाहट की भाँति बेमतलब प्रलाप कर रहे हो, गुफा के भीतर से सारी बातें सुनाई भी नहीं पड़ रही हैं। यदि वास्तव में क्षत्रिय सन्तान हो, यदि सचमुच कुरु-वंश में जन्म लिया है–तो सामने आकर युद्ध करो।''

महामानी, अति अहंकारी दुर्योधन ने कभी भी ऐसे कटु-वाक्य नहीं सुने थे, वे तो हमेशा से एकाधिपत्य के अभ्यस्त थे, किशोरावस्था से इसी प्रकार जीवन व्यतीत करते आए थे; किसी का विरोध या भर्त्सना सुनने, किसी के परामर्श या मतानुसार चलने के अभ्यस्त नहीं थे। इसीलिए चाहे जितने थके हुए थे या शरीर और मन चाहे जितना शिथिल

था, किन्तु विजयगर्व में चूर पांडवों के इस गर्जन और अहंकार को नहीं सह पाए। दीर्घ निश्वास छोड़ते हुए बोले, ''पांडव-पुत्रो, तुम लोग मित्रों और अस्त्र-सज्जित योद्धाओं के साथ हो, मैं अकेला और अस्त्र-हीन हूँ। यदि सब एक साथ मुझ पर आक्रमण करोगे, तो हमेशा के लिए अपयश के भागी बन जाओगे। मैं कवचहीन, थका हुआ और घायल हूँ। तुम लोग आज की रात प्रतीक्षा करो, प्रातः उठकर–रात्रि के अन्त में जैसे भगवान मरीचिमाली अपने तेज-पुंज से समस्त नक्षत्रों को छिपा देते हैं, वैसे ही मैं भी–तुम लोगों में से एक-एक के साथ युद्ध करके सबको नष्ट कर डालूँगा।''

युधिष्ठिर ने उत्तर दिया, ''आज हम लोगों से जिस सोच-विचार की आशा कर रहे हो, क्या वह सोच-विचार तुमने कभी हमारे लिए भी किया है ? तुम्हारे विचार अभी भी हिंसात्मक हैं, तुम्हें अपने किए पर कोई पछतावा भी नहीं है। हम लोग तुम पर एक साथ आक्रमण करते, तो वह भी निन्दनीय नहीं होता, वह अभिमन्यु-वध का थोड़ा-बहुत प्रत्युत्तर मात्र होता। किन्तु हम लोग वैसी किसी प्रतिहिंसा के अभिलाषी नहीं हैं। यदि हममें से एक-एक के साथ ही युद्ध करना चाहते हो, तो इसी क्षण गुफा से बाहर आओ और जिसके साथ इच्छा हो, युद्ध करो।''

इसके पश्चात्, दुर्योधन के लिए अपने को उस अन्धी गुफा में छिपाए रखना सम्भव नहीं रहा। बातों के कोड़े खाने के अनभ्यस्त राजा हाथ में स्वर्णवलय-मंडित विशाल गदा लिए क्रोधित महा-नाग की भाँति घन-घन गर्जन से भरे निश्वास छोड़ते हुए अपने गुप्त शरण-स्थल से निकल आए।

साधारण सैनिक और दर्शकों का इस दृश्य से आनन्द उठाना स्वाभाविक था। उन्होंने तालियाँ बजाकर उपहास उड़ाया। दुर्योधन इससे बहुत क्रोधित होकर बोले, ''मार्ग में घूमनेवाले श्वानों का यह अहंकार-भरा आनन्द असहनीय है। पांडु-पुत्र युधिष्ठिर, तुम इसी समय युद्ध का प्रबन्ध करो। तुम्हारी ख्याति धार्मिक व्यक्ति के रूप में है, आशा करता हूँ, सब एक साथ मुझ पर आक्रमण नहीं करोगे। एक-एक के साथ युद्ध होने पर तुम सभी को श्मशान भेजने में समय नहीं लगेगा।''

युधिष्ठिर के हमेशा शान्त रहनेवाले अधरों पर भी क्षोभ की वक्र रेखा दिखाई दी। उन्होंने कहा, ''सुयोधन, तुम्हारे द्वारा धर्म की दुहाई भ्रष्ट-चरित्रा नारी द्वारा वृद्धावस्था में धर्माचरण के समान लग रही है। लोगों को महा-विपत्ति में पड़ने पर धर्म याद आता है, निरापद रहने पर परलोक का द्वार नहीं दिखता। और भी, तुम्हें स्मरण करा दूँ, जब तुम सबने एकत्र होकर निरस्त्र बालक अभिमन्यु का वध किया था, तब तुम्हारी यह धर्म-बुद्धि कहाँ थी ? हम लोग क्षात्र-धर्म का पालन कर रहे हैं–वह धर्म अत्यधिक क्रूर, निर्मम और निर्घृण होता है। फिर भी, कृपापूर्वक कह रहा हूँ–तुम निश्चिन्त भाव से कवच, शिरस्त्राण आदि धारण कर तैयार होकर ही एक-एक के साथ युद्ध करो तुम्हें वचन देता हूँ, पंच-पांडवों में से, जिसके साथ इच्छा हो युद्ध करो–चाहे वह मारा जाए अथवा तुम मरकर स्वर्ग जाओ। तुम उसी एक को पराजित करके युद्ध में विजयी माने जाओगे और यह राज्य तुम्हें मिल जाएगा।''

यह देखकर सदा शान्त और अव्याकुल रहनेवाले वासुदेव का धैर्य समाप्त हो गया। उन्होंने अपने क्रोध को दबाने अथवा शिष्टाचार का बर्ताव करने का प्रयास भी नहीं किया, धीमे किन्तु कटु स्वर में बोले, ''महाराज, आप इस जीवन में बार-बार निर्बुद्धिता प्रकट करके अपने भाइयों और स्वजनों के अशेष दुख का कारण बन रहे हैं। निर्बुद्धिता के कारण उस द्यूत-सभा से ही आपके भाई और साध्वी द्रोपदी जो अमानुषिक क्लेश सह रहे हैं, आप उन्हें भूल गए ! यदि अब इस पापिष्ठ ने आपको या नकुल-सहदेव को युद्ध के लिए ललकार दिया तो क्या आप लोगों की दशा दावानल के मुख में क्षण में भस्म हो जानेवाले सूखे पत्ते जैसी नहीं हो जाएगी ?...एकमात्र भीमसेन गदा-युद्ध में उसका सामना करने में सक्षम है। उसने प्रतिशोध के संकल्प में पिछले तेरह वर्ष मोटे वृक्ष के तने अथवा लौह-निर्मित मूर्ति के साथ गदा-युद्ध का अभ्यास किया है, फिर भी शिक्षा में पर्याप्त मन नहीं लगा पाया। भीम, दुर्योधन की अपेक्षा अधिक बली है, किन्तु दुर्योधन की शिक्षा उससे अधिक और सम्पूर्ण है। उसे स्वयं बलदेव ने बड़े यत्नपूर्वक शिक्षा दी है। भीमसेन के लिए भी उसे एकाएक पराजित कर पाना कठिन होगा।...यह आपने क्या किया ? एक विशाल रक्त-नदी पार करके, किनारे पर जानबूझकर नौका डुबाना चाहते हैं ?''

भीम ने उन्हें आश्वस्त करते हुए कहा, ''वासुदेव, तुम चिन्तित मत होओ, मैं उसे सोचने या सावधान होने का अवकाश ही नहीं दूँगा। उसके, सामने आते ही, पहले मैं ही उस पर आक्रमण कर दूँगा। उसकी शिक्षा चाहे जितनी उत्तम हो—मेरी गदा उसकी गदा से लगभग डेढ़ गुना भारी है। और मैं उसकी भाँति थका हुआ भी नहीं हूँ।''

उस बीच दुर्योधन मणि-माणिक्य-खचित स्वर्ण-शिरस्त्राण और लौह-कवच धारण करके तैयार हो गए। इसके बाद, वे पांडव-पक्ष में से अपने जोड़ का योद्धा चुनते कि उससे पहले ही भीमसेन अपनी विशाल गदा हाथ में लेकर उनकी ओर दौड़ पड़े। गर्जते हुए बोले, ''आओ, आओ, मैं और प्रतीक्षा नहीं कर सकता। द्रोपदी के अपमान और लांछना के प्रतिशोध के लिए बहुत दिन प्रतीक्षा की है, सुख की नींद नहीं ले सका। मूर्ख, अपने और अपने कपटी पिता के अपरिमित दुष्कृत्य याद करके दंड भोगने के लिए तैयार हो जाओ। निरपराध होने पर भी हम लोगों ने तुम लोगों के कारण बहुत दुख सहा है—तुम लोगों के ही कारण हमारे देव-तुल्य वृद्ध पितामह आज शर-शैया पर लेटे हैं, हमारे स्नेही शस्त्र-गुरु द्रोणाचार्य, कर्ण आदि वीर-गण, तुम्हारे पराक्रमी भाई और पुत्र तथा अगणित राजा सेना सहित काल-कवलित हो चुके हैं। तुम कुल-विनाशक, नराधम हो, जब तक तुम्हें गदा-घात से मार नहीं डालूँगा, मुझे शान्ति नहीं मिलेगी।''

उस दिन, वासुदेव के अग्रज बलदेव भी अनेक तीर्थों का भ्रमण करके वहाँ पहुँच गए थे। वे किसी भी पक्ष का समर्थन न करने के लिए प्रतिज्ञाबद्ध थे, फिर भी अपने दोनों शिष्यों के इस मृत्यु-युद्ध को देखने का कौतूहल स्वाभाविक था। वह युद्ध अभी ही होनेवाला है—यही समाचार पाकर शिविर में विश्राम नहीं कर सके, युद्ध-स्थल पर पहुँच गए। उन्होंने ही कहा, ''यह द्वैपायन सरोवर कुरुक्षेत्र के अन्तर्गत नहीं आता। अनेक

वीरों द्वारा धर्म-युद्ध किए जाने के कारण कुरुक्षेत्र पुण्य-भूमि बन गया है, वहीं जाकर युद्ध करना उचित होगा।''

वे लोग, उनके परामर्श के अनुसार कुछ दूर पैदल चलकर कुरुक्षेत्र की सीमा में पहुँचे और एक विशाल और खुले चौकोर मैदान का चयन किया।

इसके पश्चात् दोनों के बीच महा-घोर और भयंकर युद्ध प्रारम्भ हुआ। यह स्पष्ट हो गया कि वासुदेव की पर्यवेक्षण-शक्ति, समाचार और तथ्य संग्रह-कुशलता अमानवी-अस्वाभाविक प्रतीत होते हुए भी असत्य नहीं है—उनका अनुमान भी भ्रान्तिहीन है। एकमात्र शारीरिक बल छोड़कर दुर्योधन, भीम से सब प्रकार श्रेष्ठ हैं। बहुत देर तक युद्ध करने के पश्चात् दोनों ही थक गए, किन्तु जय-पराजय का कोई निर्णय नहीं हो सका।

वासुदेव इस युद्ध के प्रत्येक आक्रमण-प्रत्याक्रमण और घात-प्रत्याघात को एकटक निहार रहे थे। ये लोग, दो युद्धोन्मत्त साँड़ों के समान पीछे हटते थे और दूसरे ही पल एक-दूसरे पर झपट पड़ते थे। इसमें दोनों की शक्ति और शिक्षा का अन्तर उनकी दृष्टि से छिपा नहीं रह सका। वे, अर्जुन से फुसफुसाकर बोले, ''दुर्योधन की शिक्षा, दक्षता और शैली भीम की अपेक्षा बहुत उन्नत है, भीम न्याय-युद्ध में किसी भी प्रकार नहीं जीत पाएँगे, दुर्योधन को अन्यायपूर्वक अथवा रीति-विरुद्ध युद्ध करके ही परास्त करना होगा। युधिष्ठिर ने अपनी हठधर्मिता और निर्बुद्धिता से हम लोगों को भारी-विपत्ति में झोंक दिया है, उन्होंने कह दिया है कि किसी एक व्यक्ति को पराजित अथवा निहत कर भी दुर्योधन पूरी तरह विजयी माने जाएँगे। अब और समय नष्ट करना उचित नहीं। आपत्ति-काल में कोई भी आचरण न्याय-विरुद्ध नहीं होता—हमें इसी नीति का पालन करना होगा। भीमसेन ने द्यूत-सभा में, वीर-धर्म की परम्परा का आवश्यक ध्यान न रखकर ही प्रतिज्ञा की थी कि वे युद्ध में दुर्योधन का उरु भंग करेंगे—इस क्षण उसी प्रतिज्ञा का पालन करें।''

इस प्रकार उन्होंने अर्जुन को प्रेरित किया और अर्जुन ने चालाकी से भीम का ध्यान खींचकर अपने बाएँ उरु पर चपेटा मारा।

उस समय इन दोनों महावीर योद्धाओं ने थक जाने के कारण साँस लेने के लिए क्षण-भर को युद्ध रोक दिया था। भीम ने संकेत समझते ही अचानक, असावधानी में आक्रमण की रीति का सहारा लिया। ऐसा करने पर भी पहली बार में ही विशेष सफलता नहीं मिली, बल्कि वे स्वयं दुर्योधन के गदा-प्रहार से रक्त-रंजित होकर मूर्च्छित के समान गिर पड़े। थोड़ी देर उसी अवस्था में निर्जीव और निश्चल पड़े रहने के बाद उठकर फिर आक्रमण किया—जैसे मयूरी अथवा नेवला सर्प के आक्रमण की आशंका होते ही उछलकर शून्य में उठकर उसके फैले हुए फन पर नाखूनों से अचूक आक्रमण करते हैं, उसी प्रकार दुर्योधन ने ऊपर उछलकर भीम के मस्तक पर गदा प्रहार की चेष्टा की, और भीम ने वह सुयोग पाकर पलक झपकते ही ऊपर उठे दुर्योधन के उरुओं पर आघात करके उनके दोनों उरु तोड़ डाले। दुर्योधन पूरी तरह बलहीन और तीव्र पीड़ा से व्याकुल होकर हाहाकार करते हुए भूमि पर गिर पड़े। उनकी फिर से उठने की कोई सम्भावना नहीं रही।

इस आकस्मिक भाग्य-विपर्यय से भौंचक दर्शक-वृन्द को अनुभव हुआ कि जैसे आकाश से धूल और रक्त की वर्षा होने लगी है, चारों ओर अशरीरी प्रेत और पिशाच खलखल ध्वनि करने लगे हैं–प्रतीत हुआ, मानो कुरुक्षेत्र के लाखों-लाख धड़ों ने अपनी मृत्यु के प्रतिशोध का आनन्द मनाने के लिए आधे गले शरीरों के साथ ही उठकर नृत्य करना प्रारम्भ कर दिया है।

भीम को निश्चय ही ऐसी कोई अलौकिक घटना दिखाई नहीं दी। साढ़े तेरह वर्ष पुरानी प्रतिज्ञा पूर्ण हो जाने पर भी जैसे उनका क्रोध शान्त नहीं हुआ–बोले, ''हम लोगों को अपने शत्रु को मार्ग से हटाने के लिए कपटपूर्ण द्यूत-क्रीड़ा, अग्नि-दाह अथवा विष देकर हत्या करने के उपाय का सहारा लेने की आवश्यकता नहीं है, हमारी अपनी शक्ति ही पर्याप्त है। पाखंडी, क्या रजस्वला द्रोपदी को उत्पीड़ित करने और मुझे साँड़ कहकर उपहास करते हुए नाचने की बात स्मरण है ? अब उसी का फल भोगो।''

यह कहकर उन्होंने दुर्योधन के मस्तक पर बाएँ पैर से शक्तिशाली आघात किया और उसी पैर से पूरा शरीर कुचलने लगे।

उनके इस असभ्य और नीच व्यक्तियों के समान आचरण से वहाँ उपस्थित वीर घृणा से भर उठे। युधिष्ठिर ने बलपूर्वक भीम की जंघा खींचकर उन्हें वहाँ से हटाया और डाँटा, ''भीम, तुम उचित अथवा अनुचित उपाय से दीर्घकालीन शत्रुता का प्रतिशोध ले चुके हो–उसे लेकर अब और बखेड़ा खड़ा करना आवश्यक नहीं है। किसी प्रकार प्रतिज्ञा पूर्ण हो गई–अब शान्त हो जाओ। राजा दुर्योधन कुछ दिन पहले तक भी ग्यारह अक्षौहिणी सेना के अधिपति थे, वे तुम्हारे कुटुम्बी हैं–उनकी अवमानना तुम्हें किसी प्रकार शोभा नहीं देती–विशेषकर इस समय वे मरणापन्न हैं, तुम्हारे इस व्यवहार का प्रत्युत्तर देने में असमर्थ हैं। इन पर पदाघात करना नीचता और कापुरुषता का कार्य हुआ है।''

इसी समय एक और विपत्ति आ पड़ी।

दुर्योधन अपनी बुद्धि और शिक्षा के प्रति लगन के कारण हमेशा बलदेव को अधिक प्रिय रहे थे। उनके इस प्रकार के पतन और अपमान से अत्यधिक क्रुद्ध होकर उन्होंने कहा, ''भीमसेन धर्म-युद्ध करके दुर्योधन को नहीं गिरा पाए। यह तो बाहु-बल नहीं माना जा सकता। नाभि के नीचे गदाघात करना युद्ध नीति के विरुद्ध है। मैं इस नराधम का वध करके इसे समुचित शिक्षा दूँगा।''

यह कहते हुए वे तेजी से भीम की ओर दौड़े।

श्रीकृष्ण ने विनयावनत मुद्रा में, किन्तु बलपूर्वक उनकी कौली भरकर रोका, बोले, ''आर्य, आपको ज्ञात है, प्रतिज्ञा की रक्षा करना क्षत्रियों का मुख्य धर्म है। जब दुर्योधन ने द्यूत-सभा में द्रोपदी को अपने बाएँ उरु पर बैठाने का अशालीन इंगित किया था, तभी भीम ने प्रतिज्ञा की थी कि वे उनका उरु भंग करेंगे। भीम ने वही प्रतिज्ञा पूर्ण करके मात्र अपने धर्म और सत्य की रक्षा की है। और भी सोचिए, पांडव हम लोगों के निकट-सम्बन्धी हैं, इससे भी अधिक हमारे मित्र और सहायक हैं। उनके उत्थान में हमारा भी उत्थान है–हम लोग निरापद हो जाएँगे। आप अच्छी तरह जानते हैं, दुर्योधन

ने उन्हें कितना पीड़ित किया है–उसी बैर के प्रतिशोध के लिए तनिक से कौशल का सहारा लेना कोई बहुत बड़ा दोष नहीं हुआ। आपके क्रुद्ध हो जाने से पांडव निश्चय ही विनष्ट हो जाएँगे किन्तु वह उचित नहीं होगा।''

बलदेव रुक जाने पर भी अप्रसन्नता के साथ बोले, ''तुम अपनी सुविधा के अनुसार न्याय-धर्म की जो व्याख्या कर रहे हो, उस विषय में मैं कोई टिप्पणी नहीं करना चाहता–फिर भी तुम जो यह नितान्त असत्य आदर्श स्थापित कर रहे हो, उससे कालान्तर में क्षत्रियों में प्रचलित युद्ध-शास्त्र सम्बन्धी रीति लुप्त हो जाएगी और मनु-पुत्र युद्ध में पशुओं अथवा पिशाचों की भाँति व्यवहार करेंगे। उससे दुख ही बढ़ेगा। और, भीम ने जो अधर्माचरण किया, वह सभी को अनुचित लगा है। दुर्योधन ने पहले चाहे जो किया हो, यहाँ वे सरल भाव से न्याय-संगत रूप में युद्ध कर रहे थे–ये अवश्य ही स्वर्ग प्राप्त करेंगे।''

विक्षुब्ध बलदेव उसी क्षण रण-स्थल से द्वारिका की ओर चल पड़े। वे किसी भी प्रकार वहाँ रुकने अथवा पांडवों का आतिथ्य ग्रहण करने को सहमत नहीं हुए।

इसके पश्चात्–धर्म-अधर्म के सूक्ष्म नीति-भेद से अपरिचित समस्त पांडवपक्षीय लोग सिंहनाद और भीम का प्रशंसा सूचक जयघोष करने लगे, तथा अवसर पाकर दुर्योधन को–उनके पूर्व-कृत अन्याय भरे आचरण को याद करके–कटु-वाक्यों में धिक्कारने व गालियाँ देने लगे। वासुदेव श्रीकृष्ण ने उन्हें रोकने की चेष्टा करते हुए कहा, ''विजित और निष्प्राण शत्रु को कटु-भाषा में धिक्कारना उचित नहीं। शत्रु के पतन के साथ ही साथ बैर का शान्त हो जाना अच्छा है। दुर्योधन तो पहले ही मर चुके हैं–जब उन्होंने मित्रों और गुरुजनों के परामर्श व सदुपदेश को नहीं माना था, उसी समय उनकी मृत्यु हो गई थी। मृत व्यक्ति को गाली देने से क्या लाभ ?''

गाली-गलौच तो सहनीय थी, किन्तु वासुदेव की यह करुणा नहीं सही जा सकी। दुर्योधन अत्यधिक कष्ट के साथ–मृत्यु-काल में जैसे अन्तिम बार हो–दोनों बाहुओं के बल आधा उठते हुए बोले, ''कंस के क्रीत-दास के पुत्र, मुझे युद्ध में अन्यायपूर्वक पराजित करके, तुम्हें क्षत्रिय-समाज में मुख दिखाते हुए लज्जा नहीं आ रही है ? भीमसेन को नाभि के नीचे आघात करने के लिए तुम्हीं ने उकसाया, मैंने देखा है, तुम अर्जुन को क्या कह रहे थे ! तुम्हीं ने शिखंडी को आगे करके भीष्म के वध की सलाह दी थी, अश्वत्थामा की मृत्यु का मिथ्या-समाचार फैलाकर द्रोण के वध के लिए भी तुम्हीं अपयश के भागी हो, असहाय कर्ण पर आक्रमण करने का परामर्श भी तुम्हारा ही था। तुम्हारी कूटनीति के चलते ही पांडव अधर्मपूर्वक युद्ध करके विजयी हुए हैं, अन्यथा यह सब उनकी सामर्थ्य के परे था।''

श्रीकृष्ण ने शान्त, किन्तु कठोर स्वर में उत्तर दिया, ''अन्धे धृतराष्ट्र के गर्वान्ध पुत्र, मनुष्य के साथ व्यवहार करते समय ही मनुष्यत्व का प्रश्न उठता है, जो स्वयं क्षात्र-धर्म का विधिवत पालन करता है, उसी के साथ प्रत्युत्तर में क्षात्र-धर्म के नियम का पालन किया जाता है। भीष्म पांडवों के भी पितामह हैं, तब भी उन्होंने तुम्हारी भलाई चाहते

हुए उनका बहुत अनिष्ट किया है—इसी कारण उनका पतन हुआ; द्रोण ने अपने धर्म का त्याग करके तुम्हारे आदेश पर युद्ध में भाग लिया था, इसीलिए धृष्टद्युम्न ने उनका वध किया। अर्जुन ने अनेक बार अवसर पाकर भी कर्ण का वध नहीं किया, अन्यथा विराट नगर में उत्तर की गोशाला के युद्ध में वे—केवल वे ही क्यों—तुम, भीष्म, द्रोण, अश्वत्थामा सभी मारे जाते। अर्जुन ने नीच कार्य नहीं किया, इसीलिए उस समय तुम सब बच सके थे। अतिरिक्त लोभ और असीमित शक्ति में तुम स्वयं ही अपने और अपने वंश के विनाश का कारण बने हो। मनुष्य मात्र ही इसी जन्म में अपने कर्मों का फल भोगता है। तुम भी बस वही कर रहे हो। इस पल दूसरों को गालियाँ मत दो, उन लोगों पर दोषारोपण मत करो—अपने कर्म स्मरण करके मोह-मुक्त और शान्त-चित्त से स्वर्ग जाओ।''

दुर्योधन क्षोभ के साथ लम्बी साँस छोड़ते हुए बोले, ''मैंने आमने-सामने के युद्ध में निहत होकर पूरी तरह क्षात्र-धर्म का पालन किया है, इसीलिए स्वर्ग जा रहा हूँ; किन्तु तुम ! तुम भी अपने कर्मों का, भारत की सम्पूर्ण क्षात्र-शक्ति के विनाशरूपी महा-यज्ञ का फल भोगोगे—आज मृत्यु के पूर्व यही कामना करके जा रहा हूँ !''

॥ २० ॥

वासुदेव ने अग्रज बलदेव के समक्ष क्षात्र-धर्म या धर्म-युद्ध की चाहे जो व्याख्या की हो, किन्तु उससे वहाँ उपस्थित वीर सन्तुष्ट नहीं हो पाए—यह, चारों ओर उठनेवाली दुर्योधन की जय-ध्वनि और प्रशंसा तथा भीम के लिए बरसनेवाली धिक्कार-वाणी से ही स्पष्ट हो गया। युधिष्ठिर की लज्जा और आत्म-ग्लानि की सीमा नहीं रही, अर्जुन भी लज्जा के कारण सिर झुकाकर और भीम की ओर से मुँह घुमाकर खड़े हो गए। किन्तु, श्रीकृष्ण फिर से दृढ़ स्वर में बोले, ''शत्रु यदि संख्या अथवा बल-पराक्रम में अधिक हो तो न्याय-युद्ध की रीति तोड़कर कूट-उपाय का सहारा लेना अशास्त्रीय नहीं होता, इससे पहले भी अनेक विषयों में ऐसा हुआ है। अनेक सच्चे योद्धाओं ने इस मार्ग का अनुसरण किया है; ऐसे दृष्टान्त—बार-बार होनेवाले सुरासुर संघर्ष के प्रसंग में—देवताओं के विजय-इतिहास में कोई कम नहीं हैं। आप लोग भीष्म, द्रोण आदि महात्माओं, यहाँ तक कि दुर्योधन आदि को भी धर्म-युद्ध में पराजित अथवा निहत नहीं कर पाते। जहाँ धर्म के पक्ष की विजय और जन-समाज का कल्याण ही लक्ष्य होता है, वहाँ जड़ पदार्थ की भाँति न्याय की ऐसी सूक्ष्म नीति का राग अलापते रहने से कार्य सिद्ध नहीं होता। यह सब नीति अथवा अनुशासन मनुष्यों ने ही चलाया है और निश्चय ही उनमें इसके उल्लंघन की क्षमता भी है। मैंने जो भी किया, जो भी परामर्श, निर्देश, संकेत किया, वह सब देशवासियों के अधिकतम कल्याण और पाप के विनाश हेतु था—उसके लिए मैं लज्जित नहीं हूँ।''

भीम, वासुदेव की इन शक्तिशाली और आत्म-विश्वासपूर्ण बातों से प्रसन्न होकर

सिंहनाद करने लगे, पांडव-पक्ष के अन्य वीरों ने भी विजयोल्लास प्रकट किया। तब भी, किसी में अपने शिविर में लौटने की तत्काल कोई तत्परता या इच्छा दिखाई नहीं दी। युधिष्ठिर और अन्य पांडव-प्रधान दुखी मन लिये थोड़ी दूर नदी के किनारे घास-भरी खुली भूमि पर जाकर बैठ गए।

युद्ध शेष हो गया, वे विजयी हुए, किन्तु क्या उन्हें कोई लाभ हुआ ? वे क्या लेकर, किसे लेकर सुख अनुभव करें ! प्रायः समस्त सम्बन्धी, मित्र और वीर मारे गए; भारतवर्ष में–जिसे वीर कहा जा सके, ऐसा कोई शासक और योद्धा नहीं बचा; रण-भूमि लाखों-लाख शवों से आच्छादित है–शृगालों, कुत्तों, गिद्धों-चीलों और नर-मांस खानेवाले पिशाचों की क्रीड़ा-भूमि बन गई है।...क्या उन्हें परामर्श और निर्देश देनेवाला, कठिन समय में सहायता करनेवाला कोई और बचा है ? अगणित विधवाओं और अनाथ-शिशुओं को लेकर वे क्या करेंगे ? जीवन में आनन्द, सुखोपभोग अथवा उत्सव जैसा माना जा सकनेवाला कुछ रहा ही नहीं; आनन्द और उत्सव के समस्त संगी-साथी ही चले गए। गौरव ? किसे लेकर, किसके सामने गौरव दिखाएँगे ?

इतना होने पर भी, यह भाव-विलास का अवसर नहीं था, उस समय भी कुछ कर्त्तव्य शेष था। किसी भी काम को एक बार हाथ में लेने पर–इच्छा हो या अनिच्छा, पूर्ण करने का दायित्व निभाना ही पड़ता है। वे जानते थे कि बचे-खुचे विजयी पांडव-सैनिक युद्ध की परम्परा के अनुसार कौरव-शिविर में लूट मचाएँगे। वहाँ अभी भी वृद्ध-आमात्य और सचिव हैं; विशेषकर–थोड़ी-बहुत कौरवों के अन्तःपुर की स्त्रियाँ भी हैं; बर्तन-भाँडे, चारपाइयाँ, वस्त्र, मूल्यवान धातुओं के पात्र, दास-दासी, धन, खाद्य-सामग्री आदि सब भले ही लूट लिये जाएँ–किन्तु उनकी मर्यादा को कोई आघात न पहुँचे।

इसलिए पांडु-पुत्रों ने अवश होकर इच्छा-शक्ति के कोड़े से अपने थके शरीर और दुखी मन को सक्रिय बनाया। जब वे कौरव-शिविर में पहुँचे तो मानो प्रमुख आमात्यों की जान में जान आई। सबने घुटनों के बल झुककर पांडवों की अधीनता स्वीकार की और उनसे शरण की प्रार्थना की। स्त्रियाँ भी वेणी खोलकर सिर झुकाए, दीन भाव से आकर खड़ी हो गईं। पांडवों ने उन्हें आश्वस्त और शान्त करके अपने पक्ष के योद्धाओं को किसी प्रकार का अशोभन आचरण न करने के लिए सावधान कर दिया, यह भी बता दिया कि अन्यथा करने पर उन्हें कठोर दंड अथवा प्राण-दंड भी दिया जा सकता है। यह अनुमान किया जा सकता था कि इसके बाद कोई लज्जाजनक घटना नहीं घटेगी–फिर भी श्रीकृष्ण ने उन्हें उस रात निकट ही नदी-किनारे ठहर जाने का परामर्श दिया, ताकि लोभी साधारण सैनिक कौरव-आमात्यों, परिचारकों या स्त्रियों पर कोई अत्याचार करने का साहस न करें।

पांडव भी इस प्रस्ताव पर तुरन्त सहमत हो गए–कहना चाहिए, उन्होंने वैसा आग्रह भी किया। वे विविध कारणों से थके हुए थे–इस अवसाद ने उनकी देह और मन पर

विशाल–पहाड़ सा भार लाद दिया था। विशेषकर अर्जुन कौरव-शिविर में आते ही एक दुर्घटना के कारण विषादग्रस्त और इस घटना में भविष्य का धुँधला संकेत अनुभव करके थोड़े आतंकग्रस्त भी हो गए। उनका विख्यात कपि-ध्वज-रथ–जो शत्रुओं के लिए त्रास-रूप और चिर-विस्मय का कारण था, जो इतने दिन तक बार-बार के आक्रमणों में भग्न या विनष्ट नहीं हुआ था–उनके उतरते ही पूरी तरह भस्मीभूत हो गया।

वासुदेव इस सम्भावना के प्रति सावधान थे। अर्जुन, उन्हीं के समझाने पर अपने दो अक्षय-तूणीरों और गांडीव-धनुष के साथ उतरे थे अन्यथा ये भी नष्ट हो जाते। वासुदेव बोले, "तुम्हारे नानाविध प्रचंड शक्ति सम्पन्न, विस्फोटक अस्त्र रखे जाने के कारण ही–उनमें निहित अदृश्य तेज-पुंज द्वारा रथ की लकड़ी में अग्नि संचरित हो गई, काष्ठ पर मूल्यवान धातु का आवरण चढ़ा होने से उस अग्नि के प्रकट होने में थोड़ा विलम्ब हुआ। मैंने वह अग्नि-तेज अनुभव किया था, किन्तु अनावश्यक जानकर तुम्हें नहीं बताया। तुममें, अदृश्य-तेज विकीर्ण करनेवाले अस्त्र-समूह द्वारा संचारित अग्नि को रोकने का सामर्थ्य नहीं था।"

वासुदेव ने इस दीर्घ, अठारह दिन तक चले–अठारह वर्ष के कष्ट-भोग के समान दुस्सह–युद्ध के पश्चात् उनके साथ उन्मुक्त, अनन्त, असंख्य तारों से सजे आकाश के नीचे कल-कल करती नदी के किनारे वह रात्रि शान्तिपूर्वक व्यतीत करने की इच्छा जताई, किन्तु युधिष्ठिर लज्जा और संकोच के साथ विनय करते हुए बोले, "वासुदेव, तुमने प्रत्येक स्थिति में निरन्तर हमारी रक्षा की है–अब यदि एक अन्तिम और कठिनतम विपद से बचा सको तभी हम लोगों की रक्षा होगी। जननी गान्धारी ने असाधारण सतीत्व, ऐकान्तिक सत्य-निष्ठा और प्रत्येक स्थिति में अखंड-धर्मरक्षा द्वारा महत्-शक्ति प्राप्त की है। वे सौ पुत्रों और असंख्य पौत्र आदि की मृत्यु के समाचार से निश्चय ही व्यथित और विचलित होंगी, अब ऐसे शोचनीय रूप में दुर्योधन की मृत्यु के समाचार से अवश्य ही बहुत अधिक क्रुद्ध हो जाएँगी। कहा जाता है कि उनके करुणा-सम्पात से ही भीम के अंग सब प्रकार आघात सहने में समर्थ हुए थे–अब इस अवस्था में हमें उनके द्वारा शाप दिया जाना भी असम्भव नहीं है। मैं उनके अभिशाप से ऋषियों के अभिशाप से भी अधिक भयभीत होता हूँ। यदि तुम, किसी और के जाने के पूर्व ही उन्हें यथा-साध्य सान्त्वना देकर थोड़ा शान्त करके आ सको तो हम लोग उनके क्रोध की ज्वाला से त्राण पा सकते हैं।"

क्या उसी क्षण श्रीकृष्ण के सुन्दर अधरों पर एक अबूझ हास्य-रेखा फूट आई थी ?

क्या वैसी ही–जैसे, नियति के निष्ठुर विधान के चलते बुद्धिमान व्यक्तियों को भी अज्ञानियों की भाँति असावधानी-भरा व्यवहार करते एवं आत्म-रक्षा से विमुख होते देखकर दूरदर्शी व्यक्तियों के मुख पर करुणा-सूचक हँसी उत्पन्न हो जाती है ?

किन्तु उस वक्र हास्य-रेखा ने अवर्णनीय रूप से सुन्दर अधरों को शोभा प्रदान की या नहीं–शोक-सन्तप्त और दुखी पांडवों को लगभग अँधेरा घिर आई उस सन्ध्या में

वह दृष्टिगोचर नहीं हुआ।

श्रीकृष्ण 'यही ठीक है'—मात्र इतना कहकर अपने रथ पर चढ़ गए।

महामानी, महा-दाम्भिक, शक्ति-मद-मत्त, एकछत्र राज्य-शासन स्थापित करने के अभिलाषी कुरु-प्रधान दुर्योधन उस क्षण उस घोर कालान्तक रात्रि में कई योजन तक फैले कुरुक्षेत्र के महा-श्मशान में एकाकी, असहाय अवस्था में पड़े थे। कौरवों या पांडवों में से किसी को भी ध्यान नहीं आया कि वे अभी भी जीवित, किन्तु आत्म-रक्षा में असमर्थ हैं—और उन्हें, मांस-लोभी प्राणियों के हिंस्र-आक्रमण से बचाने के लिए कुछ प्रहरी नियुक्त करना आवश्यक है।

युद्ध के अन्त में यह दायित्व विजयी-पक्ष का ही अधिक होता है—किन्तु पांडव अंसख्य चिन्ता-दुश्चिन्ताओं, दायित्व, इतनी पुरानी शत्रुतापूर्ण होने की प्रतिक्रिया, अवसाद, शोक और विशाल कर्म-भार पर ध्यान लगाने के बीच इस अवश्य करणीय प्रमुख कर्त्तव्य को भूल गए। कौरव-पक्ष के बचे हुए मुट्ठी-भर सैनिक और सेनानायक आत्म-रक्षा की चिन्ता में व्यस्त और व्याकुल थे—उनमें, इस घोर विपत्ति के मूल कारण दुर्योधन के प्रति किसी दायित्वबोध की विद्यमानता का प्रश्न ही नहीं उठता था। पांडव-पक्ष के योद्धा लूट और निश्चिन्त होकर विजयानन्द के आस्वादन में लगे थे—यह सम्भव नहीं था कि भग्न-उरु, हत्भागे दुर्योधन का उन्हें ध्यान भी आता।

असहाय दुर्योधन ने गले-अधगले शवों की सड़ान्ध-भरी श्मशान-भूमि में शृगाली, कुत्तों, चीलों, नरमांस भक्षी अन्य पशुओं और पशुओं से भी अधम पिशाच स्वभाववाले मनुष्यों की विकराल उल्लास-ध्वनि और लड़ाई-झगड़े से उत्पन्न चीत्कार से घिरकर ही अकेले वह रात्रि व्यतीत की। उन्होंने बहुत पहले अनुभव कर लिया था कि मृत्यु में अधिक विलम्ब नहीं है, किन्तु जब तक समस्त दुख हरनेवाली, शान्ति-रूपिणी वह अन्तिम महानिद्रा आ न जाए, तब तक तो शरीर की रक्षा आवश्यक थी ही। शरीर का निचला भाग पूरी तरह अक्षम हो गया था—तब भी यन्त्रणा अनुभव होती थी, उसे चलाया नहीं जाता था। किसी प्रकार दोनों घुटनों के सहारे आधे उठकर कभी-कभी कराल-दंश और बीभत्स रूपवाले उन प्राणियों को भगाते थे—दूसरे ही पल उस थोड़े से परिश्रम के फलस्वरूप घायल वक्ष पर दबाव पड़ने के कारण रक्त-वमन करते-करते अचेत होकर लेट जाते थे।

इस अवस्था में ही कई पहर—यहाँ समय केवल अनुमान सापेक्ष है, क्योंकि समय-उद्घोषक द्वारा दंड-याम की घोषणा कई दिन पूर्व ही बन्द हो गई है—व्यतीत हो जाने के बाद उनके कानों में अचानक, पहले, रथ के पहियों की घर्घर-ध्वनि और फिर एकाधिक व्यक्तियों की पद-चाप-ध्वनि पड़ी। किसी प्रकार सिर उठाकर देखा, सत्य ही तीन शस्त्रधारी पुरुष उनकी ओर आ रहे थे। एक बार तो उन्हें लगा कि उनके बचे हुए प्राण लेकर निश्चिन्त होने के लिए पांडवों ने ही ये शस्त्रधारी हत्यारे भेजे हैं—किन्तु दूसरे ही क्षण, पांडवों के स्वभाव को बहुत अच्छी तरह जानने के कारण अपने क्षणिक नीचतापूर्ण सन्देह के लिए लज्जित अनुभव किया। पुनः बड़े कष्टपूर्वक आधा ऊपर उठकर देखा कि कौन मित्र अथवा स्वपक्षीय हैं—गुरु-पुत्र अश्वत्थामा, उनके मामा कृपाचार्य और

कृतवर्मा थे।

वे लोग—सर्वविध भोग विलास और मूल्यवान शैया के अभ्यस्त दुर्योधन को इस प्रकार असहाय, पंगु व्यक्ति की भाँति कठोर व ऊबड़-खाबड़ भूमि पर लेटे देखकर—अपने आँसू नहीं रोक सके। वहीं, उसी रक्त-सनी मिट्टी पर बैठकर अश्वत्थामा उनका हाथ छूते हुए बोला, "कुरुराज, आप शोक मत कीजिए। आपके पक्ष के वीर अभी भी शेष नहीं हुए हैं। यही मैं, आपको छूकर शपथ लेता हूँ कि मैं आपके शत्रु पांचाल-गण को कुचल डालूँगा, पांडवों और अपने पिता के हत्यारे धृष्टद्युम्न का वध करूँगा।"

दुर्योधन ने कहा, "अश्वत्थामा, मैंने मृत्यु के पूर्व जो थोड़ी सान्त्वना प्राप्त की है, उसके लिए तुम्हें साधुवाद देता हूँ ! ये दो लोग हैं, मैं इन्हीं के सामने तुम्हें सेनापति बनाता हूँ, यदि मेरे अन्तिम साँस छोड़ने के पूर्व तुम इस प्रतिज्ञा के पूर्ण होने का समाचार दे सके, तो मैं शान्तिपूर्वक परलोक-गमन कर पाऊँगा।"

भावावेग में प्रतिज्ञा करना अपने वश में है, इसीलिए बड़ा सहज भी है—किन्तु उसे कार्य रूप में परिणत करना बहुत से क्षेत्रों में अति कठिन है—इस क्षेत्र में तो प्रायः असाध्य।

तीनों योद्धा चिन्तित मन लिये दूर खड़े रथों पर चढ़ गए और रण-क्षेत्र से निकलकर पांडव-शिविर को जानेवाले मार्ग पर—विचार-विमर्श करके निश्चय करने या सम्भाव्यता का अनुमान करने के लिए—किनारेवाले घने वन में चले गए। आहार तथा विश्राम के लिए रथ के अश्वों को वल्गा-मुक्त करके एक वृक्ष के नीचे स्वयं भी थकान मिटाने का प्रयास करने लगे। भोजन आदि का कोई प्रबन्ध नहीं था, उसका किसी को ध्यान भी नहीं आया। अत्यधिक थके वृद्ध कृपाचार्य और प्रौढ़ कृतवर्मा पूजा-आराधना करके थोड़ी देर तक पांडव-वध के विविध अवास्तविक उपायों पर विचार-विमर्श करते-करते झपकियाँ लेने लगे।

किन्तु अश्वत्थामा एक अति कठिन प्रतिज्ञा करके स्वयं ही बन्धन में बँध गए थे—उनकी पलकों पर निद्रा का लेश-मात्र दिखाई नहीं दिया।

समय जितना व्यतीत हो रहा था—पहला पहर धीरे-धीरे दूसरे पहर की ओर जा रहा था—उतनी ही उन्हें उस असम्भव प्रतिज्ञा की अवास्तवता अनुभव हो रही थी। वे अस्थिर हो उठे और इन दोनों संगियों को निश्चिन्त होकर विश्राम करते देख क्षुब्ध तथा अपने उद्देश्य की पूर्ति का कोई उपाय न सोच पाने के कारण व्याकुल होकर इधर-उधर घूमने लगे।

सचमुच, रात्रि का पहला पहर धीरे-धीरे बीत गया। अश्वत्थामा को समय-सूचक-उद्घोषणा से पता चला। अकेले किसी भी निश्चय पर न पहुँच पाने के कारण, जब वे अभूतपूर्व व्याकुलता और किंकर्तव्यविमूढ़ता के कारण पागल जैसे हो रहे थे, उसी समय एक छोटी सी घटना ने उनका ध्यान भंग कर दिया। जिस वट-वृक्ष के नीचे कृतवर्मा और कृपाचार्य सो रहे थे, उसी की ऊँची शाखाओं के अकस्मात् बहुत अधिक भार से आन्दोलित होने

का शब्द और काले उल्लू की कर्कश-ध्वनि उनके कानों से टकराई। साथ ही साथ कई पक्षियों के रक्त-सने अंग तथा कटे हुए पंख वृक्ष के नीचे चारों ओर फैल गए।

और—ठीक उसी क्षण, गाढ़े अन्धकारवाली वन की छाया के एक अंश ने ही जैसे और गाढ़ा होकर मूर्ति का रूप धारण करके सर्प की फूत्कार के स्वर में पूछा, "निर्बोध, अपदार्थ ब्राह्मण, क्या इस शब्द का अर्थ कुछ समझे ?"

"तुम कौन हो, मुझे इस प्रकार सम्बोधित कर रहे हो; तुम्हारा इतना दुस्साहस !" विद्युत की चमक के समान तीव्र गति से अश्वत्थामा ने अपना खड्ग निकाल लिया।

"रहने दो, रहने दो," व्यंग्य-विकृति में मूर्ति बोली, "वह अस्त्र अगले जन्म में पांडवों का वध करने के लिए सँभालकर रखो। मुझे प्राणों का भय मत दिखाओ। मैं तो तुम्हारे सामने बिना कोई अस्त्र लिये आया हूँ। मैं यदि चाहता तो बहुत पहले ही तुम्हारा वध कर सकता था। वह देखो, मेरे धनुष-बाण दूर पड़े हैं, मैं निषाद हूँ, मुझे बाल्यकाल से ही अन्धकार में हल्की सी पदचाप अथवा पत्तों के हिलने भर से लक्ष्य निर्धारित करके पशु-वध का अभ्यास है।...सुनो, मिथ्या वागाडम्बर की कोई आवश्यकता नहीं है। मैं तुम्हारा उद्देश्य जानता हूँ, शक्तिहीन प्रतिज्ञा के विषय में भी अपने कानों से सुना है। तुम्हारे पिता ही उन लोगों को आमने-सामने के युद्ध में परास्त नहीं कर पाए, तुम क्या कर सकोगे ! इस काल-चक्र से सीख ग्रहण करो, रात्रि के अन्धकार में सावधान किए बिना जाकर सोए हुए शत्रु का वध कर डालो, इससे अधिक शक्ति तुममें नहीं है।"

बात पूरी होते ही निषाद मानो पलक झपकते उसी गहन-अन्धकार में किसी अशरीरी, अभिशप्त आत्मा की भाँति विलीन हो गया—अश्वत्थामा तीव्रगति से पीछा करने पर भी उसका कोई चिह्न तक नहीं पा सका।

भले ही उसे नहीं देख पाया—किन्तु अपने कर्म का मार्ग अवश्य देख लिया। उसने उसी क्षण अपने साथियों को जगाकर अपना निश्चय बता दिया, कि अभी यथासम्भव चुपचाप पांडव-शिविर में प्रवेश करके धृष्टद्युम्न और पांडवों का वध कर डालेंगे—इससे दुर्योधन को थोड़ी शान्ति मिलेगी, उनके मनोनुकूल कार्य होगा।

दोनों योद्धा, उसका प्रस्ताव सुनकर कुछ क्षण के लिए स्तम्भित रह गए, उन्हें असीम लज्जा भी अनुभव हुई। उन्होंने स्वप्न में भी नहीं सोचा था कि कोई योद्धा ऐसा प्रस्ताव कर सकता है।

अन्त में कृप ने कहा, "देखो, अप्राप्य-लोभी, अदूरदर्शी, पापी दुर्योधन को उनके हितैषियों ने बहुत बार सत्-परामर्श दिया था—उन्होंने उस पर कान नहीं दिया। शकुनि आदि झूठे लोगों के उकसाने पर पांडवों से अकारण शत्रुता ठान ली, वे उसी दुर्बुद्धि का फल भोग रहे हैं। हम लोग, पर्याप्त मनोबल न रहने के कारण उनकी सेवा करके, अब निराश्रय और शक्तिशाली विजयी-पक्ष के विद्वेष के भाजन हो रहे हैं। फिर से मैं इस पाप-कर्म की सहमति नहीं दे सकता इससे हम लोग हमेशा के लिए विश्व की निन्दा के पात्र बन जाएँगे। इससे अच्छा है, तुम हस्तिनापुर जाकर धृतराष्ट्र और विदुर से परामर्श करो।"

अश्वत्थामा कठोर होकर बोला, ''वैद्य लोग रोग-विशेष के निदान हेतु भयंकर विष का प्रयोग भी करते हैं। उससे भी हर बार रोगी नहीं बच पाता, किन्तु उसके लिए कोई भी वैद्य को दोषी नहीं ठहराता। मैंने ब्राह्मण होते हुए भी पिता के दारिद्र्य से विवश होकर क्षात्र-धर्म का अवलम्बन ग्रहण किया है। राजा दुर्योधन हम लोगों के मित्र और आश्रयदाता हैं। मेरे पिता ने उनके पक्ष में रहकर आमरण युद्ध किया था। अब दुर्योधन का मनोवांछित करना ही मेरा धर्म है—और उसके साथ पितृ-वध का प्रतिशोध लेना भी। विजयी पांडव और पांचाल-गण आज निश्चिन्त भाव से सुख-निद्रा में डूबे हैं—यही मेरी उद्‌देश्य-सिद्धि का सर्वोत्कृष्ट अवसर है। इस सम्बन्ध में शोकाकुल वृद्ध धृतराष्ट्र का मत लेने की क्या आवश्यकता है ?''

इतने पर भी कृप ने उन्हें शान्त करने के उद्‌देश्य से कहा, ''वत्स, तुम थके हो; साध्यातीत कर्म की प्रतिज्ञा में बँध जाने के कारण उद्‌भ्रान्त भी हो रहे हो। इस समय कोई भी सच्ची बात तुम्हारी समझ में नहीं आएगी। तुम इस समय थोड़ा विश्राम करो, प्रभात-काल में हम तीनों ही पूरी तरह तैयार होकर सम्मुख-युद्ध में शत्रु के वध हेतु चलेंगे।''

अश्वत्थामा ने क्षुब्ध होकर उत्तर दिया, ''क्रुद्ध और प्रतिशोध की चिन्ता में व्याकुल व्यक्ति के लिए विश्राम की चेष्टा केवल एक परिहास है। मुझे धृष्टद्युम्न का वध किए बिना चैन नहीं मिलेगा। केवल यही नहीं, मैं, दुर्योधन की जो दुरवस्था देख आया हूँ, उससे मेरा हृदय दग्ध हो रहा है। और, उस लक्ष्य की सिद्धि का यही चरम अवसर है। प्रभात काल में, वासुदेव और अर्जुन के शिविर में लौट आने पर इन्द्र भी उनका वध करने में समर्थ नहीं हो सकेंगे। स्वयं भीष्म, कर्ण और मेरे पिता जो नहीं कर पाए, वह हम लोग कैसे कर पाएँगे ! नहीं, मैंने निश्चय कर लिया है, शत्रुओं की इस गाढ़ी नींद का ही लाभ उठाऊँगा।''

कृप ने पुनः कहा, ''भाग्य-हीन व्यक्ति ही मित्रों के सद्-परामर्श की उपेक्षा करके पाप में लिप्त होता है। राजा दुर्योधन उसी मार्ग पर चलकर वंश सहित विनाश को प्राप्त हुए। मैं तुम्हारा मामा हूँ, तुम्हारा हितैषी, मैं अनुरोध करता हूँ, तुम रुको, गुप्त हत्यारे की भाँति निरस्त्र, सोए हुए व्यक्ति का वध करने पर अनन्त काल तक नरक-वास भोगना पड़ता है। कोई भी उसे श्रेष्ठ वंश में उत्पन्न नहीं मानता। तुम ब्राह्मण हो, श्रेष्ठ शस्त्र-ज्ञानियों में अन्यतम। तुम्हारे लिए यह कार्य पूर्णतः गर्हित और नितान्त अधर्माचरण है।''

अश्वत्थामा बोला, ''क्या पांडवों ने अस्त्र छोड़ देनेवाले मेरे पिता की हत्या नहीं की थी ? निरस्त्र कर्ण का वध नहीं किया था ? जहाँ शत्रु का विनाश ही लक्ष्य है, वहाँ मैं उद्‌देश्य-सिद्धि को ही धर्माचरण मानता हूँ। यदि इसके लिए विश्व मुझे अनन्त-काल तक धिक्कारेगा—तो वह भी मुझे सह्य होगा।''

अश्वत्थामा स्वयं ही रथ में अश्व जोतकर पांडव-शिविर की दिशा में चल पड़ा। विवश कृपाचार्य और कृतवर्मा भी अपना-अपना रथ तैयार करके उसके पीछे गए।

द्वितीय प्रहर के मध्य ही अश्वत्थामा ने–मुख्यतः कृतवर्मा की सहायता से–असावधान पांडव-शिविर में प्रवेश करके साक्षात् कालान्तक यम की भाँति पांडवों के पाँच पुत्रों, कई शिशु-पौत्रों, धृष्टद्युम्न, शिखंडी, बाधा डालनेवाले पांचालों, मत्स्यदेशीय वीरों तथा प्रहरियों का वध कर डाला। कृतवर्मा बाहर शिविर-द्वार पर रक्षा कर रहे थे। जिन्होंने भागने की चेष्टा की, उनमें से भी अधिकांश उनके हाथों मारे गए। यहाँ तक कि अश्वत्थामा के क्रोध की ज्वाला से, शिविर के हाथी, अश्व आदि युद्ध की दृष्टि से अनिवार्य पशु भी नहीं बच सके।

इस सर्व-हत्याकांड को पूरा करके वे लोग तीव्र गति से समन्त-पंचक क्षेत्र में आसन्न-मृत्यु दुर्योधन के पास लौट गए। उस समय उनका लगभग अन्तिम समय था–क्षण-क्षण रक्त-वमन कर रहे थे, हाथ चलाकर मांसाहारी पशुओं को भगाने की शक्ति भी नहीं बची थी। वे चारों ओर घिरे बैठे जीभ चाट रहे थे, लगता था कि थोड़ा साहस बटोरकर अथवा उनकी असहाय दशा को पूरी तरह समझ लेने पर किसी भी क्षण, जीवित रहते ही उनकी देह से मांस के टुकड़े नोचने प्रारम्भ कर देंगे।

अश्वत्थामा निकट जाकर आधा झुकते हुए ऊँचे स्वर में बोला, "राजा दुर्योधन, तुम मृत्यु के पूर्व अच्छा समाचार सुन जाओ, शत्रु-पक्ष में केवल पंच-पांडव, सात्यकि और श्रीकृष्ण ही जीवित बचे हैं। उनके अतिरिक्त पांचाल और मत्स्य-देश के समस्त वीर, द्रोपदी के पाँचों पुत्र, शिशु-पौत्र आदि–द्रोण का हत्यारा पाखंडी धृष्टद्युम्न और भीष्म का अन्तिम शत्रु शिखंडी भी मारे गए। यहाँ तक कि पांडव-शिविर में कोई पशु भी जीवित नहीं है।"

अत्यधिक कष्टपूर्वक, प्राण-पण से प्रयत्न करके–लम्बे समय की युद्ध-शिक्षा और अभ्यास के फलस्वरूप जितनी कुछ दैहिक-शक्ति ने मृत्यु के उस पल भी उनका साथ नहीं छोड़ा था, उसी के सहारे–दुर्योधन घुटनों के बल आधे उठ गए। बोले, "तुम लोगों का धन्यवाद, तुमने असाध्य कार्य कर दिया है। किन्तु, पांडवों के जीवित रहते मेरे लिए शान्ति या सुख कहाँ ? मैंने, तुम्हें इस विश्वास और आशा के साथ सेनापति बनाया था कि तुम पांडवों का वध करोगे। पर, तुमने पांडव-पुत्रों का वध करके हम लोगों के पिंड-दान का मार्ग मिटा डाला है। लगता है, तस्कर की भाँति गुप्त रूप से उनके शिविर में प्रवेश करके यह हत्या-कांड पूर्ण किया है। पांडवों का वध कर पाते, तो इस गर्हित, नीच-कार्य का समर्थन कर पाता–किन्तु तुम व्यर्थ ही इतने सारे निद्रा-मग्न, निरीह प्राणियों का वध करने क्यों गए ? हा, मेरे इस युद्ध-आयोजन में यह एक कलंक रह गया ! धिक् !!"

कहते-कहते–अथवा यह कहने में हुए परिश्रम के कारण, उनके मुँह से रुधिर की एक धारा निकली–उसने, उनके कंठ-स्वर को अवरुद्ध कर दिया–और, मृत दुर्योधन का स्वर्ण-निर्मित, मणि-माणिक्य खचित शिरोभूषण से शोभित मस्तक उसी रक्त के ऊपर गिर पड़ा, जैसे अन्तिम बार गिरा हो।

उनकी आत्मा सम्भवतः वक्ष पर दुख और व्यर्थता का गुरु-भार उठाए परलोक के मार्ग पर चल पड़ी।

॥ २१ ॥

धर्मराज युधिष्ठिर, वासुदेव की बाहु का सहारा लेकर किसी प्रकार श्मशान-भूमि में आए। उनके मन और शरीर में पिछले दिन की घटना के पश्चात् थोड़ी शक्ति भी शेष नहीं रही थी। केवल कर्तव्य-बोध के वशीभूत—इस विचार के प्रभाव से कि वंशवालों, सम्बन्धियों, कुटुम्बियों और मित्रों का संस्कार अवश्य करणीय है—उन्होंने अपने लगभग अवश और शिथिल पैरों को आगे बढ़ाया था।

उन्होंने पिछली रात ही पुरोहित धौम्य, संवाद-संग्राहक संजय, सारथी इन्द्रसेन आदि को यह निर्देश दे दिया था कि इन अगणित शवों को नदी तट तक ढोना सम्भव नहीं होगा, अतः इनका संस्कार पुण्य-भूमि—अगणित वीरों के प्राण-विसर्जन से और अधिक पवित्र हो गए इस क्षेत्र—कुरुक्षेत्र में कर देना ही उचित है। थोड़े से चन्दन-काष्ठ, वन की अन्य प्रकार की लकड़ी और उसके साथ टूटे हुए रथों की लकड़ी का प्रयोग किया जाएगा, उसी से जली योजन भर विशाल चिताग्नि में गलित शवों की सड़ान्ध नष्ट होगी—महामना विदुर का यह परामर्श हर दृष्टि से श्रेष्ठ होने के कारण इन लोगों—कौरव-पांडव, दोनों ही पक्षों ने, स्वीकार कर लिया था।

अन्तहीन और दृष्टि-सीमातीत सी प्रतीत होनेवाली स्तूपाकार चिता तैयार हो गई है—युधिष्ठिर यह समाचार पाकर भी अपनी कुश-शैया से नहीं उठे, थकान भरे जड़वत् स्थिति में रहे, किन्तु जब एक सेवक ने अश्रुपूर्ण नेत्रों के साथ आकर बताया कि गान्धारी और धृतराष्ट्र अपनी सैकड़ों पुत्र-पौत्र-वधुओं को साथ लेकर श्मशान-भूमि पहुँचने के लिए हस्तिनापुर के प्रासाद से निकल चुके हैं, तो और नहीं रुक पाए।

उठे, दोनों पैर यन्त्रवत् चलने लगे—अचानक कुछ ही दिन पहले तक असंख्य रथ-चक्रों, हाथी-घोड़ों के पैरों से होनेवाले शब्दों, कर्ण-भेदी अस्त्र झंकार और अपने-अपने पक्ष की जय-ध्वनि के कोलाहल से गूँजनेवाली कुरुक्षेत्र-भूमि में जा पहुँचे। इसके पश्चात् स्तम्भित अध-मुँदे नेत्र खोले।

किन्तु यह क्या देख रहे हैं !

क्या उन्होंने यही दृश्य देखने के लिए इतने दिन तक भारी कष्ट सहा है ? व्याकुल हृदय से जागते हुए बैठ, कितने दिनों तक अपने विवेक और न्याय-बुद्धि के साथ युद्ध करके इसी महा-संग्राम की सहमति दी थी ? उसके पश्चात् दिन-रात चिन्ता और विचार-विमर्श करते हुए इसी सर्वनाशी-युद्ध की तैयारी की थी ! इसी विजय-गौरव के लिए, इसी धन-सम्पदा हेतु !

उन्हें धिक्कार है, राज-कुल में जन्म लेने के लिए धिक्कार है, इस जय-लाभ के लिए धिक्कार है।

जितनी दूर तक दृष्टि जाती है—लगता है हस्तिनापुर से कुरुक्षेत्र तक—सहस्रों शोकाकुल विधवा नारियाँ दीन-वेश में, बिखरे केश लिये हाहाकार करते हुए आ रही हैं—उनके साथ कुछ शिशु और दुर्बल शोकाहत, मति मारे वृद्धों का समूह है।

उन्हीं के बीच वृद्ध अन्ध-राजा धृतराष्ट्र, पुण्यशीला, महासती जननी गान्धारी–उन्हें विदुर और संजय सहारा देकर ला रहे हैं–साथ में बहन दुःशला, दुर्योधन, दुःशासन आदि की पत्नियाँ और उनकी पुत्र-वधुएँ–

कितने, कितने !

हे भगवान्, क्या उन लोगों ने इतनी सारी नारियों को विधवा बनाने के लिए ही यह मरण-युद्ध आयोजित किया था !

दृष्टि को, नियन्त्रित करके दूसरी ओर घुमा लेने का भी कोई उपाय नहीं था। उनकी ओर से भी उसी प्रकार अगणनीय, संख्यातीत विधवा–शोकाकुल ऊँचे स्वर में क्रन्दन करती–नारियों का समुद्र। मानो एक निस्सीम अग्नि-सागर में समा जाने के लिए दो समुद्र चले आ रहे हैं। समुद्र-गर्जन की भाँति ही उस शोकोच्छ्वास से आकुल, मर्म-भेदी विलाप की विशाल तरंग-भंगी का स्वर गूँज रहा है।

हाँ, उनकी विधवा पुत्र-वधुएँ भी आ रही हैं, उसी के साथ।

हे भगवान्, हे पांडवों के भाग्य-विधाता, उन्होंने विश्व-नियन्ता के प्रति इतना बड़ा क्या अपराध कर दिया था कि उन्हें ऐसा कठोर दंड दिया ! आज का यह दृश्य देखने के पूर्व ही उन लोगों की मृत्यु क्यों नहीं हो गई ! क्या भाग्य-विधाता उन्हें इतनी सी सान्त्वना भी नहीं दे सकते थे ! कल ही तो उनकी मृत्यु हो सकती थी। यह कैसा भयंकर है उनका जीवन !

उस रात के उस नारकीय हत्या-कांड से किसी प्रकार धृष्टद्युम्न का एक सारथी बच गया था। वह शवों के ढेर के नीचे अपने को छिपाकर, मृतक की भाँति हिले-डुले बिना पड़े रहने के कारण बच सका था।

उसी ने–कुरु-पांडवों के समृद्ध राज्य के वर्तमान एकमात्र अधिपति के पास, प्रभात-काल में रोते-रोते आकर यह दुःसंवाद दिया था।

सदैव स्थिर चित्त रहनेवाले, दुख पड़ने पर उद्विग्न न होनेवाले, सुख में सामान्य, समृद्धि में विनत–जो सैकड़ों विपत्तियों, सैकड़ों धिक्कार और लांछनाओं में भी कभी धैर्य-च्युत नहीं हुए–वही नदी किनारे की कड़ी मिट्टी में लोटकर हाहाकार करते हुए रुदन करने लगे, पुत्र-पौत्रों के लिए। हाय, लगता है आज कुरु-वंश पूर्णतः लुप्त हो गया। श्रेष्ठ धनुर्धर, विश्व के लिए त्रास-रूप और जिनसे कोई प्रतिद्वन्द्विता नहीं कर सकता था, ऐसे योद्धा भी जो नहीं कर पाए वही–उनके जीवित रहते हुए भी–एक साधारण, राक्षसी-बुद्धि तथा तस्कर-स्वभाववाला ब्राह्मण कर गया।

यदि कोई अन्य अवसर होता–तो किसी कारण युधिष्ठिर की शान्ति भंग होने पर छोटे भाई, विशेषकर अर्जुन उन्हें सान्त्वना देते, किन्तु आज तो वे भी शोक-व्याकुल होकर बालकों की भाँति अधीर हो रहे थे; मात्र कुछ ही दिन में उनके जीवन के दो उत्तम पुरस्कार, दो पुत्र-रत्न विनाश को प्राप्त हो गए थे–उन्होंने किसके लिए यह युद्ध जीता था ! कौन से मनोरथ की सिद्धि के लिए बड़े कष्ट से त्रिभुवन के समस्त भयावह अमोघ-अस्त्र उपलब्ध

किए थे !

वासुदेव भाग्यवश उषा-काल से पहले ही हस्तिनापुर से लौट आए—उन्होंने यथासम्भव सान्त्वना दी; उत्तरा के गर्भ में अभिमन्यु की सन्तान पल रही है—पांडवों के वंश-लोप की कोई सम्भावना नहीं है—यह बात याद दिलाई और उपप्लव्य नगर से द्रोपदी को ले आने के लिए तुरन्त एक द्रुतगामी रथ भेज दिया।

द्रोपदी अपनी आँखों में वज्र-गर्भी अश्रु भरे आईं। सागरोपम सुनीलवर्णी, आश्चर्यजनक नेत्रों को यदि आकाश मान लिया जाए—वासुदेव ने विमुग्ध-दृष्टि से देखा—तो कहना होगा कि जल-भरे मेघ और प्रखर तेजवाली विद्युत का विस्मयकारी संयोग हुआ। जल और जलद ? अथवा जल और अग्नि ? विश्वदाही दावानल की सृष्टि करनेवाली घनीभूत अग्नि ? शायद, ऐसा संयोग देवेच्छा-सम्भूत मानवोत्तर लावण्य की स्वामिनी नारी के नेत्रों में ही सम्भव है !

द्रोपदी ने हाहाकार नहीं किया, विलाप भी नहीं किया, रथ से उतरकर सबसे पहले वासुदेव के सम्मुख गईं; असह्य क्रोध और क्रन्दन से विकृत हो आए तीक्ष्ण स्वर में बोलीं, ''वासुदेव, तुम्हें यह सब पता था। तुम्हारे अज्ञान में हमारे कुल में कुछ नहीं होता, कुछ भी नहीं होता। तुमने ऐसा क्यों कराया ! तुम्हारा, इससे क्या उद्देश्य सिद्ध हुआ ? मेरी एक सन्तान की भी रक्षा नहीं होने दी ! और वे अबोध शिशु-पौत्र ? उन्होंने तुम्हारा क्या अपराध किया था ?''

वासुदेव ने अप्रत्याशित विस्मित, वेदनाकुल दृष्टि से उन्हें देखते हुए उत्तर दिया, ''कल्याणी, तुम नहीं जानतीं, मैं तो राजा के आदेश से ही हस्तिनापुर गया था। मेरे लौटने के पूर्व ही यह पैशाचिक घटना घट गई। ये लोग तो निकट ही थे, इन्हें भी कोई समाचार नहीं मिल सका, उस नर-कलंक ने इतनी चुपचाप सब कुछ किया।''

द्रोपदी यह समझते ही कि इस पाषाण से भी अधिक कठोर, पूरी तरह ममतारहित व्यक्ति के साथ बातें करना व्यर्थ है—एक उछले हुए पत्थर के समान—जलती हुई भयंकर दृष्टि डालकर तीव्र गति से भीम के पास पहुँची और उन्हें दोनों बाहुओं से झिंझोड़ते हुए बोलीं, ''वृकोदर, विराटपुरी में कीचक-भाइयों का वध करके तुम्हीं ने मेरे मान की रक्षा की थी, तुम्हीं ने दुर्योधन और दुःशासन को समुचित दंड देकर मेरे साथ किए जघन्य, पशुवत् आचरण का उपयुक्त प्रत्युत्तर दिया था—मुझे पता है, मेरे स्वामियों में तुम्हारे अतिरिक्त और कोई सच्चा पौरुषवान नहीं है। एक, लगता है देवता है, पाषाण-निर्मित, पाषाण की ही भाँति जड़ और निर्विकार; और एक, वासुदेव के हाथ का खिलौना मात्र; और शेष दो, तुम लोगों तथा जननी कुन्ती के अपरिमित स्नेह में पले चिर-बालक; अकेले तुम मेरे मान-रक्षक स्वामी हो। तुम मेरी सन्तान के वध का प्रतिशोध लो। यदि आज सूर्यास्त के पूर्व कोई प्रतिफल न मिला, तो मैं अन्न-जल त्याग कर प्राण दे दूँगी। अपने स्वामियों और श्वसुर-कुल की शपथ लेकर मैं यह प्रतिज्ञा करती हूँ। मुझे इस प्रतिज्ञा से कोई नहीं डिगा सकता।''

इसके बाद घृणा तथा विद्वेष से भारी हो आए स्वर में आगे कहा, ''सुना है, अश्वत्थामा

के शिरोभूषण में एक अत्याश्चर्यजनक मणि है, उसे दंडित करने के बाद वह मणि लाकर धर्मराज की पगड़ी में सजा देने पर ही मैं उपवास तोड़ूँगी !''

भीम स्वयं ही शोकाग्नि में दग्ध हो रहे थे, अब द्रोपदी के इस सरोष-करुण आह्वान से आधे पल भी स्थिर नहीं रह सके, तत्काल धनुष-बाण और अन्य आयुध आदि लेकर, भीषण संकल्प घोषित करके रथ पर चढ़ गए।

''जिस पापिष्ठ ने ब्राह्मण होकर निषाद से भी अधिक नीच, पिशाच के समान घृणित–हीन हत्या-कांड किया है, उसका वध करना कोई अन्याय नहीं है। आज मैं उसका रक्त बहा दूँगा। भद्रे, तुम शान्त हो जाओ, मेरे जीवित रहते तुम्हें अन्न-जल त्यागने की आवश्यकता नहीं पड़ेगी।''

उल्लू के स्वभाववाले द्रोण-पुत्र उनके भय से उल्लू की भाँति ही दिन में कहीं भी अपने को छिपा लेंगे–यह तो निश्चित था–फिर भी उन तीनों के रथों के पहिए तो उनके जाने की दिशा बता ही सकते थे; भीम ने उसी मार्ग का सहारा लिया।

भीम की इस हठ से वासुदेव ने अभूतपूर्व रूप से व्याकुल होकर युधिष्ठिर से कहा, ''यह क्या कर रहे हैं ! यदि भीम अकेला ही अश्वत्थामा का वध करने गया तो महा-सर्वनाश हो जाएगा। उस पापिष्ठ के पास एक सांघातिक अस्त्र है। द्रोण ने ब्रह्मशिर नामक एक सर्वलोक-विध्वंसी अस्त्र प्राप्त किया था और उसे–सुपात्र विचारकर–अर्जुन को दे दिया था। इस शिष्य-प्रेम से जब द्रोण का कुल-कलंकी पुत्र अप्रसन्न हो उठा तो पुत्र-स्नेह में अन्धे आचार्य ने पुनः निर्मित करके एक अस्त्र उसे भी दे दिया, किन्तु साथ-ही-साथ सावधान भी कर दिया, ''तुममें इतना धैर्य और स्मरण-शक्ति नहीं है कि इसके प्रयोग तथा रोकने की सम्पूर्ण दक्षता व नियम जान सको अथवा उन सबको याद रख सको। यह अस्त्र अमोघ और भयानक है, एक विशाल देश को भी क्षण में जला सकता है। और, यदि यह देश नष्ट होगा, तो तुम्हारा भी विनाश हो जाएगा। इसलिए बहुत सावधान रहना।'' इसके पश्चात् वह पाखंडी–अस्त्र पाने मात्र से–अत्यधिक लोभ वश अथवा उस अस्त्र के गुरुतर दायित्व से पल्ला झाड़ने के लिए–साहस करके मुझसे आकर बोला, ''इस अस्त्र के बदले तुम मुझे अपना विख्यात चक्रास्त्र दे दो।''

मैंने हँसकर कहा, ''मुझे इस अस्त्र की आवश्यकता नहीं है, इसे मैं कहाँ और किस पर चलाऊँगा ? हाँ, चक्रास्त्र तुम यों ही ले जाओ।'' लोभी और कदाचारी ब्राह्मण ने आग्रह के साथ उसी समय वह अस्त्र लेना चाहा, किन्तु ले पाना तो दूर की बात है–अपनी सम्पूर्ण शक्ति लगाकर उसे उठा तक नहीं पाया। लज्जित होकर लौट गया। तभी से उसके पास ब्रह्मशिर अस्त्र होने की बात जानता हूँ। वह अज्ञानी–यदि भयाकुल होकर उस अस्त्र को छोड़ दे, तो धनंजय के अतिरिक्त और कोई भी सक्षम प्रति-अस्त्र नहीं चला पाएगा। आप लोग इसी समय चलिए।''

और, वे लोग गए भी। श्रीकृष्ण ने दारुक द्वारा हाँके जानेवाले अपने रथ पर युधिष्ठिर और अर्जुन को बैठा लिया। उस रथ ने उन लोगों को वायु-वेग से उचित समय व उचित स्थान पर पहुँचा भी दिया। इस अवधि में अपने दुष्कर्म की मात्रा और उसके आशंकित

परिणाम का विचार करके अश्वत्थामा ने कुशा-वस्त्र धारण करके, सम्पूर्ण शरीर पर घृत व उसके ऊपर धूलि मलकर वेदव्यास के नदी किनारे बने अस्थायी आश्रम में अन्य तपस्वियों और ब्रह्मचारी किशोरों के बीच छिपकर आत्म-रक्षा की चेष्टा की; किन्तु तीक्ष्ण-दृष्टि, कुशाग्र-बुद्धि वासुदेव को उसका शरण-स्थल खोजने व उसे पहचानने में विलम्ब नहीं हुआ।

किन्तु उससे पहले ही भीषण-क्रोध-ज्वाला में जलते भीमसेन का रथ वहाँ आ पहुँचा। भीम ने भी अपने बाल्य-सखा छद्मवेशधारी अश्वत्थामा को सरलता से पहचान लिया।

यह स्वाभाविक था कि धनुष-बाणयुक्त भीम की उस आकृति और उग्र-दृष्टि में अश्वत्थामा मृत्यु का आतंक अनुभव करता—विशेष रूप से, जब एकदम पीछे ही श्रीकृष्ण के महा-वेगवान रथ पर अर्जुन को देखा तो जैसे मृत्यु को ही सम्मुख उपस्थित पाया। परिणामस्वरूप—श्रीकृष्ण ने जो अनुमान या आशंका की थी, वही घटा, भयंकर मृत्यु-भय के कारण दिशा-विदिशाओं का ज्ञान भूलकर अश्वत्थामा ने पिता द्वारा दिया गया वह अमोघ ब्रह्मशिर अस्त्र चला दिया—'पांडवो, ध्वंस हो जाओ' कहकर।

श्रीकृष्ण ने उसके मन की गति पूरी तरह जान ली थी, इसीलिए—उस अस्त्र के छोड़े जाने के पूर्व ही, क्लान्त, शोकार्त अर्जुन को उत्तेजित तथा सतर्क करते हुए बोले, ''फाल्गुनि, क्या देख रहे हो ? सर्वनाश हो जाएगा—तुम भी तुरन्त गुरु-प्रदत्त ब्रह्मशिर अस्त्र छोड़ दो। एक पल की भी देरी मत करो।''

अर्जुन ने मन-ही-मन गुरु, देवता व वासुदेव को प्रणाम करके, ''विश्ववासियों के साथ गुरु-पुत्र का भी कल्याण हो, इस अस्त्र से वह अस्त्र व्यर्थ हो जाए'' कहते हुए ब्रह्मशिर अस्त्र छोड़ दिया।

उस, सृष्टि विध्वंसी ज्वालापिंड उत्पन्न करनेवाले, समान तेज से युक्त अस्त्र के आकाश में उठते ही लगा, कि प्रलय होनेवाली है। उस प्रखर तेज में योद्धा, सारथी, अश्व, तपस्वी, सभी मूर्च्छितप्राय हो गए, पल-भर में ही प्रचंड ताप से अनेक के केश और पलकें जल गईं।

महर्षि व्यास विश्व का सर्वनाश निश्चित जानकर अपने आसन से उठकर बीच में आ खड़े हुए और बोले, ''पुत्रो, यह क्या कर रहे हो ! शान्त हो जाओ, शान्ति प्रदान करो, इस भयावह अस्त्र को अविलम्ब रोको—नहीं तो कोई भी और कुछ भी नहीं बचेगा। यह सम्पूर्ण जनपद ध्वंस होकर हमेशा के लिए ऐसी मरु-भूमि में परिवर्तित हो जाएगा, कि बारह वर्ष तक भारी वर्षा होने पर भी फसल उगाने योग्य नहीं बन सकेगा।''

व्यासदेव की व्याकुलता देखकर और अस्त्र के विभीषिका-भरे परिणामों के विषय में सुनकर अर्जुन ने हड़बड़ाकर तुरन्त वह अस्त्र रोक लिया, हाथ जोड़कर व्यासदेव से बोले, ''प्रभु, मैंने उस अस्त्र से आत्म-रक्षा हेतु ही समान शक्तिवाला अस्त्र छोड़ा था। आपके आदेश से मैं उसे रोक रहा हूँ—अब अश्वत्थामा को रोकने का दायित्व आप पर है।''

इसके बाद व्यासदेव के देखते ही विमूढ़-असहाय अश्वत्थामा ने कहा, ''ऋषिवर, प्राण-नाश की सम्भावना देखकर दारुण-भय के वशीभूत मैंने यह अस्त्र छोड़ दिया, किन्तु, इसको रोकने का कौशल मुझे स्मरण नहीं है। मैं कुछ भी नहीं कर सकता। हाँ, इसका तेज कुछ कम कर सकता हूँ, किन्तु यह अस्त्र 'पांडवो, ध्वंस हो जाओ' कहकर छोड़ा

गया था—अतः पांडवों में से किसी का वध किए बिना नहीं रुकेगा।"

व्यास कुछ काल मौन रहकर बोले, "तब, यह अस्त्र उत्तरा के गर्भ में पल रही अभिमन्यु की सन्तान को लक्ष्य बनाए। सम्पूर्ण देश के विनाश और विपुल प्राण-हानि की अपेक्षा मैं पांडवों के इस आत्म-त्याग को श्रेष्ठ मानता हूँ। वे समझ-बूझवाले और धर्म-बुद्धि सम्पन्न हैं, आशा करता हूँ, जाति और देश की आवश्यकता को अनुभव करेंगे।"

क्रुद्ध भीमसेन और भी अधिक क्रुद्ध होकर महा तपस्वी व्यासदेव की अवहेलना करते हुए गरजने लगे, "इसका अर्थ हुआ, हम लोग निर्वंश हो जाएँगे ! कभी नहीं ! अर्जुन, तुम फिर से वह अस्त्र छोड़ो, इस दुराचारी, नृशंस, पामर को मर जाने दो !"

वासुदेव त्यौरी चढ़ाकर बोले, "भीमसेन, तुम अपनी सीमा में रहो, सामर्थ्य से अधिक अहंकार मत दिखाओ। इस जनपद के श्मशान बन जाने पर तुम लोगों और उस गर्भस्थ भ्रूण में से कोई नहीं बचेगा। नहीं मुनिवर, वह अस्त्र उत्तरा के गर्भ पर ही आघात करे; मैं पांडवों को वचन देता हूँ, भले ही कुछ पल के लिए वह शिशु मर जाए, किन्तु धर्मराज युधिष्ठिर के असीम पुण्य-बल और निष्ठा के साथ आजीवन धर्म-रक्षा के प्रभाव से पुनः जीवित हो जाएगा। फिर भी अश्वत्थामा के शिरोभूषण में जो मणि है, दंड के रूप में उसे भी देना होगा—ताकि मैं उसे पुत्र-शोकाकुल कृष्णा के चरणों में अर्पित करके उन्हें थोड़ी सान्त्वना दे सकूँ।"

अश्वत्थामा ने मुख नीचा किए दीर्घ निःश्वास के साथ कहा, "इस मणि को महा-मूल्यवान कहना ही पर्याप्त नहीं है। कौरव-भंडार के समस्त मणि-रत्नों का मूल्य भी इसके बराबर नहीं है। तब भी शान्ति के लिए मैं इसे दे रहा हूँ। आशा है, इसे ही मेरा पर्याप्त दंड मान लिया जाएगा !"

"तुम्हारा दंड !" वासुदेव का स्वर बहुत तीव्र और तीखा हो आया, "तुम्हारे पाप का दंड इस सामान्य सी वस्तु से पूरा होना असम्भव है। तुम दीर्घ-काल तक जीवित रहोगे—अनेक वंशों का उत्थान-पतन देखोगे। भविष्य में, इस जगत् में शिशु-प्राण-हन्ता के रूप में जाने जाओगे और घृणा के पात्र बनोगे। लोग, तुम्हारे नाम पर थूकेंगे। तुम और किसी के साथ बात तक नहीं कर पाओगे, किसी से अपने रोग की पीड़ा तक नहीं बाँट पाओगे। जन-समाज में तुम्हारे लिए कोई स्थान नहीं होगा—तुम्हें असहाय अवस्था में दुर्गम मरु-भूमि या फिर घने जंगल में विचरना पड़ेगा; तुम असंख्य पापजन्य व्याधियों और रक्त-पीप की गन्ध में डूबे रहोगे, कोई ओषध यहाँ तक कि प्यास बुझाने के लिए जल भी तुम्हें नहीं मिलेगा।"

वासुदेव के उस ऊँचे और भयंकर स्वर ने नदी-किनारेवाले उस खुले मैदान में बहुत दूर तक प्रतिध्वनित होकर एक भयावह वातावरण उत्पन्न कर दिया, स्वयं व्यासदेव तक उस अमोघ दंडादेश अथवा शाप को सुनकर सिर झुकाए रहे, अश्वत्थामा को सान्त्वना देने योग्य एक शब्द भी नहीं कह सके।

विगत दो दिन के मर्मान्तक क्रम का यही अन्त नहीं था।

इससे पहले शायद कोई भी विजयी होने के बावजूद ऐसे शोचनीय रूप में पराजित नहीं हुआ था; दुस्सह-वेदना और भयानक अशान्ति नहीं भोगी थी–सुख के, शान्ति के द्वार पर पहुँच जाने पर भी युधिष्ठिर को बार-बार ऐसा अनुभव होने लगा।

इनके, अपने शिविर में लौटने के बाद निषाद कीलक, वासुदेव से विदा लेने आया। उसके जीवन का व्रत पूर्ण हो गया–वासुदेव द्वारा सौंपा गया कार्य-भार भी समाप्त हो गया–अब वह ऐसे जनपद में और नहीं रहेगा, बहुत दूर किसी अरण्य में अथवा पर्वत पर जाकर इस जन्म के पापों का थोड़ा प्रायश्चित करेगा, उसके बाद यदि यह लगा कि–उसके सामर्थ्य के अनुसार–पर्याप्त अनुशोचना हो गई है, तो गंगा के जल में प्राण त्याग देगा।

निषाद ने श्रीकृष्ण के पास आकर बड़े धीमे स्वर में अपना निश्चय प्रकट किया–उसकी यह बात केवल उन्हें ही सुनाने के लिए थी–उसे दूर बैठे युधिष्ठिर नहीं सुन पाए, तब भी कीलक को देखकर उन्हें एक बात याद आ गई–इसी व्यक्ति ने उन्हें दुर्योधन के गुप्त आश्रय-स्थल का समाचार दिया था। वह समाचार न मिलता, तो शायद युद्ध समाप्त होने में और बहुत देर लग जाती। इसके लिए इस व्यक्ति को कोई राजकीय-पुरस्कार देना आवश्यक है। यह राजकीय-कर्तव्य का अंग है अन्यथा इस प्रकार के असामरिक संवाददाता प्रोत्साहित नहीं होते।

इधर-उधर की अनेक अप्रिय-अवांछित घटनाओं से मन में विषाद व्याप्त है; हताशा छाई है; शरीर भी निरन्तर परिश्रम, रात्रि-जागरण और अनाहार रहने के कारण थका है–तब भी कर्तव्य तो कर्तव्य है–अपरिहार्य। और, यदि इसी समय पूर्ण न किया, तो भविष्य में विस्मृत हो सकता है !

अन्यान्य भाई भी निकट ही थे; पुरोहित धौम्य थे–व्यय-सचिव भी थे–फिर भी उन्हें लगा कि यह उन्हें ही करना चाहिए। वे किसी प्रकार अपनी घास की शैया से उठकर निकट आकर बोले, "निषाद, तुमने कल हम लोगों का बड़ा उपकार किया–भाई दुर्योधन के गोपनीय आश्रय-स्थल को खोजकर। केवल इतना ही नहीं कि तुम्हारे इस कार्य से हमारा उपकार हुआ, दुर्योधन का पतन न होने पर यह युद्ध अकारण लम्बा खिंचता, इस सम्भावना के टल जाने से, शेष बचे कुछ लोग अकारण मृत्यु का ग्रास बनने से बच गए। हमसे भूल हुई कि इस कार्य के लिए तुम्हें कोई पारितोषिक नहीं दिया। अब मैं उसी का परिमार्जन करना चाहता हूँ। यदि तुम बता दो, कि तुम्हारी क्या इच्छा है अथवा तुम कौन सा द्रव्य-विशेष चाहते हो, तो अच्छा होगा। धन ? स्वर्ण ? गाय, भू-सम्पत्ति अथवा दास-दासी, सेविका–जो भी इच्छा हो, निस्संकोच प्रकट करो।"

कीलक भयंकर रूप से भौंहें विकृत करके युधिष्ठिर की बात सुनता रहा और उनका कहना थमते ही 'पुरस्कार !!' बहुत ऊँचे और एक प्रकार के विष-तिक्त स्वर में इस एक शब्द का उच्चारण करके अचानक जैसे अट्टहास करने लगा। उसके बाद, अट्टहास का वेग शान्त होने पर बोला, "राजा, पुरस्कार मुझे मिल गया, गत रात्रि ब्राह्मण-वंश का वह पिशाच ही मुझे पुरस्कार दे गया। मुझे और कुछ नहीं चाहिए।"

"इसका अर्थ ?" विह्वल युधिष्ठिर ने प्रश्न किया।

"अर्थ नहीं समझ रहे हो, नहीं ? मनुष्य अपने अपराध या कुकर्म को कितनी सरलता से भूल जाता है, आश्चर्य है ! अपने प्राण बचाकर भी नहीं–तत्काल ही तुम लोगों के प्राण जाने का कोई कारण नहीं था, भविष्य की अजानी विपत्ति से बचे रहने के लिए–अच्छी तरह अनुमान करके पैशाचिक निष्ठुरता को अपनी बुद्धि की श्रेष्ठता समझ गौरव में डूबे-डूबे भोजन का लालच दिखाकर मेरी पत्नी और पाँच पुत्रों को बुलाकर उन्हें पर्याप्त भोजन और उसके साथ बड़ी मात्रा में गुड़ की बनी शराब पिलाकर–उन्हें निद्रित क्यों, अचेत करके, चारों ओर से आग लगा दी थी–याद आई वह घटना ? नहीं–इतने ही दिनों में वह पुराना कुकृत्य, वारणावत की घटना भूल गए हो ! सचमुच, स्मरण करना भी बड़ा पीड़ादायक है–ठीक है न ? मेरे पाँच पुत्र, तुम्हारे पाँच पुत्रों की अपेक्षा बहुत अधिक यन्त्रणा भोग कर मरे थे। यदि वह ब्राह्मण अस्त्र से न मारकर उन लोगों को भी जलाकर मार डालता, तो मुझे पूर्ण तृप्ति मिल जाती !...और भी आह्लादित होता यदि उसी के साथ उनकी माँ–तुम लोगों की रानी को भी जला डालता; दोनों पलड़े बराबर हो जाते।...जाओ राजा–मैं जो चाहता हूँ, वह देने की सामर्थ्य तुममें नहीं है। मेरी पत्नी और पुत्रों को वापस ला सकते हो ? मुझे इस संसार के किसी सुख-भोग की लालसा नहीं है। मैं इन प्राणों का अन्त करने जा रहा हूँ–निराहार रहकर, अनेक-विध कष्ट सहकर–राजा, आज तुम मुझे किसका लोभ दिखा रहे हो ?"

इसके पश्चात्, जैसे दम लेने के लिए ही थोड़ा चुप हुआ हो, फिर उसी व्यंग्य-विषाक्त स्वर में बोला, "किन्तु, तुम लोगों का प्रायश्चित पूर्ण होने में अभी बहुत देर है। श्मशान के सिंहासन पर बैठे हो–आशा है, इसी रूप में दीर्घ-काल तक राज्य करोगे। राज्य-सुख, जीवित रहने का सुख नहीं भोगोगे ? भोगोगे ही। नहीं तो, लाखोंलाख मनुष्यों का वध करके युद्ध क्यों जीता है ! तुम्हारी यह जो क्षमता है–इसका परिणाम भी तो देखकर जाओ। तुम लोग जब जाओगे, तो अपने लिए तुम्हें स्वयं ही शोक करना होगा, उस दिन जानोगे कि मरने में कितना सुख होता है–। समझोगे कि कभी-कभी जीवित बच जाना ही मृत्यु की यन्त्रणा बन जाता है। संसार तुम्हें धर्मराज कहता है न ! धर्म की, विवेक की, नीति की कसौटी पर अपने आचरण, अपने कार्यों को परखकर देखो–अवसर मिला–तो शायद काँप उठोगे !"

॥ २२ ॥

धृतराष्ट्र पहले महाश्मशान-भूमि जाने के लिए तैयार नहीं हुए। प्रस्ताव सुनते ही हृदयविदारक हाहाकर-भरे स्वर में विलाप करते हुए बारम्बार मूर्च्छित होने लगे। कहने लगे, "मुझसे, श्मशान-भूमि में जाने का निष्ठुर अनुरोध क्यों कर रहे हो, संजय ! पहले से ही भयंकर आघातों से क्षत-विक्षत इस हृदय पर और भयंकर चोट करने को क्यों

तैयार हो गए हो ! जब मुझे ईश्वर ने अन्धा बनाकर मृत पुत्र-पौत्रों की सड़ी-गली देहों और पशुओं के दाँतों से कटे मुखों को देखने की दारुण-यन्त्रणा से मुक्ति दे दी है, तो तुम मुझे अकारण कुरु-वंश के, कुरु-गौरव के श्मशान में क्यों ले जाना चाहते हो ! और, यदि इतने पर भी जाना ही है–तो मेरे और महारानी गान्धारी के लिए भी एक चिता तैयार करो, हम लोग जीवित ही उसकी उठती हुई लपटों में प्रवेश करके, इस मृत्यु से भी अधिक–जीवित रहने की–महा-यन्त्रणा से छुटकारा पा जाएँगे !"

कभी-कभी मूर्च्छा शान्त होने पर भूमि पर लोटने लगते थे और बेहाल होकर रोते हुए कहने लगते थे, "संजय, मेरा जीवित जल जाना ही उचित है। अठारह अक्षौहिणी बलवान योद्धाओं, अनेक देशों के वीरों, प्रसिद्ध क्षत्रिय राजाओं और अपने पुत्र-पौत्रों–सभी की अकाल-मृत्यु के लिए पूरी तरह मैं ही उत्तरदायी हूँ। मैंने सुहृद-जनों के अनुरोध पर कान नहीं दिया, महातपस्वी परशुराम, नारद और व्यास जैसे ज्ञानियों के उपदेशों की अवहेलना की, यदुकुल-श्रेष्ठ कृष्ण ने समझाते हुए कहा था कि यह बैर-भाव सर्वनाश की ही पूर्व-सूचना है, मैंने उसे भी नहीं समझना चाहा; केवल अपने दुर्मति ज्येष्ठ-पुत्र के लिए समस्त शुभ और कल्याणकारी विचारों से मुख मोड़े रहा। मैं चाहता, तो उसका साहस नहीं था कि इस आत्मघाती युद्ध में कूदता। मैंने सर्व-त्यागी पितामह भीष्म और आचार्य द्रोण के परामर्श की भी अनदेखी की, अब जीवित रहकर पांडवों की भीतरी-घृणा और ऊपरी करुणा का पात्र बनने से क्या लाभ ! मेरे मरने की तैयारी करो या फिर मुझे घने जंगल में भेज दो, मैं वहाँ अन्न-जल त्यागकर प्राण छोड़ दूँगा।"

संजय ने यथासाध्य सान्त्वना देने की चेष्टा की, बोले, "राजन्, आपके पुत्र दुर्योधन अल्प-बुद्धि, अति-लोभी, अहंकारी, क्रूर और असहिष्णु थे। उन्होंने सदैव सच्चरित्रों, वास्तविक बुद्धिमानों और हिताकांक्षियों की बातों की उपेक्षा की, आपने भी उन पर अंकुश लगाने का प्रयत्न नहीं किया–सदा उदासीन बने रहकर परोक्ष रूप से उन्हें बढ़ावा ही दिया। इन सब बातों की ओर ध्यान खींचना भी मेरी मूर्खता ही है। आप समस्त शास्त्रों के ज्ञाता, बुद्धिमान और सत्यव्रती हैं। इस समय पूर्व इतिहास पर ध्यान देकर अपने शोक पर नियन्त्रण कीजिए। आपका यह शोक ठीक वैसा ही है, जैसे कोई मधु के लोभ में ऊँचे वृक्ष पर चढ़ने का प्रयास करते हुए गिर पड़ने पर विलाप करे। आपने, दुर्योधन के साथ स्वयं भी वाणी रूपी वायु से पांडव रूपी अग्नि प्रज्वलित करके उसे लोभ रूपी हवि से बढ़ाया। आपकी सन्तानें उस अग्नि में पतंगों की भाँति जल गईं–अब उनके लिए पश्चात्ताप या शोक करना क्या मूर्खतापूर्ण कार्य नहीं है ? आपके लिए यही उचित है कि वृथा पश्चात्ताप छोड़कर पांडवों की शरण में जाएँ और उनकी मंगल-कामना करें।"

धृतराष्ट्र के इस व्याकुलता-भरे विलाप का समाचार पाकर महात्मा विदुर भी आ गए थे। वे बोले, "महाराज, आप उठिए, अपने को सँभालिए, अपनी मर्यादा मत भूलिए। जब सभी जीवों की भिन्न-भिन्न गति निर्धारित है, तो किसी की मृत्यु के लिए भी शोक करना उचित नहीं है। जब पृथ्वी पर जनसंख्या बहुत बढ़ जाती है, तो किसी-न-किसी बहाने उसका विनाश आवश्यक हो जाता है। यह भी विधि का नियम है। इसके कोई

कम उदाहरण नहीं हैं कि युद्ध करके भी कितने लोग बच जाते हैं और युद्ध किए बिना भी अकाल मृत्यु का ग्रास बन जाते हैं। मनुष्य कहाँ से आता है, कोई नहीं जानता और कहाँ चला जाता है, यह भी किसी को पता नहीं है। आपके पुत्र भी एक समय आपके लिए अदृश्य और अज्ञात थे–पुनः वैसा ही हो गया है। कोई भी व्यक्ति वास्तव में किसी का अपना नहीं होता, आप भी उनके अपने नहीं थे। मानव-जीवन में प्रतिदिन शोक और भय के कारण बार-बार उत्पन्न होते हैं, मूर्ख व्यक्ति उनसे विचलित और दुखी हो जाते हैं, जबकि बुद्धिमान नहीं होते। काल का न कोई प्रिय होता है, न अप्रिय; वह किसी को ममतावश नहीं छोड़ता, न किसी के प्रति उदासीन रहता है। प्रत्येक व्यक्ति की परमायु निर्धारित है, उसका अन्त आ जाने पर काल उसे अपने पास बुला लेता है। जब यह होना ही है, तो इसके लिए शोक क्यों कर रहे हैं ? मनुष्य लोभ-वश या फिर क्रोध में पागल होकर परस्पर शत्रुता ठानते हैं, दूसरों की निन्दा तथा अपनी प्रशंसा करते हैं। पंडित और मूर्ख, धनवान और भिखारी, सभी को एक समय चिता की शैया पर एक जैसी अवस्था में आना पड़ता है, एक जैसी परिणति भोगनी पड़ती है। इस दृष्टि से, जिस प्रकार सांसारिक जीवन में कुल, मान, ऐश्वर्य का अहंकार बुद्धिहीनता है उसी प्रकार तथाकथित सम्बन्धियों की मृत्यु पर शोक में डूब जाना भी बालकोचित कार्य है।''

इस प्रकार धृतराष्ट्र लगातार समझाने और झिड़की खाने के बाद कुरुक्षेत्र के महाश्मशान में आने को तैयार हो गए।

गान्धारी को कोई किसी भी उपाय से सान्त्वना देने का साहस नहीं कर पाया, इसकी आवश्यकता भी नहीं पड़ी। वे चुपचाप अपने पति का अनुगमन करने लगीं। किन्तु उनके महा-श्मशान की ओर जाने का समाचार पाकर जब हजारों पुर-स्त्रियाँ हस्तिनापुर से निकलकर उनके साथ चलने लगीं, तो क्या उनके गगन-भेदी क्रन्दन और क्षुब्ध आक्षेपों ने भी उन्हें विचलित नहीं किया ! विशेषकर तब, जब उनके बहिर्नेत्र ढके हुए होने पर भी अथवा ढके होने के कारण ही, उनके मनस्चक्षु तनिक भी नहीं ढके थे। वे कल्पना से उन हत्‌भागिनियों की दशा देख पा रही थीं।

जिन्होंने कभी पहले सूरज-चन्दा के दर्शन किए थे–इसमें भी सन्देह है, वे ही आज वेणी खोले, बिखरे केश, अस्त-व्यस्त वस्त्रों में, आभूषणों के बिना, उघड़े मुँह साधारण स्त्रियों के साथ व्याकुलता-भरे उच्च स्वर में हाहाकार करते हुए चल रही थीं। जो बहनों और सखियों तक के सामने संकोच नहीं छोड़ पाती थीं, वे ही आज सास-ससुर के सामने दिन के उजाले में निर्लज्ज की भाँति एक वस्त्र में अन्तःपुर से निकल आई थीं, उसी अवस्था में छाती और माथा पीटते हुए चल रही थीं।

इस दृश्य, इस शोकोन्मत्तता को अपनी अन्तर्दृष्टि से देखकर, विशाल हस्तिना नगरी के लगभग सभी घरों से उठती विपुल क्रन्दन-ध्वनि सुनकर यदि महाप्रज्ञावती, महातपस्विनी, साक्षात् धर्मरूपा गान्धारी भी सामान्य स्त्रियों की भाँति बिना सोचे-समझे क्रुद्ध हो उठीं, तो यह कोई आश्चर्य की बात नहीं है।

धृतराष्ट्र और गान्धारी को निकट आया देखकर जब पांडव, द्रोपदी और कुन्ती नत-मस्तक, धीमी गति से उनकी अगवानी को आगे बढ़े तो रुदन करती हुई अनाथ, सद्य-विधवा कौरव-पुरनारियाँ अपना शोक भूलकर आक्षेप और व्यंग्य करने—और कोई-कोई शाप देने पर टूट पड़ीं। आश्चर्य, इस कटु वाक्य-वर्षा में अचानक पांडव पक्ष की अनाथ स्त्रियाँ भी इनके साथ मिल गईं। चारों ओर से जैसे चक्राकार बौछारों के रूप में अत्यधिक धिक्कार-भरी बातों की वर्षा होने लगी।

"हे धर्मराज, जब तुमने हमारे पिता, भाई, पति, गुरु, पुत्र, मित्र, सभी का वध कर डाला, तो हमें ही क्यों छोड़ दिया ! लगता है, अनाथ स्त्रियों को केवल रुदन के सहारे जीवन व्यतीत कराने में ही तुम्हें अधिक प्रसन्नता है, इसीलिए यह धर्मज्ञता, न्याय, नीति और अनृशंसता प्रबल हो उठी है ! पितामह भीष्म, आचार्य द्रोण, बहनोई जयद्रथ, दो महान वंशों को एक-सूत्र में जोड़नेवाले सभी की आँखों के तारे अभिमन्यु—कोटि-कोटि सम्बन्धियों-मित्रों, यहाँ तक कि अपने समस्त पुत्रों को खो देने के बाद क्या लेकर राज्य करोगे ! क्या उस राज्य में सुख होगा ! गौरव होगा !"

पांडव शोक में व्याकुल थे, ऊपर से इस धिक्कार के कारण अत्यधिक लज्जा अनुभव करने लगे। केवल द्रोपदी अपने लज्जित होने का कोई कारण न देख, इस धिक्कार को अन्यायपूर्ण समझकर क्रुद्ध हो गईं। युधिष्ठिर जैसे पहले अविचलित भाव से धीरे-धीरे कदम बढ़ाते हुए पितृव्य की ओर जा रहे थे, उसी प्रकार चलते रहे—ऐसा नहीं लगा कि ये समस्त आक्षेप और कटु बातें उनके कानों में पड़ रही हैं।

किन्तु अब, मानो उनकी अविचलित स्थिरता का परिहास करने के लिए ही, वासुदेव अपनी बुआ, पांडव-जननी कुन्ती के पास जाकर धीमे, पर युधिष्ठिर को सुनाई पड़ सकनेवाले स्वर में बोले, "आर्या, लगता है, उस गुप्त सत्य को प्रकट करने का उचित समय आ पहुँचा है। अभी, आपके पुत्रों के समक्ष कर्ण का वास्तविक परिचय प्रकट न करने पर अनर्थ हो जाएगा। कारण, उनका विधि-विधान पूर्वक संस्कार और तर्पण आवश्यक है—और वह पांडवों का ही करणीय है।"

कुन्ती बीती रात को ही विदुर के आश्रम से आ गई थीं—उस समय भी पौत्र-शोक में उनके रुदन का पारावार नहीं था, कितने समय से चुपचाप आँसू बहा रही थीं, अब हाहाकार करके रोते हुए पछाड़ खाकर भूमि पर गिर पड़ीं, "वासुदेव, वासुदेव, उस मर्मान्तक लज्जा और यन्त्रणा से मुझे मुक्ति दिलाओ, उन लोगों को तुम ही बताओ।"

पांडव अत्यधिक आश्चर्यचकित होकर जहाँ के तहाँ खड़े हो गए।

कर्ण !

कर्ण का संस्कार उनका करणीय है ! वे कर्ण के श्राद्ध के अधिकारी हैं !

यह फिर क्या ! यह किस प्रकार होगा !

वे लोग हक्के-बक्के होकर वासुदेव के मुख की ओर देखने लगे।

वासुदेव शान्त-कोमल स्वर में बोले, "सखा अर्जुन, तुम, जिन्हें हमेशा अपना एकमात्र प्रतिद्वन्द्वी, प्रति-योद्धा समझते रहे, आयौवन जिनके वध के लिए कृतसंकल्प रहे—वे कर्ण

वास्तव में राधेय नहीं थे, वे भी कौन्तेय थे, तुम लोगों के अग्रज, सहोदर भ्राता। यह सच तुम लोगों को पता नहीं चल सका, किन्तु विशाल-हृदय कर्ण अन्त में इसे जान गए थे, इसीलिए उन्होंने अनेक बार अवसर आने पर भी तुम्हारे अन्य भाइयों का वध नहीं किया।''...

इन लोगों ने आघात तो बहुत सहे थे, कठोर निर्मम आघात, दुस्सहनीय आघात–किन्तु इस चरम दुख के समय–पांडव भाइयों को, न केवल सम्बन्धी और मित्रों के, बल्कि अपनी गौरवाकांक्षा, कीर्ति और जीवन के महा-श्मशान में खड़े होकर जो आघात लगा, अविश्वसनीय सत्य का आघात–वैसा असहनीय आघात पहले कोई नहीं लगा था।

उन लोगों के बीच एक अखंड चुप्पी पसर गई–द्रोपदी भी पुत्र-शोक भूलकर फटी-फटी आँखों से जड़वत् खड़ी हो गईं। थोड़ी देर बाद, बोलने की शक्ति बटोरकर धर्मराज व्याकुलता-भरे बहके-बहके स्वर में बोले, ''कर्ण हम लोगों के अग्रज ! सहोदर भ्राता !...नहीं, नहीं, यह क्या कह रहे हो ! कह दो तुम परिहास कर रहे हो ! कहो, कहो जनार्दन !''

वासुदेव के चिर-प्रशान्त ललाट पर प्रभाव की एक रेखा तक दिखाई नहीं दी, लगता है, बहुत घिसे पत्थर की भाँति अनेक दुश्चिन्ताओं, अगणित विपत्तियों, जीवन में आनेवाली असंख्य झंझाओं, योजनाओं, उनकी पूर्ति से जुड़ी समस्याओं, दुस्साहस भरे संगठन कार्यों के घर्षण से चिकने उस ललाट पर कोई प्रभाव लक्षित होना सम्भव भी नहीं था–किन्तु क्या नेत्र-कोरों में पल-भर के लिए थोड़ी सी व्यथा, थोड़ा सा भौंचक्कापन भी दिखाई नहीं दिया, निमिष-भर के लिए भी नहीं ?

कम-से-कम कृष्णा को वैसा ही लगा।

वासुदेव ने कहा, ''महाराज, इस समय ऐसी बात लेकर कोई परिहास नहीं करेगा, अपने से बड़ों के विषय में तो एकदम नहीं। विशेष रूप से आपके साथ थोड़ा सा भी परिहास करने का दुस्साहस मुझमें नहीं है। अविश्वसनीय होने पर भी यह सत्य है। आप आर्या कुन्ती पर दृष्टि डालते ही समझ जाएँगे। उन्होंने बालिका-सुलभ चापल्य, क्षणिक दुर्बलता और असीम लज्जा के इस इतिहास को मिटा देना चाहा था–किन्तु किए हुए का फल सहस्र गुने दुख, यन्त्रणा और लज्जा के साथ लौट आया। आप लोग उस दीर्घ अवधि की यन्त्रणा को ध्यान में रखते हुए उन्हें क्षमा कीजिए–यही मेरा अनुरोध है।''

इसके पश्चात् उस असामान्य अवसर पर, दो-चार वाक्यों में कर्ण के जन्म का इतिहास बताकर श्रीकृष्ण चुप हो रहे।

उनकी वह अद्‌भुत, विश्वासेतर कहानी समाप्त होते ही अर्जुन साधारण मनुष्य की भाँति हाहाकार करते हुए जोर-जोर से रोने लगे, ''वासुदेव, क्या मैं इसी कारण कर्ण के प्रति एक अद्‌भुत और अमोघ आकर्षण अनुभव करता रहा ! विद्वेष रखते हुए भी उनकी विपुल कीर्ति स्मरण करके थोड़ी सी श्रद्धा अनुभव किए बिना नहीं रह पाया ! हाय, माता के अकारण अपराधबोध के कारण मुझे आज भ्रातृ-घाती होने का कलंक और पाप लगा। अन्यथा कर्ण और अर्जुन के मिल जाने पर स्वर्ग के देवताओं को जीतना भी असम्भव नहीं होता। जो स्वाभाविक बन्धन और मैत्री-भाव इस पृथ्वी पर चिरस्मरणीय, चिरविस्मय

का दृष्टान्त कहलाता, वही एक अस्वाभाविक शत्रुता में परिणत होकर हमेशा के लिए विपुल और जड़ता-भरी लज्जा का इतिहास बनकर रह गया !''

युधिष्ठिर आँसुओं के कारण धुँधली हो आई दृष्टि से कुन्ती को देखते हुए बोले, ''माता, आपने यह क्या किया ! कर्ण के समान सन्तान को अपना लेने में गौरवहीनता अथवा लज्जा का कोई कारण नहीं था। यह सिंहासन उन्हीं का प्राप्य है, आज हम लोग दूसरे का अधिकार छीनने के दोष के भागी बन गए। उन्हें सिंहासनारूढ़ करके उनकी सेवा कर पाता, तो मुझे बड़ी प्रसन्नता और निश्चिन्तता होती !''

वासुदेव ने उनकी दाहिनी बाँह को थोड़ा दबाते हुए कहा, ''रहने दीजिए महाराज ! देवी कुन्ती ने असीम लज्जा और मर्मान्तक दुख भोगा है, ज्येष्ठ सन्तान–विशेषकर महामना कर्ण के समान पुत्र के मारे जाने का समाचार पाकर भी वे ऊँचे स्वर में रो तक नहीं पाईं–इसी में उन्होंने पर्याप्त दंड भोग लिया–ऊपर से कठोर बातों का आघात करके उन्हें और पीड़ा मत पहुँचाइए। भूल, महा-शक्ति का ही अंश है, सभी उसके जाल में फँसते हैं। यह युद्ध भी तो एक महा-भूल का ही परिणाम है। एक भूल सहस्रों भूलों को जन्म देती है, संसार के इस नियम से तो आप अनजान नहीं हैं !''

कहते-कहते उनकी–लगा कि, विश्व के इस एकमात्र प्राणी के प्रति थोड़ी दुर्बलता, थोड़ा मोह आज तक गया नहीं है–हमेशा स्थिर रहनेवाले, चिर-निर्मम, पृथ्वी के सर्वश्रेष्ठ बुद्धिमान व्यक्ति, वासुदेव की मुग्ध-दृष्टि द्रोपदी के उघड़े मुख पर जम गई।

विस्मयकारी विशाल नेत्रों का बाँध तोड़कर बहनेवाली अश्रु-धारा दोनों कपोलों को भिगो रही थी–आँसू बरसने के कारण उत्पन्न धुँधलेपन के पार भी दिखाई दे रहा था कि दोनों नेत्रों में अपरिसीम वेदना और पश्चात्ताप भरा है।

वासुदेव ने एक अपरिचित सी व्याकुलता अनुभव की, लगा कि कुरुकुल-साम्राज्ञी की चेतना लौटाने के लिए ही वे उनके पास जाकर थोड़ा सा झुककर बोले, ''सखि, मैं जानता हूँ, पृथ्वी पर तुम ही एक ऐसी नारी हो, जिसके कर्तव्य मार्ग में हृदय का भावावेश कोई बाधा खड़ी नहीं कर सकता। इस समय तुम्हारा प्रधान और प्रमुख कर्तव्य है–पांडव-जननी को सान्त्वना देना। तुम स्वयं पुत्र-शोक में व्याकुल हो–तुम भली प्रकार अनुभव कर चुकी हो कि सन्तान-वियोग की पीड़ा क्या होती है, अभी भी अनुभव कर रही हो–तुम्हीं, उन्हें इस असहनीय अवस्था में धीर बँधा सकती हो। उन्हें हमेशा पुत्र-वियोग की व्यथा के साथ असहनीय लज्जा, अपमान और पश्चात्ताप से उत्पन्न अनुत्तरणीय दुख भोगना पड़ा है। सबसे पहले उन्हें ही सान्त्वना की आवश्यकता है। वे तुम्हारी भी माता हैं, तुम पुत्री का दायित्व निभाओ।''

लगा कि पांडव-पत्नी इसी अवसर के लिए व्याकुल हो रही थीं–अपने अनजाने ही। कुन्ती के पास ही असंख्य वीरों के रक्त से लाल मिट्टी पर बैठकर, देवी कुन्ती का सिर अपनी गोद में रख सान्त्वना देने के बहाने, उनकी गर्दन से अपना मुख सटाकर, फूट-फूटकर रोने लगीं।

उनकी भी लज्जा और पश्चात्ताप का अन्त नहीं था !

इतने पर भी, उस समय सान्त्वना देने और सान्त्वना पाने का अधिक अवकाश नहीं था।

धृतराष्ट्र और गान्धारी एकदम निकट आ पहुँचे थे। कुरु-पुत्रों की चिताएँ एक ही स्थान पर सजाई गई थीं। स्थानाभाव के कारण एक-एक चिता पर कई-कई शव रखे गए थे; केवल दुर्योधन के लिए एक अलग चिता तैयार की गई थी। अन्ध-राजा अन्तःप्रेरणा से चलते हुए उसी चिता के निकट आकर रुक गए।

लाखोंलाख नारी-कंठों के गगनभेदी हाहाकार से कई योजन तक फैली उस श्मशान-भूमि में नारकीय-वातावरण उत्पन्न हो गया, उन अभागिनियों द्वारा अपना माथा और छाती पीटने से उत्पन्न स्वर असंख्य वज्रों के शब्द की भाँति असहनीय हो उठा। उसमें घिरे असहाय वृद्ध शून्य में हाथ फैलाकर किसी का सहारा लेने अथवा किसी को खोजने की चेष्टा करने लगे।

उसी बीच धर्मराज युधिष्ठिर उनके निकट पहुँच गए। वे सकुचाते हुए उनके चरण स्पर्श करके आँसुओं के कारण रुँधे वेदना-भरे गले से बोले, ''आपके समक्ष क्षमा-प्रार्थी हूँ, मैं आपकी अभागी सन्तान—युधिष्ठिर हूँ !''

उनके रुदन-भरे विनय-वाक्यों से धृतराष्ट्र का विद्वेष मिटा नहीं। यहाँ तक कि कपटभरी उदारता और स्नेह का नाटक करने के चिर-अभ्यासी वृद्ध अपने मुख पर उभर आई अप्रसन्नता तक को नहीं छिपा सके। फिर भी किसी प्रकार युधिष्ठिर को दोनों हाथों से वक्ष के निकट खींचकर आलिंगन में भर लिया। उसके बाद पुनः दोनों हाथ फैलाकर व्याकुल स्वर में बोले, ''पुत्र भीम, भीमसेन कहाँ गए, उन्हें मेरे निकट आने को कहो, आशीर्वाद दूँगा।''

भीम इतनी देर तक एक प्रकार की अमंगल आशंका से घिरे थे, अब थोड़े आश्वस्त होकर तेजी से पितृव्य के पास जाने को तैयार हुए। किन्तु वासुदेव उनका उद्देश्य भाँपकर, उन्हें बलपूर्वक पीछे खींचकर स्वयं धृतराष्ट्र के सामने आ गए।

इसके पश्चात् उस भारी दुख के बीच ही पुत्र-शोक से व्याकुल वृद्ध से कटु शब्दों में बोले, ''महाराज, आपने मिथ्याचरण और कपट को अपने स्वभाव का अंग बना लिया है, हृदय के गुप्त प्रदेश में लोभ पालते रहे हैं, उसी लोभ की जीती-जागती मूर्ति आपका ज्येष्ठ पुत्र था। यही कारण है कि आपने उसे रोकने की केवल दिखावटी, कृत्रिम और अनिच्छापूर्ण चेष्टा की थी। आन्तरिक रूप से आपकी भी पांडवों के प्राप्य और उनके बाहु-बल द्वारा अर्जित सम्पत्ति को भोगने की बलवती इच्छा थी।

''महाराज, आप समस्त शास्त्रों के ज्ञाता हैं, वेद, पुराण आदि से लेकर राज-धर्म-शास्त्र तक सभी के आप अधिकारी जानकार हैं। इतने पर भी आप अपने अपराध का दायित्व दूसरे पर डालकर इतना क्रोध क्यों दिखा रहे हैं ? आप अन्धे होने पर भी कम-से-कम दस मत्त हाथियों का बल रखते हैं। क्या आपने बाहु-बन्धन में पीसकर हत्या कर डालने के उद्देश्य से ही भीम को नहीं पुकारा ? सौ पुत्रों की श्मशान-शैया को साक्षी बनाकर झूठ

का सहारा मत लीजिए, सच-सच बोलिए, देखूँ, आपका वही कुटिल उद्देश्य था या नहीं !''

''राजन्, सन्धि-प्रस्ताव के समय मैंने, आपसे सभा में जो कुछ कहा था, उसका भीष्म, द्रोण, विदुर और संजय ने भी पूरा समर्थन किया था; किन्तु आपने उन भलाई की बातों पर कान नहीं दिया। एक प्रकार से आप स्वेच्छा से ही सर्वनाश की बाड़वाग्नि की ओर अग्रसर हुए थे। आपको पांडवों का बल-पराक्रम अज्ञात नहीं था। वे आपके पुत्रों की अपेक्षा हर तरह शक्तिशाली हैं, ऊपर से धर्म-बल से युक्त होने के कारण अपराजेय हैं।–यह जानकर भी आपने, हम लोगों के समझाने-बुझाने पर ध्यान नहीं दिया।...जो राजा स्थिर-बुद्धि होकर देश और काल की गति तथा परिवर्तन पर दृष्टि रखते हैं, अधःपतन के दोष और दुर्बलता के प्रति सावधान रहकर उन्हें निर्मूल करने के लिए सदा सक्रिय रहते हैं–वे ही यश के भागी बनते हैं। आपने किसी सद्परामर्श पर सोच-विचार नहीं किया, पुत्र-स्नेह में पागल होकर प्रत्यक्ष कठोर सत्य की भी उपेक्षा की; न अपना स्वभाव बदल पाए, न अपनी प्रवृत्ति पर अंकुश लगा पाए। इस क्षण भी आत्म-अपराध की भावना से भरकर भीम को मारने का प्रयास करके भीषण अन्याय में प्रवृत्त हो गए। आप अपने और पुत्र के दुष्कर्मों का स्मरण कीजिए। आपके पुत्रों ने पांचाली को भरी सभा में लाकर जो घृणिततम अन्याय किया, भीम ने केवल उसी का प्रतिशोध लिया है। आप अब भी अपने कलुष-कृत्यों और दुर्बुद्धि के विषय में सोचकर इस प्रकार के पापपूर्ण विचारों से मुक्ति पाइए !''

धृतराष्ट्र कुछ देर सिर झुकाए चुपचाप खड़े रहे, फिर हाथ जोड़कर बोले, ''धर्मात्मा वासुदेव, तुम सच कहते हो। तुम्हारी बुद्धि और दूरदर्शिता के कारण ही आज भारी अपयश से बच गया।...तुम अब निश्चिन्त होकर भीम को बुलाओ, और कोई भय नहीं है।''

न केवल भीम, बल्कि तीन अन्य पांडवों को भी छाती से लगाकर आशीर्वाद देने के बाद, पुत्रों के संस्कार के पूर्व निश्चित कार्य हेतु स्नान के लिए तैयार हो गए।

सभी जानते थे कि धृतराष्ट्र के सामने पड़ने में उतना भय नहीं है, जितना गान्धारी के सामने जाने में है। सभी, भाव-शून्य चेहरे के साथ–किसी दूसरे के आगे बढ़ने पर, उसके पीछे जाने की राह देख रहे थे।

श्रीकृष्ण भी यह अच्छी तरह जानते थे।

शुद्धचित्ता, महा पुण्यवती, महा तपस्विनी गान्धारी कई दिन से अपने समस्त पुत्रों के मारे जाने के दुख को चाहे जिस प्रकार सह रही हों, किन्तु इस समय सौ पुत्रों की अन्तिम शैया के सामने आकर अपने पुत्रहन्ताओं पर क्रुद्ध हो उठेंगी–यह सत्य सूर्य के प्रकाश की भाँति स्पष्ट और निश्चित था, स्वाभाविक भी था। कम-से-कम वासुदेव पर तो अवश्य ही और उसके लिए वे तैयार भी थे। पहले दिन अश्वत्थामा को दंडित करके लौटते समय मार्ग में व्यासदेव से अनुरोध कर आए थे कि वे गान्धारी को शान्त करने का दायित्व सँभालें।

व्यासदेव को वह अनुरोध स्मरण रहा। सिद्ध तपस्वी होने पर भी ये लोग उन्हीं की

सन्तान हैं। यदि महा-सती के अमोघ-शाप से पांडवों का भी ध्वंस हो गया, तो कुरु-वंश का नाम तक मिट जाएगा।

वे ठीक समय पर कुरुक्षेत्र-श्मशान भूमि में पहुँच गए और संकट की घड़ी आई देख आगे बढ़कर गान्धारी के सामने आ गए।

दुविधा में पड़ने का तिलार्ध भी अवसर नहीं था। ढकी आँखोंवाली गान्धारी के ललाट पर क्रोध की रेखा साफ उभर आई थी; न्यायपूर्ण हो या अन्यायपूर्ण, किन्तु गान्धारी के चरित्र की ऐसी महिमा है, उनका पुण्य-बल इतना अखंड है कि जिसके या जिनके ऊपर उनका शाप पड़ेगा, उनमें से कोई भी नहीं बच पाएगा। वह अभिशाप अव्यर्थ और अमोघ है। स्वयं वासुदेव–यहाँ तक कि देवराज इन्द्र में भी सामर्थ्य नहीं कि उनके क्रोधानल से पांडु-पुत्रों की रक्षा कर सकें।

व्यासदेव अपने आने की सूचना देते हुए बोले, " कन्या गान्धारी, तुम परम-धर्मवती हो, हमेशा मन-वचन-कर्म से धर्म का पालन करती रही हो। आज, प्रायः जीवन के अन्तिम छोर पर पहुँचकर अकारण क्रोध करके धर्म का त्याग मत करो। इस पृथ्वी पर क्रोध ही समस्त अनिष्ट और अधर्म का मूल है। तुम्हारा पांडवों पर क्रुद्ध होना घोर अन्याय करना होगा, उससे तुम्हारे सत्य-धर्म का लंघन हो जाएगा।"

"सुबलनन्दिनी, विगत अठारह दिन के युद्ध के प्रारम्भ में तुम्हारा पुत्र दुर्योधन तुम्हें प्रणाम करने गया था, किन्तु तुमने आशीर्वाद का एक शब्द तक नहीं कहा था, प्रतिदिन केवल एक ही बात कही थी, 'जिस ओर धर्म है, उसी पक्ष की विजय होगी'। तुम जैसी सती और पुण्यवती का वचन असत्य नहीं हुआ–धर्म और सत्य की ही विजय हुई। तुम्हारे पुत्र अधर्माचारी थे, उन्होंने नीच लोगों के समान घृणित आचरण किया–यह तुमसे छिपा नहीं है। इसी कारण तो तुम जीवन-मृत्यु का प्रश्न उपस्थित होने पर भी, युद्ध पर जाने के समय भी सन्तान के कल्याण अथवा विजय की कामना नहीं कर पाईं। इतने पर भी इस समय निरपराध पांडवों को शाप देने को क्यों तैयार हो गईं ! उन लोगों ने बिना किसी अपराध के अनेक कष्ट सहे हैं, अकारण भारी अपमान भोगा है–क्या तुम्हारा उद्देश्य उन्हें और भी दुख देना है ? मेरा अनुरोध है कि तुम सदा की भाँति, पुत्रों की स्वर्ग-यात्रा के इस क्षण भी धर्म पर दृढ़ रहो–अन्याय व क्रोध की वशवर्तिनी होकर तपस्या का फल क्षय मत करो।"

गान्धारी ने दीर्घ निश्वास के साथ कहा, "ऋषिवर, मैंने आपकी सभी बातें मान ली हैं। अन्य चार पांडवों पर मेरा कोई द्वेष या क्रोध नहीं है, मेरे दुराचारी पुत्रों ने अपने कर्मों का ही फल पाया है–पाप का ऋण प्राण देकर ही चुकाया जाता है–मैं इसे अच्छी तरह समझती हूँ; किन्तु तात, आप बार-बार धर्म की बात कर रहे हैं, भीमसेन ने क्षत्रिय-सन्तान होकर भी अन्याय-युद्ध में नाभि के नीचे गदा-प्रहार करके मेरे पुत्र का वध कर डाला–क्या वह चरम अधर्म नहीं है ? आप उसे तो कुछ नहीं कह रहे हैं !"

इसी समय वासुदेव ने, भीम को बलपूर्वक खींचकर गान्धारी के चरणों में डाल दिया। भीम ने भी संकेत समझकर सूखे मुख से भीत-स्वर में कहा, " माता, आप अच्छी तरह

जानती हैं कि उस दिन मैं न्याय-युद्ध में किसी भी प्रकार दुर्योधन को नहीं गिरा पाता। दुर्योधन असाधारण कोटि के गदा-युद्ध-विशारद थे–निश्चित था कि मैं उनसे प्राण नहीं बचा सकता था–तब शायद और भी दो-तीन दिन–उनके लिए पूरी तरह कष्टदायक यह युद्ध लम्बा खिंच जाता। उससे, खंडित देह, खंडित मन, क्षत-विक्षत, घायल दुर्योधन को प्रचंड कष्ट भोगना पड़ता।

"आप इस सत्य से भी पूरी तरह परिचित हैं कि यह युद्ध ही पूर्णतः अधर्म-बुद्धि-प्रेरित था, उसकी समाप्ति पर मुझे जो थोड़ा-बहुत अधर्माचरण करना पड़ा–आप समस्त शास्त्रों का ज्ञान रखनेवाली हैं–मुझे भी सन्तान जानकर क्षमा कीजिए। यदि मैं उनका वध न करता, तो वे मेरा वध कर देते, गुरुजनों के मुख से सुना है कि प्राण-रक्षा हेतु कोई नीति-हीन युद्ध अन्याय नहीं होता।

"देवी, दया करके आप और भी स्मरण कीजिए, कपट-भरी द्यूत-सभा में पांचाली का घोर अपमान करने के लिए दुर्योधन ने अपनी खुली जंघा दिखाकर घृणित संकेत किया था, मैंने उसी समय सबके सामने प्रतिज्ञा की थी कि समय आने पर उनकी उस जंघा को गदा-प्रहार से चूर-चूरकर डालूँगा। वह प्रतिज्ञा पूरी न करता तो मैं प्रतिज्ञा भंग का भागी बनता, क्षात्र-धर्म से पतित हो जाता और अधर्म का भागी होता। समस्त बातों पर पूरी तरह विचार करके मुझे क्षमा कीजिए।"

भीम के विनय-वचनों से गान्धारी की रोषाग्नि थोड़ी शान्त हो गई, उसकी ऊष्णता जल-वाष्प में बदल गई, फलतः बँधे हुए नेत्रों से अविरल अश्रु-धारा बहने लगी। वे अश्रुरुद्ध करुण कंठ से बोलीं, "वत्स, मेरे सभी पुत्रों ने तो तुम लोगों के प्रति डाहभरा या शत्रुतापूर्ण आचरण नहीं किया था, तो उन सबको एक सा दंड क्यों दिया; उनमें से एक को भी क्यों नहीं छोड़ा ? यदि इन दो अन्धों की लाठी के रूप में एक पुत्र को भी बचा लेते, तो मैं इस क्षण तुम लोगों को अजस्र-आशीर्वाद देती और साधुवाद करती। तुम लोगों में इतनी थोड़ी सी करुणा भी क्यों नहीं उत्पन्न हुई !"

कहते-कहते, मनुष्यों को दिखाई न देनेवाले उनके नेत्रों में शायद फिर असहनीय अग्नि प्रज्वलित हो उठी। यह, नियत व्रतधारिणी, अखंड तपस्विनी, सदा सत्य बोलनेवाली, अद्वितीया पतिव्रता नारी अपने चरित्र की महिमा के कारण अलौकिक शक्ति की अधिकारिणी बन गई थी। उन्होंने अपनी दिव्य-दृष्टि से रण-भूमि की वर्णनातीत दुर्दशा को–निकट वर्तमान वस्तु के समान–साफ-साफ देख लिया था, अपने पुत्रों के आधे खाए हुए, आधे गले हुए शवों को भी देख लिया था। उनकी चिता-शैया को भी देख लिया था।

देख लिया था कि दृष्टि-सीमा के परे तक फैले उस विशाल क्षेत्र में चारों ओर अस्थि, केश, मिट्टी और रक्त मिलकर कीचड़ में बदल गए हैं, वह कीचड़ हजारों शवों के नीचे दबी है–हाथियों, घोड़ों, मनुष्यों की गली देहों की दुर्गन्ध से आकर्षित होकर दूर-दूर से शृगाली, गिद्ध, कौवे, द्रोण-कौवे, नर-भक्षी राक्षस जाति के प्राणी और अन्य मांसाहारी पक्षी आ गए हैं तथा दिन के उजाले में ही सम्पूर्ण खाद्‌य पर अपना-अपना अधिकार जमाने के लिए आपस में लड़-झगड़ रहे हैं, उनके उस कर्कश और मांस-लोभी स्वर के

कानों में पड़ने पर जीवित लोगों के शरीर में काँटे से चुभते अनुभव हो रहे हैं।

देखी, शोकाकुल रमणियों की उन्माद-भरी तथा लज्जा-भयहीन दशा। महावीरों के इधर-उधर बिखरे अथवा ढेर लगे शिरोभूषण, कांचनमय-कवच, अंगद, केयूर, मणिहार, समूह पर अपने समस्त आभूषण फेंक रही हैं। कोई एक हाथ से कंगन उतार रही है, किन्तु दूसरे कंगन का उसे कोई ध्यान ही नहीं है।...

देवी गान्धारी ने, उसी आश्चर्यमयी, अविश्वसनीय, तपस्या से प्राप्त दिव्य-दृष्टि के बल से ही वासुदेव को भी लक्ष्य कर लिया। उन्हें देखते ही उनका थोड़ा शान्त हुआ क्रोधानल पुनः भड़क उठा। उन्हें सम्बोधित करते हुए कटु-कठोर स्वर में बोलीं, " वासुदेव, इस श्मशान-भूमि में अपना किया देखने आए हो ? देखो, तृप्ति तो मिल रही है ? तुम यही दृश्य देखना चाहते थे–ठीक है न ! मानव-जगत् की श्रेष्ठ पुण्य-राशि के कुचले जाने और गलित होने का दृश्य ? देख रहे हो, तुम्हारा उद्देश्य पूरा हो गया–उच्च वंश की कुलनारियाँ वेश्याओं की भाँति सबके द्वार देखी जा रही हैं, शीघ्र ही नीच लोगों की भोग्या भी बन जाएँगी। श्रेष्ठ, विख्यात राज्यों के नृपतिहीन और वीर-शून्य हो जाने के कारण भारत भूमि अनाथिनी हो गई है। अनार्यों, निषादों, पिशाचों के औरस से जो वर्ण-संकर सृष्टि होगी–तुमने उन्हीं अनागत अर्ध-नरों के ऊपर भारतभूमि की गौरव-रक्षा का भार डाल दिया है। साधु ! साधु !

" वासुदेव, मैं जानती हूँ, तुमसे हमारे दोनों परिवारों का कुछ भी छिपा नहीं था। पांडव पूरी तरह तुम पर निर्भर थे। तुम चाहते, तो यह भयंकर, सर्व-कल्याण विनाशक गृह-युद्ध और पारिवारिक विरोध-भाव रोक सकते थे। तुम्हारा जन-बल–तुम्हारे अपने वंश में ही अगणनीय श्रेष्ठ योद्धा हैं–बाहु-बल और बुद्धि-बल असीम है; तुम प्रयत्न करने पर दुर्योधन को वश में कर सकते थे, तुम्हारे इंगित मात्र से पांडव इस युद्ध से दूर रहते। वे, तुम्हारी बुद्धि और दूरदर्शिता तथा अपने शौर्य के बल से दूसरा राज्य जीतकर शान्तिपूर्वक राज-सुख भोग सकते थे। उन्हें प्रत्येक प्रकार से अपने समान या अपने से अधिक बलशाली हुआ देखकर दुर्योधन उनके साथ युद्ध करने का साहस नहीं करता।

" तुमने इस सबके लिए कोई चेष्टा नहीं की। इसके विपरीत कौशल के साथ बुद्धि और संचालन-क्षमता का प्रयोग करके इस सर्व-विनाशी युद्ध का आयोजन किया–यह जानते हुए भी कि भारत भूमि वीर-शून्य हो जाएगी।

" कंसनिसूदन, सम्बन्धी के वध से ही तुम्हारे कर्म-जीवन का प्रारम्भ हुआ है। इसीलिए तुम दूसरों के सम्बन्धियों के वध की पीड़ा के प्रति इतने उदासीन हो। मैंने पांडवों को क्षमा कर दिया है–कुटुम्बी का रक्त-पान और नाभि के नीचे गदा-प्रहार, इन दो नीच तथा नृशंस कार्यों के अतिरिक्त, उनका उतना दोष भी नहीं लगता–किन्तु मैं तुम्हें क्षमा नहीं करूँगी।

" मैं तुम्हें शाप देती हूँ, तुम्हारा, कुल-कुटुम्ब–वृषि, अन्धक और यदुकुल तुम्हारे हाथों ध्वंस को प्राप्त होगा, तुम्हारी पुर-नारियाँ दस्यु-तस्कर और निषादों की भोग्या बनेगी। इसके बाद तुम भी वंशहीन, मित्रहीन, अमात्यहीन, पुत्रहीन और सबसे ऊपर बलहीन

होकर वनचरों का जीवन बिताते हुए अन्त में अस्वाभाविक मृत्यु को प्राप्त करोगे। मन, वचन और शरीर से तपश्चर्या की भाँति पति-सेवा तथा अखंड सत्यपरायणता से यदि मुझे कोई पुण्य मिला है, तो मेरा यह शाप व्यर्थ नहीं जाएगा। कोई भी तुम्हारे वंश की रक्षा नहीं कर पाएगा।''

गान्धारी के इन भयंकर वज्र के समान शाप-वाक्यों के समाप्त होते ही पांडव भयभीत और दुखी होकर मूर्च्छाहत की भाँति स्तम्भित और निर्वाक् हो गए। केवल वासुदेव के अनिन्द्य सुन्दर मुख पर हमेशा की भाँति एक दुर्ज्ञेय, मधुर हास्य छा गया।

क्या इसी के साथ, उनके चिर ममताहीन, उदासीन नेत्रों में थोड़ी सी वेदना की छाया भी गहराई थी ?

कौन जाने, वह वेदना किसलिए थी। क्या वह अपने वंश और अपने कर्म के परिणाम की चिन्ता के कारण थी ?

अथवा यह सोचकर थी, कि कितनी अधिक वेदना रही होगी, जिसके कारण गान्धारी जैसी महीयसी नारी ने भी अपना धैर्य खो दिया !

कोई भी ठीक तरह नहीं समझ पाया। वसुदेव-पुत्र ने उसका अवकाश भी नहीं दिया। शान्त-गम्भीर स्वर में बोले, ''मनस्विनी, मैं जिस कार्य हेतु कृत-संकल्प हूँ, उसी को मुझे शाप के रूप में कहकर वृथा ही अपनी तपस्या का फल क्षय कर रही हैं ! मेरे अतिरिक्त मेरे वंश के विनाश की शक्ति किसी में भी नहीं है। इसलिए मैं ही उनके वध की व्यवस्था करूँगा। राज-शक्ति और क्षात्र-शक्ति के पाप नष्ट करने के लिए ही मैंने यह सब लीला की है—मैं अच्छी तरह जानता हूँ कि उस पाप का सर्वाधिक वास मेरे कुल में ही है। उस पाप के निर्मूल हो जाने पर ही मेरे द्वारा प्रारम्भ कार्य पूर्ण होगा। उसके बाद मेरी अवस्था ? मुझे कोई दुख नहीं दे सकता, मैं साधारण मनुष्य के मन की वृत्ति के अधीन नहीं हूँ। और जब मृत्यु निश्चित है, शरीरधारी मात्र मृत्यु के लिए बाध्य है, तो यह चिन्ता व्यर्थ है कि वह मृत्यु किस रूप में आएगी। तब भी महा-तपस्विनी, आपके शाप-वचन शिरोधार्य हैं। आप शान्त होइए, आपकी तपस्या नष्ट न हो। देवी, यदि छोटे का दुस्साहस न समझें—तो मैं आपको वरदान देता हूँ—आज के इस युद्ध की भयावह स्मृति भी चाहे किसी काल में नष्ट हो जाए, किन्तु आपके मनोबल, चरित्र-बल, धर्म-परायणता और पति-पूजा रूपी तपस्या की कथा इस देश में किंवदन्ती के रूप में परिणत होकर चिरदिन लोगों के विस्मय और श्रद्धा को आकर्षित करेगी।''

उपसंहार

कुरुक्षेत्र-युद्ध के महानायक और परिकल्पना-शिल्पी वासुदेव श्रीकृष्ण दुखी मन से एक वृक्ष के नीचे बैठ गए। बहुत कम घास उगी, कंकड़ और बालूवाली मिट्टी पर। कठोर और कष्टदायक। होने दो, उन्हें अब उससे और अधिक कष्ट अनुभव नहीं होगा। अब कुछ भी उनकी क्षति या उल्लास अथवा दुख का कारण नहीं बन सकता। वृक्ष की यह थोड़ी सी छाया भी न रहती तो कोई हानि न होती। थकी हुई पीठ टिकाने-भर के लिए एक बार चारों ओर दृष्टि डालकर इस वृक्ष के नीचे आ बैठे हैं। सोचा, इसके मजबूत और मोटे तने से शरीर टिका लेंगे। अब कोई सहारा लिये बिना काम चलनेवाला नहीं है। लगता है, शरीर में कहीं रंच मात्र शक्ति भी नहीं बची है।

यह थकान वे पहली बार अनुभव नहीं कर रहे हैं। बहुत पहले से ऐसा हो रहा था—अपने को बड़ा निढाल और थका अनुभव कर रहे थे। इतने पर भी, इससे पहले कभी इतना दुख अनुभव नहीं किया। विषाद और अवसाद। इसी के साथ थोड़ी हताशा भी।

पराजय की हताशा ? व्यर्थता की ग्लानि ? यह बात कुछ वर्ष पूर्व हुई होती तो स्वीकार नहीं करते। इस समय वे ठीक-ठीक निश्चित भी नहीं हैं। वे नित्य आनन्दमय पुरुष हैं; दुख में अनुद्विग्न, सुख में बीतस्पृह, अनासक्त-द्रष्टा। उनमें किसी भी कारण, किसी भी प्रकार कोई चांचल्य नहीं जागता—किसी भी अवस्था में अपने को विचलित अनुभव नहीं करते। उन्हें कभी क्रोध नहीं आता, स्थिरचित्त मनुष्य हैं। वही इतने दुखी क्यों हो गए ? सम्पूर्ण अस्तित्व को विह्वल कर डालनेवाली हताशा और अपरिमित विषाद उन्हें इस प्रकार क्यों ढके ले रहा है, क्यों ग्रस रहा है ?—मृत्यु से पहले ही मृत्यु की भाँति !

वस्तुतः वे एक बात भूल गए थे।

इस विश्व का सृष्टि-रहस्य; ईश्वर का अलंघ्य नियम; प्रकृति का अमोघ विधान। देह धारण करने पर देह के नियम मानने पड़ते हैं। क्लान्ति, अवसाद, जरा, मृत्यु—ये सब देही की अवश्यम्भावी परिणतियाँ हैं। इन सबको आयु के साथ-साथ आना ही है—एक-एक कर इनके आने को किसी भी प्रकार रोका नहीं जा सकता, न इन्हें टाला जा सकता है।

इतना होने पर भी—उन्होंने बहुत दिन तक इस ओर ध्यान नहीं दिया था। बलपूर्वक ही। सत्य जानकर भी उसे अस्वीकार करने की चेष्टा की थी। देह और मन का अवसाद और क्लान्ति—और, और सबका कारण है यह वार्धक्य।

लोग कहते हैं, वे नारायण हैं। पुराकाल के प्रख्यात ऋषि ने—तपस्या के बल से

ऐसी-शक्ति से सम्पन्न होकर दूसरी देह धारण की है। कोई कहता है, वे साक्षात् भगवान हैं, कोई कहता है, वे ईश्वर के अंश हैं।

वे नहीं जानते, वे कौन हैं ! अपने को जानने या आत्म-परिचय की चेष्टा भी कभी नहीं की।

कारण, वे जानते थे कि यदि किसी दिन उन्हें समझ में आ गया कि उन्होंने ईश्वर के अंश के रूप में जन्म ग्रहण किया है—अथवा उनके माध्यम से ईश्वर की इच्छा और प्रज्ञा ने ही देह धारण की है—तो उन्हें उसी दिन, उसी क्षण इस देह को त्याग देना होगा। जिन्हें ईश्वर के समान पुरुष माना जाता है, दैव-कार्य हेतु, दैव-अंश के रूप में जिन्होंने जन्म ग्रहण किया है—उनके लिए अपना स्वरूप जान लेने के बाद इस मर्त्य-लोक की मिट्टी पर, इस नर-देह में रहना सम्भव नहीं होगा।

नहीं, वे बचे ही रहना चाहते थे। कर्मरूप-तपस्या के साधक होना चाहते थे।

उन्हें बहुत कार्य था।

उन्होंने इस कार्य को ही अपने जीवन का व्रत, अपने जीवन का लक्ष्य मान लिया था। दायित्व—उनके जीवन-धारण का कारण था।

उन्होंने जान लिया था कि उस व्रत को अधूरा छोड़कर उनकी मृत्यु ठीक नहीं होगी। इसी कारण देहधारी की परिणति—आसन्न जरा, वार्धक्य और अवश्यम्भावी मृत्यु की चिन्ता को पीछे धकेलकर, उस ओर से पूरी शक्ति से आँखें बन्द कर ली थीं।

हाय रे मनुष्य के दम्भ !

किन्तु यह भी तो वही देह-धर्म है, यह आत्म-अहंकार। यही शून्य-गर्भी दम्भ।

अपने विषय में निराधार बड़ी-बड़ी धारणाएँ पाल लेना, काल्पनिक दायित्व के गौरव में फूल जाना।

उन्हें बारम्बार देह-धर्म के सामने पराजय स्वीकार करनी पड़ रही है, उन वासुदेव को—जिन्होंने मात्र कुछ वर्ष पूर्व कुरुक्षेत्र के युद्ध में अपने भ्राता और सखा अर्जुन को उपदेश दिया था—पूर्णतः अनासक्त भाव से कर्म में निरत होने का; समझाया था कि कर्म में ही मनुष्य का अधिकार है, फल में नहीं; समझाया था कि योगस्थ होकर, सिद्धि-असिद्धि में समान भाव से अविचलित रहकर कर्म करना ही उचित है; शरीरधारी के लिए कौमार्य, यौवन और जरा का आना अनिवार्य है; समझाया था कि जो कुछ होनेवाला है, वह ईश्वर द्वारा पूर्व निर्धारित है, मनुष्य तो निमित्त मात्र है, उससे अधिक उसकी शक्ति या अधिकार नहीं है, प्रकृति ही उसके माध्यम से भिन्न-भिन्न कार्य करा लेती है।

उन्होंने समझाया था और अर्जुन समझ गए थे !

किन्तु वे स्वयं ?

क्या उन्होंने स्वयं उन सब बातों पर विश्वास किया था ?

यदि किया होता, तो उन्हें यह क्यों लगता कि भारत की भार-मुक्ति का—पाप-हरण का दायित्व, अखंड धर्म-राज्य की स्थापना का दायित्व, उन्हीं का है ?

क्यों इतनी चिन्ता और पूर्व-परिकल्पना करके, इतना छल करके इतने सारे लोगों की

मौत बुलाते ? इतनी विधवाओं के हाहाकार, इतने अनाथों के क्रन्दन, करोड़ों लोगों के विपुल विनाश अथवा सर्वनाश की व्यवस्था करके, उस सम्बन्ध में सहानुभूतिपूर्वक विचार तक की उपेक्षा करके—कठोर और निर्मम होकर—इस स्वयं आरोपित दायित्व को निभाते ?

प्रारम्भ हुआ मामा के निधन से।

यदि कंस ने अपनी मृत्यु के प्रतिरोध के लिए बहन-बहनोई को कारागार में डाल दिया था, यदि वह भानजों की मृत्यु का कारण बना था—तो भी क्या उसे बहुत दोषी ठहराया जा सकता है ? आत्म-रक्षा न केवल मनुष्यों की—बल्कि प्राणि-मात्र की ही सहज प्रवृत्ति है। जिनमें, बुद्धि, विवेक, न्याय-अन्याय का विचार आदि कुछ भी नहीं होता, उन क्षुद्र कीट-पतंगों की भी यह जन्मजात प्रवृत्ति है।

इस प्रसंग में उनके विषय में सोचना होगा !

वासुदेव की अपनी बात।

उनमें भी माता-पिता के शत्रु, अपने वंश के शत्रु को विनष्ट करने की सहज-प्रवृत्ति ने जोर मारा। उन्होंने उसी के अनुसार किया। देह के धर्म का, देही के धर्म का ही पालन किया। उससे अधिक कुछ नहीं।

नहीं, उनके सन्दर्भ में कंस-वध कोई अन्यायपूर्ण कार्य या अधर्म नहीं हुआ।

पर अन्याय—मनुष्यों की दृष्टि में, समाज की दृष्टि में जो अन्याय कहा जाता है—थोड़ा-बहुत किया था ! लोगों को समझा दिया था—अर्थात् उनके भ्रम-निवारण का प्रयास नहीं किया था—कि वे साधारण मनुष्य से उच्चतर कोई मनुष्य, महामानव या अवतार हैं, इसलिए लोगों के लिए जो अधर्म है, वह उनके लिए नहीं है—और अपने को समझा लिया था—कि जहाँ लक्ष्य या उद्‌देश्य महान होता है, वहाँ थोड़े-बहुत छल-छन्द का सहारा लेने में दोष नहीं होता।

जरासन्ध का वध कराने में कोई दोष नहीं था, किन्तु जिस उपाय से वध किया, वह तो दोष योग्य ही था, वह वीर या क्षत्रिय का कार्य नहीं हुआ। वे आतिथ्य का लाभ उठाकर, गुप्त रूप से, परिचय छिपाकर गए थे, असावधानी की अवस्था में युद्ध के लिए ललकारा था—अन्यथा जरासन्ध को शायद कभी नहीं मारा जा सकता था। सन्देह है कि भीम और अर्जुन, दोनों मिलकर भी मार पाते या नहीं !

किन्तु उन्होंने यह जरासन्ध-वध क्या केवल महान दायित्व का पालन करने, भारत को पाप-मुक्त, भार-मुक्त करने के लिए किया था—सिद्धि-असिद्धि में एक समान रहकर, फल के प्रति उदासीन होकर—जो उपदेश या निर्देश पहले उन्होंने धनंजय को दिया था ! क्या वह केवल धर्म-रक्षा की बात थी, उनके मन में शोषित-पीड़ित मानव की मुक्ति की चिन्ता थी ? क्या उन्हें यह कार्य करने के लिए उनकी व्यक्तिगत शत्रुता ने प्रेरित नहीं किया था ? उन्हें, बार-बार के आक्रमण से असीम दुख झेलने के बाद अन्त में प्राणों के भय से मथुरा छोड़कर रैवतक-पर्वत पर शरण लेनी पड़ी थी, क्या उनके अवचेतन में विद्यमान उस अपमान-बोध ने उन्हें युधिष्ठिर को जरासन्ध-वध के लिए उकसाने की प्रेरणा नहीं दी थी ?

जरासन्ध-वध के लिए जिस नीच-कौशल और छल का सहारा लिया था—द्वेष-मुक्त

होकर करने पर—उसमें भी दोष नहीं होता।

क्या वह रंच मात्र सम्भव हो पाया था ?

दीर्घ-काल तक अपमान सहना पड़ा था, अपमान और भय। उनके वंश का विपुल विनाश हुआ था—जरासन्ध के साथ हुए युद्ध में लाखों साधारण मनुष्य मारे गए थे—इतने पर भी उस भय से, उस अपमान से मुक्ति नहीं मिली थी।

वह ज्वाला सदा के लिए उनकी भावना का अंग बन गई थी। इसी कारण पांचाल स्वयंवर-सभा में भीम-अर्जुन को देखते ही—सम्बन्धी होने का दावा जताकर उन्हें अपने पक्ष में करने के लिए—बहुत व्यग्र हो उठे थे। वस्तुतः उन दो तरुण वीरों में जरासन्ध के भावी निधनकारी का रूप देखने के कारण ही उस दिन इतना अधिक उल्लास था !

नहीं, वे जीवन की सन्ध्या में पहुँचकर और अधिक आत्म-प्रवंचना नहीं करना चाहते। उन्होंने अपने कार्य की सिद्धि के लिए इतने अधिक छल-छन्द का सहारा लिया है कि उसे न्याय और सत्य की दृष्टि से, मनुष्यत्व की सीमा की दृष्टि से संगत नहीं माना जा सकता। बुद्धि को चाहे जितना समझा लें कि यह सब अपने दायित्व-पालन के लिए, धर्म-राज्य की स्थापना के लिए, साधारण-जन की मुक्ति के लिए करना पड़ा—किन्तु वे मन-ही-मन जानते हैं कि अपने संकल्प और कार्य की सिद्धि के लिए वे बार-बार सत्य के मार्ग से भटके हैं।

यह, इतना बड़ा युद्ध भी तो उन्हीं का रचा हुआ था।

जब कौरव कपट-भरी द्यूत-क्रीड़ा का निमन्त्रण देने इन्द्रप्रस्थ आए थे, उसी समय उन्हें पता था कि इस निमन्त्रण का क्या परिणाम होगा। उन्हें उचित था कि वे पांडवों को मना करके उससे रोकते। उनके निषेध करने पर युधिष्ठिर कभी भी उसमें भाग लेने नहीं जाते। किन्तु उन्होंने वैसा नहीं किया। और निकट रहने पर युधिष्ठिर कहीं उनका मतामत जानने का प्रयास न करें—इसलिए वे सब कुछ जानते हुए भी द्वारका छोड़कर ऐसे स्थान पर चले गए, जहाँ वे प्रयास करके भी उनसे सम्पर्क न साध सकें। उन्होंने चाहा था कि पांडव तथा पांचाली द्यूत-सभा में वर्णनातीत अपमान भोगें। जब तक पाप का घड़ा नहीं भरता, दैव-कोप भी जागृत नहीं होता—और वैसा न होने पर पाप का विनाश भी नहीं होता।

हाँ, यह युद्ध उन्होंने ही चाहा था। यह लोक-क्षयकारी निष्ठुर युद्ध। जिन्हें विश्व, प्रजापति के ही दूसरे रूप में जानता है—उन्हें ही प्रजा-विनाश में आनन्द था। चाहा था अधर्म-शक्ति का समग्र-विनाश, चाही थी उद्धत क्षात्र-शक्ति के श्मशान में धर्म-राज्य की प्रतिष्ठा।

उन्होंने भयंकर भूल की थी। परशुराम इक्कीस बार क्षत्रियहीन और वीर-शून्य करके भी भारत को पाप-शून्य नहीं कर पाए थे। भारतवासी अपना स्वभाव और स्वधर्म नहीं छोड़ पाते। काम, क्रोध, मात्सर्य और लोभ—वे इन्हीं में अन्धे हो जाते हैं, उनमें और कोई विचार-विवेक नहीं बचता, क्षुद्र स्वार्थ के लिए बड़े स्वार्थ की बलि चढ़ा देते हैं, न अपना लक्ष्य देख पाते हैं, न भविष्य; उनकी दृष्टि थोड़ी दूर तक भी नहीं देख पाती।

इतने पर भी वासुदेव ने भारत का भार मिटाने का जो स्वप्न देखा था—क्या वह भी उनके आत्म-अहंकार का प्रमाण नहीं है ? उन्होंने अपने को परशुराम से अधिक बुद्धिमान समझा था। वे क्रोधी तपस्वी अपने भुज-बल पर निर्भर रहने के कारण ही असफल हुए

थे; मस्तिष्क, बाहुओं से बहुत अधिक शक्तिशाली होता है—वे इस सत्य की नए सिरे से प्रतिष्ठा करके सफल होंगे। स्वयं नहीं—दूसरे के माध्यम से यह महामृत्यु-यज्ञ सम्पूर्ण कराएँगे।

वे इसी मादक-कल्पना में डूबे हुए थे, इसीलिए पांडवों के शोक के समय—घटोत्कच की मृत्यु पर—उन्हें भौंचक बनाते हुए हाथ उठाकर नाचने लगे थे। कारण, उन्हें कर्ण के एकाघ्नी-अस्त्र से भय था। उस इन्द्र-प्रदत्त अमोघास्त्र के छोड़े जाने पर शूर-श्रेष्ठ अर्जुन की भी रक्षा नहीं हो पाती। उसी अस्त्र के घटोत्कच पर प्रयोग किए जाने से उन्हें इतना आनन्द हुआ था, वे पूर्णतः निश्चिन्त हो गए थे। यह आनन्द उद्देश्य की सिद्धि के कारण तो था ही। उन्होंने, घटोत्कच को जानबूझकर ही उस निश्चित मृत्यु के मुख में धकेल दिया था। जब घटोत्कच भयंकर संहार-मूर्ति बनकर कुरु-सेना का विनाश करने लगा, उसी समय वासुदेव जानते थे कि इसका क्या फलाफल होगा ! मनुष्य मात्र को ही प्रत्यक्ष वर्तमान का भय अनिश्चित भविष्य से अधिक होता है; इस क्षण बचने पर ही तो किसी और दिन मृत्यु की आशंका होगी। कौरव चाहे जितने अज्ञानी हों—किन्तु वर्तमान-काल का विपुल विनाश टालने के लिए व्याकुल नहीं हो उठते, बल्कि भविष्य की सुदूरवर्ती सम्भावना को लिये बैठे रहते—इतने मूढ़ नहीं थे।

उन्होंने ही पांडवों को भीष्म-वध का उपाय भीष्म के मुख से ही कहलवा दिया; युधिष्ठिर से झूठ बुलवाया; उन्होंने ही अर्जुन को—कर्ण के रथ-चक्र धरती में धँस जाने के सुयोग का लाभ उठाकर—कर्ण का वध करने की प्रेरणा दी; उन्होंने ही सूर्यास्त होने का झूठा शोर मचाकर जयद्रथ को कई क्षण तक अन्यमनस्क बना दिया—अर्जुन को उसी झूठे सुयोग का लाभ उठाने को उकसाया; उन्होंने ही गदा-युद्ध में समस्त नियमों का उल्लंघन करते हुए भीम को दुर्योधन के उरु भाग पर आघात करने का संकेत किया, चाहे इन लोगों को स्मरण न रहा हो, किन्तु उन्हें स्मरण था कि दुर्योधन के शरीर में केवल वही अंश दुर्बल और भंगुर था।

यह सभी उनकी कीर्ति है, उन्हीं के द्वारा संगठित। कुरुक्षेत्र के युद्ध में उनके निरस्त्र रहकर केवल द्रष्टा होने की बात थी; प्रायः रहे भी उसी प्रकार—एक-दो बार को छोड़कर उन्होंने उस युद्ध में कोई भाग नहीं लिया, परन्तु आज यह बात कौन नहीं जानता कि वास्तव में वह युद्ध उन्होंने ही लड़ा था। भुजाओं के सहारे चाहे नहीं—किन्तु उन्होंने मस्तिष्क से युद्ध का संचालन किया। सब लोगों का जाना-बूझा सच है कि मस्तिष्क ही बाहुओं का संचालन करता है। उस दिन भी यह तथ्य बुद्धिमान व्यक्तियों को अविदित नहीं था। कौरवों के दाह-संस्कार से पहले आर्या गान्धारी ने आरोप किया था, शाप दिया था। वह शाप ही अब फलीभूत हुआ। उन्होंने स्वयं ही उसे सफल बनाया।

उस दिन वासुदेव, महासती गान्धारी के शाप पर हँसे थे, प्रशान्त, प्रसन्न हँसी।
यह होगा ही, होना अनिवार्य है—यह वे जानते ही थे, इसीलिए विचलित नहीं हुए।
किन्तु आज उनकी वह हँसी अनुपस्थित है—उस दिन का वह स्थैर्य नष्ट हो गया

है। भय-क्रोध में वीतरागी और स्थिरबुद्धि के रूप में उनका जो अहंकार था—वह चूर हो गया है।

वे क्रुद्ध हुए थे। हाँ—मानवी अर्थ में जिसे क्रुद्ध कहा जाता है, वही हुए थे। उन्होंने क्षण-भर के लिए विचार-विवेक, दिशा-विदिशा का ज्ञान खो दिया था।

अपने वंशवालों पर ही क्रुद्ध हुए थे। उस क्रोध के कारण ही उन लोगों का विनाश हुआ। वृषि, अन्धक, यादव वंश में सद्यजात शिशुओं, चल फिर सकने में असमर्थ वृद्धों और अबला नारियों के अतिरिक्त कोई जीवित नहीं बचा। एक समर्थ बालक भी नहीं।

अपने वंश का परिणाम वे जानते थे, किन्तु इतना भयंकर होगा, यह नहीं जानते थे। वे सब, नारी और सुरा में पागल हो उठे थे। हर समय खुलेआम सुरापान करने लगे। दिन-रात सुरापान, मांसाहार और स्वाभाविक-अस्वाभाविक यौन-सम्भोग में डूब गए। श्रद्धेय जनों की अवज्ञा करने लगे, शुभ और हितकारी की उपेक्षा करने लगे। केवल उनका शरीर ही नहीं—बल्कि लगा कि उनका आत्मा और मन भी नाना पापों और व्यसनों में डूब गया, वहाँ से बाहर निकल आने की कोई आशा नहीं रही।

उसका जो फल होना था, वही हुआ।

छोटी-छोटी बातों पर कलह हो गई, उस कलह के घोर पारस्परिक-युद्ध में परिणत होने में भी समय नहीं लगा।

केशि-निसूदन वासुदेव ने खड़े-खड़े अपने पुत्र-पौत्रों को, अपने वंशवालों को अकारण ही मूढ़ की भाँति एक दूसरे की हत्या करते देखा।

वासुदेव ने उस समय ही अचानक वह दिग्दाहकारी क्रोध अनुभव किया था।

क्रोध अपने भाग्य पर, अपनी निर्बुद्धिता पर।

वे बड़ी आशा से बहुत दिन के विपुल प्रयास से भारत का भार मिटाने चले थे; उन्होंने कौरवों का सर्वनाशी वंश-युद्ध करवाकर भारत-भूमि से पाप और अन्याय, अधर्म और असत्य का लोप करने का स्वप्न देखा था। हाय रे बुद्धि के अहंकार ! लगता है, इतना बड़ा कांड न करने पर भाग्य का ध्यान आकृष्ट नहीं होता—प्रतीत होता है, लाखों पतिहीन अनाथिनियों का हाहाकार और अश्रु-जल न मिलने पर विधाता का ध्यान भंग नहीं होता। वे इतने विचलित न हो उठते।

भाग्य-देवता उनके उत्तुंग-अहंकार को देखकर ऐसी क्रूर परिहास-भरी हँसी न हँसते !

हाँ, भाग्य का परिहास तो इसे ही कहा जाता है।

समस्त पाप, समस्त अन्याय और अधर्म उनके राज्य में, उनके वंश में आ जुटा।

भारत के सभी प्रान्तों पर उनकी दृष्टि थी, मत्स्य, पांचाल, मद्र, विदर्भ, प्राग्ज्योतिषपुर, मणिपुर—नहीं थी तो केवल अपने घर की ओर। यह कहना भी अनुचित होगा कि एकदम नहीं थी—वे उसका सुधार अपने वश में समझकर निश्चिन्त थे। यही बड़ी भूल थी। दीपाधार की छाया की भाँति वह उन्हीं की आड़ में छिप गया था, इसी कारण एक बार भी लक्ष्य नहीं किया कि उनके कुल में, उनके घर में कितना अनाचार एकत्र होकर जम गया है, जिसके परिष्कार की शक्ति उनमें नहीं है।

उस पराजय पर ही उनका क्रोध था, दर्प चूर्ण होने की ग्लानि। आशा टूट जाने का क्षोभ।

वासुदेव उसी क्रोध में उन्मत्त हो उठे थे। उन्मत्त न होने पर कोई अपने वंश का इस प्रकार ध्वंस नहीं करता, इस प्रकार सर्वनाश की सुरापान करके मरणोत्सव में नहीं डूब जाता।

उन्होंने एक सन्तान की हत्या के लिए दूसरी सन्तान के हाथों में हथियार थमाया। उनके पुत्र और स्त्रियाँ उनकी आँखों के सामने लड़ाई-झगड़े में उलझ गए—उन्होंने अविचलित भाव से खड़े होकर देखा, रोकने या उन्हें समझाने की कोई चेष्टा नहीं की। एक-एक कर पिता ने पुत्र को और पुत्र ने पिता को मारा। यह देखने या जानने की शक्ति भी नहीं बची कि कौन किसकी हत्या कर रहा है। उसी चरम समय पर—जब अन्धक, वृषि और भोजवंशीय यादवों के नेत्र मृत्यु के नशे से लाल हो उठे—स्वयं भी संहार-मूर्ति बन गए।

अपने ही प्रिय स्वजनों का मस्तक कठोर लौह-मूसल से चूर्ण-विचूर्ण कर डाला। यादव-वंश के, आत्म-निधन से बचे हुए, एक पुरुष को भी बचने नहीं दिया—स्वयं अपने को और अपने ज्येष्ठ भ्राता को छोड़कर। और, छोड़ दिया अतिशय वृद्ध उग्रसेन और वृद्ध वसुदेव को—अपने पिता को—मानो, उन्हें यह दुस्सह-शोक ढोने के लिए ही बचा लिया।

क्लान्त-अवसन्न वासुदेव जैसे तड़पकर उठ बैठे।

अब भी, वह बीभत्स-दृश्य उनकी आँखों के सामने नाच रहा है। उनके वंश के सर्वनाश का वही दृश्य।

किन्तु क्या केवल सम्बन्धियों के विनाश के कारण ही उन्हें इतना दुख है—इतनी हताशा?

क्या वे अभी यादव-कुल के महाश्मशान में खड़े होकर केवल मनुष्यों की मृत्यु ही देखकर आए हैं ?

नहीं, उन्होंने और कुछ भी देखा है। और भी बहुत कुछ।

देखी है, अपनी कल्पना, अपनी जीवन-साधना की भी महाविलुप्ति।

देखा है, पुण्य-भूमि भारतवर्ष का भविष्य, उसका परिणाम। देखी है, एक देश, एक जाति की शोचनीय मृत्यु।

महासती जननी गान्धारी का अभिशाप उनके वंश के सन्दर्भ में सफल हुआ, किन्तु वहीं उसका अवसान नहीं हुआ। युग-युगान्तर तक, शताब्दी से शताब्दियों तक इस देश के आकाश-वायु-मिट्टी में यह शाप समाया रहेगा, आनेवाले सैकड़ों वर्षों तक यह शाप भोगना होगा—इस देश को, इस जाति को। जो लोग कुरु-वंश के विनाश के लिए उत्तरदायी हैं, उनमें से कोई बचा नहीं रहेगा—यह सत्य है, किन्तु वह भयंकर शाप रहेगा। वंश-दर-वंश—भावी लोगों को पूर्वजों के पाप का प्रायश्चित करना होगा। उनके—उनके पाप का ऋण सैकड़ों शताब्दियों में भी नहीं चुकेगा।

पारस्परिक-कलह और वंश-विरोध—यही भारतभूमि का भाग्य-लेखा है। पारस्परिक-कलह और आत्म-सर्वनाश। आत्मनाशा-बुद्धि। क्षुद्र स्वार्थ, क्षुद्र कलह के कारण गृह-युद्ध, देश

का सर्वनाश। यह शाप भविष्य की पीढ़ियों की दृष्टि ढक लेगा, उनकी सद्-बुद्धि को जड़ बना देगा—उनमें से कोई थोड़े समय के लिए भी, अति-निकट वर्तमान से परे कुछ नहीं देख पाएगा। विनाश करेगा और विनष्ट होगा। यही उनकी भाग्य-लिपि है।

मूलतः उनका बुद्धि-भ्रंश ही हो गया था।

परिकल्पना की चौंध से दृष्टि-पथ ढक जाने के कारण भूल-गलती और दुर्बलता तनिक भी दिखाई नहीं दी।

उन्होंने चाहा था—यह कलुषित क्षात्र-शक्ति विनष्ट होकर धर्म बुद्धि सम्पन्न साधारण देशवासी शक्ति प्राप्त करें, वे ही देश के नायक और शासक बनें।

किन्तु आज समझ में आया—इस चिन्तन में महान त्रुटि थी। महा-भ्रम। शासन-व्यवस्था इस प्रकार ऊपर से नहीं थोपी जाती, क्षात्र-शक्ति को एक किनारे सरकाना उसी क्षात्र-शक्ति, शस्त्र-शक्ति के सहारे सम्भव नहीं है। वह साधारण देशवासियों द्वारा ही कराना होता है, उस नए शासन-तन्त्र की सृष्टि और पालन-पोषण उसी जनसाधारण को करनी होगी।—दूसरे किसी व्यक्ति की बुद्धि और सहायता के बिना ही। यह कार्य सम्पन्न करना गलित राज-शक्ति के वश में नहीं है।

क्या पता, इस भारत-खंड में कोई ऐसा महा-शक्तिशाली, वास्तव में बुद्धिमान महापुरुष फिर आविर्भूत होगा या नहीं, जो वासुदेव श्रीकृष्ण का स्वप्न, उनके द्वारा प्रारम्भ किया गया कार्य पूर्ण कर पाएगा। वे असफल हो गए, वह नहीं होगा।

यादव-कुल के—भारत के भी, श्रेष्ठ पुरुष वासुदेव फिर उसी वृक्ष के तने से शरीर टिकाकर बैठ गए। अवसाद। अवसाद और हताशा। उनकी समस्त देह अवसाद से हिम बन गई। उनके बहुजन-पूजित, बहुजन-प्रिय चरण-युगल से वह हिमशीतल-जड़ता ऊपर चढ़ने लगी—शिराओं, उप-शिराओं, धमनियों से प्रवाहित होती हुई उनके कौस्तुभ मंडित, भृगु पदचिह्न-शोभित वक्ष की ओर। इस लक्षण को वे पहचानते हैं। मृत्यु—उनकी देह की रक्त-धारा को गाढ़-शीतल बनाते हुए मृत्यु ही आ रही है। स्नायु और मांसपेशियाँ जड़ और अवश होती जा रही हैं। और थोड़ी देर बाद इस चैतन्य और चिन्तन-शक्ति का लोप हो जाएगा। सब कुछ को एकाकार करनेवाली एक अवशता में।

किसे पता, उसके आने में और कितना विलम्ब है ! वे अपने निधनकारी के आने तक धैर्य रख पाएँगे या नहीं !

हाँ, निधनकारी ही।

आएगा, यह वे जानते हैं।

जरा। उसके आगमन पर समस्त शक्ति, सम्पूर्ण बुद्धि का अवसान हो जाता है। शरीर में, धमनियों की रक्त-कणिकाओं में उसके आने का पूर्वाभास हो गया है। अब केवल अन्त शेष है। अन्तिम घड़ी। उन्हें भी मरना तो होगा ही। स्वस्थ स्वाभाविक, सहज मृत्यु अथवा देह-त्याग या इच्छा-मृत्यु उनके हिस्से में नहीं है। ऐसा भाग्य लेकर वे नहीं

आए। या फिर कहा जा सकता है कि यही उनकी इच्छा-मृत्यु है, उन्होंने ऐसी मृत्यु ही चाही थी, यही निर्धारित कर रखा था।

न चाहने पर भी उन्हें निश्चित रूप से इसे ही पाना पड़ता। वे अनेक लोगों की अपघात-मृत्यु का कारण बने हैं, अनेक लोगों का वध किया है—कराया है। अभी ही तो कितने स्वजनों का वध करके आए हैं, यदि उनकी सहज-स्वाभाविक मृत्यु होगी—तो वह ईश्वर का अन्याय माना जाएगा, उनके राज्य का अनियम कहा जाएगा। त्रिभुवन के लोग सृष्टिकर्ता विधाता को धिक्कारेंगे। जैसा पाप हो, वैसा ही प्रायश्चित भी तो होना चाहिए, वे सोच-समझकर ही तो यहाँ बैठे अस्वाभाविक-अपघात मृत्यु की प्रतीक्षा कर रहे हैं—प्रार्थना कर रहे हैं कि इससे पहले यह देह-यन्त्रणा थम न जाए, वे कम-से-कम सामान्य प्रायश्चित का अवसर पाएँ।

पाप ? पाप ही न !

केवल शरीर में ही नहीं—उच्चाशा ढोने का पाप, जिस उच्चाशा की अग्नि में इतने सारे वीरों ने प्राण गँवा दिए, इतनी नारियाँ और शिशु अनाथ हो गए, इतने घरों का सर्वनाश हो गया—क्या उनके मन में भी पाप नहीं था ? इस अकारण उच्चाशा और अहंकार के अतिरिक्त ?

लाखों-करोड़ों लोग जिसे पूजनीय समझते हैं, उसके मन में भी थोड़ा-बहुत पाप रहता है; उनके मन में भी था। किन्तु वह भी देह का ही धर्म है।

देह और मन अंग-अंगी के रूप में जुड़े हुए हैं, अटूट बन्धन में बँधे हुए। नेत्रों के देखते ही मन में लालसा जागृत हो उठती है, रसना को सुखाद्य का ध्यान आते ही मनुष्य सुस्वादु भोजन की खोज के लिए लालायित हो जाता है।

देह धारण करने पर इन्द्रियों के अधीन होना पड़ता है, मन भी उस नियम से परे नहीं है। अपनी ही इन्द्रियों तथा मन से आत्मगोपन हेतु साधु निर्जन पर्वत पर अथवा अन्धकार-भरी गुफाओं में बैठकर तपस्या करते हैं।

यह सत्य अपने जीवन में ही पा लिया है। इतने समय तक इस प्रश्न अथवा सत्य से पूरी शक्ति के साथ आँखें मूँदते आए हैं कि मन के किसी अगोचर कोने में पाप नहीं है। अन्ततः आज उसे मन-ही-मन स्वीकार करके जाएँगे, इसका यही प्रायश्चित भी है।

कर्ण-वध उनका इसी भाँति का एक पाप था।

कर्ण को अपने हाथ से नहीं मारा—किन्तु उनकी मृत्यु के प्रधान कारण वे ही हैं, उन्होंने ही उसकी योजना पूर्ण करवाई।

चाहते तो बचा सकते थे। पांडवों को कर्ण का सही परिचय देते, तो पांडव उन्हें कभी नहीं मारते। वे, ज्येष्ठ-भ्राता के रूप में सम्मान प्रकट करके चरणों में नत हो जाते, तो कर्ण भी सारा विद्वेष भूल जाते। भाइयों से मिलते। उतनी उदारता उनमें थी। यह तथ्य वासुदेव को अज्ञात नहीं था कि कर्ण का मन वास्तव में अति कोमल था।

किन्तु वासुदेव ने वैसा प्रयास ही नहीं किया। चाहे और कोई न जाने, वे अच्छी तरह जानते थे कि कर्ण उनकी बुआ, पृथा की पहली सन्तान हैं। ज्येष्ठ पार्थ।

कर्ण को उनका यह परिचय देकर उन्होंने कर्ण का सर्वाधिक अनिष्ट किया था। आत्म-रक्षा का मार्ग रुद्ध कर दिया था। युद्ध में आत्म-रक्षा के लिए ही शत्रु का वध करना पड़ता है–किन्तु श्रीकृष्ण इस सत्य को जानते थे कि कर्ण जैसा व्यक्ति भाई का वध नहीं करेगा।

वे इतने भर से ही निश्चिन्त नहीं हो पाए। बहुत दिन तक कर्ण के वध का षड्यन्त्र रचाया। अर्जुन के लिए निर्धारित करके रखे एकाघ्नी-अस्त्र को नष्ट करने के लिए उन्होंने घटोत्कच को जानबूझकर मृत्यु के मुख में ठेल दिया था। अर्जुन कभी निरस्त्र-शत्रु का वध नहीं करते, इसीलिए विद्रूपतापूर्वक कर्ण के अनेक कुकृत्यों की याद दिलाकर उन्हें उत्तेजित किया।...शल्य द्वारा कर्ण का सारथ्य ग्रहण किए जाने के मूल भी वही थे; शल्य अनेक प्रकार से कर्ण का मनोबल न तोड़ते, तो वे इतने विभ्रान्त न हो जाते, वे अभ्यस्त अस्त्रों को भी भूल नहीं जाते। यह सत्य है कि उन्हें अभिशाप था–गुरु और ब्राह्मण का–किन्तु स्मरण न दिलाया जाता तो शायद वह इतनी जल्दी फलित न होता।

वासुदेव ने ऐसा कार्य क्यों किया ? क्या इस आशंका से कि कर्ण निहत न हुए, तो कौरव सदा अजेय रहेंगे ? क्या केवल अपनी परिकल्पना के धर्म-राज्य की स्थापना के लिए व्यग्र होकर ?

अथवा कर्ण के दुष्कृत्यों के लिए ही उन्हें दंडित करना चाहा था ? कर्ण के अनेक दुष्कृत्य थे, विशेष रूप से कपट-भरी द्यूत-सभा में उनका आचरण अभद्रतापूर्ण था। इतने पर भी क्या वही एकमात्र अथवा मुख्य कारण था ? कर्ण के स्वभाव में अनेक दोष थे–किन्तु क्या उनसे ढेरों अधिक गुण भी नहीं थे? इससे भी अधिक, कर्ण के–बचकर–पांडवों का मित्र और सहायक होने पर मनुष्यों का बड़ा उपकार होता। और, और शायद इतनी जन-हानि की भी आवश्यकता नहीं पड़ती।

नहीं, उन सबमें से कोई कारण नहीं था। वास्तविक कारण उनके मन में था।

असूया ? विद्वेष ? हीनताबोध ?

किसे पता क्या ! उन्होंने उतना अधिक सोचा भी नहीं।

लगता है, मूल कारण थी–नारी। यह पुरुषमात्र की अशान्ति का मूल कारण है।

पांडव-महिषी ही वह नारी थी। होमाग्नि सम्भवा द्रोपदी। विश्व-भर में अतुलनीय नारी।

कृष्ण और कृष्णा। केवल नाम में ही नहीं, केवल गात्र-वर्ण में ही नहीं–दोनों में और भी अनेक समानताएँ थीं। सिंह के योग्य सिंहनी। यदि वासुदेव स्वयं को सिंह ही समझते थे–आज उस प्रकार का अहंकार उन्हें नहीं है, तब भी लगता है–कृष्णा का उन्हीं की सह-धर्मिणी होना उचित था। यह ठीक है कि वे उनकी सखी और मित्र थीं–उनसे पर्याप्त अन्तरंगता भी थी, किन्तु उससे मन भरा नहीं।

वासुदेव का मन अगणित नारियों से भी नहीं भरा। उनमें से कोई केवल धर्म-पत्नी थी और कोई प्रेयसी। वे सभी उनकी कोमल-सहचरी थीं, कर्म-सहचरी उनमें से कोई नहीं थी। यहाँ तक कि सह-धर्मिणी भी नहीं। महिषी होने योग्य तो एकदम नहीं। कौन जाने, यदि कृष्णा पांडव-महिषी न होकर यदु-कुल अधिराज्ञी होतीं, तो शायद उनकी आशा,

इस प्रकार दुराशा की भाँति स्वप्न में विलीन न हो जाती। उस महान परिकल्पना का ऐसा दुखद परिणाम न होता।

वासुदेव को अपने इस दीर्घ जीवन में और एक भी व्यक्ति ऐसा नहीं मिला–जिसके सामने मन की समस्त गुप्त बातें, एकान्त अभिलाषाएँ प्रकट की जा सकें, जिसके साथ बैठकर एक देश, एक जाति के भविष्य पर विचार-विमर्श किया जा सके।

द्रुपदनन्दिनी ही वह व्यक्ति थीं–जिनके साथ उन सब प्रसंगों पर विचार-विमर्श किया जा सकता था, जो उन सारी बातों को समझतीं, जो इस विशाल देश को अक्ष-क्रीड़ा की कौड़ी के रूप में अनुभव कर पातीं। पांडव, याज्ञसेनी की क्षमता को नहीं समझ पाए, उनकी शक्ति का सही उपयोग नहीं कर पाए। यहाँ तक कि स्वयं अर्जुन भी नहीं।

वह महान सम्भावना साधारण सी जीवन-यात्रा में ही व्यय हो गई, महा ब्रह्मास्त्र क्षुद्र-कीट के विनाश में प्रयुक्त हो गया।

किन्तु उस असाधारण नारी की भी एक दुर्बलता थी–सामान्य नारी सुलभ दुर्बलता। कोई और नहीं जानता था, आज भी कोई नहीं जानता। केवल वे जानते हैं–वासुदेव। द्रोपदी के मन के समस्त सुरंग-पथों पर उनकी आवाजाही है। वे, उनकी समस्त अनकही वासना-कामनाओं का इतिहास जानते हैं।

कर्ण ही वह दुर्बलता थे। अंगाधिपति पांडव-सहोदर कर्ण–धार्मिक, बलवान, वीर्यवान, कान्तिमान, बुद्धिमान। और मनुष्य। किन्तु क्या पांडवों की तुलना में श्रेष्ठतर ? नहीं वैसे नहीं थे। पति के रूप में पांडव निश्चित रूप से आदर्श थे–परन्तु लगता है, प्रत्येक दृष्टि से आदर्श पति से किसी भी नारी का मन नहीं भरता, और शायद द्रोपदी ने भी ऐसे महापुरुष, ऐसे आदर्श-पुरुष नहीं चाहे थे। उन्होंने चाहा था रक्त-मांस का पुरुष–आवेग से उद्वेलित, उदारता में विशाल, वीरता में अनन्य-असाधारण, शौर्य में देवकल्प, एक परिपूर्ण पुरुष, जिसकी कीर्ति-गाथा उसके जीवन-काल में ही किंवदन्ती बन जाए, जिसके सम्बन्ध में लोगों की कल्पना व कौतूहल की सीमा न रहे, जो छोटी अवस्था से ही असंख्य जन-श्रुततियों का नायक और रूपकथाओं का राजा हो। जिसकी दानशीलता त्रिभुवन में अतुलनीय, सहिष्णुता अद्वितीय थी, जिसने आत्म-त्याग के साथ तपस्या के समान कष्ट सहकर स्वयं परशुराम आदि शस्त्र गुरुओं से आयुध प्राप्त किए, जिसने जानते हुए भी अपना रक्षा-कवच शत्रु के हाथ में थमा दिया; फिर भी जो और अधिक करने के लिए व्याकुल बना रहा, जो ईर्ष्या में दिशा-विदिशाओं का ज्ञान भूल गया, जो अपने गोपन स्वप्न की मानसी को प्रकट रूप में अपमान और लांछन से क्षत-विक्षत कर सके, ऐसा साधारण-असाधारण का मिला-जुला रूप, वास्तव में आदर्श से युक्त एक पुरुष, जिसके प्रति केवल श्रद्धा अथवा भय न रहे–बल्कि जिसे प्रेम किया जा सके। जिसे प्रभातकालीन प्रणाम के साथ रात्रि के अन्त का एक चुम्बन उपहार में दिया जाए, जिसे अनुरोध नहीं–निस्संकोच आदेश किया जा सके।

लालसा ? कामना ? रमणेच्छा ? नहीं, नहीं, वह सब कुछ नहीं, मात्र एक दुर्बलता, और सम्भवतः एक वेदनानुभूति भी। उस स्वयंवर सभा में जो आघात किया था, उसी आघात की व्यथा को पोंछ डालने की अभीप्सा, किसी अवसर पर क्षमा माँग लेने की

इच्छा; शायद सान्त्वना देने की इच्छा भी। यह जना देने की इच्छा कि कृष्णा, उन्हें आज अपने अयोग्य नहीं मानतीं, बल्कि सोचती हैं कि उस दिन उन्हें पाकर भी सुखी रहतीं।

वे कुछ और भी जनाना चाहती हैं। जनाना चाहती हैं कि उनके मन में छिपे घाव को वह जानती हैं, अंगाधिपति कौरवों की द्यूत-सभा में क्यों इतने भड़क गए थे, क्यों इतने हिंस्र और बर्बर हो उठे थे–वह और कोई भले ही न जाने, किन्तु जो सर्वाधिक अपमानित और लांछित हुई थीं, वे जानती हैं, जानती हैं कि वह कठोर आघात केवल पांडवों के पौरुष को जगाने की चेष्टा था। उस दिन कृष्णा का अपमान न सह पाने के कारण ही कर्ण ने अमानुष की भाँति व्यवहार किया था।

केवल इतना, और कुछ नहीं, क्षमा-प्रार्थना और कृतज्ञता-प्रकाश।

तथापि वासुदेव, वह सामान्य दुर्बलता भी नहीं सह पाए।

उन्हें पता नहीं कैसा अनुभव हुआ कि वे अपने प्राप्य से वंचित हो रहे हैं। आदर्श पुरुष के रूप में, जो उन्हें मिलना चाहिए था, वह अन्यत्र अपात्र के पास जा रहा है।

क्या धीरे-धीरे वही क्षोभ विद्वेष में परिणत हो गया ? क्षोभ कहना उचित नहीं होगा। वासुदेव ने ईर्ष्या ही अनुभव की थी। उसी ईर्ष्या ने काल के हाथों गति प्राप्त की थी और कर्ण को तेजी से उनकी अमोघ नियति की ओर धकेल दिया था।

आज वह पूरी तरह से कापुरुषोचित मनोभाव ही वासुदेव को सबसे अधिक पीड़ा पहुँचा रहा है। यदि कर्ण जीवित रहते, तो वे उनके दोनों हाथ पकड़कर उस कलुष को आँसुओं के जल से धो डालते, क्षमा-प्रार्थना करके प्रायश्चित करते।

क्षमा कृष्णा से भी माँगते।

कृष्णा आज भी, अब भी जीवित है। वासुदेव में ही शक्ति नहीं रही, उनकी आयु भी शेष नहीं रही। आज इस जीवन की अन्तिम वेला में उनके प्राण उसी अपराध को स्वीकार करने के लिए तड़प रहे हैं, प्रायश्चित के लिए व्याकुल हो उठे हैं।

निश्चय ही अब अधिक देर भी नहीं है। जिसका, जो देना-पावना शेष है, शायद उसे लिए-लिए ही जाना होगा, यहाँ की भूमिका पूरी हुई। बुढ़ापा सभी को ग्रस रहा है, कोई भी स्वस्थ-सहज नहीं है।

धनंजय को यादव-कुल की कुलनारियों की रक्षा हेतु आने को कहा तो था, किन्तु वे यह भी जानते हैं कि उनकी रक्षा नहीं हो सकेगी। गांडीवी की शक्ति और काम नहीं कर पाएगी। उनकी विधवा-अनाथ पुरनारियाँ बर्बर और लम्पट लोगों की अंकशायिनी बनेंगी, यही उनके भाग्य में लिखा है। यह भी वासुदेव के कर्मों का ही फल है–किन्तु यह अवश्यम्भावी है–उन्हें यह दुख उठाना ही पड़ेगा। इन्द्रप्रस्थ जाते हुए मार्ग में जब पंचनद के दस्यु आक्रमण करेंगे, तब अर्जुन में गांडीव की प्रत्यंचा चढ़ाने की सामर्थ्य नहीं बचेगी, किसी शक्तिशाली अस्त्र के प्रयोग का कौशल भी याद नहीं आएगा। यह, वे दिव्य-दृष्टि से देख पा रहे हैं–निकट भविष्य का यह दृश्य।

उनका भी समय पूरा होने को आया। लोक-क्षयकारी काल ने दूत के रूप में बुढ़ापे को भेज दिया है, वे उस पुकार को अभी तक सुन नहीं पाए–इसीलिए ऐसी दुर्गति हुई।

अब प्राणि-मात्र की अनिवार्य परिणति के मार्ग पर पांडवों को जाना होगा–महा-प्रयाण के पथ पर।

तब इस प्रहसन की क्या आवश्यकता थी ? अर्जुन को बुला भेजने की ?

थी ही ! वासुदेव मन-ही-मन थकी-बुझी हँसी हँसे। कुछ पाप अर्जुन का भी तो था–अहंकार का पाप–यह अपमान भी उनका प्राप्य था।

किन्तु वह बात आज रहने दो। आज वे और किसी के दोष नहीं गिनेंगे। यदि उनके समान लोकोत्तर चरित्र के मनुष्य के अन्तर में ही ग्लानि, कलुष, दैन्य हो–तो वे अन्य किसका छिद्रान्वेषण करेंगे ?

"आह !–!"

लगता है, मृत्यु आ पहुँची, परिसमाप्ति आ गई, सम्पूर्ण सुख-दुख का महा-अवसान, इतने समय पश्चात्।

वासुदेव ने एक बार नेत्र खोलकर देखा, "वह कौन ? तुम कौन हो ? इस प्रकार हाहाकार क्यों कर रहे हो ? मुझे घायल किया है,–इस दुख में ? बन्धु, तुमने कुछ नहीं किया, कोई अन्याय नहीं किया, आज इस दुर्दिन में अन्तिम-काल के मित्र का ही कार्य किया है। जो मुक्ति मुझे दी है, मैं उसी की प्रतीक्षा कर रहा था। समस्त महापुरुषों को–देह धारण करने पर भी जिनकी लोकोत्तर होने की साध नहीं मिटती, ऐश्वरिक शक्ति का अहंकार नहीं जाता–उनकी निर्बुद्धिता का स्मरण कराने के लिए युग-युग में तुम्हारे जैसे मित्र की आवश्यकता पड़ेगी। मैं तुम्हारा कृतज्ञ हूँ। यह तीर निकाल ले जाओ, नहीं-नहीं, कोई संकोच मत करो–भविष्य में तुम्हारे काम आएगा, नष्ट करने से क्या लाभ ? मेरे पास पुरस्कार योग्य और कुछ नहीं है–इसीलिए केवल आशीर्वाद दे रहा हूँ। तुम्हारा कल्याण हो।"–

वासुदेव ने और एक बार चारों ओर देखा। जन्मे थे अन्धकार भरे कारागार में–किन्तु उसके बाद समझदार होने पर जिस श्यामा सुन्दरी धरित्री को पुष्पिता, नदी-पर्वत-अरण्य शोभिता के रूप में देखा था–उसे ही मृत्यु-वेला में कामना-कलुष, उच्चाभिलाषाओं के पाप से विध्वस्त, महा-श्मशान के रूप में देखकर गए। वहाँ सत्य नहीं, वहाँ क्षमा नहीं, वहाँ उदारता, प्रसन्नता, तृप्ति–कुछ भी नहीं। है, केवल दुर्निवार लोभ और लालसा और काम-वासना, शत्रुओं का प्राधान्य और हिंसा। है, सर्वनाशा आत्मघाती बुद्धि। लगता है, वासुदेव युग-युगान्तर हेतु यही उत्तराधिकार छोड़े जा रहे हैं।

हे ईश्वर क्षमा करो, हे ईश्वरेश्वर तुम वासुदेव श्रीकृष्ण को क्षमा करो, क्षमा करो !

●●●